9783832176938

D1664627

Sprung in die Stadt
Chişinău, Sofia, Pristina, Sarajevo, Warschau, Zagreb, Ljubljana

Ein Buch von relations, einem
Initiativprojekt der

KULTURSTIFTUNG
DES
BUNDES

Sprung in die Stadt

Chişinău, Sofia, Pristina, Sarajevo, Warschau, Zagreb, Ljubljana

Kulturelle Positionen, politische Verhältnisse.
Sieben Szenen aus Europa

Herausgegeben von Katrin Klingan und Ines Kappert
Berater: Marius Babias, Mathias Greffrath, Georg Schöllhammer

Ein Buch von relations, einem Initiativprojekt der Kulturstiftung des Bundes

DuMont Literatur und Kunst Verlag

Chişinău
Sofia
Pristina
Sarajevo
Warschau
Zagreb
Ljubljana

Chişinău
Planet Moldau

Sofia
Die Stadt und ihre Besitzer

Pristina
Warten auf den Staat

Sarajevo
Strategien der Vergegenwärtigung

Warschau
Kritik im Marktgedränge

Zagreb
Das zweite Leben der Kollektive

Ljubljana
Internationalität als Selbstverständnis

Grußwort

Die Kulturstiftung des Bundes hat sich seit ihrer Gründung im Jahr 2002 in viel-
fältiger Weise für das Zusammenwachsen Europas engagiert. Neben zahlreichen Einzelprojekten, unter anderem in den Sparten Theater, Literatur, Film
und Tanz, setzen die Kulturbegegnungen mit Polen und Ungarn besondere Akzente auf einen qualifizierten bilateralen Austausch. „relations"– dem
ersten und bis heute umfangreichsten Programm für Kulturprojekte im östlichen Europa – kommt bei all diesen Aktivitäten eine Pionierfunktion zu. Für die
Kulturstiftung des Bundes gilt „relations" in besonderer Weise als Ausweis
einer nationalen Stiftungspolitik, die international Verantwortung übernimmt.
Zum anderen ist es das Modell für qualifizierte Kooperationen im kulturellen Sektor. Die im Rahmen von „relations" entstandenen Projekte, inzwischen
gut ein Dutzend, verbinden den Anspruch auf künstlerische Qualität mit
einer präzisen Orientierung auf gesellschaftlich relevante Themen: den Umgang mit Erinnerung, die Transformationen des öffentlichen Raums, das
Verhältnis der Generationen, die Sicherung von Geschichte, kulturelle Bildung,
künstlerische Selbstorganisation und zahlreiche weitere Themen, die in
keiner Weise spezifisch „osteuropäisch" sind, sondern kulturelle Akteure im
westlichen und im östlichen Europa gleichermaßen betreffen.

    „relations" bringt diese Akteure zusammen – Künstler, Filmemacher, Auto-
ren, Wissenschaftler und Kuratoren –, um sich mit den Herausforderungen
ihrer lokalen Kontexte auseinanderzusetzen und innovative Formen der Vermittlung ihrer Positionen zu entwickeln. „relations" erlaubt den Projekten,
diese Arbeit intensiv und autonom zu leisten – unabhängig von staatlichen
Repräsentationsabsichten, mit langem Atem und der Lizenz zum Experimen-
tieren. Darüber hinaus etabliert „relations" den Rahmen, innerhalb dessen die
auswärtigen Projekte institutionelle Partner und öffentliche Aufmerksamkeit
in Deutschland finden. Auf diese Weise entstehen Allianzen internationaler Zusammenarbeit, die auf lange Sicht die Grundlagen stärken, die für den Aufbau eines europäischen Bewusstseins unerlässlich sind: das Wissen voneinander, das Vertrauen ineinander, die Achtung kultureller Unterschiede und,
nicht zuletzt, den Enthusiasmus für gemeinschaftliche Projekte in der Zukunft.

    Bei all dem baut „relations" in seinen Projekten auf eine Tradition auf,
die das europäische Miteinander im Kulturbereich seit langem prägt. So gelang
es der Avantgarde zu Beginn des 20. Jahrhunderts scheinbar mühelos,
Künstler in Paris, Berlin, Moskau und weiteren europäischen Zentren zu einem
intellektuellen Stromkreis zusammenzuschließen. Heute, da das europäische Projekt in einer Krise steckt, wächst auf Seiten der europäischen Politik
das Interesse an dieser Tradition des Kulturaustausches und damit an der
Frage, welche Rolle die Kultur in Europa spielen kann. Vor diesem Hintergrund
hat die Kulturstiftung des Bundes mit der Berliner Konferenz „Europa eine
Seele geben" eine zivilgesellschaftliche Initiative gefördert, die Europa-Parla-
mentarier, Vertreter der Europäischen Kommission und der nationalen

Parlamente mit Persönlichkeiten aus Kunst und Kultur zusammengebracht hat, um eine Debatte über die kulturelle Dimension der europäischen Einigung zu beginnen. Ihr Ausgang bleibt einstweilen offen. Kultur scheint in ihrer Wirkungsmächtigkeit für eine gelingende Integration beides zu sein: kaum zu greifen oder zu steuern, zugleich aber unverzichtbar und wertvoll.

„Europa lässt die Menschen nicht mehr träumen." Mit diesen nüchternen Worten zitiert Jürgen Habermas nach dem Scheitern der französischen und niederländischen Verfassungsreferenden den EU-Politiker Jean-Claude Juncker. Die Qualität eines Traumes aber wird Europa auf Grundlage eines *acquis communautaire* allein kaum erlangen können. Vielmehr muss es versuchen, die Treibstoffe von Kunst und Kultur einzusetzen, um europäische Erfahrungen lebendig zu machen: mit dem Mut zur Vision, der Ausdauer im produktiven Dissens, im Geist der Utopie und in der Sensibilität auch für die Konflikte und brutalen Facetten europäischer Wirklichkeit.

Die Kulturstiftung des Bundes versucht den europäischen Einigungsprozess von beiden Systemen aus zu befördern: der kulturellen Praxis und der Politik. „relations" und die Berliner Konferenz sind daher zwei Initiativen, mit denen sich die Kulturstiftung des Bundes für die Entwicklung einer europäischen Öffentlichkeit stark macht, einer Öffentlichkeit, deren Sprache wir auf allen Seiten – der Politik, der Kultur und der Kulturvermittlung – erst einmal zu lernen haben. Dieses Buch, ein Brevier von Beobachtungen in Chişinău, Sofia, Pristina, Sarajevo, Warschau, Zagreb und Ljubljana, liefert Stoffe zuhauf, um einen solchen Lernprozess zu befördern. Es produziert Wahrnehmungen und Bilder eines Europas, das geographisch umfassender und politisch komplexer ist als das der Europäischen Union. Eines Europas unterschiedlicher Aggregatzustände: Krisenregionen neben Wachstumskorridoren, Visa-Barrieren neben Marktplätzen globaler Konzerne, vermeintlich fortschrittsintensive neben scheinbar rückständigen Zonen.

Dieses Buch berichtet von all dem. Es wäre nicht zustande gekommen ohne die enthusiastische, ausdauernde und mutige Zusammenarbeit vieler Partner von „relations". Die Kulturstiftung des Bundes dankt daher sehr herzlich an erster Stelle den beteiligten Künstlern, Autoren, Fotografen, ebenso sehr aber auch den Herausgeberinnen Katrin Klingan und Ines Kappert, dem gesamten Redaktionsteam sowie Samo Darian, Patricia Maurer, Franziska Sauerbrey, Peter Wellach und allen anderen Mitarbeitern von „relations", die – neben vielen anderen Projekten – auch diese Publikation möglich gemacht haben. Jedes Buch wendet sich an eine bestimmte Leserschaft. Ich wünsche diesem Buch drei Gruppen von Lesern: Politiker, die es als Erkenntnisinstrument für die europäische Gegenwart lesen mögen; Künstler und Kulturakteure, die darin hoffentlich Anreize finden für Projekte jenseits etablierter Kultursysteme; schließlich jene – ihre Zahl möge groß sein –, die nicht aufhören wollen, ihrem Traum von Europa Nahrung zu geben.

Hortensia Völckers, *Künstlerische Direktorin der Kulturstiftung des Bundes*

Vorwort

Wie Gegenwart ins Auge fassen? Bereits der Titel dieses Buches beschreibt eine Voraussetzung dafür: Alle hier versammelten Künstler und Autoren wagen den *Sprung in die Stadt* – in die eigene oder die fremde – und markieren Standpunkte im Hier und Jetzt. Ihre Texte und Bilder dokumentieren Ausschnitte aus der Gegenwart, sie formulieren kulturelle Positionen und machen politische Verhältnisse zum Thema. Konsequent wird eine Wirklichkeit jenseits des Spektakulären oder Exotischen in den Blick genommen. Teilhabe oder, vielleicht besser, Zeitgenossenschaft ist damit der Ausgangspunkt eines jeden Beitrages, der sich auf den folgenden Seiten findet. Reklamiert man aber Zeitgenossenschaft für sich, daran erinnerte unlängst der Schriftsteller Ulrich Peltzer, dann „sollte man zumindest eine Ahnung haben von den Beziehungen, die sich auftun zwischen einer theoretischen Durchdringung der Gegenwart und konkreter ästhetischer Praxis, zwischen einem Begriff von der Welt und ihrer Lektüre, zwischen dem, was diese Welt-Lektüre an Affekten wachruft, an Erstaunen, an Verzweiflung, an Hass, unter Umständen auch an Glück, und ihrer komplexen Verschaltung in und mit einem Stück Prosa."[1] Das erwähnte Stück Prosa lässt sich ergänzen um weitere Formen der Kunst, die gleichfalls diese Ahnung zu vermitteln imstande sind. Eine Ahnung nämlich davon, dass die Welt in ihrer Mechanik sich verwebt mit der Lektüre von Welt. Eine Ahnung davon, dass Kunst als Möglichkeit des Engagements und der Kritik auch die Effekte der Welt-Lektüren zur Sprache zu bringen vermag. Emotion, Einfühlung, Kritik, Analyse und ästhetische Praxis – das sind die Fäden unseres Netzes, das sieben Städte und über fünfzig Autoren, Künstler und Fotografen miteinander verknüpft.

Sprung in die Stadt liefert keine Stadtporträts im gewohnten Sinn. Die hier vorgestellten Hauptstädte repräsentieren nicht „den" osteuropäischen Raum. Die Auswahl der ins Wort und Bild gesetzten Städte folgt vielmehr den Kooperationen, die sich im Rahmen von „relations" mit Künstlern und Autoren entwickelt haben. „relations" ist ein Initiativprojekt der Kulturstiftung des Bundes, das seit 2003 in Chişinău, Sofia, Pristina, Sarajevo, Warschau, Zagreb und Ljubljana Kunst- und Kulturprojekte unterstützt und lokale Kontexte an internationale Debatten und internationale Debatten an lokale Kontexte anzubinden sucht. In den letzten drei Jahren sind auf diese Weise 13 Projekte im östlichen Europa und in Deutschland entstanden. Die Künstler und Intellektuellen, die diese Projekte gemeinsam mit „relations" ins Leben gerufen haben, ihre Ideen und Stellungnahmen sind Ausgangspunkt, Hintergrund und Referenz für diese Publikation.

Doch auch jenseits dieser Tatsache schien uns Vorsicht angebracht im Umgang mit Sammelbegriffen wie „Osteuropa". In ihrer Komplexität und

---

1 Ulrich Peltzer, „Erzählen ohne Grenzen. Kartographien des Romans", unveröffentlichtes Manuskript, Vortrag am 22. November 2005, Literarisches Colloquium Berlin.

Unterschiedlichkeit entziehen die gesellschaftlichen Situationen ihnen bis zu einem gewissen Grad den Boden. Denn welche gesellschaftliche Verfasstheit könnte die Grundlage bilden, wenn etwa die Länder des ehemaligen Jugoslawien mit Polen oder Bulgarien zu einem Kompendium zusammengefasst werden? Gleichwohl wäre es falsch, würde man den Begriff „Osteuropa" aus der gegenwärtigen Auseinandersetzung tilgen wollen. Mit dieser Sortierung wird das Feld noch immer konturiert und vermessen, der Begriff stellt Lektüren bereit. Mit „Osteuropa" verbindet sich dabei sowohl eine Polarisierung zwischen Ost und West als auch eine Synthetisierung eines geopolitischen Raums. Und diese doppelte Dynamik von Verortung und Entgrenzung bildet auch eine Argumentationsebene im vorliegenden Band, eine Ebene, die jedoch durch andere Argumentationslinien und -ebenen reflektiert oder konterkariert wird. Denn *Sprung in die Stadt* will Bewegungen einfangen. Bewegungen der Themensetzung, des Fragens, der Kritik und der Wahrnehmung.

In der festen Überzeugung, dass Kunst und Kultur das vitale Zentrum einer Gesellschaft bilden, haben wir in den letzten drei Jahren Künstlern und Theoretikern immer wieder folgende Fragen gestellt: Was ist in eurer Stadt derzeit Thema? Was ist für euch hier und heute relevant? Welche Vision und welche Kritik muss in eine breitere Öffentlichkeit getragen werden? Was wollt und was könnt ihr hierfür tun? Aus den Antworten ist ein Lesebuch entstanden, das heterogene Bild- und Textformate miteinander verbindet und Kapitel für Kapitel Schlaglichter wirft auf die lokale Situation, auf Kunst- und Kulturszenen, auf Positionen der Kritik.

Wir beginnen mit Chişinău, der Hauptstadt von Moldau, und beleuchten, was es bedeutet, aus einer politischen und kulturellen Außenseiterposition heraus kritische Kulturarbeit zu leisten. Welche Formen nehmen Wut und Sarkasmus und eine unerschütterliche Selbstironie dort an?

Sofia setzt seit einigen Jahren viel daran, europatauglich zu werden, und verändert dabei sein Äußeres radikal. Wer sind die neuen Besitzer der Stadt, und welche neuen visuellen Oberflächen und Codes bringen sie mit?

Das Kosovo und seine Hauptstadt Pristina sind gezeichnet von der Unsicherheit ob ihres Status: Wird die Vision von Unabhängigkeit 2006 Realität werden können? Welche Konsequenzen hat das Einfrieren einer Gesellschaft als Protektorat der UN für den Alltag ihrer Mitglieder?

Dem einst hart umkämpften Sarajevo nähern wir uns rund zehn Jahre nach dem Krieg mit der Frage: Was bedeutet es hier, die herrschende Erinnerungspolitik einer Analyse zu unterziehen? Welche Strategien der Vergegenwärtigung kommen zum Tragen? Welche nicht?

In Zagreb, der Hauptstadt des Nachbarlands Kroatien, rollen Intellektuelle und Künstler die Geschichte ihrer Netzwerke neu auf: Das zweite Leben der Kollektive ist eine Antwort auf die neuen, von Nationalismus und Kapitalismus bestimmten Verhältnisse. Welche Widerständigkeit entwickeln die Kollektive und Netzwerke der Gegenwart?

Die Hauptstadt Polens boomt. Zugleich schärft sich in Warschau die Kritik am Neoliberalismus. Wie verhält sich eine kritische zeitgenössische Kunst zu Tendenzen einer gesellschaftlichen Retraditionalisierung bei gleichzeitiger Liberalisierung des urbanen Lebens?

Zum Selbstverständnis der Ljubljaner gehört seit jeher die internationale Vernetzung und eine außergewöhnlich lebendige Kunst- und Kulturszene. Angesichts der sich verändernden politischen und ökonomischen Situation streiten Intellektuelle und Künstler für die Beibehaltung dieser Offenheit. Wie formulieren sie ihre Kritik, auf welche Gegenbewegungen lenken sie das Augenmerk? Was bedeutet Internationalität heute in Ljubljana?

Der thematische Zugang, den die Künstler und Autoren zu jeder der Städte eröffnen, ist eng an den jeweiligen lokalen Kontext geknüpft und weist zugleich über die Stadt- und Ländergrenzen hinaus. Insofern bleibt eine Frage durchgehend bestehen: Was erzählen uns diese Städte und ihre Bewohner über sich, was über uns?

Um der Heterogenität der Orte und Positionen gerecht zu werden, haben wir uns zu einer strikten Dramaturgie entschlossen. Für jedes Kapitel luden wir Künstler und Fotografen ein, Arbeiten eigens für die Publikation anzufertigen. Der Weg in die Stadt und zum Thema führt in diesem Band immer über die Kunst. Gleichzeitig sprachen wir mit Schriftstellern, Kuratoren, Journalisten, Ökonomen und Soziologen. Der jeweils erste Essay im Kapitel umreißt das Stadtthema aus einer Innenperspektive. Er wird begleitet von Fotoarbeiten bzw. künstlerischen Bildbeiträgen. Ein zweiter, kürzerer Beitrag greift einen thematischen Aspekt auf und bietet eine Vertiefung an. Es folgt eine Reportage, ein literarischer Text oder eine Mischform aus beidem, zumeist aus einer Außenperspektive formuliert. Der Wechsel und die Konfrontation von Innenperspektive und Außenblick durchziehen das gesamte Buch und finden ihre Fortsetzung in einem Gespräch zwischen Künstlern und Intellektuellen. Mitglieder der „relations"-Projekte diskutieren mit Kollegen, um unterschiedliche Positionen im Dialog greifbar zu machen und sie damit der Verhandlung auszusetzen. Bevor wir die jeweilige Stadt und ihre Szenen wieder verlassen, setzt eine künstlerische Arbeit diese noch einmal ins Bild. Abschließend bindet ein Essay die lokale Situation in einen größeren Diskussionszusammenhang ein: Wie arbeiten die neuen Eliten die Kriege der jüngsten Vergangenheit auf? Wer musealisiert die kommunistische Ära? Womit sichert die Europäische Union ihre Außengrenzen, und wen schützen eigentlich die Protektorate im ehemaligen Jugoslawien?

An die Stadtkapitel schließt sich der „Atlas" an. Denn jede Gegenwart hat ihre Hintergründe und ihre Vorgeschichte. Durch diese führt ein Text, der in kompakter Form die realpolitischen Verhältnisse skizziert und Daten zur Historie und der ökonomischen Situation einflicht. Auch für den „Atlas" spielt die Spannung zwischen subjektiver Perspektive und transnationalem Blick eine wichtige Rolle. Anstelle von scheinbar objektivem Datenmaterial bietet er eine faktenunterfütterte Erzählung an.

Am Ende des Buches kommen wir wieder zum Anfang zurück, das heißt zu den Kunst- und Kulturprojekten, die in den letzten drei Jahren im Rahmen von „relations" entwickelt wurden. Diese Projekte werden dort durch Kurzbeschreibungen und ein Verzeichnis sämtlicher Beteiligter dokumentiert.

Das vorliegende Buch ist ein Gemeinschaftswerk, das nur durch die intensive Zusammenarbeit mit den Mitgliedern der „relations"-Projekte, mit allen Autoren und Künstlern sowie mit dem Beraterteam – Marius Babias, Mathias Greffrath, Georg Schöllhammer –, den Lektoren und Übersetzern entstehen konnte. Und dabei waren nicht allein viel Energie und Geduld nötig – auch die Sprachfindung als solche hat immer wieder unseren Erfindungsgeist gefordert. Das Experiment des Kulturaustauschs und der Übersetzung, das verbale Tasten, Fragen, Ausprobieren, begann bei nahezu jeder Kontaktaufnahme, bei nahezu jedem Gespräch und setzte sich in einer intensiven Textarbeit fort. So wurden die vorliegenden Beiträge aus acht Sprachen übersetzt. Das Resultat ist eine englische und eine deutschsprachige Ausgabe. Dass jede Übertragung den eigenen kulturellen Hintergrund bewusst oder unbewusst einschreibt, soll hier nur kurz in Erinnerung gerufen werden. Und wie immer sitzt der Teufel im Detail. Die Brisanz von Sprachregelungen lässt sich etwa an der Schreibweise der Stadt Pristina ablesen. Die Redaktion folgt hier der internationalen Konvention, die weder die albanische (Prishtina) noch die serbische (Priština) Schreibweise adaptiert, sondern eine eigene kreiert hat: Pristina. Unsere albanisch sprechenden kosovarischen Kollegen hingegen verwenden die albanische Schreibweise Prishtina. Denn das Kosovo gehört zur Staatenunion Serbien und Montenegro, gleichwohl sich im kosovarischen Selbstverständnis ein klares Votum für die Unabhängigkeit abzeichnet. Das vorhandene oder nicht vorhandene „h" in Pristina erzählt also die komplexe Geschichte eines bislang ungelösten Konfliktes um den Status der kosovarischen Gesellschaft. Aus diesem Grund haben wir uns, wie in anderen Fällen auch, gegen eine Vereinheitlichung entschieden und versucht, die derzeit gängigen Bezeichnungspraxen abzubilden.

Die Berücksichtigung und gegebenenfalls auch die Verteidigung von Heterogenität umfasst damit oft buchstäblich jedes Wort in diesem Buch. Lassen Sie sich irritieren. Und lassen Sie sich verführen – von einem unabgeschlossenen, dialogischen, kaleidoskopartigen und zwischen zwei Buchdeckeln sortierten Versuch einer Auseinandersetzung mit ortsgebundenen und gleichwohl grenzüberschreitenden Fragestellungen, mit in Bewegung geratenen Subjektivitäten, Blickregimen und Sichtachsen, Sprachregelungen und Bildwelten. Als notwendige Voraussetzung für diesen Versuch der Vergegenwärtigung und der Vermittlung galt uns stets die Verschränkung von Innen- und Außenperspektiven sowie eine Distanznahme in der Empathie. Denn für uns liegt in Lektüren, die sich der Spannung zwischen Innen und Außen aussetzen und die zwischen Empathie und Distanznahme zu wechseln vermögen, die Möglichkeit der Teilhabe oder, vielleicht besser: der Zeitgenossenschaft.

Katrin Klingan und Ines Kappert

Dank

Dieses Buch entstand aus der dreijährigen intensiven Zusammenarbeit im Rahmen des Projektes „relations" mit Künstlern, Kuratoren, Theoretikern und Wissenschaftlern, Universitäten, Kunstakademien und Kunstinstitutionen, Förderern und Freunden. Ihnen allen, die daran beteiligt waren, „relations" möglich zu machen, möchten wir an dieser Stelle ganz herzlich danken.

Unser Dank gilt zunächst der Kulturstiftung des Bundes und hier vor allem Hortensia Völckers und Alexander Farenholtz sowie Lutz Nitsche, Fokke Peters und Friederike Tappe-Hornbostel. Sie haben das Projekt „relations" nicht nur angeregt, sondern uns stets inhaltlich gefordert und mit großem Vertrauen die notwendigen zeitlichen und ideellen Freiräume eröffnet. Insbesondere ihnen und allen weiteren Mitarbeitern danken wir für ihren verlässlichen Rat und ihre kontinuierliche Unterstützung.

Ein Projekt ist so gut wie sein Team. Wir danken unseren Kolleginnen und Kollegen Patricia Maurer, Franziska Sauerbrey, Ines Kappert, Yvonne Meyer und Peter Wellach, die von Beginn an das Projekt „relations" mit außerordentlichem Engagement, Kreativität, großer Ausdauer und guter Laune mitgestaltet, getragen und entscheidend geprägt haben. Ebenso danken wir allen weiteren Assistenten, Volontären und Praktikanten, die im Laufe der letzten drei Jahre mit uns gearbeitet haben.

Die notwendige stabile Struktur für unsere tägliche Arbeit gab uns der Verein relations e.V. Wir danken Karin Schopp, unserer zweiten Vorsitzenden und Steuerberaterin, für ihren außergewöhnlichen Einsatz, ihre Moderation und ihre Bereitschaft, das Projekt mit vielen wichtigen Entscheidungen voranzutreiben. Unser Dank gilt ebenfalls unserem Rechtsanwalt Bernd Hoffmeister, der uns komplizierte Sachverhalte zu entschlüsseln half und wesentlich daran beteiligt war, die rechtliche Grundlage für unser Projekt herzustellen und sicherzustellen. Den weiteren Vereinsmitgliedern Martin Fritz, Gerald Knaus und Boris Marte danken wir für ihr außerordentliches Engagement. In einer stets fachlich anregenden und persönlich angenehmen Zusammenarbeit haben sie uns darin unterstützt, unsere Vorstellungen weiterzuentwickeln und in die Praxis umzusetzen.

Wichtige Anregungen, neue Perspektiven und entscheidende Impulse für unsere Arbeit erfuhron wir auch durch den Internationalen Beirat. Eda Čufer, Silvia Eiblmayr, Migjen Kelmendi, Marek Krajewski, Thomas Krüger, Hortensia Völckers und Gottfried Wagnor danken wir für ihre wichtige Rolle als Ratgeber und Vermittler von „relations" und seinen Kooperationsprojekten.

„relations" stützt sich auf die langjährige Zusammenarbeit mit Partnern. Unser ganz besonderer Dank gilt den Verantwortlichen der Kooperationsprojekte in verschiedenen Städten des östlichen Europa wie auch in Deutschland. Susanne Ackers, Inke Arns, Kathrin Becker, Mehmet Behluli, Sokol Beqiri, Daniel Birnbaum, Damir Blažević, Dunja Blažević, Iara Boubnova, Pavel

Brăila, Teodor Celakoski, Veronika Darian, Nikola Dietrich, Lilia Dragneva, Dirk Fleischmann, Marina Gržinić, Günther Heeg, Nataša Ilić, Ivana Ivković, Alexander Kiossev, Tomislav Medak, Christiane Mennicke, Miran Mohar, Joanna Mytkowska, Nikolaj Nikitin, Goran Sergej Pristaš, Andrzej Przywara, Sabina Sabolović, Andrej Savski, Erzen Shkololli und Borut Vogelnik danken wir dafür, die Herausforderung angenommen zu haben, ebenso wie für ihre präzise Konzeption, professionelle und kollegiale Zusammenarbeit und den stets offenen Austausch. Die Projekte und alle daran Beteiligten sind am Ende des Buches aufgeführt.

Wir danken auch allen weiteren Partnerinstitutionen und Förderern, die unsere Arbeit und die der Kooperationsprojekte mit ihrem Engagement unterstützt haben.

Der Bundeszentrale für Politische Bildung und Kontakt - Das Programm für Kunst und Zivilgesellschaft der Erste Bank-Gruppe in Zentraleuropa danken wir für die Zusammenarbeit und Unterstützung im Rahmen der Präsentation und Verbreitung von *Sprung in die Stadt*.

Katrin Klingan, *Künstlerische Leiterin von „relations"*
Samo Darian, *Geschäftsführer von „relations"*

Das Buch *Sprung in die Stadt* wäre ohne die enge, vertrauensvolle und stets erfindungsreiche Zusammenarbeit mit einem großen Team nicht zu realisieren gewesen.

In steter Dialogbereitschaft gaben uns vor allem unsere Berater Marius Babias, Mathias Greffrath und Georg Schöllhammer wichtigen Rat und Unterstützung, ebenso Eda Čufer und Amra Bakšić-Čamo, Dunja Blažević, Luchezar Boyadjiev, Pavel Brăila, Migjen Kelmendi, Alexander Kiossev, Marek Krajewski, Tomislav Medak, Miran Mohar, Joanna Mytkowska, Goran Sergej Pristaš, Andrzej Przywara, Piotr Rypson, Borut Vogelnik und Hortensia Völckers.

Für die kuratorische Unterstützung im Zusammenhang der Bildbeiträge danken wir Lilia Dragneva und Pavel Brăila (Chişinău), Luchezar Boyadjiev (Sofia), Erzen Shkololli (Pristina), Amra Bakšić-Čamo (Sarajevo), Joanna Mytkowska und Andrzej Przywara (Warschau), Nataša Ilić und Sabina Sabolović (Zagreb) und Nataša Petrešin (Ljubljana).

Die organisatorischen Rahmenbedingungen stellte wie immer in den letzten drei Jahren das „relations"-Team sicher, mit großem Engagement und unerschütterlichem Humor: Samo Darian, Patricia Maurer, Franziska Sauerbrey und Yvonne Meyer. Tausend Dank dafür!

Allen Autoren, Künstlern und Fotografen gilt unser spezieller Dank für ihre Bereitschaft, sich auf eine intensive Auseinandersetzung einzulassen. Ein Buch, dem Manuskripte in acht Sprachen zugrunde liegen, die in eine deutsche und eine englische Ausgabe verwandelt werden müssen, ist eine Her-

ausforderung. Ohne unsere Koordinatorin Gerti Fietzek, die alle Fäden zusam-
menführte, wäre es nicht zu realisieren gewesen. Mit großem Engagement
haben auch die Übersetzer und das Lektorat, namentlich Greg Bond und Sabine
Grimm, dafür gesorgt, dass aus den vielen Beiträgen ein Buch entstehen
konnte. Von Beginn an war es für uns ein wichtiges Anliegen, eine entsprechende visuelle Sprache für dieses Buch zu finden. Bei den Buchgestaltern
Kerstin Riedel, Philipp Arnold und Nicola Reiter, die das prägnante typogra-
phische sowie visuelle Konzept von *Sprung in die Stadt* entwickelten und
kreativ umsetzten, bedanken wir uns sehr.

Des Weiteren war uns die gute Zusammenarbeit mit dem DuMont Literatur
und Kunst Verlag eine wertvolle Unterstützung. Wir bedanken uns bei Maria
Platte, Tina Anjou und Marcus Muraro.

Ganz herzlich bedanken wir uns für die unverzichtbare inhaltliche und
persönliche Unterstützung bei Oliver Baurhenn, Christine Böhler, Gülriz Egilmez,
Christine Gundelach, Dorothea von Hantelmann, Lejla Hodžić, Kathrin
Kollmeier, Karin Krauthausen, Boris Marte, Tilman Rammstedt, Jan Rohlf und
Maria Ziegelböck.

Ihnen allen wünschen wir viel Freude an diesem Buch.

Katrin Klingan und Ines Kappert

Chişinău

Planet Moldau

Nächste Episode

Das Haus meiner Eltern liegt in der Armeneasca-Straße in der als Altstadt bekannten Gegend im oberen Teil des Stadtzentrums. Bei uns nennt man solche Bezirke „Ein-Stockwerk"-Gegenden, weil die meisten Häuser nur ein Geschoss haben. Das Wohnsystem ist simpel. In jedem Hof gibt es mehrere Wohnungen, deren Zahl von Hof zu Hof schwankt. In unserem – N6 – sind es sieben Wohnungen, der Hof N6 auf der Straßenseite gegenüber hat fünf, und im Hof N4 finden sich mehr als dreißig Wohnungen. In den 1970er Jahren war diese Gegend mit ihren alten Gebäuden ohne erkennbaren Stil, ohne Kohleheizung, ohne Wasser, ohne Gas und mit wenig Privatsphäre nicht sonderlich beliebt. Die Privilegierteren lebten in Hochhäusern mit Zentralheizung, heißem Wasser, Gas und geraden Wänden, in denen man auf offiziell neun Quadratmetern pro Person plus einem Balkon, oder auch zweien oder dreien, für sich sein konnte. Infolge der „außergewöhnlichen Architektur" jener Zeit waren die meisten dieser Wohngegenden bzw. „zhilploshchad"[1] einander sehr ähnlich. Betrat man in Moskau, Taschkent, Murmansk oder Khanty-Mansiysk eine Dreizimmerwohnung in einem neunstöckigen Wohnhaus, war man zufrieden, überall dieselbe „rubashka"[2]-Form der Wohnungen vorzufinden, den Traum einer jeden sowjetischen Familie. Dieselben Straßen, dasselbe Gebäude, dieselben Wohnungen, dieselben Türen: als ob nur ein einziger Schlüssel notwendig wäre, um alle diese Türen zu öffnen. Niemand muss nach der Toilette fragen, denn die Toilette befindet sich immer neben der Küche, und auch die Messer liegen immer in derselben Schublade im selben Schrank, der in allen Wohnungen nach demselben Muster eingebaut wurde. Ein Muster für ganze 22 402 000 Quadratkilometer, als hätte es an dem Tag, an welchem dem Architekten die Idee kam, nur einen einzigen Satz Blaupausen gegeben!

1 Russische Abkürzung für „Zhilaya Ploshchad": Wohngegend. Dieser Begriff wurde in Gesprächen über Wohnungen häufig benutzt.
2 Russisch „Hemd". Typus einer Dreizimmerwohnung in Form eines Hemdes.

Normalerweise wussten die Leute nicht viel über diejenigen, die auf der anderen Seite ihrer Wände wohnten, häufig noch nicht einmal den Namen, geschweige denn etwas über ihr Leben; was man, würde ich sagen, von den Nachbarn aus den Ein-Stockwerk-Gegenden nicht behaupten kann. Hier war alles transparent und offen, und die Nachbarn wussten genauer über einen Bescheid als die engsten eigenen Verwandten.

Noch die kleinste Neuigkeit wurde sofort aufgenommen, begutachtet, aufpoliert beziehungsweise ergänzt und an den Nächsten weitergegeben.

Während es tagsüber zu eher beiläufigen Unterhaltungen kam, fanden am Abend die großen Sitzungen statt. Man sprang von einem Gerücht zum nächsten, wobei das ständig wachsende Interesse und der Versuch, sich gegenseitig zu übertrumpfen, eine immer größere Zahl unerhörter Nachrichten zutage förderten (eine Art regionale Hörfunkversion des heutigen CNN, produziert von herausragenden Mitarbeitern des Radio Baba) so lange, bis auch die letzte unbedeutendste Nachricht vermeldet war und die Stimmung der Versammlung ein wenig abklang (wahrscheinlich trat sogar eine Pause ein) und schließlich jemand fragte: „Habt ihr gestern ferngeguckt?" Darauf schaltete die Unterhaltung schlagartig um vom eigenen Viertel auf die Welt!

In unserer Gegend existierten damals drei Fernsehsender:
Programm I – Zentralsender (Union Eins); Programm II – Republikanischer Sender (der angeblich in jeder Republik existierte) und Programm IV – der zweite Unionskanal. Wie so viele Phänomene in diesem Wunderland bleibt es unerklärlich, warum wir ein Programm IV hatten, aber kein Programm III. Der Zentralkanal war groß und sterbenslangweilig; normalerweise liefen dort Filme über Lenin, die BAM[3], den Kampf um die Ernte auf den Feldern des Landes, Konzerte des Alexandrow-Chors, „po zayavkam telezritelei"[4], und anderer puritanischer Propagandakram – und das alles ohne Werbepausen. Während der Olympischen Spiele und anderer internationaler Sportveranstaltungen war der Fernseher, genannt der „blaue Bildschirm", das unangefochtene Zentrum der Aufmerksamkeit; dies galt vor allem für die Eishockeyweltmeisterschaften, denn hier war unser Team häufig siegreich. Leider fanden die Weltmeisterschaften nicht allzu häufig statt, so dass die Erbauer des Sozialismus zumeist herzlich eingeladen waren, sich Programa Vremea[5] oder Dokumentarfilme über die „Zivilverteidigung" anzusehen.

3 Die Baikal-Amur-Magistrale (BAM) ist eine 4234 Kilometer lange Eisenbahnlinie, die Ostsibirien und den fernen Osten Russlands durchquert. Die BAM war von 1974 bis 1984 ein riesiges Komsomol-Projekt, bei dem in großem Umfang auf „freiwillige" Zwangsarbeit zurückgegriffen wurde.
4 Auf Verlangen der Fernsehzuschauer.
5 Programa Vremea (Zeit) war das wichtigste TV-Nachrichtenprogramm in der UdSSR und existiert in Russland noch heute.

Als irgendwann 1984 ein Wunder geschah und die *Bel-Ami*-Serie, die auf Guy de Maupassants Roman beruht, ausgestrahlt wurde, erklärte die ganze Stadt unisono: „Ein Kerl mit drei Damen … alle zur gleichen Zeit!" und leckte sich dabei die Lippen. Ich war damals dreizehn, und diese Serie zu sehen war extrem wichtig für mich: erstens wegen der erotischen Szenen (es war das erste Mal, dass ich nackte Frauenkörper im Fernsehen sah) und zweitens – das war nicht weniger wichtig –, damit ich in meiner Klasse auf dem Laufenden war, bei allen Details mitreden konnte und auf diese Weise zu einem vollwertigen Mitglied der Gesellschaft wurde. Leider hatte ich nicht so viel Glück wie die 293 Millionen Menschen, die *Bel Ami* sahen und jeden Morgen zur Arbeit hetzten, um mit dem gesamten Kollektiv über den Film zu diskutieren. Meine Eltern waren nämlich auch ein vollwertiger Teil der Gesellschaft und wussten, was Sache war, und das schränkte die Fernsehzone für mich zu bestimmten Zeiten deutlich ein.

Bedauerlicherweise konnte ich die Serie also nur zum Teil ansehen und ging am nächsten Morgen keineswegs gutgelaunt zur Schule, denn es war klar, ich würde mich nicht an der Unterhaltung meiner gesamten Klasse beteiligen können. Ich träumte von einem eigenen Fernseher in meinem eigenen Zimmer.

Alles verlief glatt und ruhig, bis im April 1985 das Zentralkomitee der KPdSU einstimmig Michail Gorbatschow zum Generalsekretär der Partei wählte – hier kommt die Perestroika! Gemeinsam mit einer freundlichen Haltung gegenüber dem Westen sowie der Rede-, Bilder- und Gedankenfreiheit. In allen großen Organisationen und nachgeordneten Institutionen kam es zu Veränderungen. Ich werde hier nicht aufzählen, was alles in der Euphorie dieser Zeit geschah, denn es war alles zu viel und es kam sehr plötzlich. Ich möchte lediglich über den letzten Seufzer des staatlichen Fernsehens sprechen, das mittlerweile in den letzten Zügen lag, und darüber, wie dieser neue Wind in unserem Viertel und jenseits davon aufgenommen wurde.

Die ersten Injektionen Seifenoper!

Es war Ende 1988. Der erste Versuch bestand aus fünf Abenden mit einer brasilianischen Serie aus den 1970er Jahren, *Das Sklavenmädchen Isaura*; das ganze Land war wie besessen vom Schicksal der jungen, hübschen Frau, die jeden Abend von einem bösen Grundbesitzer und seinen Kumpanen erniedrigt und misshandelt wurde. Abend für Abend wurde Leoncio immer brutaler und grausamer; alle empfanden Mitleid, erlebten jeden Augenblick persönlich mit und warteten ungeduldig auf die nächste Folge. Verpasste man eine davon, so war dies dramatisch und bedeutete einen schweren Schlag für die Betroffenen. Das süchtige Publikum riskierte viel, sehr viel, nur um zu sehen, was in der nächsten Folge geschah; es machte blau oder fand andere Möglichkeiten, um zur rechten Zeit vor dem Fernseher zu sitzen. Leute, die länger oder in der Spätschicht arbeiteten, bombardierten das Zentralfernsehen (CT) mit Briefen, damit die Sendung zu einem anderen Zeitpunkt ausgestrahlt oder zumindest am nächsten Morgen wiederholt würde. Da die *Isaura*-Begeisterung die Herzen der Leitung des Senders rührte, wurden die Forderungen der Öffentlichkeit erfüllt. Nach mehreren erfolglosen Versuchen, eine geeignete Sendezeit für das gesamte Publikum zu finden – damals hatten viele Menschen keine Möglichkeit, zu einem Bildschirm zu gelangen, denn in den großen Fabriken in diesem großen Land wurde noch in vier Schichten gearbeitet –, begann CT die Sendung am Wochenende auszustrahlen und unter der Woche zu wiederholen. Später kaufte der Sender die übrigen einhundert Stunden der Serie und versetzte damit eine ganze Nation in einen absoluten Glückstaumel.

Der Einfluss dieser Serie lässt sich schwer beschreiben, doch es war eine Zeit der „Wunder und Entdeckungen". Neugeborene erhielten die Namen der Hauptfiguren, begüterte Damen unterzogen sich Schönheitsoperationen à la Isaura, das Gesicht Isauras fand sich auf jeder Art von Druckerzeugnissen, einige Kolchosen änderten ihren Namen von „Lenin" in „Isaura", und die ganze Nation begann, ihre kleinen Datschen als *fazendas* zu bezeichnen.

Kurze Zeit danach verschwand die Sowjetunion.

In den letzten Jahren hat das Zentralfernsehen häufig den Namen und die Besitzer gewechselt, doch aus naheliegenden Gründen hat es das Erbe, der „erste
Sender" zu sein, bewahrt. Neu ist, dass eine Reihe anderer Sender mit einer gigantischen Mischung aus Seifenopern und Weichspülprogrammen aufgetaucht sind.
Nach dem Erfolg des *Sklavenmädchens Isaura* und dem Erlebnis des westlichen
Fernsehsystems füttern sämtliche Sender die Öffentlichkeit mit „billigen Tränen",
inhaltsarmen Shows und einer von massiven Werbeblöcken umrahmten Infor-
mationskanonade. Die Vielfalt der Sender entspricht nicht der Vielfalt der Interessen, und alle Programme sind sich sehr ähnlich geworden. Lediglich im Wahlkampf, wenn sich die politischen Parteien selbst vorstellen, unterscheiden sich
die Sender voneinander. Der Fernsehbildschirm ist zu einem Vergrößerungsglas
geworden, das eine kleine Fliege in ein ausuferndes und schlecht inszeniertes
Theaterstück in einer Realityshow verwandelt hat. Und aufgrund der menschlichen Eigenschaft, das zu glauben, was man sieht, ist das Publikum zum Opfer
eines ernsten Machtkampfs geworden.
Seit langem habe ich keine Geschichten und Gerüchte mehr aus unserem Viertel gehört.
Inzwischen habe ich mein eigenes Zimmer und mein eigenes Fernsehgerät mit
vielen Sendern, aber überraschenderweise sehe ich nur selten fern. Ich verbrin-
ge jetzt einen Großteil meiner Zeit im Internet, und zwar nicht nur aus beruflichen Gründen, sondern wahrscheinlich auch deshalb, weil mich wieder das Syn-
drom verfolgt, ein Teil der Gesellschaft sein zu wollen, und weil ich süchtig bin
nach diesem weltweiten Netz.

Nicoleta Esinencu

Chişinău – eine Stadt der Kopfschmerzen!

LENIN LEBTE! LENIN LEBT! LENIN WIRD LEBEN![1] stand über dem Eingang meiner Schule, einer angesehenen Schule in Chişinău. Das war die Losung, die wir jeden Morgen lesen mussten. Die Tafel hängt noch heute dort. Aber weil sich irgendwann die Dinge ändern, wurde die alte Losung durch eine neue ersetzt – WILLKOMMEN EUROPA!

Zu meiner Schulzeit hätten sich viele Lehrer eher die Zunge abgebissen, als das Wort EUROPA auszusprechen. Diejenigen, die es sich dennoch erlaubten, etwa in Geographie, wo es unvermeidbar war, oder in Französisch, als wir zum Beispiel über *La situation geographique de la France* sprachen, bevorzugten das Wort EURASIEN.

Seltsamerweise war das Aussprechen des Wortes EUROPA nicht verboten. Es unterlag keinerlei Zensur. Meine Lehrer befolgten vielmehr ein von ihnen selbst eingeführtes, ungeschriebenes Gesetz, die Selbstzensur, ein Gesetz, nach dem sich auch heute noch viele richten.

In der UdSSR (Eurasien) geboren, weiß meine Generation nicht viel über Europa, über Westeuropa. Einen der seltenen indirekten Europa-Kontakte stellte Kaugummi dar, den uns Väterchen Frost einmal im Jahr zum Neujahrsfest brachte.
Viele von uns erhielten Kaugummi nicht nur zu Neujahr, sondern besorgten es sich das ganze Jahr über. Ein Ausruf, der zu einer regelrechten Losung wurde und den jedes Kind in Chişinău kannte, lautete: FRIEDEN! FREUNDSCHAFT! KAUGUMMI![2] Mit dieser Losung auf den Lippen und mit ausgestreckter Hand konnte man sich einem Ausländer nähern, üblicherweise vor dem Hotel INTURIST. Eine der wenigen Regeln, die unsere Lehrer schriftlich festgehalten hatten und die wir missachteten, verlangte: „Nehmt nichts von Ausländern, es ist giftig! Wer davon isst, kann sterben!"

Das Risiko, im Unterricht mit Kaugummi im Mund erwischt zu werden, war wesentlich größer als die Gefahr einer Vergiftung.
„Du blöde Kuh", sagte dann der Lehrer zu dir, und du MUSSTEST vor Scham auf der Stelle im Boden versinken.
In dieser Hinsicht zensierten sich meine Lehrer niemals selbst und tun es bis heute nicht.

Das Chişinău meiner Kindheit waren weder die leeren Kaufhausregale noch die unendlich langen Warteschlangen. Das Chişinău meiner Kindheit waren meine Lehrer und die sowjetischen Dichter, die von den Menschen hier erzählten – dass es DIE fleißigsten, DIE gastfreundlichsten, DIE klügsten, DIE besten sind. Das Chişinău meiner Kindheit war auch Pepsi Cola, das ich einmal in einem Laden gesehen hatte, aber das war mehr ein Traum.

Zum Chişinău meiner Kindheit passt ein Witz besonders gut, den ich nach dem Zusammenbruch der UdSSR gehört habe.

1 ЛЕНИН ЖИЛ! ЛЕНИН ЖИВ! ЛЕНИН БУДЕТ ЖИТЬ!
2 МИР! ДРУЖБА! ЖВАЧКА!

Im Kindergarten fragt die Erzieherin die Kinder:
„Kinder, in welchem Land gibt es die schönsten Spielzeuge?"
„In der Sowjetunion!"
„Kinder, in welchem Land gibt es die besten Eltern?"
„In der Sowjetunion!"
„Kinder, in welchem Land gibt es die meisten Kuchen?"
„In der Sowjetunion!"
Vova beginnt zu weinen und sagt: „Ich will in der Sowjetunion leben!"

Wir, die wir noch in der UdSSR geboren sind, erleben nun, dass zu Neujahr nicht mehr Väterchen Frost, sondern der Weihnachtsmann kommt. Im Grunde ist es dasselbe Väterchen, nur dass sein Name geändert wurde. Ein Umstand, den nur wenige unserer Eltern für erklärungsbedürftig hielten.
Wollten sie es nicht oder konnten sie es nicht erklären, weil sie es nicht wussten?

Ich glaube, sie wussten es nicht.

Das beste Beispiel dafür könnte folgender Dialog zwischen einer Mutter und ihrem Kind sein, den ich vor einigen Tagen auf der Straße gehört habe.
„Was ist das, Napoleon?" fragt das Kind.
„Das ist so ein Kognak", antwortet die Mutter.

Warum schreien alle Leute um uns herum „*WIR* SIND HIER ZU HAUSE!", frage ich verwundert meine Mutter auf dem Platz der Großen Nationalversammlung, wo gerade die Unabhängigkeit der Republik Moldau proklamiert wird.

Warum verlieren alle bis zu jenem Tag auswendig gelernten Gedichte ihre Gültigkeit, aber die Dichter selbst bleiben aktuell? Mit dem Unterschied, dass sie nicht mehr als sowjetische, sondern als patriotische Dichter bezeichnet werden.

Warum beenden meine Lehrer, die uns DAS arbeitsamste Volk nennen, ihren Unterricht eine Viertelstunde früher und rennen nach Hause, damit sie die nächste Folge der Fernsehserie *DAS SKLAVENMÄDCHEN ISAURA* nicht verpassen?

Heute lese ich, wie ein russischer Gouverneur am Anfang des letzten Jahrhunderts die Menschen in Chişinău beschrieb: sehr faul, leichtgläubig, frivol, ungebildet, und ständig fielen sie auf die Knie.

Ich frage mich: Warum sollte ich ihm nicht glauben, was er schreibt?
Aus dem einfachen Grund, weil er ein Russe ist? Oder wegen des Ausrufes „*WIR* SIND HIER ZU HAUSE?"
Oder weil es bei uns Gewohnheit, ja sogar Tradition ist, jeden Russen als Schwein zu bezeichnen?
Die Unabhängigkeit begann hier mit Hass.
Man verwechselte Freiheit mit Fremdenfeindlichkeit.

Extreme Minibusse, 2005, Fotografien: Ruben Agadjeanean,
Vadim Hîncu, Maxim Moraru, Radu Zara
Minibus, auch „rutiera", Mikrobus, Maxitaxi oder „marshruta"
genannt: das populärste öffentliche Verkehrsmittel, größtenteils in Privatbesitz

KOFFER! BAHNHOF! RUSSLAND!³ war noch einer der harmlosesten Sprüche im Chişinău jener Tage, und bedauerlicherweise hört man es heute noch.
Ich überlege, wie es wohl wäre, wenn alle Italiener sich auf der PIAZZA ROMA versammeln würden und den Moldawiern, die zu einigen Hunderttausend illegal in Italien arbeiten, zuriefen:
„NEHMT EURE KOFFER UND GEHT ZURÜCK NACH MOLDAWIEN!"
Oder, noch besser, die Russen in Moskau, denn auch dort arbeiten Zehntausende Moldawier auf dem Bau.

Dieselben Lehrer, die uns früher zwangen, jeden Morgen *Ȋn strânsa familie Rusia mare ...* (In der eng verbundenen großen Familie Russland) zu singen, erzählen uns plötzlich von den Deportationen nach Sibirien und von den kommunistischen Verbrechen gegen die Menschlichkeit.

Warum erzählten dieselben Lehrer, die von uns Respekt und Gehorsamkeit verlangten, gestern das eine und behaupten heute etwas anderes?
Eine weitere Frage, die viele unserer Eltern nicht beantwortet haben.
Eine Frage, die man weder im Kindergarten noch in der Schule noch auf der Universität stellen darf.
Der Lehrer ist heilig! Was er sagt, das gilt! KEINE DISKUSSION!
Die Schulen hier plädieren für das kollektive Denken.
Du hast nicht das Recht, anderer Meinung zu sein als der Lehrer, du hast nicht das Recht, zu antworten, und nicht das Recht, zu fragen. NICHTS!
Die Zerstörung der Persönlichkeit beginnt im Kindergarten und hört mit der Universität auf! Oder hört gar nicht mehr auf.

Fünfzehn Jahre schon kommt Väterchen Frost nicht mehr. Seitdem tauchten noch mehr Fragen und Widersprüche auf, die, wie ich glaube, weniger naiv sind.

Wir Moldawier erfuhren, dass wir im Grunde Rumänen sind.
Kaum wurde die Grenze zu Rumänien geöffnet, blühte sofort die Geschäftemacherei.
Der Weihnachtsmann bringt moldawische Elektro-Haushaltsgeräte nach Rumänien und nach Moldawien rumänische Trainingsanzüge.
Auch der Erhalt der rumänischen Staatsbürgerschaft entwickelt sich allmählich zu einem profitablen Geschäft.
Umgekehrt gilt das nicht, denn es gibt einfach keinen, dem man die moldawische Staatsbürgerschaft verkaufen kann.

Das Wort EURASIEN verschwindet spurlos aus dem Vokabular unserer Lehrer und natürlich auch aus unserem.

EURASIEN transformiert sich mit der Zeit in EUROPA und ASIEN. Der Akzent liegt selbstverständlich auf EUROPA.

3 ЧЕМОДАН! ВОКЗАЛ! РОССИЯ!

Unabhängig von den gesetzten Akzenten
Wählen wir die Kommunisten und …
Wählen wieder die Kommunisten.
Nach der letzten Wahl protestieren wir nicht einmal mehr.
Wir importieren riesige Mengen Orange aus Kiew, um es dann rot zu färben.
Dass die Kommunisten pro-europäisch werden, setzt dem Ganzen die Krone auf.
Und laut letzter Volkszählung sind die Rumänen eine nationale Minderheit in Moldawien.

Es stimmt, das Chişinău von heute erweckt immer mehr den Eindruck einer europäischen Stadt.
Neue Gebäude, Neonreklame, Designergeschäfte, Supermärkte, Einkaufszentren, Kinos …

Wodurch wird eine Stadt europäisch? Durch die Straßen? Die Gebäude? Die Preise? Oder durch die Menschen?
Das Chişinău von heute will um jeden Preis eine europäische Stadt werden, und was das äußere Erscheinungsbild betrifft, stehen die Chancen dafür gar nicht schlecht.
Und auch die Menschen wollen zu Europa gehören, ganz ehrlich, und sei es nur, damit sie nicht mehr 3000 Euro für ein SCHENGEN-Visum bezahlen müssen, das vielleicht gefälscht ist, wenn man Pech hat!

Das Chişinău von heute und die erfolgten Veränderungen, oder die, die hätten erfolgen sollen, erinnern mich immer öfter an ein berühmtes Buch aus meiner sowjetischen Kindheit – *BUCH FÜR MÄDCHEN*.
Dieses Buch durfte in keinem Haushalt fehlen. Man fand darin verschiedene nützliche Ratschläge, so zum Beispiel, wie man aus einem alten Fetzen ein neues „fetziges Kleidchen" näht.
Aus etwas ALTEM etwas NEUES machen!
Und warum nicht schlicht und einfach etwas NEUES machen?
Ich frage mich, was uns daran hindert.
Es gibt eine einzige Sache, die sich überhaupt nicht verändert hat und, wie ich glaube, sich auch in absehbarer Zeit nicht ändern wird – und das ist die Art zu denken.
Alle öffentlichen Einrichtungen haben ihre Fenster, Türen, Büromöbel etc. ausgewechselt.
Die Menschen, die dort arbeiten, sind dieselben geblieben. Die Haltung ist dieselbe geblieben.
Die jungen Leute, die einen Job in einer öffentlichen Einrichtung haben, unterscheiden sich durch nichts von denen, die vor dreißig Jahren jung waren!

Im Amt für Passangelegenheiten telefoniert die Angestellte ungeniert eine halbe Stunde vor deinen Augen mit ihrer Tochter und gibt ihr folgende wertvollen Ratschläge: „Wasch dich, iss, geh, komm, schneid dir die Nägel und auch die von deinem Bruder."

Chişinău

Extreme Minibusse, 2005
Minibusse verkehren in ganz Chişinău. Abstand zwischen den
Fahrten: zwei bis zehn Minuten. 2000 Minibusse sind auf 62
Routen eingesetzt. Die üblichen Typen sind Mercedes 207D bis
zu 310D.

Man schadet sich nur selbst, wenn man sie darauf hinzuweisen versucht, dass es nicht korrekt ist, Dutzende von Menschen warten zu lassen.

„Rotznase, willst du mir sagen, was ich tun soll?"

Der Staat erfindet immer mehr Institutionen dieser Art, mit jeweils Hunderten von Angestellten, die noch nicht einmal wissen, was sie tun und warum sie es tun.

„Entschuldigen Sie bitte, was ist der Zweck Ihrer Tätigkeit?"
„Die Erfassung der ausländischen Bürger."
„Das weiß ich. Aber wozu, zu welchem Zweck?"
„Für Beschwerden ist mein Chef zuständig."
„Ich beschwere mich nicht. Sie erledigen hier eine Arbeit, und ich frage Sie nur, wozu."
„Ich wiederhole, für Beschwerden ist mein Chef zuständig."

Oder wenn du einen Strafzettel von 18 Lei bezahlen musst. Du wirst aufgefordert, auf den Markt zu gehen und 18 Kugelschreiber zu je einem Leu zu kaufen. Ich kenne Leute, die sie weinend kauften, wohl wissend, dass davon abhängt, ob man den entsprechenden Stempel bekommt oder nicht.

Es gibt nicht ein einziges ausländisches Auto, das nicht von der Verkehrspolizei angehalten würde.
Das erste, was der Polizist sagt, ist: AMERICAN BLEND.
Nachdem er das Geld eingesteckt hat, wird er sehr freundlich und fragt sogar nach, was Danke in der Sprache des Autofahrers heißt.
Und in welcher Sprache spricht der Polizist normalerweise die Ausländer an? Auf Deutsch.
So! „Fritz, Hände hok, Ghitler caput! Gute Reise!"
Das Schlimmste ist, dass die Reaktionen heutzutage dieselben sind wie zu Zeiten der UdSSR, selbst bei der jungen Generation. Siehst du einen Deutschen, musst du unbedingt zu ihm sagen: „Fascist, Fritz, Hände hok, Ghitler caput!"

Zur selben Zeit erreicht der Antikommunismus hier seinen Höhepunkt.
Alle sind Antikommunisten!
Antikommunist zu sein ist ein Job.
Ein Job, der sogar gut bezahlt sein könnte.
Und wer sind die erbittertsten Antikommunisten von heute?
Die Kommunisten von gestern.
Die Antikommunisten sind kommunistischer in ihrem Denken als die Kommunisten, die sich wenigstens nicht verstecken.

Die ANTIKOMMUNISTEN von Chişinău sind im Grunde KOMMUNISTEN.

Wie kleidet sich die Jugend von heute?
Warum laufen die jungen Frauen bauchfrei herum?
Wieso waschen die Frauen nicht mehr die Socken ihrer Männer?

Ob das wohl der schlechte Einfluss des Westens ist?

Nein!

Das ist reiner Kommunismus!

Irgendwo lese ich: „Die Invasion der Bauchnabel" – erotischer Kommunismus! Mit diesem Thema beschäftigen sich die ANTIKOMMUNISTEN von heute, darüber gibt es nicht enden wollende Debatten in der antikommunistischen Presse von Chişinău.

Der hiesige Antikommunismus erinnert mich an jenes Buch, in dem die vorbildliche Lena Fokina mit den Mücken kämpfte:

Um alle Mücken aus dem Zimmer zu vertreiben, verdunkele man für 10 bis 15 Minuten die Fenster. Anschließend öffne man sie schnell. Die Mücken werden in Richtung Licht fliegen und das Zimmer verlassen.

Meine Generation ist erwachsen geworden und glaubt leider nicht mehr an Märchen.

Gestern noch spazierte ich auf dem Lenin-Boulevard, heute auf dem Boulevard Stefan der Große.

Morgen vielleicht auf dem Europa-Boulevard, vorausgesetzt, ich werde nicht von einem Sammeltaxi überfahren, dessen Fahrer mit 60 Stundenkilometern durch die Straßen brettert und sich mit nacktem Oberkörper, eine Hand am Lenkrand, in der anderen die Zigarette, aus dem Fenster lehnt und den Mädchen, die die Straße überqueren, zuruft:

„He, das Auto fickt dich nicht, es überfährt dich."

In öffentlichen Verkehrsmitteln ist man genauso gefährdet wie als Fußgänger.

Heutzutage ist es üblich, mit dem europäischen Beispiel zu argumentieren:

Auch in Berlin überquert man die Straße bei Rot.

Einverstanden, nur dass in Berlin dabei keine Lebensgefahr besteht.

Hier ist es gefährlich, die Straße ordnungsgemäß zu überqueren!

Seit fünfzehn Jahren kommt Väterchen Frost nicht mehr.

Seit fünfzehn Jahren kommt der Weihnachtsmann.

Eine einzige Sache ist heute sicher: Er hat seinen Namen geändert.

Die Veränderungen der letzten fünfzehn Jahre, die heute noch andauern, betreffen folgendes:

Gebäude, Büros, Inschriften, Plätze ändern sich.

Standorte ändern sich.

Zum Beispiel: Das Lenin-Denkmal steht jetzt nicht mehr im Zentrum, sondern in einem Vorort.

Namen und Bezeichnungen ändern sich.

Die Namen der Straßen, der Institute, in meinem Fall der Titel des Theaterstücks, weil es in einem Land, das über Nacht pro-europäisch geworden ist, nicht mehr „Fuck You, Eu.ro.Pa!"[4] heißen kann.

Sogar die Kommunistische Partei hat vor, ihren Namen und ihre Corporate Identity zu ändern.
Vermutlich, damit Europa die Angst vor ihr verliert, damit sie ihre Geschäfte auch auf den Westen ausweiten kann.
Ich wüsste nicht, weshalb uns die Kommunisten sonst in die EU integrieren wollten!

Auch wenn sich die Verpackung ändert, der Inhalt bleibt derselbe.
Die Parteimitglieder werden dieselben sein wie zu Zeiten der UdSSR, die Regierungsmethoden werden sich nicht ändern.

Ich weiß nicht, was die Lehrer heute den Schülern sagen und wie sie ihnen das Plädieren der Kommunisten für die europäische Integration erklären. Tatsache ist, es hat sich nichts geändert. Auch wenn heute die Möglichkeit besteht, mit dem Westen direkt in Kontakt zu treten und die Anzahl dieser Kontakte täglich wächst, das Denken bleibt dasselbe.

Ich denke, dafür gibt es eine Erklärung.
Die Mehrheit betrachtet es als Konsequenz der Armut, denn wir sind das ärmste Land Europas!
Ich weiß nicht, nach welchen Kriterien der Grad der Armut gemessen wird (hier findet man keine freien Plätze in den Restaurants, und die neuen Designer-Kollektionen sind am zweiten Tag ausverkauft), vielleicht geht es doch um die Dummheit einer ganzen Nation, und niemand will das zugeben.

Wenn wir dann mal als Künstler in den Westen eingeladen werden, sparen viele von uns lieber das Tagesgeld und verlassen auch nicht das Hotelzimmer, um bloß kein Geld auszugeben. Denn die Versuchungen sind groß und zahlreich.

Aber wenn wir dann zurückkommen, haben wir nur einen einzigen Gedanken – das ersparte Geld zu versaufen, eine Runde nach der anderen auszugeben und damit zu prahlen, dass wir Paris mit eigenen Augen gesehen haben.

Ich weiß nicht wie, aber den Menschen von hier gelingt es in Rekordzeit, das Denken der anderen zu verändern.
Eher lernt ganz Italien, wie man Strom stiehlt, als der Moldawier, dafür zu zahlen.

Weder die kurzen noch die langen Aufenthalte im Westen haben Einfluss auf uns. Oder falls doch, sind diese Einflüsse schockierend.

Ich treffe einen guten Freund, einen Schauspieler, der gerade von einer dreiwöchigen Tournee in Berlin zurückgekehrt ist, fröhlich pfeifend. Ich wundere mich, denn vor der Reise nach Berlin tat er das nicht.

---

4 Anm. d. Hg.: Das Theaterstück *Fuck you, Eu.ro.Pa!* der Autorin löste in Rumänien und in der Republik Moldau eine politische Kontroverse aus, nachdem es im Reader des Rumänischen Pavillons auf der Biennale von Venedig 2005 veröffentlicht wurde. In Moldau wurde das Stück zwischenzeitlich abgesetzt, von der Autorin in *Stopp Europa* umbenannt und darf mittlerweile nur für Zuschauer ab 16 Jahren aufgeführt werden. In Rumänien war das Stück Gegenstand von mehreren parlamentarischen Anfragen.

Chişinău

Extreme Minibusse, 2005
Minibusse sind meist über zehn Jahre alt, selbst umgebaut, für
elf Fahrgäste gedacht und werden im Schnitt von zwanzig
Menschen genutzt. Fahrkarten gibt es nicht, man bezahlt bar
beim Fahrer. Eine Fahrt kostet 2 Lei, das entspricht etwa 13 Cent.

Na ja, denke ich mir, er ist einfach gut gelaunt, auch wenn der Aufenthalt in Europa nur kurz war.

Als ich ihn am zweiten Tag wieder pfeifend antreffe, sage ich mir, es ist okay, wenigstens hat er den für Moldawier schwer zu überwindenden Aberglauben abgelegt, dass man nie zu Geld kommen wird, wenn man pfeift.

Nach einigen Tagen halte ich es nicht mehr aus und frage ihn, warum er ununterbrochen pfeift. Seit er aus Berlin zurück ist, pfeift er immerzu.
Seine Antwort schockiert mich.

„Nun, die Europäer pfeifen die ganze Zeit, zumindest in Berlin pfeifen alle auf der Straße."

Ich bin gerade von einem halbjährigen Aufenthalt in Stuttgart nach Chişinău zurückgekehrt, und sofort versuche ich mich zu erinnern, ob die Europäer dort auch gepfiffen haben.
Natürlich nicht. Ich gestehe, dass ich mir für einen Moment ausmalte, wie ganz Berlin pfeift.

„Wie, sie pfeifen? Warum pfeifen sie?" frage ich ihn.
„Nur so. Sie gehen die Straße entlang und pfeifen, weil sie frei sind", antwortet er.

„Und warum pfeifen wir nicht?"
„Nun, ich schon!"
„Und, fühlst du dich jetzt freier?"

In Chişinău bedeutet pfeifen, frei zu sein!

Europäer zu sein bedeutet in Chişinău:
eine Eurowohnung zu haben, mit Eurorenovierung, Eurostandard, Eurostil, Euroluxus, Eurofenster, Eurodesign, Euroanschlüssen ... plus einige Euro in der Tasche.

Die Moldawier möchten zu Europa gehören!
In ihrer Vorstellung ist Europa ein riesiger Supermarkt, in dem es alles gibt, was das Herz begehrt.

Wir halten die Hand auf wie in der Kindheit, wir gehen auch auf die Knie, wenn es sein muss. Im Grunde betteln wir.
Die Losung FRIEDEN! FREUNDSCHAFT! KAUGUMMI! gilt auch heute noch, allerdings in aktualisierter Form: FRIEDEN! FREUNDSCHAFT! DOPPELVERGLASUNG![5]
Die Ansprüche hier wachsen, mit Kaugummi gibt sich niemand mehr zufrieden.
Wir wollen in die EU!
Wir nehmen der EU Arbeitsplätze weg, ohne zu fragen!
Aber was geben wir dafür?
„Diese Deutschen sind Flegel, dumme Bauern, zum Glück sind wir gekommen und

5 МИР! ДРУЖБА! СТЕКЛОПАКЕТ!

haben sie wachgerüttelt", sagt ein junger Mann, der kürzlich aus Deutschland zurückgekommen ist, wo er illegal gearbeitet hat.

Wer sollte und wer könnte diese Art zu denken ändern?
Die Intellektuellen von heute sind die Intellektuellen von gestern.
Sie hätten als erste einen Wechsel nötig.
Weder in der Literatur noch in der Kunst hat sich bis heute Wesentliches geändert.
Der Traditionalismus dominiert und wird zunehmend aggressiver.
Der Jugend wird unablässig Pornographie und Abtreibung vorgeworfen.
Neue Versuche in Literatur und Kunst werden mit Methoden aus kommunistischer Zeit zerstört.
Schriftsteller und Künstler aus alten sowjetischen Zeiten stehen nach wie vor höher im Kurs als alle anderen.

Diejenigen, die versuchen, die Klischees aufzubrechen, werden entweder zensiert oder nicht ernst genommen. Auch das ist eine neue Art und Weise, die zeitgenössische Kunst zu bekämpfen.

Ob bei den Jungen oder den Alten, die Unfähigkeit des Denkens dominiert auch heute noch das intellektuelle Leben.

Und die Chişinăuer ziehen es vor, eine Eintrittskarte für das Historische Nationalmuseum zu kaufen, nur weil der Eintritt ins Museum billiger ist als der für ein öffentliches WC.

Es stört mich nicht, dass der Weihnachtsmann von morgen Väterchen Europa heißen wird.
Ich frage mich nur, wie viele von uns wissen, warum. Und wie viele von uns ihren Kindern erklären könnten, wer seinen Namen geändert hat.

Denn Kinder stellen immer die naive Frage nach dem Warum.

Wie viele Namen wird das Väterchen noch haben?
Und warum ändert das Väterchen hierzulande lediglich seinen Namen?

Wodurch wird eine Stadt europäisch?
In erster Linie durch ihre Menschen!
Die Menschen in Chişinău verursachen nichts anderes als Kopfschmerzen.
Und zwar einer dem anderen.
Chişinău – eine Stadt der Kopfschmerzen!

Ich will nicht in DER besten Hauptstadt wohnen, ich will nicht, dass wir DIE Gastfreundlichsten sind, nur damit der Nachbar vor Neid platzt, ich will nicht, dass wir tanzen müssen, damit sie auch uns in die EU aufnehmen, ich will schlicht und einfach, dass wir nicht mehr gegenseitig mit dem Finger auf uns zeigen und uns anschreien: „Was trägst du für ein Kleid! Nicht einmal meine Großmutter hat so etwas getragen!" Vielleicht würden wir dann etwas mehr von Identität verstehen.

Wenn wir unfähig sind, eine so einfache Sache zu ändern, dann will ich mit dieser Stadt, mit diesem Land, mit solchen Menschen nicht in die EU.

Ich erinnere mich an die alte Tafel über dem Eingang meiner Schule: LENIN LEBTE! LENIN LEBT! LENIN WIRD LEBEN![6] Die Inschrift wurde ausgetauscht! Aber geht es wirklich nur um eine simple Inschrift?
Lenin lebt hier wirklich noch!
Er ist tief in den Gehirnen eingegraben, selbst in den Gehirnen der neuen Generation, die möglicherweise noch nie diesen Namen gehört hat.

Gestern meinte mein zehnjähriger Neffe, seine Lehrer seien ein Haufen Bettler!
Ich lächelte!

6 ЛЕНИН ЖИЛ! ЛЕНИН ЖИВ! ЛЕНИН БУДЕТ ЖИТЬ!

Mathias Greffrath

Niemand wird sie stoppen können
Migration als Normalität

Bauernbunte Zäune, die Eisentore frisch gestrichen, die Ornamente kräftig ausgemalt in Blau und Rot und Gelb. Dahinter Rosen, Dahlien, Sonnenblumen und
ein neu verzinktes Brunnendach. Durch die Mulde fließt ein Bach, ein Junge
springt vom ungesattelten Pferd, Schafe, Ziegen, eine Gänseherde marschiert
vorbei. Dörfer wie aus den Bilderbögen unserer Kindheit. „Nach Moldawien müsst
ihr fahren! Ach, Moldawien!!" Hatte der Moskauer Freund immer wieder gesagt,
damals, Anfang der neunziger Jahre. Von einem Land geschwärmt, so fruchtbar,
„dass aus jedem Kirschkern, den du ausspuckst, ein Baum wächst". Moldawien,
das war der Obstgarten der Sowjetunion.

„Sorgen? Natürlich. Wir könnten mehr Männer gebrauchen. Aber die sind
weg. Von 2500 Menschen sind mindestens 400 weg, nach Italien, nach Deutschland, nach Frankreich, nach Moskau, nach Leningrad. Alle zwischen zwanzig
und vierzig. Und wir hier sind nicht mehr schnell genug bei der Ernte; ein Teil des
Landes wird gar nicht mehr bestellt." Ana Decosar ist die Bürgermeisterin von
Cetireni, einem Dorf mit 4000 Bürgern, ein paar Kilometer vom Pruth-Fluss, der
gutbewachten Grenze nach Rumänien. Cetireni war ein Kolchosdorf, mit einer
Bibliothek, mit Kindergärten und Poliklinik, mit einer Schule für die umliegen-
den Dörfer. An der Hauptstraße steht ein überdimensionierter Betonrohbau:
der neue Kulturpalast, der nicht mehr fertig wurde vor dem Ende der Sowjetwelt.
Und dann kam das schlimme Jahrzehnt, in dem die Märkte zusammenkrachten,
der Bürgerkrieg ausbrach, die Diesellieferungen aus Russland ausblieben, die
Menschen die Bäume zu Feuerholz zerhackten und, wer konnte, auf die wilden
Märkte nach Polen fuhr, um zu tauschen: Gemüse gegen Geld, Textilien gegen
Glühlampen, was auch immer. Mitte der Neunziger dann die zweite Welle der Privatisierung: Jeder erhielt papierne Anteile an den Staatsbetrieben und jeder
ein Stück Land. Die Anteile sind heute wertlos, und an die Stelle von 600 großen
Farmen traten 2,2 Millionen individuelle Eigentumstitel, auf einen halben, einen
dreiviertel Hektar Land. Damit lässt sich eine Familie vorm Hunger bewahren,
aber diese Art der Landwirtschaft erwirtschaftet keine Überschüsse: für Schulen, für Lehrer, Ärzte und Krankenhäuser, für Theater, Orchester oder Museen.
Und schon gar nicht für die wachsende Zahl der Rentner. Der Staatshaushalt
brach Ende der Neunziger unter der Last kurzfristiger Kredite zusammen, die ge-
kündigt wurden, wenn dem Internationalen Währungsfonds (IWF) die Privatisierung nicht schnell genug voranging. Krankenhäuser wurden im Dutzend geschlossen, wenn die Kredite fällig wurden. In den letzten fünf Jahren verließen
36 000 Ärzte und 30 000 Lehrer das Land, in dem heute nur noch vier Millionen
Menschen wohnen.

In Cetireni hat es, wie in anderen Dörfern auch, Jahre gedauert, bis wieder
rentable Einheiten entstanden: Wer sein Land nicht bearbeitet, verpachtet es
nun, gegen Geld oder Getreide, Sonnenblumen oder Tabak an die Agrar-GmbH.
„Ich bin damals herumgelaufen wie eine Verrückte", sagt die Bürgermeisterin,
„ich habe gesagt: lasst uns das Land zusammenhalten, lasst uns eine Genossen-
schaft aufbauen. Vergeblich." Also gründete die ehemalige Brigadierin der Kolchose mit ihrem Mann eine GmbH, die 1400 Hektar bewirtschaftet. „Ich wollte

zuerst nicht Bürgermeisterin werden", sagt Ana hinter ihrem blumenvollen Schreibtisch, selbst auf dem Panzerschrank in der Ecke stehen Rosen und die Volants über der Tür sind frisch gestärkt. „Ich hatte genug in der Firma zu tun, aber ich bin hier geboren, und ich sah, wie alles absackt. Das kann man doch nicht zulassen." Sie kocht Tee und erzählt von den Fortschritten während ihrer Amtszeit. Eine Bäckerei ist entstanden, durch die freiwillige Arbeit von Dorfbewohnern und mit ein wenig Geld vom Staat. Im nächsten Jahr werden sie Gasleitungen legen, ein öffentliches Bad soll entstehen. „Nein, kein Schwimmbad", lacht Ana. „Und dann soll das Kulturhaus fertig gebaut werden, aber dafür fehlt noch ein Geldgeber." So entsteht das Dorf allmählich neu – aber wer weiß, wer es dann bewohnen wird. „Es ist schlimm, dass die Jungen alle gehen wollen, aber was kann ich ihnen versprechen, das sie halten könnte?" Ana Decosar war fünfundzwanzig, als der Kommunismus starb. „Ich habe keine schlechten Erinnerungen", lächelt sie kurz, „es war eine gute Idee." Und dann wischt sie die Erinnerung weg.

Moldau, wie Moldawien seit der Unabhängigkeit 1991 offiziell heißt, ist heute das ärmste Land Europas, 40 Prozent der Einwohner leben unterhalb der Armutsgrenze. Die moldauische Landwirtschaft, die vor der „Wende" 30 Prozent des Tabaks, 20 Prozent des Weins, 13 Prozent des Obstes und 10 Prozent des Gemüses für die gesamte Sowjetunion lieferte, produzierte 2003 nur noch 45 Prozent des Wertes von 1990, der Anteil hochwertiger Agrarprodukte (Tabak, Obst, Gemüse) fiel um die Hälfte, die Tierhaltung ging um zwei Drittel zurück. Durch die Abspaltung Transnistriens ist die industrielle Basis weggebrochen, die Leichtindustrie auf ein Drittel geschrumpft. Heute importiert der Garten des Sowjetreiches sogar Gurken, Kohl und Äpfel. Aus den Papieren der Weltbank, des IWF und der USAID werden künftige Historiker einmal erschließen, wie viel von diesem Elend auf das sowjetische Konto geht und wie viel davon die Privatisierungsideologie der westlichen Berater und Helfer/Ökonomen verschuldet hat. Im Report des Entwicklungsprogramms der Vereinten Nationen (UNDP) von 2005 wird den eingeflogenen Experten bescheinigt, dass „ihr Fahrplan bestenfalls inadäquat" war. Joseph Stiglitz, der grimmige Nobelpreisträger für Wirtschaft und ehemalige Chefökonom der Weltbank, hat ausgerechnet, wie lange die Ukraine brauchen würde, um das Bruttosozialprodukt wieder einzuholen, das es gehabt hätte, wäre die Wirtschaft nach 1989 so weitergewachsen wie in den Jahren zuvor: bis zum Jahr 2620 – die Zahlen für Moldawien unterscheiden sich kaum davon. Zehn Jahre „Transformation": In einem hocharbeitsteiligen Land wurden Hunderttausende von Menschen zurückgeworfen auf eine vorgesellschaftliche Produktionsweise – die Parzelle, der Bauer und die Familie. Die Arbeit der Nation hat ihr inneres Band verloren; sie ist wieder zur Familienarbeit geworden.

Aber die Familien sind nicht mehr dieselben. Nirgendwo im Land.

Christina ist acht und geht in Budeşti zur Schule, einem Dorf vor den Toren von Chişinău. Christina freut sich: ab Herbst kann sie privaten Englischunterricht nehmen, dreimal die Woche, das kostet 120 Dollar im Jahr – das entspricht einem guten moldauischen Monatseinkommen von 1500 Lei –, und sie wird eine Schwester bekommen. Ihre Eltern jobben in Santander und rufen dreimal in der Woche an. „Geh zu deinem Mann", hatte die Großmutter damals ihrer Tochter Angela gesagt, „die Frau soll dem Mann folgen, sonst wird nichts Gutes draus." 7000 Dollar musste Angela für die Beschaffung der befristeten Touristenvisa zahlen, mit denen sie dann – illegal – bei ihrem Mann blieb. Jetzt ist sie mit dem zweiten Kind schwanger. Und kommt mit ihrem Mann zurück. Christinas Großeltern haben mit dem Geld aus Spanien das Haus ausgebaut. Im Wohnzimmer liegen dicke Teppiche und große rosa Seidenschleifen hängen in den Türrahmen, auf dem Tisch der Wein aus eigener Produktion: der Sohn hat Geburtstag. Er ist Käsehändler auf den Märkten in Chișinău, die Frau Notfallärztin, aber sie arbeitet nicht mehr. Nichts fehlt, und wenn der Käsehandel expandiert, ist für alle gesorgt.

Ein paar Häuser weiter: Tränen. Und Angst: „dass Sie das alles aufschreiben". Dennoch erzählt sie: „Wir sind alt und krank. Und wenn im Fernsehen Paris zu sehen ist, denke ich immer, dass den beiden etwas zustoßen könnte." Elisabeths Tochter und der Schwiegersohn leben in Paris, illegal, er arbeitet auf dem Bau, sie hat unregelmäßige Jobs. Zweimal im Monat rufen sie an, seit drei Jahren waren sie nicht zu Hause. Sie können es sich nicht leisten: nach jeder Heimreise müssten sie sich wieder Visa „besorgen" lassen; und das kostet inzwischen 3000 Dollar bis 3000 Euro pro Stück. Ihre Tochter Lilia ist vierzehn und kommt nicht gut klar mit ihren Großeltern. Sie sind zu streng und lassen sie nicht gerne aus dem Haus. Wenn der Frust zu groß wird, ruft sie ihre Tante in Chișinău an. Aber die will auch weggehen, sobald sie kann.

Marina hatte zunächst in Israel in einer Bar gearbeitet. Illegal. Dann hatten die Behörden sie deportiert. Als sie nach Ivancea zurückkam, sagte sie ihren Angehörigen: „Die Arbeit war nicht angenehm, es gab da Dinge, die ich nicht mochte." Vor zwei Jahren ging sie wieder, diesmal nach Norditalien. Ihr Sohn ist drei Jahre alt. Einmal die Woche telefoniert sie mit ihm und schickt ein wenig Geld. Die Fotos zeigen sie mit dem italienischen Freund in der Bar. Sie pflege dort eine alte Dame, schreibt sie. Zurückkommen wolle sie nicht mehr, aber den Kleinen holen. Irgendwann, wenn sie sich „etabliert" habe. „Wir würden ihn nicht gern hergeben", sagt die Großmutter, die als Putzfrau in der Dorfschule arbeitet. Ihr Mann ist Frührentner und werkelt im Garten. Den Kleinen hat sie auf dem Arm, und der hält das Foto einer Frau in der Hand, an die er sich nicht erinnert.

Larissa zögert, dann lässt sie uns auf den Hof. Der Zaun ist aus Betonfertigteilen, ein schwarzes, schmiedeeisernes Tor versperrt jede Sicht. Western Style. Larissa war bis 2003 Kantinenchefin in der Sowchose bzw. dem, was davon übrig geblieben war. Dann wurde es „instabil", ein Freund aus dem Nachbardorf hat ihr den Job in Italien besorgt. Sie pflegte eine 101 Jahre alte Dame, die Enkel bezahlten 700 Euro im Monat dafür. 2400 Euro musste sie an eine dieser Agenturen zahlen, die ihr das Touristenvisum besorgt hatten. Einen Tag in der Woche hatte sie frei, dann ist sie ein wenig in der Stadt umhergelaufen. „Und jedes Mal die Angst, an jeder Ecke, wenn ein Polizist in der Nähe war. Wenn sie mich geschnappt hätten, wäre das ganze Geld verloren gewesen." Jetzt ist sie zurückgekommen. Der Sohn muss operiert werden. Das kostet 1000 Dollar – die übliche

Gebühr, die von den Ärzten gefordert wird, deren staatliches Gehalt bei 100 Dollar im Monat liegt. Larissas Mann sitzt daneben. Einst war er Fahrer des Chefingenieurs in der Sowchose. Heute baut er auf zwei Hektar Land Mais, Sonnenblumen, Gemüse an. „Da drüben", sagt er und zeigt in die Ecke der Remise, „das sind die Pflüge. Der ist für den Mais, und der für die Kartoffeln." Die ganze Zeit hat er still und schwer neben seiner schönen Frau gesessen, und ab und zu tief geatmet. Es ist nicht angenehm, von seiner Frau ernährt zu werden. „Das ist harte Arbeit, ich gehe mit dem Sohn morgens um vier auf das Feld, da ist es noch nicht so heiß, und dann abends noch einmal. Aber das Pferd wird schnell müde, und wir können uns keinen Traktor kaufen, es ist zu teuer." Auch nicht mit einem Nachbarn teilen? Er schüttelt den Kopf. Nein, das sei nicht mehr üblich. Dann erzählt Larissa vom Neid der Nachbarn, die keine Westarbeit haben, bei denen es nicht einmal einen Mann gibt, der in Russland auf den Bau gehen könnte. So wächst die informelle Wirtschaft, und so wachsen die Zäune im Dorf.

Sie bauen Gemüse an, aber nur noch für sich. Sie streichen die Fensterläden, aber der sie gestrichen hat, ist in Russland oder Italien oder Portugal. Sie haben mit dem Geld aus dem Ausland Dächer repariert, Küchen gekachelt, Kühlschränke gekauft, und manche sogar Kamine, weil es die dort gab, wo sie geschuftet haben. Oder schmiedeeiserne Tore. Sie haben die Häuser erweitert und alles für die Großfamilie gerichtet. Aber die Großfamilie schrumpft. Und die Dörfer sterben aus – in manchen leben nur noch Alte und Enkel.

Ich habe in zwei Wochen keine Familie getroffen, in der nicht mindestens ein Mitglied im Ausland arbeitet, aber niemand kennt die genaue Zahl: der IWF geht von mindestens 690000 aus, die entweder im Ausland arbeiten oder bald wieder gehen wollen. Das sind knapp fünfzig (46,8) Prozent der aktiven Bevölkerung. Noch wollen die meisten zurückkehren und nur zeitweilig im Ausland arbeiten, aber, so schließt die IWF-Studie, mittelfristig beabsichtigen immer mehr Moldauer für immer auszuwandern. Bei den Jungen ist es die Hälfte. Als Faustregel gilt: Die vom Land, die geringer Qualifizierten gehen eher nach Russland; die aus der Stadt, die besser Ausgebildeten und die Frauen gehen in den Westen: nach Spanien, Portugal, Italien.

Im laufenden Jahr rechnet die Nationalbank mit 600 Millionen „Migranten-Dollars". Nimmt man die inoffiziellen Überweisungen dazu, werden es gut und gerne eine Milliarde sein; vielleicht auch anderthalb – niemand weiß das, und es gibt keinen Weg, es zu errechnen. 1,5 Milliarden – das entspräche genau der Summe, die derzeit im Land pro Jahr an Löhnen gezahlt wird. Wer in Russland arbeitet, bringt 300 Dollar im Monat nach Hause, wer in den Westen geht, schickt zwischen 500 und 1000 an seine Familie. Zum Vergleich: Ein Lehrer verdient im Schnitt 70 Dollar, ein Angestellter im Gesundheitswesen 80, die Durchschnittsrente beläuft sich auf rund 60 Dollar. Die Transfereinkommen sind damit mindestens dreimal so hoch wie das Sozialbudget des Landes. Das Geld geht zu 80 Prozent in den Konsum, in Hausbau, Renovierung; der Rest wird für die medizinische Versorgung ausgegeben, für die Ausbildung der Kinder oder um Schulden zu bezahlen. Investiert wird praktisch nichts. In was auch? In eine Hühnerfarm? Mit dem WTO-Beitritt kamen Importschenkel aus den USA ins Land – „Bush's Legs" genannt –, mit deren Preis und Hormongehalt niemand hier konkurrieren kann. In eine Schneiderei? Die Straßen liegen voller Billigtextilien, die von Shuttle-Migranten aus Odessa angeschleppt werden. In einen Laden? In Chişinău sind die großen Ketten schon lange etabliert, und auf dem Land hat niemand Geld. Wären die Grenzen dicht, rutschte das Land wieder dorthin, wo es 1999 nach zehn Jahren liberaler „Transformation" war: auf den Stand von 1945.

Kann man sich vorstellen, dass Moldau irgendwann wieder ohne die Überweisungen der Migranten leben kann? „Es ist schwierig, aber es ist zu machen", sagt Frau Şelari, die im Winter ein Viertel ihres Professorengehalts für die Heizung ausgibt. Und dann folgt eine lange Liste von „Wenns": wenn wir unsere Landwirtschaft auf ökologisch einwandfreie Produkte umstellen würden, wenn in den Städten Wachstumskerne entstünden, wenn die Qualifizierten zurückkämen ... – und vor allem: wenn die Transnistrische Frage gelöst würde. Wer immer hier regiert, Liberaler oder Kommunist, aber steckt in derselben Klemme: Geht eine Abstimmung anders aus, als Putin es will, sperrt Russland die Grenzen für Agrarexporte; weigert sich die moldauische Regierung, die großen Weinkellereien, das nationale Heiligtum des Landes, zu privatisieren, sperrt der IWF die Kredite. So war es bis vor kurzem, und wenig spricht dafür, dass sich daran etwas ändern wird. Moldau ist zu klein, zu schwierig und nicht explosiv genug, um die internationale Diplomatie zu aktivieren. Und solange das Land auf Wiedervorlage liegt, entscheiden sich die Marktsubjekte autonom: sie verlassen das Land und gehen – möglichst nach Westen.

Der Gegenstrom, die Kapitalmigration, ist spärlich: 722 Millionen in zehn Jahren, trotz der gigantischen Steuererleichterungen. Wer mehr als eine Million Dollar investiert, ist für fünf Jahre steuerfrei. Die Textilunternehmer kalkulieren knapp und wandern schnell: Nähten vorgestern die Frauen in Cottbus noch für 900 Euro, waren es gestern die Näherinnen in Rumänien für 160, und heute fertigen 800 Frauen an den Maschinen in Bălţi für 80 Dollar im Monat die Kollektion des deutschen Traditionshauses Steilmann. Sie seien zufrieden, antworten sie, wenn man sie vor dem Tor des heruntergekommenen Kombinats fragt. Nur die Lüftung funktioniere nicht so gut. „Die Investoren benehmen sich im Allgemeinen", sagt Slava Perunov, der Chefredakteur der unabhängigen Zeitung *SP*, „aber es gibt ein paar kleine, die beuten aus, bis zur Sklaverei. Wenn wir darüber schreiben, ändert es sich, die Bürokraten haben ein wenig Angst vor uns." Perunov ist Lokalpatriot. Mit dreißig Angestellten betreibt er sein randvoll mit Anzeigen getülltes Blatt und mischt sich ein, in prekärer Konkurrenz mit den Parteiblättern: gegen die Vernachlässigung des Kriegerdenkmals – „sie haben einfach die Flamme abgedreht" – oder den „skandalösen" Plan der Kommunisten, das Lenin-Denkmal wieder aufzustellen. Die Kampagne dieses Sommers ist unideologisch: „Unsere Fußballmannschaft besteht nur noch aus vier Leuten. Die anderen sieben haben in diesem Sommer das bessere Leben gewählt, ein paar in Italien auf dem Bau, ein paar bei Westvereinen. Das geht doch nicht. Was soll denn aus unseren jungen Leuten werden, wenn nicht mal mehr Fußball geht? Die Bürokraten sind da nicht besonders phantasievoll, aber wir werden das jetzt in die Hand nehmen."

Auch Valentin Ceban mag die Leute nicht, die gehen. „Wir stellen hier eine Gesellschaft auf die Beine, aus dem Chaos heraus. Und nach all dem: jetzt einfach gehen? Nein." Vor ein paar Jahren noch hat der Direktor der Industrie- und Handelskammer in Soroka, der tausend Jahre alten Grenzstadt zur Ukraine, im Winter die Schüler seiner Frau aus dem Dorf Tepilova in die Wohnungen der Lehrer gefahren, als die Schule unheizbar geworden war. „Schuldirektorin sein…" – Valentina Cebana lächelt, als bäte sie um Entschuldigung –, „das hieß ein paar Jahre lang: die Kinder zum Holzsammeln schicken, die Eltern zum Renovieren überreden, den Schulacker urbar machen." So geht es weiter, eine halbe Stunde lang, Logistik statt Pädagogik: „Jetzt müssen wir noch die Turnhalle renovieren, und dann kriege ich hoffentlich die neue Französischlehrerin…" Das alles ist viel, aber es ist überschaubar, bearbeitbar. Unlösbar ist das andere: „Achtzig Prozent der Familien im Dorf sind halbiert, manchmal fehlen beide Eltern, die Kinder müssen auf dem Acker helfen, dann kommen sie nicht zum Unterricht…" Valentina lässt sich den Stolz darüber anmerken, dass sie die Schule in dem alten Adelshaus auf dem Hügel durchgekriegt hat. „Ja, das war eine große, wichtige Sache für mich, und es ist noch nicht zu Ende. Aber wer weiß? Jetzt geht mein Sohn auf die Universität in Chişinău. Er gibt nicht viel aus, wir backen das Brot für ihn hier – die Schule baut ja noch ein wenig Getreide an. Doch bald steht auch bei dem zweiten das Abitur an." Und dann macht sie eine lange Pause. „Ich kann nicht ausschließen, dass ich im nächsten Jahr nach Italien gehe. Mein Mann ist krank. Und mit Sicherheit werde ich dort nicht als Lehrerin arbeiten. Ich bin bereit, alles zu tun."

Ihr Mann hört das nicht gern. „Nehmen Sie das nicht ernst, sie scherzt", sagt er am Abend, aber es klingt blass. Wir sitzen in einem – offenbar mit viel Geld – privatisierten Klubhaus. Die Klimaanlagen bauschen die Rüschen der Vorhänge und die Tischdecken, aus dem Nebenraum kommt Musik: Haba, nagila haba… „Das sind Freunde des Katasterbeamten, aus Israel", sagt Ceban, „sie feiern ihren 38. Hochzeitstag." Es gibt Juden, die jetzt zurückkommen, wegen des Terrorismus. Der Kellner bringt Milcheis und Kaffee, im Nebenzimmer sitzen die alten Paare, in schwarzen Anzügen oder rosa Kleidern, und summen mit: „Bei mir bist du scheen …"

„Migration?" Ludmila Papuc schweigt erst einmal eine Weile. Sie schließt den Seminarraum auf, nimmt drei Stühle vom großen Tisch und überlegt eine ganze Weile. „Eigentlich ist es nichts Neues", sagt sie dann. „Meine Großmutter kam aus Deutschland nach Bessarabien. Mein Großvater hat dort Brücken gebaut und hydroelektrische Anlagen. Mein Vater wurde nach Sibirien deportiert, dort bin ich geboren, ich bin die einzige Überlebende der Familie, mein Vater lag nach unserer Rückkehr einundzwanzig Jahre im Bett. Neulich bin ich nach Sibirien gefahren, um das Grab meines Bruders zu besuchen." Professor Papuc ist Institutsleiterin an der Pädagogischen Universität in Chişinău. Von den siebzehn Professoren in der Abteilung sind in den letzten Jahren sieben gegangen.

„Und dabei steigen die Studentenzahlen. 70000 waren es in den letzten Jahren des Sowjetregimes, jetzt sind es 120000; die Ausbildung kostet Geld, aber es gibt keine Arbeitsplätze. Vor zwölf Jahren wollten noch zehn Prozent von ihnen Lehrer werden, jetzt sind es zwei Prozent. Die Jungen studieren, um dann zu gehen. Die Eltern bezahlen, der Staat verdient an seinen Studenten, und die Qualität sinkt dramatisch. Bei uns werden Semesterzeugnisse, Diplome, Doktortitel verkauft; vierzig Prozent der Studenten nehmen diesen ‚Service‘ wahr. Diese Korruption nimmt zu, vor allem die der Gehirne. Ich könnte etwas dagegen tun, ich könnte intervenieren, aber dann würde ich diese Kollegen auch verlieren. Und wovon sollten sie ihre Computer kaufen?“

Am Giebel des roten Sandsteingebäudes die Köpfe von Marx, Engels und Lenin, gleich daneben und viel größer ein gegelter Männerkopf, der die Fassade des Kaufhauses verdeckt und für Samsung wirbt. „Eine Gesellschaft, die vorwiegend von Migranten lebt, zerfällt“, sage ich zu Marisha. Sie ist tatsächlich eine Ich-AG. Sie übersetzt, sie organisiert Moldau-Aufenthalte, sie beantwortet im Internet Anfragen aller Art, und sie erklärt mir, was ich nicht verstehe. Marisha rührt im Eis, dann zuckt sie mit den Achseln. „Nein“, sagt sie dann, „eine solche Gesellschaft zerfällt nicht. Sie verändert sich. In der Sowjetunion hatten wir unsere Standards. Es waren gute Standards. Ich bin gern zur Schule gegangen und die Schule war gut. Wir lernten Russisch, wir lernten Tanzen und wir lernten, dass man etwas für die Gesellschaft tun muss. Für die Alten und für die Schwachen. Ich habe gern den Schwächeren beim Lernen geholfen, in den Pausen, in den Wochen vorm Examen. Und der Kommunismus war eine Religion. Nicht wie eine Religion. Sondern eine Religion. Und wir lebten gut, konnten in einem Riesenreich reisen, die Bücher waren gut und billig. Manchmal fehlt mir das alles. Jetzt leben wir nach anderen Maßstäben, jeder nach seinen. Und einiges müssen wir wieder neu lernen. Zum Beispiel, dass man allein nichts zustande kriegt.“ Marisha vermittelt auch „Moldovan Brides“, übers Internet, allerdings nur solche aus ihrer Bekanntschaft. Ein zweifelhaftes Geschäft? „Wieso? Nein. Alle haben was davon. Hier gibt es Männermangel, weil die Kerle alle im Ausland arbeiten. Die Frauen suchen jemanden, der sie rausholt. Nicht aus Not, das ist gar nicht nötig; aber die sehen im Fernsehen, wie es anderswo zugeht.“ Sie lässt den Blick über die Piazza schweifen und grinst: „Den Glanz der Metropolen. Und die westlichen Männer suchen im Grunde sanfte, sorgende Frauen, eure sind ja oft zu selbständig und ehrgeizig. Dieses West-Modell ‚Ein Paar/zwei Wohnungen‘ haben wir hier nicht. Noch nicht.“

Die meisten Journalisten kämen ja nur wegen der Prostitutionsmigration, knurrt Martin Wyss von der International Organization for Migration (IOM). „Weil das so schöne Storys sind.“ Die IOM berät Migranten und Rückkehrer in Chişinău, organisiert Projekte zur Wiedereingliederung von ehemaligen Zwangsprostituierten. „Das ist dieser Blödsinn in den Medien, der von dem großen Problem ablenkt. Von der Armut nämlich. Wenn die Menschen arm sind, tun sie, was sie immer getan haben. Diese Frauen waren doch meist schon Opfer im eigenen Land, sie sind mehrheitlich Waisen, Halbwaisen, Migrationswaisen. Viele sind naiv, kommen vom Land. Das ist alles schlimm, ja, aber von den Alten auf dem Land, mit ihren 60 Dollar Rente, oder noch weniger, wird wenig gesprochen. Und von der allgemeinen Misere sowieso nicht."

Und auch nicht von der riesengroßen Vernichtung von Wohlstand. Man kann es auf einem Bierdeckel ausrechnen: 600000 Moldauer pro Jahr arbeiten im Ausland, ein Drittel davon im Westen – das ist eher vorsichtig geschätzt. Ein Schengen-Visum kostet zwischen 3000 Dollar und 3000 Euro, Tendenz steigend. Unter der Annahme, dass der „turnover" zwei Jahre beträgt, belaufen sich die Visakosten für illegale Arbeit pro Jahr auf: 200000 West-Immigranten mal 3000 Dollar, geteilt durch zwei. Macht 300 Millionen Dollar. Pro Jahr. Das ist die „Einreisesteuer", die derzeit an die Mafia fließt. Das sind 30 Prozent der Milliarde, die Moldauer im Jahr nach Hause transferieren, Tendenz steigend. Eine Legalisierung der Arbeitsmigration, eine auch nur fünfprozentige Abgabe auf die Auslandseinkünfte an die Rentenkasse und eine fünfprozentige Steuer brächten 100 Millionen Dollar in die öffentlichen Kassen.

Damit ließen sich die Ausgaben für das Gesundheitswesen oder der Staatsanteil an der Pensionskasse verdoppeln, oder man könnte den Etat für Bildung und Erziehung um 70 Prozent steigern. Es würde die Migranten – über die Zusage einer Altersversicherung – an ihrer Heimat interessiert halten. Und überdies flössen 200 Millionen Dollar mehr nach Moldau – nutzbar als Kaufkraft oder zum Investieren.

Aber die Sache hat mehrere Haken: „Wir möchten die Migration legalisieren", betont Olga Poalelungi, die Leiterin der Abteilung „Migration" in der Regierung, „wir wollen Verträge mit der EU schließen, über geregelte Zeitarbeit mit einer Rückkehrpflicht. Aber das ist nicht..."– fast hätte sie gesagt: „in Ihrem Interesse", doch dann lächelt sie freundlich, unter dem Foto ihres Präsidenten, hinter dem polierten Tisch mit den akkurat gespitzten Bleistiften: „... im Interesse der kleinen Kapitalisten. Die Bauunternehmer in Italien zahlen für Facharbeiter aus Moldau 45 Euro am Tag, für Italiener viermal so viel. Wir möchten, dass die Leute zurückkommen, und auch die westlichen Staaten müssten ein Interesse daran haben." Müssten sie?

„Legalisieren? Vergessen Sie das ganz schnell", sagt Boris. „Das Geld würde dann einfach nicht mehr an die Mafia gehen, sondern an die Staatsmafia. Ein Freund von mir, ein Arzt, hat sich ein offizielles Schengenvisum durch das Außenministerium besorgt. Das hat ihn nicht 3000 Dollar gekostet. Sondern 5000 Euro. Vergessen Sie das bitte. In den Neunzigern hatten wir die Mafia. Jetzt haben wir die Staatsmafia." Wir sitzen in einem ländlichen Paradiesgarten, alles ist da: Kürbisse, Tomaten, Äpfel, Hühner, Mais, Wein – die ganze Palette. Der pensionierte Ingenieur im Dorf Ivancea reicht mir das Fernglas: „Da, der Wald auf der Hügelkette. Man kann es fast von hier sehen: das ist kein Wald mehr, das ist ein miserables Wäldchen. Es ist ein Regierungswald, und ein paar Leute aus der Regierung lassen die alten Eichen, die Kirschbäume schlagen und verhökern sie, wer weiß wohin. Es gibt keinen Staat mehr in diesem Land. Wir sind in einer Übergangsperiode – von der Sklaverei direkt in den Feudalismus, und das auf allen Gebieten. Hier können Sie Menschen für 3000 Dollar kaufen. Nebenan wohnt ein Mädchen, die ist achtzehn Jahre alt und verkauft sich in der Türkei."

In einem Biergarten am Rande des Volksparks über der Stadt, der von UNDP und anderen Agenturen renoviert, oder sagen wir: am Weiterbröckeln gehindert wird, gibt mir Professor Valeriu Mosneaga, der Migrationsforscher an der staatlichen Universität Chişinău, einen Grundkurs über die Abfolgen der Migrationswellen: zuerst die ethnische nach Transnistrien, als es nach einem längeren rumänisch-russischen Bürgerkrieg aussah; dann während der Liberalisierungs-Rosskur, als die Leute noch Hoffnung hatten, die „Shuttle-Migration" in den Zügen zu den Märkten Osteuropas. „Erst in der zweiten Hälfte der Neunziger, als der IWF die Zahlungen einstellte, als Russland in die Krise fiel, als die Menschen nichts mehr auf den Staat und all die Zukunftsversprechen setzten – begannen sie auszuwandern. Erst als sie gezwungen waren. Und dann haben sie sich verhalten wie alle Marktteilnehmer: sie tendieren dorthin, wo die Löhne am höchsten sind. Und das ist der Westen." Der große Markt. „Diese Welle hat ihren Höhepunkt noch nicht erreicht. Und niemand wird sie stoppen können, diese jungen Leute ohne Arbeit."

Auf dem Flug nach Frankfurt. In den Reihen vor mir eine stark geschminkte junge Alleinreisende, zwei Vierschröter, ein paar amerikanische Missionare und ein müder junger Mann, der bis kurz vor der Landung schläft. Gleich wird er nach Köln fahren und sechs bis acht Gebrauchtwagen kaufen, einen Transporter voll, dann fliegt er zurück und verkauft sie. Für sich? Nein, er hat einen Chef, „einen großen Chef", wie er sagt. Zwei Wochen im Monat ist er unterwegs, dann wieder zu Hause in Orhei, bei Frau und Sohn. Kein Migrant. Einfach einer auf dem großen Markt. Wie wir alle. Beim Aussteigen erschrecke ich: Das Flugzeug von Air Moldova steht auf dem Vorfeld, und gleich hinter der Luke, noch oben auf der Gangway, zwei Grenzschützer. Primat der Politik, Primat der Ökonomie? Von unten macht das manchmal keinen großen Unterschied.

Alexandru Vakulovski

Wachsfiguren

Personen

Sohn

Vater

Wladimir Iljitsch Lenin, erster Präsident der Sowjetunion

Gorbatschow, letzter Präsident der Sowjetunion

Kind 1

Kind 2

Mircea Snegur, erster Präsident der Republik Moldova

Petru Lucinschi, zweiter Präsident der Republik Moldova

Wladimir Woronin, dritter Präsident der Republik Moldova

Igor Smirnow, ein selbsternannter Präsident von Transnistrien, eines Teils von
Moldova

Ion Iliescu, ein Präsident Rumäniens, heute Rentner

George W. Bush, ein Präsident der USA

Postbote

*Alle Präsidenten können von ein und demselben Schauspieler dargestellt wer-
den. Der Schauspieler trägt ihre Masken. Die Masken werden von Alexandru
Vakulovski aus Pappe gefertigt und haben die groben Züge der Präsidenten.
Auch wenn die Parts der Präsidenten fiktiv erscheinen, besteht ihr Text im Allgemeinen doch aus Fragmenten tatsächlich gehaltener Reden und wahren Bege-
benheiten. Sohn, Kind 1 und Kind 2 werden von Kindern bzw. von Erwachsenen
mit Kindergebärden und in Kinderkleidung dargestellt. Der Vater wird von einem
Teenager gespielt.*

Szene 1

Sohn: Am Anfang brach die Sowjetunion zusammen. Damals glaubte ich so
sehr an sie, dass ich nicht mehr wusste, was ich tun und an was ich glauben sollte. Die Freiheit, auf die ich so stolz war, entpuppte sich als Sklaverei, der Kommunismus – ein schönes Märchen voller Alpträume nach Einbruch der Nacht,
das sowjetische Volk – eine Missgeburt ihrer Schöpfer im Fieberwahn.

Auftritt Wladimir Iljitsch Lenin.

Lenin: Fickt euch ins Knie, ihr Arschlöcher. Die verfaulte Bourgeoisie wird eure
Kinder zu Sklaven machen und töten. Ihr werdet den Blutsaugern den Schwanz
lutschen und ihnen in den Arsch kriechen. Ihr fandet es scheiße, dass ich euch
nach Sibirien geschickt habe? Jetzt helft ihr bei der Erdbeerernte. Ihr fandet es
scheiße, dass ich die verfickten kapitalistischen Intellektuellen zu eurem Wohl
erschossen habe? Jetzt wischt ihr ihnen den Arsch ab. Wir standen kurz davor,
das Ideal in die Wirklichkeit umzusetzen. Jetzt kriegt ihr genau das, was ihr verdient, einen Scheißdreck.

Sohn: Dann kam Gorbatschow, ein Scheiß von einem Präsidenten, und hat alles zerstört. Dafür wurde er mit dem Nobelpreis ausgezeichnet. Verrat verdrängt Aufrichtigkeit und wird gut bezahlt.

Auftritt Gorbatschow.

Gorbatschow: Genossen, es handelt sich lediglich um eine Restrukturierung. Die Perestroika ...

Jemand wirft ihm einen Stein oder ein Ei an den Kopf und Gorbi zieht sich zurück.

Sohn: Die Republik Moldova wurde ein souveräner, unabhängiger Staat. Schnell haben sich die Genossen in beschissenen Cliquen neu formiert: Neokommunisten und Nationalisten oder noch besser – Neonazis. So mancher Genosse wechselte mehrfach das Lager: Snegur, Lucinschi, Woronin.
Alles ist verfault. Am fernen Horizont, nur ein paar Schritte weiter, geht die neue Welt des wilden Kapitalismus auf.

Szene 2

Auftritt Mircea Snegur, erster Präsident der Republik Moldova.

Mircea Snegur: Ich bin Mircea Ivanovici Snegur und dumm wie ein Ochse. Tatsache ist, ich war Präsident der Republik Moldova, aber darauf kommt es nicht an. Ich bin Agrarwissenschaftler und unter Schweinen und Ochsen zu Hause. Weder in der Bauernpartei noch bei den Demokraten fühlte ich mich wohl, noch bei den – ah, wie hießen sie gleich, aber darauf kommt es nicht an.
Als Präsident – des Staates, nicht der Kolchose – führte ich Krieg gegen Transnistrien. Transnistrien ist auch Moldova. Als Kolchosenpräsident musst du ab und zu ein Schwein, eine Kuh schlachten und kastrieren ... und als ordentlicher Staatspräsident musst du Krieg machen, Scheiße. Die Idioten erschossen sich gegenseitig, ich und Smirnow aber, Scheiße, nicht der Wodka-Smirnoff, sondern Igor, der Präsident Transnistriens, erzählten uns am Telefon Witze.
Es ist ein geiles Gefühl, Präsident zu sein, Kühe zu ficken und Schweine zu schlachten. Tagtäglich zu lügen und dafür Applaus einzuheimsen. Ihr könnt euch vorstellen, die Kühe weinten, als ich nicht wiedergewählt wurde. Sie wollten weiter gefickt werden.
Stattdessen wurde mein Freund gewählt – Petika Lucinschi. Manchmal sitzen wir bei Schaschlik und Wodka zusammen und plaudern über Ochsen: Was warst du doch für ein Ochse! – Und du erst!
Der Krieg ist vorbei, irgendwie. Wir haben gewonnen, Bender besetzt – eine Stadt auch in meinem Land. Dann erhielt ich einen Anruf von den Russen. Sie sagten, dass ich meine Truppen schleunigst zurückziehen soll, dass sie die 14. Armee losschicken und dann sitzt Moldova tief in der Scheiße. Was hätte ich

tun sollen? Ich sagte meinen Ochsen, sie sollen sich zurückziehen. Sie waren zwar angepisst, zogen sich aber zurück.

Meine Damen und Herren, Genossen, ich bin Mircea Snegur, erster Präsident der Republik Moldova, bin ein Ochse, und der Krieg, den ich begonnen habe, ist noch nicht vorbei.

Szene 3

Wohnzimmer. Der Vater liest. Man hört die Stimme des Sohnes.

Sohn: Mama!

Der Vater sieht hilflos um sich, kratzt sich, liest weiter.

Sohn: Mama, wo ist mein T-Shirt mit der Katze? Oder das mit der Frau und dem Mond?
Vater: Hast du unter dem Stuhl nachgesehen?

Der Vater putzt seine Brillengläser, fährt sich mit den Fingern durch die Haare. Sohn tritt auf.

Sohn: Gibt es was Neues von ihr?
Vater: Nein.

Der Vater holt eine Flasche Wodka, trinkt.

Sohn: Ich nehme etwas Milch. Und auch ein Sandwich.

Der Sohn gießt sich ein Glas Wodka ein, zündet eine Zigarette an. Der Vater zerreißt das Buch, wirft es auf den Boden. Nimmt die Flasche Wodka und trinkt, zertritt seine Brille.

Jemand klopft an die Tür. Der Sohn öffnet.

Sohn: Mama!

Es ist Mircea Snegur in der Uniform eines Postboten.

Mircea Snegur: Hier, ein Brief für euch.

Der Vater packt ihn am Kragen und drückt ihn mit Gewalt auf einen Stuhl.

Vater: Du hast ihn gebracht, du liest ihn auch vor.
Mircea Snegur: Genossen, meine Herren, ich bin doch nur ein einfacher Postbote ...
Vater: Das kannst du deiner Großmutter erzählen. Vorlesen, du verlogene Hure!

Mircea Snegur öffnet den Brief und liest. Er hat die Stimme einer Frau.

Mircea Snegur: Meine Lieben,
ich bin letzte Woche hier angekommen, aber jetzt erst habe ich Arbeit gefunden.

Es ist nicht so schlecht. Bei der Grenzkontrolle wurde ich fast erwischt, als man meinen Namen ausrief und ich gerade an was anderes dachte. Ich hatte vergessen, dass ich mit einem falschen Pass reise und anders heiße. Aber ich habe es noch rechtzeitig gemerkt, und sie haben mich durchgelassen.

Bis jetzt wohnte ich bei Liuba, unserer Nachbarin. Sie ist sehr freundlich zu mir und hat eine Dame gefunden, die ich pflege. Die Frau ist etwa achtzig Jahre alt und gelähmt. Sie spricht kaum. Eigentlich spricht sie gar nicht. Aber ich erzähle ihr die ganze Zeit etwas. Sie wimmert. Wenn sie wimmert, hat sie in die Hosen gemacht, und ich muss sie abwischen, waschen und ihre Windeln wechseln. Die Arbeit ist nicht besonders schwer, bloß wimmert sie die ganze Zeit und die Fenster müssen immer geöffnet bleiben.

In zwei Wochen kriege ich Geld und schicke es euch, damit ihr die Schulden zurückzahlen könnt. Ich bleibe noch einige Monate hier, bis wir die Schulden los sind.

Und wie geht es euch? Ich habe große Sehnsucht nach euch. Wenn ich daran denke, dass ich nichts tun kann, um euch zu sehen, wird mir ganz kalt ums Herz. Ich umarme euch. Passt auf euch auf.
Mama

Der Vater sieht den Postboten wütend an.

Vater: Spielen wir jetzt Post, oder was?

Alle erstarren. Auftritt Wladimir Iljitsch Lenin.

Lenin: *(Zum Publikum.)* Tag, Genossen. Warum so erstaunt? Habt ihr gedacht, ihr seid mich los? Ihr werdet mich nie los!

In euren Herzen lebe ich weiter, jede abgestorbene Zelle in euch wird durch mich ersetzt. Die Revolution glimmt weiter in den gequälten Seelen der Bauern, der Proletarier, der Lehrer, die schon gar nicht mehr wissen, wie das ist, wenn man sein Gehalt pünktlich bekommt, der Ärzte, deren Seelen in Formalin ertrunken sind.

Wollt ihr behaupten, dass ihr keine Bauern mehr seid? Was seid ihr dann, Außerirdische? Wer ist denn dein Vater, wer ist dein Großvater? Du bist ein beschissener Bauer, verdammt noch mal! Gehört ihr jetzt alle zur Bourgeoisie und macht euch über die Bauern lustig, ihr Bauern?

Deshalb gibt es die Revolution. Reine Prophylaxe. Von zehn faulen Eiern werfen wir neun weg, und das zehnte schicken wir dann umgehend nach Sibirien. Verrecken soll die stinkende Bourgeoisie, Genossen! Wir treten ihnen in den Arsch. Weil sie ohnehin nur dumme Bauern sind. Wir müssen sie vom Erdboden ausradieren. Wir erschießen und strangulieren sie, wir ficken sie mit dem Messer in den Hals.

Da zdravstvuiet Revaliuzia – Es lebe die Revolution!

Szene 4

Auftritt Petru Lucinschi, zweiter Präsident der Republik Moldova.

Lucinschi: Tag, Genossen. Ich bin Piotr Kyril'ci Lucinschi, Präsident der Republik Moldova. Ich war Nachfolger dieses Hornochsen, meines Nachbarn, Mircică Snegur. Er wird auch Snegurocica genannt, die gute Fee. Mich nennt man auch Petika oder Luci, der Stecher. Auch ich bin dumm wie ein Ochse. In Kasachstan war ich Erster Staatssekretär der Kommunistischen Partei. Ich bin schon seit langem Teil des Systems, nicht so wie Mircică, dieser großkotzige Agronom.

Meine Karriere habe ich bei den kleinen, schlitzäugigen Kasachen gemacht. Ich hatte Gefallen am Regieren gefunden und dachte mir: Warum soll nicht auch ich Präsident der Republik Moldova werden? Weil es ganz einfach ist.

Ich hatte meine Jungs aus Moskau dabei und Unmengen von Weißkohl, klebte meine Wahlplakate, kaufte die Wahlbeobachter samt ihrer Sippschaft, verteilte an die Idioten ein Päckchen Zucker, einen Laib Brot und etwas Reis, und, scheiße, ich gewann. Es war ganz einfach – im Ernst.

Dann habe ich überlegt, was ich aus diesem Land herausholen kann. Ich habe meine Schulden bezahlt, meine Zukunft und die meiner Enkel abgesichert, ich habe meinen Schwanz in das Land gesteckt. Echt gut gelaufen! Soll Woronin ruhig auch mal Präsident sein. Wenn's ihm Spaß macht.

Ich freue mich, dass das Business, das ich gestartet habe, auch jetzt noch gut läuft in Moldova. Eine Moldawierin für ein Schaf. Nimm eine Moldawierin und sag ihr, du bringst sie nach Spanien, Deutschland oder Italien – roll sie in einen Teppich, rein in den Kofferraum, und sie erwacht in Kasachstan, Turkmenistan oder Usbekistan. Dort findet die Transaktion statt. Ist sie gut, wird sie gegen ein Kamel getauscht, ist sie nur so lala, gegen ein Schaf. Manchmal entwischt eine und erzählt dann, was ihr passiert ist. Fast jede Woche erscheinen Interviews mit Augenzeugen. Inzwischen haben die Journalisten genug von diesem Thema und berichten kaum noch.

Es erfüllt mich mit Stolz, dass die zu meiner Zeit begonnene Tradition weiterhin gepflegt wird und Profit bringt. Ich war nicht umsonst Präsident.

Macht's gut, ich hau ab. Tschüss.

Szene 5

Viele Kinder stehen in einer Schlange und benehmen sich wie Erwachsene. Unter ihnen befindet sich auch der Sohn. Die meisten von ihnen sind aufgeregt, einige tragen Dokumente unter dem Arm.

Kind 1: Hast du das Visum schon beantragt?
Sohn: Ja.
Kind 1: Wo willst du denn hin?
Sohn: Weiß nicht genau. Zu Mama nach Deutschland vielleicht.

Kind 1: Und wie lange hast du auf die rumänische Staatsbürgerschaft gewartet?

Sohn: Drei Jahre.

Kind 1: Hast du es noch nie mit einem Visum oder mit dem moldawischen Pass versucht?

Sohn: Nee… Ich hab einmal versucht, mit einem Visum zu einem Fußballspiel einzureisen – sie haben mich aber abgewiesen. Dann hab ich's noch einmal für eine kleine Reise probiert – nichts. Es wäre besser gewesen, als Schwarzer auf die Welt zu kommen.

Kind 1: *(Lacht.)* Ja klar, wegen der positiven Diskriminierung.

Sohn: Wäre cool gewesen. Ich wäre herumgereist. Ist echt scheiße, gleich im doppelten Ghetto zu leben. Einmal im Ostblock, postkommunistisch, alle haben Schiss vor uns, meiden uns, dann auch noch im rumänischen Ghetto – als ob wir die Neger Rumäniens wären. Scheiß auf die rumänische Staatsbürgerschaft – ich nehm den Pass und hau ab.

Kind 1: Scheiß auf die Demokratie und den Kapitalismus. Zuerst hat uns Stalin hinter Stacheldraht gehalten, damit wir bloß nicht rauskönnen aus der UdSSR, und jetzt lassen sie uns nicht in ihr beschissenes Europa rein. Ich kapier das alles nicht.

Sohn: Wir werden es ihnen schon zeigen.

Kind 1: Glaubst du das wirklich?

Sohn: Ja, in ein paar Jahren kriegen sie Gewissensbisse und Komplexe. Wir werden ihre Schwarzen sein. Und positiv diskriminiert werden. Dann ficken wir sie alle. *(Zeigt den erhobenen Mittelfinger.)*

Kind 2 nähert sich.

Kind 2: Hey, verkauft ihr mir einen Platz in der Schlange?

Kind 1: Wie viel zahlst du?

Kind 2: 200 Euro.

Kind 1: Bisschen wenig.

Kind 2: 350 Euro.

Kind 1: Okay.

Kind 2 holt 300 Euro hervor und gibt sie ihm. Kind 1 tritt zur Seite und flüstert dem Sohn ins Ohr.

Kind 1: Lasst uns heute Abend was rauchen.

Sohn: Okay, ich ruf an.

Kind 1: Ciao. Ich hab zwar nichts vor, aber ich hau jetzt ab.

Auftritt Ion Ilici Iliescu, ehemaliger Präsident von Rumänien. Er spricht zu den Kindern, aber niemand beachtet ihn.

Iliescu: Was sucht ihr hier, ihr dummen Esel? Ich bin in Moskau auf die Schule gegangen, nur so konnte ich Ceaușescu reinlegen. Das war die Schule des Lebens, nicht die wirkliche Schule, wo ich an Englisch gescheitert bin. Scheiß auf ihr Englisch. Auch dieser Seefahrer von einem Präsidenten, Băsescu, kann's nicht.

Wir zwei verstehen uns aber. Denn der hat Englisch gelernt, als er noch Schiffs-kapitän war, von den Gepäckträgern und Touristen, die keine Ahnung von Eng-lisch hatten.

Denkt ihr eigentlich, dass wir sonst nichts zu tun haben? Dass wir Moldova brauchen? Was sollen wir damit? Ihr gehört zu keinem, weder zu uns, noch zu ih-nen. Los, haut ab, verschwindet nach Hause, worauf wartet ihr noch? Habt ihr noch nicht kapiert, dass eher ein Stuhl die rumänische Staatsbürgerschaft er-hält als ein Rumäne aus Moldova? Geht's euch schlecht?

Ich werde die Bergarbeiter rufen, und wir werden Rumänien von euch säubern. Die verprügeln euch mit ihren Knüppeln. Ach so, ihr habt Kalaschnikows und Granaten? Glaubt ihr wirklich, dass Putin mir keine gibt, um euch Arschlöcher von der Grenze fortzujagen? Er wird es tun, er wird. Wir sind schließlich Kolle-gen.

Los, haut ab, verschwindet nach Hause. Wir brauchen euch nicht.

Kind 2 nähert sich Ion Iliescu.

Kind 2: Hör zu, nimm hier die 300 Euro und bring mich in dieses Büro rein.
Iliescu: Ach so, das ist natürlich etwas anderes, Genosse. Lass uns gehen. Hast du Wodka?

Iliescu will an der Menge vorbei, aber alle drehen sich zu ihm um und bespucken ihn. Er bleibt stehen.

Szene 6

Auftritt Wladimir Woronin, dritter Präsident der Republik Moldova.

Woronin: Ich heiße Wladimir Nikolaevici Woronin, bin KGB-General und außer-dem Präsident der Republik Moldova. Scheiße, ich steh auf Tradition. Ich steh auf Kognak, Wein, Wodka und Schaschlik. Weil die Kommunistische Partei für il-legal erklärt wurde, wie zu Zeiten von Väterchen Wladimir Iljitsch, gründete ich die Partei der Kommunisten. Scheiße, ich bin schlau, ich hab sie verarscht, und die können mir nichts tun. Ich bin sogar Präsident der Republik geworden. Nicht, dass ich mich beim KGB gelangweilt hätte, aber die Zeiten ändern sich und man muss andere Methoden anwenden, andere Techniken, um die Deppen zu dres-sieren und zu manipulieren, Scheiße.

Ich baue öfter mal Scheiße, leckt mich doch, ihr Wichser, bin ja nicht dümmer als Mircică und Petika. Aber ich bin aus härterem Holz geschnitzt als sie. Die ganze Zeit ärgere ich mich mit den moldawischen Nazis herum, aber bei den Wahlen stimmen sie doch für mich, und wiederum werde ich Präsident. Weil wir aus der-selben Scheiße gemacht sind. Auch sie, diese Ochsen, sind genauso wie ich. Sie mögen den KGB und sie streiten gern mit mir rum. Die Massen sind noch einfacher zu bescheißen. Ich senke den Preis für Brot um fünf Cent, und sie küs-sen mir den Arsch und erklären mich zum Nationalhelden. Geil.

Ich verarsche dieses Land, wie ich will. Das Volk liebt mich. Es braucht mich sehr. Ich habe ein bisschen Land an die Ukraine abgetreten – gratis, auf so eine Idee wäre sonst niemand gekommen. Ich bin stolz darauf. Anstatt zu kämpfen und einen über den Schädel zu kriegen, gebe ich es ihnen lieber umsonst. Ich schieße mir doch nicht selbst ins Knie, wie dieser Hornochse Snegur. Ich bin der größte Macker auf dem Acker.

Zugegeben, manchmal fickt mich Smirnow, diese Tunte von Transnistrien. Bin dort geboren, in Transnistrien. Meine Mutter ist dort geblieben. Immer wenn ich sie besuchen will, lässt mich Smirnow nicht rein. Auch er ist KGB-General, dieser Hurensohn. Ich habe den Moldawiern versprochen, das Transnistrien-Problem zu lösen. Andererseits, wenn ich diesen Scheiß auch noch lösen würde, was hätte ich dann noch zu tun? Nichts. Ein bisschen tue ich was dafür, übertreibe es aber nicht damit. Vielleicht bleibe ich Präsident auf Lebenszeit, wie früher. Wie Lenin, wie Stalin …

Ich habe alle dazu gebracht, mich zu lieben. Sie lieben mich bis zum Gehtnichtmehr. Überall hängen meine Porträts: in Schulen, Büros, Rathäusern, in Kinos, bei der Polizei und beim Militär. Mal sehen, vielleicht errichte ich mir demnächst Denkmäler. So, wie es in den Versen von Puschkin heißt: „Ia pamiatnik sebe vozdvig nerukatvornai"–„Ich habe mir ein Denkmal gesetzt, aber nicht von Menschenhand". Alles klar?

Ich bin zwar Kommunist, aber ich will, dass Moldova in die EU eintritt. Diese Scheißkapitalisten sollen bluten. Ich muss für meine Zukunft und die meiner Familie sorgen. Wie Väterchen Lenin sagte: Die Familie ist die Urzelle der Gesellschaft. Trotzdem, und wie ich schon sagte, noch bevor ich Präsident wurde: Die Moldova-Trikolore ist eine Nazi-Fahne. Weil sie dieselbe ist wie bei den Rumänen. Wir brauchen keine rumänische Fahne. Die zu Zeiten der UdSSR war besser, mit Rot und Grün. Ich sag es wieder, tut mir leid, es wird mir verziehen, und die Massen lieben mich umso mehr für meine Aufrichtigkeit. Alles wird verziehen, absolut alles, Scheiße. Und jetzt leckt mich alle. Verzeihung.

Szene 7

Der Sohn und Kind 1 sind in einem Zimmer und rauchen einen Joint.

Sohn: *(Nachdem er einen Zug genommen hat.)* Hör mal, ich glaube, ich gehe nach Amerika. Wenigstens für ein paar Jahre.
Kind 1: Aha, Amerika.
Sohn: Ja, soll super sein.
Kind 1: Aha.
Sohn: Freunde waren letzten Sommer dort, und sie erzählten, dass man nicht groß arbeiten muss. Nur Cola und Hot Dogs verkaufen, und dann kannst du machen, was du willst.
Kind 1: Aha, Amerika, super. Total geil.

Sohn: Und nachdem du einige Stunden gejobbt hast, kannst du Spaß haben, wie du willst.

Kind 1: Gras, ja.

Sohn: Ja, Gras bis zum Abwinken. Jeder raucht. Alle sind high. Alle haben rote Augen und sind happy.

Kind 1: Geil ist es in Amerika, ja.

Sohn: Wenigstens in den Sommerlagern.

Kind 1: Im Lager, ja.

Von irgendwo hinten taucht George W. Bush auf. Er trägt einen Cowboyhut und hat ein Maschinengewehr. Er schaut ihnen zu und dreht sich einen Joint.

Sohn: Selbst ihr Schwachkopf von einem Präsidenten hat zugegeben, Gras geraucht zu haben. Während der Wahlkampagne.

Kind 1: Er hat Gras während der Wahlkampagne geraucht? Cool.

Sohn: Scheiße, nein. Während der Wahlkampagne hat er zugegeben, dass er als Student Gras geraucht hat.

Kind 1: Er war wohl sehr stolz darauf. Bush, fuck Bush.

Sohn: Diese Freunde von mir meinten, dass sie kaum geschlafen haben. Sie rauchten nonstop und hatten Spaß. Sie kamen mit einem Haufen Dollars zurück.

Kind 1: Und was haben sie damit gemacht?

Sohn: Sie sind nach Chişinău zurückgekehrt, normal. Was sollten sie sonst tun? Sich verhaften lassen?

Kind 1: Scheiße, mit dem Geld, meine ich.

Sohn: Auf den Kopf gehauen, normal.

Kind 1: Und sie gehen wieder hin.

Sohn: Ja, diesen Sommer. Vielleicht gehe ich mit.

Kind 1: Ich will auch mit.

Sohn: Dann komm.

George W. Bush zündet sich den Joint an. Er zielt mit dem Maschinengewehr auf den Sohn und Kind 1 und durchlöchert sie. Er raucht in Ruhe den Joint weiter, fächelt sich Luft mit dem Hut zu, räuspert sich.

George W. Bush: Ich bin George W. Bush, Präsident der USA auf Lebenszeit. Ich habe die Schwarzen satt. Wo man hinschaut – nur Nigger. Ich glaube, Amerika steht unter Stress – wegen denen. Daher muss ich dem amerikanischen Volk eine Menge Pillen verabreichen: gegen multiple Persönlichkeit, Angstzustände, gegen Schwindelanfälle und Brechreiz, gegen Fettleibigkeit, Anorexie, Bulimie, manische Depression und das Tourette- und Down-Syndrom.
Amerika ist ein Krebsgeschwür. Amerika muss operiert werden. Die Kinder sind sehr aggressiv wegen Manson. Wegen Marilyn Monroe und Robert de Niro. Wegen Mickey Mouse. Meine Frau trägt Slips mit Tom & Jerry. Von den Niggern nicht zu reden. Bei Eminem bleibt mir die Luft weg. Hab Asthma gekriegt. Darum rauche ich von Zeit zu Zeit einen Joint. Am liebsten würde ich sie alle durchvögeln,

diese schwarzen Arschlöcher. Dabei will ich nur Frieden und Ruhe. Ich will Frieden in Bagdad, ich will Frieden in Kabul. Aber diese gestressten Kinder lassen mich nicht. Anstatt ihre Hausaufgaben zu machen, spielen sie mit Bomben. Ich erschieße sie alle. Frieden für Amerika! Frieden für die ganze Welt!

Meine Damen und Herren. Ich habe gelogen. In Wirklichkeit bin ich Jesus Christus.

Szene 8

Auftritt Igor Smirnow, Präsident von Transnistrien.

Smirnow: Ich bin Igor Nikolaevici Smirnow, Präsident von Transnistrien und ein Vollidiot, ein größerer Vollidiot als alle beschissenen Präsidenten Moldovas zusammen. Sie kommen und gehen – ich bleibe. Wegen dem bisschen Anerkennung muss man doch nicht gleich Präsident eines Landes werden, das bereits existiert. Das ist absurd. Da kann ja jeder kommen und dich entmachten. Ich hab's richtig gemacht – und mir gleich ein neues Land geschaffen. Irgendwelche Herdentiere findest du immer als Unterstützer. Du findest frustrierte Rentner, Vereinsamte, Desorientierte, für die bist du so eine Art Messias, oder wenigstens Mama und Papa, du musst nur was für dich tun, nicht für sie, Scheiße.

Ich brachte den Abschaum der Sowjetunion nach Transnistrien und rief mich zum Präsidenten aus. Es kamen die pensionierten Offiziere, es kamen die alten Nutten der Sowjetunion. Es kamen die Alkoholiker aus Kasachstan, die für Wodka ihre Mutter umbringen und ihre Geschwister vergewaltigen. Und sie kämpften für mich. Als alles zusammenzubrechen drohte und der Wodka ausging, halfen mir die Russen. Ich sagte, dass ich einer von ihnen bin und sie doch immer gewinnen. Sie haben die Moldawier wieder zurückgeschickt. Die Rumänen hätten denen helfen können – aber Rumänien mischt sich nicht ein. Die kauen noch immer an Ceauşescu und anderen Scheißproblemen herum. Die warten noch immer darauf, erleuchtet, verarscht und gehirngewaschen zu werden.

Also habe ich jetzt freie Hand. Ich bin sehr reich, der ganze Handel aus Osteuropa läuft über Transnistrien. Zigaretten, Alkohol, Waffen, Drogen. Ich besitze außerdem eine Fußballmannschaft, die, wer hätte das gedacht, die moldawische Meisterschaft gewonnen hat – und letztes Jahr sogar die Meisterschaft der GUS-Staaten, Scheiße. Gegen irgendjemanden muss sie ja spielen. Zum Dank erlaube ich Woronin nicht, seine Mutter zu besuchen. Zum Dank habe ich die rumänische Sprache verboten. Was soll der Scheiß, selbst die dummen moldawischen Rumänen bezeichnen ihre Sprache nicht als rumänisch, sondern nennen sie Staatssprache.

Ihre Schulen habe ich geschlossen, alles habe ich zerstört und vernichtet, bald auch sie. Weil ich es kann und weil es mir gefällt. Und niemand kann mich stoppen. Weder die Kommunisten noch die Kapitalisten.

Nachts träume ich. Die allerschönsten Träume, wie zu Zeiten des Krieges. Ich sehe den Dnjestr voller Blut. Ich stehe da mit einer Angel in der Hand. Ununterbrochen ziehe ich etwas aus dem Wasser. Mal eine Mutter und ein Kind, jeweils an einen Pfahl gebunden, mal ein Auge, Arme und Beine, einen Kopf, der Angelhaken verfängt sich im Fleisch, besonders häufig im Auge.

In einem großen Kessel koche ich Suppe. Ich esse und wachse. Sofort bin ich sehr fett. Es deprimiert mich, wenn ich dann aufwache und feststellen muss, dass die Wasser des Dnjestr wieder klar sind, gelegentlich ziehe ich nur noch einen Schädel aus alten Tagen heraus. Aber dafür habe ich keinen Nerv mehr. Ich muss etwas tun. Ich habe auch keine Lust mehr, nur um der guten alten Zeiten willen Leute bloß zu misshandeln.

Ich will Tod, viel Tod und viel Blut. Ach, am liebsten würde ich euch alle umbringen.

Szene 9

Vater und Sohn sitzen am Tisch. Der Vater ist betrunken. Der Sohn hat ein blaues Auge.

Vater: Was ist passiert?
Sohn: Nichts.
Vater: Wie nichts, du Idiot, und dein Scheißgesicht?
Sohn: Nichts, ein paar Typen haben mich auf der Straße angequatscht, wollten eine Zigarette ...
Vater: Und hast du ihnen eine gegeben?
Sohn: Ja, habe ich gemacht. Dann haben sie gefragt, wie spät es ist.
Vater: Und hast du ihnen geantwortet?
Sohn: Habe ich gemacht. Dann haben sie gesagt, ich soll das Manson-T-Shirt nicht mehr tragen, haben mich verprügelt und mir Jeans, Turnschuhe und T-Shirt weggenommen. Das ist alles.
Vater: Selber schuld, du Idiot. Dann kannst du jetzt mit deinem nackten Schwanz rumlaufen. Ich bin pleite.
Sohn: Dann schickt uns Mama Geld.
Vater: Aha, deine Mutter.

Jemand klopft an die Tür.

Vater: Los, mach auf, hörst du nicht?

Der Sohn steht auf und öffnet die Tür. Auftritt Woronin mit Posttasche.

Woronin: Guten Abend. Sie haben einen Brief. Bitte.

Woronin sucht in der Tasche, holt einen zerknitterten, mit Tesafilm zugeklebten Brief heraus.

Woronin: *(Lächelnd.)* Aus Deutschland.

Woronin reicht dem Vater den Brief und will sich entfernen, während der Vater ihn unentwegt und bewegungslos anstarrt.

Vater: Setz dich.
Woronin: *(Stotternd.)* Aber, mein Herr, ich bin im Dienst, ich habe noch viele Briefe auszutragen … Ich würde ja gerne bleiben, aber es geht nicht, Sie entschuldigen mich, ich muss jetzt wirklich gehen …

Vater: Setz dich hin, du Hurensohn, hol dich der Teufel, dich und eure beschissene Post.

Woronin, eingeschüchtert, setzt sich.

Vater: Warum ist der Brief zerknittert? Hast du ihn gelesen, du Idiot?
Woronin: Wie können Sie so etwas denken, mein Herr, ich und lesen? Niemals!
Vater: Was hast du dann mit dem Brief gemacht? In den Arsch gesteckt und dann mit Tesafilm zugeklebt?
Woronin: Ich verstehe nicht, Genosse, wieso in den Arsch gesteckt?

Der Vater schaut ihn gelangweilt an.

Vater: Lies vor.
Woronin: Ich kann nicht.
Vater: Und ob du kannst.

Der Vater schenkt ihm ein Glas Wodka ein. Woronin nimmt das Glas und leert es in einem Zug.

Woronin: Guter Stoff.
Vater: Es reicht jetzt, lies vor!

Woronin beginnt stotternd zu lesen, dann verändert sich seine Stimme, wird feminin.

Woronin: Meine Lieben,
mir geht es sehr gut. Jetzt wische ich die Hintern alter Frauen nicht mehr umsonst ab. Jetzt nehme ich Geld dafür. Ich hab verstanden, das Wichtigste im Leben ist, bezahlt zu werden für das, was man tut. Vorher war mir das nicht klar. Vorher hat mir die Arbeit Spaß gemacht, mit oder ohne Bezahlung. Hier empfinde ich keine Freude mehr daran. Es gibt nur die Arbeit und das Geld. Das Geld wischt alles weg, denn es stinkt nicht.
Es tut mir leid, aber ich muss euch etwas mitteilen. Ich komme nicht mehr nach Hause zurück. Ich will das alles nicht noch einmal durchmachen. Und genau das würde passieren.
Mein geliebter Mann, bitte heirate noch mal und gründe eine andere Familie. Gemeinsam haben wir keine Chance mehr. Nicht, dass ich dich nicht mögen würde, im Gegenteil. Aber es hat sich zu viel Schmutz angesammelt, weder du

noch ich kriegen die Probleme in den Griff, das weiß ich. Wir stecken bis zum Hals im Dreck.

Ich habe einen Mann kennen gelernt. Als Frau hat man es sehr schwer im Ausland. Ich will ihn nicht loben, nur so viel: Er hat mir sehr geholfen und tut es noch. Falls es dich tröstet – ich bin schwanger, das Kind verkaufe ich an eine reiche Familie. Sie haben uns Unterkunft und Verpflegung gegeben. Ich schicke euch weiterhin Geld, damit auch ihr zurechtkommt.

Auch wenn ihr mich verurteilt, und dazu habt ihr jedes Recht, sollt ihr wissen, ihr fehlt mir sehr, ich liebe euch.

Bitte verzeiht mir. Ihr habt keine Schuld, aber ich kann auch nichts dafür, dass ich hier bin.

Mama

Vater und Sohn beginnen schallend zu lachen. Woronin schaut sie an, dann lacht auch er.

Szene 10

Der Vater schläft und schnarcht. Er scheint sehr müde oder betrunken zu sein. Das Zimmer ist heruntergekommen, unaufgeräumt. An den Wänden hängen die Masken der Präsidenten. Der Sohn packt seine Sachen. Er holt seine Klamotten immer wieder heraus, schaut sie an, packt sie zurück in den Rucksack, holt sie wieder heraus. Er raucht und trinkt Wodka.

Sohn: So endet alles. Kaum fühlte ich mich frei, stopfte man mir das Maul.

Ich habe an die Freiheit geglaubt, die da kommen würde. Es war so verführerisch zu glauben, dass man nichts weiter als Gemüse war, eine Tomate, eine Gurke. Und dass sich alles ändern würde.

Es war schwer für mich. Weil ich an Lenin glaubte. Er opferte sich für mich, für unsere Kinder, denen die stinkende Bourgeoisie das Blut aussaugte und ihnen Märchen von Gott erzählte. Lenin hat gesagt: Was soll diese Scheiße mit Gott? Gott ist eine schwachsinnige Erfindung, um die Menschen zu kontrollieren. Lenin hat alle Priester nach Sibirien geschickt, Lenin hat alle verfickten Intellektuellen nach Sibirien geschickt. Aus dem Schweiß der Bauern, dieser Bestien, war so viel Schimmel gewachsen, dass Stalin geboren werden musste.

Wahrheit existierte nur bei uns, nur in der Sowjetunion. Weil bei uns die Sonne aufgeht. Die Leute arbeiteten und bekamen einen angemessenen Lohn. Es gab keine Bettler. Es gab keine Krüppel. Es gab keine Geisteskranken. Jeder war glücklich, Teil des großen Sowjetvolks zu sein. Es ist richtig, man konnte nicht so einfach in den Westen reisen, aber nur wenige verspürten den Wunsch dazu. Dafür konnten die Bomben problemlos die Grenze passieren. Die Sozialistische Sowjetrepublik Moldova war das Paradies der Sowjetunion. Scheiße, man nannte sie auch Solnecinaya Moldova, das sonnige Moldova.

Die UdSSR – ausgefickt. Lenin galt plötzlich als Krimineller, der nur Blödsinn geredet und nur Schlechtes vollbracht hätte. Es hieß, Kapitalismus sei im Grunde gut, Kapitalisten seien auch nur Menschen, die Frauen und Kinder keineswegs scheiße behandeln würden. Es hieß, Gott existiert doch. Am Ende glaubte ich es, obwohl es mir sehr schwer fiel. Der Rubel wurde abgewertet, dann kamen Lebensmittelmarken, die ebenfalls an Wert verloren und verschwanden, schließlich wurde der moldawische Leu eingeführt – Bruder des rumänischen Leu. Wir erfuhren, dass wir eigentlich Rumänen sind, nicht Moldawier. Wie fühlt sich das an, im Alter von fünfzehn Jahren gesagt zu bekommen, welcher Nationalität man angehört? Na? Sehr gut. Herzklopfen, Zuckungen, Alkohol, Schuss in die Venen, schnüffeln. Danach entspannst du dich und glaubst an etwas ganz anderes.

Du glaubst an Amerika, du glaubst an den Westen. Weil du daran glaubst, willst du es auch sehen. Du wächst, wartest ab, versuchst es. Du erfährst, dass es nicht so einfach geht. Weil sie Angst vor Bomben haben. Wie sollen sie uns empfangen? Vielleicht verstecke ich im Mund eine Granate, auf dem Rücken eine Kalaschnikow und ein Maschinengewehr auf dem Kopf. Kapitalisten haben Angst vor Bomben.

Weil die Rumänen, also wir, nein, eigentlich sie, also die Rumänen aus Rumänien, nicht aus Moldova, ohne große Probleme reisen können, willst auch du die rumänische Staatsbürgerschaft zurückhaben, die du in grauen Vorzeiten irgendwann einmal gehabt hast. Sie vertrösten dich, zwingen dich, Bestechungsgelder zu zahlen – du bist ein Stück Dreck für sie, weil sie die beschissene Staatsbürgerschaft haben und du – nicht. Anfangs reist du in ihr Land, das auch dein Land ist – mit dem Personalausweis. Dann mit dem Reisepass. Dann verbieten sie dir, länger als drei Monate am Stück zu bleiben. Und wenn du nicht locker lässt – bekommst du irgendwann deine Staatsbürgerschaft. Du wirst Staatsbürger deines eigenen Landes. Und wozu das alles? Damit du von einem Ghetto ins nächste fahren kannst, von wo du am liebsten auch abhauen würdest. Und wohin? Zum Erdbeerpflücken und Toilettenputzen. Denn die retardierten Westler, fett und dumm wie sie sind, halten sich für was Besseres, nur weil sie dort geboren wurden.

Ich brauche das alles nicht. Da habt ihr meinen rumänischen Pass.

Der Sohn holt seinen rumänischen Pass aus der Tasche. Er blättert ihn durch, zerreißt ihn und wirft ihn auf den Boden.

Sohn: Wir sind wirklich anders. Ihr respektiert uns nur dann, wenn ihr Angst vor uns habt. Ich habe an eure Märchen geglaubt, Schluss damit. Was habt ihr uns schon gegeben? Armut, Hass, Dreck, Pornos jetzt auch in rumänischer Sprache, Chips und Hotdogs. Prostitution, Menschen-, Drogen- und Waffenhandel. Religion. Mehr nicht.
Zum Teufel mit dem ganzen Scheiß!

Der Vater wacht auf, schaut zum Sohn.

Vater: Mit wem redest du da?
Sohn: Mit dem Sohn meiner Mutter, der nicht mein Bruder ist.
Vater: Wohin gehst du?
Sohn: Nach Moskau, zum Mausoleum.

Abgang Sohn.

Vorhang.

Einen anderen Blick auf die Wirklichkeit ins staatliche Fernsehen bringen. Man müsste zeitgenössische Kunst ins Fernsehen bringen, um die größtmögliche Anzahl von Menschen im ganzen Land zu erreichen und um zu erklären, was das überhaupt ist, sein kann und will: Kunst heute. Dies sei eine der großen Herausforderungen, der man sich als Künstler in Moldau stellen müsse. Das war die Antwort von Pavel Brăila. Die Frage lautete: Was wäre dein dringlichstes Anliegen? Man müsste, fährt er fort, auf TV Moldova die Zuschauer mit einer ganz anderen Weise zu sehen bekannt machen und also auch mit einer bislang unbekannten Form des Journalismus.

Diese Vision bildete den Ausgangspunkt für den Aufbau des ersten TV-Kunstmagazins in der Region: „Alte Arte" [> S. 603]. Eineinhalb Jahre lang dauerten die Vorbereitungen, bis „Alte Arte" auf Sendung ging. Ein vierköpfiges Team entwickelte in Zusammenarbeit mit internationalen Beratern und Experten das Sendeformat und vermittelte in Workshops Kamera- und Schnitttechnik an lokale Reporter. Dreimal wechselte in dieser Zeit die Intendanz des staatlichen Senders TV Moldova, immer wieder wurden die Sendezeiten verschoben. Nach der erfolgreichen Pilotsendung im Dezember 2004 wird „Alte Arte" nun seit Januar 2005 an jedem zweiten Samstagabend ausgestrahlt.

Gemeinsam mit Künstlern und Intellektuellen diskutiert Cosmin Costinaş, was Kultur schaffen und Kunst machen derzeit in der Republik Moldau bedeutet.

Ein Gespräch, moderiert von Cosmin Costinaş

Die tägliche Erfindung von Moldau

Das Gespräch fand am 10. Juli 2005 im Center for Contemporary Art Chişinău (ksa:k) statt; teilgenommen haben:

Pavel Brăila, Künstler und Leiter des Projekts „Alte Arte"
Vitalie Condraţchi, Philosoph, Wirtschaftsexperte und Journalist für Radio Free Europe und Radio Liberty Chişinău
Cosmin Costinaş, Autor und freier Kurator, Bukarest und Wien
Lilia Dragneva, Künstlerin und Kuratorin, Leiterin des ksa:k und Kuratorin des Projekts „Alte Arte"
Nicoleta Esinencu, Schriftstellerin und Theaterregisseurin, Chişinău
Ştefan Rusu, Künstler und Kurator, Chişinău und Amsterdam

Cosmin Costinaş: Im postkommunistischen europäischen Kontext verfügen Räume und Gemeinschaften über verschiedene Quellen für ihre Identitätsbildung. Wir wollen zunächst darüber sprechen, wie sich eine moldauische Identität herausbilden könnte, und uns ansehen, auf welcher kulturellen Achse die Moldauer sich selbst verorten. Denn man muss ja bedenken, dass Moldau ein neu geschaffener Staat ist und aus mehreren Gemeinschaften besteht, die sich stark voneinander unterscheiden, ja im Konflikt miteinander stehen. Wie könnte zwischen dem rumänischen Nationalismus und der universalistischen und imperialistischen sowjetischen Vision der Identität eine zeitgenössische moldauische Identität entstehen?

Ich möchte mit einem kurzen, aber vielsagenden Ausschnitt aus einem Gespräch beginnen, das Lilia Dragneva und ich gestern miteinander geführt haben. Denn ich würde gern auf einer sehr menschlichen Ebene über Identität sprechen, so nämlich, wie intellektuelle Auseinandersetzungen derzeit in Moldau stattfinden. Während eines Spaziergangs fragte ich Lilia, ob es in Moldau eine Diskussion darüber gebe, die alten sowjetischen Eisenbahnschienen durch die gängigen europäischen Schienen zu ersetzen. Lilia antwortete: „Was meinst du damit, ob man sie ersetzen soll?" Ich sagte: „Sie eben alle ersetzen, sämtliche Schienenstränge des Landes austauschen." „Bis wohin? Wo würden die Schienen aufhören?" „Nun, genauso gut wie sie alle an der rumänisch-moldauischen Grenze enden, könnten sie auch an der moldauisch-ukrainischen Grenze enden." Lilia antwortete auf diese Bemerkung fast automatisch: „Und wie sollen wir dann nach Moskau kommen?" Einen Moment später wurde ihr der Hintergrund meiner Frage klar. Doch ihre spontane Reaktion war, dass sie „irgendwohin kommen, ins Ausland kommen" damit assoziiert hatte, nach Moskau zu fahren, und nicht etwa damit, nach Rumänien und ins übrige Europa zu reisen.

> **Vitalie Condraţchi:** Wahrscheinlich ist dies bei den meisten Moldauern der Fall. Aber ich war überrascht, als ich dieselbe Frage einigen Letten in Riga stellte und sie antworteten: „Wir benötigen die Eisenbahn in dieser Richtung, nach Moskau, nicht nach Europa. Wenn wir in die EU wollen, können wir das Auto nehmen."

Pavel Brăila: Es gibt den Plan, eine Bahnstrecke von Chişinău nach Iaşi zu bauen, ausschließlich für Züge nach Westeuropa.

> **Vitalie Condraţchi:** Ja, aber das ist eine alte Idee, ein altes Projekt, das seit sechs Jahren diskutiert und immer wieder verschoben wird.

Cosmin Costinaş: Gut, aber eigentlich ist das für uns im Moment nicht so wichtig. Was mich interessiert, ist die Vorstellung, die Lilia Dragnevas spontaner Antwort zugrunde liegt, denn anders als die Leute aus Riga hat sie ja keine Erklärung dafür geliefert. Es war eine unmittelbare Reaktion, und das zeugt irgendwie von einer tieferen geistigen Geographie, von der Tatsache, dass die „Außenwelt" Moldaus für sie, und vermutlich für die Mehrheit der Moldauer, eher mit Russland assoziiert ist. Deshalb ist es relevant. Ich möchte ein bisschen bei diesem Punkt verweilen.

> **Ştefan Rusu:** Es gibt viele Menschen hier, die eine doppelte oder dreifache Staatsbürgerschaft und ebenso viele Pässe haben. Der moldauische Pass ist nützlich, um in den Osten zu reisen, nach Zentralasien, in die Mongolei, nach China, nach Moskau, um in der Ukraine Urlaub zu machen, also ausschließlich in dieser Richtung. Den rumänischen Pass braucht man für Europa. Die Sache ist diesbezüglich völlig klar, und die Entscheidung für die jeweilige Staatsbürgerschaft wird von ganz pragmatischen Gesichtspunkten bestimmt.

Vitalie Condraţchi: Einige Politiker wollten die Farbe des Passes ändern lassen, weil sie sich für den blauen moldauischen Pass schämen.

> **Pavel Brăila:** Ich glaube, die moldauische Identität wird heute von ökonomischen Zwängen bestimmt. Viele Menschen verlassen das Land, um Geld zu verdienen. Pragmatische Fragen stehen also im Vordergrund. Diese Pässe werden nicht zum Reisen benutzt, sondern die Leute benötigen sie vor allem, um zur Arbeit zu gehen. Und die Orte, an die sie zum Arbeiten gehen, sind für ihre späteren Optionen und Positionierungen sehr wichtig. So werden etwa diejenigen, die nach Moskau arbeiten gehen – und es gibt dort eine große moldauische Diaspora – prorussisch. Vor den Wahlen wurden in Moskau einige fiktive Kongresse organisiert. Man hat „Gastarbeiter" eingeladen und Geld bereitgestellt, um eine Initiative prorussischer moldauischer Arbeiter ins Leben zu rufen, die dann natürlich dem prorussischen Kandidaten ihre Stimme geben. Das ändert sich jetzt mit der „strategischen Orientierung" Moldaus in Richtung Westen. Andere Arbeiter, die nach Italien, Portugal oder Spanien gehen, sind proeuropäisch und

warten offensichtlich nur auf den Moment, in dem Europa seine Tore öffnen und die Visumpflicht abschaffen wird. So entstehen neue Identitäten. In manchen Dörfern arbeitet die Mehrheit der Bauern zum Beispiel schon in Italien, und die übrigen Einwohner leben daher jetzt innerhalb der italienischen Kultur. Dadurch dass die „Gastarbeiter" Zeitschriften, Lieder, Platten und Kleider nach Hause schicken, dass sie Geschichten über Italien erzählen, entsteht eine direkte Verbindung zu diesem Land. Ich habe einmal ein wichtiges Fußballspiel zwischen Spanien und Griechenland in einem solchen Dorf erlebt, und das Publikum war gespalten: Die Verwandten derjenigen, die in Griechenland arbeiten, unterstützten Griechenland, die der Arbeiter in Spanien feuerten die spanische Mannschaft an. Aber ich glaube, dass es neben diesen subjektiven Entwicklungen ein schwerwiegenderes Problem in Moldau gibt, nämlich die brutale Manipulation von Identitäten. So gaben etwa während der letzten Volkszählung nur zwei Prozent der Bevölkerung an, sie seien Rumänen.

Nicoleta Esinencu: Ich glaube, dass es mehr waren und dass uns die Behörden weisgemacht haben, es seien nur zwei Prozent gewesen.

Vitalie Condraţchi: Dazu würde ich gern eine Geschichte erzählen. Letzte Woche ließ ich die Geburtsurkunde meiner kleinen Tochter ausstellen. Die Angestellte in der Behörde, eine junge Frau in den Dreißigern, fragte mich, welche Nationalität sie für meine Tochter eintragen solle. „Rumänisch", sagte ich. „Sind Sie sich da sicher?" fragte sie. „Ja, da bin ich mir sicher." „Okay, aber Sie könnten Probleme kriegen", „Was für Probleme?" fragte ich. „Nun, wissen Sie ... Aber welche Nationalität haben denn ihre Eltern?" „Wir sind Rumänen." „Ihre Frau ist ebenfalls Rumänin?" „Ja." „Gut, aber vielleicht können wir hier schreiben, dass zumindest ein Elternteil Moldauer ist?" „Nun, nein, warum? Ich habe Ihnen doch gesagt, dass wir Rumänen sind." „Was steht denn auf dem Trauschein?" „Rumänisch." Dann geht sie weg, um die Sache im Archiv zu überprüfen. Sie findet das Dokument und sagt: „Hier sind Sie als Moldauer aufgeführt." „Okay, aber das kleine Mädchen ist Rumänin." Schließlich händigt sie mir die Geburtsurkunde aus, und dort steht „Moldauisch". Ich glaube, so sind sie auch bei der Volkszählung vorgegangen. Es gab unglaubliche Unregelmäßigkeiten.

Nicoleta Esinencu: Ich bin mir sicher, dass sie so vorgegangen sind.

Pavel Brǎila: Als sie zu meiner Familie kamen, haben sie es genauso gemacht.

Nicoleta Esinencu: Zu uns sind sie gar nicht erst gekommen.

Vitalie Condraţchi: Ich glaube, diese Frage der Identität wird auch von den Medien bestimmt. Es gibt in Moldau nur etwa zwei rumänische Radiosender, aber ungefähr zwanzig russische, von denen einer mit dem Motto wirbt: „Unser Land, die UdSSR". Und die Menschen identifizieren sich auch wirklich mit diesem Motto. Viele Leute über dreißig empfinden die UdSSR, in der sie geboren wurden, nach wie vor als ihr „Vaterland", jedenfalls mehr als Moldau. Und das gilt besonders für die Russischsprachigen, die kulturell, unter dem Gesichtspunkt der Identität, mit Russland verbunden sind. In ganz Moldau kann man russische Fernsehsender empfangen, die sich auf das Geschehen in Russland konzentrieren. Die Leute interessieren sich daher oft stärker für die Ereignisse und den Alltag in Russland als für Moldau.

Pavel Brăila: Aber das Niveau der moldauischen Sender ist auch sehr niedrig. Vor kurzem bin ich wegen der Vorbereitungen für „Alte Arte" durch das Land gereist, und die Leute haben mir erzählt, sie würden sich eigentlich keine moldauischen Sender ansehen, sondern nur russische.

Ştefan Rusu: In der visuellen Kultur gibt es ein Monopol.

Pavel Brăila: Ja, aber es ist wichtig zu wissen, dass es ein kontrolliertes und gelenktes Monopol ist.

Ştefan Rusu: Offensichtlich handelt es sich hier um ein russisches Monopol, das an die Stelle des früheren, sowjetischen getreten ist. Zu Sowjetzeiten ging es um kommunistische Propaganda, jetzt dreht sich alles um russischen Fremdenhass und den kolonialen Diskurs über Tschetschenien, Georgien etc. Im gesamten ehemals sowjetischen Gebiet wird von dem russischen Sender ORT und einer beträchtlichen Anzahl privater russischer Sender über das normale Kabelfernsehen gesendet.

Cosmin Costinaş: Okay, ich habe die Frage der Identität angesprochen, und ihr habt entweder auf eine „rumänische" oder auf eine „russische" Identität Bezug genommen, oder auf eine, die von der Sowjetunion konstruiert und hinterlassen wurde. Ich würde gerne herausfinden, ob es auch die Möglichkeit gibt, sich selbst als Moldauer zu positionieren und sich dabei nicht in Abgrenzung zu etwas anderem zu definieren, etwa moldauisch versus rumänisch. Gibt es eine zeitgenössische moldauische Identität, die sich von der Moldawischen Sozialistischen Sowjetrepublik unterscheidet, aber auch über das nationalistische Identitätsverständnis hinausgeht? Kurz, die Frage ist: Was ist Moldau heute? Wie können wir eine Gesellschaft schaffen, die alle hier lebenden Gemeinschaften repräsentiert?

Pavel Brăila: Diese Art Identität kommt nur manchmal zum Vorschein, etwa im Fall der Popband O-Zone, die 2004 die europäischen Charts eroberte. Alle waren stolz und glücklich, als sie die europäische Bühne betrat. Die Russen, die Rumänen, ja wirklich alle waren Moldauer, wenn es um dieses Thema ging. Das ist lustig, denn der Westen fragte sich, wo sie eigentlich herkommen. Sind sie aus Rumänien? Sind sie aus Moldau? Und sowohl Bukarest als auch Moskau versuchten, sie für sich zu reklamieren. Im Januar 2005 war ich wegen der Biennale in Moskau und bekam dort das Jahressonderheft von *Newsweek* in die Hand gedrückt. Darin war ein Bericht über den Erfolg von O-Zone, in dem es hieß, dieses Phänomen beweise der Welt, dass die moldauische und die rumänische Sprache ein und dasselbe seien. Um diesem Land, dieser Nation eine Identität zu geben, benötigen wir Erfolge, Momente wie diesen, auf die sich die Menschen beziehen und in denen sie sich wiedererkennen können. In den letzten fünfzehn

Jahren waren die meisten Nachrichten über Moldau negativ. Wenn das Wort Moldau auftauchte, dann meist in Verbindung mit Menschenhandel, Drogenhandel, Waffenhandel und so weiter; die Transnistrien-Situation hat daran nicht viel geändert. Der entscheidende Punkt ist, dass es ziemlich schwierig ist, Solidarität mit einer Nation zu entwickeln, die fast ein Synonym für die Hölle und für Katastrophen ist, zumindest in den internationalen Medien.

Vitalie Condrațchi: Ich glaube, der Aufbau einer Identität ist ein politisches Projekt. Man versucht, eine Identität für Moldau aufzubauen.

> **Ștefan Rusu:** Tatsächlich hat das Land so begonnen, als ein Konstrukt, eine Erfindung. Ich sollte etwas über die Geschichte dieser Fiktion sagen. Das Projekt, eine moldauische Identität zu konstruieren, begann 1924 auf dem Gebiet der Ukraine: als Moldawische Autonome Sozialistische Sowjetrepublik (MASSR) mit der Hauptstadt Balta. Parallel vollzog sich auf dem Gebiet Bessarabiens, das 1918 Teil des rumänischen Königreichs geworden war, ein Prozess der Dekonstruktion der russischen imperialen Identität. Nach 1940 wurde der fiktive Staat der MASSR mit seiner „moldawischen" Identität dann auf den rumänischen Teil von Bessarabien übertragen und bildete die Moldawische Sozialistische Sowjetrepublik.

Cosmin Costinaș: Es ist interessant, dass die Sowjets Moldawien nur einen Teil dieses „Trojanischen-Pferd-Territoriums" einverleibten, nämlich die MASSR – das derzeitige Transnistrien. Der Rest wurde der Ukraine „zurückgegeben".

> **Nicoleta Esinencu:** Ich glaube, wir sind in der Frage der Nationalität an einem Punkt angelangt, an dem es wirklich schwierig ist zu sagen, ob wir moldauisch oder rumänisch sind. Und es ist dumm und reine Zeitverschwendung, dass im Parlament und in den Medien während der letzten fünfzehn Jahre am heftigsten darüber diskutiert wurde, welche Sprache wir sprechen. Als ob wir keine anderen Probleme hätten!

Cosmin Costinaș: Ich stimme zu, dass es sich um ein politisches Projekt handelt, aber bislang wurde noch keine ernstzunehmende politische Vision für diese gewissermaßen nichtethnische moldauische Identität formuliert. Sämtliche politischen Projekte, die sich mit diesem Problem befassten, beruhten entweder auf einem sehr romantischen Verständnis von Nationalismus oder auf einer Abgrenzung zu etwas anderem. Mir ist bislang noch kein Entwurf für ein zeitgemäßes Gesellschaftsmodell begegnet.

> **Ștefan Rusu:** Ab 1990 ist einiges passiert, die Unabhängigkeitserklärung, die Ersetzung des Alphabets: solche Dinge sollte man zwischen den Zeilen lesen. Das „Projekt Moldau" wurde auf den Weg gebracht, seine Grundlage wurde geschaffen, und jetzt muss es sich von selbst weiterentwickeln, wie ein lebendiger Organismus. Ich glaube nicht, dass es durch irgendwelche anderen Ideologien gestützt werden muss, da es bereits ein Eigenleben besitzt.

Cosmin Costinaș: Aber wie kohärent ist diese Situation? Ich meine, die Unabhängigkeit ging mit einer Wiederbelebung des rumänischen Nationalismus einher, der anschließend wieder abnahm.

Ştefan Rusu: Genau.

Vitalie Condraţchi: Die Unabhängigkeit galt zunächst nur als ein Schritt hin zur Vereinigung mit Rumänien.

Cosmin Costinaş: Aber was wäre jetzt, da der Nationalismus schwächer geworden ist, die ideologische Begründung? Welcher quasi-ideologische Diskurs kann die Unabhängigkeit noch rechtfertigen, wenn diese Quelle versiegt ist?

Ştefan Rusu: Jetzt gibt es die proeuropäische Tendenz. Wir haben uns von etwas getrennt – der UdSSR –, um uns etwas anderem zuzuwenden – Rumänien –, aber wir sind in einer hybriden Situation gelandet, in der wir uns Europa anschließen wollen.

Cosmin Costinaş: Du denkst also, dass die moldauische Identität mit dem Gebilde Europa verbunden ist oder von ihm bestimmt wird?

Pavel Brăila: Sie wird in erster Linie von der Mentalität bestimmt, und diese Mentalität ist nach wie vor verworren. Offensichtlich weiß jeder hier, dass er oder sie Moldauer ist. Aber vor allem die Russischsprachigen haben eine gewisse Scham, oder vielleicht auch einen Komplex, zu sagen, sie seien Moldauer. Sie wissen, dass sie letztlich gezwungen werden würden, Rumänisch zu lernen, und für sie als Angehörige einer großen Nation und Kultur ist das psychologisch ein schwieriger Schritt. Man kann es vielleicht mit dem belgischen Fall vergleichen, wo mehr Angehörige der flämischen Gemeinschaft Französisch sprechen. Kurz, es geht um die Selbstdarstellung großer Kulturen als unabhängig. Ich glaube, das Phänomen ist eher damit zu erklären als mit Hass. Und damit, dass die Rumänischsprachigen, vor allem wegen des Durcheinanders in den Medien, nicht wissen, welche Sprache sie sprechen.

Ştefan Rusu: Aber auch die nationale Politik war hier eine andere als in Rumänien, das dem typischen Modell eines Nationalstaats entsprach. In Moldau wurde die ganze Sache allmählich flexibler; denn es ist sehr schwierig, das Muster des Nationalstaats auf das ganze Land oder auf einige der hier lebenden Gemeinschaften anzuwenden. Es gab auch die Idee, eine Art Schweiz des Ostens zu kreieren, die auf dem Zusammenleben verschiedener Nationalitäten beruht. Doch diese Idee war zu sehr mit den Aktivisten der sowjetischen Perestroika verknüpft.

Vitalie Condraţchi: Aber weißt du, während der Neunziger, als es wesentlich einfacher war, einen rumänischen Pass zu bekommen, und viele Menschen sich einen besorgten, taten dies auch viele Russen. Der rumänische Staat genehmigte nämlich die „Repatriierung" von zwei Autos pro Bürger aus Moldau. Es war sehr leicht, dieses Recht an einige spezialisierte Händler zu verkaufen, die dann die beiden Autos steuerfrei importieren, so dass man durch den Verkauf der Rechte problemlos etwa dreitausend Euro verdienen konnte. Jeder tat das. Im Grunde handelte es sich dabei um den Verkauf der eigenen Staatsangehörigkeit.

> **Cosmin Costinaş:** Da uns die Diskussion über Identität zu sehr pragmatischen Punkten, wie Pässen und Steuern, geführt hat, würde ich gerne ein Modell formulieren und es mit euch verifizieren. Ist es möglich, eine gemeinsame moldauische Identität auf einer pragmatischen Grundlage zu schaffen, auf einer Art von Solidarität, die der Idee entspringt, dass wir uns alle in derselben Situation befinden, dass wir uns alle in einem Übergangsstadium befinden, dass wir alle sozusagen auf der Durchreise sind und irgendwohin wollen? Ich erinnere mich an einen sowjetischen Film von 1952, der auf Maxim Gorkis *Nachtasyl* beruht, in der Regie der Schauspieler Fábián Ferenc und Varga Vilmos. Die Situation in diesem Film erinnert mich an das heutige Moldau. Einige sehr unterschiedliche Leute treffen in einem Obdachlosenheim ein und entwickeln eine starke Solidarität miteinander, obwohl sie nichts gemeinsam haben; doch in der Zeit, die sie dort verbringen, in einer kritischen Situation, bildet sich vorübergehend eine Gemeinschaft. Kann das auch für Moldau funktionieren? Unterschiedliche Leute, unterschiedliche Gemeinschaften mit ihren eigenen speziellen Identitäten, aber alle treffen sich unter denselben ökonomischen und geopolitischen Umständen und identifizieren sich aus diesem Grund miteinander?

Vitalie Condrațchi: In gewisser Hinsicht ist das eine treffende Beschreibung der Situation, aber wirklich beunruhigend ist die Tatsache, dass in Moldau jede und jeder versucht, für sich allein zu überleben. Die Idee der Solidarität ist völlig ausgehöhlt. Bevor wir also über gemeinsame Identitäten sprechen, das heißt über die Richtungen, in denen Solidarität geübt wird, muss man sehen, dass das Land auf einer grundsätzlicheren Ebene leidet, nämlich der der zwischenmenschlichen Solidarität.

> **Ștefan Rusu:** Moldau war immer schon Peripherie, es grenzte immer an größere Länder, wurde daher stets marginalisiert und nahm sich selbst als randständig wahr. Diese Situation bringt das Bedürfnis hervor, sich nach außen zu orientieren, sich einem Zentrum anzunähern und dorthin zu gehen, sei es Moskau, Riga oder Bukarest. Wie kann man hier etwas aufbauen, wenn noch nichts vollständig ist, wenn Moldau durch einen permanenten Zustand der Unvollständigkeit definiert ist? Das mag unlogisch klingen, aber so nehmen es die meisten Moldauer wahr. Dieses Land entstand auf der Grundlage einer Ideologie, die sich dann allmählich verflüchtigte, so dass es ein Gefühl des Unfertigen gibt. Und machen wir uns nichts vor, das politische Milieu ist nicht schlau genug, ein schlüssiges Programm vorzulegen, das über utopische Diskussionen hinausgeht.

Cosmin Costinaş: Ich finde es allerdings interessant, dass die politischen Parteien nicht nach ethnischen Gesichtspunkten organisiert sind, zumindest nicht die großen Parteien, die kleinen extremistischen schon.

Vitalie Condraţchi: Ja, aber die regierende Kommunistische Partei ist nicht multikulturell, sondern internationalistisch im stalinistischen Sinn, und darüber kann man nicht wirklich glücklich sein. Der Idee der Unvollständigkeit des Landes sollte man noch die der künstlich importierten Modelle hinzufügen.

Cosmin Costinaş: Es gibt das amüsante Beispiel des Heres, eine Art Sherry, der eines der populärsten moldauischen Getränke zu sein scheint. Die Pilze, die die Gärung des Getränks verursachen, wurden irgendwann zwischen 1949 und 1950 von einem sowjetischen Wirtschaftsspion aus der spanischen Region Jerez gestohlen. Heute trinken alle Moldauer Heres, doch wegen des europäischen Markenschutzes und Urheberrechts kann er nicht exportiert werden.

Ştefan Rusu: Beim Heres geht es um Wirtschaftsspionage, die nur im Rahmen geschlossener Systeme möglich war, wie im Fall der Sowjetunion. Es war die Zeit der Nachahmung und Reproduktion westlicher Modelle und Produkte.

Vitalie Condraţchi: Es gibt viele solche Beispiele, darunter Cognac und Champagner. Doch zu diesem Thema würde ich gerne unseren ehemaligen Präsidenten Petru Lucinschi zitieren, der gesagt hat, das Problem der Sprachen, die hier gesprochen werden – Rumänisch versus Moldauisch – werde sich von selbst lösen und man solle die Sache nicht forcieren. Ich glaube, das stimmt.

Ştefan Rusu: Das ist wahr, aber die Dinge sind nicht immer so, wie sie zu sein scheinen. Wie im Fall der Kommunistischen Partei, die jemandem aus dem Westen multikulturell vorkommen mag, weil sie die nationalen Fragen ignoriert, die aber in Wirklichkeit ein direkter Erbe des stalinistischen „internationalistischen" Geistes ist, lässt diese Aussage auch nicht zwangsläufig auf einen aufgeschlossenen, weisen Politiker schließen. Man muss wissen, wer Petru Lucinschi ist. Bevor er von Michail Gorbatschow auf eine hohe Position in der Kommunistischen Partei in Moldau befördert wurde, weil er Erfahrung im Umgang mit schwierigen Situationen hatte, war er der zweite Sekretär des Zentralkomitees der Kommunistischen Partei in Tadschikistan und vertrat dort die „Moskauer Perspektive". Er war derjenige, der in Moldau den reibungslosen Machtwechsel gewährleistete, aber auf die gute alte kompromittierende Art der Perestroika. Blutvergießen wurde vermieden, stattdessen blieb eine komplizierte Situation zurück mit Transnistrien und Gagausien als separatistischen Republiken.

Cosmin Costinaş: Angesichts dieser Situation würde ich gern die Frage stellen, inwieweit sich der postkoloniale Diskurs auf den Fall Moldau anwenden lässt.

Vitalie Condraţchi: Ich zitiere hier einfach Arcadie Barbăroşie, den Direktor des Institute for Public Policy in Chişinău, der gesagt hat, im Fall Transnistrien sollte besser das UN-Komitee für Dekolonialisierung vermitteln als die OSZE, die derzeit zuständig ist. Und ich glaube, das gilt im Grunde für die ganze Republik.

Pavel Brăila: Kolonialismus – ich sehe keinen Grund, den Begriff Postkolonialismus zu verwenden – funktioniert hier mehr auf der Ebene der Information, die natürlich entscheidend ist. Vitalie Condraţchi hat bereits auf die Situation der Sender hingewiesen, aber ich denke, man sollte auch den Filmvertrieb erwähnen. Nach den Vereinbarungen der Gemeinschaft Unabhängiger Staaten werden sämtliche Filme von russischen Unternehmen vertrieben, das heißt, sie sind alle auf Russisch.

> **Cosmin Costinaş:** Es handelt sich also um eine Art Wirtschaftsmonopol? Wie wäre es, wenn etwa ein rumänisches Unternehmen versuchen würde, auf dem moldauischen Markt Fuß zu fassen?

Pavel Bräila: Was für ein Markt? Das ist das Problem, es gibt keinen wirklich freien Markt. Weil er die Gesellschaft kontrollieren will, bedient sich der Staat auch ökonomischer Mittel, um in den Markt einzugreifen.

> **Ştefan Rusu:** Ein gutes Beispiel dafür, wie der lokale Markt funktioniert, ist der „Handy-Kampf", der 2004 zwischen Chişinău und Tiraspol stattfand. Beide Seiten wollten hier ihre territoriale Lufthoheit mittels elektromagnetischer Wellen verteidigen. Sie blockierten gegenseitig ihre Frequenzen für Mobiltelefone, und die Mobilfunkunternehmen waren die Opfer dieses Cyberkriegs. Mehrere Monate lang war es in Moldau einfach nicht möglich, Handys zu benutzen.

Vitalie Condraţchi: In diesem Zusammenhang könnte man auch verschiedene pharmazeutische Produkte anführen, und natürlich ist die Liste noch länger. Ein großes Pharmaunternehmen, Farmaco SA, das dem rumänischen Konzern Eurofarm gehörte und in dem auch amerikanisches Kapital steckt, wurde 2002 verstaatlicht. Das Gleiche geschah mit dem Hotel Dacia, das zu dem belgischen Unternehmen Vicol NV gehörte. 2004 gab der moldauische Staat mehr Geld für den Kauf solcher Unternehmen aus, als er durch den ganzen Prozess der Privatisierung anderer Unternehmen einnahm.

> **Ştefan Rusu:** Wir sollten auch die vielen westlichen Botschaften nicht vergessen, die über Moskau und Kiew organisiert wurden und in denen alle „lokalen" Angestellten Russen sind. In der deutschen Botschaft in Chişinău beispielsweise sind nur Deutsche und Russen beschäftigt.

Cosmin Costinaş: Bevor wir zu unserem nächsten Thema kommen, möchte ich noch eine Diskussion ansprechen, die ich gestern mit Pavel Bräila hatte. Ich beschrieb den rumänischen Kontext, wo vor sechs Jahren eine ähnliche Situation herrschte, zumindest was die fehlende Perspektive betrifft, und sagte, die Lage habe sich inzwischen aufgrund eines sehr subjektiven Faktors stark verändert. Die Aussicht, der EU beizutreten, wurde für eine bestimmte Generation zu einer greifbaren zukünftigen Realität, und diese Perspektive löste eine starke psychologische Veränderung aus: sie führte eine Gesellschaft, deren Strukturen in Auflösung begriffen waren, wieder zusammen. Als ich Pavel fragte, was eine solche Veränderung in Moldau bewirken könnte, verwies er auf die Lage in Transnistrien.

Pavel Brăila: Ja, auch wenn es viele andere Probleme gibt, die gelöst werden müssen, betrachtet man die transnistrische Situation hier als die Quelle der meisten Übel. Und eine Lösung dieses Problems würde zumindest jenen psychologischen Schub auslösen, von dem du im Zusammenhang mit Rumänien sprichst.

Vitalie Condrațchi: Ich bin derselben Ansicht, denn man muss verstehen, dass mit einer Lösung der Transnistrien-Krise nicht einfach nur eine weitere Krise von der Liste gestrichen wäre, sondern dass dies den Abzug der russischen Truppen, der Nachfolger der 14. Sowjetischen Armee, bedeuten würde. Psychologisch wäre es also das Ende der Besatzung, das Ende der Kolonialisierung und damit ein guter Augenblick für einen Neubeginn, auch für eine Diskussion über die Identität des Landes.

Nicoleta Esinencu: Ja, die Lösung der transnistrischen Situation wäre ein wichtigerer Schritt als irgendein utopischer Beitritt zur EU. Ganz zu schweigen von der Tatsache, dass die Mehrheit der Bevölkerung nur eine sehr abstrakte Vorstellung von der EU hat. Alle möchten dabei sein, aber nur wenige wissen, worum es eigentlich geht. Man betrachtet die EU als einen großen Supermarkt, in dem jeder einkaufen kann und auch jeder das Geld zum Einkaufen hat, und im konkreteren Fall als den Schlüssel, um in Italien arbeiten zu gehen und dann hier ein Haus zu kaufen. Niemand weiß etwas über die großen Probleme innerhalb der EU, über die Ursachen dieser Probleme und über all die Themen, die damit verbunden sind.

Cosmin Costinaş: Jetzt, da wir uns einen mehr oder weniger allgemeinen Überblick über die moldauische Gesellschaft verschafft haben, würde ich euch gerne fragen, welche Art von relevantem kulturellen Diskurs ihr euch angesichts dieser komplexen Situation vorstellen könnt.

Ştefan Rusu: Ein Hauptproblem besteht darin, dass hier alles völlig politisiert und ideologisch aufgeladen ist. Außerdem muss man bedenken, dass wir über ein Land sprechen, dessen ganze intellektuelle Elite vernichtet wurde. Nach der stalinistischen Deportation bildeten die Bauern die große Mehrheit der Bevölkerung, und in dieser Situation versuchten die Machthaber dem Land ein sowjetisches Kulturmodell überzustülpen. Aber Kultur diente dabei nur als Vorwand für Ideologie und für die Erfindung einer neuen „moldawischen" Sprache, die im kyrillischen Alphabet geschrieben wird. Die Reaktion auf diese Situation war eine Kultur, die auf Folklore und einer Wiederbelebung der Romantik beruhte.

Cosmin Costinaş: Aber mich interessiert, was jetzt möglich ist: Ist unter den zeitgenössischen Bedingungen ein kultureller Dialog denkbar, der an andere europäische Diskurse anknüpfen, mit ihnen in eine Diskussion treten könnte?

Ştefan Rusu: Ich glaube, dass dies möglich ist, aber nur für eine kleine Elite, und ich weiß nicht, wie gesund das ist. Eine Elite im Hinblick auf die Produzenten und auf die Konsumenten dieses Dialogs.

Pavel Bräila: Das Bildungssystem ist veraltet, das betrifft sowohl die Inhalte als auch die Methoden. An der Kunsthochschule in Chişinău zum Beispiel gibt es keine Informationen über moderne Kunst, ganz zu schweigen von zeitgenössischer Kunst.

> **Ştefan Rusu:** Viele derjenigen, die in den Besitz solcher Informationen gelangten und die Fähigkeit entwickelten, zeitgenössische Diskurse zu produzieren, haben gerade das Land verlassen. Es ist fast unmöglich, in Moldau mit zeitgenössischer Kultur seinen Lebensunterhalt zu verdienen.

Vitalie Condraţchi: Ein Großteil des kulturellen Establishments fühlt sich weiterhin einer der extremistischen Ideologien verbunden. Ein gutes Beispiel dafür ist der Artikel, der vor einem Jahr von Nicolae Dabija, dem Chefredakteur von *Literatura si Arte* (Literatur und Kunst), veröffentlicht wurde, einer vom Schriftstellerverband herausgegebenen und von der rumänischen Regierung finanzierten Zeitschrift. Dieser Mensch gilt nach wie vor als einer der führenden Intellektuellen des Landes und spielte eine wichtige Rolle in der Unabhängigkeitsbewegung. Er erklärte, der KGB schicke russische Frauen nach Moldau, damit sie dort Moldauer heiraten und Kinder gemischt-ethnischer Herkunft zur Welt bringen. Laut Dabija sind diese Kinder geistig minderbemittelt. In einem Interview für Radio Free Europe, das ich mit Mihai Cimpoi, dem Präsidenten des Schriftstellerverbands von Moldau, geführt habe, unterstützte dieser diese Ideen.

> **Cosmin Costinaş:** Das ist eine extrem rechtslastige Paranoia, man kann sie in vielen postkommunistischen Räumen beobachten. Gibt es Widerstand gegen derartige Einstellungen?

Vitalie Condraţchi: Vielleicht ist dies überall der Fall, aber dieser Mensch gilt in Moldau nach wie vor als führender Intellektueller. Als ich Mihai Cimpoi nach dem Interview kontaktierte und ihn um eine Stellungnahme zu diesen Äußerungen bat, sagte er mir, es handele sich um die offizielle Position des Schriftstellerverbands. Und man muss wissen, dass dieser Verband, teils Gewerkschaft, teils NGO und teils eine offizielle Institution, im Raum der ehemaligen Sowjetunion als das wichtigste Forum für intellektuelle Auseinandersetzungen gilt.

> **Cosmin Costinaş:** Versuchen wir noch einmal, die Quellen eines zeitgenössischen kulturellen Diskurses zu identifizieren, der neue Lösungen für den moldauischen Kontext bereitstellen könnte. Denkt ihr, dass eine solche Plattform transnational sein könnte?

Vitalie Condraţchi: Sie wird transnational sein müssen, sonst wird sie keine Aussicht auf Erfolg haben.

> **Cosmin Costinaş:** Ja, aber inwiefern könnten politische oder soziale Themen, die international diskutiert werden, im moldauischen Raum, mit seinen ideologischen Besonderheiten, von Interesse sein? Wie kann man in Moldau über Glo-

balisierung und Neoliberalismus sprechen oder über die Art und Weise, wie sich zeitgenössische Protestbewegungen artikulieren? Ist in einem postsowjetischen Raum eine „kritische Linke" möglich?

Nicoleta Esinencu: Nicht wirklich, heute jedenfalls nicht.

Vitalie Condrațchi: Das Absurde an der Situation ist, dass die wenigen Menschen, die imstande sind, sich mit diesen Themen auseinanderzusetzen, von der Kommunistischen Partei geschluckt werden. Einer der interessantesten „linken" Essayisten, Mark Tkaciuk, wurde schließlich Präsidentenberater und blieb auf diese Weise ein Linker, aber ohne reale Möglichkeit zur Kritik. Und das ist ein umfassenderes Phänomen. Auch die Proteste gegen den Krieg im Irak vor der amerikanischen Botschaft in Moldau waren von der Regierung organisiert.

Ştefan Rusu: Hier ist es sehr schwierig, eine „kritische linke" Haltung einzunehmen. Diese Gesellschaft hat ganz andere Schichten und Strukturen als die westlichen Gesellschaften, die einen solchen Diskurs hervorgebracht haben.

Vitalie Condrațchi: Der Kapitalismus ist noch zu weit weg, um ihn zu kritisieren.

Pavel Brăila: Man kann auch nicht erwarten, dass junge Leute linken Bewegungen anhängen, wenn sie in eine offizielle Bewegung eingebunden sind, die sich „Pioniere" nennt, eine institutionalisierte Version der vorrevolutionären aktivistischen Bewegungen. Diese Organisation wurde unmittelbar nach dem Zusammenbruch der UdSSR aufgelöst und 2001 wieder zum Leben erweckt. Es handelt sich um eine Kombination aus amerikanischen Pfadfindern und Hitlerjugend.

Cosmin Costinaş: Aber selbst wenn eine politisch engagierte Jugendbewegung nicht zustande kommt – und das ist ja letztlich in den meisten postkommunistischen Ländern der Fall –, gibt es nicht dennoch entpolitisierte subkulturelle Bewegungen, die die Jugendlichen anziehen? Gibt es irgendwelche Grassroots-Bewegungen?

Pavel Brăila: Ja, vielleicht Sex, Drogen und Rock, aber definitiv ohne Politik. Allerdings kann man in Moldau nicht wirklich von Subkultur sprechen.

Cosmin Costinaş: Aber in Rumänien haben in den letzten Jahren verschiedene moldauische Bands den Markt erobert, die diesen Eindruck erwecken. Sind die einfach nur Produkte des rumänischen Marktes, wurden die von rumänischen Plattenfirmen „erfunden"?

Pavel Brăila: Solche Bewegungen entstanden in den späten Achtzigern, als New Wave aufkam. Die waren wirklich politisch.

Cosmin Costinaş: Hatten sie etwas mit dem rumänischen Nationalismus zu tun?

Nicoleta Esinencu: Nein, definitiv nicht, sie waren antisowjetisch.

Pavel Brăila: 1995/96 gab es dann noch einen anderen Trend, der aber schon entpolitisiert war.

Vitalie Condraţchi: Faktisch sind die meisten von ihnen Geschäftsleute. Und sie sind natürlich mit der Politik verbunden.

> **Pavel Brăila:** Noch mal: Es ist schwierig, solche Phänomene in einem Land zu erwarten, wo es außerhalb von Chişinău praktisch kein Internet gibt.

Cosmin Costinaş: Aber vielleicht finden wir in diesem speziellen Kontext untypische Situationen, die funktionieren können. Du hast O-Zone erwähnt, eine Band, die offenbar niemand mit einer Subkultur oder mit den typischen westlichen Protestbands in Verbindung bringen würde. Doch einige Monate vor ihrem internationalen Erfolg nahm die Band an den großen Demonstrationen gegen die Regierung teil und lieferte sogar eine der inoffiziellen Hymnen der Proteste.

> **Nicoleta Esinencu:** Ja, aber die politische Botschaft dieser Demonstrationen war genauso oberflächlich wie die Band. Man kann nicht irgendwelche obskuren politischen Straßenspielchen mit dem großen antisowjetischen Protest vergleichen. Auch wenn sie subtil war, war die Botschaft in diesem Fall klar und hart.

Cosmin Costinaş: Ich denke, wir haben einen kleinen Einblick in die politische und kulturelle Situation Moldaus gewonnen. Wie haben diese Umstände euch beeinflusst, als ihr das „Alte Arte"-Projekt in Angriff nahmt? Welche Reaktionen gab es darauf, sowohl beim breiten Publikum als auch bei der kulturellen Elite? Ich weiß, dass ihr vor dem Start der Sendung Schwierigkeiten hattet, unter anderem mit der Zensur.

> **Pavel Brăila:** Nun, der größte Ansporn war die Herausforderung, das heißt die Tatsache, dass die zeitgenössische Kunst hier praktisch unbekannt ist.

Lilia Dragneva: Vielleicht sollten wir zunächst über ksa:k, das Center for Contemporary Art in Chişinău, sprechen, denn es war die erste Initiative und ist nach wie vor die einzige Institution, die zeitgenössische Kunst in Moldau fördert. Octavian Eşanu hatte die Idee, ein Zentrum zu eröffnen, das eine Verbindung zwischen den lokalen Künstlern und westlichen Ideen schaffen sollte. Die lokale Kunstszene der Neunziger bestand aus Künstlern, die dem Russischen Konzeptualismus anhingen, aber in einer Form, die ich als „provinzielle Moderne" bezeichnen würde. Sie hatten kein klares Programm, und sie litten unter einem erheblichen Informationsdefizit. Viele Künstler verließen das Land, und das künstlerische Leben in Moldau wurde von der Künstlervereinigung bestimmt, einer sowjetischen Institution, die traditionalistische Maler anzog. Es gab ein hohes Maß an Trägheit, und traurig war – und ist immer noch – die mangelnde Neugier vieler Künstler. ksa:k gelang es irgendwie, den Horizont einiger dieser Künstler zu erweitern, doch nach wie vor existiert keine normale, funktionierende Szene.

> **Cosmin Costinaş:** Aber war ksa:k ein funktionierendes Modell? Betrachtet man die Soros Center für zeitgenössische Kunst in Osteuropa, dann sieht man, dass es den meisten von ihnen nicht gelungen ist, etwas Solides aufzubauen, nach-

dem die finanzielle Unterstützung eingestellt wurde. Habt ihr bei „Alte Arte" andere Parameter zugrunde gelegt? Orientiert sich das Projekt eher an den tatsächlichen lokalen Bedürfnissen? Was genau ist das Ziel von „Alte Arte"?

Pavel Brăila: Seine wichtigste Aufgabe ist es, die Öffentlichkeit mit zeitgenössischer Kunst vertraut zu machen.

Lilia Dragneva: Wenn man bedenkt, dass wir nur eine Institution hatten, haben wir eine Menge an Informationen gesammelt, die wir jetzt weitergeben wollen. „Alte Arte" könnte das Vehikel dafür sein. Es sollte die Schnittstelle sein zwischen der Information, die wir bereitstellen, und den Künstlern und dem Publikum vor Ort.

Ştefan Rusu: Ich finde den Begriff des Vehikels im Zusammenhang mit der Verbreitung von Information in einer Gesellschaft wichtig, man sollte an ihm festhalten. Aus meiner Sicht ist das Programm von „Alte Arte" die beste Möglichkeit für eine kulturelle Dekontamination und auch für die Entideologisierung des kulturellen Raums. Zwei unserer jüngsten Sendungen sollten genau diesen Zweck erfüllen. Wir haben nicht nur versucht, den Kunstdiskurs auf die neuen Medien und die mit ihnen verbundenen Probleme zu lenken, sondern auch einige der sowjetischen und postsowjetischen „Ikonen" zu dekonstruieren, die identitätsstiftend für diesen Marionettenstaat sind: etwa Sergej Lazo, ein in Moldawien geborener Revolutionär und Guerillakämpfer während des Bürgerkriegs, der beim Kampf gegen die Japaner im äußersten Osten Sibiriens starb, oder Michail Frunze und Grigori Kotowski. Wir versuchen verborgene Seiten solcher mythischen Projektionen aufzudecken, die unsere Gesellschaft immer noch verwirren.

Lilia Dragneva: Zugleich ergänzt es aber auch die Schule, das Bildungssystem.

Pavel Brăila: Als wir mit „relations" über ein mögliches Projekt diskutierten, habe ich sofort gesagt, wir sollten eine Fernsehshow machen. Informationen sind der Schlüssel, und dies ist die wirksamste Methode, unsere Ziele zu erreichen. Es gelang uns, Kontakt zum staatlichen Fernsehsender TV Moldova aufzunehmen, und natürlich gab es viele Schwierigkeiten, vor allem vor den Wahlen, als viele unpolitische Themen, die wir vorschlugen, den offiziellen Vertretern des Senders zu heikel erschienen. Unser großer Vorteil ist es, dass wir alles selbst produzieren, der Fernsehsender ist daran nicht beteiligt. Und es wäre auch schwierig, mit ihm zusammenzuarbeiten, denn es handelt sich um eine riesige, ineffiziente Institution mit 1500 Beschäftigten, überholter technischer Ausstattung und einem Halbtagsprogramm. Ich wüsste gerne, wie hoch die tatsächliche Zuschauerquote unsrer Show ist, aber TV Moldova arbeitet nicht mit den entsprechenden Kontrollstellen zusammen, so dass es wirklich sehr schwer ist, das herauszufinden.

Cosmin Costinaş: In Rumänien würde niemand eine Show zensieren, doch andererseits fällt mir auch kein Fernsehsender ein, der ein Magazin über zeitgenössische Kunst zur Hauptsendezeit akzeptieren würde, weil es sich wirtschaftlich nicht rechnet. Das ist vielleicht eine andere Form von Zensur. Ich kann mich des Gefühls der Entfremdung nicht erwehren, wenn ich hier, mitten in Chişinău, über solche Dinge nachdenke. Wie relevant und kontextbezogen die Themen auch sein mögen, die wir diskutiert haben – ich habe dennoch den Eindruck, dass eine Kluft gegenüber der großen Mehrheit der moldauischen Bürger besteht. Daher ist es dringend nötig, diese Debatte in den öffentlichen Raum zu tragen, und natürlich ist „Alte Arte" ein guter Ausgangspunkt dafür.

Anmerkung: Einige Stunden nach der Diskussion, die am Tag der Wahl des neuen Bürgermeisters von Chişinău stattfand, sahen wir uns gemeinsam die ersten Hochrechnungen an. Aus ihnen ging hervor, dass der Kandidat der Kommunistischen Partei die Wahlen bereits in der ersten Runde mit einer absoluten Mehrheit gewonnen hatte. Allerdings wurden die Wahlen wegen der geringen Wahlbeteiligung für ungültig erklärt. Derzeit (Oktober 2005) gibt es in Chişinău keinen gewählten Bürgermeister; eine dritte Runde von Wahlen ist für den 27. November vorgesehen. Westliche Beobachter erklärten, die Wahlen seien, von einigen kleinen Unregelmäßigkeiten abgesehen, fair verlaufen und spiegelten den Willen der Bürger von Chişinău wider.

Das Gespräch wurde von Cosmin Costinaş ediert.

STUDIO
ƎꓕꓵAΓƬƎ

The "Alte Arte" project is an appeal
launched by a group of enthusiasts

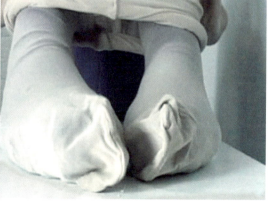

Chişinău   Alte Arte, *Creation Cuts*, 2004-2005
                                Ausschnitte aus dem moldauischen TV-Kunstmagazin „Alte Arte"

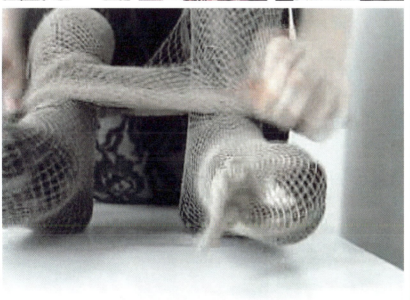

AGENDA
ALTEAΓTE

people on the dance
floor combined with
anything you like

Seit Januar 2005 geht „Alte Arte" im staatlichen Fernsehen
TV Moldova alle zwei Wochen auf Sendung.

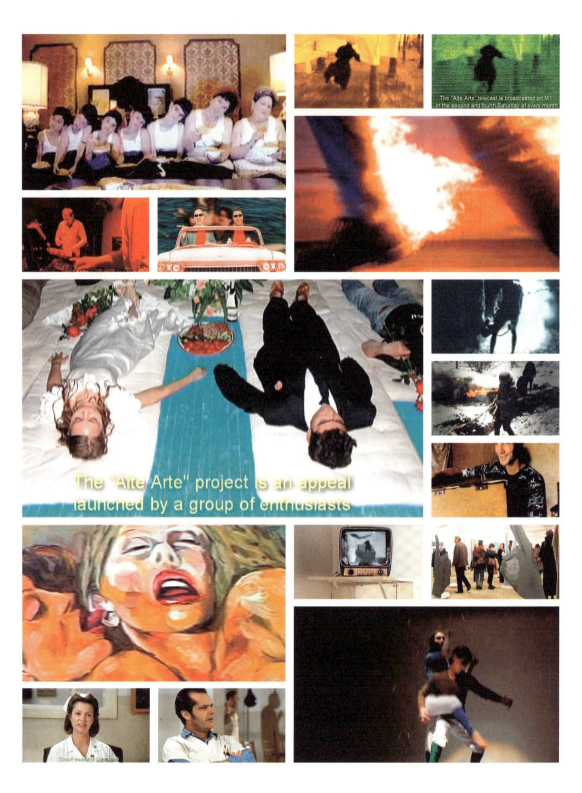

Chişinău   Alte Arte, *Creation Cuts*, 2004–2005
                                                                   Ausschnitte aus dem moldauischen TV-Kunstmagazin „Alte Arte"

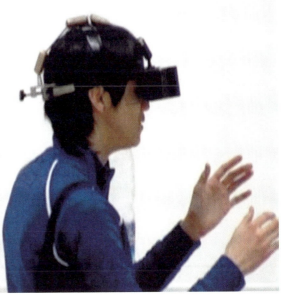

Seit Januar 2005 geht „Alte Arte" im staatlichen Fernsehen
TV Moldova alle zwei Wochen auf Sendung.

Christian Semler

Moldau, eine Grenzinspektion
Über die Außengrenzen der Europäischen Union

Nach siebzehnstündiger Zugreise durch die Ukraine ist ein glückliches Ende absehbar – der Zug hält auf der verschlafenen Grenzstation zur Republik Moldau, Richtung Chişinău. Erst kommen die ukrainischen Grenzer und Zöllner. Die prallgefüllten Plastiksäcke und Tuchtaschen der Passagiere, zumeist ältere Frauen, werden keines Blicks gewürdigt. Im Gespräch mit den Reisenden erfahre ich, dass fast alle Lebensmittel in der Ukraine viel billiger sind als in Moldau, so dass sich der Schmuggel lohnt. Für die Schmuggler ist er oft die einzige Verdienstquelle. Dann die transnistrischen Grenzer. Sie tragen nach sowjetischem Vorbild gestylte Hoheitszeichen am Hemd und vertreten die von Moldau abgespaltene und international nicht anerkannte „Transnistrische Moldauische Republik". Diese Grenzer interessiert nur die Transitgebühr für Ausländer von fünfzig Cent. Billig, aber dafür gibt es auch keine Quittung. Ein strenger Blick aufs moldauische Visum im EU-Pass des Reisenden, dann der Versuch, eine Strafgebühr wegen angeblicher Veränderung des Visumeintrags zu verhängen. Das glückt nicht angesichts anhaltenden Protests. Nachdem der Dnjestr überquert und Bender, der innermoldauische Grenzort, passiert ist, kommt die eigentliche, die legale moldauische Kontrolle. Ein rein symbolischer Akt; den Pass vorzuzeigen genügt. Nur noch zwei Stunden, dann verlassen die Kleinschmuggler in Chişinău schwerbeladen den Zug, um zum Großmarkt in der Innenstadt zu eilen.

Die Zugreise bildet den Prolog zu einem Unternehmen, das die Grenzpolitik der Europäischen Union gegenüber der Republik Moldau (Republica Moldova), dem künftigen südöstlichen Anrainer der EU, aufzuklären versucht. Zunächst ein Repetitorium für Ortsunkundige: Moldaus Grenzen verlaufen im Westen zu Rumänien hin entlang des Flusses Pruth, im Norden und Osten zur Ukraine hin entlang – und teils diesseits, teils jenseits – des Dnjestr. Im Süden verjüngt Moldau sich zu einem spitzen Keil. Dort nennt die Republik einen winzigen, wenige hundert Meter langen Uferstreifen an der Donau ihr Eigen. Hier grenzt sie an Rumänien und die Ukraine. Im Flusslauf von Pruth und Dnjestr liegen zahlreiche Inseln, die für Unüberschaubarkeit sorgen. Die Strömung ist stark und nicht ohne Tücken, wovon ich mich überzeugen konnte. Auf den ersten Anschein also „natürliche Grenzen". Doch die hat es zwischen Staaten nie gegeben.

Moldova ist nach einem gleichnamigen Fluss benannt, der aber fließt heute durch Rumänien und gab einst dem Fürstentum Moldau seinen Namen, zu dem – als östlicher Teil – auch das heutige Moldau gehörte. Das Fürstentum geriet mehrere hundert Jahre unter die Vorherrschaft des Osmanischen Reiches, bis Russland zu Beginn des 19. Jahrhunderts das Land zwischen Dnjestr und Pruth annektierte. Dieser östliche Teil des Fürstentums, eben das heutige Moldau, hieß von alters her nicht etwa Ost-Moldau, sondern Bessarabien, was nichts mit Arabien, sondern mit einem einheimischen Fürsten namens Bessarab zu tun hat. Nach der Oktoberrevolution kam Bessarabien zu Rumänien, wurde im Rahmen des Hitler-Stalin-Paktes kurzfristig der Sowjetunion, nach 1941 wieder Rumänien und nach 1944 wieder der Sowjetunion zugeschlagen. Allerdings verlor die neue Sowjetrepublik ihren ans Schwarze Meer grenzenden südlichen Teil, wo einst die Bessarabien-Deutschen ansässig waren. Dieser wurde nun der Ukraine eingegliedert. Der Sowjetrepublik Moldawien (1941–1991) hingegen, deren Bevölkerungsmehrheit nach Kultur und Sprache rumänisch orientiert war, verordnete man eine neue, moldawische Identität. Die kyrillische Schrift wurde eingeführt, und das „Moldawische", eigentlich ein Dialekt des Rumänischen, neben dem Russischen zur Staatssprache erklärt.

In der Zeit zwischen der Oktoberrevolution und dem Ausbruch des Zweiten Weltkriegs, als Moldau rumänisch war, hatte die Sowjetunion den am linken Ufer des Dnjestr gelegenen Landesteil behaupten können und ihn zu einer Autonomen Sowjetrepublik Moldawien (1924–1940) im Rahmen des Staatsverbands der sowjetischen Ukraine erklärt. Hier trat also an die Stelle der zaristischen die sowjetische Obrigkeit. Und in diesem Teil Moldawiens konzentrierte sich nach 1945 das Industriepotential der Republik samt einer starken Migration von Arbeitskräften aus der Ukraine und Russland. Zwischen Dnjestr und Pruth hingegen, wo das Gros der rumänischsprachigen Bevölkerung lebte, baute man spezialisierte Obst-, Gemüse- und vor allem Weinbaukulturen an. So wurde Moldawien im Sowjetreich zu einer der Sehnsuchtsrepubliken.

Damit ist es seit 1991 vorbei. Das unabhängige Moldau verlor seine industrielle Basis, denn unter dem Namen Transnistrien spaltete sich der linksufrige Teil – also die ehemalige Autonome Sowjetrepublik – unter tätiger russischer Beihilfe von Moldau ab und geriert sich seitdem als eigenständiger, allerdings völkerrechtlich auch von Russland nicht anerkannter Staat. Und mit dem Zusammenbruch seiner östlichen Märkte geriet die agrarisch geprägte Wirtschaft Moldaus in eine schwere Krise, von der sie sich bis heute nicht erholt hat. Sie hatte eine massive Arbeitsmigration der Bevölkerung zur Folge, teils Richtung Russland und Ukraine, teils Richtung Europäische Union. Die EU begreift sich seit dem Vertrag von Amsterdam 1999 als „Raum der Freiheit, der Sicherheit und des Rechts". Der aber will geschützt sein – vor Terrorismus, vor Kriminalität, vor allem aber vor der Migration von Arbeitskräften aus dem armen Osten und den noch ärmeren Ländern an der südlichen Mittelmeerküste. Freizügigkeit im Innern der EU als einer der „Vier Freiheiten" steht Abschottung nach außen gegenüber. Das ist der Kern des Abkommens, das in dem luxemburgischen Städtchen Schengen zwischen Deutschland, Frankreich und den Benelux-Staaten abgeschlossen wurde und nach dem Beitritt aller EU-Staaten, mit Ausnahme Großbritanniens und Irlands, seit dem Amsterdamer Vertrag von 1999 zum „gemeinsamen Besitzstand" der EU gehört. „Schengen" ist also in die „erste Säule" der Union versetzt worden und unterliegt, was Gesetzgebung und Kontrolle anlangt, dem Gemeinschaftsrecht der EU.

Mapping Schengenland, so der Titel eines Werks des amerikanischen Politologen William Walters, ist eine schwierige Aufgabe, denn die Grenzen des Gebildes verändern sich ständig, und die an Schengenland angrenzenden Territorien sind an ihren eigenen Staatsgrenzen so tiefgreifenden Veränderungen unterworfen, dass die herkömmliche juristische Definition der Staatsgrenze als einer Linie, die das Hoheitsgebiet eines souveränen Staates umschließt, zunehmend obsolet wird.

„Schengen" bedeutet nicht nur Abbau der Grenzen im Schengenbereich und Aufbau einer gemeinsamen, hochtechnisierten Außengrenze. Durch Schengen werden Fahndung und Kontrolle weitab der Grenze im Innern der EU etabliert, wie auch jenseits der Außengrenzen, in den Konsulaten beispielsweise. So dass man berechtigterweise von Schengen als einem Ensemble gänzlich unterschiedlicher Grenzziehungen, ja von einer partiellen „Entörtlichung" der Grenzen sprechen kann. Durch Rücknahmeabkommen wird in Schengenland gewährleistet, dass aufgegriffene Menschen ohne Papiere, die sogenannten „sans-papiers", in „sichere Drittstaaten" zurückgeschoben werden, ein Verfahren, das in Form von Kettenabschiebungen vom Dritt- in den Viert- bis in die vermuteten Ursprungsstaaten der Migranten durchgeführt wird. Der Abschluss solcher Rücknahmeabkommen war Voraussetzung für die Aufnahme der ost- und südosteuropäischen Staaten in die EU. Für weitere Staaten in der Rücknahmekette, zum Beispiel Ukraine und Moldau, sind die Rücknahmen Vorbedingung für künftige Finanzleistungen. Der EU-Kandidat Rumänien hat bereits ein Aufnahmelager eingerichtet. Bulgarien wird folgen.

Um den Charakter von Schengenland zu begreifen, müssen wir uns vor Augen halten, in welcher Weise die Europäische Union seit dem Fall des Sowjetimperiums expandierte und wie sich jeweils das Verhältnis von erweitertem EU-Raum zu den neuen Nachbarn gestaltete. Diese Expansion folgte bislang einer eingespielten Logik. Die EU in der Gestalt von 1990/91 trachtete danach, in ihrem östlichen und südlichen Umfeld Bedingungen zu schaffen, die dem eigenen fortlaufenden Integrationsprozess sowie der künftigen ökonomischen Expansion günstig waren. Den Staaten des östlichen Mitteleuropa wurde von vornerein die Beitrittsperspektive eröffnet. Es galt, die dort an die Macht gekommenen demokratischen Regierungen zu stabilisieren und den Transformationsprozess Richtung Markt und Privateigentum an Produktionsmitteln zu unterstützen. Aus den Förderprogrammen wurden beträchtliche Mittel für den Zweck abgezweigt, durch den Eisernen Vorhang militärisch bestimmte Westgrenzen abzubauen und an den Ostgrenzen der künftigen Mitgliedsstaaten ein neues Grenzregime zu errichten. Polen bildete hier die Vorhut, Ungarn, Tschechien und die Slowakei folgten, jetzt sind Rumänien und Bulgarien an der Reihe.

Kann dieser Prozess der Stabilisierung des jeweiligen Vorfelds der Union immer weiter fortgeführt werden? Wo stößt er an seine Grenzen? Der Soziologe Georg Vobruba, der die Erweiterungsdynamik der EU ebenso untersucht wie die gesellschaftlichen Probleme von Grenzräumen, hat die Frage so formuliert: Wann übersteigen die Kosten einer weiteren Expansion der EU die erreichbaren politischen und ökonomischen Vorteile? Er hat im Hinblick auf die Türkei eine negative Prognose gestellt und dazu geraten, bei Erweiterungsprozessen in der künftigen EU zu einem System abgestufter Integration überzugehen. Wo also wird für absehbare Zeit die Grenze der EU im Osten liegen? Am Bug oder am Dnjestr (also unter Einschluss von Moldau) oder östlich des Don (also unter Einschluss der Ukraine)?

Die Europäische Union hat für diese Zone zwischen ihr selbst und der russischen Föderation seit 2000 die „neue Nachbarschaftspolitik" entwickelt, der im noch nicht verabschiedeten Haushalt der EU ein eigenes Finanzinstrument zur Entwicklung dieser Staaten beigefügt werden soll. Die Nachbarschaftspolitik konkretisierend ist auch für Moldau ein Aktionsplan ausgearbeitet worden, der neben einem breiten Spektrum von Hilfsmaßnahmen für den Staatsaufbau und die Ökonomie vor allem ausgefeilte Projekte des Grenzaufbaus enthält. Solche detaillierten Absprachen zur Grenzsicherung im Rahmen des Aktionsplans stehen im Kontrast zu der Vagheit, mit der das künftige politische Schicksal des Landes behandelt wird. Der Plan, Bestandteil der neuen „Nachbarschaftspolitik", sucht Moldau in einer Art Zwischenreich festzuhalten. Aber für die Mehrheit der Moldauerinnen und Moldauer wie auch für die gerade wiedergewählte kommunistische Regierung des Landes kommt nur ein Weg in Frage, der mittelfristig in die Europäische Union führt; ebendeshalb ist das Land bereit, das von der EU geforderte Grenzregime anzuerkennen und zu übernehmen. Die EU aber will die Beitrittsperspektive nicht eröffnen. So dass resümierend gesagt werden kann: die EU fordert viel von Moldau und bietet wenig.

Die Sicherung der Außengrenzen der EU entwickelte sich im Zeichen der Ost- und Südosterweiterung zu einer Aufgabe, der sich das EU-Kommissariat für Justiz, Freiheit und Sicherheit unter Leitung von Franco Frattini stellte. Erst wurde eine einheitliche europäische Grenzpolizei ins Auge gefasst, dann die Idee einer gemeinsamen EU-Grenzschutzagentur geboren, die schließlich, vom Europaparlament abgesegnet, 2004 aus der Taufe gehoben wurde. Die neue Institution soll die Grenzsicherung zu Wasser wie zu Lande nach einheitlichen Standards ausrichten. Warschau hat den Zuschlag bekommen, dort wird die Agentur künftig standesgemäß, im Zuckerbäcker-Kulturpalast, residieren. Ihr Chef, der Finne Ilkka Laitinen, pendelt zwischen Brüssel und Warschau und stellt derzeit seine Crew zusammen. Seine Mitarbeiter bezeichnen es als vordringlich, die bisher verstreuten Institutionen zusammenzufassen: Die Risikoanalyse im Grenzbereich war bislang in Helsinki angesiedelt, Ausbildungszentren gab es in verschiedenen Städten, unter anderem in Wien, für die Standardisierung der Überwachungstechniken bedurfte es langwieriger Vereinbarungen. Das Ziel der Agentur besteht darin, im gesamten Grenzraum ein integriertes Grenzregime (Integrated Border Regime) zu etablieren. Hierzu müssten die verschiedenen militärischen und polizeilichen Grenzbehörden an der ost- und der zukünftigen südosteuropäischen EU-Grenze zusammengefasst und zwischen dem Zoll und dem Grenzschutz ein enges Verbundsystem hergestellt werden. Die Grenzen müssten entmilitarisiert, die Grenzbehörden professionalisiert werden. Dazu gehört auch eine substantielle Erhöhung ihrer Gehälter – bislang das Haupteinfallstor für die gegenwärtig endemische Korruption.

Neben Warschau ist Straßburg schon jetzt das zweite große Zentrum der Grenzsicherung. Hier steht der Großrechner, der die Daten des Schengener Informationssystems (SIS) speichert. Seit der Erweiterungswelle von 2004 wird mit Hochdruck an einer erweiterten Version dieses Systems (SIS II) gearbeitet. SIS ist eine Datenbank, von der eine ganze Reihe von Behörden der Schengen-Staaten Daten zu gestohlenen Autos, Pässen, gesuchten Personen, vor allem aber zu aufgegriffenen und zurückgeschickten illegalen Arbeitsmigranten abrufen können. SIS II wird die Zugriffsmöglichkeiten, zum Beispiel durch Kfz-Behörden, noch erweitern und biometrische Daten enthalten. Die neue Version des SIS ist vom Europaparlament abgesichert worden. Einige Datenschützer, Bürgerinitiativen und Politiker, etwa Sabine Leutheusser-Schnarrenberger (FDP), äußern nach wie vor Bedenken. Die Speicherung und Verwendung der Daten sei abgedichtet gegenüber öffentlicher Kontrolle, das System selbst anfällig für Missbrauch.

Zur Sicherung der gemeinsamen EU-Außengrenze gehört ferner eine koordinierte Visapolitik, die mit einer „schwarzen" und einer „weißen" Länderliste operiert. Bürger der „schwarzen" Liste werden einer restriktiven Visapolitik unterworfen, die zahlreiche Vorbedingungen für die Visumerteilung vorsieht. Moldau steht ebenso wie die Ukraine auf der „schwarzen" Liste.

Die rumänische Pruth-Grenze zu Moldau ist dank EU-Beihilfen schon jetzt weitgehend modernisiert. Ursprünglich, zu Zeiten der Sowjetunion, war dies auf sowjetischer Seite eine hermetisch abgeschirmte, militärisch abgesicherte Grenze. Es gab nur einen zugelassenen Grenzübergang über den Pruth, und Visa für Rumänien waren schwer erhältlich, was mit der sowjetischen „Moldawisierungspolitik" ebenso zusammenhing wie mit der Abgrenzung gegenüber dem abtrünnigen Ceauşescu-Regime. Diese militarisierte Grenze wurde nach 1991 vollständig durchlöchert, als die ersten Regierungen der unabhängigen Republik Moldau auf Rumänien zugingen und man kurzfristig sogar den „Anschluss" an Rumänien favorisierte. Als aber die Beitrittsperspektive Rumäniens zur EU sichtbar wurde, änderte sich die Grenzpolitik sofort. Jetzt galt es, auf rumänischer Seite rasch eine „moderne" Grenze zu installieren. Die rumänischen Grenztruppen wurden in Ausbildungskursen zur Grenzpolizei reformiert, modernes Equipment wurde bereitgestellt, mit dessen Hilfe Konterbande entdeckt, die Kontrollpunkte computerisiert und die Streifen an der Grenze in die Lage versetzt wurden, illegale Grenzgänger aufzuspüren. Lange Zeit weigerte sich Rumänien, den Schengen-Acquis gegenüber Moldau vorauseilend anzuwenden. Die oft wiederholte Versicherung, gegenüber den eng verwandten Moldauern werde die Visumpflicht nicht angewandt, aber wird man 2006 nicht mehr einhalten können. Da Hunderttausende Moldauer in der Vergangenheit von der Möglichkeit Gebrauch gemacht hatten, die rumänische Staatsbürgerschaft als zweite Staatsangehörigkeit zu erwerben, schien die geplante Visumpflicht nicht allzu gravierend. Aber diese Möglichkeit wurde in letzter Zeit zunehmend erschwert und ist jetzt de facto ausgeschlossen. Hinzu kommt, dass jeder rumänische Reisende Richtung Schengenland, der eigentlich nach Schengen-Acquis im Fall der Beitrittsländer Rumänien und Bulgarien Anspruch auf einen visumfreien dreimonatigen Aufenthalt hat, hundert Euro pro Aufenthaltstag im Schengenland vorweisen muss. Das gilt natürlich ebenso für die moldauischen Doppelstaatler.

Auch Moldau ist Empfänger europäischer Unterstützungsgelder für den Um- und Aufbau seiner Grenzpunkte und Grenzkontrollen. Bislang waren das rund 1,5 Millionen Euro, aber im Rahmen des 2004 gemeinsam beschlossenen

Aktionsplans wird sich der Betrag wohl vervielfachen – um wie viel, lässt sich erst nach Billigung des nächsten EU-Budgets sagen. Die künftigen EU-Grenz-programme werden über den Tacis-Fonds (Technical Assistance for the Commonwealth of Independent States), der eigentlich für demokratische Programme der Anrainerstaaten bestimmt ist, abgewickelt werden. Dabei wird es sich um spezialisierte Cross-Border-Programme handeln, die von der Entwicklungs-Unterorganisation der UN, der UNDP Moldova, durchgeführt werden. Die von der UNDP getätigten Ausschreibungen, nachzulesen im Internet, betreffen in der Hauptsache technisches Equipment auf dem neuesten Stand für Pass- und Wagenkontrollen sowie zur Überwachung des Grenzraums. Gerechtfertigt wird diese für eine UN-Entwicklungsorganisation ungewöhnliche Aufgabenstellung mit dem Kampf gegen Menschenhandel und den Schmuggel mit Rauschgift und Waffen, so dass das nicht kriminelle, sondern soziale Umfeld von Migration und Schmuggel aus dem Blickfeld gerät.

Was hat Moldau von der EU-Grenzsicherungspolitik konkret zu befürchten? Schwerwiegende Folgen wird die Visumpflicht für Moldauer haben, die Rumänien 2006 einführen will. Hierdurch würden die zahlreichen Verbindungen erschwert, die zwischen Moldauern und Rumänen im Grenzbereich bestehen. Wobei der „Grenzbereich" angesichts der Geographie Moldaus an mehreren Stellen die Breite des gesamten Staatsterritoriums umfassen würde. Die ganze kleine Ökonomie des Grenzverkehrs wäre also betroffen. Zwar sieht das neue Schengen-Manual zukünftige Erleichterungen für den grenznahen Verkehr vor, aber diese Erleichterungen sind bislang nicht Gegenstand von Verhandlungen. Speziell für die im Süden gelegene Euroregion Untere Donau, die nach dem Vorbild der euro-päischen Euro-Grenzregionen aufgebaut ist und aus drei rumänischen Grenzbe-zirken, dem moldauischen Grenzbezirk Cahul und dem ukrainischen Großraum Odessa besteht, würde die Einbeziehung Rumäniens in den Schengen-Acquis viele Unwägbarkeiten mit sich bringen. Abgesehen vom hier existenzsichernden illegalen Kleinhandel wäre auch die Zusammenarbeit von Firmen erschwert, weil die rumänische Seite den EU-Normen folgen müsste. Schon jetzt leiden in der Euroregion Kooperationsvorhaben im universitären Bereich, so zwischen der moldauischen Universität von Cahul und der künftig zur EU gehörenden rumäni-schen Universität Galaţi, wie aus dem Rektorat der Cahuler Universität zu hören war. Kein Wunder, dass bei einer Umfrage in Cahul die Befragten überwiegend ein negatives Bild der Region für die Zeit nach dem EU-Beitritt Rumäniens ent-warfen. Der Geschäftsführer der Euroregion Untere Donau, Jacob Aider, hinge-gen bewertet das geplante neue Grenzregime positiv. Er unterstreicht die Impul-se für den Handel, die von der Erleichterung des Nord-Süd-Transits über Cahul durch sichere Grenzübergänge ausgehen. Hindernisse für persönliche Kontakte beiderseits der Grenze und Erschwernisse für den informellen Kleinhandel hält er demgegenüber für zweitrangig. Das eigentliche Problem bei den Stabilisie-rungsbemühungen der EU und der geographisch vorverlegten Grenzsicherung betrifft aber nicht die Westgrenze Moldaus, sondern die östliche, die Dnjestr-Grenze zur Ukraine, wo die abgespaltene Region Transnistrien liegt.

Die Gesamtlänge der ukrainisch-moldauischen Grenze im Norden, Osten und Süden der Republik beträgt 1222 Kilometer. Davon liegt auf 470 Kilometern Länge das oft nur ein paar Dutzend Kilometer breite Territorium Transnistriens, zu dessen Ostgrenze, also zur Ukraine, die moldauischen Grenz- und Zollbehörden keinen Zugang haben. Im Ganzen gesehen war die moldauische Grenze (einschließlich Transnistriens) zur ukrainischen Sowjetrepublik eine reine Verwaltungsgrenze. Es gab keine Posten, keine mobilen Kontrollen. Mehr noch, die Grenze war über weite Strecken nicht einmal markiert, eine in den neunziger Jahren bilateral durchgeführte Aufgabe, die immer noch nicht abgeschlossen ist. Ursprünglich hatte sich die Ukraine bereit erklärt, an einer Reihe der moldauisch-ukrainischen Grenzübergänge gemeinsame Zoll- und Passkontrollen einzurichten. Dann wurden die bereits arbeitenden gemeinsamen Kontrollpunkte wieder aufgelöst, weil die Stationierung moldauischer Beamter auf ukrainischem Territorium angeblich der ukrainischen Verfassung widersprach. Jetzt, nach dem Wahlsieg Viktor Juschtschenkos, hat sich die Ukraine erneut bereit erklärt, gemeinsame Kontrollpunkte mit Moldau einzurichten. Aber die betreffen gerade nicht den transnistrisch-ukrainischen Grenzabschnitt. Oazo Nantoi, renommierter Wissenschaftler des Chişinăuer Institute for Public Policy, bezeichnet Transnistrien samt seinem Grenzregime als „schwarzes Loch". Dort herrsche Igor Smirnow mit seinem Familienclan, ein Tyrann, der sich nur dank der Unterstützung Russlands an der Macht halten könne. Der Konflikt zwischen Moldau und der abgespaltenen Region sei deshalb nicht unter innenpolitischen, ethnischen oder kulturellen Kriterien zu beurteilen. Vielmehr resultiere er aus dem Zusammenbruch der Sowjetunion und dem Versuch der heutigen russischen Machtelite, in Rivalität mit den USA eine hegemoniale Stellung in der Region zu halten bzw. wiederzugewinnen. Man müsse die Abspaltung Transnistriens in engem Zusammenhang mit der Sezession Abchasiens und Südossetiens von Georgien sehen. Nicht umsonst unterstütze Russland diese beiden abgespaltenen Regionen, und das transnistrische Regime unterhalte engste Beziehungen zu ihnen.

„Schwarzes Loch" meint speziell die offene, unkontrollierte Grenze Transnistriens zur Ukraine. Smirnows Reich, bemerkt Nantoi in Übereinstimmung mit westlichen Experten wie Graeme Herd, Anneli Ute Gabanyi oder Stefan Troebst, sei ein sicherer Hafen und Umschlagplatz für Geldwäsche, für den Schmuggel von Rauschgift, Alkohol, Zigaretten, Benzin und auch für den Handel bzw. die Verschleppung von Frauen und Kindern. Außerdem habe, so Nantoi weiter, der Smirnow-Clan freien Zugang zu den Waffenarsenalen der jetzt nur noch in Rudimenten stationierten 14. Sowjetischen Armee. Und er kontrolliere die eigene, transnistrische Waffenproduktion, so dass an Produkten für Waffenexporte kein Mangel herrsche. Letztere These ist in Moldau umstritten. Es lägen, erklärt Claus Neukirch von der OSZE-Mission für Moldova, zwar Indizien vor, aber keine Beweise. Immerhin aber verleihen Waffenfunde transnistrischen Ursprungs – sogar in den Händen getöteter tschetschenischer Rebellen – der Behauptung einige Plausibilität.

Dem moldauischen Zoll entstehen durch die transnistrischen Zollpraktiken jährlich beträchtliche Verluste an Staatseinnahmen. Ursprünglich war zwischen Moldau und Transnistrien ein Abkommen geschlossen worden, das gemeinsame Grenzkontrollen an der ukrainischen Grenze vorsah und es Transnistrien andererseits erlaubte, den moldauischen Zollstempel an der ukrainischen Grenze zu nutzen. Transnistrien brach das Abkommen und weigerte sich, die beschlossenen gemeinsamen Kontrollen zu akzeptieren. Daraufhin führte Moldau nach dem Beitritt des Landes zur Welthandelsorganisation neue Stempel ein und schloss das transnistrische Regime in Tiraspol von deren Gebrauch aus. Diese Maßnahme erwies sich aber als wirkungslos, weil die Ukraine weiterhin transnistrische Zolldokumente und Stempel als gültig anerkannte, eine Praxis, von der sie formell 2003 Abstand nahm. Allerdings wird von moldauischer Seite aus festgehalten, dass nach wie vor (Sommer 2005) ganze Güterzüge Transnistrien Richtung Ukraine verlassen, ohne mit moldauischen Dokumenten abgefertigt zu sein. Nur karge Anstrengungen haben bislang die moldauischen Grenzbehörden unternommen, auf ihrer Seite zu kontrollieren. So trifft man auf der moldauischen Seite des Kraftwerks Dubăsari am Dnjestr nur zwei biertrinkende, ostentativ desinteressierte Polizisten an. Auf mittlerweile angerosteten Blechschildern entlang des Kraftwerks ist dagegen zu lesen: „Halt! Bei Weitergehen wird von der Schusswaffe Gebrauch gemacht!" Eine offensichtlich nicht mehr aktuelle Warnung.

Die EU hat hinsichtlich der transnistrischen Ostgrenze Moldaus in den vergangenen Jahren auf kleine Schritte gesetzt. Die aber scheiterten, darunter auch der ursprünglich allseits akzeptierte Plan, an die transnistrisch-ukrainische Grenze EU-Beobachter zu entsenden, konkret: deutsche Zöllner und Grenzschützer. Es zeigt sich, dass im Falle Transnistriens die Frage der Grenzsicherung ein abgeleitetes Problem darstellt. Kann das Grand Design der „neuen Nachbarschaftspolitik" der EU das zugrundeliegende, das politische Problem lösen? Die EU-Kommission ist dieser Meinung. Eine politische Stabilisierung der „Zwischenzone", bestehend aus Belarus, Moldau und der Ukraine, ist nach ihrer Meinung eine „Win-Win"-Konstellation für alle Beteiligten, auch für Putin. So dass er sein Faustpfand Transnistrien sausen lassen kann und die vorverlegte Grenze dann nicht mehr am Dnjestr, sondern an den Außengrenzen der neuen „Zwischenzone" liegen würde. Und der Wunsch Moldaus und der Ukraine, der EU beizutreten? Und Russlands Reaktionen hierauf? Offene Fragen, unklare Perspektiven. Da kann auch keine Risikoanalyse der Warschauer Grenzschutzagentur helfen.

Sofia

Die Stadt und ihre Besitzer

Luchezar Boyadjiev, **Billboard Heaven**, 2005, Digitaldrucke > S. 105 - 113

"We all live in a yellow billboard,
yellow billboard,
yellow billboard."

За реклама
9880671
0889 749 737

(Repeat twice more, each time with
slightly increasing enthusiasm!)

Billboard Heaven
The ultimate fusion of the urban physical reality into the visual imagery
of the city's interface is coming. Looming over the skies of Sofia
is the welcomed utopia of unprecedented visuality.
Consumers and consumables will be united once
and for all!

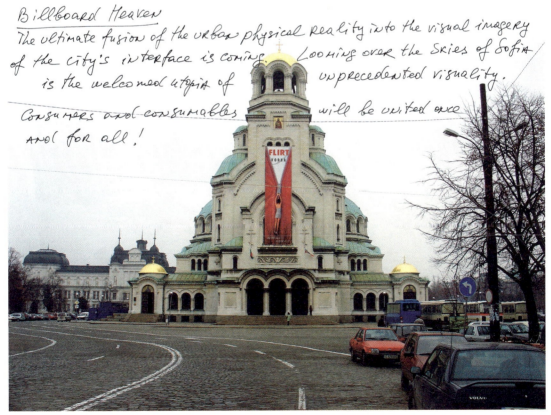

The visual and physical appearance of the Sofia city dweller starts to resemble the character from a billboard. Each time you step into a shop, an office or your home, you are walking into a casting session for the latest commercial. The lead part is yours for the taking!

The physical ground of the city is no longer in the category of real estate. It is a metaphor! It is a gigantic support surface for a 3-D billboard full of fancy corporate buildings, apartment blocks and beautiful, wealthy, for ever young people.

Ivaylo Ditchev
Sofia, fluide Stadt

Modernisierung ersetzt Transzendenz durch Geographie, so dass die unerreichbaren Vorbilder anderer Orte ein chronisches Gefühl der Unzulänglichkeit erzeugen. Dinge bewegen, verändern, entwickeln sich, brechen zusammen, sind – in dem Versuch, etwas zu werden, was sie nicht sind – auf der Durchreise. Dann, wenn der Mythos des Fortschritts aus dem Blick gerät, wird Modernisierung ein Bewusstseinszustand, ein Ethos der Vorläufigkeit. Das mag deprimierend klingen, aber es genügt, sich Sofia anzusehen, um festzustellen, dass das Ganze auch eine angenehme Seite hat.

Jede Definition einer Stadt rührt an die Unterscheidung zwischen Ortsansässigen und Fremden. An Sofia verblüfft zunächst, dass diese Rollen etwas durcheinander geraten sind. Die Bevölkerung der Stadt ist in 127 Jahren fast um das Zweihundertfache gewachsen, und das bedeutet, dass ein Drittel der gegenwärtigen Einwohnerinnen und Einwohner Sofias Migranten einer ersten, ein weiteres Drittel solche der zweiten Generation sind. Die Hälfte der 20 000 Einwohner am Ende der osmanischen Zeit waren Türken, die 1877 vor der vorrückenden russischen Armee flohen. Heutzutage weiß niemand mit Sicherheit zu sagen, wie viele Menschen wirklich in der Stadt leben; offiziell sind es 1,2 Millionen, doch anderen Schätzungen zufolge lebt mindestens eine halbe Million mehr illegal dort.

Wie in den meisten anderen bulgarischen Städten überrascht die Tatsache, dass die Angaben der Behörden über die tatsächliche Zahl der Bürger so vage sind. Normalerweise übertreffen die Zahlen die Wirklichkeit, da einerseits eine unbestimmte Zahl von Menschen jahrelang im Ausland arbeitet, ohne sich offiziell abzumelden, und die Kommunen andererseits ein Interesse an der Aufrechterhaltung höherer Zahlen haben, um mehr finanzielle Zuwendungen aus nationalen und europäischen Projekten zu erhalten. Sofia hat das entgegengesetzte Problem. Als mit Abstand größte Stadt des Landes – die zweitgrößte ist Plovdiv mit weniger als 400 000 Einwohnern – hat Sofia es nicht nötig, die eigene Größe zu propagieren. Im Gegenteil: Je höher die Zahlen, desto offenkundiger wird das Fehlen einer angemessenen städtischen Politik seitens der Verwaltung dieser Stadt, deren Zentrum Städteplanern nach für höchstens 250 000 Einwohner geeignet ist. Ein Beispiel: Wie kann der Stadtrat die Tatsache erklären, dass im letzten Jahrzehnt im Zentrum Sofias keine einzige Unterführung gebaut wurde, obwohl die Bevölkerung, die eine zunehmende Zahl von Autos fährt, so drastisch zugenommen hat?

Fast drei Viertel des Wachstums Sofias verdankt sich der Migration. Das Tempo dieses Wachstums ist eindrucksvoll. Drei Jahre nach der ethnischen Säuberung von 1877 hatte sich die Bevölkerung verdoppelt und erreichte die 20 000-Marke. Bei der Volkszählung von 1892 hatte sie sich erneut verdoppelt und Sofia hatte alte städtische Zentren wie Plovdiv und Ruse, die eine wichtige Rolle im Reich spielten, bereits überholt. In den 1950er und 1960er Jahren, als die erzwungene Industrialisierung mit dem ideologischen Projekt einherging, eine geeignete Arbeiterklasse für die sozialistische Hauptstadt zu „entwerfen", setzte sich dieser Trend mit einer weiteren deutlichen Zunahme der Bevölkerung fort. Dies erklärt unter wirtschaftlichen Gesichtspunkten absurde Entscheidungen wie den Bau des größten bulgarischen Stahlwerks, Kremikovzi, im Sofia-Tal statt in der Nähe eines Seehafens oder von Eisenerzvorkommen. Schließlich führte die Krise der 1990er Jahre mit dem Zusammenbruch der Landwirtschaft und der Industrie erneut viele Tausende auf der Suche nach einer Tätigkeit im Dienstleistungssektor nach Sofia.

Das Ansehen der Ortsansässigen war daher stets problematisch. Aus dem einfachen Grund, dass nationale Eliten aus angeseheneren Teilen des Landes (das heißt solchen, in denen die nationale Revolution stattgefunden hatte und die Helden geboren wurden) in die neue Hauptstadt eindrangen, die die Russen aus geopolitischen Gründen gewählt hatten,[1] wurde die autochthone bulgarische Bevölkerung, die Shopi, schnell zu einem Synonym für Ungehobeltheit und Rückständigkeit. Diese Situation wiederholte sich in den späten 1940er und 1950er Jahren, als die kommunistische Ideologie die bürgerlichen – sprich: städtischen – Eliten marginalisierte und systematisch Menschen armer, bäuerlicher Herkunft förderte, von denen man annahm, sie seien linientreu. Sofia wurde von ideologischen Nomaden heimgesucht, von denen einige direkt mit der Waffe in der Hand aus dem Wald kamen und die Reichen aus ihren Wohnungen warfen oder sie in ein Zimmer zwängten, während sie die eigene Verwandtschaft in den anderen unterbrachten. Viele Jahre lang war es ratsam, nicht zu sehr auf eine Herkunft aus Sofia zu pochen, und die „Zwei-Großväter-Taktik" wurde populär, die besagt, dass ein Bulgare stets einen Großvater hat, der auf der „richtigen" Seite der politischen Wechselfälle steht.

Wer ist ein wirklicher, gebürtiger Einwohner von Sofia? Lebte seine Familie schon vor der Befreiung dort? Oder müsste sie sich zumindest im Zusammenhang mit dem massiven Zustrom von Flüchtlingen während der Balkankriege und danach hier niedergelassen haben? Sollte man nur die Bürger aus der Zeit vor dem Kommunismus als wirkliche „Sofioter" bezeichnen oder auch die neueren Pioniere der ideologischen Urbanisierung einbeziehen?

Eine mögliche Antwort auf diese Frage ist für das ganze Land offenkundig: Ein Einwohner Sofias ist eine privilegierte Person. Urbanität als eine Art höheren Status zu betrachten geht auf osmanische Zeiten zurück, in denen Groß- und Kleinstädte sowie Dörfer besondere Rechte genossen, andere Steuern entrichteten etc. Doch selbst der Aufbau eines liberalen demokratischen Staates hat die räumliche Differenzierung nicht gänzlich beseitigt. Man kann dies am explosiven Wachstum Sofias erkennen, wo sich die nationalen Institutionen mit ihren gutbezahlten Jobs niederließen und dem der Löwenanteil an öffentlichen Investitionen zugute kam. Um Konstantin Galabov zu zitieren: „Zu einer Zeit, als es in Plovdiv noch kein richtiges Abwassersystem gab, bauten wir in Sofia ein wunderbares Nationaltheater."[2]

1 Im Süden des Balkans gelegen, war Sofia geographisch ein Teil Südbulgariens, das das Osmanische Reich auf dem Berliner Kongress von 1879 größtenteils zurückerhalten hatte. Die Entscheidung hatte keine historischen oder kulturellen Gründe, sondern war ein Hinweis darauf, dass der Süden und Mazedonien eines Tages Teil des neuen slawischen Staates werden sollten.
2 Konstantin Galabov, „Psychology of the Bulgarian", in: Roumen Daskalov/Ivan Elenkov (Hg.), *Why Are We What We Are?*, Sofia 1994, S. 218.

Sofia   Maria Ziegelböck, *Visitation 2/3; Sofia*, 2003, Fotografien

Dieses System urbaner Privilegien wurde unter dem Kommunismus offiziell abgesegnet und verfeinert. Die Einführung von Aufenthaltsgenehmigungen (nach dem Vorbild der sowjetischen *propiska* und der chinesischen *hukou*) hatten etwas zur Folge, was ich als eingeschränkte Mobilität bezeichnen würde: Die Behörden entschieden, ob man aus dem Dorf in die Stadt ziehen durfte. Am schwierigsten war es natürlich, nach Sofia zu kommen, wo es nicht nur wesentlich mehr Arbeitsplätze und Erholungsmöglichkeiten gab, sondern auch die Versorgungslage viel besser war. Tatsächlich ähnelte das territoriale Dispositiv sehr stark jenem, das der Kapitalismus im globalen Maßstab geschaffen hatte und das Migranten aus der Dritten Welt denselben Bedingungen unterwarf. Und die Parallele zum postkolonialen Westen geht noch weiter. Das System, das ursprünglich eingeführt worden war, um nur die vom Kapital benötigten Arbeitskräfte hereinzulassen, wurde bald von Menschen dominiert, die aus familiären Gründen Aufenthaltsgenehmigungen beantragten, wobei (häufig vorgetäuschte) Eheschließungen der Grund für die Hälfte der Umsiedelungen waren. Vergleichbar etwa der Heirat zwischen einem Deutschen und einer Philippinin diente die Tatsache, dass jemand aus Sofia kam, als eine Art Mitgift, die den potentiellen Partner wesentlich begehrenswerter machte. Kein Wunder, dass die Hauptstädter von ihren übrigen Mitbürgern gehasst werden: „Es gibt zwei Länder, Sofia und der Rest", bekommt man oft zu hören. Es mag paradox erscheinen, dass eine Stadt mit einem derart gering entwickelten Gefühl für lokale Identität statusbedingte Privilegien auf einem so hohen Niveau aufrechterhielt. Aber vielleicht ist dies nur folgerichtig, denn Privilegien entschädigen für den Mangel an kulturellem Zusammenhalt und urbanem Ethos.

Wie im Rest des Landes sind in Sofia neun von zehn Personen Eigentümer der Wohnung, in der sie leben (anders als in Ostdeutschland war dies auch unter dem Kommunismus so). Eine ähnliche Anzahl hält es für natürlich, ihr ganzes Leben in derselben Wohnung zu bleiben und sie dann an die eigenen Kinder zu vererben. Der Verkauf von Wohneigentum gilt als das Übel schlechthin. Der Immobilienmarkt, der unter dem Kommunismus 1948 abgeschafft worden war, kommt nur schleppend wieder in Gang. Die Menschen fanden Entschuldigungen dafür, dass sie ihre Wohnung nicht verkauften, da sie mit einem Preisanstieg rechneten, erst bei der Aufnahme Bulgariens in die Nato (2004) und dann beim Beitritt zur EU (2007?). Zwar sind die Preise tatsächlich gestiegen, doch von einem Boom ist bislang nichts zu spüren. Es ist typisch, dass viele alte Menschen in extremer Armut leben, die Zentralheizung überall außer im Schlafzimmer ausstellen und sich dennoch hartnäckig weigern, die größere Wohnung zu verkaufen und eine kleinere zu erwerben.

Das heißt, die neuen sozialen Ungleichheiten nehmen selbst nach fünfzehn Jahren des „Übergangs" nur langsam räumliche Gestalt an. Im selben Wohnhaus gibt es daher wachsende Unterschiede, was das Einkommen, die Lebensweise und die Aussichten der Bewohner betrifft, und es ist nur selten möglich, sämtliche Eigentümerinnen und Eigentümer von der Notwendigkeit zu überzeugen, die Fassade neu zu verputzen (daher sieht ein Großteil der Stadt aus, als hätte es dort Luftangriffe gegeben). Doch es gibt auch den reichen Mann, der den Boden seiner Wohnung mit einer brandneuen Stuckisolierung überziehen lässt, und es heißt, Diebe würden ihre Ziele anhand des geschätzten Preises der Fensterrahmen identifizieren.

In gewisser Hinsicht stellt der Besitz einer Wohnung für viele Menschen die letzte Zuflucht vor der eigenen Degradierung dar, die ihnen durch den sozialen Umbruch in den 1990er Jahren widerfuhr; das belegen die Ergebnisse einer Studie, die das Sozialdemokratische Institut 2001 durchgeführt hat. Selbst wenn man ihn sich nicht leisten kann, erhält Grundbesitz die Illusion aufrecht, dass sich die Auswirkungen des „Übergangs" noch rückgängig machen ließen und man den eigenen Status zurückerlangen könnte. Hinzu kommt, dass die Gesetzgebung diese identitätsstiftende Seite des Eigentums berücksichtigt, indem der Besitz zerfallender Immobilien, Ödlands oder verrostender Autos die Eigentümer äußerst billig kommt.

Man könnte sagen, die statusartige Urbanität und das Status verleihende Eigentum entschädigen für die ungeklärte, im Fluss befindliche soziale Identität der Bürger. Zunächst hat man, schon im 14. Jahrhundert, den Adel hingemetzelt, und was das Bürgertum betrifft, so wurde es erst von den Kommunisten beseitigt und dann in den 1990er Jahren durch die beiden gegensätzlichen Maßnahmen der Rückerstattung und Privatisierung von Grundbesitz wieder zum Leben erweckt. Selbst die nationale Intelligenz hat nie eigene Standards oder Hierarchien geschaffen, sondern war immer von ausländischer Legitimation abhängig. Wenn schon die eigene soziale Stellung ungewiss ist, dann ist zumindest eine Sache sicher: die eigene räumliche Verortung. Es ist, als hätten nicht die Menschen, sondern die Orte Rechte, Kultur, ja sogar einen politischen Willen.

Auch die familiären Verhältnisse bieten eine Erklärung für diese merkwürdige Verbindung von demographischer Mobilität und dem patriarchalischen Ideal der Sesshaftigkeit. Von Kindern wird erwartet, dass sie in der Nähe ihrer Eltern leben. Auf dem Land würde der Sohn im Normalfall ein zusätzliches Stockwerk auf dem Haus seiner Eltern oder einen Erweiterungsbau daneben errichten. In Sofia ist dies weniger leicht möglich, weshalb Familien häufig versuchen, Wohnungen im selben Wohnblock oder zumindest im selben Viertel zu finden. Entscheidend ist, dass man die eigenen Eltern mehrmals unter der Woche sieht, das Kind bei ihnen in Obhut gibt, Schüsseln mit warmem Essen und Wintervorräte in Dosen mit nach Hause nimmt, die leeren Gefäße wieder zurückbringt – kurzum, in regem Kontakt mit den Eltern steht.

Um ein solches Verhaltensmuster zu durchbrechen, bedarf es eines erheblichen Maßes an Energie. Eltern dürften kaum verstehen, warum ihr Kind ans andere Stadtende ziehen will. Um sich zu emanzipieren, müssen die jüngeren Generationen drastischere Schritte unternehmen und das Land ganz verlassen. Irgendwie scheint es leichter zu sein, nach Kanada zu ziehen, als lediglich die Wohnung zu wechseln. Man könnte die Fixierung auf das Eigentum aber auch unter dem Gesichtspunkt einer Urbanisierung im Grenzland-Stil betrachten. Bei der Vertreibung der Türken zerstörte man ihre Häuser, so dass sie nicht zurückkehren konnten, und die Grundstücke wurden von Bulgaren besetzt. Zu Beginn des 20. Jahrhunderts schienen die Immobilienverhältnisse geklärt, doch dann führte der Zustrom von Flüchtlingen aus Thrakien und Mazedonien zu einem neuen Pioniergeist in Sachen Besiedelung. In den frühen 1920er Jahren besetzten die Flüchtlinge einen ganzen Bezirk in Sofia (Koniovitsa). Es heißt, sie hätten Münzen geworfen, um die Grundstücke für den Häuserbau unter sich aufzuteilen, und sogar auf eigene Faust Straßen und Plätze errichtet, indem sie der Polizei mit Barrikaden den Zutritt verwehrten. Laut Gesetz durfte kein Haus, das ein Dach hatte, zerstört werden, also bauten sie die Häuser des Nachts von oben nach unten, um die Behörden so am nächsten Morgen vor vollendete Tatsachen zu stellen.

Die späten 1940er Jahre führten zur kommunistischen Verstaatlichung größeren städtischen Grundbesitzes. Sie erfolgte unter dem Deckmantel revolutionären Eifers, der den Wunsch der neuen aufsteigenden Klasse verschleiern sollte, sich gewaltsam Zutritt zur städtischen Szene zu verschaffen. Während der folgenden vier Jahrzehnte ging es darum, zu behalten, was man hatte, und wenn möglich noch etwas dazuzugewinnen. Dies geschah offenbar nicht so sehr aus egoistischen Gründen, sondern im Interesse der eigenen Kinder, da eine Familie laut Gesetz eine Wohnung von maximal 120 Quadratmetern besitzen durfte (die kommunistische Mittelschicht setzte ihre Kinder sofort nach deren Geburt auf die Warteliste). Immobilienbesitz zu verkaufen schien völlig irrational, da die Funktion des Geldes eingeschränkt war und man sich nicht sicher sein konnte, ob man den Erlös wieder in Immobilien investieren durfte. Grundeigentum zu verkaufen galt als reiner Verlust, und nur auf den Tauschhandel ließ man sich gerne ein.

Nach 1989 wurde Sofia von einer neuen Immobilien-Leidenschaft erschüttert. Die Rückerstattung funktionierte ein wenig wie eine Lotterie, bei der entfernte Verwandte über Nacht reich wurden, andere in einer Art Punischen Kriegen ihren Anteil zurückholen wollten und glänzende Jeeps vor schäbigen Häuserblocks auftauchten. Das Verfahren wurde mit Absicht kompliziert gestaltet und gab Rechtsanwälten die Möglichkeit, bis zu zwanzig Prozent des wiedererstatteten Eigentums in Rechnung zu stellen, während Erbstreitigkeiten dazu führten, dass teurer Grundbesitz im Zentrum der Stadt zunehmend baufällig wurde. Diese Erben waren nicht zwangsläufig aktiv und geschäftstüchtig, denn in der Regel handelte es sich um ältere Menschen, die das Regime zuvor abgeschoben hatte und die wenig Erfahrung mit dem öffentlichen Leben besaßen. In den 1990er Jahren war Sofia mit Blumenläden, Boutiquen und Kunstgalerien übersät, da man glaubte, dass sie die Träume eines humanen Nachbarschaftskapitalismus erfüllen würden. Die Privatisierung erschütterte die Stadt dann noch stärker. Aus Geldwäschegründen bedurfte es einiger deutlich sichtbarer Zeichen wirtschaftlicher Aktivität, so dass in der ganzen Stadt noch mehr Blumenläden, Boutiquen und Galerien aus dem Boden schossen.

Eine unmittelbare Folge der Wende war die spontane Anpassung des sozialistisch geplanten Raums an den sich ausbreitenden Dschungel des Lumpenkapitalismus.

Ein typisches Beispiel ist die Garage, die in einen Laden umgewandelt wurde. Dieser Laden hat zwangsläufig kein Warenlager und kann daher nur eine äußerst begrenzte Auswahl an Artikeln anbieten; also bittet der Verkäufer den Kunden häufig, zu warten, um schnell über die Straße zu laufen und den gewünschten Artikel anderswo zu besorgen. Dieser improvisierte Stil war weit verbreitet, und selbst heute ist es in Sofia nicht möglich, ein Geschäft zu finden, das die angebotenen Schuhe in allen Größen auf Lager hat; normalerweise kauft man, was im Schaufenster ausliegt, das faktisch die Rolle des Warenlagers übernimmt.

Überall sind Zeichen von „Architekturfolklore" zu erkennen: wo jemand das Erdgeschoss in ein Büro oder ein Café verwandelt, Türen und Fenster im Block öffnet, die Fassade neu gestaltet, seinem Wohnort eine separate Treppe hinzufügt, sie mit einem hübschen kleinen Privatgarten umgibt, der von dem gemeinsamen Garten durch einen Zaun abgetrennt ist. „Wilde Märkte" sprießen hervor, werden einige Jahre lang geduldet und schließlich mittels einer den Verkäufern aufgezwungenen Besteuerung und Verwaltung reguliert. Einige Geschäftsleute bleiben, andere, abenteuerlustigere, ziehen weiter und schieben die Grenzen des Marktplatzes noch ein wenig weiter hinaus.

Ein solcher radikaler Markt findet sich heute im Flussbett des Perlovets (der faktisch ein Abwasserkanal ist), wo Secondhand- oder gestohlene Waren, gefälschte Marken und Raubkopien von Disketten im Schutz des Flussufers und, da das Zementbett des Perlovets in Flutzeiten tatsächlich unter Wasser stehen kann, außerhalb des normalen Stadtgebiets verkauft werden. Die bizarrsten kommerziellen Unternehmungen aber sind die sogenannten Kauer-Läden, bei denen ein Keller als Geschäft (normalerweise für Zigaretten, Alkohol, Lebensmittel) genutzt wird und man sich niederkauern muss, um mit dem Verkäufer ins Gespräch zu kommen. Ein amerikanischer Freund von mir fotografierte diese Läden auf seiner Reise, so sehr faszinierte ihn die Möglichkeit, dass sich ein Käufer vor dem Verkäufer verbeugt. Könnte dies ein Überbleibsel des realen Sozialismus sein, bei dem der Kunde von der Gnade des Lieferanten abhängig war?

Man füge dem noch die spontane Privatisierung von Gehwegen hinzu, wie sie Restaurants mit Hilfe von Blumenkübeln vornehmen, und das Einfassen von Parkplätzen mit Ketten. Die Laissez-faire-Ideologie, die allen diesen Aktivitäten zugrunde liegt, ist mit dem Bedürfnis verbunden, die primitive Akkumulation von Kapital zu legitimieren, von der man annimmt, sie benötige eine geringere Zahl an Vorschriften; doch seltsamerweise sollten sich diese Vorschriften als durchaus langlebig erweisen. Offenkundig werden solche Veränderungen als ein Zeichen von Korruption wahrgenommen: Die Stadtverwaltung von Sofia ist als korruptester Ort im ganzen Land bekannt. Und auch wenn die nachbarschaftlichen Aneignungen von Raum zu einigem Ärger und Ubungen in nationaler Psychologie Anlass geben, sind es die größeren Umgestaltungen, die die öffentliche Meinung in Wut versetzen. An Plätzen, die zum nationalen Erbe zählen, werden hässliche parallelflache Geschäftsbauten errichtet; der größte Skandal war der Abriss der Stadtbücherei, die dem Millennium Center weichen musste. Tankstellen wurden in Parks angesiedelt und machen die Autofahrer von Sofia zu den

bestversorgten des Landes. Die neuen Bauunternehmen praktizieren die sogenannte Dach-Architektur, das heißt, sie schichten fünf vom Dach verborgene
Stockwerke übereinander, um so verschiedene Vorschriften zu umgehen.

Die Stadt ähnelt einer riesigen Baustelle, denn mit dem näherrückenden
EU-Beitritt wird der Unternehmergeist durch das Anschwellen der Immobilien-
blase noch angespornt. Zu Zeiten des Kommunismus war die andauernde Bau-
aktivität eines der Leitmotive städtischen Lebens, das stets von Sandhaufen auf
den Gehwegen, vom Dröhnen der Betonmischer und den mit ihrem Bier he-
rumsitzenden Bauarbeitern begleitet wurde. Jetzt werden die Baustellen abge-
schirmt und die Arbeiter trinken ihr Bier bestimmt daheim, aber es finden sich
sicherlich noch ein paar Straßen, wo gerade nichts gebaut wird.

Es gab verschiedene Versuche, Sofia einen Plan überzustülpen. Der umfassendste Plan von 1938, der von dem deutschen Architekten Adolf Mussmann
stammte, wurde durch den Krieg hinfällig und später als faschistisch bezeichnet.
Pläne aus der Zeit des Kommunismus sind häufig mit negativen Erinnerungen
verbunden: Was für ein Glück, dass sie den monumentalen Palast der Sowjets gegenüber dem Haus der Partei *nicht* gebaut haben, wie gut, dass sie den zentralen
Platz *nicht* vergrößert und den Palast *nicht* zerstört haben … Während der Über-
gangsjahre nach 1989 wurde die Annahme eines Planes regelmäßig von Gruppen blockiert, die ihre eigenen Interessen verfolgten, und als der Stadtrat sich
schließlich für einen Plan entschied, fiel dieser ziemlich vage aus – und überdies
waren die wichtigen Entscheidungen bereits gefallen.

Wie andere Balkanmetropolen, etwa Athen oder Istanbul, widersetzt sich
diese Stadt der Planung. Der Reisende spürt dies sofort, wenn er oder sie sich
dem städtischen Chaos, den Autos auf den Gehsteigen, den noch den letzten
Winkel besetzenden Werbeplakaten und der Architektur Marke Eigenbau ge-
genübersieht. Das orientalische Element, das einst vom Kommunismus zum
Verschwinden gebracht wurde, schleicht sich langsam über Restaurants, Musik
und körperliche Verführung wieder ein. Zigeunerinnen, von einem Ort verjagt,
tauchen an einem anderen wieder auf, und selbst die Pferde und Karren, die ich
aus meiner Kindheit kannte, sieht man wieder auf den Straßen. Doch es wäre
falsch zu meinen, die Gestaltung der Wirklichkeit sei ein für alle Mal aufgegeben
worden. Der natürliche Zustand Sofias ist nicht die Ruhe, sondern der ständige
Wandel, unabhängig davon, ob er eine geplante Ordnung anstrebt oder sich dieser widersetzt. Der psychologische Gewinn, der mit einem solchen Zustand des
ewigen Übergangs verbunden ist, besteht darin, dass man sein Schicksal niemals
endgültig akzeptiert, dass man nie erwachsen werden muss. Wenn man aufhört,
Wohnungen für sich selbst und seine Kinder zu bauen, die Toilette in einen
Schrank verwandelt und den Balkon in eine Küche, erst verstaatlicht und nach-
her privatisiert – dann muss man sich seinem Platz in der Welt stellen und zu
leben beginnen.

Es gibt keine Erinnerung, und sämtliche Hinweise auf die unmittelbare Vergangenheit wurden sorgfältig entfernt. So wie die neuen Machthaber nach der
Befreiung mit den Moscheen verfuhren, so zerstörten die Demokraten Dimitrows

Mausoleum, und Touristenführer ersetzten die verbotene kommunistische Vergangenheit durch Hinweise auf römische Ruinen. Warum sollte die Erinnerung die Gegenwart in ihrer Freiheit beschränken, sich zu bewegen und sich selbst neu zu erfinden? Ausländische Freunde sagen uns häufig, der Charme der Stadt beruhe auf ihrer Unordnung, ihrem Schmutz, ihren chaotischen Arrangements, auf der Freiheit, die sie dem Einzelnen zugesteht, sein Haus zu streichen oder es nicht zu streichen, Rosen im Hof zu pflanzen oder Tomaten. Das Modernisierungsethos dürfte der Grund dafür sein, dass wir, die Ortsansässigen, eine solche Sicht normalerweise ablehnen, weil wir uns weigern anzuerkennen, dass das, was uns umgibt, möglicherweise real ist.

Sofia wächst, und weiß Gott, ob es nicht bald drei Millionen Einwohner hat, es fließt ausweichend hinunter in den Südosten und den Berg hinauf, bringt hübsche turmartige Häuser und postmoderne Bürogebäude hervor und lässt den hässlichen nördlichen Teil der Stadt, mit den einstöckigen Häusern, dem Elend, hinter sich, ja lässt sogar seine Friedhöfe im Stich. Die Stadt fließt, flieht vor sich selbst. Wenn die Bürger sich verflüssigt haben, eine Zeit lang in Spanien oder Griechenland und dann wieder zu Hause arbeiten, wenn sie sich auf halbem Weg zwischen Dorf und Stadt befinden, zwischen Kapitalismus und Staatssozialismus – was ist da anderes zu erwarten als eine fluide Stadt?

Latchezar Bogdanov

Eigentumsrechte und Wohnungsbau in Sofia

Eine kurze Erklärung der Eigentumsrechte für städtischen Wohnraum in der Zeit des Sozialismus

Nachdem die kommunistische Regierung 1944 an die Macht gelangt war, ergriff sie rasch eine Reihe von Maßnahmen, um das Eigentum derjenigen zu beschlagnahmen, die über umfangreichen Immobilienbesitz verfügten. Dieses aggressive Vorgehen gegen privates Eigentum hatte jedoch nur vergleichsweise geringe Auswirkungen auf die Entwicklung der Stadt. Dafür sind vor allem folgende Gründe verantwortlich:

– Schon vor 1944 war der Eigenheimbesitz in Sofia weit verbreitet. Mit Ausnahme eines kleinen Bezirks im Stadtzentrum, in dem es hauptsächlich große Gebäude gab, wohnte der größte Teil der städtischen Bevölkerung in kleinen Häusern auf separaten Grundstücken. Das Leben in der unmittelbaren Umgebung der Stadt war dem Leben auf dem Land in vieler Hinsicht sehr ähnlich. Besitzer einer kleinen Immobilie, das heißt solche, die ihre eigene Wohnung besaßen, herrschten in der Bevölkerung vor.

– Das kommunistische Regime konnte daher kaum behaupten, es beschlagnahme Eigentum, um den Besitz kleiner Wohnungen zu fördern. Stattdessen rechtfertigte man die Beschlagnahmungen als ein Mittel, die Großkapitalisten (Eigentümer) zu vernichten und ihre Reichtümer zurückzufordern, in deren Besitz sie angeblich durch Ausbeutung gelangt waren.

– Darüber hinaus erwartete man, dass sich die Stadt gemäß der vorgegebenen Entwicklung, das heißt nach dem Vorbild der sowjetischen Industrialisierung, erheblich ausdehnen würde. Die Kommunisten konzentrierten sich daher auf Neubauten und Stadtplanung und kümmerten sich vergleichsweise wenig um die Umverteilung des vorhandenen Wohnraums. Am Privateigentum wurde, mit bestimmten Einschränkungen, festgehalten; so sollte eine Familie zum Beispiel nur *eine* Wohnung besitzen, die zudem eine bestimmte Größe nicht überschreiten durfte. Beschlagnahmtes Eigentum wurde in der Regel an „Bedürftige" vermietet. Zu Letzteren zählte man sowohl außerhalb der Stadt lebende Angehörige der kommunistischen Nomenklatura als auch Familien, die Wohnraum tatsächlich bitter nötig hatten. Die Mieten wurden natürlich reguliert und lagen in der Regel unter dem Marktwert, wenn sich dieses Kriterium überhaupt auf die sozialistische Wirtschaft anwenden lässt.

Privater Wohnungsbau war ebenfalls zulässig. Er nahm die Form von „Baukooperativen" oder einer Interessengemeinschaft von Leuten an, die ihr Geld und ihre Bemühungen zusammenlegten, um Apartments zu bauen und diese später zu erwerben. Die Wohnungen in den Wohnungsbaukooperativen waren Privateigentum mit einem eindeutigen Rechtstitel und dem Recht auf Übertragung, Vererbung etc.

Doch was das Ausmaß der Veränderungen betraf, hatte die neue, von der Regierung gelenkte Planungspolitik wesentlich gravierendere Auswirkungen auf die Wohnraumsituation in der Stadt. Die Bevölkerung Sofias wuchs zwischen 1944 und 1989 um das Zweieinhalbfache; möglich war dies, weil der Staat ganze

Viertel in Massenbauweise errichten ließ. Diese Ausdehnung machte den Erwerb von Land in den Außenbezirken der Stadt erforderlich (de facto breitete sich die Stadtgrenze [*frontier*] allmählich vom Zentrum in nahezu alle Richtungen aus). Wenn vorhandene Häuser abgerissen wurden oder das zu beschlagnahmende Land den Wohnungsbaubestimmungen der Stadt genügte, wurden die Besitzer entschädigt, in der Regel, indem sie eine oder mehrere Wohnungen in dem neuen, vom Staat errichteten Gebäude erhielten. Wenn der Staat Ackerland von den landwirtschaftlichen (den Kolchosen ähnelnden) Kooperativen beschlagnahmte, wurde gewöhnlich keine Entschädigung bezahlt.

Im Gegensatz zu einigen anderen kommunistischen Regierungen in Osteuropa verkaufte die bulgarische Regierung die neu errichteten Wohnungen bereitwillig an Privateigentümer. Natürlich erfolgten diese Verkäufe nicht über den Markt, sondern nach einem komplizierten Bewilligungsverfahren, bei dem darüber entschieden werden musste, wer eine neue Wohnung „verdiente". Der Verkauf von Grundbesitz an die Bewohnerinnen und Bewohner erfüllte jedoch einen ganz bestimmten ökonomischen Zweck. Er ermöglichte es der Regierung, den Wert der Währung aufzublähen, indem sie private Ersparnisse in den Wohnungsbau lenkte. Der chronische Mangel an Konsumgütern stellte eine Bedrohung für den Geldwert dar und konnte leicht zu einem Anstieg der Inflationsrate führen. Die Regierung führte daher „Wohnungsbausparkonten" ein, die für jeden, der zukünftig eine Wohnung erwerben wollte, obligatorisch waren. In manchen Fällen wurden solche Einlagen mehr als dreißig Jahre einbehalten. Außerdem erhielt der Besitzer beim Erwerb einer Wohnung in der Regel einen Hypothekenkredit und die Raten verringerten das zur Verfügung stehende Einkommen, das andernfalls in den Konsumgütermarkt geflossen wäre.

Das Ergebnis der kommunistischen Wohnungsbaupolitik

Das erste und offenkundige Ergebnis dieser Politik war das gewaltige Anwachsen der Stadt. In einem Zeitraum von etwa vierzig Jahren wurden ungefähr zwei Drittel des gesamten Wohnraums errichtet. Ein Großteil davon bestand aus standardisierten, massenweise hergestellten Gebäuden am Rande der Stadt. Sie verfügten über den Grundkomfort wie Wasseranschluss, Abwassersysteme, Elektrizität und, dies war am wichtigsten, Zentralheizung. Die Versorgung der Bewohner war hier in mancher Hinsicht besser als in einigen zentral gelegenen Bezirken oder der „Altstadt" Sofias, wo es zum Beispiel kein warmes Wasser gab.

Zweitens bereitete das kommunistische Regime dem Besitz von Privatwohnungen kein Ende, sondern förderte ihn sogar. In den frühen 1990er Jahren gehörten etwa 90 Prozent der Haushalte die Wohnungen, in denen sie lebten.

Allerdings gab es eine eigentümliche Fragmentierung der Wohnviertel. Da die kommunistische Regierung die Beschäftigung in der Stadt planen und kontrollieren – sprich das Land industrialisieren und ihre eigene Macht stärken wollte –, bevorzugte sie bestimmte Gruppen, wenn es um die Gewährung des Privilegs ging, eine Wohnung in Sofia zu kaufen oder zu mieten. Solche Gruppen waren beispielsweise die Stahlarbeiter oder die Polizei und das Militär. Um ihren Bedürfnissen gerecht zu werden, errichtete die Regierung in der Regel speziell für diesen Zweck vorgesehene Gebäude in konzentrierten Gebieten. So lebten in einigen Vierteln vor allem in der Schwerindustrie tätige Arbeiter, während es in anderen hauptsächlich Polizisten oder Militärangehörige gab. Jede Institution hatte ihre eigene Bauabteilung und ihre eigenen Architekten, so dass sich die Gebäude sogar in ihrer Größe, Farbe, Höhe und Struktur unterschieden.

Die neuen Wohnviertel verfügten nicht über ein Netzwerk von markttypischen Dienstleistungen und „weicher" Infrastruktur. Normalerweise stellte die Regierung eine Schule, eine Poliklinik und einen Supermarkt zur Verfügung. Privatinitiativen waren schon deshalb nahezu unmöglich, weil das gesamte Land Staatseigentum war und das ganze Viertel faktisch nur aus Land und Apartmenthäusern bestand.

Wohnungseigentum in Städten

Volkszählung	1985	1992	2001
Anteil der Wohnungen, die Eigentum der Bewohner sind	71,7%	88,3%	89,0%

Quelle: Nationales Statistikinstitut, Sofia; Volkszählungen 1985, 1992, 2001

Eigentumsrechte in der Zeit des Übergangs

Da das private Wohnungseigentum am Ende der kommunistischen Herrschaft überwog, bestand kein Bedarf an einer „Privatisierung des Wohnraums". Für die erste nichtkommunistische Regierung hatte 1991 daher die Rückerstattung beschlagnahmten Wohneigentums Vorrang. Dieser Prozess betraf vor allem Gebiete im Zentrum der Stadt, und zwar sowohl Apartments als auch Grundbesitz oder Geschäfte in den Hauptstraßen.

Das Eigentumsrecht wurde nicht geändert, da es nie drastisch eingeschränkt worden war. Die Hauptprinzipien – Rechtstitel, notariell beglaubigte Transaktionen, die Organisation des Grundbuchs, Hypotheken – funktionierten nach wie vor, was im Hinblick auf die gesetzlichen Rahmenbedingungen einen sanften Übergang erlaubte. Eine bedeutende Veränderung stellte allerdings die Aufhebung sämtlicher Einschränkungen dar, die den Erwerb und Verkauf von Wohneigentum betrafen.

Die Steuern und Abgaben auf Immobilien entsprachen strukturell der Besteuerung in der Zeit des Kommunismus. Sie umfassten eine Grundsteuer und Gebühren für die Müllbeseitigung, die beide auf dem Wert des Grundbesitzes basierten.

Insgesamt hatte die Rückerstattung eine Fragmentierung des Grundbesitzes zur Folge. Nicht selten ergab es sich bei Erbschaftsprozessen nach einer Rückerstattung von Eigentum – an ehemalige, meist verstorbene Eigentümer, die mehrere Erben hatten –, dass selbst kleinere Wohnungen sich in Gemeinschaftsbesitz befanden. Nur wenige Gebäude oder Grundstücke innerhalb der Stadt hatten einen einzigen Eigentümer. Dadurch waren jegliche umfassenderen Erneuerungsmaßnahmen oder Bauvorhaben in diesen Gebieten, meist im Stadtzentrum, blockiert. Dies führte zu kurzfristigen Pacht- und Mietverträgen, vor allem bei Büroflächen für Kleinunternehmen oder bei kommerziellen Tätigkeiten und Dienstleistungen, letztere im Erdgeschoss, in Garagen und Läden.

Stadtplanung, Zonierung und ihre Auswirkungen auf die Bautätigkeit

Die Regulierung der Stadtplanung, oder die „Zonierung", entspricht weitgehend internationalen Gepflogenheiten. Der Stadtrat stimmt einem Stadtentwicklungsplan zu. Dieser bewahrt größtenteils den Status quo bereits errichteter und genutzter Wohn- oder Gewerbegebiete. Neue Bauvorhaben werden von den Grundeigentümern initiiert (dasselbe gilt, wenn sich der Grund in kommunalem Besitz befindet). Sofern ihre Absichten mit dem vorliegenden Plan im Einklang stehen, können die Eigentümer sich um eine Baugenehmigung bewerben, die von der Stadtverwaltung erteilt werden muss. Ist eine Veränderung des Plans erforderlich – etwa wenn in einem Wohngebiet eine kommerzielle Nutzung vorgesehen ist oder wenn das zu errichtende Gebäude größer ist, als die Planung dies vorsieht –, wird der Bauherr ein Verfahren für eine „partielle Änderung des Stadtentwicklungsplans" einleiten. Der Vorschlag muss veröffentlicht werden, und alle Anwohner müssen ihm zustimmen. Für die Regelung von Auseinandersetzungen sind der Stadtrat und im Anschluss an ihn die städtischen Gerichte zuständig.

In den 1990er Jahren wendeten sich Bauunternehmer meist an die Eigentümer kleiner Parzellen oder kleiner alter Häuser in relativ attraktiven Gegenden innerhalb der Stadt. Üblich war es, das Baurecht von den Besitzern zu erwerben, indem man ihnen anbot, sie mit einem Teil der zukünftigen Wohnungen zu entschädigen. Große Bauprojekte gab es bis vor kurzem nicht, und auch jetzt sind sie eher die Ausnahme. Dafür gibt es zwei Gründe: die extreme Aufsplitterung des Grundeigentums und der Gemeinschaftsbesitz sowie das Fehlen frischen Kapitals seitens der Bauunternehmer. Dies hat zum Neubau von Wohngebäuden bescheidener Größe geführt, die die ehemalige Verteilung von Grundstücken und Bauten widerspiegeln und um die bestehende Infrastruktur von Verkehrs- und Versorgungseinrichtungen herum errichtet wurden. Von Grund auf neue Wohngebiete sind erst in jüngster Zeit entstanden. Sie befinden sich in den Randgebieten der Stadt und wurden auf Ackerland erbaut, das leicht in großem Umfang erworben werden konnte.

Eigentumsrechte und die Verwaltung von gemeinsamen Bereichen

Die Verwaltung von gemeinsamen Bereichen leidet unter unklaren Bestimmungen und einem Mangel an Tradition.

Bis vor wenigen Jahrzehnten war Sofia eine relativ kleine Stadt mit einem entsprechend kleinen Stadtzentrum. Die Mehrheit der Bevölkerung wohnte auf eher ländlich strukturierten Anwesen, das heißt in gruppenweise an den Straßen gelegenen Häusern mit Höfen. Diese boten wenig, wenn überhaupt irgendeinen Anlass zu gemeinschaftlichem Handeln, da jedes Stück Land und jedes Haus einen eindeutig bestimmbaren Besitzer hatten und das allgemeine Sachenrecht Anwendung fand. Um Gebiete im Außenraum wie etwa Parks kümmerte sich die Stadtverwaltung.

Folglich war das Eigentumsrecht so gestaltet, dass es Rechte und Pflichten den individuellen Besitzern zuschrieb. Von zentraler Bedeutung war das Eigentumsrecht an der einzelnen Wohnung; Vereinbarungen hinsichtlich gemeinsamer Bereiche wurden lediglich aus dem Willen der einzelnen Grundbesitzer abgeleitet. Irgendwie war und ist die Verwaltung gemeinsamer Bereiche weitgehend vertraglicher Natur. In den letzten Jahren hat sich der Zustand von Fassaden, Dächern und anderen Gebäudeteilen im Gemeinschaftsbesitz kontinuierlich verschlechtert. Es obliegt der Eigentümergemeinschaft, derartige Fragen zu entscheiden. Doch selbst wenn die Mehrheit bestimmte Entscheidungen trifft, verfügt sie nicht über die Mittel, diese Entscheidungen den übrigen Bewohnern aufzuzwingen. In der Regel gibt es ein „Trittbrettfahrer"-Problem, und nur sehr wenige und beschränkte Maßnahmen werden ergriffen, um Gebäude in einem angemessenen Zustand zu erhalten.

Bei gemeinsamen Gebieten im Außenraum ist die Eigentumsfrage in nahezu allen Vierteln, die während der Jahre der sozialistischen Herrschaft errichtet wurden, eine ambivalente Angelegenheit. In der direkten Umgebung von Gebäuden gibt es große Freiflächen, die formal zwar der Kommune gehören, welche aber faktisch keinerlei Anstalten mehr trifft, sich um dieses Land zu kümmern. Andererseits haben die Anwohner, das heißt die Eigentümer und Eigentümerinnen der Wohnungen in den Gebäuden, aber praktisch keinerlei Recht, diese Räume zu nutzen, indem sie sie landschaftlich verschönern oder Park- und Sportflächen darauf errichten. Das „Trittbrettfahrer"-Problem existiert also in einem weitaus größeren Umfang, und der öffentliche Außenraum wird vernachlässigt.

Neuere Wohnungsmarktentwicklungen und die Zukunft

Wer sich in Bulgarien am Immobilienmarkt beteiligte, hatte in den letzten Jahren eine aufregende Zeit. So schossen die Durchschnittspreise in Sofia in die Höhe: um etwa 20 Prozent im Jahre 2003 und um mehr als 25 Prozent im Jahr 2004. In manchen Vierteln haben die Quadratmeterpreise bereits die 1000-Euro-Grenze überschritten, was mit einigen mittel- und westeuropäischen Städten vergleichbar ist – trotz eines erheblich geringeren Durchschnittseinkommens. Gleichzeitig nimmt der Wohnungsneubau jährlich um etwa 30 Prozent zu. Die „Entdeckung" Bulgariens und vor allem Sofias durch Ausländer ist einer der Hauptgründe für die rasante Preisentwicklung. Dies gilt vor allem für das Hochpreissegment des Marktes, in dem Ausländer, die hier wohnen oder auch nur investieren wollen, einen großen Teil der Nachfrage erzeugen.

Auch die grundlegende Umstrukturierung des Bankwesens nach dem finanziellen Zusammenbruch von 1995 bis 1997 und die rasche Zunahme von Hypothekenkrediten haben die Nachfrage angekurbelt. Allein 2004 wuchs das Volumen der Wohnungsbaukredite um das Zweieinhalbfache von 400 auf 1000 Millionen bulgarische Lewa an (1 Euro = 1,95 Lewa). Doch der Markt ist nach wie vor recht dünn. So betrug etwa die Zahl der Eigenheimhypotheken, die in Sofia für 2004 registriert wurden, nur 5000 (bei einer Bevölkerung von 1,2 bis 1,8 Millionen). Alte und vor allem in Fertigbauweise errichtete Gebäude sind selten Gegenstand aktiver Verkäufe und Käufe; die Menschen verkaufen meistens, weil sie Bargeld benötigen, oder, wenn sie es sich leisten können, um eine bessere Immobilie zu erwerben. Mobilität, ja selbst Auswanderung, führt nicht zu massiven Verkäufen von Grundbesitz.

Durchschnittliche Wohnungspreise

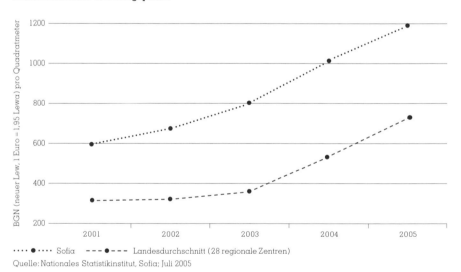

····●···· Sofia   ---●--- Landesdurchschnitt (28 regionale Zentren)
Quelle: Nationales Statistikinstitut, Sofia; Juli 2005

Infolge der hohen Eigentümerrate und der Vorliebe dafür, ins eigene Heim zu investieren, sind die Renten relativ niedrig. Für eine durchschnittliche Zweizimmerwohnung benötigt man etwa 140 Monatsmieten, um den Marktwert „zurückzubezahlen". Außerdem sind die Mieten trotz der großen Wertschätzung des Grundeigentums nur bescheiden gestiegen.

Schließlich üben die wachsenden Kosten für die Aufrechterhaltung von Grundbesitz vor allem auf Besitzerinnen und Besitzer mit niedrigen Einkommen einen wachsenden Druck aus, ihre Wohnung zu verkaufen. Dieser Prozess wird sich beschleunigen und so zur Ausweitung eines echten Marktes mit einem signifikanten Volumen führen.

Wohnungsbaukredite an Haushalte in Bulgarien

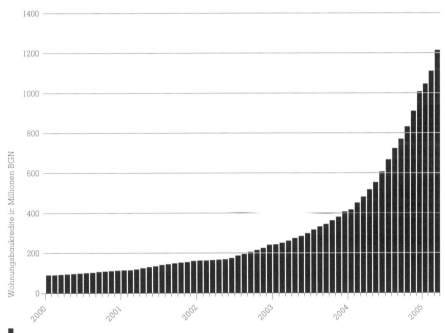

Wohnungsbaukredite in Millionen BGN (neuer Lew, 1 Euro = 1,95 Lewa)
Quelle: Bulgarische Nationalbank, Sofia; Juli 2005

Javor Gardev

Nachtarbeit[1]
Ein Interview

Personen
Reporter
Mädchen (persona muta)
Rentner 1
Rentner 2
Dimitrowa (geschädigte Frau)
Tochter der Dimitrowa
Dontschewa (Frau mit Katzen und realistischer Lebenseinstellung)

Anfang Juli. Abends. 22.15 Uhr. Wohnblock 139 im Sofioter Stadtteil Nadeshda. Am Balkon des ersten Obergeschosses des Blocks, knapp über dem Vordach des Eingangs, ist eine gut beleuchtete, zweidimensionale Werbetafel Marke Eigenbau angebracht, in deren Bild eine echte dreidimensionale junge Frau eingepasst ist. Sie trägt erotische Dessous und liegt mit aufreizendem Lächeln in der riesigen gezeichneten Handfläche von General Bojko Borissow[2], der sein gestrenges (aber gerechtes und Sicherheit ausstrahlendes) Gesicht gütig über sie neigt. Er trägt eine Uniformmütze. Die Proportionen beider Figuren erinnern entfernt an Fay Wray und King Kong. In ihrer einen Hand „hält" das Mädchen einen gezeichneten Holunderzweig, mit dem sie freundlich winkt. In der anderen „hält" sie zärtlich, aber mit Überzeugung eine gezeichnete Flasche mit der Aufschrift „Holder" dem Mund des Generals entgegen. Er ist kurz davor, davon zu trinken. Oben auf der Tafel steht „Männer wissen genau was!"[3] Die Werbetafel verdeckt den gesamten Balkon des ersten Stocks und fast den ganzen Balkon des zweiten. Zwei Rentner sitzen auf der Bank vor dem Hauseingang. Sie schauen nach oben zur Tafel.

Rentner 1: *(Sehr langsam.)* Also... *(Pause.)* Wenn das Körbchen ihres Büstenhalters auf der Seite, wo sie den Träger hat, noch ein bisschen nach unten rutscht ... ich glaube, dann könnte man den Nippel sehen.
Rentner 2: *(Noch langsamer. Misstrauisch.)* Von wegen das Körbchen rutscht ... Das kann gar nicht rutschen! *(Pause.)* Meinst du, die machen die BHs so schlampig, dass es rutscht?
Rentner 1: Wollen wir wetten?
Rentner 2: *(Pause.)* Quatsch, es kann nicht rutschen. Erzähl mir doch keine Märchen ...
Rentner 1: Nun, ich meine ja auch nicht, dass das Körbchen herunterrutscht, sondern dass das Ding selbst herauskommt. *(Pause.)* Weil heutzutage werden die Büstenhalter nicht mehr wie früher gemacht ... so, dass die Brust auch von oben festgeklemmt wird, damit sie in den Körbchen bleibt ... *(Pause.)* Heute stützt man sie nur von unten, und so werden sie nach oben gedrückt. *(Pause.)*

---

1 Gleichzeitig der Name einer der größten bulgarischen Zeitungen, *Noshten Trud*.
2 Ehemaliger Polizist und Karatetrainer, dessen Sicherheitsdienst die Familie von Todor Schiwkow bewachte. Später Bodyguard von Ministerpräsident Sakskoburggotski. Borissow genießt hohes Ansehen in Bulgarien, sein Name steht für Sicherheit im Land.
3 Abwandlung des in Bulgarien populären Werbeslogans für Kamenitza-Bier: „Männer wissen warum!"

Das sind jetzt die neuen Modelle... *(Pause.)* Bei den Büstenhaltern. *(Pause.)* Und irgendwie machen sie die heute straffer. Damit die Dinger oben herausquellen. Und so entsteht eine Spannung da drinnen vom Stützen und Drücken, verstehst du... *(Pause.)* Und ab und zu kann eine, wenn sie von der frecheren Sorte ist, auch mal heraushüpfen. *(Lange Pause. Betrachtet das Mädchen.)* Und bei ihr ist auch der Träger heruntergerutscht. *(Pause.)* Der ist so aalglatt, der Stoff, aus dem die Träger sind, also wird sie von nichts festgehalten, wenn sie heraushüpfen will. *(Pause.)* Und sie wird herauskommen. *(Pause.)* Das ist ein derartiger Druck, kann ich dir sagen...

Rentner 2: *(Pause. Überlegt.)* Wenn der Nippel rauskommt, gebe ich einen aus.

Rentner 1: *(Skeptisch.)* Von wegen – du und einen ausgeben!

Rentner 2: Ich mach's aber. *(Pause.)* Wenn der Nippel zu sehen ist, gebe ich einen aus. Einen. Hier im „Bohemi"[4].

Rentner 1: *(Skeptisch.)* Der will einen ausgeben, ha! *(Sie schauen erwartungsvoll nach oben.)*

Ein junger Reporter geht auf den Block zu. Er tritt auf die Grünfläche vor dem Eingang. Stellt seine Fototasche ins Gras. Zieht ein digitales Aufnahmegerät aus der Jackentasche.

Reporter: *(Sieht nach oben.)* Jede Menge Material! *(Hält das Aufnahmegerät an den Mund. Sachlich. Mechanisch.)* Bla-bla-bla-bla, bla-bla-bla-bla... *(Hört die Aufzeichnung ab. Drückt wieder den Aufnahmeknopf und richtet das Gerät aus einer gewissen Entfernung auf die Alten auf der Bank.)* Gentlemen, würden Sie etwas für die Presse sagen?

Rentner 1: *(Verlegen.)* Was sollen wir denn sagen?

Reporter: *(Lebhaft und energisch.)* Danke! Genug Meinungen für heute! Wollen wir doch mal sehen, ob wir zu hören sind. *(Hört erneut ab. Dumpf und aus der Ferne ist die unsichere Frage des Alten zu vernehmen.)* Nicht gerade Dolby-Surround, aber wir werden's überleben. *(Zu den sprachlosen Rentnern.)* Ich teste doch nur das Gerät, meine Herren. *(Sieht nach oben zur Werbetafel.)* Das Fräulein ist mir ein wenig zu weit weg, und ich bin mir nicht sicher, ob ich ihre Stimme draufkriege. Schließlich wird das ein Interview und kein Witz. *(Wechselt die Batterien. Dabei spricht er mit den Rentnern.)* Also, Gentlemen, die digitalen Aufnahmegeräte sind eigentlich großer Mist, müssen Sie wissen, aber immerhin besteht die geringe Wahrscheinlichkeit, dass sie auch aus größerer Entfernung aufnehmen... Also, es ist ja nicht so, dass, wenn ich ihre Stimme nicht draufhabe, aus dem Interview nichts wird. Das geht trotzdem. Wenn ich ans Abtippen gehe, denke ich mir das eine oder andere aus, steuere hier und da etwas aus dem Gedächtnis bei, und auf die Art wird es sogar besser. Lebendiger. *(Klappert mit den alten Batterien. Spricht fast zu sich selbst.)* Ach, was erzähl ich

---

4 Kneipe im Stadtteil Nadeshda, in der Nähe des Blocks 139 im Gebäude eines ehemaligen Klubs der Vaterländischen Front.

Nadeshda, Stadtteil von Sofia
Fotografien: Luchezar Boyadjiev, Javor Gardev, 2005

Sofia

Nadeshda, Stadtteil von Sofia
Fotografien: Luchezar Boyadjiev, Javor Gardev, 2005

Ihnen da … *(Zu dem Mädchen auf der Werbetafel.)* So, fangen wir an, meine Liebe. Ich stelle dir ein paar Fragen, und morgen bist du ein Star. Nicht wahr? Also los! *(Keine Reaktion. Er drückt die Aufnahmetaste.)* Also, beginnen wir damit … *(Zitiert den Werbeslogan von der Werbetafel.)* Was wissen denn die Männer? *(Pause. Keine Antwort.)* Fräulein! *(Pause. Keine Antwort.)* Wahrscheinlich haben Sie davon keine Ahnung? Gut, ich will es Ihnen nicht unnötig schwer machen … Dann frage ich Sie eben … Erscheint die Welt im Patschhändchen von Onkel Bojko sicherer? Ha-ha-ha! *(Pause. Keine Antwort.)* Hallo! *(Pause. Keine Antwort.)* Was soll das? Wir wollen wohl die Unnahbare spielen? *(Wartet.)* Fräulein?! *(Pause.)* Darf ich Ihnen ein paar Fragen stellen? Fräulein?! *(Pause.)* Gibt es ein Problem? *(Pause.)* Wollen Sie sich nicht mit mir unterhalten? *(Wartet. Verliert allmählich die Geduld.)* Oho, jetzt tun wir also wichtig! *(Genervt.)* Bitte etwas mehr Ernst! Letzten Endes ist es doch zu Ihrem Vorteil. Da macht man sich die Mühe und kommt hierher, um sie berühmt zu machen, und sie zeigt mir die kalte Schulter! *(Arrogant.)* Unglückseliges kleines Miststück! Du verspielst deine Chance, Mädchen! Das Glück kommt nur einmal! Du verspielst deine Chance, sage ich dir! *(Hinter vorgehaltener Hand.)* Schlampe. *(Wühlt in der Tasche und kramt einen Zettel hervor. Liest ihn, geht zu den Klingeln neben der Tür. Mustert sie. Die meisten haben keine Namensschilder. Er wendet sich wieder den Rentnern zu.)* Dimitrowa?

Rentner 2: *(Sachkundig.)* Welche Dimitrowa? *(Pause.)* Es gibt zwei: Welitschka im zweiten Stock und Eleonora, die Frau von Genadi. Die wohnen im sechsten Stock.

Reporter: *(Noch immer gereizt.)* Sagen wir, Welitschka!

Rentner 2: *(Als ob er über wertvolle und rare Informationen verfügt.)* Die vierte links. *(Pause.)* Von unten gezählt.

Der Reporter drückt die genannte Klingel. Wartet.

Dimitrowa: *(Vom Balkon des zweiten Obergeschosses, hinter dem oberen Teil der Werbetafel. Sie ist nicht zu sehen.)* Wer ist da? Warten Sie, ich komme runter! Von hier aus kann ich nicht reden, weil mir der Blick versperrt ist. Die Sprechanlage funktioniert nicht! Warten Sie unten!

Reporter: *(Während er auf Dimitrowa wartet. Zum Mädchen.)* Wie ist das Wetter da oben? *(Keine Antwort.)*

Dimitrowa: *(Taucht in der Eingangstür auf.)* Sind Sie von der Zeitung? Habe ich mit Ihnen gesprochen?

Reporter: *(Mit gespielter Höflichkeit.)* Ja, gnädige Frau.

Dimitrowa: Gut! Also die Situation ist folgende: Wir wurden von einem Mann hereingelegt, sein Name ist Iwelinow, er wohnt hier in unserem Haus. Unter uns. *(Zeigt nach oben.)* Die da, die in Bojko Borissows Hand liegt, ist seine Tochter: die jüngere Tochter. Sie hat auch eine Schwester. Ihre Schwester ist älter, sie hat die erste Schicht – sie liegt von acht bis zehn dort und ist jetzt nicht da, deshalb können Sie sie nicht sehen …

Reporter: *(So, dass das Mädchen ihn hören kann.)* Wow, das klingt nach einem Sozialdrama. *(Stellt das Aufnahmegerät an.)*

Dimitrowa: Also, wissen Sie … Iwelinow, der Vater der beiden, der, von dem ich Ihnen sagte, dass er uns übers Ohr gehauen hat, der hat einen Laden hier auf dem Markt und verkauft dort diesen Holundersaft. *(Zeigt nach oben.)* Hier steht „Holder", nicht einfach „Holunder", dabei ist das ganz eindeutig schwarzer Holunder, der gewöhnliche Holunder, der am Straßenrand wächst. „Holder" sagt man hier auf dem Lande, und Iwelinow meinte, dass dieser Name besser fürs Geschäft sei, dass er sich besser verkaufen würde. Denn der Holunder ist ja nicht nur für die Behandlung von Husten, der Prostata und Hämorrhoiden gut, sondern soll wohl auch bei den Männern etwas bewirken, also sagte Iwelinow, dass er damit auch jüngere Kunden erreichen könnte, nicht nur das Rentnervolk, und es würde ein Riesengeschäft werden, er würde der ganzen Marke zum Durchbruch verhelfen … Sogar ein Kräuterlexikon hat er uns angeschleppt, damit wir etwas über den Holder erfahren, wie nützlich er sei, wie viel Respekt man ihm in wissenschaftlichen Kreisen entgegenbringe, dass die Wissenschaftler ihn „sambucus nigra" nennen, dass wir als Geschäftspartner das große Ding machen würden, und wie dies und das wäre, wie groß der Kundenstamm sein würde, wie er das große Geld machen würde … *(Außer Atem.)* Also, wenn er das große Geld macht, würden auch wir etwas davon haben und einen Anteil vom Gewinn bekommen – solche Sachen hat er uns erzählt, und überhaupt – er hat uns nur an der Nase herumgeführt. Dabei ist das nicht mal ein besonderes Produkt. Es wächst am Straßenrand – ganz gewöhnlicher Zwergholunder, sonst gar nichts! Dänenblut, wie meine Mutter sagte. *(Unterbricht kurz, um Atem zu holen.)* Und nun passen Sie mal auf. Der Iwelinow kam also und redete uns ins Gewissen, damit wir ihm erlauben, dass er mit diesem abartigen Ding unseren Balkon verdeckt. *(Zeigt zur Werbetafel.)* Stellen Sie sich mal vor, wie wir da drinnen hausen – den ganzen Tag sitzen meine Tochter und ich im Dunkeln, wir sehen nichts außer der Mütze von Bojko Borissow, bei allem Respekt! Wir leben wie die Maulwürfe in der Finsternis. *(Ist dem Weinen nahe vor Selbstmitleid.)* Und ich – aber ich bin selbst schuld! Was geh ich dem Iwelinow auch auf den Leim und mach seinen Unsinn mit, statt von ihm eine ordentliche feste Miete zu verlangen! *(Bekommt feuchte Augen.)* Ich bin zu meiner Schwester gegangen, die mit ihrem Mann näher am Stadtzentrum wohnt und sich besser mit solchen Sachen auskennt. Ich fragte sie, was ich tun soll, und sie antwortete ganz eindeutig – eine feste Miete. Aber ich habe nicht auf sie gehört. Denn Iwelinow kann einen gut beschwatzen. Eine Dividende wollte er uns zahlen, eine Dividende! Höher als die mickrige Miete … *(Überwindet das Weinen.)* Bei meiner Schwester im Block – da wohnen in der Mehrzahl ältere Leute, das Haus stammt noch aus der Zeit vor dem 9. September[5] – haben sie den ganzen Sockel für Werbezwecke zur Verfügung gestellt, und jede Familie bekommt monatlich vierzig Lewa[6] dafür. Immer pünkt-

---

5 Gemeint ist der 9. September 1944, der Tag, an dem eine Koalition unter Vorherrschaft der Bulgarischen Kommunistischen Partei mit Hilfe der Roten Armee die Macht im Land übernommen hat.

lich zum Termin. Sie bekommen das Geld auf ihr Konto überwiesen, und außerdem wird noch der Strom für die Treppenhausbeleuchtung bezahlt. Sie sind sozusagen Rentiers geworden und leben wie die Fürsten: Rente plus die Miete von der Werbung. Eine prima Sache! *(Der Reporter stellt sein Aufnahmegerät ab, Dimitrowa bekommt dies aber nicht mit und redet weiter.)* Und Iwelinow, der angeblich große Geschäftsmann, hat uns derart aufs Kreuz gelegt! Keine Stotinka[7] haben wir bisher gesehen! *(Weint.)* Schreiben Sie das in Ihrer Zeitung! Damit alle wissen, was das für einer ist! Er ist verschwunden, und wir kriegen ihn nicht mehr heran, damit er zahlt. Das heißt, seine zwei Töchter hat er hier gelassen, damit sie abends in dieser Werbung liegen, seine Frau hat er dagelassen, damit sie so viel Saft wie möglich verkauft, und er selbst hat sich aus dem Staub gemacht. Einfach abgehauen ist er! Seine Frau nimmt ihn in Schutz, er habe ja alles in den Holunder investiert, die Kunden blieben aus, und deshalb sei er in die Ukraine gefahren, um dort zu versuchen, den ganzen Holunder zu verkaufen – und das sind Unmengen! Dort würde er einen guten Preis dafür bekommen. Ob sie ihn als Weinzusatz verwenden in der Ukraine[8] oder für etwas anderes, habe ich nicht so ganz verstanden, auch seine Frau konnte es mir nicht richtig erklären, aber die Ärmste verteidigt ihn noch. Was soll sie auch sonst tun? Sie hat es auch nicht leicht. Mit diesem Betrüger. *(Der Reporter schaut nach oben zur Werbetafel und hält der Frau mechanisch das Aufnahmegerät an den Mund.)* Der Absatz sei zu gering, es würde nicht laufen, er habe nur zwei kleine Geschäfte tätigen können – Arzneimittelfirmen habe er beliefert, die daraus Tabletten und Tropfen gegen Bronchitis herstellten, alles andere wurde zu Saft verarbeitet. Also wenn Sie – was wir nicht hoffen wollen – so einen … tiefen … verschleimten Husten haben oder bekommen sollten, können Sie diese Tabletten oder Tropfen durchaus kaufen. Sogar im Kanal 2001[9] wurde davon gesprochen, und in *Treta Vuzrast*, der Rentnerzeitung, hat man sie sehr gelobt. „Bronchal" heißen die Tabletten, und die Tropfen „Polixir"![10] Und wissen Sie, wenn Sie zufällig … *(Setzt eine mitleidige Miene auf, als ob jemand erkrankt sei und sie ihn bedauerte.)* Sie helfen wirklich und verbessern Ihre Kondition. *(Der Reporter ist bemüht, nicht in Gelächter auszubrechen.)* Sie sind ja noch jung und brauchen Abenteuer! Aber der Holunder hilft auch dem besten Stück, müssen Sie wissen. *(Zwinkert*

6 Der Lew ist die bulgarische Währungseinheit. 40 Lewa entsprechen etwa 20 Euro, was für ältere Menschen bei einer Durchschnittsrente von 120 Lewa keine unbedeutende Summe ist.
7 Kleine Währungseinheit in Bulgarien, 1/100 Lew.
8 „Holundersaft wird für bulgarischen Wein gehalten. – Wie die Nachrichtenagentur Interfax meldet, hat die ukrainische Polizei eine Firma geschlossen, die über zwei Millionen Flaschen mit Holundersaft und Farbstoffen als Wein verkauft hat. Das Kiewer Unternehmen ‚ES-Gamma‘ beherrschte bis vor kurzem den Weinmarkt in der Ukraine, indem es bulgarischen und ukrainischen Rotwein nur halb so teuer wie die Konkurrenz anbot, teilte die Agentur mit. Bei einer Überprüfung des Firmengebaudes entdeckte die Polizei eine Abfüllanlage sowie eine Maschine, die gefälschte Etiketten an den Flaschen anbringt. Die Flaschen seien mit einer Flüssigkeit auf Holundersaftbasis und Karamellfarbstoffzusätzen sowie Rohrzucker gefüllt worden. Nach Angaben der Polizei hat die Firma allein im vergangenen Jahr mit dem Verkauf des gefälschten Weins rund 1,3 Millionen Dollar Gewinn erzielt." Aus der Tageszeitung *Sega* vom 3. August 2001.
9 Privater Kabelfernsehsender in Bulgarien, der überwiegend Sendungen mit Heilpredigern, Menschen mit übersinnlichen Wahrnehmungen, Wahrsagerinnen und Geistersehern ausstrahlt.
10 „Bronchal" und „Polixir 01.PM" sind Bezeichnungen bulgarischer Arzneimittel, die unter anderem Holunder enthalten.

ihm vielsagend zu.) Kaufen Sie sich bei der Iwelinowa im Laden auf dem Markt Holundersaft, und ich verrate Ihnen ein Geheimrezept aus dem 17. Jahrhundert, dann können Sie sich alles Geld für Viagra sparen! *(Nachdrücklich.)* Na? Es wird Ihnen gut tun, Sie tun etwas für die Dividende…

Reporter: Moment mal, das könnte man mit hineinnehmen. *(Stellt das Aufnahmegerät an.)* Reden Sie.

Dimitrowa: Wie, haben Sie bis jetzt nicht aufgenommen?

Reporter: Doch, doch. Reden Sie weiter.

Dimitrowa: Also, das ist ein Rezept für ein Liebesdessert. Man nimmt einige Holunderblüten und zerstößt sie in einem Mörser, vermischt sie mit Weichkäse, geriebenem Parmesan, Eiern, einer Prise Zimt und einigen Tropfen Rosenwasser. Aus all dem bereitet man einen Teig und formt daraus kleine Scheiben oder Kugeln, die in Butter gebraten und mit Zucker bestreut werden. Davon essen Sie selbst einige, und den Rest servieren Sie Ihrer Liebsten. Und dann … Sie haben keine Vorstellung, was dann passiert! Ha-ha-ha! *(Hält schamhaft die Hand vor den Mund.)*

Reporter: *(Zu sich selbst.)* Na herzlichen Glückwunsch! Wenigstens etwas für die letzte Seite. *(Schroff und nervös.)* Gute Frau, ich habe alles verstanden – Ihre Sorgen und dass Sie betrogen wurden und so weiter. Nur eines ist mir nicht klar: Weshalb schweigt das Mädchen da oben? Wissen Sie das zufällig?

Dimitrowa: Aber natürlich, der Vater hat den beiden verboten, bei der Arbeit zu sprechen. Er erlaubt es nicht. Er fürchtet die Kontrollen der Obersten Inspektion für Arbeit. Es könnte ja jemand fragen kommen, und sie würden dann irgendetwas sagen, so dass er sich eine Strafe einfängt. Weil mit den Leuten vom Ordnungsamt ist er klargekommen, hat ihnen das Nötige zugesteckt, damit sie ihn in Ruhe lassen und das Ding da hängen und uns den Blick versperren kann. *(Wieder leicht traurig.)* Ohne uns dafür zu bezahlen! Er hätte doch nie eine Genehmigung bekommen, wenn er sie nicht geschmiert hätte. Immerhin hängt es an der Fassade des Blocks, das sehen Sie ja. Das ist absolut verboten! Aber die Leute von der Inspektion für Arbeit hat er nicht so abspeisen können. *(Flüstert.)* Dafür hat sein Geld nicht gereicht, erzählte mir Frau Iwelinowa. Er hat alles in den Holunder gesteckt. Für Schmiergelder ist nichts übrig geblieben – und für die Dividende auch nicht.

Tochter der Dimitrowa: *(Ruft vom zweiten Stock herunter, hinter der Werbetafel hervor.)* Mutter, „Slavi"[11] hat angefangen!

Die Nachbarn, die bis dahin von ihren Balkons aus das Geschehen verfolgt hatten, verschwinden augenblicklich in ihren Wohnungen.

Dimitrowa: Ach, Slavi geht los. Ich geh dann mal, wir gucken das nämlich immer… Wollen Sie mit hinaufkommen? *(Gastfreundlich.)* Kommen Sie nur, wir

---

11 *Slavis Show* ist eine einstündige Abend-Talkshow im landesweiten Ersten Bulgarischen Privatfernsehen, die montags bis freitags ab 22.30 Uhr ausgestrahlt wird, angelehnt an den US-amerikanischen Unterhaltungsstil, aber auf bulgarische Belange zugeschnitten.

können uns die Show gemeinsam ansehen. Wir würden uns sehr freuen, meine Tochter und ich. Genieren Sie sich nicht!

Reporter: Vielen Dank, gnädige Frau. Aber ich habe noch dienstliche Verpflichtungen. Die Ausgabe muss fertig werden, wissen Sie …

Dimitrowa: Sie werden über unseren Fall schreiben, nicht wahr?

Reporter: Das hängt nicht von mir ab. Nur der Chefredakteur entscheidet. Seien Sie nicht mir böse, wenn der Artikel nicht erscheint.

Dimitrowa geht hinein, um fernzusehen. Außer dem Reporter und dem Mädchen bleiben nur die beiden Rentner draußen. Der Reporter wartet eine Weile, dass auch sie hineingehen, aber sie scheinen nicht die Absicht zu haben.

Reporter: Gentlemen, wollen Sie nicht auch Slavi sehen? Das heißt … *(Empört.)* Eigentlich ist es schon Schlafenszeit! *(Beharrlich.)* Sie wollen sich doch nicht überfordern, oder? Was hat denn der Onkel Doktor gesagt?! Der Sandmann ist schon lange vorbei! Sie müssten schon längst im Bett sein! Solche bösen Buben!

Rentner 2: *(Unsicher.)* Aber nein … wir bleiben noch ein Weilchen. Weil heut so schönes Wetter ist. *(Pause.)* So – angenehm frisch irgendwie. *(Sieht unwillkürlich nach oben zu dem Mädchen, wendet den Blick aber gleich wieder ab.)*

Rentner 1: *(Mit gezwungenem Snobismus.)* Wir und Slavi schauen? *(Pause.)* Sehen wir so aus, als ob wir uns Slavi ansehen?

Reporter: *(Zum Mädchen.)* Und, haben Sie sich entschieden? Wollen Sie mir erzählen, wie es Ihnen da oben geht? Oben auf dem Kirschbaum. *(Pause.)* Kennen Sie den Witz von den beiden Schwestern, die sich nicht entschließen konnten, ob sie vom Kirschbaum herunterkommen sollen oder nicht? Da erwies sich die jüngere Schwester als entscheidungsfreudiger. *(Keine Reaktion. Holt den Fotoapparat aus der Tasche. Wartet kurz, als ob er nachdenkt. Beginnt zögernd, diskret.)* Entschuldigen Sie, es ist mir äußerst unangenehm, Ihnen das zu sagen … Schon zu Beginn habe ich mich gefragt, wie ich … *(Gespielte Verlegenheitspause.)* … also nicht nur, dass sich der Träger Ihres BHs gelöst hat, was ja nicht so schlimm ist, aber von hier aus … von diesem Blickwinkel aus sieht man … mit Verlaub … eine Ihrer Schamlippen.

Instinktiv zuckt das Mädchen zusammen und streckt eine Hand nach unten aus, um sich zu bedecken. Durch diese Bewegung verrutscht das Körbchen ihres BHs endgültig und legt die gesamte Brustwarze frei. Noch mehr verstört, schiebt sie den BH wieder nach oben und macht den Träger fest. Sie wird rot. Sie hat augenscheinlich ihre Selbstbeherrschung verloren, nimmt unwillig ihre frühere Stellung wieder ein und verharrt so. Der Reporter stellt auf continuous shot und macht ein Foto nach dem anderen.

Rentner 1: *(Pause. Zufrieden.)* Sieht ganz nach einer Runde aus …

Rentner 2: Sieht ganz so aus.

Die beiden Alten gehen – phlegmatisch und heiter – Richtung „Bohemi".

Reporter: *(Zum Mädchen.)* Jetzt sind wir wohl erschrocken, aber warum denn? *(Gelassen sieht er sich die Fotos auf dem Display an.)* Sie sind ein bisschen verschwommen wegen der Geschwindigkeit, aber auf jeden Fall sehr pikant. *(Gleichgültig.)* Es liegt eine authentische Hilflosigkeit darin. *(Mit Fachwissen.)* Man bekommt Lust, Sie zu streicheln, zu liebkosen. Obwohl … *(Absichtlich schwülstig.)* … wen interessiert heutzutage schon das menschliche Wesen und der Zauber seiner Schwäche? *(Sieht sich weiter die Fotos an.)* Dieser unschuldige rosige Nippel, entehrt vom feindlichen Objektiv! Ganz bestimmt werden Sie Mitleid erregen. *(Zu ihr.)* Morgen sind Sie ein Star! Sie dürfen stolz sein! *(Verstaut den Apparat in der Tasche.)* Übrigens habe ich gelogen, Ihre Schamlippe war gar nicht zu sehen. Ich habe das nur gesagt, damit Sie sich für die Fotos etwas bewegen … *(Pause.)* Und wie wollen Sie's jetzt halten? Reden wir? *(Pause.)* Es ist ja nicht so, dass aus dem Interview nichts wird, wenn Sie nichts sagen. Es wird trotzdem. *(Pause.)* Ich schalte dann auf schöpferische Inspiration, schreibe sowohl die Fragen als auch die Antworten selbst, und fertig. *(Pause.)* Sie werden sich nicht wiedererkennen, wie intelligent Sie sind und wie Ihnen dies alles in den Sinn gekommen ist, was Ihnen da in den Sinn gekommen ist, wie traurig und überzeugend Sie die Geschichte von Ihrem sozialen Leid heruntergebetet haben: die Herausforderungen, denen sich Menschen, die nachts arbeiten, stellen müssen, der mühselige Erwerb des täglichen Brotes, die moralischen Dilemmas, der Verfall der familiären Werte … *(Pause.)* Die Ausbeutung der Kinder durch ihre Eltern unter den Bedingungen des unbarmherzigen Turbo-Kapitalismus, die Ausübung ungesetzlicher Nachtarbeit unter dem Druck des wirtschaftlichen Zwangs *(Pause.)* … Vielleicht ein paar nützliche Tipps, wie man jemandem vom Ordnungsamt oder der Inspektion für Arbeit die Hand füllt, um kein Bußgeld zahlen zu müssen? Nicht wahr, Fräulein Iwelinowa, das wird doch ein nettes Interview?! *(Lange Pause.)* Ob ich Ihnen nicht helfen sollte, eine bessere Arbeit zu finden? Was würden Sie dazu sagen? Na? *(Pause.)* Ich könnte mit Kollegen reden, dass wir Sie in einer kleineren Redaktion unterbringen, Sie blasen dem schleimigen Kriecher, der dort etwas zu sagen hat, einen auf seinem Holderzweig, lassen sich ein, zwei Mal von ihm flachlegen, mehr wird er sowieso nicht können, und schon sind Sie in der Branche. Von da an ist alles ganz leicht. Das Alphabet kennen Sie doch? Letzten Endes ist der Journalismus kein besonderes Kunststück. *(Wartet. Resigniert allmählich.)* Oder ist es in Ihrem Fall vielleicht besser, nicht mit dem Finger in der Wunde Ihrer sozialen Herkunft zu stochern? Nun? *(Pause.)* Sollte es mehr in Richtung Sex gehen? Ins Rosarote! Na gut. Wir können auch ein positives Interview machen! Ein paar passende Träume vielleicht: ein roter Ferrari, der Weltfrieden, eine romantische Liebe … *(Irgendwie zerstreut, ohne nachzudenken.)* … mit einem weißen Ritter?

Das Mädchen bleibt stumm. Auf dem Balkon des dritten Stocks erscheint eine Frau mit zwei Katzen im Arm. Der Reporter beachtet sie nicht. Seine Aufmerksamkeit gilt weiterhin dem Mädchen.

Reporter: *(Wieder zum Mädchen.)* Haben Sie denn nicht wenigstens etwas Pflichtgefühl? Glauben Sie nicht, dass Sie die Gelegenheit nutzen und etwas sagen sollten? Irgendetwas? Etwas, das Ihnen wichtig ist? *(Pause.)* Wollen Sie mir hier vorspielen, dass Sie „Ihr Leid mit Würde tragen"? Hab ich Recht? *(Pause.)* Hab ich Recht? *(Pause.)* Irgendwie spüre ich die riesige Last Ihrer Würde auf meinen schmalen Schultern. Und sie erdrückt mich. *(Nervös dreht er sich zur Nachbarin mit den Katzen um.)* Meine Dame, spüren Sie nicht diese Schwere in der Luft? Die zermürbende Last der Würde dieses Mädchens?

Dontschewa: *(Scharf.)* Und spüren Sie nicht, dass Sie ziemlich unverschämt sind?

Reporter: *(Umgehend. Scheint leicht erzürnt ob ihrer unerwarteten Reaktion.)* Und spüren Sie nicht, dass das zu mir passt? So wie ich spüre, dass Sie allein leben, es aber lieber nicht tun würden? So wie ich spüre, dass Sie vor der Zeit verwelken – unbenutzt sozusagen? Und dass die Zeit, in der Sie nutzlos sein werden, schon vor der Tür steht? Na? Spüren Sie das nicht?

Dontschewa: Weißt du, mein Junge … diese Zeit ist schon gekommen. Ich bin schon lange nutzlos, mein Bester. Also versuche hier nicht, die Nachtigall singen zu lehren, und komm mir nicht mit solch billigen Psychotricks, die mich deprimieren sollen. Weil sie mich nämlich überhaupt nicht deprimieren. Kümmere dich lieber um dich selbst, denn wie es aussieht, bekommst du den Fisch nicht an die Angel, obwohl du dich ungemein ins Zeug legst. Tja, nur mit Testosteron funktioniert die Sache nicht! Da staunst du, was? Von dem armen Kind, das seine Eltern hier liegen lassen, damit es ihre verrückten Geschäftsideen verwirklicht, hörst du kein einziges Wort, nicht wahr? Und darüber ärgerst du dich schwarz, mein Junge, es macht dich rasend, weil es um deinen männlichen Stolz geht, um die Journalistenehre oder um sonst was! Hör bloß auf mit diesem Stolz! Vor lauter Stolz riecht es schon nach Jungfräulichkeit! Seit einer halben Stunde höre ich mir das nun an! Macht einen auf selbstsicher, spielt den Macho, den großen Helden, dabei pocht sein Herz drinnen wie verrückt. Bläst sich auf, dass er fast platzt, und keiner schert sich drum! Warum nur? Pass nur auf, dass du nicht unbenutzt bleibst. Vor lauter Aufgeblasenheit. Denn das ist schlimm, wirklich schlimm. Lass dir das von der Alten gesagt sein. *(Triumphierend.)* Der nutzlosen.

Reporter: *(Beinahe versteinert. Langsam.)* Wow … *(Lange Pause. Langsam und sogar mit gewisser – hinter Ironie versteckter – Sympathie.)* Wissen Sie, gnädige Frau, Sie haben mich geschafft.

Auf dem Nachbarbalkon erscheint ein Mann mit gutmütigem Aussehen im Unterhemd.

Dontschewa: *(Zum Reporter.)* Ach, Moment mal, da ist gerade mein Liebster aufgetaucht! Jetzt bekommst du etwas zu sehen! Pass mal auf! *(Zum Neuankömmling. Freundlich lächelnd.)* He, du Kameltreiber! Wie kannst du es wagen, mir unter die Augen zu treten? Schämst du dich nicht?! *(Der Neue lächelt verlegen, offensichtlich versteht er kein Wort von alledem. Zum Reporter.)* Ein Araber! Die mieten sich hier in Nadeshda ein, weil es nicht weit zum Markt in Ilientzi[12] ist. Dort haben sie ihre Verkaufsstände. Sie haben uns schon völlig überschwemmt mit ihrem Zeug! Du musst dir nur mal den Saustall unten im Treppenhaus ansehen! Das kommt von denen. *(Wieder zum Neuankömmling. Mit dem gleichen freundlichen Lächeln.)* Und Schweinefleisch verschlingt ihr in Größenordnungen! Ihr scheinheiligen Heuchler mit euren Mini-Schwänzen! Los, mach dich vom Acker, du Schinkenfresser!

Der Neue, leicht verwundert, aber noch immer gutmütig, bleibt auf dem Balkon, um zu rauchen.

Dontschewa: *(Zum Reporter. Stolz auf sich.)* Ein wenig diskreter Rassismus für den Hausgebrauch! Ich weiß, dass es nicht nett ist… Und der Mann ist eigentlich nicht schlecht. Aber trotzdem! Sie dürfen nicht vergessen, wo sie sich befinden. So für alle Fälle. Sonst ist er ja ein sympathischer Mann, so höflich, grüßt immer… Aber insgesamt genau derselbe wie du – ein selbstgefälliger Lackaffe, tut so, als sei er eine Art Sexbombe. Und dabei blitzen seine Augen wie bei einem Kaninchen. Aber uns braucht er damit nicht zu kommen! Wer weiß, wie er den ganzen Tag Schweinswürste in sich hineinstopft. Ach, was soll's! Kann mir doch egal sein…
Reporter: *(Klatscht Beifall.)* Bravo! *(Ironisch.)* Sie haben die Landesehre gerettet. Hut ab! Aber wenn Sie so ein Lästermaul sind, dann sagen Sie mir doch einmal, wie ich das Mädchen dazu bringe, dass es den Mund aufmacht! Ich muss eine Doppelseite füllen! Fotos allein genügen nicht. Was raten Sie mir, da Sie doch mit allen Wassern gewaschen sind? *(Nicht die geringste Aufmerksamkeit ihrerseits.)* Ich wäre sogar bereit, mich bei Ihnen für meine bissigen Bemerkungen am Anfang zu entschuldigen. *(Pause.)* Wenn Sie mir helfen. *(Pause.)* Verzeihen Sie! Zu provozieren ist sozusagen meine berufliche Pflicht. Sie haben es sich doch nicht etwa zu Herzen genommen? Es war schließlich nicht persönlich gemeint! Na gut, dann sagen Sie mir wenigstens… *(Zeigt auf das Mädchen.)* Verdient sie nicht eine Tracht Prügel? Meinen Sie nicht? Sollte man ihr nicht ordentlich den Hintern versohlen? Eine Dosis Machismo für den Hausgebrauch, wenn ich Ihren ansteckenden Stil gebrauchen darf? *(Pause. Wütend.)* Gibt keinen Mucks von sich, mimt die Heilige, die Leidende, hält mir eine wortlose Moralpredigt und scheint sich gar nicht bewusst zu sein, dass sie sich hier ausgestreckt hat wie eine… *(Hält sich zurück.)* und dass die Lage ihres Körpers alles andere als geeignet ist, mir stumme Fragen zur Sittlichkeit zu stellen! Nicht wahr? *(Pause.)* Ist doch so, oder? *(Pause.)* Oder habe ich etwa nicht Recht?

12 Stadtteil von Sofia mit dem größten Markt der Stadt.

Dontschewa: *(Überlegt.)* Ich muss dir sagen, mein Süßer, du bist es, der ein Problem hat, nicht sie. Das Mädchen ist in Ordnung. Aber du bist nicht ganz gesund. Und außerdem eifersüchtig. So sieht es aus. Also komm mit dir selbst zurecht. Ich kann dir nicht helfen. Viel Erfolg. *(Geht hinein, seltsam lächelnd.)*

Der Reporter bleibt eine Zeit lang auf der Grünfläche vor dem Block stehen. Dann geht er langsam zu den Klingeln. Klingelt. Wartet unten. Der Araber raucht seine Zigarette zu Ende und geht hinein. Hinter der Werbetafel ertönt erneut die Stimme von Welitschka Dimitrowa.

Dimitrowa: Wer ist da?!
Reporter: *(Laut und dennoch irgendwie schlaff.)* Ich bin es noch mal. Ich habe vergessen, Sie etwas zu fragen … Für den Zeitungsartikel.
Dimitrowa: Ja?!
Reporter: Um wie viel Uhr ist die zweite Schicht zu Ende?
Dimitrowa: Ach so, um zwölf. Sie endet um Mitternacht! *(Pause.)* Haben Sie gehört?!
Reporter: Jaja. *(Leise.)* Ja, ich hab's gehört.

Legt sich auf den Rasen und bleibt dort liegen.

Was siehst du, wenn du Sofia siehst – etwa Sofia? Sicher? Wahrnehmungen und Blickregime, aber auch Wünsche an die eigene Stadt als gesellschaftliche Konstruktionen, also als Politikum zu begreifen und ihre Veränderlichkeit ins Bewusstsein einer breiteren Öffentlichkeit zu spielen – das war der Ausgangspunkt des 2003 von Iara Boubnova in Zusammenarbeit mit Alexander Kiossev gegründeten „Visual Seminar", einer Kooperation des Institute of Contemporary Art und des Centre for Advanced Study in Sofia [> S. 604]. Der Dialog von Kunst und Wissenschaft zum Thema Stadtbilder und Sehen sowie zur Kunst als Intervention eines anderen Blicks im öffentlichen Raum ist die Basis des vielarmigen Projektes mit wechselnden Stipendiaten, Ausstellungen, öffentlichen Diskussionsveranstaltungen und Fragen an lokale Politiker und ihre (fehlenden) Stadtkonzepte. Der Künstler Luchezar Boyadjiev und die Soziologin Milla Mineva waren die ersten Stipendiaten. Ivaylo Ditchev gehörte von Anfang an zum Beirat des „Visual Seminar". 2004 kamen das Kunsthaus Dresden und die Stiftung Bauhaus Dessau als Kooperationspartner hinzu, namentlich Christiane Mennicke und Regina Bittner. In der Folge nahm jährlich ein Sofioter Student an den Studiengängen in Dessau teil. Und in Dresden entstand ein neues Projekt: „Wildes Kapital/Wild Capital".

Ein Gespräch, moderiert von Regina Bittner

Kapitale Stadtbilder

Das Gespräch fand am 5. Juni 2005 in Sofia statt; teilgenommen haben:

Regina Bittner, Kulturwissenschaftlerin, Autorin und wissenschaftliche Mitarbeiterin der Stiftung Bauhaus Dessau
Iara Boubnova, Leiterin des Institute of Contemporary Art, Sofia, und des „Visual Seminar"
Luchezar Boyadjiev, Künstler, Sofia
Ivaylo Ditchev, Professor für Kulturwissenschaften an der Universität Sofia
Alexander Kiossev, Kulturwissenschaftler am Centre for Advanced Study und der Universität Sofia
Christiane Mennicke, Leiterin des Kunsthauses Dresden und des Partnerprojektes des „Visual Seminar" in Deutschland, „Wildes Kapital/Wild Capital"
Milla Mineva, Soziologin an der Universität Sofia

Regina Bittner: Was geschieht mit der Stadt, wenn sie zum Bild wird? Unter dem Stichwort „symbolische Ökonomie" haben Kulturtheoretiker und Stadtsoziologen die besondere Rolle von Kultur, Tradition und Geschichte bei der Konstruktion von Stadtbildern diskutiert, die Städte nach außen hin identifizierbar machen sollen. Viele Stadtverwaltungen betreiben eine solche „Politik der Sichtbarkeit", um ihre Städte als internationale Standorte für Investoren, Touristen oder die gewünschten Einwohner attraktiv zu machen: Ein positives Image wird produziert, das einen bestimmten Standard gehobener urbaner Lebensqualität mit lokalen Attraktionen verbindet. Oft handelt es sich dabei um homogene Stadtbilder, hinter denen die heterogenen Praktiken der Stadtbewohner zu verschwinden drohen. Ich vermute, eine der zentralen Intentionen des „Visual Seminar" bestand darin, der Frage nachzugehen, wie künstlerische Arbeiten in diese Repräsentationsverhältnisse intervenieren können.

Dresden und Sofia sind zwei interessante Fallbeispiele für diese Entwicklung. Während in Dresden die Identifizierbarkeit der Stadt durch die Rekonstruktion der barocken Metropole, den Bezug auf Geschichte und Tradition, gerettet wird, prägen in Sofia die Insignien internationaler Firmen und Marken das Stadtbild; die Werbung hier ist aggressiv und radikal. Um welche Vorstellungen von Urbanität kreist der jeweils vorherrschende städtische Diskurs? Ist es im Fall von Dresden die Sehnsucht nach der bürgerlichen Stadt? Und in Sofia ein hochgradig beschleunigter Urbanismus, die Suche nach Orten, an denen keine Regeln mehr gelten?

Christiane Mennicke: Ja, es stimmt, in Dresden ist das Stadtbild in den letzten fünfzehn Jahren auf ein ganz bestimmtes Profil verengt worden. Das Image der Stadt ist zusammengeschrumpft auf die historischen Monumente, das heißt die bedeutendsten Sehenswürdigkeiten: Frauenkirche, Semperoper und die gesamte historische Innenstadt. Indem eine Tradition technischer Innovationen zum Ausdruck eines „sächsischen Erfinder- und Unternehmergeistes" erklärt wurde, wird das Bild noch mit ein wenig Moderne angereichert. Aber das zeitgenössische alltägliche Leben der Stadt taucht in diesem Image kaum mehr auf. Bei Dresden würde ich deshalb ein Fragezeichen hinter den Begriff des Urbanen setzen, wenn mit „Urbanität" die Sichtbarkeit einer heterogenen Architektur und eines heterogenen städtischen Alltags gemeint ist. Die Debatte um symbolische Ökonomie ist hier entscheidend, denn eine vom Alltag abgekoppelte, eigenständige Imageproduktion hat direkte Auswirkungen auf das Leben in der Stadt.

Regina Bittner: In Dresden wird also ein homogenes Bild der Stadt produziert, das mit Vorstellungen von Urbanität nur wenig gemein hat. Wie stellt sich das im Fall von Sofia dar? Das „Visual Seminar" hat sich besonders mit der visuellen urbanen Kultur auseinandergesetzt. Kann man in Sofia auch eine Homogenisierung beobachten, den Versuch, ein eindeutig identifizierbares Image der Stadt herzustellen?

Alexander Kiossev: Ich denke, wir sollten zunächst darüber sprechen, wer die Akteure in diesem Spiel sind und wer in der Lage ist, das Bild der Stadt zu bestimmen. In Sofia sind viele Leute daran beteiligt, deren Motivationen nicht immer eindeutig identifizierbar sind. Wir haben einige historische Bauwerke, die symbolisch sehr wichtig sind, und die meisten sind inzwischen renoviert. Insofern gibt es schon Bemühungen um touristische Aufwertung. Aber Sofias Zentrum ist nicht wirklich touristisch, auch wenn ich schon einigen Touristen begegnet bin, die meinten, Sofia sehe aus wie eine westliche Stadt. Das heißt, hier sind verschiedene Zeichen der Europäisierung erkennbar. Hier lassen sich Schritte hin zur Aufwertung historischer Elemente beobachten, insbesondere solcher von politischer Bedeutung. Aber gleichzeitig ist es schwierig, die anderen Akteure zu bestimmen. Wer sind die Akteure, die das Bild der Stadt so entscheidend verändern?

Christiane Mennicke: Ich finde es wichtig, nach den Akteuren dieses symbolischen Umbaus zu fragen. Für Dresden ist das einfacher zu beantworten. Die Entwicklung von Standortstrategien, um sich im Wettbewerb um Investoren und Touristen zu positionieren, dauert hier schon länger an. Die Stadtbildpflege, das Stadtplanungsamt und die Dresden Tourismus GmbH arbeiten seit Jahren an einem solchen Stadtbild, zusammen mit anderen städtischen und privaten Partnern. Insofern kann man die Akteure relativ klar benennen. Ich bin sicher, dass es in Sofia ganz anders ist. Hier findet vielleicht immer noch mehr Auseinandersetzung darüber statt, wer überhaupt die Macht hat zu bestimmen, was die Stadt in Zukunft sein könnte.

Ivaylo Ditchev: Um daran anzuknüpfen: Ja, es gibt kein klares Bild von Sofia. Niemand denkt darüber nach, die Stadtverwaltung tut nichts dafür, und der offizielle Grund dafür besteht in der Tatsache, dass es immer noch keinen Masterplan für die Entwicklung der Stadt gibt. Das wurde aufgeschoben. Man hat sich auch deshalb nicht sonderlich darum bemüht, weil Privatisierungen so viel einfacher durchzuführen waren. Erst 2004 wurde ein Plan im Stadtparlament bewilligt, aber der ist bis heute noch nicht Gesetz geworden. Die Verantwortlichen sind nicht in der Lage, eine städtische Planung zu entwickeln. Vor kurzem haben sie eine Verordnung über die Platzierung von Werbung im Stadtraum verabschiedet, man kann darin einen ersten Schritt hin zur Regulierung des öffentlichen Raums sehen. Aber niemand befolgt sie.

Milla Mineva: Sicher hat die Stadt bisher kein Konzept entwickelt, aber ich denke, es gibt dennoch eine klare Vorstellung davon, wie Sofia sich entwickeln soll. Betrachtet man die jüngsten Rekonstruktionen, so sind es vor allem Gebäude aus dem frühen 20. Jahrhundert. Damit wird versucht, Sofia als mitteleuropäische Stadt zu präsentieren. Das „Beautiful Bulgaria"-Projekt, das von der bulgarischen Regierung und dem Entwicklungsprogramm der UN getragen wird, scheint Sofia auch so darstellen zu wollen. Wenn man das Projekt analysiert, fällt auf, dass all die Gebäude, die im Moment rekonstruiert werden, darin enthalten sind – der Schwerpunkt liegt auf dem frühen 20. Jahrhundert. Bei meiner Postkartenrecherche zu Sofia für das „Visual Seminar" bin ich auf eine wachsende Diskrepanz gestoßen: auf das Missverhältnis zwischen einem homogenen touristischen Image und der realen, physischen Entwicklung der Stadt, die sich mehr oder weniger naturhaft vollzieht. Postkarten vermitteln genau dieses homogene Bild der Stadt. Die zunehmende Diskrepanz zwischen der realen Stadt und ihrer visuellen Repräsentation ist das eigentliche Problem.

Iara Boubnova: Für Sofia sehe ich kein eindeutiges Modell, das hier einfach repräsentiert werden kann. Die Referenz zur europäischen Stadt ist naheliegend, aber europäische Städte sind generell sehr unterschiedlich, insofern sagt „europäisch" nicht sehr viel. Ist es nicht eher eine Hauptstadtdebatte, eine Debatte über die Teilung zwischen der Innenstadt und offiziellen Gebäuden, die die politische Macht repräsentieren? Es handelt sich auf alle Fälle um eine sehr selektive Produktion städtischer Bilder. Auf der anderen Seite ist Sofia eine mittelalterliche Stadt, was sich vor allem in den Kirchen manifestiert. Und neben dem Bau neuer Kirchen, der seit fünf Jahren in vollem Gange ist, existieren noch eine Reihe von anderen historischen Schichten. Sind sie Bestandteil der unsichtbaren Stadt Sofia?

Ivaylo Ditchev: Ich möchte zu diesem Thema etwas sagen. Wir haben ja schon die Frage der jeweiligen lokalen Akteure angesprochen. Sofias gegenwärtiger Bürgermeister hat eine ganz spezielle Sicht auf die Stadt und ihre Zukunft. Er will das historische Zentrum wieder zum Leben erwecken, das Dreieck zwischen dem ehemaligen öffentlichen Bad, der Moschee und der Synagoge. Der Bürgermeister vertritt die Vorstellung eines alten Stadtbewohners, und er wünscht sich das Sofia seiner Kindheit, das Sofia seiner Eltern und Großeltern zurück. Auch Gebäude aus dem frühen 20. Jahrhundert geraten in sein historisches Bild der Stadt hinein, selbst wenn sie gar nicht alt im eigentlichen Sinne sind. Dann gab es eine Reihe von Debatten darüber, dass das Wasser für Sofia eine besondere symbolische Bedeutung habe. Ich denke, wenn wir über das, was im Moment in Sofia geschieht, diskutieren, kann man den Einfluss des Bürgermeisters und der Leute, die ihn umgeben, nicht ignorieren. Er hat eine Geschäftsstraße in eine Fußgängerzone umwandeln lassen, und gleichzeitig werden Gebäude aus der sozialistischen Zeit abgerissen.

Regina Bittner: Ich würde gerne noch einmal auf den Punkt zurückkommen, den Milla Mineva erwähnt hat: die Diskrepanz zwischen dem Image, das die Stadt von sich produziert, und der realen Stadt. Dieses Spannungsfeld war, so vermute ich, auch der Ausgangspunkt für das „Visual Seminar". Auf der einen Seite existieren Bemühungen, Sofia wieder im 19. und frühen 20. Jahrhundert zu verankern, weil dieses Image auch gut zum europäischen Integrationsprozess Bulgariens passt. Auf der anderen Seite bringt die Anwesenheit internationaler Investoren, sichtbar an der Menge von Werbung in der Stadt, das Image einer dynamischen und aufstrebenden Metropole hervor. Wie intervenieren Künstler in dieses Spannungsverhältnis?

Luchezar Boyadjiev: Ich möchte zunächst an die Auseinandersetzung um ein identifizierbares Image Sofias anknüpfen. Denn im Gegensatz zu Dresden, das relativ schnell mit bestimmten Dingen identifiziert werden kann, hat Sofia auf den ersten Blick wenig Erkennbares zu bieten. Auch wenn der Bürgermeister versucht, ein klares Image im Kontext der EU-Erweiterung zu produzieren, ich denke, es gibt hier kein eindeutiges Konzept. Aber was es gibt, das ist ein urbanes Alltagsleben. Und in diesem Sinne finde ich es gut, dass wir keine klare Politik der Sichtbarkeit haben. Ich vergleiche Sofia gern mit Bukarest, einer Stadt, die mit denselben Herausforderungen konfrontiert ist. In Bukarest ist es ziemlich schwierig, ein Café an der Straße zu finden oder eine Bar, um ein Bier zu trinken. In Sofia stößt man auf eine Reihe von zufälligen kleinen Cafés oder Bars direkt im Zentrum, im Grunde unregulierte Situationen, die hier zum Alltag gehören. So etwas ist in Bukarest unmöglich. Vor einem Monat besuchten mich Künstler aus Bukarest und meinten, Sofia sei zwar eine kleinere Stadt, aber sie besitze viel mehr Vitalität.

Wie Künstler in diesem Spannungsfeld agieren? Ich denke, es geht um die Aktivierung vieler möglicher Akteure, um sie in diese Auseinandersetzung um das Bild der Stadt einzubeziehen und die Stadtverwaltung damit unter Druck zu setzen. Denn es geht ja vor allem um Politik der Sichtbarkeit.

Christiane Mennicke: Es ist wirklich wichtig, sich darüber im Klaren zu sein, dass es dabei um Politik geht. Auch das historisierende Image, das in Dresden produziert wird, hat natürlich mehrfache Rückwirkungen auf die Stadt. Es ist offensichtlich, dass es sich um eine ahistorische Fiktion handelt, auch wenn historisch argumentiert wird. Ein Blick in die entsprechenden Image-Broschüren macht klar, dass wichtige Teile der Geschichte, zum Beispiel die Zerstörung der Stadt, vor allem aber ihre immer noch deutlich sichtbare Prägung durch den Sozialismus, ausgeblendet werden, weil befürchtet wird, sie könnten als negativ wahrgenommen werden. Was damit eigentlich passiert, ist eine Eliminierung von Geschichte, nicht ihre Rekonstruktion. Das ist für alle, die im kulturellen Bereich arbeiten, ein wirkliches Problem. Denn wenn wir Differenzen und Brüche aus dem Prozess der Geschichte eliminieren, dann erwächst daraus eine sehr problematische Form von Politik. Das hat auch Konsequenzen für die aktuelle Stadtpolitik: Wenn primär in die Herrichtung der Stadt als touristische Attraktion investiert werden muss, bleibt wenig Geld für eine dezentrale soziale und kulturelle Infrastruktur, und damit für die eigentliche Lebensqualität in der Stadt.

Alexander Kiossev: Was Christiane Mennicke beschreibt, macht deutlich, dass in Dresden starke Akteure vorhanden sind, die in der Lage sind, mehr oder weniger die Entwicklung der Stadt zu steuern. In Sofia ist das Gegenteil der Fall. Die Stadtverwaltung ist schwach, und die Motive des Bürgermeisters und anderer Repräsentanten sind oft undurchschaubar. Manchmal blockieren sie Verordnungen, um den Raum für andere Akteure und Ökonomien zu öffnen. Das lässt die Stadt vielleicht offener, heterogener erscheinen, aber im selben Moment gibt es einen Mangel an Struktur und Organisation. In Sofia ringen viele unterschiedliche und heterogene Akteure um eine urbane Strukturierung. Ich denke, die Rolle der städtischen Politik sollte es sein, verschiedene Praktiken und Visionen der Stadt zu regulieren, ohne sie zu kontrollieren, also eine Art Vermittlung zu schaffen, einen gemeinsamen politischen Raum.

Christiane Mennicke: Das ist ein sehr interessanter Punkt. Wer hat denn tatsächlich die Macht, das Bild der Stadt zu bestimmen? Darüber sollten wir sprechen. Auch in Dresden ist die Stadtverwaltung in keiner starken Position, wenn sie mit Investoren verhandelt. Sichtbare Veränderungen sind dennoch immer dann zu beobachten, wenn es um die Zurschaustellung von ökonomischem Wachstum in der Stadt geht. Auf der anderen Seite sind der Architektur sehr enge Grenzen gesetzt. Die Farben und Materialien, die Geschosshöhen im Zentrum, das alles war bis vor kurzem sehr festgelegt. Was Alexander Kiossev über die Rolle von Politik als Produzentin eines gemeinsamen Raumes sagte, ist wichtig. Aber dieser gemeinsame Raum sollte eben auch für alle zugänglich sein. Nehmen wir das Beispiel von Luchezar Boyadjiev, das kleine improvisierte und vor allem preiswerte Café: Es wird immer schwieriger, im Zentrum von Dresden so etwas zu finden.

Luchezar Boyadjiev: Das „kleine Café" ist sicher so etwas wie eine Metapher. In diesem Kontext würde ich den Begriff der Intransparenz einführen: In Sofia existiert ein Mangel an Transparenz auf verschiedenen Ebenen, das betrifft die kleinen Geschäfte ebenso wie die sogenannte Unternehmenskultur. Eine der problematischsten Entwicklungen stellen für mich die neuen Villen dar: unzugängliche, nicht einsehbare Bastionen am Rande der Stadt, illegal gebaut auf Grundstücken, die früher Teil des Vitosha-Nationalparks waren. Die Villen imitieren den Baustil aus der Ära der „nationalen Wiedergeburt" Mitte des 19. Jahrhunderts, sie sind von hohen Steinmauern umgeben und schließen auf zur internationalen Tendenz der *gated communities*.

Christiane Mennicke: Den Begriff der Intransparenz hier einzuführen, finde ich interessant, aber eigentlich sind all diese Entwicklungen eher übertransparent. Man kann im Fall der *gated communities* doch so eindeutig deren Ideale, Sehnsüchte, Lebensstile, Wertvorstellungen und die Privatisierung von Ressourcen erkennen. Intransparenz umfasst aber noch einen weiteren interessanten Aspekt: Wenn Städte wie Dresden so hart an ihrem Image arbeiten, so sind doch die Entscheidungsprozesse und das Ineinandergreifen von administrativen und privaten Interessen nachträglich schwer auseinander zu dividieren.

Alexander Kiossev: Sichtbarkeit ist ein komplexes Phänomen, wenn sie im Zusammenhang mit der heutigen Vielfalt von Lebensformen und urbanen Praktiken diskutiert wird, die ja eher temporärer Natur sind. Zum Beispiel sieht man in Sofia viele Aktivitäten in kleinen Parks, auf kleinen Plätzen, in Internetcafés und Clubs, wo junge Leute ihre Version eines *global life* aufführen. Aber die Netzwerke, die diesen Orten und Praktiken zugrunde liegen, sind unsichtbar und produzieren städtische Intransparenz.

Ivaylo Ditchev: Ich würde eher von unterschiedlichen Graden der Sichtbarkeit sprechen wollen. Die Farbe der Gebäude oder ihr Material sind hier nicht das Problem, sondern es besteht eher darin, wo die Straßen, der Kulturpalast oder die Clubs in Sofia platziert sind und wie sie erreichbar sind. Alles ist in Sofia um eine kleine Insel herum angesiedelt, und alles, was außerhalb dieses privilegierten Bereichs liegt, die Orte, an denen die Menschen leben, sieht niemand. Sichtbarkeit ist auch eine Frage der Infrastruktur.

Alexander Kiossev: Wir sind im Laufe der Debatte an einen Punkt gekommen, der mich zu der Frage führt: Wie sind in der Struktur urbaner Sichtbarkeit die unsichtbaren Dinge zu lesen? Ich denke, das ist eher eine Frage des Ansatzes, zum Beispiel des kulturellen Ansatzes. Wie soll man den neuen urbanen Raum analysieren? Um ein Beispiel anzuführen: Die Stadtverwaltung von Sofia wird in die Achse investieren, die Sofia und Belgrad symbolisch durch einen Boulevard verbindet. Eine Menge Geld ist schon in dieses Projekt gesteckt worden; geplant sind Hochhäuser, die diesen Raum symbolisch überhöhen. Das ist ein Weg, um etwas sichtbar zu machen: Ein Teil Sofias wird inszeniert auf Kosten anderer Teile der Stadt. So sind, nebenbei bemerkt, ein Drittel der Häuser in Sofia bis heute nicht an ein Abwassersystem angeschlossen.

Regina Bittner: Ich würde gerne auf ein weiteres Thema zu sprechen kommen. Beide Städte befinden sich in einer Übergangsphase, beide eint ihre sozialistische Vergangenheit. Doch während in Dresden im Zuge von Wiedervereinigung und Institutionentransfer auch neue städtische Akteure in Erscheinung getreten sind, hat sich in Sofia ein „Kapitalismus ohne Kapital" entwickelt. In welchem Verhältnis stehen die jeweiligen Stadtbilder zu den unterschiedlichen postsozialistischen Entwicklungspfaden der beiden Städte? Wir haben im Laufe des Gesprächs schon versucht, diese Besonderheiten herauszuarbeiten. Aber es scheint, als weise Sofias Weg zur kapitalistischen Stadt manche Vorteile auf im Vergleich zu Dresden: Deregulierung hier, Überregulation dort. Das Gespräch spiegelt eine relativ verbreitete Stimmungslage von linken Intellektuellen und Künstlern aus westlichen Städten, die den flexiblen, informellen und temporären Praktiken im östlichen Europa eher Bewunderung entgegenbringen, während dort eine starke Sehnsucht nach mehr Regulation besteht.

Alexander Kiossev: Diese Art deregulierter Situation könnte das perfekte Ergebnis einer Auseinandersetzung zwischen unterschiedlichsten Akteuren sein, das Resultat eines friedlichen Verhandlungsprozesses. So etwas hat das „Visual Seminar" mit seinen Foren und Debatten angestrebt. Das schafft weniger Konflikte, sondern eher friedliche Koexistenz. Unsere Erfahrung mit Deregulierung zeigt aber, dass sie zu einer Menge von Konflikten und schmerzhaften Situationen führt.

Christiane Mennicke: Ich nehme den Hinweis auf die „linken Projektionen" sehr ernst. Dennoch glaube ich, dass ihr hier mit dem „Visual Seminar" auch an einer Art Archiv des visuellen kulturellen Reichtums der Stadt arbeitet, wenn man die Unmenge von Bildern anschaut, die ihr von Sofia zusammengetragen habt. Es sind möglicherweise Beweisstücke einer urbanen Vielfalt, die in fünfzehn Jahren nicht mehr existieren wird, zieht man die Entwicklung anderer europäischer Städte in Betracht. Natürlich finden Projektionen statt, angeregt durch den visuellen Reichtum, den man hier antrifft. Und natürlich kann man darüber diskutieren, ob es wünschenswert ist, so ein kleines Café an der Ecke zu haben mit handgeschriebener Werbung. Wenn ich mich selbst zu dieser Gruppe „linker Intellektueller" zähle, dann aus einem Gefühl des Mangels heraus: weil es solche Formen der Teilhabe in Städten wie Dresden kaum mehr gibt.

Luchezar Boyadjiev: Vielleicht ist Dresden ja doch ein Sonderfall. Ich erinnere mich zum Beispiel an Kassel, dort existieren immer noch eine Menge von kleinen Läden und Unternehmen. Vieles ist nicht renoviert, aber funktioniert als Teil eines Viertels, einer lebendigen Nachbarschaft. Das scheint mir wichtig im Zusammenhang mit der Debatte um Partizipation. Vielleicht ist Kassel eine schrecklich langweilige und kontrollierte Stadt, aber es gibt noch so etwas wie Nachbarschaftsmentalität.

Christiane Mennicke: Aber wenn man genauer hinsieht, stellt sich oft heraus, dass viele der kleinen Läden, Imbisse und sogar Kioske zu großen Ketten gehören, sogar Schuster oder Schneidereien. Für Leute mit wenig Kapital wird es immer schwieriger, ein eigenes Geschäft aufzumachen. Das ist auch Teil der Regulationen.

Iara Boubnova: Was uns betrifft, so denke ich, wir sind nicht gegen eine regulierte Stadt, aber wir sind gegen eine privatisierte Stadt. Das Problem im Fall von Dresden ist, dass die öffentliche Sphäre dort einem strikten System der Regulation unterworfen ist. Wir haben eine sehr schnell sich entwickelnde private Sphäre, und es gibt überhaupt keine Übereinkunft mehr zwischen öffentlicher und privater Sphäre. Die Stadt ist nun abhängig vom Kapital und im Grunde unabhängig von der Stadtverwaltung. Öffentliche Akteure sind unglaublich schwach in ihren Einflussmöglichkeiten.

> **Christiane Mennicke:** Ich finde diese Entwicklung vergleichbar, weil die Räume, die als öffentlich erscheinen, oft privatisiert sind. Auch in Deutschland verschwindet der öffentliche Raum zusehends. In den innerstädtischen Shopping-Malls zum Beispiel sind immer mehr private Sicherheitsdienste im Spiel. Diese Orte sind privatisiert durch eine Reihe von Regeln, die nicht mehr von der Stadtverwaltung, sondern von den Geschäftsinhabern definiert werden. Wenn du zur Konsumentengruppe gehörst, bist du willkommen, wenn nicht, gehörst du auch nicht hierher. Wir reden über dieselbe Sache, nur sieht es unterschiedlich aus und hat einen unterschiedlichen Grad von Offenheit, aber es ist nichts anderes als Privatisierung.

Milla Mineva: Ich würde an diesem Punkt gern eine weitere Differenzierung einführen. Ich denke, die linke Debatte um Regulation hat noch einen anderen Hintergrund: Regulationen erlauben oft mehr Transparenz, und in diesem Sinne haben sie auch etwas mit Partizipation zu tun. Wenn Regulationen gefordert werden, so bedeutet das auch, dass mehr Möglichkeiten eingefordert werden, am urbanen Leben teilzuhaben.

> **Christiane Mennicke:** Deshalb würde ich auch eher vorsichtig mit der Behauptung umgehen, Regulationen seien per se problematisch. Damit ist man schnell im neoliberalen Fahrwasser. Die Situation, die Iara Boubnova für Sofia beschreibt, zeigt ja, dass nur der Stärkere überlebt. Das ist keine wünschenswerte Situation. Die Konsequenzen von Regulation muss man sich jedoch sehr genau anschauen.

Ivaylo Ditchev: Deshalb sind reichere Städte zumeist viel regulierter als ärmere. Ich denke, der Blick nach Afrika beweist das eindringlich.

> **Christiane Mennicke:** Das denke ich nicht, denn auch unsere Städte werden ärmer, was nicht heißt, dass der Regulationsprozess deswegen nachlassen würde. Es bedeutet eher, dass eine Konzentration auf bestimmte Räume stattfindet, die nun mit dem Anschein von Ordnung und Stabilität ausgestattet werden, aber im Hintergrund bricht alles zusammen. Öffentliche Schwimmbäder und Bibliotheken sind von Kürzungen betroffen, und andererseits wird in kommerziell ver-

wertbare Räume und ein „ordentliches" Erscheinungsbild investiert. Alle Kommunen in Deutschland haben dasselbe Problem, und alle versuchen es nach demselben Strickmuster zu lösen.

Alexander Kiossev: Ich möchte zurückkommen auf eine Debatte, die wir mit dem Dresden-Postplatz-Projekt beim letzten Treffen in Sofia hatten. Sie betraf das Verständnis von Regulation. Ich denke, bei alldem sollten wir die Frage der Bürgerschaft nicht außer Acht lassen. Die Menschen, die in einer Stadt leben, sollten auch diejenigen sein, die das Leben in der Stadt bestimmen. Was im Dresdener Fall passiert, ist sehr schwierig. Das Kapital kommt von sonst woher, auch die Investoren, und die Stadtbewohner haben nicht mehr das Recht, Einfluss zu nehmen. Die Leute haben also mehr und mehr den Eindruck, die Stadt gehöre ihnen nicht mehr. Wie bekommt man die Stadt zurück? Durch Regulation oder durch Revolution? Die Stadt sollte ihren Bürgern gehören.

Regina Bittner: Die Frage, wem die Stadt gehört, zu beantworten bereitet einige Schwierigkeiten. Denkt man zum Beispiel an die weltweite Zunahme von Migration: Menschen, die nur für kurze Zeit Aufenthalt in einer Stadt haben, sollten sie nicht ebenfalls als Bürger respektiert werden? Ich denke, der Begriff des „Bürgers" sollte vor diesem Hintergrund einer Revision unterzogen werden.

Christiane Mennicke: Für mich ist die Stadt ein Ort der Vielfalt, kultureller Vielfalt, und die verschiedenen Minderheiten, die in ihr leben, sind ein bedeutender Teil davon. In Dresden ist diese Vielfalt erst noch zu entwickeln. Hier leben nicht viele Migranten, es gibt eine relativ große vietnamesische Community und Migranten aus der ehemaligen Sowjetunion, vor allem jüdische Einwanderer. Und dann blicken wir auf eine Geschichte von rassistischen Anschlägen zurück und haben eine eher rechtsorientierte sächsische Landesregierung. Aber auch was auf europäischer Ebene im Moment verhandelt wird, muss einem Sorgen bereiten. Alles kreist um eine Ökonomie der Angst und Gewalt. Sicherlich ist es nachvollziehbar, Menschen zurückzuschicken, die in kriminellen Netzwerken verankert sind, aber oft ist das nur ein Scheinargument für die europäische Festungspolitik.

Alexander Kiossev: Ich würde in diesem Zusammenhang gern auf die Frage zurückkommen, was wir eigentlich mit „lokal" meinen. Luchezar Boyadjievs Projekt *Hot City Visual* von 2003 thematisiert das auf interessante Weise. Die eher unsichtbare Minderheit der Roma mit ihrem lokalen Kleingewerbe taucht plötzlich auf einem riesigen Billboard an einem der symbolisch bedeutendsten Plätze Sofias auf; Die Werbetafel provoziert die Umkehrung von Hierarchien und bringt das in den öffentlichen Raum. Die Art und Weise, wie er das thematisiert, bezieht sich auf globale Image-Strategien und setzt sie ins Verhältnis zu diesem lokalen Kleingewerbe.

Christiane Mennicke: Das erinnert mich an einen weiteren Punkt, der den Status des „Bürgers" in Deutschland betrifft und für Außenstehende wissenswert ist. Solange der Status von Flüchtlingen ungeklärt ist, können sie weder politisch noch ökonomisch an der Gesellschaft teilhaben. In Deutschland ist es für Asylsuchende nicht erlaubt, zu arbeiten. Ein Teil der Bevölkerung wird im Grunde stillgestellt, im Sinne einer auferlegten Passivität.

Ivaylo Ditchev: Auf der anderen Seite ist doch immer noch zu fragen, was es eigentlich heißt, ein *local*, ein Stadtbewohner zu sein. Seit dem Mittelalter war Stadtbürger-Sein mit gewissen Privilegien verbunden, die Neuankömmlingen verweigert wurden. Wie können wir ohne diese Mechanismen leben? Kannst du dir Bürger ohne Privilegien vorstellen und Migration ohne Regulation?

Christiane Mennicke: Ich denke nicht, dass es wünschenswert wäre, in einem Staat ohne Regulationen zu leben. Dennoch müssen wir die Frage stellen, inwieweit sich Europa verbarrikadieren darf. Die Befreiung von nationalstaatlichem Denken wird als Fortschritt angesehen und umgesetzt, wenn es um die Realisierung wirtschaftlicher Interessen geht. Die Migration von Menschen ist auch ein globales Phänomen, trotzdem wird sie weitgehend für illegal erklärt und unterbunden.

Alexander Kiossev: Ich würde gerne auf einen Punkt zurückkommen, den wir bisher nur am Rande diskutiert haben: die Rolle der Künstlerinnen und Künstler im Kontext der städtischen Politik. Ich sehe hier zwei verschiedene Positionen: Entweder man strebt eine Verhandlung mit den offiziellen Akteuren an, oder man versucht, mit subversiven Projekten gegen diese zu opponieren. Ich denke, das „Visual Seminar" hat beide Positionen miteinander verbunden. Wir haben auf der einen Seite öffentliche Diskussionen initiiert, um mit der Stadtverwaltung und möglichen anderen Akteuren ins Gespräch zu kommen. Wir hatten interessante Debatten mit dem Bürgermeisterkandidaten und mit dem Stadtrat. Auf der anderen Seite waren einige Projekte vollkommen subversiv. Wir haben keine eindeutige politische Strategie verfolgt, und wir beraten auch nicht die Stadtverwaltung. Ich glaube, man sollte die Möglichkeit der Kooperation nicht von Anfang an ausschließen. Es ist eine Möglichkeit, und ich habe das Gefühl, dass unsere deutschen Kollegen diese Chance oft nicht wahrnehmen wollen.

Regina Bittner: Ich denke, das hat etwas mit der Situation in Deutschland generell zu tun. Manchmal sehe ich, wenn ich darüber nachdenke, wie Künstler hier in Sofia agieren, Verbindungen zur Situation in Ostdeutschland vor 1989. Viele Künstlerinnen und Künstler übernahmen damals im Grunde Funktionen, die der mangelnden politischen und städtischen Öffentlichkeit geschuldet waren – und das nicht ohne Risiken. Vieles ist in der deutschen Gesellschaft heute ausdifferenziert: Es gibt Stadtforen, Arbeitsgruppen und unterschiedliche Institutionen, die sich mit Themen befassen, die in Sofia von Künstlern angesprochen werden.

Alexander Kiossev: Dem würde ich nicht zustimmen. Vor zwei Wochen fand hier eine interessante Diskussion über Kunst und Politik statt. Einer der deutschen Vortragenden hat beschrieben, wie erfolgreich Kunst in den Deutschen Bundestag integriert werden konnte. Eine Reihe künstlerischer Arbeiten findet sich nun im Herzen der politischen Macht wieder.

Christiane Mennicke: Ich würde da schon unterscheiden wollen zwischen repräsentativer Funktion und möglicher Einflussnahme. Gerade am Beispiel des Bundestages, wo Kunst politische Macht repräsentiert, aber keinen Einfluss auf den politischen Prozess selbst hat, wird der Unterschied deutlich. Ich denke, die Frage ist eher, auf welcher Ebene von Politik wir kooperieren. Was das Dresden-Postplatz-Projekt betrifft, mag deine Einschätzung stimmen. Es war nicht das Ziel des Projekts, eine Allianz mit der Verwaltung oder dem Stadtplanungsamt einzugehen, sondern wir haben versucht, eine Art Utopie zu schaffen, öffentlichen Raum auf unterschiedlichen Ebenen erlebbar zu machen, zum Beispiel einen Radiosender zu haben, der sich nicht auf künstlerische Beiträge beschränkte. Es ging um die Einbeziehung der Community kultureller Produzenten in größerem Maßstab. Wir haben ein Modell ausprobiert und geprüft, ob es in der Stadt funktionieren könnte. Wenn man ein anderes Bild der Stadt implementieren will, ist es relativ schwierig, mit Verwaltungen zusammenzuarbeiten, deren Aufgabe es ist, ein eindeutiges Image herzustellen. Künstlerische Kompetenz ist gefragt, um die Stadt symbolisch aufzuwerten, wenn man diese Art von Imagepolitik kritisiert, ist die Kooperation deutlich erschwert.

Iara Boubnova: In Bulgarien ist die Situation eine andere, der Dresdner Fall spiegelt eher die Position von Künstlern in Deutschland wider. Künstlerinnen und Künstler aus dem Westen kennen ihre Rolle in der Gesellschaft und ihre „Feinde" sehr genau. Aber hier, in unserem Fall, ist das völlig unklar. Die Künstler wissen nicht, wo sie in dieser Gesellschaft stehen, und zugleich haben sie verloren, was sie hatten. Diese kleinen Gruppen von Intellektuellen und Künstlern wirken und arbeiten mehr oder weniger ohne Unterstützung der Gesellschaft. Wenn wir über visuelle Politik und die Rolle der Künstler reden, sollte man, denke ich, unterscheiden: Es gibt eine künstlerische Produktion, die, zum Beispiel bei der Gestaltung von Monumenten, an dieser symbolischen Aufwertung mitarbeitet – und dabei handelt es sich um ein mehr oder weniger geregeltes System, das die künstlerische Arbeit bestimmten ideologischen und politischen Anforderungen unterwirft. Auf der anderen Seite geht es um soziale Projekte. Auf dem internationalen Markt besteht ein großes Interesse an sozialen Projekten, aber wir haben keinen lokalen „Markt" dafür. Niemand ist hier daran interessiert, dass Künstler soziale Projekte machen. In weiten Teilen der bulgarischen Gesellschaft existiert immer noch die Vorstellung, der Künstler stehe in seinem Atelier und stelle etwas Schönes, eben Künstlerisches her.

Christiane Mennicke: Auch in Deutschland gibt es noch konkurrierende Begriffe von Kunst, das hat seinen Ursprung auch in der unterschiedlichen historischen Entwicklung in beiden Teilen Deutschlands. Vielleicht sind bestimmte Vorbehalte nicht so ausgeprägt wie in Bulgarien, aber auch hier herrscht immer noch die Vorstellung vor, Künstler entwerfen etwas im Atelier, zum Beispiel einen Brunnen oder eine Skulptur, die dann im Stadtraum aufgestellt werden kann. Diese Denkart kann nur von Fachgremien relativiert werden. Insofern ist auch hier nicht so klar, welchen Platz Künstler beispielsweise auf kommunaler Ebene einnehmen sollen.

Alexander Kiossev: Ich würde sagen, dass Kooperation mit der Stadtregierung, oder generell mit politischer Macht, immer eine riskante Angelegenheit ist. Man kann lediglich benutzt werden, aber man kann auch intervenieren. Das sind die möglichen Richtungen: im Sinne des affirmativen Gebrauchs von Kunst, um das repräsentative Niveau einer Stadt zu erhöhen, oder aber als Intervention, um etwas zu verändern. Und auch diese Praxis hat ihre Risiken.

Regina Bittner: Mein Eindruck ist, dass beide Ansätze, das Dresden-Postplatz-Projekt wie das „Visual Seminar", die Intention verfolgen, konfligierende Bilder und Nutzungsweisen städtischer Räume, die verschiedene Milieus entwickelt haben, quasi „ins Bild" zu bringen, um so etwas wie kulturelle Vielfalt gegenüber der Imagepolitik heutiger Städte zu behaupten. Welche künstlerischen Strategien angemessen sind, um die gegenwärtigen städtischen Repräsentationsverhältnisse zu thematisieren, das hat viel mit den jeweiligen urbanen Kontexten zu tun, die wir im Gespräch erkundet haben. Die Interventionen bewegen sich, denke ich, dabei nicht in der Opposition zwischen Ordnung und Deregulierung, Affirmation und Subversion, auch wenn der Gegensatz hier eine wichtige Rolle spielte. Vielleicht sind diese Kategorien auch mit Wertvorstellungen verbunden, die in unterschiedlichen Kontexten – dem postsozialistischen Sofia und dem ostdeutschen Dresden – ganz unterschiedliche Bedeutung haben. Auch darum haben wir hier gestritten. Und vielleicht drängt ja gerade der Vergleich der beiden Städte dazu, diese Begriffe zu hinterfragen, die der Komplexität urbaner Transformation nicht mehr angemessen sind.

Ich bedanke mich sehr herzlich für das spannende Gespräch.

Das Gespräch wurde von Regina Bittner ediert.

Sofia   Sean Snyder, ohne Titel, 2003, Digitaldrucke und Videostills

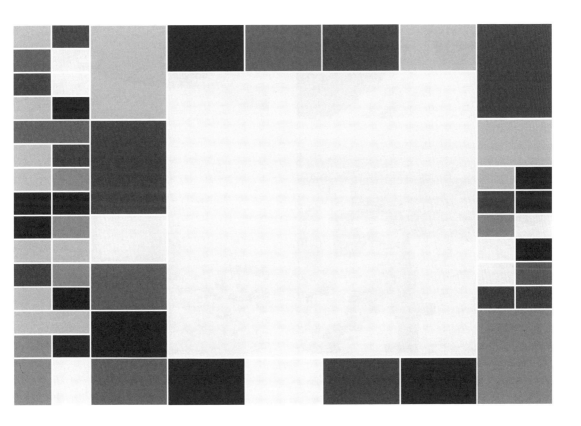

Ein graphischer Vergleich zwischen einem Stadtplan von Sofia
aus der „sozialistischen" Zeit und einem heutigen, kostenlosen
Stadtplan für Touristen

Sean Snyder, ohne Titel, 2003, Digitaldrucke und Videostills
Videostills aus einer Serie von hundert Bildern des Stadtraums
von Sofia während der „sozialistischen" Zeit, entnommen aus
Touristenführern und Publikationen

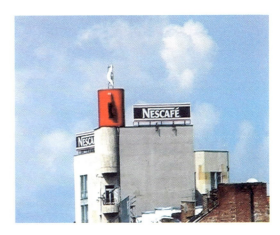

Videostills aus einer Serie von hundert Bildern des gegenwärtigen Stadtraums von Sofia, mit einem Schwerpunkt auf
Architekturfassaden und kommerzieller Ikonographie

Sławomir Magala

Landschaften der urbanen Imagination
Klassen, Massen und die Multitude

Griechenland war ursprünglich eine Kolonie Afrikas, vor allem Ägyptens.
   (Edward Said[1])

Bei der Ankunft in irgendeiner Stadt in Sizilien, das einst ein Spielball zwischen den europäischen und den afrikanischen Herrschern war, kann jeder europäische Tourist seinen oder ihren Blick auf Autopilot umstellen. Die visuelle Imagination lokalisiert rasch die wichtigsten Orientierungspunkte: das Schloss oder den Palast, das Rathaus der Bürger, die Hauptkirchen, in der Regel angeführt von einer Kathedrale, und den Marktplatz, um den herum sich ein Labyrinth von Straßen mit Häusern, Läden, Cafés, Bars, Kneipen, Restaurants und sorgfältig zur Schau gestellten Attraktionen ausbreitet, das mitunter noch von alten Verteidigungsmauern und -türmen umgeben ist. Nachdem er oder sie sich in den Stadtraster eingeklinkt hat, kann der Tourist gefahrlos dem täglichen Schauspiel des Lebens nachspüren und das Kommen und Gehen von Einheimischen und Touristen beobachten, wobei er oder sie selbst beobachtet wird. Besucht der Tourist Syrakus oder Taormina, mag er oder sie überrascht sein, dass griechische Amphitheater, die erhalten und wiederhergestellt worden sind, um als Theaterbühnen zu dienen, ihr Publikum auf einer imaginären Reise in die Zeit der griechischen Stadtstaaten zurückversetzen können – in die Zeit etwa, als Sophokles *Antigone* schrieb und die freien Bürger eine derart eklatante Zurschaustellung der traditionellen und religiösen Gewalten bejubelten, die der bloßen persönlichen Machtausübung Einhalt geboten.[2] Solange wir sicher in die Falte der organisierten touristischen Erfahrung eingebettet bleiben, können wir Bilder verschlingen, in eigens entworfenen Räumen schwelgen und die Sicherheit und den Komfort in Waren verwandelter, stromlinienförmiger Schauplätze genießen (die auf Souvenir-Ansichtskarten aufgereiht und eingefroren sind). Doch sobald wir den Mut fassen, von den ausgetretenen Pfaden abzuweichen und uns die Außenbezirke der Stadt anzusehen, treten die verborgenen Wunden des Klassenkampfes deutlich zutage. Agrigent oder Sofia – es spielt keine Rolle, auf welcher Seite des noch nicht lange zurückliegenden Kalten Krieges wir uns befinden. In Agrigent sind die Zeichen der Verwundung in die Höhe gebaute Wohnblocks, die angeblich die Macht der Mafia widerspiegeln (weil hier in den Immobilienbau investierte Gelder gewaschen und staatliche Baugenehmigungen umgangen wurden) und in denen die ärmere Bevölkerung konzentriert ist, an den Rändern der reicheren Gemeinde und in unmittelbarer Nähe der am stärksten in Anspruch genommenen Touristenrouten (die Touristen werden von dem zwischen benachbarten Hügeln gelegenen Tal der Tempel angelockt). Wollte man in Sofia ein

---

1 Edward Said, *Reflections on Exile and Other Essays*, Cambridge, Mass., 2000, S. 585.
2 Am 17. Juni 2005 präsentierte das griechische Theater Syrakus im dortigen Amphitheater vor vier- bis fünftausend Zuschauern eine Premiere von *Antigone* unter der Regie von Irene Papas, einer griechischen Veteranin der gegenkulturellen und alternativen Theaterszene. Die Bühne war weiß, die Schauspieler waren schwarz gekleidet, und das Licht verdankte sich den letzten beiden Stunden des Tages vor Sonnenuntergang. Nur kleine, an den Köpfen der Schauspieler angebrachte Mikrophone und eine gewaltige Stereoanlage, die Musik in das Rund des Theaters schmetterte, erinnerten uns an die technologische Infrastruktur unserer individualisierten Touristenerfahrung, während ein von Polizisten aufgelöster Verkehrsstau und überfüllte Parkplätze dezent auf die sichtbare Hand der Logistik und des Managements hindeuteten.

vergleichbares Beispiel für diese verborgenen Verwundungen durch die Klassen-kämpfe finden, müsste man zu den Wohnungsbauprojekten der 1960er, 1970er und 1980er Jahre zurückkehren, mit ihren endlosen Reihen eintöniger Flachbau-ten aus vorgefertigten Segmenten, jedes voller standardisierter, in der Regel klei-ner Wohnungen. Aus der Ferne oder von oben betrachtet, sehen diese Wohn-blocks aus wie Legosteine, die penibel zu großen Clustern angeordnet sind. Diese auf Polnisch „blocks"[3] genannten Gebäude springen einem in Moskau, Sofia, Warschau, Prag, Budapest oder Ostberlin als vorsätzlich errichtete kom-munistische Slums ins Auge, als geometrisch korrekte lebenslange Fallen für die Entrechteten von gestern, die – dank der neu entdeckten Arbeitslosigkeit – die Verarmten von heute geworden sind. Einige der vergleichbaren Wohnungsbau-projekte in den USA und Großbritannien wurden bereits abgerissen, und wo sie noch errichtet werden, wie etwa in den Niederlanden, durchsetzen die Städte-planer sie sorgsam mit anderen Wohnhaustypen. Die Bewohner dieser Woh-nungsbauprojekte werden auf malerische Weise von Mitgliedern der No-Future-Generation repräsentiert, die in ausgebeulten Jogginghosen, übergroßen T-Shirts mit dem richtig buchstabierten Schriftzug „Fcuk" und umgedrehten Baseball-mützen zwischen Mülleimern und örtlichen Bars umherstreifen, Bier trinken, Kette rauchen, sich mit Videospielen beschäftigen und einen Ausweg suchen.

Schon immer waren urbane Räume Landschaften für die soziale und politi-sche Imagination. Die Griechen bauten Amphitheater, um eine kollektive Ver-körperung ihrer Gemeinschaft zur Schau zu stellen und zugleich an ihr teilzu-haben. Während sich griechische Bürger in Syrakus *Antigone* ansahen, schufteten in den Steinbrüchen zu ihren Füßen Tag und Nacht Kriegsgefangene, die in Konzentrationslagern gehalten wurden, und schnitten Steine für ihre Tempel. Es gab einen Preis des Ausschlusses, der entrichtet werden musste, damit diejeni-gen, die sich im vollen Besitz der Bürgerrechte befanden, ihren Identitäten frei von weltlichen Sorgen den Feinschliff verpassen konnten. Doch diese Identitäten gab es nur in begrenzter Zahl: Ausschließlich wohlhabende erwachsene Männer kamen in ihren Genuss. Keine Frauen. Keine Kinder. Keine Sklaven. Ausländer nur ausnahmsweise und immer von Fall zu Fall.

Seit dem frühen Mittelalter gestalteten die wohlhabenden Bürger Europas ihre Innenstädte. Sie waren wesentlich eingeschränkter als die Griechen. Sie mussten sich vor den Cäsaren und ihren aristokratischen Rittern beugen (doch glücklicherweise benötigten Letztere Geld für die Kriegsführung und konnten so kontrolliert werden). Sie mussten sich vor Gottes Klerus beugen (doch glück-licherweise benötigte Letzterer Bargeld und Handwerker für den Kirchenbau und konnte so kontrolliert werden). Das historische Glück der europäischen Bürger, verglichen mit ihren Pendants auf anderen Kontinenten, bestand darin, dass weder der Papst noch die Könige sie einer völligen Kontrolle unterwerfen

---

3 Der englische Begriff „block" meint eine Ansammlung von Gebäuden zwischen vier Straßen, wie etwa bei dem regelmäßigen Raster von New York City. Auf Polnisch bezeichnet er ein einzelnes Apartmentgebäude, ein freistehendes großes Haus mit vielen Wohnungen. Im englisch-polnischen Slang werden solche jungen, banden-ähnlichen Einwohner daher „blockers" oder „blokersi" genannt.

konnten, und in diesem schmalen sozialen Raum zwischen Schlössern und Kirchen reiften zeitgenössische Klassen, Massen und Multitudes heran, traten in Erscheinung, verfielen und verwandelten sich. Läuft man durch die Straßen und lässt den touristischen Blick hinter sich zurück, kann man sowohl alte als auch frische Wunden dieser begrenzten Flucht des „dritten Standes" erkennen, die in Stein und Beton, in Stahl und Glas zum Ausdruck kommen. Wackere Bürger füllten die zentralen Räume innerhalb der Stadtmauern, wo sie ihr Gewerbe betrieben und ihren Fleiß und Wohlstand zur Schau stellten, und sie erwarben Sommerresidenzen auf dem Land, um dort den Lebensstil der ehemaligen landbesitzenden Eliten zu genießen. Die Marktplätze und Hauptstraßen in Amsterdam und Krakau, Antwerpen und München, Danzig und Stockholm, Zagreb und Sevilla sind von den Häusern der Kaufleute, Industriellen, Landbesitzer und Bankiers gesäumt. Touristen bewundern sie. Kunsthistoriker erforschen sie. Örtliche Behörden beuten sie aus. Doch waren ihre ursprünglichen Bewohner wirklich die Verkörperung der historischen Vernunft, Hegels berühmter – kollektiver – „Weltgeist zu Pferde", der alle Mauern niederreißt, alle Vorurteile beseitigt und die gesamte Menschheit auf ihrem Vormarsch zum größeren Glück für jede und jeden umarmt? Und selbst wenn sie es einst gelegentlich waren: Sind sie noch das pochende Herz der emanzipierenden, befreienden sozialen Evolution? Benötigen wir nach wie vor die Marktplätze, um uns auf ihnen zu versammeln, bevor wir in einen klassenlosen Himmel ewigen Glücks marschieren? Wurden die Amphitheater nicht durch Sportarenen und unendlich große virtuelle – derzeit domestizierte – Räume ersetzt? Es gab immer „die anderen" – die Ausgeschlossenen, die Barbaren, die Niedrigeren, die Bösen und Gewalttätigen. Bauern, die man mit dem Angebot von Lohnarbeit aus den Dörfern jagte und in der Umgebung der Industriezentren ansiedelte, wurden durch die Brille ihrer extremistischen Sprecher gesehen: Kommunisten, Anarchisten, Terroristen. Als Rebecca West, die als Touristin in Europa unterwegs war, den italienischen Anarchisten Luigi Lucheni beschrieb, der 1898 Kaiserin Elisabeth von Österreich in Genf ermordet hatte, formulierte sie folgende Warnung: „[Er] gehörte zu einer der städtischen Bevölkerungsgruppen, die von der Regierung keine Zuwendungen erhielten. Sie zogen oft ohne Arbeit und Beziehungen umher, ohne die Möglichkeit, ihr Schicksal in die eigene Hand nehmen zu können. [...] Die lange Knechtschaft in den Slums hat dazu geführt, dass diese Art Barbar, mit Ausnahme einiger weniger verständnisloser Blicke auf den materiellen Wohlstand, keinerlei Vorstellung davon besitzt, was der Mensch tut, wenn er aufhört, gewalttätig zu sein. Er kann sich daher kein anderes Ventil für seine Energien vorstellen als die Erzeugung von sozialen Dienstleistungen, die auf künstliche und unnatürliche Weise diesen materiellen Wohlstand unter der Bevölkerung verbreiten, und zwar in kleinen Dosen, die dafür sorgen, dass sie glücklich und abhängig bleibt."[4]

4 Zit. n. Patricia Goldstone, *Making the World Safe for Tourism*, New Haven 2001, S. 259. Goldstone zitiert aus Rebecca West (*Black Lamb and Grey Falcon*, New York 1941, S. 9; dt.: *Schwarzes Lamm und grauer Falke. Eine Reise durch Jugoslawien*, übers. v. Hanne Gebhardt, Berlin 2002, S. 17), und es ist bezeichnend, dass sie die

Nach Rebecca Wests Beschreibung ist ein Anarchist, der aus der armen Bevölkerung einer Stadt hervorgeht, gefährlich, und sein Traum, das Netz der sozialen Absicherung so auszudehnen, dass es auch die Slumbewohner umfasst, wird als „künstlich und unnatürlich" angesehen. Vielleicht war ebendies der Grund dafür, dass das Netz ausgeweitet wurde: In Europa geschah dies in wirklich großem, die Massen betreffenden Maßstab erst nach dem Zweiten Weltkrieg. Betrachten wir unsere Städte als offene archäologische Stätten, so entdeckt unser Blick – befreit von der Unterhaltungs- und Spannungsdiktatur des Tourismus – verborgene Wunden der Klasse (die Narben der arbeitenden und kämpfenden Unterschicht), Masse (die Desillusionierung der konsumierenden Mittelschicht) und Multitude (die klassenlose nicht-egalitäre Missachtung und Marginalisierung, diese jüngste Form der Diskriminierung unter dem Banner der Globalisierung und im Schatten des „muslimischen Terrorismus"). Wenn wir uns die städtischen Narben näher ansehen, die diese Kämpfe zurückgelassen haben, begegnen uns in den postkommunistischen Städten – in Sofia oder Riga ebenso wie in Palermo, in Bukarest oder Bratislava nicht minder als in Marseilles, in Tallinn oder Ljubljana wie in Hamburg – Spuren von drei Wellen der Hybridisierung, drei Epochen der Kreolisierung, drei Zonierungsregime, die die Klassenungleichheit des 19. Jahrhunderts, die Aufwärtsmobilität der Massen des 20. Jahrhunderts und den bevorstehenden Kampf, neue Ungleichheiten im 21. Jahrhundert zu überwinden, widerspiegeln. Diese Zonierungsregime erzeugten, evozierten und formten urbane Visualisierungen, die auf sich ändernde Identitäten und die allmähliche Anpassung der unteren Klassen verwiesen und die Bevölkerung „verpackten", so dass sie in einer im Entstehen begriffenen Infrastruktur politischer, ökonomischer und soziokultureller Ströme und Netzwerke frei „fließen" konnte. Kein gesonderter Karneval eines freien öffentlichen Raums für vollberechtigte Bürger, wie im griechischen Theater der Antike oder den mittelalterlichen jährlichen Prozessionen zur Kathedrale. Ströme müssen gesteuert werden, und die zunehmende Komplexität der öffentlichen Zurschaustellung von Identitäten muss kontrolliert werden. Diese simultane Umgestaltung der zur Schau gestellten Identitäten, die sich auf die privilegierten Orte der Produktion (Fabrik, Büro wie in *Modern Times* [Moderne Zeiten] von Charles Chaplin), des Konsums (wie in *Scenes from a Mall* [Ein ganz normaler Hochzeitstag] mit Woody Allen) und der zeitgenössischen Erfahrung (multifunktionale urbane Räume und virtuelle Räume multimedial erweiterter Großereignisse wie *Matrix* oder *The Truman Show*, *One Hour Photo* oder *Blade Runner*) beziehen, verändert unsere urbanen Landschaften über die Voraussagen von Theoretikern der Linken, der Rechten und der Mitte hinaus. Die Linken betonen: „Die Zivilgesellschaft muss umgeformt werden, um Subjekte hervorzubringen, die, im Sinne moderner Definitionen des sozialen Raums, als politisches Subjekt des Staates, als ökono-

„Wurzellosigkeit" mit schwerwiegenden Konsequenzen verbindet und beispielsweise Demonstrationen der Globalisierungsgegner in Seattle als Vorwarnung für Künftiges wahrnimmt und als eine Bedrohung des im Übrigen reibungslos funktionierenden Projekts, „die Welt für den Tourismus sicher zu machen" (wobei Tourismus für Demokratie, Wohlfahrt und die wahlfreie Mobilität des Einzelnen steht).

misches Subjekt des Kapitalismus und als kulturelles Subjekt der Nation funktionieren können, wie sehr auch der Diskretheit dieser Räume die Bedingungen widersprechen, die als rassistisch und geschlechtsspezifisch bestimmte Arbeitsteilung, Apartheid und Armut gelebt werden."[5]

Das ökonomische Subjekt des Kapitalismus verdankt seine Identität einer Rolle im Produktionsprozess. Ich produziere, also bin ich. Identität besteht aus den Selbstbildern, die man von sich hat. Diese Selbstbilder, die Individuen lernen, entdecken, konstruieren, verhandeln, erfahren und kommunizieren, sind wie fotografische Schnappschüsse vor dem Hintergrund von Gebäuden, Einrichtungen, Ausrüstung und anderem. Eine starke Gewerkschaft westlich der Elbe vermittelte Arbeitern das Gefühl, dass ihnen ein Stück des Kuchens sicher war (Wohlfahrtspflege, Sicherheit, Gesundheitsvorsorge, Zugang zu Bildungseinrichtungen). Ein stolzer Platz in einer 1.-Mai-Parade östlich des fließenden Eisernen Vorhangs wies den Einzelnen ebenfalls einen kollektiven Platz in einem imposanten Produktionsschema zu, das komplexe industrielle Gesellschaften hervorbrachte und aufrechterhielt. Um 1960 träumte ein westlicher oder US-amerikanischer Arbeiter von einem suburbanen Eigenheim als der über einen Hypothekenkredit finanzierten Hauptkonsumeinheit. Sein osteuropäischer Kollege träumte von einer modernen Wohnung in einem Apartmenthaus, das vom mildtätigen Staat und seinem Arbeitgeber bezahlt wurde. Rauchende Schornsteine, zischende Bäche flüssigen Stahls, Kräne und große Industriekomplexe in der Nähe von Großstädten oder innerhalb ihrer Grenzen, billige, aber anständige Unterkünfte für ihre Arbeiter, am liebsten nicht zu weit vom Arbeitsplatz entfernt. Manchester und Łódź, Glasgow und Ploieşti, das Ruhrgebiet und die schlesische Industrieregion – das waren die wichtigsten Produktionsstätten und daher auch Stätten der Zugehörigkeit, der emotionalen Identifikation mit der eigenen Klasse, dem Beruf, dem Unternehmen. August Sanders kollektives fotografisches Porträt der gesellschaftlichen Schichten in Deutschland aus den frühen 1930er Jahren gibt uns einen kleinen Einblick in diese fest verankerte Klassenzugehörigkeit, die das physische Erscheinungsbild, die Kleidung, die beliebtesten städtischen Plätze und Vergnügungsorte prägte. Sander dokumentierte die Verwandlung von Bauern in Industriearbeiter in Europa (Lewis Hine und Dorothea Lange taten dasselbe für jene europäischen Bauern, die in die USA auswanderten). Was im späten 19. und frühen 20. Jahrhundert in Westeuropa als gleichzeitiges Wachstum miteinander verflochtener und eng verknüpfter städtischer und industrieller Räume in Erscheinung trat, wurde in Russland in den 1930er Jahren planmäßig eingeführt und nach 1945 auf das besetzte Osteuropa ausgedehnt. Der gesamte Kalte Krieg mit seiner Hysterie und drohenden nuklearen Vernichtung erscheint, von außen, von der „Dritten Welt" aus betrachtet, derzeit wie ein relativ unbedeutendes, wenn auch potentiell tödliches Missverständnis innerhalb einer einzigen Familie (dem man gefrönt hatte, während die Dritte Welt hungerte und

5 Loisa Lowe/David Lloyd, „Introduction to the Politics of Culture in the Shadow of Late Capital", in: Raiford Guins/Omayra Zaragoza Cruz (Hg.), *Popular Culture: A Reader*, London 2005, S. 130.

ausgebeutet wurde). Man baute große Fabriken, realisierte neue Wohnungsbau-projekte und umgab die Städte mit Satelliten-Clustern voller Schlafzimmer, die die Pendler am Morgen ausspuckten und ihnen des Nachts Unterschlupf ge-währten. Im Westen folgte das politische Subjekt des Staates seinen Klassen-instinkten und stimmte für eine Arbeiter- oder eine konservative, eine kommunis-tische oder eine christdemokratische, eine Links- oder eine Mitte-rechts-Partei. In Osteuropa war jede Abstimmung ein als „Volksdemokratie" getarntes Referen-dum. Indem sie für den einzigen zur Wahl stehenden Kandidaten stimmten, be-stätigten die Wähler ihre Beteiligung und stillschweigende Akzeptanz des Ein-Parteien-Staates. Im Westen gab es mehr politische Wahlmöglichkeiten. Aber selbst dort ließ oder lässt das Wahlrecht für Einwanderer, Gastarbeiter und Aus-länder ohne Aufenthaltsgenehmigung auf sich warten. Und sie verfügten auch sonst nicht über politische Macht, abgesehen von einigen Vorzeigeausländern in den nationalen Parlamenten.

Der kulturelle Geschmack lässt sich schwerer nachverfolgen: Varieté und Kino für die Unterschicht, Jazz und Fotografie für die Mittelschicht und klassi-sche Musik und Theater für die Oberschicht? Hätte es da nicht die subversive Ne-benwirkung der Ausbreitung von Bildung, vor allem der höheren Bildung, gege-ben, wäre dies wohl der Fall geblieben (und Pierre Bourdieu hat hierfür einige Belege in seiner Studie *Die feinen Unterschiede. Kritik der gesellschaftlichen Ur-teilskraft*[6] vorgelegt). Doch an diesem Effekt führte kein Weg vorbei, vor allem wegen des nicht vorhersagbaren Eingriffs, den die jungen Insassen der Bildungs-gefängnisse 1968 wagten. Das kulturelle Kapital war viel zu schnell umverteilt worden, als dass alte Unterschiede ihre Gültigkeit hätten behalten können. Die kulturelle Geographie der Städte wurde erschüttert. Wenn alle nach oben mobi-len Unter- und Mittelschichtkonsumenten in die Vorstädte ziehen, wer bleibt dann in den Stadtzentren? Amsterdams Jordaan-„Kraakers", Berlins Kreuzber-ger Türken, Mailands sizilianische Migrantenarbeiter, Sofias oder Tiranas jüngs-te Generation von Bauern, die in die Großstadt ziehen? Die Antwort folgte auf den Fuß. Zeitgleich mit den 1968er-Studentenunruhen in Frankfurt und Paris, Warschau und Prag, Mexico City und Berkeley verstärkten sich drei gewaltige ge-sellschaftliche Transformationsprozesse gegenseitig und begannen miteinander zu verschmelzen. Der erste war ein neuer Individualismus, der auf einer persönli-chen Identität beruhte, die unabhängig von jeglicher ehemaligen „Produzenten"-Identität war, und zu einem explosiven „Kampf der Generationen" führte. Diese Explosion einer generationenbedingten Zeitbombe unter den kollektiven Iden-titäten unterminierte auch die Konsumentenidentität, die nach dem Zweiten Weltkrieg die Produzentenidentität erfolgreich ersetzt hatte. Und diese subversi-ve Unterminierung überdauerte nicht nur den Niedergang des studentischen Aktivismus, sondern brachte auch eine fruchtbare Gegenkultur hervor. Love Para-des begannen mehr Menschen anzuziehen als herkömmliche politische Demons-trationen, Identitäten wurden flüchtig und schwankend, Georg Simmels Begriff

6 Pierre Bourdieu, *Die feinen Unterschiede. Kritik der gesellschaftlichen Urteilskraft*, Frankfurt am Main 1987.

der „Wechselwirkungen" und die Beschleunigung des Recyclens kultureller Formen gingen weiter, als es sich selbst die avantgardistischsten Dadaisten und Surrealisten einst hatten träumen lassen.

Die zweite Transformation betraf Organisationen. Die Entstehung eines neuen flexiblen Produzenten-Konsumenten-Lifestyle-Unternehmers, die auf die wachsende Bildung in Europa zurückzuführen war, hatte sichtbare Auswirkungen auf das Managementkorsett der meisten Institutionen; sie gestattete eine Neuerfindung der flexiblen Akkumulation (in der Ökonomie), die Neudefinition organisatorischer Formen (in der Politik: außerparlamentarische Opposition, partizipatorische Demokratie, akademische Freiheiten auch für Studenten) und die Umgestaltung des städtischen Raums („Verjüngung", „Gentrifizierung", Mischung von „Hohem" und „Trivialem"). In einer Erfahrungs- und Wissensökonomie wurden die Innenstädte attraktive Wohnorte, und Lifestyle-Experimente und ihre Ausdrucksformen ersetzten ein lebenslanges, verbindliches Engagement für eine einzige Identität. Um Marx zu paraphrasieren, könnte man sagen, dass ein freies und kreatives Individuum am Morgen ein Modedesigner, am Nachmittag ein kultivierter Einkäufer und am Abend ein Clubgänger ist.

Die dritte Transformation schließlich ging mit einer radikalen Kritik des Eurozentrismus einher. Ihr Ursprung lag in der Desillusionierung, die der Dekolonialisierungsprozess der 1960er Jahre hinterlassen hatte; denn in den meisten Fällen hatte er zu lokalen Versuchen geführt, eine nationalstaatliche Organisation und die Vision einer imaginierten Gemeinschaft nach dem Vorbild des europäischen Nationentypus in den ehemaligen „Dritte Welt"- oder blockfreien Gesellschaften durchzusetzen. Die Kritik richtete sich gegen eine bestimmte Metaphorik der „Modernisierung" (Frauen oder sexuelle Minderheiten sind in den Foren zeitgenössischer Gesellschaften nach wie vor nicht als vollwertige Bürger anerkannt, und das Gleiche gilt für Muslime oder ausländische Arbeiter) und forderte eine „Provinzialisierung Europas" (der europäische Weg ist nicht das einzige zur Verfügung stehende Modell für faires Wachstum und gerechte Entwicklung). Baudelaires und Benjamins Flaneur wurde ein globales und virtuelles Phänomen.[7] Die Entstehung der neuen individualisierten Identitäten ist bereits auf vielfache Weise und auf verschiedenen Ebenen bemerkt worden. Man könnte sogar von „Identifizierungen" statt von Identitäten sprechen, da ein Gerundium die flüssige und kontinuierliche Natur der Identifizierung oder Selbstbildung der Identität besser beschreibt, mit der die meisten von uns sich derzeit fast vierundzwanzig Stunden am Tag und sieben Tage pro Woche befassen. Zunächst einmal haben wir Individuen uns verändert. Wir erwarten nicht mehr, ein ganzes Leben demselben Unternehmen anzugehören und langsam die bürokratische Karriereleiter emporzuklettern, bis wir an der Spitze angelangt sind und

---

7 „Für mich war die Provinzialisierung Europas eine Frage, wie wir verknüpfte und disjunktive Genealogien für europäische Kategorien politischer Modernität schaffen, während wir die zwangsläufig fragmentarischen Geschichten menschlicher Zugehörigkeit betrachten, die niemals eine Einheit oder ein Ganzes ergeben." Dipesh Chakrabarty, *Provincializing Europe: Postcolonial Thought and Historical Difference*, Princeton 2000, S. 255.

uns dann zurückziehen. Weg mit der normativen Identität des Produzenten also? Nun, ja, doch das ist nicht genug. Wir sind auch keine loyalen Konsumenten mehr. Wir schwören niemals Loyalität gegenüber einer Marke, wir leisten keinen Treueeid auf einen Einzelwarenhändler, wir geloben nicht, dass wir an einem bestimmten Lebensstil festhalten werden. Wir mögen nach wie vor auf Straßen fotografiert werden, die unsere Konsumentscheidungen bewerben, aber wir gehen ohne innezuhalten an den Reklameflächen vorbei und schenken Beratern und PR-Zauberern, die mit allen Mitteln unsere Sinne anzusprechen versuchen, kaum Aufmerksamkeit. Weg mit der festen Konsumentenidentität als einem Kennzeichen dafür, wie wir uns durch unsere Städte bewegen? Vielleicht.

Der neue Individualismus, ein Produkt des Übergangs von der Produzentenidentität zur Konsumentenidentität und des anschließenden Übergangs von der Konsumentenidentität zu einer individualisierten Erfahrungsidentität, wurde auch durch den organisatorischen und institutionellen Kontext unserer individuellen Entscheidungen verstärkt. Unternehmen und Institutionen bieten weniger Garantien für eine lebenslange Beschäftigung und einen einzigen Karriereweg, da sie ebenfalls ihre Einsätze absichern, ihre Risiken kalkulieren und ihre Handlungsfähigkeit behalten müssen, um schnell auf eine veränderte Lage reagieren zu können. Staatliche Bürokratien und öffentliche Einrichtungen werden umgestaltet und nach dem Vorbild von Wirtschaftsunternehmen umorganisiert, was die Arbeitsplatzsicherheit und die Wahrscheinlichkeit eines geradlinigen beruflichen Aufstiegs weiter verringert. Wenn es um stabile Lebensabschnitte, Wachstums- und Entwicklungsphasen geht, sind wir uns nicht mehr so sicher. Unsere Ungewissheit veranlasst auch uns, unsere Einsätze abzusichern und Risikomanagement zu betreiben. Wir tun dies auf zweierlei Weise: indem wir unser Engagement für organisierte Religionen verstärken (denen es, im Widerspruch zu den Illusionen derjenigen, die blind an das aufklärerische Licht der Vernunft glauben, wohl ergeht und die sich ausbreiten statt zu verschwinden, ganz ähnlich wie der Staat, der auch schon einmal auf dem Müllhaufen der Geschichte gelandet war), aber auch, indem wir unsere Wissensproduktion steigern.

Die Wissensökonomie und die virtuell erweiterte individuelle Erfahrung – das Handy, der Walkman, der Palmtop sind frühe technologische Versuche, uns in mobile urbane „Nomaden der Gegenwart" zu verwandeln, wie uns Alberto Melucci einmal genannt hat[8] – machen unsere Identitäten zugleich flüchtiger und setzen sie häufigeren Veränderungen aus. Ein architektonisches Pendant dieser Entwicklung findet sich in dem, was Tom Wolfe in seinem Buch *From Bauhaus to Our House* beschrieben hat.[9] Er meinte damit, dass die idealistischen

8 Alberto Meluccis *Nomads of the Present* ist ein früher Versuch, diese neue Beziehung zwischen der Identität eines zeitgenössischen gebildeten urbanen Professionellen und den neuen sozialen Bewegungen eine Generation nach der Explosion von 1968 zu betonen. Er entwickelte den Begriff eines „spielenden Selbst" und ein Modell „herausfordernder Codes" in kollektiven Handlungen des Informationszeitalters, nachdem soziale Verbindungen fragil und instabil geworden sind. Vgl. Alberto Melucci, *Nomads of the Present*, Philadelphia 1989; ders., *Challenging Codes: Collective Action in the Information Age*, Cambridge 1996.
9 Vgl. Tom Wolfe, *From Bauhaus to Our House*, New York 1981; dt.: *Mit dem Bauhaus leben*, Frankfurt am Main 1984.

linken Repräsentanten des Bauhauses, unter ihnen Mies van der Rohe, sich ursprünglich anschickten, „Glaspaläste" für die nach oben mobile Arbeiterklasse
zu schaffen. Doch von den Nazis aus Europa verjagt, bauten sie schließlich in
US-amerikanischen Großstädten als Konzernzentralen dienende Wolkenkratzer.
Inzwischen hat das Imperium zurückgeschlagen, und die Hochhäuser von Chi-
cago und New York haben die Stadtzentren von Frankfurt am Main und Warschau, Paris und Budapest, London und Belgrad radikal verändert. In einer
ironischen Wendung des architektonischen und soziokulturellen Schicksals
wurden Wohnungsprojekte, die in den späten 1920er und frühen 1930er Jahren
ursprünglich für Berliner Arbeiterfamilien vorgesehen waren, inzwischen in ein
großes Labyrinth aus Einkaufszentren, Boutiquen, Bars, Kneipen, Ausstellungsräumen, Souvenirläden und Plazas mit Essgelegenheiten verwandelt; dies alles
hat man – in unmittelbarer Nähe von Berlins Hauptstraße Unter den Linden bei
den Hackeschen Höfen – in einige Höfe und Durchgänge zwischen belebten
Straßen gequetscht, die rasch zu einer Touristenattraktion geworden sind.

Werfen wir einen letzten Blick auf die städtischen Zentren Europas. Den
Klassenkämpfen verdanken wir alte Innenstädte mit Rathäusern, Burgen oder
Palästen politischer Führer, Märkten und Kirchen. Dem Massenkonsum verdanken wir Vorstädte und Häuserblocks des öffentlichen Wohnungsbaus um die Innenstädte sowie Einkaufszentren in beiden. Der Individualisierung der Multitudes und der Suche nach einer sinnvollen Erfahrung im Alltagsleben verdanken
wir die Rückkehr zu den Innenstädten (sowohl für den Aufstieg der Yuppies als
auch für die Wiederkehr der Slums) und die Errichtung von *gated communities*,
abgeschirmten Wohnkomplexen für die privilegierten Weltbürger in den Innenstädten und in den Vorstädten. Wir verdanken ihr aber auch Umgestaltungspro-
jekte im großen Stil: Einer der Budapester Bahnhöfe dient als McDonald's; der
Hamburger Bahnhof in Berlin und der Gare du quai d'Orsay in Paris wurden zu
Museen umfunktioniert; Poznańs Brauerei beherbergt ein Einkaufs- und Kulturzentrum, während der städtische Schlachthof in eine ultramoderne akademische Bibliothek umgestaltet wird; die Tate Modern in London ist in ein ehemaliges Heizkraftwerk eingezogen; Amsterdams Avantgardetheater führen in
einem alten Gaswerk experimentelle Stücke auf … Alles Ständische und Stehende verdampft.

Pristina

Warten auf den Staat

Sokol Beqiri, **Welcome Greatest Skenderbeu!**, 2005, Videostills > S. 179 – 181
Petrit Selimi, **Die neue Innenausstattung des kosovarischen Parlaments**, 2005 > S. 182 – 189
Fotografien: Astrit Ibrahimi

Dieser Beitrag wurde von Erzen Shkololli kuratiert.

Welcome Greatest Skenderbeu!
Mich hat schon immer das anhaltende menschliche Bedürfnis beschäftigt, Mythen produzieren zu müssen, um bewundert zu werden,
ebenso wie die menschliche Fähigkeit, in der Folge über sich selbst
hinauszuwachsen - zumindest für einige Zeit. Daher stimme ich der
Redensart zu, die ich einmal gelesen habe: „Ein Denkmal, das zerstört und dann mindestens drei Mal wiederaufgebaut wurde, hätte
gar nicht erst errichtet werden sollen." Ich glaube, es gibt nichts
Hässlicheres als ein von Tauben gesegnetes Denkmal.
Sokol Beqiri

Die neue Innenausstattung des kosovarischen Parlaments

Das Parlament Kosovas – Kuvendi i Kosovës – liegt im Zentrum der Hauptstadt Prishtina. Das Gebäude ist ein Produkt der modernistischen Architektur des Sozialistischen Realismus der 1970er Jahre und unterscheidet sich nicht sonderlich von Hunderten anderer Regierungsgebäude, die in der Blütezeit der kosovarischen Autonomie errichtet wurden.

1991, als die Unabhängigkeit Kosovas von dem nationalistischen Regime Slobodan Miloševićs zerschlagen wurde, löste man auch das kosovarische Parlament auf und kümmerte sich während der folgenden zehn Jahre nicht mehr um das Gebäude.

2001 fanden im Nachkriegs-Kosova, einer Region, die jetzt unter der Schirmherrschaft der Vereinten Nationen steht, die ersten demokratischen Parlamentswahlen überhaupt statt. Zu den ersten Entscheidungen, die der neu ernannte Sprecher des Parlamentes traf, gehörte die, über drei Millionen Euro für die Renovierung der Innenausstattung des Parlamentskomplexes aufzuwenden. Die Neugestaltung des Gebäudeinneren durch einen anonymen Architekten, der im Auftrag eines mächtigen albanisch-schweizerischen Unternehmens namens Mabetex Group tätig wurde, steht in scharfem Kontrast zum Äußeren des Gebäudes. Während es sich außen um einen minimalistischen, modernistischen Bau handelt, wurden die Innenräume mit einem pompösen Ambiente versehen, mit Fußböden aus sieben verschiedenen italienischen Marmorarten, einem mit schweren Vorhängen drapierten Versammlungsraum, Mahagoniholz und goldenen, unspezifisch-neoklassizistischen Ornamenten.

Die Wandgemälde waren Monumentaldarstellungen von wichtigen Ereignissen in der albanischen Geschichte. Die Vereinten Nationen warnten das Parlament davor, dass Gemälde, die ausschließlich Szenen aus der albanischen Geschichte zeigten, das Parlament in eine monoethnische Institution verwandeln könnten, und kosovarische Kunsthistoriker wiesen nach, dass es sich bei den Bildern selbst um Kopien älterer Gemälde handelte, die italienische Studenten ohne Zustimmung des in Albanien lebenden Malers der Originale angefertigt hatten. Nichtsdestotrotz weigerte sich der Sprecher des Parlaments, die Bilder abzuhängen, und beschloss stattdessen, sie verhüllen zu lassen. Daher sind die Gemälde in den Hallen des Parlaments nun alle mit einem gestreiften Seidentuch überzogen.

Die Beharrlichkeit, mit der die Politiker die reale modernistische Geschichte des Gebäudes ignorieren, um es in ein neoklassizistisches Parlament mit der Anmutung von Tradition und Alter zu verwandeln, steht im Zusammenhang mit einer weiterreichenden konzeptionellen Frage. So ist das Parlament heute eine unumstrittene symbolische Repräsentation des kosovarischen Staates, mutmaßlich ein direkter Nachfolger des alten Dardanien, und dient daher als eine visuelle Bestätigung des historischen Rechts Kosovas auf Eigenstaatlichkeit.

Petrit Selimi

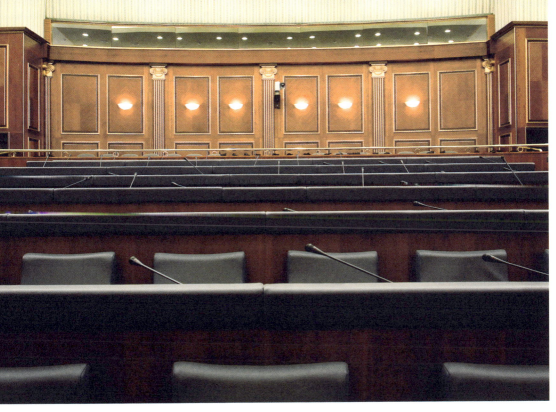

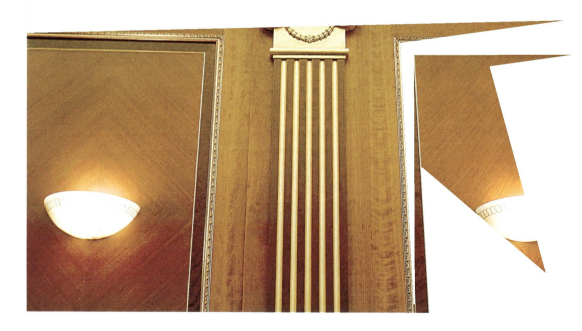

Migjen Kelmendi

Warten auf den Staat

Kosova ist reich an jungen Menschen und Mineralien…
  (Ibrahim Rugova)

1.
Etwas liegt in der Luft im Sommer 2005. Ist es womöglich der Duft der Unabhängigkeit Kosovas?

Ich weiß es nicht genau. Auf jeden Fall macht der „internationale Faktor", der den Frieden, den er nach Kosova gebracht hat, festigen soll, nun mächtig Druck. Die Dinge kommen in Schwung. Man redet von Fristen, Konferenzen und Agenden. Vom Staat und vom Status. Von Unabhängigkeit, was auch immer damit gemeint sein mag. Das sind überraschende Töne. Die Atmosphäre in Kosova ist angespannt, aufgeregt.

Was ich weiß, ist, dass der hohe Anteil junger Menschen an der Bevölkerung zu den bedeutsamsten gesellschaftlichen Tatsachen in Kosova gehört. Es ist, wie die europäische Öffentlichkeit wahrzunehmen beginnt, das jüngste Land auf dem alten Kontinent: 70 Prozent seiner Bewohner und Bewohnerinnen sind noch keine dreißig Jahre alt. Man ist geneigt, sich Kosova als ein großes Café vorzustellen, voller Lärm, Make-up, Energie. Ja sicher, Lärm. Aber bedeutet Lärm nicht Leben?

In diesem Lärm droht eine nicht minder wichtige Tatsache gleichen Ausmaßes unterzugehen: 70 Prozent dieser jungen Leute sind arbeitslos. Jährlich drängen weitere 25 000 bis 30 000 von ihnen auf den fiktiven kosovarischen Arbeitsmarkt.

An diesem Punkt treffen sich die zwei Fragen mit der heute wohl größten Bedeutung für Kosova: Unabhängigkeit und Arbeitslosigkeit. (Beide Wörter beginnen im Albanischen mit der gleichen Vorsilbe – *pavarësi* und *papunësi*.)

Was beschäftigt die Kosovaren am meisten?
Arbeitslosigkeit und Unabhängigkeit stehen im Finale, wenn man den beiden Einrichtungen glauben darf, die mit dem Monitoring der Entwicklungen in Kosova befasst sind: Index Kosova, einem Joint Venture unter Federführung von BBSS Gallup International, und dem von UNPD und USAID zwecks Verfertigung von „Early Warning Reports" betriebenen Institut für Entwicklungsforschung Riinvest.

Bei Index Kosova handelt es sich übrigens um das Unternehmen, das im Jahr 2004 nach einer gemeinsam mit Gallup International durchgeführten Befragung von 65 000 Bürgern aller Herren Länder zu dem Ergebnis kam, dass Kosova neben Hongkong der optimistischste Flecken auf der Welt ist.[1]

Dieser Optimismus der Kosovaren ist äußerst bemerkenswert.
Wie lässt er sich überhaupt erklären?
Arbeitslosigkeit und Optimismus schließen einander eigentlich aus. Arbeitslosigkeit gehört zu den Kernübeln, die bei unseren Zeitgenossen der Ent-

---

1 Siehe www.indexkosova.com/Publications/Pub_jan04.html.

wicklung von Optimismus und Glücksgefühlen entgegenwirken. Arbeitslosigkeit nötigt uns dazu, nötig zu sein, nützlich. Schwierig also, eine Erklärung zu finden.

Lässt sich der Optimismus mit dem Pro-Kopf-Einkommen der Bevölkerung erklären? Die Entwicklungstrends in Kosova verlaufen heute negativ, weshalb das Land kaum zur Untermauerung der These von Professor Richard Layard[2] beiträgt, dass die Bürger dort am glücklichsten und optimistischsten sind, wo das Bruttoinlandsprodukt die höchsten Werte erreicht.

Liegt die Erklärung womöglich darin, dass ein Kosovare heute wenig bis gar keine Verantwortung trägt? Der UN-Übergangsverwaltung (UNMIK) und der internationalen Gemeinschaft obliegt es, sich an seiner Stelle Gedanken und Sorgen zu machen. Von der internationalen Gemeinschaft der Pflicht, sein Gehirn zu strapazieren, und überhaupt jeglicher Verantwortung enthoben, hat ein Kosovare heute alle Zeit, sich mit seiner Unabhängigkeit zu beschäftigen. Unabhängigkeit kommt vor Arbeitslosigkeit, der Status vor der Wirtschaft?

Man könnte auch versuchen, die nicht nur für Kosovaren typische balkanische Mentalität zur Erklärung heranzuziehen, die in dem beliebten Spruch zum Ausdruck kommt: Na ja, irgendwie wird es schon werden! *La vita e bella!?*

Oder ist es der Mangel an bürgerlicher Kultur, der Mangel an der Kultur, Fragen zu stellen?

Sind die leidvollen Erfahrungen unter dem zehn Jahre währenden Apartheidregime Miloševićs verantwortlich, das schließlich in einen Krieg und die massenhafte Vertreibung der albanischen Bevölkerung aus Kosova mündete? Schlimmer als damals kann es nicht werden. Heute ist es viel besser. Auch die Aussichten?

Oder gibt der Umstand Anlass zum Optimismus, dass jemand, der gestern noch in einem Flüchtlingslager saß, der Mensch von Blace[3], inzwischen der Anwartschaft auf das Europäertum teilhaftig wurde? Europa versus Blace. Wenn das kein Grund zum Optimismus ist?

Ist die Erklärung in der Tatsache zu suchen, dass der gewöhnliche Kosovare häufig der Dietrologie[4] zum Opfer fällt – dass er keinen Unterschied zwischen den Worten „Status" und „Unabhängigkeit" macht und ganz selbstverständlich davon ausgeht, dass die internationale Gemeinschaft nicht das meint, was sie sagt?

Eine schnelle und einfache Antwort gibt es meiner Meinung nach nicht. Die kosovarische Gesellschaft ist bestimmt durch das Warten. Zwei Jahr-

2 Vgl. Richard Layard, *Die glückliche Gesellschaft. Kurswechsel für Politik und Wirtschaft*, Frankfurt am Main 2005 (Orig.: *Happiness. Lessons from a New Science*, New York 2005).
3 Blace: während der Nato-Intervention Auffanglager für die aus Kosova Vertriebenen in der Nähe des mazedonischen Skopje.
4 Dietrologie: der Glaube, dass sich hinter – *dietro* – öffentlich abgegebenen Äußerungen ganz andere Absichten verbergen, so dass man ihnen keinen Glauben schenken darf, sondern nach dem tatsächlichen Sinn forschen muss. Modell der sozialen Paranoia. Verschwörungstheorie.

zehnte lang lebt Kosova nun schon von der Erwartung des Guten, das einmal geschehen wird, vom Glauben an morgen, an den Fortschritt, an Europa, an die westliche Zivilisation. Damit geben sich die Kosovaren als ganz und gar in der Moderne verankerte Menschen zu erkennen. Als Optimisten. Sie sind glücklich. Warum sich über Postmodernismen und endzeitliche Kataklysmen den Kopf zerbrechen? *La vita e bella!*

2.

Wer ist der „Kosovare", um den es hier geht?

Als die Zeitung *Java* Hashim Thaçi, einst Kommandant der Befreiungsarmee Kosovas (UÇK) und heute Vorsitzender der Demokratischen Partei Kosovas (PDK), die Frage stellte: „Gibt es eine kosovarische Identität?", antwortete er mit einem klaren Nein.[5]

Rada Trajković, in der Organisation „Povratak" (Rückkehr) wirkende Repräsentantin der serbischen Minderheit, gab *Java* auf dieselbe Frage die entschiedene Antwort: „Nein, in Kosova gibt es nur Serben und Albaner!"

Wer also ist dieser Kosovare?

Nexhat Daci von der Demokratischen Liga Kosovas (LDK), Präsident des Parlaments, sowie Ramush Haradinaj von der Allianz für die Zukunft Kosovas (AAK) und Bajram Rexhepi von der PDK, zwei ehemalige Ministerpräsidenten, äußerten sich zu der Frage nach dem Kosovaren und seiner Identität[6] positiv, so wenig diskutiert und auf den Punkt gebracht diese auch noch erscheint.

Entscheidend mitgespielt hat bei der Beantwortung dieser Frage wahrscheinlich eine Forderung der internationalen Gemeinschaft, die in Kosova hundertfach verschieden ausgelegt wird: die Forderung nach Multiethnizität.

---

5 Hashim Thaçi: „Eine kosovarische Identität gibt es nicht ... Ich gebe die Fahne nicht für einen Staat her ... Ich will den Staat und die Fahne ..." (*Java* vom 20. Mai 2002).

6 Nexhat Daci: „Es gibt eine kosovarische Identität. Sie ist über einen langen Zeitraum hinweg entstanden. Leider gab es nie jemanden, der diese Identität hätte repräsentieren können, oder es mangelte einfach an intellektuellen, wissenschaftlichen und persönlichen Mut dazu. Inzwischen bestehen jedoch die Voraussetzungen dafür, dass die Kosovaren ihre Identität nachdrücklich verteidigen. Kosova ist kein amorphes Ding ohne eigene Identität. Kosova hat spezifische ethnische, geopolitische und geosoziale Charakteristika vorzuweisen. In sämtliche Bündnisse, ob bi- oder multilateral, muss sich Kosova mit seiner eigenen, stolz zur Schau getragenen Identität hineinbegeben. Bei den kosovarischen Intellektuellen ist oft die falsche Tendenz erkennbar, sich an der eigenen Identität vorbeimogeln zu wollen. Wenn wir von Kosova und den Kosovaren sprechen, hat dies nichts mit der Nation, der Sprache zu tun. Es geht um die staatliche, die geographische Identität. Ich bedanke mich bei allen meinen Kritikern, die an dem Wort ‚Kosovare' Anstoß nehmen. Allerdings weiß ich nicht, wie ich die Bürger Kosovas anders nennen sollte. Litauer? Oder wie sonst?" (*Java* vom 4. Mai 2002)

Bajram Rexhepi: „Die kosovarische Identität ist etwas, worüber diskutiert werden muss. Kosova ist ein geographischer Begriff, und der Begriff ‚Kosovare' ist aus praktischen Gründen zu akzeptieren. Da es in Kosova zahlreiche Angehörige von Minderheiten gibt, Serben, Montenegriner, Türken, Bosnier, Roma, Ashkali, akzeptieren wir den Begriff ‚Kosovare', aber wir haben dabei stets eine erdrückende Mehrheit von Albanern neben verschiedenen Minderheiten vor Augen." (*Java* vom 1. Juli 2002)

Ramush Haradinaj: „Wir sind gerade dabei, unseren Staat Kosova aufzubauen, dessen Bürger Kosovaren sind. Wir sind Albaner, aber wir sind auch Kosovaren. Die Serben sind Serben, aber auch Kosovaren. Ausgehend von der Tatsache, dass wir alle, die Kosovaren ebenso wie die Serben, die Montenegriner, die Mazedonier und die Albaner Albaniens, uns auf die europäische und euroatlantische Integration zubewegen, glaube ich, dass diese Identität den Integrationsprozessen nützt, und das werden wir nachdrücklich fördern." (*Java* vom 23. März 2002)

Pristina

Oben: Freiheitsstatue auf dem Dach des Hotels Victory
Unten: eine kosovoweite Plakataktion der Kfor im Sommer 2005:
Die Bewegungsfreiheit / ist ein Menschenrecht / respektiert und
nutzt sie
Fotografien: Astrit Ibrahimi, 2005

Oben: Die Hauptstraße durch Pristina wurde 2002 in Bill-Clinton-
Boulevard umbenannt.
Unten: Hauptquartier der UN-Mission im Kosovo (UNMIK) am
Stadteingang von Pristina
Fotografien: Astrit Ibrahimi, 2005

Von der kosovarischen politischen Klasse, von den Bürgerinnen und Bürgern Kosovas wurde – nicht als Standard, sondern im Sinne einer realistischen und zivilisierenden Reflexion – verlangt, von den Großentwürfen ethnisch homogener Staaten Abschied zu nehmen, die auf dem Balkan über ein Jahrzehnt *casus belli* gewesen waren. Sie sollten über die neuen Realitäten nachdenken, die durch die Nato-Intervention in Kosova geschaffen worden waren, sich den nötigen Vorrat an zeitgemäßen, einer Gesellschaft mit demokratischem Anspruch angemessenen politischen Auffassungen erschließen und ein Vokabular erwerben, das es erlaubt, den vorhandenen Wunsch und Willen zur Staatlichkeit zu artikulieren.

Die Idee und immanente Notwendigkeit einer überethnischen Identität Kosovas nach der Nato-Intervention war nicht nur ein Schlagwort, ein für die Öffentlichkeit bestimmter politischer Slogan, sondern gehörte von Anfang an zu den Grundbedingungen eines modernen, ins 21. Jahrhundert passenden demokratischen Staates. Verbal akzeptierte man, dass ein Staatswesen innerhalb der Kategorien einer ethnischen Exklusivität heutzutage nicht mehr vorstellbar ist. Die hartnäckig wiederholte Forderung, Kosova müsse als einzige grundlegende Voraussetzung die Standards eines modernen multiethnischen Staates erfüllen, wurde jedoch im Sinne der Dietrologie verstanden und interpretiert: Das sind doch alles nur leere Worte und Phrasen, ein multiethnischer Staat ist sowieso unmöglich. Nicht dass der kosovarischen Führungselite der rechte Wille fehlte, sie misstraut dieser Idee wirklich.

Auch wenn Politiker wie Daci, Haradinaj oder Rexhepi die Multiethnizität Kosovas durchaus reflektieren – was die Idee einer überethnischen kosovarischen Identität betrifft, mangelt es allgemein am notwendigen Vokabular, ganz zu schweigen von der Kultur und wissenschaftlichen Bildung, die nötig wäre, um sie als Immanenz zu begreifen und für sich selbst zu übernehmen. Wie die einfachen Bürger sind auch die Angehörigen der Führungsschicht Kosovas nach nationalen und nationalistischen Kategorien und Vorstellungen erzogen. Was außerhalb dieses Vorstellungskreises liegt – die heutige politische Welt –, bleibt ihrer Wahrnehmung schlicht und einfach unzugänglich.

Ein Politiker macht eine Ausnahme. Ibrahim Rugova. Es fehlt ihm zwar gleichfalls die Fähigkeit und Kraft, sich Kosova als modernen multiethnischen Staat vorzustellen, doch im Gegensatz zu den anderen ist er wenigstens imstande, sich von den anachronistischen Mustern des albanischen ethnischen Staates zu lösen. In diesem Sinne ist *sein* Kosova tatsächlich unabhängig.

Mit seinem Vorschlag zu Hymne[7] und Staatsflagge (die Fahne Dardaniens,[8] wie er sie nennt) vollendet Präsident Rugova die Ausstattung und ikonographische Ausschmückung seiner Utopie, seiner Vision vom „Unabhängigen Kosova" (Kosova e Pamvarum).

7 Siehe www.ldk-kosova.org/himni.html.

Damit und mit dem Programm seiner Partei LDK ist Ibrahim Rugova der erste Albaner in Kosova, der den Mut zu einem Sakrileg aufbringt und den Mythos vom ethnischen Albanien zerstört. Es lebe Kosova! Der Herr segne Kosova! Die anderen gehen vielleicht so weit, „Es lebe Kosova!" zu sagen, aber dass die Idee einer nationalen Vereinigung tot ist, wagen sie nicht offen auszusprechen. Wahrscheinlich verlieren sie aus diesem Grund immer wieder die Wahlen.

Ibrahim Rugova kann sich seiner Sache sicher sein, denn der Plan eines ethnischen Albanien ist durch die Geschichte längst überholt. Der endgültige Todesstoß wurde ihm im Staate Albanien während des historischen Experiments mit dem Kommunismus versetzt.

Aus seiner Asche hat Rugova den Entwurf eines neuen, unabhängigen und für alle offenen Kosova hervorgeholt. Natürlich ist Rugova nicht der einzige Ideengeber für ein unabhängiges Kosova, auf alle Fälle ist er aber der einzige kosovarische Politiker, der von ganzem Herzen an ein Kosova *nach* dem Scheitern des Traumes von Vereinigung glaubt und zudem offen auszusprechen wagt, dass das ethnische Albanien mausetot ist. Das belegen seine Anregungen zur Ausstattung der neuen albanischen Utopie mit Symbolen und Repräsentanzen. Sie betreffen urtümliche Produkte wie die „sauren Birnen", die Standardisierung einer besonderen Käsesorte, des „Dardaner Käses", die Anpassung des in den Bergen Kosovas als „süßer Schnee" bekannten Erfrischungsprodukts aus Milch und Schnee[9] an den heutigen Geschmack, die Züchtung einer „Sharrhund" genannten Hunderasse, nationale Feiertage wie den „Abend von Lama", Flagge und Hymne, die Rolle der First Lady und so fort. Es fehlt nur noch ein Weißes Haus. Herr Rugova ist überzeugt davon, dass wir am Ende eines langen, beschwerlichen Weges angelangt sind ... das Unabhängige Kosova ... Europa ... sie sind in Sicht!

Das Bukolische und Genießerische an Ibrahim Rugovas Vision ist sympathisch und gibt keinerlei Anlass zur Sorge. Bei genauerem Hinsehen zeigt sich jedoch, dass bei aller Buntheit und Verträglichkeit seines künftigen

8 Radio Free Europe / Radio Liberty, 28. Dezember 2002, Frage: „Um diesen Status zu bestimmen, haben Sie vorgeschlagen, dass Kosova seine eigenen Symbole haben soll. Glauben Sie, dass die von Ihnen vorgeschlagenen Symbole von allen Beteiligten akzeptiert werden können?" Dr. Ibrahim Rugova: „Wie in jedem Staat müssen bis zu einer Entscheidung bestimmte Prozeduren durchlaufen werden. Als Präsident von Kosova habe ich die Initiative ergriffen, was Fahne und Hymne anbelangt. Wie Sie wissen, handelt es sich bei der Hymne um ein Lied von 1912, das damals die Kämpfer, das Volk, alle gesungen haben. Ich glaube, auch in Albanien und in anderen albanischen Gebieten wurde es gesungen, deshalb wird nach professionellen und künstlerischen Gesichtspunkten sowie nach staatlichen Standards vorgegangen. Auch die Fahne enthält neben allgemeinen nationalen Grundelementen Spezifika Kosovas, also des antiken und des späteren Dardanien. Alle Institutionen Kosovas müssen in die Konsultationen einbezogen werden, das Parlament, die Regierung, der Präsident. Es wird auch eine öffentliche Diskussion geben, und man kann darüber abstimmen lassen, die Zustimmung der Allgemeinheit einholen - warum auch nicht. Ich glaube, alle Beteiligten haben die Vorschläge positiv aufgenommen. Wir müssen eigene staatliche Symbole haben, daran ist nichts Schlechtes. Albanien bedient sich heute der Symbole, die einst der ganzen Nation gehörten, als bestehender Staat, und wir werden auch unsere Symbole haben, damit wir Mitglied in der UNO werden können." Siehe www.europaelire.org/programs/interview/2002/12/20021228154902.asp.
9 Politisches Programm der Demokratischen Liga von Kosova, S. 6-15.

Kosova auch dieser Politiker, wiewohl souverän und unabhängig in seinen Vorstellungen, doch die Kraft nicht aufbringt, sich über nationalistische Begrifflichkeiten und Kategorien zu erheben. Seine Fahne schließt die nichtalbanischen Ethnien Kosovas aus, anstatt sie einzubinden. Das Gleiche gilt für Rugovas Hymne, ein altes kosovarisches Heldenlied. Sein historischer Bezugspunkt ist das antike Dardanien, womit er dem Mythos von der Autochthonie der Albaner als Nachfahren der Illyrer neue Nahrung gibt. Er überbrückt fünf Jahrhunderte Geschichte mit einem *Bypass*, wenn er nach dem vor langer Zeit abgerissenen Faden einer katholischen Tradition in Kosova greift, um ihn unter Übergehung oder gar Missachtung der Tatsache, dass heute mehr als 90 Prozent der Bürger Kosovas moslemischen Glaubens sind, mit der Gegenwart zu verknüpfen.

Kosova ist nach wie vor eine unzureichend imaginierte Gesellschaft.[10]

3.

Hält aber die Behauptung stand, der Nationalismus sei immer noch die historische Kraft, die in Kosova die vorherrschende politische Meinung prägt?

Nach der Nato-Intervention tauchte im Zentrum von Prishtina ein neues Monument auf: das Denkmal des legendären albanischen Helden Gjergj Kastrioti, genannt Skanderbeg, der sich im Mittelalter als Verteidiger des Christentums der Invasion osmanischer Truppen entgegengestellt hatte. Das Original dieses Denkmals steht in der Stadt Kruja in Albanien. Das im Zentrum Prishtinas aufgerichtete Reiterstandbild war in Albanien in Auftrag gegeben worden, mit der Vorgabe, es habe dem Skanderbeg-Denkmal in Kruja zu gleichen wie ein Ei dem anderen.

Heute, da Serbien und seine wechselnden Regime keine Bedrohung für die albanische Bevölkerung in Kosova mehr darstellen, ist wohl der Schluss erlaubt, dass der mobilisierende Appell an das Albanertum etwas ist, das in die Vergangenheit gehört, dass nun Chancen für eine stärkere Diversität bestehen, nicht nur politisch, sondern auch kulturell, und dass die Bekundung eines zivilen Widerstands gegen die großen ethnopolitischen Projekte ebenso möglich sein muss wie, warum auch nicht, das Eintreten für eine neue territoriale, ihrem Wesen nach überethnische Identität. Von ihr, die ich kosovarische Identität nenne, spreche ich hier.

Wie aber kann es sein, dass in zwei Städten auf dem Balkan identische Denkmäler stehen?

Die Antwort auf diese Frage liefert, so denke ich, auch die Erklärung dafür, dass eine neue, nicht ethnisch begründete kosovarische Identität von beiden Lagern als Gefahr betrachtet wird, sowohl von der politischen und kulturellen Elite in Kosova als auch von den Repräsentanten der Serben dort.

Meiner Meinung nach geht es hier um Sprache. Ich möchte auf das Verhältnis der Albaner Kosovas zur albanischen Standardsprache eingehen

---

10 Vgl. Benedict Anderson, *Imagined Communities*, London 1991.

Oben: Sony-Playstation
Unten: Konzert der HipHop-Band N'R
Fotografien: Astrit Ibrahimi, 2005

und hoffe, damit auch ein wenig Licht in das Geheimnis der beiden identischen Denkmäler bringen zu können.

Vor kurzem begegnete ich in Prishtina zwei türkischen Wissenschaftlern, Pelin Tan und Sezgin Boynik. Sie hatten in der schönsten Stadt Kosovas, in Prizren, wo die meisten Angehörigen der türkischen Minderheit leben, einige junge Leute interviewt. Pelin Tan erzählte mir, diesen Jugendlichen sei vor allem daran gelegen, ihr altmodisches Türkisch loszuwerden und sich das heutige moderne, standardisierte Türkisch anzueignen, also das Türkisch, das sie aus den über Turk-Sat ausgestrahlten Fernsehprogrammen kennen.

Ich war fasziniert. Was Pelin Tan von den jungen Türken in Prizren zu berichten wusste, entspricht genau der Einstellung der Albaner Kosovas zur albanischen Standardsprache. Ich denke, die gleichen Schaltkreise im Gehirn, die gleichen Urteilsmatrizes haben auch zwei identische Denkmäler in zwei verschiedenen Balkanstädten möglich gemacht.

Auch die Kosovaren mussten sich ihres natürlichen Idioms, des Gegischen, entledigen und es durch eine neue Sprache (Standardalbanisch) ersetzen, um nach diesem Denkmuster endlich „echte Albaner" zu werden, Albaner einer Hochkultur. Ohne dieses sprachliche Implantat fühlen sie sich missgebildet, minderwertig, unvollständig. Oder, wie es Pelin Tan von den kosovarischen Türken zu berichten wusste, als Randgruppe, als provinzielles Auslaufmodell, das es verdient, entkeimt und sterilisiert zu werden. Dieser Wille zur Purifikation erinnert mich an Roland Barthes' Loyola und seine Vorschriften zur Selbstreinigung als Weg, um zu Gott zu finden.[11]

Longing to belong. Das ist das Denkschema, das solche visuellen Entgleisungen wie kopierte Denkmäler und Images hervorbringt.

Die Bereitschaft dieser Leute, sich ihres natürlichen Idioms zu entledigen, entspricht ihrer Einstellung zu verdoppelten Denkmälern. Meiner Überzeugung nach hat das Kopieren von Denkmälern seine Wurzeln in einer grundverkehrten Auffassung von Nation, Staat, Ethnie, Kultur.

Bis heute habe ich nicht begriffen, weshalb die beiden Denkmäler unbedingt gleich sein mussten. Ich kann mich aber noch gut an die exaltierte Menge erinnern, die das Skanderbeg-Denkmal umwogte. Verfolgt von Kameras des Staatsfernsehens, reiste der albanische Nationalheld auf einem Tieflader der albanischen Armee bis zur albanisch-kosovarischen Grenze. Das dauerte Tage. Eine schier unüberschaubare Masse von Kosovaren begleitete ihn dann von der Grenze bis in die Innenstadt von Prishtina. Für viele war die grenzüberschreitende Prozession mit der gigantischen Skanderbeg-Statue als Mittelpunkt gleichbedeutend mit der symbolischen Überwindung und Marginalisierung der verhassten Demarkationslinie.

---

11 Vgl. Roland Barthes, *Sade, Fourier, Loyola*, Frankfurt am Main 1974. Zur albanischen Sprache siehe Janet L. Byron, *Selection Among Alternates in Language Standardization. The Case of Albanian*, Den Haag 1976.

Man stellte die Statue im Zentrum von Prishtina auf. Die Kopie sah genauso aus wie das Original in Kruja. So hatte man es gewollt.

Sehr gegenwärtig ist mir noch der Beginn der Festansprache von Mark Krasniqi, Mitglied der Akademie der Wissenschaften und Künste und Vorsitzender der Albanischen Christdemokraten Kosovas. Als sich die Menge endlich ein wenig beruhigt hatte, wandte er sich nach dem Denkmal um und sprach den Berittenen an: „Willkommen, großer Skanderbeg!" Man merkte sofort, dass dieser Mann genau wusste, mit wem er es zu tun hatte.

4.

„Kosova ist reich an jungen Menschen und Mineralien", sagte Ibrahim Rugova, der Präsident Kosovas, in einem Interview für das albanische Programm der BBC. Eine bis zur Essenz vereinfachte Wahrheit.

Das ist doch nicht wenig für einen kleinen Staat, oder?

Enver Hasani

Der Kosova-Konflikt ist ein Konflikt ums Territorium

Einen Tag nach der Brüsseler Konferenz der Finanzminister drehte sich am 18. Juni 2005 in den ausländischen Fernsehprogrammen alles um das tiefe Zerwürfnis zwischen Großbritannien und Frankreich: Man hatte sich über die zukünftige Finanzierung der EU nicht einigen können. Unwillkürlich musste ich an eine vom Centre Culturel Français am 3. Juni 2005 im türkischen Izmir veranstaltete und auch von mir besuchte Konferenz denken, die „Stabilité ou Liberté" zum Motto hatte und nur ein paar Tage nach dem Votum der Franzosen gegen den Entwurf der europäischen Verfassung stattfand.

Gravierende Meinungsverschiedenheiten traten hier nicht zutage. Wahrscheinlich weil keine Vertreter Serbiens anwesend waren. Sofern in den Redebeiträgen, meine eingeschlossen, überhaupt unterschiedliche Erwägungen formuliert wurden, entsprangen diese der grundsätzlichen Schwierigkeit, eine Antwort auf die Frage zu finden, wie sich Freiheit mit Stabilität verbinden lässt. Oder anders formuliert: Wie ist es möglich, einen stabilen, prosperierenden und in Europa integrierten Balkan zu schaffen, in dem alle Bewohner Freiheit genießen? Hinsichtlich der Zielsetzung also herrschte auf der Konferenz Einigkeit, allgemeine Ratlosigkeit indessen beim Wie. Am optimistischsten zeigte sich der Vertreter Griechenlands, Professor Georgios Prevelakis. Bedenkt man Griechenlands maßgebliche Rolle bei der Integration des westlichen Balkans in Europa, überrascht das nicht.

Europa als fragiles System

Die nach dem Zweiten Weltkrieg begonnene Einigung Europas verlief sehr erfolgreich. Das mag daran liegen, dass die Europäer ihre Lehren aus zwei Kriegen gezogen hatten. So fand Europa nach 1945 unter dem Druck der neu geschaffenen Umstände und angesichts der sowjetischen Gefahr zum europäisch-atlantischen, christlich-jüdischen und griechisch-römischen Wertesystem zurück, anknüpfend an das erfolgreiche Projekt Karls des Großen. Allerdings zeigten sich in diesem auf Werten basierenden Zusammenhalt nach dem Ende des Kalten Krieges und dem Fall des Eisernen Vorhangs deutliche Risse. In den Kriegstragödien im ehemaligen Jugoslawien offenbarte sich die ganze Fragilität des nach 1945 geschaffenen europäischen Systems. Gleichwohl wurde Kolossales erreicht: Die Europäer veränderten ihre Agenden, die aus der Geschichte ererbte Gebietsforderungen zur Grundlage hatten, und kehrten zu ihren gemeinsamen Werten als kohäsivem Faktor zurück. Für uns als Bewohner des gleichen Kontinents war dies so etwas wie eine Herausforderung, und die europäische Rhetorik wurde für eine gewisse Zeit unsere Richtschnur, wenn auch nicht für lange. Der Fall der Berliner Mauer war dann für die Bewohner des Balkans insgesamt ein Signal, sich aus den Fängen des Kommunismus zu befreien – jeder auf seine Weise. Weiter haben wir nicht gedacht. Wir glaubten, in Nationalstaaten zur Einheit finden zu können, doch dazu kam es nicht. Die territorialen

Konflikte dauerten an, und zugleich ließ die Anziehungskraft der gemeinsamen europäischen Werte nach. Soweit der äußere Kontext für das zur Lösung anstehende Kosova-Problem wie der Krise im ehemaligen Jugoslawien überhaupt.

Nun unterscheiden sich die Probleme Europas erheblich von den Problemen des ehemaligen Jugoslawien mit der Kosova-Frage als Dreh- und Angelpunkt des albanisch-serbischen Verhältnisses. In Europa streitet man sich nicht um Gebiete, sondern um Werte, wie die gegenwärtige Auseinandersetzung um das Budget und um die europäische Verfassung zeigt. Die einzige Gemeinsamkeit mit dem Balkan besteht daher darin, dass man da wie dort fürchtet, von den anderen dominiert zu werden. Für den Balkan ist diese Angst eine geradezu ewige Konstante und ein wesentliches Hindernis auf dem Weg nach Europa. Dass es dennoch im europäischen Diskurs keine Dominanzrhetorik gibt, wird in Kosova übersehen. Zu sehr ist man hier an Bücher gewöhnt, die Europa als eine Struktur darstellen, die zu Beginn des 20. Jahrhunderts serbische Gebietserweiterungen anstieß und legalisierte; daher steht man dem Ruf Europas skeptisch gegenüber. Das französische Nein zur europäischen Verfassung kam in gewisser Weise gelegen, zumal das Zerwürfnis zwischen Großbritannien und Frankreich als gute Chance für die Realisierung des Traums von Unabhängigkeit betrachtet wurde. Auch meinen Bemühungen, aufzuzeigen, dass die momentanen Differenzen zwischen den Europäern geringfügig und behebbar sind, wenn es um den Balkan und seine Stabilität geht, wird keine Beachtung geschenkt: der Blick der Kosovaren ist strikt auf die andere Seite des Atlantiks gerichtet, während sie in Europa eine Art raffinierte Falle sehen. Europa stellt sich ihnen als ein fragiles System dar, nicht nur im Sinne seiner horizontalen und vertikalen Anordnung, das heißt aufgrund der Struktur und Funktionsweise der Europäischen Union, sondern auch weil diejenigen, die sich an den Rändern befinden, diese Zerbrechlichkeit erneut belasten könnten.

Aufklärungsarbeit hinsichtlich der europäischen Idee zu leisten, ist für einen kosovarischen Intellektuellen eine nahezu unlösbare Aufgabe, denn diese Idee und die damit verbundenen Werte sind untrennbar mit bestimmten politischen Vorstellungen verbunden. Nehmen wir nur die Frage der Sicherheit und die unterschiedlichen Sorgen, die man sich auf beiden Seiten des Atlantiks darüber macht. Bestehende Differenzen in der Sicherheitsfrage werden im öffentlichen politischen Diskurs in Kosova umgedeutet in unterschiedliche Einstellungen zur Frage der kosovarischen Unabhängigkeit. Auf diese mehrheitliche politische Wahrnehmung lässt sich schwer Einfluss nehmen. Es ist so gut wie nicht vermittelbar, dass es diesseits und jenseits des Atlantiks keine unüberbrückbaren Differenzen in der Haltung zu den universalen Werten und Ideen gibt, sondern allenfalls differierende politische Erfahrungen und Vorstellungen, was die physische Sicherheit der jeweiligen Länder angeht.

Die Logik der ethnischen Territorialkonflikte und der europäische Appell

Wir kosovarischen Intellektuellen sehen uns gemeinsam mit der internationalen Gemeinschaft herausgefordert, die kosovarischen und serbischen Territorialansprüche aufeinander abzustimmen. Denn dass der Konflikt in und um Kosova ein Territorialkonflikt ist, daran hat sich in den letzten hundert Jahren nichts geändert. Das Projekt des jugoslawischen Kommunismus ist gescheitert, da dieser nicht imstande war, den Charakter des Problems zu verändern. Darum aber bemühen sich heute die Kosovaren zusammen mit den euro-atlantischen Strukturen. Die Kommunisten schafften es lediglich, das Problem auf dem Stand von 1945 einzufrieren. Die UNMIK unterscheidet sich in dieser Hinsicht kaum von den Kommunisten. Im Kern war sie ebenfalls bestrebt, das Problem zu konservieren, anstatt es zu transformieren. Offenbar haben die Leitungsstrukturen der UNMIK auf den Faktor Zeit vertraut, ohne zu bedenken, dass er bei Konflikten dieser Art nicht heilsam wirkt. Der albanisch-serbische Streit um Kosova aber kann in seinen Ursachen nur bereinigt werden, wenn eine qualitative Transformation stattfindet, was bedeutet, das Augenmerk der Konfliktparteien, also der Albaner und der Serben, von der Gebiets- auf die Wertefrage umzulenken. In dieser Hinsicht klafft zwischen Wunsch und Wirklichkeit noch eine große Lücke. Wäre die UNMIK fähig gewesen, Entwicklungsperspektiven auf sozialen, kulturellen, wirtschaftlichen und anderen Gebieten zu eröffnen, hätte sich etwas erreichen lassen. Doch davon kann keine Rede sein. Das Projekt „Standards für Kosova" ist mit seinem emanzipatorischen Anspruch in den Kinderschuhen stecken geblieben. Das Land braucht mehr als modernistische Emanzipationsprojekte aus der Zeit der Industrialisierung. Gebraucht werden Projekte, die über die Moderne hinausweisen, zutiefst postmoderne Projekte, die dazu führen, dass Kosova und seine Bürger in Europa und auf der Welt als Gleiche betrachtet werden. Mit anderen Worten, ihre über Jahrhunderte hinweg unterdrückte Stimme muss gestärkt werden. Doch Modernisierung ist nicht gleichzusetzen mit Verwestlichung. Soweit diese angelegt ist in der Logik der „Standards für Kosova", erfordert sie eine andere Herangehensweise, andere Strukturen der Implementierung, kohäsivere und kompetentere als jene der UNMIK, die nur insofern befriedigen, als sie formal und oberflächlich gewisse Standards erfüllen, ohne etwas am Kern des Problems zu ändern, ohne also ein unabhängiges, auf eigenen Beinen stehendes Kosova zu schaffen, eine für die Kosovaren, aber auch für Serbien und die Serben akzeptable virtuelle Realität, in der sich alle Parteien wohl fühlen. Nur unter dieser Voraussetzung lässt sich für die kommenden Generationen eine reale, also nicht mehr nur virtuelle Realität erreichen. Dies erfordert einen langen, aufwendigen, mühsamen Prozess, vor allem aber neue, kohäsivere Strukturen der Machtausübung, im Lande wie international. Vorschläge, eingeschlossen den der Balkan-Kommission vom April 2005, sollten nicht auf finale Lösungen abzielen, sondern auf wirksame Augenblickslösungen, die der kosovarischen Gesellschaft wirtschaftliche, kulturelle und politische Entwicklungsmöglichkeiten erschließen, anstatt wie bisher in ihrer Fokussierung auf die Frage der Souveränität und theoretische Erwägungen, wem diese zusteht, in welchem Umfang und bis wann, die weitere Entwicklung aufzuhalten und gleichzeitig bei der Bevölkerung illusionäre Erwartungen zu erwecken. Denn die aus verschiedenen theoretisch-philosophischen Bestandteilen zusammengesetzten Entwürfe für die nationale Souveränität werden, wenn sie auf die Wirklichkeit vor Ort treffen, nur neuerlich Gewalt und menschliche Tragödien hervorrufen. Die Dinge müssen anders als bisher betrachtet werden, vom Ende her. Virtuelle Wirklichkeiten zu schaffen, die Perzeption im Lande von Fortschritt, Wohlstand und insbesondere vom Stellenwert der Unabhängigkeit und Souveränität in der Welt zu verändern, muss für alle ein konkretes Ziel sein. Sich eine „reale" Wirklichkeit zusammenbasteln zu wollen, ist schon im Ansatz illusionär, vor allem heute, angesichts der schwerwiegenden Meinungsverschiedenheiten über die Zukunft der Europäischen Union und der besorgniserregenden Entwicklungen im Nahen Osten, gar nicht zu reden von den gleichermaßen schwerwiegenden transatlantischen Divergenzen darüber, wie diese Entwicklungen nebst ihren Auswirkungen gemanagt werden sollen.

Um es deutlicher zu formulieren: Lösungen in Kosova und um Kosova herum müssen als ein Prozess begriffen werden, der die lokalen Dynamiken berücksichtigt. Das bedeutet, dass neue institutionelle Strukturen geschaffen werden müssen, die geeignet sind, den gegenwärtigen albanisch-serbischen Territorialkonflikt ebenso wie die anderen regionalen und internationalen Konflikte von einem „Nullsummenspiel" in eine „Win-Win-Situation" zu überführen. Dies wird im Augenblick erkennbar versäumt. Stattdessen will man überstürzt und unbedingt Gespräche über den finalen Status Kosovas herbeiführen, ohne damit die Entwicklungsperspektiven in irgendeiner Hinsicht ernsthaft zu verbessern. Ehe man einen neuen Status schafft, müssen neue Horizonte, neue „virtuelle" Wirklichkeiten geschaffen werden, mit denen wir zu leben lernen und aus denen eine spätere Lösung der Statusfrage auf natürliche Weise erwächst. Wer kann diese „virtuelle" Wirklichkeit bewirken? Die Kosovaren? Sicherlich nicht. Die Serben? Ebenso wenig. Sie kann nur von außen hergestellt werden. Könnte die Europäische Union sie herbeiführen? Wiederum: Nein. Und zwar wegen der falschen Auffassung der Albaner von der Rolle Europas in ihrer jüngeren Geschichte. So stellen Geschichtswerke albanischer Autoren nach dem Zweiten Weltkrieg Europa als Helfer der Südserben bei ihrem Streben nach Kontrolle über die von Albanern bewohnten Regionen dar. Die Ereignisse während der Balkankriege 1912/13 wurden von der kommunistischen Historiographie als Verschwörung der Europäer gegen die Albaner dargestellt, um sie an der Ausbildung der Nation und der Gründung eines eigenen Staates zu hindern. Der entsprechende Diskurs wird unter den kosovarischen Forschern und Politikern immer noch lebhaft geführt und beeinflusst in gewisser Weise das politische

Handeln der Mehrheit der Albaner auf dem Balkan. Abträglich waren aber auch die entmutigenden Entwicklungen der letzten Wochen, was die Erweiterung und den Ausbau der Europäischen Union anbelangt.

Jenseits des Atlantiks wird Kosova gleichfalls als ein Problem der internationalen Sicherheit betrachtet, meist freilich im Kontext der Diskussion um die für die US-amerikanische nationale Sicherheit relevanten internationalen Faktoren. Das heißt, Kosova spielt in der erweiterten amerikanischen Sicherheitsagenda insofern eine Rolle, als man es im Falle möglicher politischer Fehlentwicklungen für eine Bedrohung des Friedens in der Region hält. Deshalb meint man dort, die Klärung der Statusfrage sei vordringlich. Wenn allerdings die Verhandlungen über den künftigen Status nicht zur Unabhängigkeit Kosovas führen, könnte die Frustration der Kosova-Albaner in einem Maße zunehmen, das dem Voranschreiten des politischen Prozesses abträglich ist. Allein eine konzertierte transatlantische Aktion, welche die dringenden Entwicklungsinteressen des Landes berücksichtigt und auf eine institutionelle Umgestaltung der kosovarischen Gesellschaft gemäß den euro-atlantischen Werten abzielt, kann das erwünschte Ergebnis herbeiführen, nämlich die rasche Schaffung einer „virtuellen" kosovarischen Wirklichkeit.

Tilman Rammstedt
In der Zwischenzeit

Pole Position

Ganz zum Schluss habe ich das *West*-Werbeplakat dann doch fotografiert. Obwohl ich mir vorgenommen hatte, genau das nicht zu tun, schließlich war mir bewusst, dass man in Osteuropa auf keinen Fall *West*-Werbeplakate fotografieren darf, dass Werbeplakate für *West*-Zigaretten in Osteuropa als Motiv noch weniger hergeben als der Eiffelturm, als die Freiheitsstatue, als ein blauer griechischer Fensterrahmen, doch es war trotz allem zu verlockend, am Ende der Reise endlich einmal etwas Deutliches dokumentiert zu haben, etwas, das klar meinen Erwartungen entsprach.

Die Plakate waren auch fast das Erste, was ich im Kosovo sah. Schon auf dem Weg vom Flughafen, nicht einmal eine halbe Stunde nach meiner Ankunft, prangten sie riesengroß alle paar Kilometer zwischen den halbfertigen Häusern ohne Putz, manchmal auch ohne Dach, sogar ohne Fenster, zwischen den improvisierten Tankstellen und Werkstätten, zwischen den vereinzelten Pizzerien, den Friedhöfen und blinkenden Denkmälern für die UÇK. Auf den Plakaten war ein Formel-1-Wagen kurz vor dem Beginn des Rennens zu sehen, und darunter stand: „Everything starts now".

Hier geht es jetzt also los, dachte ich auf dem Weg vom Flughafen, hier geht jetzt endlich etwas los, es ist ganz kurz davor, nur noch wenige Sekunden, dann kann der Wagen das Rennen beginnen, dann kann das Land mitfahren, sich messen, Runde um Runde, nur noch ein wenig warten, warten auf den Start, warten auf den Staat.

Nach nicht einmal einer halben Stunde hatte ich bereits die Bestätigung, dass meine Vorstellungen stimmten, beruhigt machte ich mir eine Notiz, die erste von vielen, die den Aufbruch beschreiben sollten, die Ungeduld, die Startlochposition, in der schließlich auch ich mich befand, mit aufgerissenen Augen durch das Taxifenster schauend, alles war Eindruck, erster Eindruck, prägender Eindruck, alles musste notiert werden, und zwei Wochen später war das Notizbuch dann tatsächlich voll mit all den Eindrücken, mit Zitaten, mit hilflosen Bewertungsversuchen, und von Seite zu Seite wurde deutlicher, dass die Vorstellung doch wieder einmal haltlos war und alles wieder einmal komplizierter, dass das *West*-Werbeversprechen wieder einmal ein leeres Versprechen blieb; aber das konnte ich nach einer halben Stunde Kosovo noch nicht wissen, das konnte ich höchstens ahnen. Die halbfertigen Häuser sahen nicht so aus, als ob sie bald fertig gestellt würden. Nirgendwo fanden Bauarbeiten statt, fehlende Fenster wurden durch Planen ersetzt, wenn das Dach fehlte, blieben die oberen Stockwerke eben leer, doch der Rest war bewohnt, Wäsche hing auf den unverputzten Balkonen, im Erdgeschoss gab es kleine Läden, das war kein Provisorium, das war längst Zustand.

Das Kosovo zum Ausmalen

Je häufiger ich „Everything starts now" in den folgenden zwei Wochen sah, desto weniger las ich es als Versprechen, eher als Aufforderung oder als Mantra, das, häufig genug wiederholt, irgendwann als Wahrheit hingenommen werden soll. Auch der Adressat schien mir auf einmal nicht mehr der kosovarische Konsument zu sein, sondern der ausländische Diplomat, der potentielle Investor oder gewöhnliche Besucher, und der Slogan war dann eine verlockende Interpretationshilfe für alles, was man sah, aber nicht verstand, weil innen, das weiß man, all das, was man sich außen ausgemalt hat, sehr schnell keine Gültigkeit mehr besitzt.

Das auswärtige Ausmalen war mir ohnehin schwer gefallen. Wenn ich Menschen erzählte, dass ich in das Kosovo fahren würde, schauten sie mich etwas unschlüssig an; ob es dort noch gefährlich sei, wurde ich gefragt, ob es dort Selbstmordattentäter gebe[1], manche verwechselten es mit Bosnien, und auch das war verständlich, denn natürlich kennt man das Kosovo eigentlich erst aus dem Krieg. Der letzte Krieg auf dem Balkan, der letzte in Europa, noch sind die Bilder präsent[2], es scheint nicht lange her, sechs Jahre, von außen betrachtet ist das nichts.

Aber dann war ich nicht mehr außen, und alles musste neu eingeordnet werden, das geschah mir andauernd, von innen sind sechs Jahre eine Menge, und auch wenn der Krieg natürlich noch überall präsent ist, wenn er natürlich alles immer noch bestimmt, wenn das Kosovo heute nur durch den Krieg möglich ist und fast alles, was ich sah, nur durch den Krieg erklärbar, so ist die unmittelbare Nachkriegszeit doch vorbei – Kinder kommen in die Schule, die erst nach dem Krieg geboren sind, Ehen werden geschieden, die erst nach dem Krieg geschlossen wurden, in sechs Jahren geschieht viel in einem Leben, natürlich tut es das, aber das kann man außen schnell vergessen.

Auch ich wusste also fast nichts über das Kosovo. Doch ich musste etwas wissen, bevor ich fuhr, ich musste mir ein Vorurteil zurechtlegen, denn wenn man ohne Vorurteil in ein fremdes Land reist, prasselt alles nur auf einen ein, nichts reibt sich, nichts stellt sich quer, es gibt kein Raster, das sich während der Reise immer weiter verschiebt und am Ende ein ganz neues Raster ist.

Um also schleunigst ein Vorurteil aufbauen zu können, las ich mir in den Wochen vor meiner Fahrt einige Grundinformationen an; Daten, Zahlen, Prognosen, die sich mitunter gegenseitig widersprachen, die wahrscheinlich schon wenige Monate nach ihrer Veröffentlichung veraltet waren und allesamt nur ein äußerst vages Bild entstehen ließen, das Bild von einem

---

1 Oder ein Meer.
2 Nicht so sehr die Bilder des wirklichen Krieges, die von allen anderen Bildern seit dem Golfkrieg 1991 ohnehin nicht zu unterscheiden sind; umso mehr aber die Bilder der Deportationen, die der damalige Verteidigungsminister Rudolf Scharping im Bundestag hochhielt, um für einen deutschen Militäreinsatz zu werben. Es waren schließlich diese Bilder, die für eine Wende in der deutschen Außenpolitik standen.

Land, in dem es nicht wirklich voranging, in dem so gut wie alles noch ungeklärt war, ein Land, das sich ökonomischen und strukturellen Problemen gegenübersah, die den Wunsch nach Eigenständigkeit immer wieder durchkreuzten, kurz: ein Land, das wartete, auf die Kehrtwende, auf den Aufschwung, auf eine Lösung.

Ein Provisorium also, das war mein Vorurteil. Aber wie ein Provisorium aussehen könnte, das wusste ich nicht. War das Kosovo ein riesiges Wartezimmer? Trommelten alle mit den Fingern auf dem Tisch herum? Blätterte man den ganzen Tag gelangweilt in irgendwelchen Zeitschriften? Ich beschloss, mit allem zu rechnen.

Im Rahmen der Möglichkeiten

Der Mann an der Passkontrolle, der erste Kosovare also, den ich traf, hieß, wie mir sein Namensschildchen verriet, mit Vornamen Elvis, und schon damit hatte ich nicht gerechnet. Ob ich zum Arbeiten oder nur zu Besuch hier sei, wollte er wissen, und ich zögerte, weil ich mir darüber auch nicht ganz im Klaren war. „Ich bin Tourist", sagte ich schließlich, das ließ Elvis gelten und gab mir meinen Stempel in den Pass. Ich war da. Und ja, ich war Tourist, und genau darin bestand in den nächsten zwei Wochen meine Arbeit, ich war professioneller Tourist, das war ich noch nie zuvor gewesen, daran galt es sich erst zu gewöhnen. Ein professioneller Tourist braucht ein wenig Vorwissen, aber er darf nicht zu viel davon haben, ein professioneller Tourist muss viele Fragen stellen, aber sie dürfen nicht zu überraschend sein, ein professioneller Tourist muss sich alles anschauen, aber er darf nur das sehen, was wirklich sichtbar ist. Ein professioneller Tourist ist ständig in der Gefahr, mit einem Journalisten verwechselt zu werden,[3] wenn das geschieht, muss er immer vehement widersprechen, denn als professioneller Tourist soll man nichts aufdecken oder recherchieren, man hat keine konkrete Fragestellung, man macht keine Interviews, und wenn man etwas fotografiert, dann für das private Fotoalbum, man hat noch nicht einmal einen besonders vollen Terminkalender.

Es war schwieriger als gedacht, ein professioneller Tourist zu sein, vor allem in einem Land, in dem Touristen sehr rar sind, und natürlich wurde ich als Ausländer immer sofort gefragt, was ich denn im Kosovo wolle, und wenn ich sagte, dass ich etwas darüber schreiben würde, war es schon zu

3 Ich wurde häufig mit einem Journalisten verwechselt, auch häufig als Journalist vorgestellt, „This is Tilman, a journalist from Germany", und die mir Vorgestellten sagten dann kurz „Okay" oder „Great" oder „Really?" und wendeten sich, wenn sie konnten, jemand anderem zu. An Journalisten ist man offenbar mehr als gewöhnt im Kosovo. Wenn ich noch rechtzeitig widersprechen konnte, „I am not a journalist, I am a professional tourist", sah die Lage anders aus, dann gab es interessierte Nachfragen, und auch wenn am Ende niemand wusste, was ich jetzt eigentlich machte, so wurde mir doch bereitwillig Auskunft gegeben, über alles, was ich wissen wollte, und am Ende wurde ich dann meistens, etwas skeptisch, gefragt, wie ich denn über das Kosovo schreiben würde, ob es gut dabei wegkäme.

spät, war ich schon Journalist und jedes Gespräch wurde zum Interview, ich wurde erwartungsvoll angeschaut, was ich wohl für Fragen hätte, und wenn ich keine stellte, um nicht in eine falsche Rolle zu geraten, dann wurde in den schlechten Fällen geschwiegen und in den guten trank man schnell noch einen Kaffee oder Raki und redete über irgendetwas, und ich wurde hingenommen.

Als professioneller Tourist muss man Eindrücke sammeln, auch wenn man weiß, dass es keine repräsentativen Eindrücke sind, dass man sich nur in einem kleinen Radius bewegt, dass man Dinge nur gezeigt bekommt, ohne sie selbst entdecken zu können, dass man Dinge nur gesagt bekommt, ohne irgendetwas davon nachprüfen zu können.

Also lief ich umher, schaute mich um, hörte zu, versuchte Eindrücke zu sammeln, doch die purzelten nach kurzer Zeit schon alle durcheinander, was für einen gewöhnlichen Touristen nicht schlimm gewesen wäre, für professionelle Touristen aber schlimm ist. Denn am Ende soll man, das ist schließlich die Aufgabe, die durcheinandergepurzelten Eindrücke sortieren, sie irgendwo einordnen, bewerten, rückblickend einen roten Faden finden, ein Ergebnis, eine These erstellen, all das, was man sich während des Touristseins hat verkneifen müssen.

Postkartenmotive

Die meiste Zeit meines Aufenthalts verbrachte ich in Pristina. Für Touristen ist das keine einfache Stadt. Es gibt keinen Stadtführer, nur sehr ungenaue Straßenkarten und so gut wie keine auffälligen Sehenswürdigkeiten, lediglich das pathetische Denkmal für den albanischen Volkshelden Gjergj Kastrioti, genannt Skanderbeg.[4] Ihn sieht man auch auf zwei der insgesamt drei verschiedenen Postkarten, die es von Pristina gibt, daneben jeweils das sozialistisch-futuristische Bibliotheksgebäude und das Grandhotel; auf der dritten Postkarte tanzen folkloristisch bekleidete Menschen den albanischen Adlertanz. Die Sehenswürdigkeiten waren also schnell abgehakt, und darum sollte es schließlich auch nicht gehen. Es ging um die Eindrücke, um das, was wir Touristen Atmosphäre nennen, den beobachteten Alltag, das Treiben auf den Straßen, in den Geschäften, den Cafés.

4 Sokol Beqiri, einer der angesehensten bildenden Künstler des Landes, der sich in den ersten Tagen meines Besuchs um mich kümmerte, zeigte mir seine Videoarbeit über die Ankunft des Denkmals in Pristina 2001; die Straßen waren gefüllt mit Tausenden von Menschen, die Augen leuchteten, es wurde gejubelt, geklatscht und geweint, so wie man es sonst nur von Papstbesuchen oder Fußballweltmeisterschaftsfeiern kennt. Skanderbeg steht für den Sieg des Albanischen im Kosovo, sein Blick ist entschlossen, sein stolzes Pferd bäumt sich auf – kein Wunder, die Statue ist eine Kopie eines noch aus kommunistischen Zeiten stammenden Denkmals in Albanien. Dass sich daran kaum jemand stört, dass der thematische Bezug die Ästhetik überdeckt, machte mir endgültig klar, dass es hier um Dinge ging, die ich nur nachvollziehen konnte, ohne sie selbst zu kennen, um einen freudigen, aber auch verzweifelten Patriotismus.

In Pristina fällt einem zunächst das auf, was einem überall im Kosovo auf-
fällt: Das Land ist besetzt, es ist ein Protektorat. Im gesamten Stadtzentrum drängen sich die Verwaltungsgebäude der UNMIK[5], vor ihnen riesige
Parkplätze, von Stacheldraht umzäunt, auf denen Dutzende der rot-weißen
UN-Jeeps stehen, die auch überall auf den Straßen auf und ab fahren, „Präsenz zeigen" heißt das wahrscheinlich.[6]

Neben der UNMIK gibt es noch die Kfor, die EU, die OSZE und die Gebäude der Ländervertretungen. Überall sieht man Uniformen, amerikanische,
russische, deutsche[7][8], schwedische, italienische, indische; überall spricht man
Englisch, überall versteht man Englisch, selbst in den kleinsten Geschäften,
so dass auch ich nach ein paar Tagen das tat, was ich sonst im Ausland immer
vermeide: Ich redete jeden ungefragt auf englisch an, und jeder verstand
mich – nirgendwo sonst habe ich so wenig von der Landessprache gelernt,
am Ende konnte ich die Wörter für „Ja" und „Gut" und „Danke", aber auch
die benutzte ich so gut wie nie.

Als Zweites fällt in Pristina auf, dass es anscheinend zu klein ist. Genaue Bevölkerungszahlen gibt es nicht, wahrscheinlich irgendetwas zwischen 350 000 und einer halben Million, doch die Stadt ist für viel weniger
ausgelegt, sie platzt aus allen Nähten. Und es wird wild drauflosgebaut,
jeder, der etwas Geld hat, investiert in Immobilien.[9] Und man baut schnell,
bevor es die Stadt verbieten kann, dann zahlt man eine Strafe wegen feh-

5 United Nations Interim Administration Mission in Kosovo, also eigentlich UNIAMIK, aber das
war entweder zu lang, oder man war sich in Bezug auf das „Interim" nicht ganz so sicher.
6 Die Polizeiautos der UN sind rot-weiß, weshalb sie von der Bevölkerung liebevoll „Coca-Cola-Po-
lice" genannt werden. Überhaupt schien mir der Umgang mit den Schutztruppen und internationalen Beamten sehr entspannt, äußerst eingespielt. Man ist ihnen dankbar, für die Befreiung, aber
auch für die Stabilität in den Jahren danach. „Ohne die Kfor hätten wir längst einen Bürgerkrieg",
sagte mir der Schriftsteller und Publizist Migjen Kelmendi, nur bei den Unruhen im März 2004
hätten sie versagt. Im Kosovo habe man auch traditionell ein gutes Verhältnis zu den Besatzern,
selbst zu den Deutschen während des Zweiten Weltkriegs, die immerhin Schulen eingerichtet hätten. Die Leidensgeschichte eines Landes erkennt man offenbar daran, dass seine Bewohner den Besatzern gegenüber hoffnungsfroh sind.
7 Zum ersten Mal sah ich deutsche Uniformen im Ausland und hatte trotz besseren Wissens sofort
das Gefühl, mich entschuldigen zu müssen. In Prizren, wo die Bundeswehr die Kfor-Leitung übernommen hat, traf ich Frau Grün. Sie ist Offizierin und verantwortlich für eine Zeitung, die die
Kfor für die Bevölkerung herausgibt („Affirmativ, ein bisschen Propaganda", erzählte mir ihr kosovarischer Mitarbeiter, aber das dürfe er nicht zu laut sagen.[7.1] Frau Grün hat Germanistik studiert,
„Jetzt erzählen Sie doch mal etwas", sagte sie. „Ich habe noch nie einen Schriftsteller kennen gelernt." Dass ich auch noch nie eine Offizierin kennen gelernt hätte, sagte ich, und so staunten wir
uns über zwei Kaffee hinweg an.
7.1 Sonst ist der Umgang der beiden miteinander aber höflich und mitunter fast herzlich. „Eine Zigarette noch?", fragte der Mitarbeiter, als Frau Grün signalisierte, dass man bald wieder aufbrechen
müsse. „Na klar", sagte sie. „Sie wissen doch, moderne Menschenführung."
8 Als ich in der Lobby meines Hotels einmal auf einen Bekannten wartete, bezog gerade eine frisch
eingetroffene Truppe vom Bundesgrenzschutz ihr Quartier im selben Hotel. Neugierig und etwas
skeptisch sahen sie sich um und dabei auch mich lange an. Ich war der Einzige in der Lobby. Wahrscheinlich war ich der erste Kosovare, den sie sahen, ich war ihr Elvis.
9 In einer ehemals ruhigen Siedlung im Zentrum der Stadt, nach der US-Vorstadt-Serie „Peyton
Place" genannt, sieht man das besonders. Hier schießen die Gebäude, zumindest für Pristinaer Verhältnisse, in die Höhe, einer nimmt dem anderen das Licht, so dass wiederum derjenige einen weiteren Stock dazubaut, es entsteht ein irrwitziger Stilmix von multifunktionalen Häusern, weil der
Bauherr sich alle Optionen offen halten will: Bürogebäude, Wohnhaus, Botschaft oder Geschäft, je
nach Mieter.

lender Genehmigung, aber das Geld ist sicher angelegt, Pristina wächst, die Mieten steigen.

Es gibt unglaublich viele Rechtsanwälte und Friseure, aber vor allem gibt es Cafés, das ganze Zentrum Pristinas wimmelt davon, auch von Bars, Pizzerien, Grill-Imbissen[10], und alle sind sie gut gefüllt. Essen und Trinken, so wurde mir von allen Seiten versichert, hat oberste Priorität in Pristina und im gesamten Kosovo, und ich versuchte mich natürlich daran anzupassen, so dass ich zwischen den drei warmen Mahlzeiten am Tag mindestens acht Kaffee trank, abends dann Raki, Wein oder das Peja-Bier[11], aus der einzigen Brauerei und dem ersten privaten Betrieb im Kosovo überhaupt. Kein Wunder, dass Essen und Trinken oft Thema war, und nicht nur, weil sich darüber gerade am Anfang unverfänglicher sprechen lässt als über die politische[12] oder wirtschaftliche Situation des Kosovo. Gutes Essen und Trinken wurde mir als ein Teil der kosovarischen Identität präsentiert, und ich hörte viele Schmähungen über die deutsche Küche und die europäische überhaupt. „Zumindest über das Essen wirst du etwas Gutes schreiben, oder?", wurde gesagt, und ich nickte mit vollem Mund.

Gleichung mit zwei Unbekannten

Die oft erwähnte Identität blieb aber schwer zu bestimmen. Das Wort „kosovarisch" hörte ich selten, nur junge Menschen bezeichneten sich mir gegenüber manchmal als Kosovaren. Man ist Albaner und kommt aus dem Balkan, an beides musste ich mich erst einmal gewöhnen.

Albanien ist wahrscheinlich der weißeste Fleck von den vielen weißen Flecken auf meiner inneren Landkarte Europas, noch viel weißer als das Kosovo, es gab dort in letzter Zeit ja noch nicht einmal einen Krieg, und dass ich mit dieser Ignoranz nicht allein bin, verzeiht wenig. Albanien war immer der unfreiwillige Einzelgänger, Teil des Ostblocks, aber nicht richtig, mit einer Sprache, die keine Verwandten unter den anderen indoeuro-

---

10 Für mich war Pristina aber seit langem die erste Stadt, in der es keinen McDonald's gab. Ohnehin nur sehr wenige internationale Ketten. Die Ladenbetreiber nehmen die Globalisierung aber schon vorweg, ein Grill-Imbiss heißt „King Burger"[10.1], die Adidas- und Nike-Logos an den Schuhgeschäften sind selbstgemalt.
10.1 Ein anderer „Döner Bill Klinton" [sic!].
11 In Peja trank ich es natürlich, und ein Freund Sokol Beqiris[11.1] fragte mich, ob mir das Etikett gefalle, er habe es nämlich gestaltet, und als Strichcode habe er, weil ihm nichts anderes einfiel, seine Handynummer[11.2] benutzt, worüber seine Freundin, wie er sagte, nicht sehr glücklich sei.
11.1 In Peja waren alles Freunde von Sokol Beqiri. Oder Cousins. Es dauerte sehr lange, von einem Ort zum anderen zu gelangen.
11.2 Die Handynummern im Kosovo haben die monegassische Vorwahl, weil eine Telefongesellschaft aus Monaco das Netz gekauft hat. In manchen Fällen scheint das Kosovo, was die Globalisierung anbelangt, dem restlichen Europa weit voraus zu sein.
12 Nationale Tagespolitik war ohnehin selten Thema. Der eigenen Regierung stand man meist skeptisch gegenüber. „Ich mag Ibrahim Rugova", versicherte mir ein Übersetzer in Peja. „Er bringt mich zum Lachen, er sieht auch schon so lustig aus; wenn sein Leben verfilmt würde, sollte ihn unbedingt Woody Allen spielen. Nein wirklich, ich mag ihn, aber entscheiden tut er nichts."

päischen Sprachen hat. Und wenn Albaner in den letzten Jahren einmal in den Nachrichten auftauchten, dann sah man sie gequetscht und gestapelt auf Flüchtlingsschiffen. Albanien ist anscheinend ein Land, das man unter allen Umständen verlassen will, das sorgt für keinen guten Ruf.

Umso merkwürdiger, im Kosovo auf einmal so anders mit Albanien konfrontiert zu werden, hektisch las ich mir ein wenig dazu an, aber das reichte wieder hinten und vorne nicht. Denn natürlich, so erfuhr ich, kann man das Kosovo nur verstehen, wenn man Albanien versteht, die Ausprägung des Stalinismus unter Enver Hoxha, die die albanische Bewegung im Kosovo mitprägte, die Diskurse im intellektuellen Tirana, die die Diskurse in Pristina bestimmten[13], wer im Kosovo etwas auf sich hielt, sprach im südalbanischen Tosk-Dialekt und nicht im kosovarischen und nordalbanischen Geg[14]. Bis weit in die 1990er Jahre hinein galt Albanien nicht nur als das Mutterland und eine staatliche Vereinigung mit ihm als ein, zeitweise sogar recht realistischer, Wunsch, es war darüber hinaus auch der beneidete große Bruder, ein großer Bruder allerdings, dem es ökonomisch weitaus schlechter ging als dem Kosovo, das von der vergleichsweise hohen Prosperität und Liberalität Jugoslawiens profitierte. So brachten Kosovaren beim Verwandtenbesuch in Albanien Lebensmittel und Luxuswaren mit, die es in Albanien nicht gab, und trotzdem bestand offenbar ein ständiges Minderwertigkeitsgefühl gegenüber dem Nachbarn. Die Albaner dort galten nicht nur als mondäner und gebildeter, sondern sie waren schon allein deshalb überlegen, weil sie einen eigenen Staat hatten.

Doch all die Bewunderung ist etwas abgekühlt.[15] Von Wiedervereinigung wird – auf beiden Seiten wohl – kaum noch geredet, Albanien ist ein Urlaubsland geworden[16], von der Küste wurde mir vorgeschwärmt, kultureller Austausch findet statt, aber im Zuge der Eigenständigkeit will sich das Kosovo nicht nur von Belgrad, sondern auch von Tirana emanzipieren.

Auch auf die Emphase des Balkans war ich nicht gefasst gewesen. Zwar war mir bewusst, dass das Kosovo im Balkan liegt, wie auch die restlichen ehemaligen jugoslawischen Provinzen, Bulgarien zählte meines Wissens auch dazu, Albanien schätzungsweise auch, vielleicht sogar Rumänien, über den Rest war ich mir im Unklaren, und auch über die innere Hierarchie der Region, und als ich auf die häufig gestellte Frage, ob ich denn zuvor schon einmal im Balkan gewesen sei, anfangs mit einem selbstsicheren

13 Und teilweise immer noch bestimmen.
14 1972 wurde von der Regierung in Tirana das Standard-Albanisch eingeführt, das weitestgehend auf dem Tosk-Dialekt beruhte. Der Publizist, Schriftsteller und ehemalige Rocksänger Migjen Kelmendi hat es sich zur Aufgabe gemacht, dem kosovarischen Geg-Dialekt wieder zu seinem Recht zu verhelfen, um damit auch das Minderwertigkeitsgefühl der Kosovaren gegenüber Albanien zu lindern. Die von ihm herausgegebene Wochenzeitung *Java* ist die erste und bislang einzige Zeitung, die in Geg geschrieben ist.
15 Wenn auch das Gefühl der Minderwertigkeit noch immer besteht, wie auch nicht, wenn albanische Musik, albanische Fernsehsendungen, albanische Bücher und, siehe oben, albanische Monumente reichlich importiert oder kopiert werden?
16 Für diejenigen, die einen Pass besitzen.

„Und ob, in Kroatien und Slowenien" antwortete, wurde nur abschätzig gelacht: „Ach so, Balkan light."

Der Balkan, wie er mir im Kosovo erklärt wurde, ist viel mehr als eine Region, er ist eine Lebensweise, eine soziologische, klimatische und kulinarische Einheit, die sich noch weit über die von mir vermuteten Länder hinaus erstreckt, Griechenland ist Balkan, die Türkei ist Balkan, selbst Italien, auch wenn die das immer abstreiten würden. Doch, so erklärte mir ein Mann in einer Bar in Peja, er sei mal in Rom gewesen, und da könnten sie sich europäisch geben, wie sie wollten, Italien sei Balkan, zweifellos.

Wie jede Einheit definiert sich der Balkan natürlich auch in Abgrenzung gegen eine andere Einheit, und diese andere Einheit ist in diesem Fall Europa. Noch nie zuvor wurde ich so ausschließlich als Europäer angesehen, nie zuvor musste ich ständig Europa repräsentieren, ob ich wollte oder nicht. Nie zuvor sah ich so deutlich das Gegenstück der westeuropäischen Angewohnheit, das ehemalige Jugoslawien, den Balkan, ja sogar ganz Osteuropa zu vereinheitlichen. Ich wurde fast nie als Deutscher wahrgenommen,[17] sondern immer nur als Europäer. Zunächst verwunderte mich das, da ich das Kosovo selbstverständlich auch Europa zugeordnet hätte, doch wieder einmal wurde der Unterschied zwischen außen und innen deutlich: Innerhalb der Europäischen Union versteht man Europa viel öfter geographisch als außerhalb.[18]

Für die meisten Menschen, die ich traf, war Europa das andere, es war die Hoffnung, die Bedrohung, die Zukunft oder das nie Erreichbare, und es war immer Thema. Ob man sich im Balkan nicht als Europäer sehe, fragte ich den Mann in der Bar in Peja, und er rief: „Wir sind Europa. Wir sind mehr Europa, als Europa das denkt."[19] Und alle um ihn herum stimmten ihm lachend zu.[20]

Punkt

Gerade in Europa wird viel von Identität geredet. Es war das Modewort der 1990er Jahre, immer ging es um das Finden oder Bewahren oder Verteidigen

---

17 Nur von denjenigen, die eine Zeit lang in Deutschland gelebt haben.
18 Und ich fragte mich, ob diese geographische Sicht ein Luxus sein könnte, der erst auftritt, wenn die ökonomische Einheit, das heißt die Europäische Union, als selbstverständlich hingenommen wird.
19 Diese Aussage, die ich unter dem stolzen Blick des Mannes sofort in mein Notizbuch schrieb, sagt fast alles über das Verhältnis des Kosovo zu Europa aus, so wie ich es kennen gelernt habe; im ersten Satz wird sich Europa zugeordnet, im zweiten gleich davon distanziert.
20 Zufällig fielen in die Zeit meiner Kosovo-Reise die ablehnenden Referenden Frankreichs und der Niederlande. Und nach all den Gesprächen über Europa schien es mir einleuchtender denn je, dass die hilflosen Thesen über die EU als Kultur- und Wertegemeinschaft nicht überzeugen können. Zwar war mir nichts im Kosovo wirklich fremd, nichts unvereinbar mit dem restlichen Europa, doch, was viel wichtiger scheint, man will dort nicht Teil einer solchen Gemeinschaft sein. Die Eigenständigkeit ist noch nicht einmal erreicht, da ist ein erneutes Eingliedern kein sehnlicher Wunsch. Aber natürlich will man, jedenfalls alle, mit denen ich sprach, Mitglied der EU werden (und erwartet das auch), jedoch aus rein pragmatischen Gründen, zur Belebung der Wirtschaft und zur Erleichterung der Mobilität.

einer nationalen Identität innerhalb eines größeren Konstrukts, der Europäischen Union, der ehemaligen Sowjetunion, der ehemaligen Tschechoslowakei, des ehemaligen Jugoslawien. Eine Identität wurde als Voraussetzung für Eigenständigkeit behauptet und als Tabuzone in einem multinationalen Gebilde bewahrt. Nur immer, wenn gefragt wurde, worin die jeweilige Identität denn bestünde, wurde gestottert und sich in Sätze geflüchtet, die viel zu inhaltslos waren, um ihnen widersprechen zu können. Ein Kosovo, das auf keinen Fall länger Teil Serbien[21]-Montenegros sein und auch nicht Teil eines Groß-Albaniens werden will, hat mit der geforderten Identität deshalb zunächst ein Problem.

An der Oberfläche wird fieberhaft nach der Identität gesucht, es finden Kongresse statt, in der Wochenzeitung *Java* gibt es ein Forum dazu, es ist Thema von Fernsehdebatten; doch jedem ist klar, dass am Ende dieses Suchens kein Thesenpapier stehen wird, keine Liste, nicht einmal eine vage Umschreibung, das Suchen nach der Identität ist nur Teil eines großen Willens zur Eigenständigkeit.

Aber die Skepsis gegenüber diesem Suchen nach Identität ist ein Privileg derjenigen, deren eigene nie in Frage stand, und damit nicht nur ein Privileg professioneller Touristen, sondern auch der jungen Kosovaren. Die Identitätsdebatte sei eine Generationendebatte, behauptete Vesa Sahatçiu, eine Schriftstellerin und Kunstkritikerin Anfang zwanzig. Und besonders eifrig werde sie von den Vierzig- bis Fünfundfünfzigjährigen geführt, also denjenigen, die Miloševićs Unterdrückung biographisch am härtesten traf und für die der Krieg zu spät kam. Für die Jüngeren, wie sie selbst, sei das befreite Kosovo schon eine Selbstverständlichkeit und die Identität daher keine Frage. Sie sei Kosovarin, Punkt,[22] sagte sie, und von anderen in ihrem Alter hörte ich Ähnliches.

Die Jüngeren sagten ohnehin häufig „Punkt", die Sätze waren kurz und griffig, sie waren meist auf dem Sprung, zur Arbeit oder in ein anderes Café oder zu einer Party. Von allen, die ich im Kosovo traf, schienen sie am wenigsten zu warten.

21 Jetzt ist das Wort „Serbien" endlich gefallen. Und es ist im Grunde auch ganz unmöglich, einen Text über das Kosovo zu schreiben, in dem Serbien nicht erwähnt wird. Doch Thema war es während meines Besuchs so gut wie nie, und ich traf in den zwei Wochen auch auf keinen einzigen Kosovo-Serben. Hin und wieder kam ich an serbischen Siedlungen in den Außenbezirken Pristinas oder im Nirgendwo vorbei, in denen verstärkt UN-Jeeps auf und ab fuhren, doch sie wirkten menschenleer.
Der einzige Serbe, den ich traf, war der Belgrader Künstler Vladan Jeremić, der in Pristina seine Projekte vorstellte. Er war sichtlich nervös. „Es kommen nicht viele Menschen aus Belgrad hierher", sagte er. „Vielleicht bin ich sogar der Erste." Zu viel Propaganda auf beiden Seiten gebe es. Doch manchmal wirkte seine Vorsicht auf mich unbegründet. Einen Journalisten, der ihn interviewte, fragte er, ob es in der Redaktion Probleme damit gebe, dass er Serbe sei. „Nein", sagt der Journalist. „Sie wollten nur wissen, ob du wichtig bist."
22 Woran sie das festmache, fragte ich, und sie zuckte nur mit den Schultern. Woran ich denn festmache, dass ich Deutscher sei, fragte sie zurück und bekam keine Antwort.

Standards ohne Status

Ich fuhr zwei Wochen nach meinem dreißigsten Geburtstag in das Kosovo, was mich dort schlagartig zur Minderheit machte. Siebzig Prozent aller Kosovaren sind unter dreißig, eine in Europa wohl einmalige Zahl, die, zusammen mit der hohen Geburtenrate, hiesigen Demoskopen wahrscheinlich die Tränen in die Augen triebe.[23]

Fast alle, die ich im Kosovo traf, waren unter dreißig. Und weil sich Touristen zum Glück keine Sorgen um einen repräsentativen Querschnitt machen müssen, störte es nicht, dass sie allesamt studiert hatten, viele sogar im Ausland, in den USA, in Australien, Norwegen oder der Türkei; alle beherrschten sie mehrere Sprachen fließend, alle waren sie unerhört eloquent, modisch und gebildet.[24]

Wenn ich sie fragte, ob sie auf etwas warten würden, dann schauten sie mich meist überrascht an.[25] Sie waren alle beschäftigt, bei manchen lief es gut, bei manchen weniger, Fördergelder kamen und wurden wieder eingestellt, daran gewöhnt man sich, und die ungeklärte Situation des Kosovo schien mit der persönlichen Befindlichkeit nie etwas zu tun zu haben. „Wir warten nicht auf den Status, wir wissen, dass wir einen Status haben", sagte Doruntina Basha, Dramaturgin am Pristinaer Theater.[26]

Natürlich klagt man auch über seine Heimat, über die Provinzialität, die verkrusteten Strukturen[27] und vor allem über die Schwierigkeiten der Ausreise[28], doch unter all dem scheint auch eine Zufriedenheit durch, man hat sich eingerichtet im Provisorium, man genießt es in seiner Unbeständigkeit, es gibt einen Alltag und auch einen lebhaften Austausch untereinander: Jeder kennt jeden im Bereich des Kulturschaffens, alle gehen in dieselbe Handvoll von Cafés, Bars und Clubs. „Eigentlich ist dieser Ort per-

---

23 Dass von diesen siebzig Prozent drei Viertel arbeitslos sind, dürfte die Tränen allerdings rasch stoppen.

24 „Warum sind hier alle jungen Menschen so verdammt reif?", fragte ich Valbona Shujaku, die sich während meiner Tage in Pristina aufopferungsvoll um mich kümmerte und mich mit den meisten Menschen, die ich kennen lernte, in Kontakt brachte. „Wir hatten einen Krieg hier", antwortete sie trocken, und das hatte ich tatsächlich nach einigen Tagen fast vergessen. Man gewöhnt sich schnell.

25 Nur Krenare Rugova, Kosovos bisher einzige Modedesignerin, sagte, dass sie auf die Eigenständigkeit Kosovos und die damit wohl einhergehende freie Marktwirtschaft warte. „Es ist zu einfach, die Beste zu sein, wenn man die Einzige ist", sagte sie, und dass Konkurrenz schließlich für Qualität sorge. Da sie in den USA ausgebildet wurde, überraschte mich das nicht.

26 Doruntina spielt hier auf die Devise „standards before status" an, die die internationale Gemeinschaft für das Kosovo ausgegeben hat; das heißt, erst müssen die politischen, sozialen und ökonomischen Strukturen im Sinne von Rechtsstaatlichkeit und Demokratie geschaffen sein, bevor über eine Eigenständigkeit des Kosovo weiter befunden werden kann.

27 Auf den entscheidenden Posten säßen immer noch die Alten, sagte Doruntina, als ich sie auf die Jugendlichkeit Kosovos ansprach. Und mit denen sei eine Kommunikation unmöglich, man gehöre verschiedenen Welten an.

28 Geschichten über Schwierigkeiten mit der Pass- oder Visumsbeschaffung hörte ich von allen Seiten, kafkaeske Behördenstrapazen, bei denen einem gerne am Ende mitgeteilt wird, dass man eigentlich nicht existiere. Für die meisten Visa muss man nach Belgrad fahren, was niemand möchte, Serbien ist immer noch Feindesland, und ohnehin scheint die Visumvergabe am ehesten einem Lotteriespiel zu gleichen.

fekt", sagte Doruntina, „billige Zigaretten, billige Drinks, gutes Essen und immer die neusten DVDs[29]."

Was diese Lebensweise angeht, hat das Warten auch gar keinen Sinn. Im Gegenteil, der große Aufbruch nach dem Krieg würde sich schon wieder verlaufen, erzählte man mir, es sei ruhiger geworden in Pristina, was einerseits an der Wirtschaftskrise liege, andererseits aber auch an einem Verebben der Euphorie, man probiere nicht mehr so viel herum wie noch vor einigen Jahren, alles spielt sich ein.[30]

Provisorischer Alltag

Nach wenigen Tagen hatte auch ich eine Routine, dagegen konnte ich auch als Tourist nichts machen. Vormittags schrieb ich ein wenig in einem Café, mittags ging ich ins Exit-Büro, nachmittags traf ich meist, von Valbona Shujaku arrangiert, Menschen, denen ich erklärte, dass ich kein Journalist sei, und dann trotzdem meistens viele Fragen stellte, und abends waren alle ohnehin im „Kafja e vogël", dem „Kleinen Café"[31].

Ich fand mich zurecht, die Kellner grüßten mich, alle Hotelportiers kannten meine Zimmernummer auswendig, und wenn wieder einmal irgendwo der Strom ausfiel und rasenmäherlaut der Stromgenerator anlief, zuckte ich kaum noch zusammen. An meinem letzten Tag ging ich sogar ins Kino.

Doch je länger ich blieb, desto stärker erfasste mich auch eine Unruhe. Ich hatte noch immer kein Bild vom Kosovo, kein neues Raster, ich versagte immer mehr als professioneller Tourist, nahm immer mehr hin, die Notizen wurden spärlicher, die Gespräche ähnelten einander. Klar war nur, dass mein Vorurteil, wie man es von Vorurteilen schließlich auch erwartet, wenig fand, an dem es sich bewahrheiten konnte. Kaum einer schien zu warten, auf was auch immer, und auch wenn man sich zweifellos in einem Provisorium befand, so war es ebenso zweifellos kein statisches Provisorium, kein Zustand, den es nur endlich zu beenden gilt, sondern ein ebensolches Wei-

29 Den traditionellen Vorsprung des Westens im Bereich der Popkultur sah ich im Kosovo aufgeholt, fast sogar umgedreht. Da noch keine Copyright-Gesetze existieren (schließlich gibt es auch noch keine internationalen Unterhaltungsmedienfirmen, die das schleunigst ändern würden), herrscht ein großer und legaler Handel mit gebrannten CDs, DVDs und Computersoftware. Nirgendwo im Kosovo sah ich einen Originaldatenträger, dafür gibt es keinen Markt, stattdessen Hunderte von kleinen Läden[29.1], in denen man Musik und Filme kaufen konnte, die in Deutschland teilweise noch nicht einmal auf dem Markt oder im Kino waren.
29.1 Im Gegensatz zu dem halblegalen Verkauf, wie man ihn aus anderen Ländern kennt, kann man im Kosovo die DVDs auch umtauschen, wenn sie nicht funktionieren. Einmal sah ich eine aufgebrachte Britin, die sich darüber beschwerte, dass sie einen Film schon zum zweiten Mal umtauschen müsse. „Ich frage mich, warum die niemand kontrolliert, bevor sie ins Regal kommen", sagte sie, und ich fragte mich, ob das Teil der Standards war, die vom Kosovo verlangt werden.
30 Häufig erinnerten mich diese Aussagen an Berlin in den späten 1990er Jahren; der große Aufbruch war vorbei, und jetzt trank man vor allem Kaffee.
31 Die Größe wird besonders an den Wochenenden bemerkbar, an denen es dort so voll ist, dass man unweigerlich halb auf dem Schoß des Nachbarn sitzen muss. Das macht aber nichts, da sich ohnehin jeder kennt.

terhangeln, Anfangen und Abbrechen, ein ebensolches Voranbringen und Geschehenlassen, wie man es von überall her kennt.

Man hat mit allem zu rechnen, hatte ich mir vor meiner Abreise gesagt. Aber nicht gerechnet hatte ich mit dem Naheliegendsten, nicht gerechnet hatte ich mit dem, womit immer zu rechnen ist, mit der Normalität. Als professioneller Tourist darf man damit auch nicht rechnen, doch nach ein paar Tagen reißt man die Augen immer weniger weit auf, ordnet fast alles zu und ein, und das Vertraute wird zunehmend deutlicher als das Fremde.

Mit dem Taxifahrer, der mich wieder zum Flughafen brachte, sprach ich deutsch. Er hatte acht Jahre in München gelebt. „Schönes Land", sagte er, aber hier im Kosovo gefalle es ihm besser.

Ob er auf etwas warte, fragte ich ihn, um es ein letztes Mal zu fragen. „Ja", sagte er. „Auf den Feierabend."

Hardcore wie das Leben!

Ein Interview mit der Underground-HipHop-Band N'R von Sezgin Boynik
Mit Lyrics von N'R, K-OS und WNC

.

N'R: Raptishismus[1]

wenn sie mich untersuchen, medizinisch, mein ich,
kommt heraus, dass ich organisch

total abgefuckt bin, weil sie hypnotisch in mein gewebe
was einprogrammiert haben, damit ich

die gitterstäbe nicht seh, denn alles ist immer noch
kommunistisch, die leute wollen raus, wollen

sich visen besorgen, devisen borgen, weil UNMIK
das geld wegfrisst wie der mistkäfer den mist,

abgefuckt eben, völlig mechanisch läuft das ab,
keine ahnung, wie wir mit der fiesen

krise fertig werden sollen, aber ich pisse auf das
ganze gesülze, dieses volksschulgeleier, denn

eins steht fest, man braucht eckige eier, will man
die kacke in den griff kriegen, verantwortung

fürs weltall übernehmen, bei all den problemen,
die wir hier haben?! ach albaner, eins weiß ich: wir sind

im kopf nicht so weit, auch wenn wir uns draufstellen
und den mond anbellen, gen Europa zu reisen

solange wir schulen einreißen, los, heißt es,
debattieren wir und analysieren wir, und dann sagen wir:

bauen wir auf der ruine eine kathedrale, obwohl bloß
minimale chancen für eine reale

lösung bestehen, das ist doch abnormal, eine qual,
diese ideen drücken uns langsam die luft ab:

terrorismus, rassismus, die kombination von politik
und egoismus, sprich kommerzialismus

definitiv: fuckabismus!

es ist purer kretinismus in einem land mit 92 prozent
mohammedanismus

mitten ins zentrum 'ne kirche zu knallen,
genauso gut könnte euch einfallen, aus meinem schwanz

so was wie in Pisa zu machen, ihr wisst schon, leute,
das schiefe gebäude, bei solchen sachen

vergeht einem das lachen, das ist doch bloß, um für 'nen
moment

ganz laut behaupten zu können: da schaut,
wir haben ein monument

scheiße, es haut mich um, wenn ich seh,
wie ein paar albanische kriecher

viecher werden, als gäb's auf erden nicht schon genug
moscheen und kirchen, fuck you

moslems, katholiken und alle religiosen sekten
dieser welt, lasst mich in ruh, ihr verdreht für geld

die albanische kultur. nix wie vertuschen, begaunern,
sich verstellen, ficken, juhu,

1 „raptish" ist eine selbstironische Bezeichnung der Albaner für sich selbst, abgeleitet durch Buch-
stabenumstellung von dem Ausdruck „shiptar", den die Serben abschätzig für die albanische Bevölkerung verwandten.

Sezgin Boynik: Könnt ihr kurz etwas über die Geschichte von N'R sagen?

N'R: N'R hat 1998 angefangen. Wir wollten einen Song machen, der die Leute bewegt, und wir haben uns dann für das Thema „Töten" entschieden, denn es wurde damals viel getötet in unserem Land. Also haben wir beschlossen, Musik zu machen und über dieses Thema zu sprechen. Danach haben wir drei Jahre nicht mehr gespielt. Dann kam eine Aufnahme mit einer anderen Band, die wie wir bei der Produktionsfirma init war. Die haben uns gehört und wollten ein Album mit uns machen und so weiter ... So fing es an.

Sezgin Boynik: Und das war euer Debütalbum?

N'R: Ja, das war unser erstes Album. Wir haben es 2001 fertig gestellt.

Sezgin Boynik: Und wie haben die Leute hier in Kosova auf HipHop reagiert?

N'R: Im Grunde haben wir die Bedeutung von HipHop in Kosova verändert. In unseren Texten ging es um Themen, von denen bisher kein Rapper geredet hat. Als Rapper bist du Reporter, du berichtest, was auf den Straßen in deiner Stadt abgeht. Und die Leute haben es akzeptiert, irgendwie, aber sie haben es akzeptiert. Nach unserem Album haben sich alle Rapper geändert, wir haben sie dazu gebracht, sich zu verändern. Sie haben ihren Stil und ihre Texte verändert, aber nicht die Musik. Wir können mit der Musik, die sie mögen, nichts anfangen.

Sezgin Boynik: Könnt ihr noch ein bisschen mehr dazu sagen, wie sich N'R von anderen HipHop-Bands unterscheidet?

N'R: Erst mal ist die Musik anders. Warum? Weil wir keine ethnisch-nationalen Instrumente benutzen, wir verwenden kein typisch albanisches Zeug in unserer Musik. Uns geht es um New Wave. Die Musik ist also anders. Hier unten ist *talava* sehr populär, deswegen machen viele Musiker diesen *talava*-HipHop.

Sezgin Boynik: Was ist *talava*-HipHop?

N'R: Patriotische Popmusik, gemischt mit HipHop-Fetzen.

Sezgin Boynik: So was wie Turbofolk?

N'R: So ähnlich. Nah dran.

Sezgin Boynik: Also was ist der Inhalt von *talava*-HipHop, und inwiefern unterscheiden sich eure Texte? Soweit ich weiß, beschäftigt ihr euch mehr mit sozialen und kritischen Themen.

N'R: Wenn wir singen, dann reden wir so, wie wir im Alltag reden. Die anderen Rapper benutzen so eine Art literarische Sprache, die sie in der Schule gelernt haben.

macht die hosen zu, Allah schaut euch zu, kung-fu,

die Heilige Maria beobachtet,
wie ihr sohn am kreuz schmachtet

wie sie ihm das leben rauben

was soll man noch glauben?

gott ist für mich Gott: er braucht keinen namen

haben alle albaner lust aufs rappen?

haben sie lust, für 50 cent auf der waage zu steppen?

hey leute, von meinem flow wird euch schwindlig,
haut ab, eh ihr kotzt

ich sag euch bloß, was sache ist, auch wenn ihr glotzt

und meint, ich bin ein niemand, und was ich sag,
ist gelogen

aber ich weiß, es spricht sich rum, weil ich sag,
was ich hör

was so getuschelt wird,
alle sind irgendwie im herzen drin leer

wenn du mit ihnen redest, stellen sie sich taub,
aber es tut ihnen weh …

hey, nur für den moment, hey, du hast bloß den moment

du weißt nicht, was kommt, was noch geht, die zeit rennt

lass ihn nicht aus, tu es einfach und geh,
dein ganzes leben hängt dran

und wenn du mal zeit für 'ne pause hast,
hör dir das hier an

K-OS

K-OS, auf alle angetrunkenen
und sturzbesoffenen
die tassen hoch!

die meiste zeit bring ich rum
indem ich überleg
wie ich die zeit rumbringen soll
das klappt am besten, wenn
man sich mit dem beschissenen
wein aus kosova so besäuft
dass man am nächsten tag
total weg ist und alles vergisst
alles ist noch da, nichts ist vergessen
zum beispiel, du bist bei einer frau
und kriegst ihn nicht hoch
willst dich rausmogeln und sagst
wie wär's, verloben wir uns?
aber das schlimmste kommt noch, sie
sagt nämlich ja, danke fürs angebot
am nächsten tag fängst du an zu erklären
dass du bis oben hin zu warst
keine ahnung hattest, was du sagst
dass du total beknackt warst

Sezgin Boynik: Meint ihr den Unterschied zwischen Tosk- und Geg-Dialekten?

N'R: Ja genau. Und was war noch mal die Frage …? Oh ja, sie haben keine Themen, sie sprechen alle über Fotzen, die sie nicht haben, und über das Geld, das sie nicht haben. Reden davon, wie man zehntausend Leute zusammenkriegt, die die ganze Zeit „Yeeeee" schreien und eine gute Zeit haben. Was nicht stimmt. Ich meine, sie reden über Dinge, die es nicht gibt für sie. Die faken das Leben einfach nur. Ich behaupte nicht, dass wir Götter sind, aber für die sind wir Götter. In einem unserer Songs sprechen wir über Korruption. Hier gibt's überall Korruption, mit Geld kann man alles machen, man kann jeden kaufen. Und die, die bestechen, sammeln das Geld von uns ein und leben in Villen und fahren Mercedes. Wegen all der miesen Sachen, die hier laufen, ist es den Leuten mittlerweile egal, dass sie bis auf die Knochen korrupt sind, und deshalb will hier niemand mehr leben. Alle wollen weg. Ein Song heißt „Nji million e nimi e niqin vjet" (Eine Million und eintausend und einhundert Leute), so viele Leute wollen hier raus. Sie haben keine Jobs, keine Perspektive. Darüber reden wir … und über andere Themen … wir reden auch über Frauen, das muss auch sein. Eine andere Sache ist das Schulgebäude hier unten. Als ich aufs Gymnasium ging, saß mein Vater dort im Knast und meine Großmutter war Lehrerin. Aber jetzt wollen sie das Gebäude abreißen und stattdessen eine Kathedrale hinstellen. Ich habe nichts gegen Kathedralen …

Sezgin Boynik: Ja, das ist euer Song „Raptishizëm" (Raptishismus).

N'R: Ja, und das ist ein Thema, über das niemand spricht. Wir haben hier eine unvollendete orthodoxe Kirche, die nie fertig gebaut werden wird. Und eine hübsche Schule, die darauf wartet, abgerissen zu werden, um Platz zu schaffen für eine Kathedrale. Das ist alles ziemlich verwirrend. Wir reden hier darüber, dass Leute für Geld ihre Religion wechseln. Sie werden extreme Muslime oder wenden sich dem Katholizismus zu. Verdammte Scheiße, wir hassen sie alle, wir hassen jede Art von Konservatismus. Und die sind einfach nur deshalb konservativ, weil sie von jemandem dafür bezahlt werden, das ist auch nichts anderes als Korruption.

Sezgin Boynik: Es gibt also einerseits *talava*-HipHop und dann den Underground-HipHop, den ihr macht. Wie ist die Underground-Szene hier in Prishtina?

N'R: Sie ist schwach. Wir haben einfach nicht genug Leute, die Underground-Musik machen. Egal ob es Punk oder Hardcore oder sonst was ist, es ist schwach. Weil die Leute nur so leicht wie möglich an Geld rankommen wollen. Okay, du brauchst Geld, aber du kannst hier mit Musik kein Millionär werden. Wir brauchen das Geld einfach für unser normales Leben, für die Dinge, die man jeden Tag kaufen muss.

Sezgin Boynik: Okay, und diese *talava*-Musiker verdienen viel Geld?

hör doch auf
mit dem gerede, fang an, anders zu denken
glaubst du im ernst, wer säuft, sagt die wahrheit
morgens wachst du bloß auf mit der fresse im dreck

wenn du säufst, dann sauf, bis du weg bist
und wenns nicht klappt, mach noch eine auf
und schütt alles runter wie wasser
klar, dass du nicht kapierst, wie viel uhr's ist
auch wenn du dauernd auf den wecker starrst

nach dem sechsten tequila
ist dir kotzübel, alles dreht sich
aber trotzdem, die fotze
die vor deiner nase rumschwankt
da willst du ran, es ihr richtig besorgen
dir fällt ein, du hast alles vergessen
mach noch eine auf, noch zwei
die wievielte? keine ahnung, ich seh nix
ich hör nix
hab nicht mal die kraft, kotzen zu gehn
ich will aufstehn und abhau'n
knall gegen die wand und küss die fliesen
kann nix mehr unterscheiden
jede visage ist gleich, die hälfte der fiesen
typen, mit denen ich rumsitze
kenn ich gar nicht, hab sie nie gesehn
aber ich lach über ihre witze
scheiße, alles ist weg
jede minute verlier ich zwei pfund
an gewicht, alles dreht sich, morgen früh
fühl ich mich wieder wie der letzte schund

hab 'n paar bier runtergewürgt
und drei tequila
schau die neuen *nikes* an, auf denen ich rumlauf
weil ich meine alten *filas* bekotzt hab
in den *club*, als ich ankomm
lassen sie mich nicht rein
wir kaufen was ein, hau'n ab in den park zum saufen
ich kann nicht mehr laufen, torkle bloß rum
hab keinen ausweis mit, keinen führerschein
wir hocken uns ins auto, fahr'n zum *club*
die türsteher verhau'n, wir wollen endlich rein
wir trinken ein paar, dann wieder raus auf die straße
zum weitersaufen, aber wir laufen den bullen
in die arme, ehrlich, was für'n mist, den ich rede
weil ich schiss hab, dazu der blöde
alkohol, die wissen genau, dass ich blau bin
nicht nötig, ins röhrchen zu blasen, sie lassen
mich 72 stunden in der zelle schmoren
wegen ein bisschen saufen
ein schlechter trip
zum haareraufen
zu hause warten schon meine alten
junge, was hast du?
du kannst ja kaum laufen
dich kaum aufrecht halten
mir reichts, ich bin zu
ich werd's euch morgen sagen

N'R: Ja, *talava* ... Verdammte Scheiße. Das sind die Spitzenverdiener in der Musikszene in Kosova.

Sezgin Boynik: Wisst ihr, ob es noch andere HipHop-Bands in Kosova gibt, vielleicht in Prizren oder in Gjilan?

N'R: Ne, glaube nicht. Es gibt K-OS aus Prishtina. Es gibt zwei oder drei Leute in Mitrovica und in Peja, mehr nicht.

Sezgin Boynik: Ich frage das, weil HipHop eine Musik ist, die man bei sich zu Hause machen kann, so Marke Eigenbau. Daher müsste es eigentlich viele Bands geben. Warum ist das nicht der Fall?

N'R: Das liegt an den Texten. Die haben kein Gespür. Die wollen nur Musik machen, weil andere es auch tun. Die möchten einfach nur genau so sein wie alle anderen.

Sezgin Boynik: Egal wo man hinschaut, überall Mittelmaß. Okay, welche Musik hat euch beeinflusst, als ihr angefangen habt, Musik zu machen?

N'R: Wir sind mit HipHop großgeworden. Mit HipHop aus Amerika, Frankreich oder Deutschland ... mit jedem HipHop, der gut ist. Aber die einflussreichste Band für alle war Wu-Tang Clan.

Sezgin Boynik: Gab es irgendwelche lokalen Einflüsse? Nicht nur Musik, sondern irgendeinen Schriftsteller oder so ...

N'R: Nein, nein, nichts. Einfach nur die Straße.

Sezgin Boynik: Wie fühlt ihr euch auf der Straße, wie fühlen sich junge Leute auf der Straße? Gibt es dort einen Platz für euch?

N'R: Die meisten von uns haben keinen Job und kein Geld. Wir leben noch bei unseren Eltern und betteln sie jeden Tag um Kohle an. Wenn Leute zum Beispiel Skater sein wollen, dann haben sie hier keine Skateparks. Wir haben nur einen Park in der Stadt, in dem man abhängen und Gras rauchen kann. Wir haben keinen Fluss, die Farben der Stadt sind scheißgrau. Was sonst noch? Wir haben keinen Staat. Die Leute bei uns kümmern sich einen Scheißdreck um die Jugend. Die Schulen sind beschissen.

Sezgin Boynik: Aber was macht ihr, wenn ihr euch amüsieren wollt?

N'R: Wir laden Leute ein, mit denen wir zusammensein wollen. Gehen in einen Club oder eine Bar, normalerweise in eine Wohnung. Wir gehen dahin, besorgen uns Alkohol und Gras. Ein paar Frauen. Und bleiben dann bis zum Morgen da.

Sezgin Boynik: Gibt es einen Club, in dem HipHop-Musik läuft?

N'R: Wie können wir einen HipHop-Club haben, wenn es nur einen HipHop-DJ in der Stadt, ja in ganz Kosova gibt? Der einzige DJ, der Vinylplatten

und wenn ich nix mehr weiß
kann ich ja meine kumpel fragen

WNC: Stell dir vor

Twist:
Ibrahim Rugova[1] als superstar in der nba
macht Michael Jordan an: fuck you hey
es bedrückt ihn bestimmt nicht sehr
dass kosova keine a-bombe hat, nicht mal ein meer

Gjikla:
stell dir Sali Berisha[2] als stürmer bei ac milan vor
jede minute ballert er den andern einen ins tor
am ende der saison wird er torschützenkönig
was in albanien los ist, juckt ihn wenig

Fat-1:
stell dir vor, Nexhat Daci[3] läuft marathon
und rennt dem rest des feldes davon
er ist der champion, alle sind auf ihn versessen
das parlament von kosova hat er ganz vergessen

Trakla:
Fatos Nano[4], stell ihn dir vor auf dem tennisplatz
er gewinnt jedes spiel schon im zweiten satz
bald steigt er mit Anna Kournikova ins bett
und die findet albanien sowieso nicht nett

Twist:
stell dir vor, Arta Dade[5] spielt jetzt pingpong
besiegt im endspiel die chinesin Mah Yong
damit lässt sich 'ne menge kohle machen
sars und *anthrax* in albanien, da kann sie nur lachen

Gjikla:
stell dir Steiner[6] vor, den coolen typen
lässt sich mit kosovaren auf der straße blicken
das steht im text eigentlich nicht drin
ich sags nur, weil ich selber albaner bin

Fat-1:
stell dir Edi Rama[7] vor im formel-1-boliden
gegen ihn sind alle anderen nieten
selbst für Michael Schumacher ist er ein idol
von albanien, meint er, hat er die nase voll

Trakla:
stell dir vor, Bajram Rexhepi[8] bei den olympischen spielen
sammelt medaillen in sämtlichen disziplinen
frag ihn nicht nach der regierung, die legende lebt
kosova ist ihm gleich, selbst wenn die erde bebt

1 Präsident von Kosova (gest. Januar 2006).
2 Ministerpräsident von Albanien.
3 Kosovarischer Parlamentspräsident.
4 Ehemaliger albanischer Ministerpräsident.
5 Ehemalige albanische Außen- und Kulturministerin.
6 Chefadministrator der UNMIK (2002-2003).
7 Oberbürgermeister von Tirana und Vorsitzender der Sozialistischen Partei Albaniens.
8 Kosovarischer Premierminister (2002-2004).

spielt und ein bisschen scratcht. Wenn er spielt, gehen wir hin. Er ist auch der N'R-DJ.

Sezgin Boynik: Wisst ihr irgendetwas über die HipHop-Szene in der Region: Mazedonien, Albanien, Serbien oder so? Habt ihr Kontakt zu ihnen? Ihr habt mir erzählt, dass ihr neulich für einen Auftritt in Novi Sad gewesen seid.

N'R: Novi Sad, ja. Es war irgendeine Aktion zu Ex-Jugoslawien und dem Krieg und so weiter. Es war eigenartig, mitten in Serbien zu sein und auf Albanisch zu singen. Aber es waren Tausende von Leuten da, und es hat ihnen gefallen, sie fanden, der Sound würde schweben. Wir haben dort auch viele Kontakte, mit VIP, Bad Copy … Ich weiß nicht, es gibt dort viele Bands. In Mazedonien gibt es eine lebendige Szene, HipHop ist dort gut in Form. Aber in Albanien, keine Ahnung, dort gibt es einfach eine Menge *talava*-HipHop. In Belgrad ist es okay.

Sezgin Boynik: Abgesehen vom religiösen Fundamentalismus gibt es hier in Kosova auch überall Nationalismus, selbst bei den jungen Leuten.

N'R: Ja, Mann, wir persönlich haben Angst vor dem Nationalismus.

Sezgin Boynik: Was sind eure Pläne für die Zukunft? Werdet ihr wieder mit init zusammenarbeiten, die euer Debütalbum herausgebracht haben?

N'R: Mit init werden wir nicht mehr zusammenarbeiten. Sie haben gesagt, sie würden dies und das so und nicht anders machen, und haben es dann nicht gemacht. Sie haben uns beschissen. Scheiß drauf.

Sezgin Boynik: Habt ihr irgendwelche anderen Möglichkeiten, um ein neues Album zu finanzieren?

N'R: Im Moment ist das schwierig. Wir müssen abwarten, was geht. Denn das kostet alles Geld. Aufnehmen, produzieren, kopieren, das kostet alles. Wir werden versuchen, etwas zu machen, am Ende wollen wir eine Menge Geld zusammenkriegen, damit wir unser eigenes Plattenlabel gründen können. Das ist der Plan für die Zukunft. Wir haben angefangen, an einem zweiten Album zu arbeiten, das wird mehr Hardcore sein.

Sezgin Boynik: Hardcore … wie was?

N'R: Hardcore wie das Leben … scheiße.

Twist:
stell dir vor, wie Pandeli Majko[9] am schachbrett sitzt
so berühmt, dass ständig ein blitzlicht blitzt
er fragt nicht, wenn er sich im ruhm sonnt:
war je ein albaner auf dem mond?

Trakla:
stell dir vor, Hashim Thaçi[10] hat ein mittel erfunden
wie man im sport berühmt wird in stunden
beim rugby fegt er alle vom feld mit seiner truppe
dass kosova kein königsschloss hat, ist ihm schnuppe

Gjikla:
stell dir vor, Ramush Haradinaj[11] beim spiel ohne grenzen
mit lauter kindern, deren augen glänzen
in australien ist er jetzt wahnsinnig populär
an kosova und albanien denkt er nicht mehr

Fat-1:
stell dir Alfred Moisiu[12] als skifahrer vor
rast mit zweihundertfünfzig durchs slalomtor
Alberto Tomba dirigiert den jubelchor
sogar ihm ist albanien egal, stell dir vor

9 Albanischer Verteidigungsminister (bis 2005).
10 Vorsitzender der Demokratischen Partei Kosovas (PDK).
11 Ehemaliger kosovarischer Ministerpräsident (2004-2005) und Vorsitzender der Allianz für die Zukunft Kosovas (AAK).
12 Präsident der Republik Albanien.

Das Fehlende fühlbar machen – das ist der Grundimpuls des Projektes „Missing Identity" [> S. 606]. Ein Sensorium für das nicht Vorhandene, vielleicht Vermisste zu entwickeln – in diesem Sinne steht die Suche nach anderen Ausdrucksweisen im Vordergrund eines Projektes, das in Pristina eine alternative Kunstakademie gegründet hat. Studierende können hier kostenlos Seminare zu zeitgenössischer Kunst und Kulturtheorie besuchen. „Ich bin kein Imam", wiederholt der Künstler und Kunstprofessor Mehmet Behluli beharrlich, „es geht um eure Meinung, euren Blick". Es geht um den Aufbau einer alternativen Kommunikationskultur, die bestehende Hierarchien hinterfragt. Es geht um die Verteidigung von Kreativität, für die ein Raum auch im buchstäblichen Sinne erst geschaffen werden muss. Im achtzig Kilometer entfernten Peja haben die Künstler Erzen Shkololli und Sokol Beqiri die erste Galerie eröffnet: Exit. „Der einzige Laden, der nichts verkauft", wie Sokol Beqiri lächelnd kommentiert. Ausstellungen, Gastvorträge laden ein zu einem anderen Blick in die Welt, einem anderen Windowshopping.

Wie können diese offenen Räume für Kunst, Kritik und Begegnung erhalten und ausgebaut werden angesichts der prekären gesellschaftlichen Situation im Kosovo? Ein Gespräch der kosovarischen Künstler mit Kuratoren und Kulturschaffenden aus der Region sondiert das Feld, moderiert von Branislava Andjelković.

Ein Gespräch, moderiert von Branislava Andjelković
Status des Wartens

Das Gespräch fand am 7. Juli 2005 in Prishtina statt; teilgenommen haben:

Branislava Andjelković, Direktorin des Museums für Zeitgenössische Kunst, Belgrad
Mehmet Behluli, Künstler und Professor an der Akademie für Bildende Künste der Universität Prishtina, leitet das Bildungsprogramm des Projekts „Missing Identity"
Sokol Beqiri, Künstler, Peja, Leiter des Projekts „Missing Identity"
Petra Bischoff, regionale Koordinatorin des Schweizer Kulturprogramms Südosteuropa und Ukraine der Kulturstiftung Pro Helvetia, Belgrad
Branislav Dimitrijević, Kunsthistoriker und Schriftsteller, Belgrad
Andreas Ernst, Korrespondent der *Neuen Zürcher Zeitung* in Belgrad
Shkëlzen Maliqi, Philosoph und Publizist, Prishtina, war maßgeblich am Aufbau des alternativen Bildungssystems Anfang der 1990er Jahre in Kosova beteiligt
Svebor Midžić, Leiter des Centre for Contemporary Art, Belgrad
Erzen Shkololli, Künstler, Peja, Leiter der Kunstprojekte von „Missing Identity"

Branislava Andjelković: Was verbirgt sich hinter der Formulierung „Warten auf den Staat"? Besteht in der kosovarischen Gesellschaft heute das dringende Bedürfnis, einen eigenen Staat zu bilden? Würde dies wenigstens einige der Probleme lösen, mit denen Kosova konfrontiert ist?

Shkëlzen Maliqi: Ich würde nicht sagen, dass wir auf den Staat warten. Ich glaube, „Status" wäre der bessere Begriff. Das Fehlen eines konkreten Status – oder, wenn man so will, Staats – bedeutet, dass die ganze Gesellschaft praktisch ohne eine Art Grundkonsens funktioniert. Alles in Kosova ist vorläufig: von den Ausweispapieren bis zu allen möglichen Formen der Repräsentation, der Wirtschaft, des Sports, der Kultur und der Künste.

Svebor Midžić: Welche Einstellung haben die Intellektuellen in Kosova zur Frage des Status, wie nehmen sie das internationale Protektorat wahr? Welche Einstellung haben die Künstler und die alternative Kunstszene?

Shkëlzen Maliqi: Was das internationale Protektorat angeht, stimmen die Intellektuellen in Kosova nicht völlig miteinander überein. Aber wie überall auf dem Balkan sind die meisten „Intellektuellen" Nationalisten. Das kritische Denken ist in Kosova sehr schwach ausgeprägt, das heißt: ein kritisches

Denken, das sich sowohl von der internationalen UN-Verwaltung als auch von lokalen Institutionen distanziert. Nur in einem Punkt sind sich alle einig: dass Kosova unabhängig werden soll. Man findet wirklich niemanden, der in dieser Frage eine gemäßigte Position vertritt – wenn man darunter jemanden versteht, der für eine Art Übereinkunft mit Serbien eintritt. Ich glaube, dass die zeitgenössische Kunst zu den wenigen Räumen gehört, die noch für kritisches Denken offen stehen. Sie setzt sich mit aktuellen Themen auseinander, und in diesem Sinne ist sie sehr kritisch, sehr politisch. Wenn wir über unsere Position in der Gesellschaft sprechen, dann sprechen wir natürlich nicht über Mainstream-Kunst. Die Mainstream-Kunst kritisiert nichts.

Branislav Dimitrijević: Was ist dein kultureller Raum? Besteht er nur aus Kosova, oder ist er größer? Ist es Ex-Jugoslawien? Der westliche Balkan? Ist es Albanien? Die Türkei? Italien? Gibt es einen kulturellen Raum, dem du dich zugehörig fühlst, und wenn ja, welcher ist das?

Shkëlzen Maliqi: Nun, wir sind hier. Und ob dieses „Hier" Teil der Region oder einer internationalen Szene oder was auch immer ist, kann ich dir nicht genau sagen. Aber ich glaube, dass wir „hier" etwas sehr Wichtiges aufbauen. Wir schaffen einen Regionen und Generationen übergreifenden kulturellen Raum, der viele Lücken in Kosova überbrückt. Wie die Avantgarde erweitern wir die Grenzen der gesamten Gesellschaft. Du weißt, dass sowohl Mehmet Behluli als auch Sokol Beqiri ihr Postgraduiertenstudium außerhalb Prishtinas, in Sarajevo und Ljubljana, fortgesetzt haben. Vielleicht repräsentieren wir also die letzten Überreste eines jugoslawischen kulturellen Raums.

Branislava Andjelković: Ich habe den Eindruck, dass wir mit den Ergebnissen sehr zufrieden wären, wenn wir euer „Missing Identity"-Projekt bewerten sollten, aber ist es im öffentlichen Leben in Kosova wirklich präsent? Ist sich die Öffentlichkeit über eure zweijährigen Bemühungen im Klaren?

Erzen Shkololli: Ich weiß es wirklich nicht. Nehmen wir etwa die Galerie Exit, die ich in Peja betreibe. Nur wenige Leute in Peja interessieren sich für zeitgenössische Kunst. Aber Peja ist eine kleine Stadt, also weckt eine Galerie an sich schon das Interesse der Leute. Natürlich ist es für die Leute, die in Peja leben, ein bisschen merkwürdig, einen Ladenraum zu sehen, in dem Dinge nur ausgestellt werden. Für sie ist es ein Laden, für den wir Miete zahlen, ohne dort etwas zu verkaufen.

Branislava Andjelković: Heißt das, dass die zeitgenössische Kunst und Kultur sich völlig parallel zum „offiziellen" Kultursystem in Kosova abspielen? In den neunziger Jahren lief alles parallel zu den staatlichen Institutionen in Serbien. Ist das nun wieder so, nur eben nicht im Hinblick auf den Staat, sondern im Hinblick auf die traditionelleren Teile der kosovarischen Gesellschaft? Ich glaube, dass das parallele Bildungssystem in Kosova, das Teil des Widerstands gegen die Regierung Milošević und das offizielle serbische Bildungssystem war und sämtliche Ausbildungsstufen von der Grundschule bis zur Universität umfasste, eine gute Fallstudie für dieses neue „relations"-Projekt sein könnte.

Shkëlzen Maliqi: Ich erinnere mich, dass Mehmet Behluli und Sokol Beqiri von Traditionalisten angegriffen wurden, als sie in den frühen Neunzigern mit Projekten begannen, bei denen es auch um neue Medien ging. Es gab keine Akzeptanz, ja nicht einmal Verständnis von Seiten ihrer Kollegen oder der Öffentlichkeit im Allgemeinen. Sie galten als Leute, die schlechte Kopien „westlicher" Kunst herstellten – also etwas, das überhaupt keine Beziehung zu „unserer" Tradition und Kunst hatte.

Branislav Dimitrijević: Etwas, das kein nationaler Kitsch war.

Shkëlzen Maliqi: Und das keine Identität hatte, das heißt in diesem Fall: keine „nationale Identität". Was das Bildungssystem betrifft, so gibt es keinen wesentlichen Unterschied zu den Neunzigern. Das einzig Neue besteht darin, dass dieses Nachkriegssystem versucht, Teil des europäischen Bildungssystems zu werden. Das parallele Bildungssystem der Neunziger stammte aus der Zeit, als Kosova innerhalb der Sozialistischen Bundesrepublik Jugoslawien Autonomiestatus hatte und gegen die Gewalt der serbischen Regierung ankämpfte. Dieser Kampf verlieh ihm eine Art heroische Aura, aber er bedeutete nicht, dass es modern war. Ganz im Gegenteil, das Bildungssystem versank im Mittelmaß. Es gab dieses Bündnis der Dummköpfe, eine Allianz aus Mittelmaß und Inkompetenz, die nach dem Krieg verbissen gegen jede reale Veränderung kämpfte. Man kann es als gescheiterte Modernisierung bezeichnen. Für mich hat das eine kolonialistische Seite. Es ist eine moderne Spielart des Kolonialismus, der Kosova als eine zu kolonisierende Region behandelt und bei dem sogar die Einheimischen akzeptiert haben, dass sie eine „Provinz" sind und dass sie ihre Authentizität auf eine Weise geltend machen sollen, die ihre spezifische Identität, ihre Ghettoidentität betont.

Sokol Beqiri: Während der Neunziger war das Bildungssystem vor allem als Opposition zu Miloševićs Apartheidregime organisiert, und man hat weniger versucht, neue Inhalte zu entwickeln und anzubieten. Das „Missing Identity"-Projekt versucht genau das; es ist eine Alternative zu den existierenden institutionellen Programmen, und deshalb ist es wichtig, dass es Exit und ähnliche Institutionen gibt.

Erzen Shkololli: Ich möchte zwei Dinge miteinander vergleichen: die Situation, als ich meine Kunstausbildung in den Neunzigern begann, also die Lage vor dem Krieg, und die Situation heute, nach dem Krieg. Ich glaube, dass ich zu einer der ersten Schülergenerationen gehöre, die diese Parallelschulen besuchten. Von den ganzen Ausstellungen, die in den frühen Neunzigern stattfanden, gibt es keinerlei Aufzeichnungen, da sie alle in diesen unkonventionellen Räumen stattfanden, in der legendären Pizzeria Hani i 2 Robertëve zum Beispiel oder im Koha Café. Ich erinnere mich sehr gut, dass wir als Studenten alle Ausstellungen besuchten, die in diesen beiden Restaurants stattfanden. Von Zeit zu Zeit gingen wir aber auch in „offizielle" Galerien, um uns dort Ausstellungen anzusehen, die völlig national waren und in denen immer Künstler serbischer Nationalität, vor allem aus Belgrad oder Kosova, gezeigt wurden. Doch die Dinge begannen sich irgendwie zu verändern, als 1997 die Galerie Dodona gegründet wurde. Plötzlich fanden Ausstellungen zeitgenössischer Kunst in einer richtigen Galerie statt und nicht mehr in einem Restaurant. Davor wusste ich nicht, wie solche Ausstellungen überhaupt aussehen. Heute, nach dem Krieg, glaube ich, dass „wir" nicht parallel zur Gesellschaft funktionieren, zumindest nicht, was die zeitgenössische Kunst angeht. Jetzt spüre ich förmlich, dass „wir" der entscheidende Teil dieser Gesellschaft sind! „Wir" haben die unbesetzt gebliebenen Positionen übernommen. „Wir" wurden gezwungen, andere Positionen zu übernehmen, weil nach dem Krieg nichts geschah. „Wir" waren Künstler, und wir wurden Regisseure, Kuratoren, Ausstellungsmacher …

Mehmet Behluli: Deshalb ist es so wichtig, die Zusammenarbeit zwischen der Städelschule in Frankfurt und unserem „Missing Identity"-Bildungsprogramm fortzusetzen. Es stimmt ja, das „goldene Zeitalter" von Kosova waren die siebziger und achtziger Jahre. Nach den Achtzigern erlebten wir überall im ehemaligen Jugoslawien eine dramatische Entwicklung. Es begann mit dem serbischen Nationalismus, und der Schauplatz für diese Entwicklungen war Kosova, wo alles in Form der Apartheid anfing. Das waren die Hauptgründe dafür, dass der Prozess der Modernisierung zum Stillstand kam. Damals konnten 90 Prozent der jungen Leute nicht ins Ausland reisen, und selbst heute können es die meisten nicht. Die Kommunikation mit der Außenwelt brach praktisch völlig ab, es gab keine Informationen darüber, was in der Kunstwelt vor sich ging. Heute ist die Situation gar nicht so viel anders. Und das macht die Zusammenarbeit mit der Städelschule noch wichtiger. Soweit wir wissen, ist das der erste Studentenaustausch, den es hier je gegeben hat, und es ist das erste Mal, dass die Studenten die Chance haben, von der Außenwelt zu profitieren. Unserer Ansicht nach besteht hinsichtlich der Ausdrucksfähigkeiten kein Unterschied zwischen den Studierenden aus Prishtina und denen aus Frankfurt.

Branislava Andjelković: In welchem Verhältnis steht ihr zur Akademie der Bildenden Künste in Prishtina? Nehmen Künstler aus der Akademie an euren Bildungsprogrammen teil?

Mehmet Behluli: Natürlich, aber wir versuchen etwas anderes zu machen als das, was in der Akademie der Bildenden Künste gelehrt wird, an der ich ja auch arbeite. Wir versuchen auf eine andere Weise zu kommunizieren. Ich bin kein Imam, kein Hodscha und kein Priester. Ich kann diesen Studenten nichts beibringen. Ich kann ihnen nur zuhören und sie ermutigen, sich selbst auszudrücken.

> **Branislava Andjelković:** Gibt es irgendwelche Archive oder sogar Versuche, die kosovarische Kunstszene zu archivieren oder historisch zu erfassen?

Erzen Shkololli: Lejla Hodžić, eine ehemalige Kuratorin am Sarajevo Center for Contemporary Art, nahm vor einiger Zeit Kontakt mit mir auf. Sie richtete gerade ein Archiv zeitgenössischer Kunst für die Region ein und hoffte, ich würde ihr dabei helfen können, Material über die Kunstszene in Kosova zusammenzutragen. Ich schämte mich, nicht nur, weil ich keine Dokumente hatte, die ich ihr sofort hätte zur Verfügung stellen können, sondern auch, weil hier niemand etwas gesammelt hat. Das war umso beschämender, als es ja keine besonders große Szene ist. Es gibt nicht einmal Archive zu den Künstlern, die in den Neunzigern aktiv waren, und es existiert kein Archiv zur Kunst allgemein. Die kurze Antwort auf deine Frage lautet also: Nein, gibt es nicht. Es gibt einige Monographien über die Kunstszene in Kosova, aber es wäre besser, wenn es keine gäbe. 2001 traf ich in Mailand Giancarlo Politi, den italienischen Chefredakteur und Herausgeber von *Flash Art*. Wir gingen zusammen essen, da er sehr daran interessiert war, nach Kosova zu kommen und die lokale Kunstszene kennen zu lernen. Das ist sein Job: neue Kunst entdecken. Aufgrund eines unglücklichen Zufalls zeigte ihm der Direktor der Nationalgalerie in Prishtina eine Monographie mit einigen der „Mainstream-Künstler", und als wir gerade darüber diskutierten, ob wir genug Geld hätten, um ihm ein Ticket nach Prishtina zu finanzieren, schickte er uns eine Mail, in der er erklärte, er sei an dem Projekt nicht mehr interessiert.

> **Branislava Andjelković:** Während der Neunziger wurde uns im Centre for Contemporary Art in Belgrad von unseren Kollegen vorgeworfen, wir würden eine riesige theoretische und kunsthistorische Plattform für Künstler bereitstellen, doch die Szene selbst sei gar nicht imstande, mit einer derart umfangreichen Produktion von Theorie oder kritischem Denken mitzuhalten. Ihr habt es hier mit einer völlig anderen Situation zu tun: Ihr verfügt über eine enorme Kapazität, zeitgenössische Kunst selbst zu organisieren und zu fördern, aber euch fehlen die Grundvoraussetzungen für die Institutionalisierung.

Andreas Ernst: Also, vielleicht solltet ihr über eine Fusion nachdenken. Ich meine eine Fusion zwischen der Kapazität zur Kunstproduktion, die ihr hier in Prishtina habt, und dem Diskurs, den es in Belgrad gibt.

> **Mehmet Behluli:** Gerade dachte ich, du meinst, wir sollten mit einer offiziellen Institution in Kosova fusionieren. Das finde ich auch sehr interessant. Natürlich wäre das auch möglich, zu gegebener Zeit.

Branislava Andjelković: Warum verwendet ihr nicht die Dokumentation, die wir haben? Das Belgrader Museum für Zeitgenössische Kunst kann euch sein Archiv zur Verfügung stellen. Das Museum kann euch umfassende Presseausschnitte über alles zur Verfügung stellen, was im ehemaligen Jugoslawien im 20. Jahrhundert in künstlerischer Hinsicht passiert ist. Ljubljana und Zagreb machen das ständig, sie benutzen unsere Archive oft. Deshalb wurden diese Archive im ehemaligen Jugoslawien doch angelegt. Ich glaube, das ist extrem wichtig, doch andererseits bräuchte man einen Kurator, um sich mit dieser Dokumentation zu befassen, und das wäre ein erster Schritt.

    Petra Bischoff: Darf ich eine Frage stellen?

Branislava Andjelković: Ja, bitte.

    Petra Bischoff: Gab es während der zweijährigen Dauer des „relations"-Projekts irgendwelche Beiträge von Künstlern oder Kritikern aus Serbien oder Mazedonien?

Mehmet Behluli: Wir dachten, dass vielleicht Raša Todosijević, ein serbischer Künstler, der in Belgrad lebt, interessant für uns sein könnte. Wir dachten daran, weil wir, wie ich schon sagte, an einer normalen Verteilung und Zirkulation von Information interessiert sind. Wir dachten auch an Goran Đorđević, eine bekannte Größe in der Kunstszene, der in Prizren geboren wurde und jetzt in New York lebt. Ich erinnere mich, dass ich Rasa in Wien fragte: „Würdest du gerne nach Prishtina kommen?" Er sagte: „Ja klar, warum nicht!" Aber es ist nichts passiert.

    Petra Bischoff: Ich glaube, das zeigt irgendwie, wie die Gesellschaft in Kosova insgesamt indirekte Auswirkungen auf eure Arbeitsweise hat. Ich frage mich, warum solche Beziehungen zu einigen Teilen der Region während der zweijährigen Dauer des Projekts nicht erneuert wurden.

Branislava Andjelković: Vielleicht ist die Erfahrung mit Sarajevo hier aufschlussreich. Nach dem Krieg besuchte drei Jahre lange jedermann Sarajevo. Nicht nur verschiedene Stiftungen, sondern fast jeder, einschließlich Susan Sontag. Charles Merryweather, der Direktor der Biennale von Sydney, kam 1994 nach Sarajevo, als die Stadt noch unter Beschuss lag. Ich habe den Eindruck, dass diese Art von Kulturtourismus in Kosova überhaupt nicht stattfindet.

    Mehmet Behluli: Es gab 1999 ein paar Versuche in diese Richtung. Ein Vertreter des Rockefellers Brothers Fund landete in Prishtina und verschwand dann sofort wieder, während wir noch überlegten, wie wir ihn empfangen sollten. Vermutlich waren wir nicht interessant genug. Es war damals auch sehr schwierig, um eine stärkere Kulturförderung zu bitten, weil im ganzen Land noch Chaos herrschte. Es gab keine Elektrizität, und alles war zerstört. Wir mussten alles völlig neu aufbauen.

Branislava Andjelković: Kann das Exit-Büro die Geldbeschaffung für das Projekt übernehmen? Wie groß ist das Büro? Arbeitet dort nur Valbona Shujaku, euere Programm-Managerin?

> **Mehmet Behluli:** Ja, aber wir helfen alle aus. Wir haben keine formale Struktur.

Branislava Andjelković: Ich frage danach, weil die Soros Foundation in allen ehemaligen jugoslawischen Republiken Projekte gefördert hat, bei denen es um den Aufbau von Kapazitäten und Arbeitskräften ging. Es gab Kurse und Workshops, in denen die Leute lernten, wie man Projektanträge formuliert, Projekte plant und finanzielle Mittel beschafft. Man hat dort diese sehr spezielle Gruppe von Profis ausgebildet: Kulturmanager. Es gibt sogar ein von der Fondation Hicter unterhaltenes Netzwerk, das Network of European Cultural Managers „Oracle", das eine zusätzliche Ausbildung für Kulturmanager unterstützt und anbietet. Ich habe das Gefühl, hier in Kosova existiert überhaupt kein Bewusstsein dafür, dass eine solche Ausbildung notwendig ist, während sich jeder andere Teil des ehemaligen Jugoslawien und des Balkans insgesamt dieser Entwicklung bereits angeschlossen hat.

> **Shkëlzen Maliqi:** Eines unserer Hauptziele ist es, völlig unabhängig zu sein. Wir wollen eine Privatschule eröffnen, deren Überleben nicht von Stiftungen abhängig ist.

Branislava Andjelković: Aber wo nimmst du die professionellen Mitarbeiter für diese hypothetische Privatschule her?

> **Shkëlzen Maliqi:** Ich weiß es nicht, aber ich habe die Stiftungen satt. Es läuft immer darauf hinaus, dass ich Projektanträge schreibe und dann nichts passiert.

Mehmet Behluli: Wir haben nicht genug Kulturmanager. Das merkt man, nehme ich an. Wir sind Künstler, und wir wollen einfach eine Plattform für die Kunstproduktion bereitstellen. Aber es fehlt uns wirklich, was das Kulturmanagement angeht, an Kenntnissen.

> **Branislava Andjelković:** Das war auch bei uns so. Das Wissen, das wir jetzt haben, ist das Ergebnis von harter Arbeit und Investitionen. In den letzten fünfzehn Jahren gab es in jeder Region des ehemaligen Jugoslawien Programme und Workshops, um professionelle Kulturmanager auszubilden. Nur in Kosova nicht.

Erzen Shkololli: Aber manchmal lohnt es sich nicht einmal, sich bei Stiftungen zu bewerben, weil so wenig Geld zur Verfügung steht. Es macht eine Menge Arbeit, und die Resultate sind oft so bescheiden, dass man praktisch vor der Bewerbung zurückschrickt. Nimm etwa Pro Helvetia; dort heißt es, man solle 6000 Euro für mehrere kleine Ausstellungen benutzen statt für eine größere. Also muss man sich ständig um neue Projekte bewerben, jeden Monat oder jeden zweiten. Aber dafür müssten wir Verwaltungsmitarbeiter einstellen. Natürlich gibt es hier noch einige Vorteile, da kleine und individuelle Projekte finanziert werden können, aber aufs Ganze gesehen spielen sie keine Rolle. Und das Kulturprogramm der Soros Foundation ist jetzt beendet. Die damit verbundene Arbeit steht also einfach in keinem Verhältnis zu den Vorteilen.

> **Andreas Ernst:** Da habt ihr wieder ein Problem mit der „Selbstvermarktung". Die Frage lautet doch, wie die Kunstszene agieren sollte, um der Gesellschaft insgesamt und den potentiellen Geldgebern zu zeigen, dass sie eine entscheidende Rolle in der Gesellschaft spielt, bei ihrer Modernisierung und bei wichtigen politischen Themen wie der Versöhnung. Meine Antwort lautet: durch Provokation. Durch die Veranstaltung von Events, die die Medien anziehen, indem man die Aufmerksamkeit auf die Künstler lenkt, indem man die Gesellschaft aufmischt, sich mit Politikern oder der UNMIK anlegt.

Erzen Shkololli: Aber dann ist es eine politische Angelegenheit. Ihr bekommt Versöhnungsprojekte, und wir wollen Kunst machen.

> **Andreas Ernst:** Aber vielleicht kann man ja beides machen.

Erzen Shkololli: Aber dann bezieht man politisch Stellung.

> **Andreas Ernst:** Ja, aber du beziehst ja bereits politisch Stellung, wenn du eine Ausstellung mit Künstlern aus ganz Ex-Jugoslawien veranstaltest. Das hat politische Konnotationen, aber man lädt sie nicht nur ein, weil sie aus ehemals jugoslawischen Republiken stammen, sondern auch weil sie gute Künstler sind und ihr eine interessante Ausstellung zeigen könnt. Vielleicht ist das ein oberflächlicher Eindruck, aber auf mich wirkt ihr sehr unpolitisch.

Mehmet Behluli: Wir sind politisch, aber Politik sollte niemals die Qualität der Kunst beeinträchtigen.

> **Andreas Ernst:** Ich sage ja nur, ihr solltet sowohl innerhalb als auch außerhalb der Gesellschaft – gegenüber den Geldgebern – provozieren, um Aufmerksamkeit und Geld zu bekommen.

Branislav Dimitrijević: Gab es hier irgendeine Form von Diskussion, wenn nicht offen, dann vielleicht privat, über die Arbeit des kosovarischen Künstlers Albert Heta auf der Cetinje Biennale 2004? Und sofern diese Arbeit diskutiert wurde, wie hat man sie interpretiert? Wie seht ihr das? Denn in Belgrad hat sie viele Diskussionen ausgelöst. Wirklich viele Diskussionen.

> **Erzen Shkololli:** Was war das für eine Arbeit?

Branislav Dimitrijević: Es war eine Tafel, in die „Botschaft von Kosova" eingraviert war, und sie sollte während der Biennale an einem Gebäude in Cetinje angebracht werden. So habe ich es verstanden – korrigiert mich bitte, wenn das nicht stimmt. Heta wollte sie an irgendeinem Gebäude anbringen, doch die Kuratoren entschieden sich für das Gebäude der ehemaligen serbischen Botschaft. Die Kuratoren trafen also zunächst die Entscheidung darüber, wo die Tafel angebracht werden sollte, und dann kamen sie zu dem Schluss, dass das ein Problem sein könnte, und nahmen sie wieder ab. Meiner Meinung nach wurde dieses Werk gleich zweimal von den Kuratoren manipuliert.

> **Sokol Beqiri:** Nein, das stimmt nicht ganz. Heta stand die ganze Zeit in Kontakt mit mir, deshalb weiß ich darüber Bescheid. Er hatte Zweifel hinsichtlich des Orts, an dem die Tafel schließlich angebracht wurde. Er wollte, dass es echt aussieht und nicht wie ein Teil der Ausstellung. Zunächst hatte er also die Idee, sie irgendwo anders anzubringen, ohne irgendeine Verbindung zur Ausstellung. Doch nach seiner Ankunft in Cetinje entschied er sich anders und beschloss, es so zu machen.

Branislav Dimitrijević: Es war also letztlich seine Entscheidung? Er hat den Kuratoren erlaubt, die Tafel an der serbischen Botschaft anzubringen?

> **Sokol Beqiri:** Ja, gewissermaßen.

Mehmet Behluli: Aus diesem Grund hat die Cetinje Biennale hier zum zweiten Mal für Aufsehen gesorgt. Das erste Mal war das so, als wir dort ausstellten. Die Öffentlichkeit in Kosova interessierte sich nicht wirklich für zeitgenössische Kunst, die Leute dachten, Künstler wären „gute Patrioten" und so weiter.

> **Andreas Ernst:** Warum versucht ihr nicht, ein Projekt auf die Beine zu stellen, das Aufmerksamkeit erregt? Etwa indem ihr aus der leerstehenden und noch nicht fertiggestellten orthodoxen Kirche mitten in Prishtina, deren rechtlicher Status ungeklärt ist, eine Art kulturellen Raum macht. Vielleicht wäre der Widerstand gegen das Projekt letztlich zu stark, aber ihr würdet eine Menge Aufmerksamkeit erregen und die Bereitschaft von Stiftungen erhöhen, sich in Kosova zu engagieren.

Branislav Dimitrijević: Für mich ist das der wichtigste Punkt. Ihr müsst etwas damit machen. Und ihr könntet sehr komplexe, sehr interessante Dinge mit dieser Kirche machen. Selbst wenn ihr nur ein mögliches Projekt vorbereiten würdet, wäre das schon interessant.

> **Branislava Andjelković:** Ja, aber darüber haben wir ja schon gesprochen: Künstler können ihre eigenen Projekte vorschlagen, doch es sollte eine Art Kuratorenteam geben, das sie betreut.

Branislav Dimitrijević: Wir sind daran interessiert, so etwas in die Wege zu leiten, und ich glaube, dass man für dieses Projekt finanzielle Unterstützung bekommen könnte.

Svebor Midžić: Diese Kirche ist etwas, das wirklich „missing identity", fehlende Identität, bedeutet. Was ist es? Irgendein Gebäude?

Branislav Dimitrijević: Es symbolisiert die ganze jüngere Geschichte, aber es bleibt ein gesichtsloses Gebäude. Ein Gebäude, das weder zerstört noch vollendet ist, eine Art Phantom.

Branislava Andjelković: Was sollte eurer Meinung nach geschehen? Was wollt ihr wirklich für euch selbst?

Erzen Shkololli: Wir sind uns wirklich nicht so sicher. Meines Erachtens sollten wir unser Projekt so gut zu Ende bringen, wie es geht.

Mehmet Behluli: Außerdem sollten wir versuchen, eine Konferenz über die Zukunft dieser Plattform zu entwickeln, und einige Begleitprogramme veranstalten. Vielleicht sollten wir auch einige Kuratoren des Belgrader Museums für Zeitgenössische Kunst einladen, um eine Art Kuratoren-Workshop durchzuführen. Shkëlzen Maliqi bereitet eine Ausstellung vor, die er kuratieren wird. Einfach um zu sehen, was wir tun können. Natürlich ist eine intellektuelle, kuratorische Infrastruktur sehr wichtig, aber im Augenblick müssen wir das „relations"-Projekt fortsetzen oder zumindest zu Ende bringen.

Erzen Shkololli: Vielleicht wäre die Fortsetzung dieses Projekts die wünschenswerteste Situation. Die Beteiligung weiterer Personen.

Mehmet Behluli: Auf jeden Fall eine Art Überdenken der Struktur. Vielleicht würden wir dann besser funktionieren. Nicht vielleicht, sondern sicher.

Branislava Andjelković: Ich möchte auf diese erwünschte Situation zurückkommen. Was wäre das Ideal? Eine Situation, in der die Geldgeber aus dem Ausland kommen, oder eine Situation, in der die Gesellschaft ein Gefühl der Integrität und Identität besitzt und ihr Zugang zu öffentlichen Mitteln habt?

Mehmet Behluli: Beides, glaube ich. Erwünscht wäre beides.

Branislava Andjelković: Wie seid ihr in den Medien präsent?

Mehmet Behluli: Die Berichterstattung der Medien ist kein Problem.

Branislava Andjelković: Aber ist die Art und Weise, wie die Medien über zeitgenössische Kunst berichten, ein Problem?

Mehmet Behluli: Ja, es ist ein Problem, dass sie über zeitgenössische Kunst genau so berichten, wie sie über Folklore berichten.

Branislava Andjelković: Viele Leute in Serbien sagen: Es ist gut, dass wir keine Kulturpolitik haben, die von einer Regierung oder einem Parlament gemacht wird, denn wenn es eine nationale Kulturpolitik gäbe, wären wir nicht Teil davon.

> **Erzen Shkololli:** Ja, und ihr seid ein Beispiel dafür, was geschieht, wenn man wie eine Nichtregierungsorganisation funktioniert und dann zu einer Institution vordringt.

Branislava Andjelković: Kulturpolitik und ihre Entwicklung sind sehr wichtig, denn in einigen Jahren wird man Shkëlzen Maliqi vielleicht einladen, Minister oder Mitarbeiter im Kultusministerium zu werden.

> **Mehmet Behluli**: Ja, und wenn wir dann nicht sofort da sind und Vorschläge präsentieren, wird man wieder Geld für einen Miss-Kosova-Wettbewerb ausgeben. Aber wie sieht deine Kooperation mit offiziellen Institutionen aus? Um nochmals diese Frage zu stellen.

Branislava Andjelković: Wir sind ein gutes Beispiel, denn wir haben eine strategische Partnerschaft zwischen dem Museum für Zeitgenössische Kunst und dem Centre for Contemporary Art in Belgrad entwickelt, also zwischen einer Regierungs- und einer Nicht-Regierungsinstitution. Doch für die Übernahme einer Institution ist meiner Meinung nach noch etwas anderes entscheidend, und das ist die Erfahrung, die wir im Jahr 2000 machten, als wir im Sava Centar in Belgrad diese große, zweitägige Konferenz über „Kulturproduktion und Kulturpolitik in Serbien" organisiert haben. Das war der Moment, in dem viele Menschen sich selbst für verschiedene institutionelle Positionen empfahlen. So wurde etwa der städtische Kultursekretär von Belgrad, Gorica Mojović, bei dieser Gelegenheit in sein Amt eingeführt. Deswegen komme ich immer wieder auf die Schaffung von Kapazitäten und Unabhängigkeit zurück, meines Erachtens ist das die einzige Lösung. Ich denke auch über Methoden nach. Wie erreicht man diese Art von Unabhängigkeit, auch von Nachhaltigkeit? Es muss irgendwie über Fusionen und durch den Dialog mit offiziellen Stellen geschehen. So dass man, wenn man zu den Ministern geht, sagen kann: „Haben Sie die Beschlüsse der Konferenz gelesen? Darin heißt es, dass ein Land, in dem der Kultusminister die Verantwortung für einen Schönheitswettbewerb übernimmt, nicht als ein Teil von Europa betrachtet werden sollte."

> **Mehmet Behluli:** Ja, aber kennst du dieses Sprichwort? „Ein Fisch denkt nicht, denn ein Fisch weiß alles."

Andreas Ernst: Aber wie bringst du dich selbst in eine Position, in der Politiker dich als Mitspieler anerkennen?

Mehmet Behluli: Ich habe vergessen, euch zu erzählen, welche Erfahrung Shkëlzen Maliqi und ich gemacht haben. Wir trafen den Kultusminister in seinem Büro, doch dieser „Dialog" war eigentlich unser Monolog. Er hörte uns einfach eine halbe Stunde zu. Wir erläuterten unsere Konzepte für die Entwicklung der Kultur, dass für diese Aktivität einer Nichtregierungsorganisation institutionelle Unterstützung erforderlich sei. Er hörte einfach nur zu, sagte: „Vielen Dank", und eine Antwort haben wir nie bekommen.

Branislava Andjelković: Aber so läuft es in fast jedem Land in Europa. Der Kultusminister ist ein Politiker, der nichts von Kultur versteht.

Mehmet Behluli: Ja, doch die Infrastruktur ist anderswo wahrscheinlich viel besser entwickelt. Es gibt Kommissionen und Direktoren.

Branislava Andjelković: Ich glaube aber wirklich, dass der Tag kommen wird, an dem euch der Minister einladen wird, ihm mitzuteilen, was ihr denkt. Und ihr werdet dann Programme für diese Institutionen haben müssen, wenn ihr sie nutzen wollt. Das bedeutet, dass man Leute ausbilden muss, die imstande sind, Anträge zu schreiben. Denn im richtigen Augenblick – und ein solcher Augenblick wird kommen, Kosova wird die EU-Gesetze übernehmen – werden die Direktoren nicht mehr ernannt werden, sondern es wird einen öffentlichen Wettbewerb geben. Es kann nicht immer so weitergehen wie bisher. Selbst in Serbien ist man inzwischen für den öffentlichen Wettbewerb.

Shkëlzen Maliqi: Ja, es gab dort einige Wettbewerbe, aber wir haben nicht daran teilgenommen.

Branislava Andjelković: Ja, genau das ist das Problem. Ihr könnt nicht daran teilnehmen, weil ihr nicht die richtige Infrastruktur entwickelt habt, mit Kulturmanagern, den Leuten, die Projektanträge schreiben. Es kann nicht sein, dass eine Person zwanzig Projektanträge schreibt. Ihr werdet zwanzig junge Leute brauchen, die zwanzig Anträge schreiben. Deswegen ist es so wichtig, professionelle Mitarbeiter auszubilden. Ihr bietet jungen Künstlern etwas an, das ihnen niemand sonst bietet. Alle Künstler, die etwas mit diesem „Kreis" zu tun haben, werden im Ausland gezeigt. Das ist es, was die jungen Leute hören wollen: Wenn ich diese Schule besuche, dann werden sich mir Türen öffnen.

Mehmet Behluli: Vielleicht ist das der Punkt, an dem wir auf regionaler Ebene zusammenarbeiten können. Ich sehe das nicht so sehr in lokalen oder nationalen, sondern eher in regionalen und internationalen Zusammenhängen. Jedenfalls heute nicht, vielleicht morgen. Wir versuchen ja schon etwas zusammen mit Frankfurt zu unternehmen, aber wir sind bislang nur auf der Stufe angekommen: Okay, ihr seid sehr interessant, wir werden sehen. Vielleicht sollten wir uns in Zukunft um eine Art offizielle Zulassung bemühen.

Branislava Andjelković: Natürlich könnt ihr euch eine Zulassung besorgen, aber ihr braucht mehr Leute, die dort unterrichten.

> **Branislav Dimitrijević:** Als wir das Projekt „Schule für die Geschichte und Theorie der Bilder" durchgeführt haben, hatten wir keinerlei Zulassung. Das war ein Bildungsprojekt, das das Belgrader Centre for Contemporary Art von 1999 bis 2003 betrieben hat. Viele, die als Studenten daran teilnahmen, spielen heute in der serbischen Kulturszene eine wichtige Rolle. Als die Leute sich damals eingeschrieben haben, obwohl wir keine Diplome verliehen, fragten wir einige der Studenten: „Warum wollt ihr euch einschreiben, wenn ihr wisst, dass wir keine Diplome verleihen?" Im Prinzip antworteten sie: „Ja, aber Sie können Empfehlungen aussprechen." Da begriffen wir, warum sie da waren. Einfach weil wir diesen Kode hatten, dass viele Dozenten an der Schule Verbindungen ins Ausland haben – und für jemanden, der ins Ausland gehen will, ist eine solche Empfehlung von größerem Gewicht als irgendein Diplom einer offiziellen Schule. Vielleicht solltet ihr euch also um einen solchen Kode bemühen, der bedeutet: auch ohne ein offizielles Diplom, einen Stempel oder was auch immer ist eine Empfehlung von Erzen Shkololli, die besagt, „dieser Mensch ist in diese Schule gegangen", im Ausland mehr wert als ein Abschluss an der Akademie in Prishtina.

Andreas Ernst: Ich glaube, wir haben noch keinen Konsens in der Frage erzielt, wie wichtig diese Situation des Wartens auf einen Staat ist. Jemand hat gesagt, ganz egal, ob es einen Staat geben wird oder nicht, es würde nicht viel verändern. Doch andererseits waren sich, als wir über Nachhaltigkeit gesprochen haben, alle einig, dass der Zugang zu öffentlichen Mitteln sehr wichtig ist. Und dafür braucht man vermutlich einen Staat. Wir haben auch noch nicht über die Rolle der Kunst in dieser Situation des Wartens auf einen Staat gesprochen. Natürlich ist es eher eine theoretische Frage, inwieweit Kunst bei der Schaffung eines Staates eine Rolle spielt oder genutzt werden kann.

> **Branislava Andjelković:** Für mich war das darin enthalten, dass Erzen Shkolloli sagte, zeitgenössische Kunst sei der wichtigste Aspekt der Gesellschaft.

Andreas Ernst: Ja, aber er hat nicht gesagt, warum.

> **Svebor Midžić:** Ich glaube, ich verstehe, warum. Die zeitgenössische Kunst ist in der Lage, für Kosova insgesamt zu sprechen. Es gibt sehr viele Fachdiskurse in Kosova, aber von dieser Position aus ist es möglich, für die ganze Gesellschaft zu sprechen.

Andreas Ernst: Aber spiegelt sich das irgendwie in der Öffentlichkeit wider?

> **Branislava Andjelković:** Es spiegelt sich im weiteren Kontext der Region.

Svebor Midžić: Ich denke, es ist sehr wichtig, wie die Geldgeber diese Situation des Wartens auf einen Staat sehen.

Branislava Andjelković: Das ist genau der Punkt, um den es mir geht. Sind wir uns darüber einig, dass die Auffassung, Kosova warte darauf, ein Staat zu werden, in gewisser Weise eine Diagnose von Außenstehenden ist, während die Bevölkerung und die Künstler nicht wirklich von der Frage nach dem Staat besessen sind?

Mehmet Behluli: Sie arbeiten eher darauf hin, ein Staat, eine normale Gesellschaft zu werden.

Svebor Midžić: Es gibt eine Reihe von Programmen, denen es darum geht, alle ex-jugoslawischen Staaten einzubeziehen, wie etwa Kultura Nova, das von der Europäischen Kulturstiftung initiiert wurde. Aber sie schließen immer Slowenien aus, weil es sozusagen zu sehr Staat ist, und Bosnien und Kosova, weil sie nicht Staat genug sind. Die Geldgeber wissen nicht, wo sie bei Kosova und Bosnien beginnen sollen. Sie sagen immer, das sei zu riskant.

Branislav Dimitrijević: Ich glaube, es wird mit der Zeit klar werden, dass ihr hier eine Gruppe, eine Szene seid, die in offizielle Institutionen wie Museen, Akademien und Galerien gehört. In allen Ländern dieser Region existiert dieselbe Situation: Einerseits beklagen sich alle, dass es nicht genügend Personal gibt, dass nur eine kleine Anzahl von Leuten interessante Dinge macht, und dann, auf der anderen Seite, erzählen sie dir, dass alle diese Strukturen schon besetzt sind. Die Strukturen seien besetzt, man weiß nicht, von wem, aber offenbar von jemandem, der keinerlei Bedeutung produziert, so dass die Strukturen gleichzeitig leer und besetzt sind. Es ist wie in Mike Leighs Film *Naked*, wo dieser Obdachlose vor dem Gebäude schläft, und der Wächter tritt ihn und fährt ihn an: „Aufwachen! Sie können hier nicht schlafen!" Worauf der Obdachlose sagt: „Wenn ich hier nicht schlafen kann, können Sie mich dann vielleicht reinlassen?" Und der Wächter antwortet: „Nein, Sie können da nicht rein." Und der Obdachlose sagt: „Aber Sie haben gesagt, das Gebäude stehe leer. Es ist doch warm da drinnen, warum lassen Sie mich nicht rein?" Und der Wächter sagt: „Das Gebäude steht leer, aber Sie können da nicht rein." Und der Obdachlose sagt: „Aber warum bewachen sie ein leeres Gebäude?" Alle diese Institutionen bewachen ihre eigene Leere. 2001 gab es diese phantastische Ausstellung *Recycle Bin* von Dejan Sretenović – er war Chefkurator am Museum für Zeitgenössische Kunst in Belgrad, als Branislava Andjelković Direktorin dieser Einrichtung wurde. Sretonović zeigte im Grunde alles, was da war: die schlechte Ausstattung, den ganzen nutzlosen Kram, den es dort gab. Die Kunst verschwand also im Depot, und stattdessen wurde alles aus dem Lager ausgestellt, der ganze nutzlose Müll. Es war eine sehr lustige Ausstellung, aber sie war auch sehr ernst. Sie zeigte die wahre Natur einer Institution. Was ist eine Institution: kaputte Computer, nicht funktionierende Staubsauger und

Privatfotos. All das veranschaulichte, wie leer die Institution ist. Kurz, es existiert eine Art Paradox: Einerseits gibt es dieses große Potential, ein Potential an Arbeitskräften, und andererseits die leeren Institutionen, die sorgfältig bewacht werden. Man muss also versuchen, in diese Institutionen hineinzugelangen und die Wächter zu umgehen.

Branislava Andjelković: Nach allem, was gesagt wurde, habe ich den Eindruck, dass wir uns mit der Rolle des Künstlers in einer Situation des Auf-den-Staat-Wartens auseinandergesetzt haben. Hier in Prishtina haben wir gesehen, dass sich Künstler selbst organisieren und eine bestimmte Art von Institution anstreben können. Das ist das, was man zum jetzigen Zeitpunkt, da die Dinge noch nicht völlig geklärt sind, machen kann.

Das Gespräch wurde von Svebor Midžić ediert.

Pristina   Özlem Günyol und Mustafa Kunt, *Scenes*, 2005, Fotografien
                                          „Grenze" zwischen Kosovo und Albanien

„Grenze" zwischen Kosovo und Serbien

Pristina

Özlem Günyol und Mustafa Kunt, *Scenes*, 2005, Fotografien
„Grenze" zwischen Kosovo und Mazedonien

„Grenze" zwischen Kosovo und Montenegro

Dominik Zaum

Wen schützen die Protektorate? Sicherheit und Demokratie nach militärischen Interventionen

In den Augen der Kosovo-Albaner macht die internationale Gemeinschaft
im Kosovo nicht mehr den Weg frei, sondern verstellt ihn. Und nach Ansicht
der Kosovo-Serben sichert sie nicht mehr die Rückkehr vieler, sondern ist
nicht einmal in der Lage, die Rückkehr weniger zu gewährleisten.
(UN-Sondergesandter Kai Eide, Juli 2004[1])

Lässt sich nach einer sechsjährigen Phase des Aufbaus staatlicher Strukturen im Kosovo beurteilen, ob die Bemühungen der internationalen Gemeinschaft erfolgreich waren oder gescheitert sind? Der Ausbruch der Gewalt im März 2004, bei dem neunzehn Menschen ums Leben kamen und orthodoxe Kirchen, Klöster und serbische Dörfer als schwelende Ruinen zurückblieben, hat dazu geführt, dass der Zweck der UN-Übergangsverwaltung im Kosovo (UNMIK) immer mehr angezweifelt wurde. Was hätte die UNMIK erreichen sollen? Wie nahm die lokale Bevölkerung UNMIK und die von der Nato geführten Truppen der Kfor (Kosovo Force) wahr? Wem dient die Aufrechterhaltung des Protektorats? Wie könnte man mit dem Problem des ungeklärten Status umgehen? Alle diese Fragen, die Menschen innerhalb und außerhalb der internationalen Gemeinschaft im Kosovo seit einiger Zeit gestellt hatten, gewannen mit den Ausschreitungen eine neue Dringlichkeit.

Der Blick auf die Rolle der UNMIK im Kosovo ermöglicht ein Nachdenken über zwei allgemeinere Fragen. Erstens, wie verstehen wir die Natur internationaler Protektorate, bei denen es sich seit dem Ende des Kalten Krieges um ein immer verbreiteteres Phänomen handelt? Wenn man das Kosovo und andere Protektorate wie Bosnien, Osttimor, Irak oder Afghanistan als Institutionen eines neuen US-amerikanischen Imperiums begreift, das mit Hilfe der Vereinten Nationen und europäischer Staaten die Werte, die Kultur und die Sicherheit des Westens in einer zunehmenden Zahl von *failed states*[2] gegen Terroristen und „Barbaren" verteidigt, so verkennt man die Vielfalt und Komplexität der Gründe, aus denen Protektorate eingerichtet wurden. Sie waren die Reaktion auf ein breites Spektrum von Herausforderungen für die internationale Ordnung, etwa den Zusammenbruch des Staates und den Krieg in Bosnien-Herzegowina, die verspätete Dekolonialisierung in Osttimor, die Beseitigung des, zugegebenermaßen tyrannischen, Regimes im Irak, den internationalen Terrorismus in Afghanistan oder, im Falle des Kosovo, die Unfähigkeit der internationalen Gemeinschaft, eine politische Lösung für das Gebiet zu finden.

Gemeinsam aber ist den meisten dieser Protektorate – oder internationalen Verwaltungen, wie sie auch genannt wurden, um die kolonialen Konnotationen des Begriffs „Protektorat" zu vermeiden – die Methode, mit der sie versuchen, sich den jeweiligen Herausforderungen zu stellen. So weisen

---

1 Kai Eide, „The Situation in Kosovo. Report to the Secretary-General of the United Nations", Brüssel, 15. Juli 2004, S. 11.
2 Vgl. Michael Ignatieff, *Empire lite. Die amerikanische Mission und die Grenzen der Macht*, Hamburg 2003 (Orig.: *Empire Lite. Nation-Building in Bosnia, Kosovo, Afghanistan*, London 2003).

sie durchweg einige oder alle der folgenden drei Merkmale auf: die Gewährleistung der Sicherheit in dem Gebiet durch internationale Militärkräfte;
die Übernahme von Regierungsfunktionen durch internationale Organisationen wie die Vereinten Nationen; den Aufbau einer effektiven Verwaltung,
die Stärkung demokratischer Institutionen und die allmähliche Übertragung von Regierungsfunktionen auf diese. In diesem letzten Punkt unterscheiden sich die Protektorate der Gegenwart von ihren kolonialen Vorläufern: Heute ist die internationale Herrschaft ausdrücklich eine vorübergehende. In einer internationalen Ordnung, zu deren normativen Grundlagen
weiterhin die nationale Selbstbestimmung gehört, lässt sich die unbefris-
tete Herrschaft einer fremden Macht nicht mehr rechtfertigen. Der Schwerpunkt der neuen Protektorate liegt daher auf dem Wiederaufbau, nicht auf
der Herrschaft. Letztere kann nur vorübergehend sein, bis die lokalen Institutionen stark genug sind, die Verantwortung zu übernehmen.

Die zweite Frage nimmt die eingangs im Hinblick auf die UNMIK auf-
geworfene Frage wieder auf. Wie erfolgreich waren diese Protektorate bei
der Wiederherstellung und Aufrechterhaltung der Ordnung in den von ihnen verwalteten Gebieten? Wie sollen wir ihren Erfolg beurteilen, und anhand welcher Kriterien? Ich möchte mindestens zwei Kriterien vorschlagen, die beide in den Mandaten der heutigen Protektorate verankert sind:
erstens den Grad an Stabilität und Sicherheit, den sie für die von ihnen re-
gierten Gebiete gewährleisten; und zweitens das Ausmaß, in dem es ihnen
gelingt, demokratische Institutionen aufzubauen und die wirtschaftliche
Entwicklung voranzutreiben. Selbst eine oberflächliche Betrachtung der
gegenwärtigen Protektorate anhand dieser beiden Aspekte veranschaulicht ihr Potential und ihre Grenzen als Ordnungsinstrumente. Im Hinblick
auf Stabilität und Sicherheit haben die meisten Protektorate ihr Ziel erreicht. Mit Ausnahme Afghanistans und vor allem des Irak konnten sie die
Gewalt erfolgreich eindämmen und ein zuverlässiges und sicheres Umfeld
für den Aufbau staatlicher Strukturen schaffen. Doch das Scheitern in Afghanistan und im Irak zeigt, dass der Einsatz von Protektoraten als Instru-
menten für einen gewaltsamen Regimewechsel auch weiter hinterfragt werden muss. Im Hinblick auf die Demokratisierung sind die Fakten noch
aussagekräftiger, was nicht überrascht, bedenkt man das Paradox, das dem
Versuch innewohnt, die Demokratie unter Zwang einzuführen. Zwar gelang
es allen Protektoraten, demokratische Institutionen zu entwickeln – noch
rudimentär im Irak und in Afghanistan und notdürftig funktionierend in
Osttimor, Bosnien und im Kosovo –, doch die Fähigkeit von Regierungen,
die öffentliche Ordnung zu gewährleisten und Dienstleistungen für die Bevölkerung bereitzustellen, ist noch schwach entwickelt. In mancher Hinsicht sind diese Schwächen Teil der Natur von Protektoraten, da diese lokale durch internationale Herrschaft ersetzen und verdrängen – trotz der
Absicht, ebenjene zu entwickeln. So hat die Internationale Balkan-Kommission zehn Jahre nach dem Krieg in Bosnien die Machtbefugnisse des

Hohen Repräsentanten, der an der Spitze des internationalen Protektorats steht, als das entscheidende Hindernis für eine demokratische Entwicklung bezeichnet: „Die Machtbefugnisse und Aktivitäten des Hohen Repräsentanten dominieren weiterhin die bosnische Politik. Dies hat die Entwicklung der Selbstverwaltung blockiert, die die Vorbedingung dafür ist, zum Kandidaten für eine EU-Mitgliedschaft zu werden."[3] Welche Erfahrungen wurden im Kosovo gemacht? Seit UNMIK und die von der Nato geführten Kfor-Truppen im Juni 1999 dort eingerückt sind, ist die Provinz relativ stabil und sicher, obwohl die Unruhen vom März 2004 gezeigt haben, wie gefährdet diese Sicherheit bleibt. Die Regierung ist nach wie vor schwach, und auch wenn die Gesetzgebung für die Erfüllung der „Standards", die von der internationalen Gemeinschaft für die Diskussion des Status Kosovos formuliert wurden, in einem bemerkenswerten Tempo vonstatten ging, ist die Regierung nicht imstande, die entsprechenden Gesetze auch durchzusetzen. Die Demokratie bleibt schwach, wobei vor allem der Umgang mit Minderheiten Anlass zur Sorge gibt. Die wirtschaftliche Lage ist äußerst angespannt, da nur etwa zehn Prozent der Kosovaren in einem registrierten, besteuerten Beschäftigungsverhältnis stehen.[4] Am wichtigsten aber ist, dass der Status des Kosovo nach wie vor nicht geklärt ist, auch wenn er wahrscheinlich im weiteren Verlauf des Jahres 2005 erneut verhandelt werden wird.

Im Folgenden werde ich mich mit der Frage befassen, wie die komplexen und unklaren Aufgaben von Sicherheit und Demokratie den Charakter der internationalen Protektorate prägen und, speziell im Hinblick auf das Kosovo, für ihren Erfolg und ihr Scheitern verantwortlich sind. Daher wende ich mich zwei entscheidenden Fragen zu: Erstens, welche Sicherheitsinteressen sind für die Einrichtung von Protektoraten von zentraler Bedeutung? Und, zweitens, welche Rolle spielt dabei die Demokratie? Die Auseinandersetzung mit diesen Fragen wird uns dabei helfen, die Stärken und Schwächen des Instruments „Protektorat" zu begreifen und die Herausforderungen für die internationale Ordnung im Allgemeinen und die im Kosovo im Besonderen anzusprechen.

Wessen Sicherheit?

Protektorate wurden sowohl für die Bevölkerung in dem betroffenen Gebiet als auch im Interesse der internationalen Gemeinschaft eingerichtet. Der Erfolg eines Protektorats ist davon abhängig, inwieweit lokale und internationale Interessen miteinander vereinbart werden können, sowie von dem Ausmaß, in dem beide Seiten von seinen Vorzügen profitieren.

---

3 Internationale Balkan-Kommission, „The Balkans in Europe's Future", Sofia 2005, S. 24.
4 Vgl. Regierung des Kosovo, „Monthly Macroeconomic Monitor Kosovo", Pristina, August 2003, S. 26.

Im Kosovo kam die Einrichtung des Protektorats drei unterschiedlichen Sicherheitsinteressen der lokalen Bevölkerung entgegen. Zunächst beendeten die Luftangriffe der Nato die Kampagne der ethnischen Säuberungen durch serbische Truppen und paramilitärische Gruppen, sie verhinderten ein Wiederaufleben der Gewalt und schufen die Bedingungen dafür, dass Flüchtlinge und Vertriebene nach Hause zurückkehren konnten. In dieser Hinsicht war die internationale Gemeinschaft sehr erfolgreich: Nach dem Ende des Konflikts kehrten innerhalb eines Jahres fast alle der über 860 000 Flüchtlinge in das Kosovo zurück. Zweitens beschützt die internationale Präsenz die mehrheitlich albanische Bevölkerung vor der Herrschaft der serbischen Regierung in Belgrad, die unter Slobodan Milošević in den 1990er Jahren in der Provinz einen Apartheidstaat errichtet hatte. Drittens schützt die Anwesenheit von UNMIK und Kfor die nicht-albanische Minderheit vor gewalttätigen Übergriffen von Teilen der albanischen Bevölkerung. Ursprünglich hatte die Kfor es versäumt, die Minderheiten im Kosovo angemessen zu schützen, was seit 1999 zum Exodus von etwa 60 000 Serben geführt hat, etwa einem Drittel der Bevölkerung der Vorkriegszeit. Während sich die Sicherheit für die Minderheiten in den folgenden Jahren merklich verbesserte und zum Abbau von Kontrollposten und einer gewissen Normalisierung der Beziehungen zwischen Serben und Albanern beigetragen hat, machten die Unruhen im März 2004 viele dieser positiven Entwicklungen wieder zunichte. Die Serben stellten nun ihre Zukunft in einem Kosovo unter albanischer Regierung verstärkt in Frage.

Um in den Augen der lokalen Bevölkerung legitim zu sein, müssen Protektorate den verschiedenen lokalen Sicherheitsinteressen und politischen Ambitionen gerecht werden. Die Tatsache, dass sich im Kosovo die Sicherheitsinteressen der Albaner und Serben sowie die Lösungen, die sie suchen, um ihre Sicherheit zu gewährleisten, gegenseitig ausschließen, stellt eine große Herausforderung für den Erfolg des Protektorats dar. Für Albaner ist die eigentliche Garantie ihrer physischen Sicherheit und kulturellen Identität kein Protektorat, sondern ein eigener Staat – ein Ziel, das sie spätestens seit der Ausrufung einer unabhängigen „Republik Kosova" im September 1991 offen verfolgt haben. Doch ein unabhängiges Kosovo ist die Hauptsorge der verbliebenen Kosovo-Serben, die fürchten, dass dies zu ihrer Marginalisierung führen und ihr Leben und Eigentum gefährden würde. Folglich streben sie enge Verbindungen mit Belgrad und die Integration des Kosovo in den serbischen Staat an.

Angesichts dieser Differenzen blieb dem UNMIK-Protektorat im Kosovo nichts anderes übrig, als den Status quo festzuschreiben und zu hoffen, dass sich mit der Zeit die Bedingungen für eine Lösung finden würden. Es ist nicht zu leugnen, dass dieses Festhalten am Status quo und der nach wie vor ungeklärte Status des Kosovo die Legitimität der UNMIK in den Augen der albanischen Bevölkerung untergraben haben. Dies kam in den Unruhen vom März 2004 zum Ausdruck, die nicht nur gegen Minderheiten, sondern auch gegen die UN gerichtet waren. Das Versäumnis, die Statusfrage zu lösen, birgt also die Gefahr, dass die UNMIK bei den Albanern zunehmend an Legitimität verliert und als eine unerwünschte Besatzungsmacht wahrgenommen wird, was das Gespenst neuerlicher Gewalt gegen die Vereinten Nationen heraufbeschwören würde.

Doch das Protektorat bietet nicht nur Sicherheit im Kosovo, sondern kommt auch zwei wichtigen Anliegen der internationalen Gemeinschaft, vor allem europäischer Staaten, entgegen. Zunächst dämmte es, indem es den Krieg beendete, eine Quelle regionaler Instabilität ein, verhinderte, dass der Konflikt auf benachbarte Länder wie Mazedonien übergriff, und stoppte die zu einer Destabilisierung führenden Flüchtlingsströme. Zweitens schrieb die internationale Gemeinschaft den Status quo nach dem Krieg fest und vertagte so die Frage nach der Abspaltung und Eigenstaatlichkeit des Kosovo, eine Frage, die potentielle Implikationen für andere ethnisch gespaltene ehemalige jugoslawische Republiken wie Mazedonien und Bosnien hat. Die Unabhängigkeit des Kosovo oder eine Aufteilung des Gebietes hätten zu neuerlichen Forderungen nach einer Teilung Bosniens und einem wachsenden albanischen Separatismus in Mazedonien führen können. Mit der Frage, ob das Festschreiben dieser Situation sich durchhalten lässt oder in eine Quelle der Instabilität umgeschlagen ist, werde ich mich im Weiteren noch befassen.

Wenn Protektorate den Sicherheitsanliegen der Beschützer nicht gerecht werden, werden sie sich schwerlich aufrechterhalten lassen. Staaten, die Truppen für die Sicherheit und Geld für den Wiederaufbau bereitstellen, müssen die möglichen Verluste an Menschenleben und Geld gegenüber ihrer heimischen Öffentlichkeit rechtfertigen. Wenn diese meint, ein Protektorat liege in ihrem Sicherheitsinteresse, wird es einfacher sein, die notwendigen Mittel bereitzustellen und die Unterstützung aufrechtzuerhalten – vor allem dann, wenn die Fernsehkameras abgezogen und die Bilder des Leidens, die zuvor die Unterstützung mobilisiert haben, von den Bildschirmen und aus dem Bewusstsein der Öffentlichkeit verschwunden sind. Im Kosovo hat die Nähe der EU das Problem der schwindenden öffentlichen Zustimmung zu einem internationalen Einsatz weniger dringlich gemacht, weil die Politiker und die Öffentlichkeit sich darüber im Klaren sind, dass die Stabilität des Kosovo für die europäische Sicherheit von entscheidender Bedeutung ist. In den Vereinigten Staaten hingegen weckte die Ansicht, dass die Protektorate auf dem Balkan und in Osttimor für die amerikanische Sicherheit von untergeordneter Bedeutung seien, die Skepsis vieler Amerikaner und vor allem der Bush-Regierung hinsichtlich der amerikanischen Beteiligung am Aufbau staatlicher Strukturen. Erst nach dem 11. September, als der Zusammenhang zwischen Terrorismus und *failed states* diese Staaten als Bedrohung der amerikanischen Sicherheit erscheinen ließ, kam es zu einem Meinungsumschwung; Protektorate und der Aufbau staatlicher Strukturen wurden nun stark befürwortet.

Protektorate müssen daher einen Ausgleich schaffen zwischen dem Schutz der Sicherheit und der Interessen der lokalen Bevölkerung und der Sicherheit und den Interessen der Protektoratsstaaten. Wie der Fall des Kosovo zeigt, können diese beiden Ziele häufig in Konflikt miteinander geraten. Zu ähnlichen Spannungen kommt es auch in anderen Protektoraten. In Afghanistan etwa haben die USA im Süden des Landes bewaffnete Warlords im Kampf gegen die Taliban und al-Qaida angeworben, eine Politik, die die Regierung in Kabul bei ihrem Versuch, das ganze Land unter ihre Kontrolle zu bringen und die Sicherheit der Bevölkerung zu gewährleisten, wohl eher behindern dürfte.

Wie sollte dieses Spannungsverhältnis aufgelöst werden? Welches Interesse sollte den Vorrang haben? Die ethische Position, die das Selbstbestimmungsrecht der geschützten Gebiete berücksichtigt, wäre die, den Forderungen der lokalen Bevölkerung stattzugeben.[5] Doch diese ethische Position scheint politisch nicht überzeugend. Warum sollten mächtige Staaten, die im großen Umfang in den Aufbau staatlicher Strukturen und die Sicherheit in einem Land investiert haben – in finanzieller Hinsicht und möglicherweise auch, was das Leben ihrer eigenen Soldaten betrifft –, sich zurückziehen oder lokalen Forderungen nachgeben, die im Widerspruch zu ihren eigenen Sicherheitsinteressen stehen, für die sie sich ja gerade mit der Einrichtung eines Protektorats eingesetzt hatten? Protektorate müssen diese Spannungen auflösen, wenn sie ein Land zu einem akzeptablen Preis stabilisieren und sich nicht in eine unerwünschte Besatzungsmacht verwandeln wollen.

Demokratie

Die Sicherheit zu gewährleisten ist daher eine wichtige Quelle der Legitimität für internationale Protektorate – sowohl gegenüber der örtlichen Bevölkerung als auch gegenüber der Öffentlichkeit der beteiligten Staaten. Die Demokratie spielt eine mehrdeutige Rolle: Sie trägt zur Legitimierung der Protektorate bei, aber sie stellt auch besondere Anforderungen an ihre Praxis und schränkt diese ein.

Die Demokratie legitimiert Protektorate auf doppelte Weise. Erstens wird sie in zunehmendem Maße als die legitimste Regierungsform anerkannt; dies geht so weit, dass einige Völkerrechtler inzwischen von einem „im Entstehen begriffenen Recht auf demokratische Staatsführung"[6] sprechen. Dieses angebliche Recht auf Demokratie hat noch nicht als Rechtfertigung für eine militärische Intervention in nicht-demokratischen Staaten gedient. Gleichwohl haben internationale Organisationen wie die UN, die

5 Eine ausführliche Auseinandersetzung mit diesem Thema am Beispiel des Irak findet sich in: Noah Feldman, *What We Owe Iraq: War and the Ethics of Nation-Building*, Princeton 2004.
6 Vgl. etwa Thomas M. Franck, „The Emerging Right to Democratic Governance", in: *American Journal of International Law* 86, Nr. 1/1992.

OAS, die EU oder die OSZE alle ihr Engagement für eine demokratische Staatsführung zum Ausdruck gebracht, und es wäre unvorstellbar, dass die Vereinten Nationen im Anschluss an einen Konflikt versuchen würden, eine nicht-demokratische Regierung zu etablieren. Die Förderung der Demokratie ist daher von wesentlicher Bedeutung für die Legitimität internationaler Protektorate.

Zweitens gilt Demokratie als entscheidender Faktor für die Sicherheit sowohl zwischen Staaten als auch innerhalb in sich gespaltener Gesellschaften. Seit den 1980er Jahren kreist eine der wichtigsten Debatten in den internationalen Beziehungen um die Existenz eines „demokratischen Friedens" zwischen liberalen Demokratien. Auf der Grundlage von Immanuel Kants Idee eines „ewigen Friedens" unter Staaten vertreten moderne demokratische Friedensforscher die These, dass das Vorhandensein demokratischer Institutionen und Normen Demokratien daran hindere, Krieg gegeneinander zu führen.[7] Die Förderung der Demokratie könne daher das Risiko eines Krieges zwischen Staaten reduzieren. Wichtiger im Hinblick auf Protektorate, die nach einem Konflikt errichtet werden, ist die Idee, dass die Demokratie zur Stabilisierung gespaltener Gesellschaften beiträgt, da sie einen institutionellen Rahmen bereitstellt, der die gewaltfreie Lösung von Konflikten zwischen verschiedenen gesellschaftlichen Gruppen ermöglicht und ihnen allen zu einem Anteil am Staat verhelfen kann. Während Kritiker dieser Theorie hervorgehoben haben, dass der demokratische Wettbewerb den Konflikt zwischen verschiedenen Gruppen vertiefen und neu entfachen kann, haben die Vereinten Nationen und viele Staaten die Demokratie emphatisch als einen entscheidenden Faktor bei der Beendigung von Bürgerkriegen begrüßt. In den Worten von UN-Generalsekretär Kofi Annan: „In Ermangelung wirklich demokratischer Institutionen ist es wahrscheinlicher, dass widerstreitende Interessen versuchen, ihre Meinungsverschiedenheiten durch einen Konflikt zu regeln als auf dem Weg der Verständigung. [...] Demokratisierung gibt den Menschen einen Anteil an der Gesellschaft. Ihre Bedeutung kann nicht genug betont werden, denn solange die Menschen nicht das Gefühl haben, einen echten Anteil an der Gesellschaft zu haben, wird dauerhafter Friede nicht möglich und eine nachhaltige Entwicklung nicht erreichbar sein."[8]

Die UNMIK hat eine solche Politik verfolgt, und die Einrichtung und Stärkung demokratischer Institutionen zählte zu jenen „Standards", die das Kosovo vor der Entscheidung über seinen politischen Status erfüllen muss. Indem sie betonte, dass auch die Minderheiten in der Regierung vertreten sein sollen, wollte die UNMIK ihren Anteil an der Entwicklung des Kosovo sicherstellen und ihnen ein gewisses Maß an Schutz zuteil werden lassen,

---

7 Vgl. Michael W. Doyle, „Kant, Liberal Legacies, and Foreign Affairs", in: *Philosophy and Public Affairs* 12, Nr. 3/4, 1983.
8 Bericht des UN-Generalsekretärs, „The Causes of Conflict and the Promotion of Durable Peace and Sustainable Development in Africa", 13. April 1998, § 77–78.

um auf diese Weise die Bedrohung zu reduzieren, die ein unabhängiges Kosovo für das Leben der Minderheiten darstellen würde. Durch die Förderung der Demokratie versuchen Protektorate sowohl die Sicherheit der lokalen Bevölkerung als auch die der Protektoratsstaaten zu erhöhen. Demokratisierung könnte daher dabei helfen, das Spannungsverhältnis zwischen diesen beiden Zielen aufzulösen.

Doch die Rolle der Demokratie beim Aufbau staatlicher Strukturen in den Protektoraten ist nicht so eindeutig, wie man dies auf der Grundlage dieser Diskussion meinen könnte. Die Demokratie kann von den Protektoraten, die die Art und Weise des Übergangs von der internationalen Herrschaft zur Selbstverwaltung nicht ohne weiteres bestimmen können, nicht einfach „ausgehändigt" werden. Demokratisierung ist nicht einfach nur ein technischer Vorgang des Aufbaus von Institutionen und der Übertragung von Autorität, sobald jene stark genug sind, sondern ein höchst politischer und dynamischer Prozess. Vor allem lokale politische Eliten fordern das Recht auf politische Teilhabe und Selbstverwaltung, und das Bekenntnis der internationalen Gemeinschaft zur Demokratie macht es schwierig, solche Forderungen abzuweisen.

Im Kosovo, und ebenso in anderen Protektoraten wie Osttimor oder dem Irak, haben sich lokale politische Eliten die Sprache der Demokratie angeeignet und sie gegen das Protektorat gerichtet. Kosovo-albanische Politiker wiesen eindringlich auf die Kluft hin zwischen dem zwangsläufig undemokratischen Charakter der UNMIK und ihrem Auftrag, demokratische Regierungsinstitutionen aufzubauen. Die Sprache der Demokratie aufgreifend, drängten sie zunächst auf eine Beteiligung an der Verwaltung des Gebiets und später auf lokale Wahlen, Kosovo-weite Wahlen und eine kosovarische Regierung. Ursprünglich hatte die UNMIK geplant, die Macht erst dann an lokale Einrichtungen abzugeben, wenn sie diese für stark genug halten und der Schutz der Minderheitenrechte gewährleistet sein würde. Durch die Forderungen der Kosovo-Albaner nach Selbstverwaltung und Demokratie sah sie sich nun gezwungen, ihre Autorität zu teilen und Macht an lokale Institutionen abzugeben – selbst wenn diese noch fragil und unerprobt waren –, um auf diese Weise ihre eigene Legitimität zu bewahren. Der Charakter und die zeitliche Koordinierung des Übergangs von internationaler Herrschaft zur Selbstverwaltung wurde daher eher durch lokale Forderungen als durch die Beurteilung institutioneller Stärke bestimmt.

Das Bekenntnis zur Demokratie stärkt die Legitimität internationaler Protektorate, doch zugleich stellt es Anforderungen an sie und unterminiert ihre Kontrolle über die verwalteten Gebiete. Die Demokratie löst also nicht zwangsläufig den Widerspruch zwischen den Sicherheitsinteressen der Beschützer und der Beschützten, sondern kann diesen vielmehr gerade besonders deutlich zur Geltung bringen, wenn die Verlängerung der internationalen Herrschaft dem Interesse der Beschützer dient, während die lokale Bevölkerung die Eigenstaatlichkeit fordert. Demokratie kann auch die

Sicherheitsinteressen von Minderheiten bedrohen, die das Gefühl haben, dass ihre Menschenrechte unter einer Mehrheitsregierung verletzt werden könnten. Der Erfolg auf dem einem Gebiet könnte also den auf einem anderen gefährden.

Die Zukunft des Kosovo

Bisher habe ich die These vertreten, dass der Erfolg – sowohl im Hinblick auf Sicherheit und Stabilität als auch im Hinblick auf Demokratisierung und Entwicklung – von der finanziellen und militärischen Nachhaltigkeit des Protektorats und seiner Legitimität in den Augen der lokalen Bevölkerung abhängig ist. Zu diesem Zweck müssen Protektorate die, häufig widersprüchlichen, Interessen zweier unterschiedlicher Gruppen miteinander in Einklang bringen: die Interessen der lokalen Bevölkerung und die der Öffentlichkeit jener Länder, die das Protektorat unterstützen. Diesen Drahtseilakt erfolgreich zu meistern ist eine der wichtigsten Herausforderungen, denen sich Protektorate gegenübersehen. Im Kosovo waren UNMIK und Kfor bislang relativ erfolgreich, was die Stabilisierung des Gebiets, die Gewährleistung der Sicherheit und die Einführung demokratischer Institutionen betrifft. Doch dieser Erfolg ist sehr fragil geblieben, da er darauf beruht, die Entscheidung über den Status des Kosovo hinauszuzögern, und so die zugrundeliegenden Interessenkonflikte zwischen den verschiedenen Gemeinschaften festgeschrieben hat. Dadurch wurde das UNMIK-Protektorat in eine Lage gebracht, in der es von den Kosovo-Albanern als Haupthindernis für die Erfüllung ihrer wichtigsten politischen Hoffnung – Eigenstaatlichkeit – angesehen wird. Der Konflikt zwischen allen diesen unterschiedlichen Interessen wird sich in den Verhandlungen über den zukünftigen Status des Kosovo herauskristallisieren, die vermutlich noch im Jahr 2005 beginnen werden. Erst danach werden wir den Erfolg des Kosovo-Protektorats vollständig beurteilen können.

Die Klärung des Status Kosovos wird die *raison d'être* des Protektorats beseitigen und das Mandat der UNMIK beenden. Die Staaten der Europäischen Union, die das größte Interesse an der Stabilität des Kosovo und der ganzen Region haben, werden vermutlich für eine begrenzte Zeit eine „leichtere" Form des Protektorats durchsetzen, mit einer fortgesetzten Präsenz internationalen Militärs und internationaler Polizei, vor allem um die Sicherheit der nicht-albanischen Minderheiten zu gewährleisten. Doch die wichtigsten langfristigen Herausforderungen, vor denen das Kosovo steht, sind sozioökonomischer Natur. Da ist zunächst der Mangel an wirtschaftlicher Entwicklung. Nach mehreren Jahren eines durch auswärtige Hilfe herbeigeführten Wachstums schrumpft die Wirtschaft des Kosovo.[9] Nur zehn

9 Vgl. Internationaler Währungsfonds, „Kosovo – Gearing Policies Toward Growth and Development", 18. November 2004, S. 10-11.

Prozent der Bevölkerung gehen einer registrierten und besteuerten Tätigkeit nach, vor allem im öffentlichen Dienst. Die Mehrheit der Kosovarinnen und Kosovaren arbeitet, unabhängig von ihrer ethnischen Zughörigkeit, in der Subsistenzlandwirtschaft oder ist arbeitslos. Das ist das Problem, dem sich die Regierung des Kosovo und die internationale Gemeinschaft am dringendsten zuwenden müssen. Das zweite Problem ist die Existenz einer demographischen Zeitbombe. Trotz einer vorwiegend von der Landwirtschaft lebenden Bevölkerung ist das Kosovo eine der dichtbesiedeltsten Gegenden Europas. Außerdem hat es die jüngste und am schnellsten wachsende Bevölkerung: Etwa ein Drittel der Kosovarinnen und Kosovaren ist unter sechzehn Jahre alt. Wenn diese Menschen im Kosovo keine Arbeit finden können, werden sie wohl auswandern, um sich Arbeit im Ausland zu suchen. Doch wenn ihnen die Grenzen Europas verschlossen bleiben, werden sie vermutlich zur illegalen Migration gedrängt, und die Wahrscheinlichkeit, dass sie sich dem organisierten Verbrechen zuwenden, wächst. Dieser Herausforderungen kann man nicht durch ein Protektorat Herr werden. Sie zeigen, dass ein fortgesetztes Engagement, vor allem der Europäischen Union, in den folgenden Jahren unerlässlich ist, um ein stabiles, wohlhabendes und demokratisches Kosovo zu schaffen.

Sarajevo

Strategien der Vergegenwärtigung

Jasmila Žbanić, **Eingemachte Pflaumen**, 2005
Fotografien: Elvis Barukčić

> S. 267 - 277

Eingemachte Pflaumen

Pflaumen mit kochendem Wasser überbrühen und schälen.
Entsteinen.
Kalk anrühren und vorbereitete Pflaumen für etwa eine
Stunde darin einlegen.
Der Kalk soll die Pflaumen bleichen und ihnen Wasser entziehen.
Dadurch werden sie fest und nehmen eine herrlich orange
Farbe an.

Meine Großmutter Kadrija Selesković (rechts)
Foto (wahrscheinlich) von 1934

Die Pflaumen sind unter der hart gewordenen Oberfläche orange-
farben und saftig, auch der Saft leuchtet orange. Das feste,
orangefarbene Fleisch platzt beim Hineinbeißen, und der orange
Saft ist weich und klebrig. Die Pflaumen liegen in einem Ein-
machglas.
Meine Großmutter holt sie mit dem Löffel heraus und legt sie in ein
ovales, fingerlanges Gefäß aus Kristall.
„Einmal habe ich Tante Šefika eingemachte Pflaumen gebracht.
Damals fuhr man von Bijeljina mit dem Zug ins benachbarte Tuzla.
Ich stand am Bahnhof. Plötzlich spürte ich, dass mich jemand
ansah. Durchdringend ansah.
Ich wusste, es war ein Mann. Aber das waren andere Zeiten, man
durfte eine Frau damals nicht so anschauen. Es war eine Schande. Der Mann sah mir mal ins Gesicht, mal auf die Brüste, die sich
gerade erst entwickelten. Ich schämte mich und wollte mich
nicht vom Fleck rühren, aber der Teufel in mir gab keine Ruhe. Also
tat ich so, als sei mir die Tasche in der einen Hand zu schwer
und nahm sie in die andere. Dabei drehte ich mich leicht, und da
sah ich ihn.
Er war ungefähr dreißig, ich achtzehn. Er war weder schön noch
hässlich und hatte schwarze Augen. Das habe ich gesehen…
Na, ganz kurz habe ich ihn gesehen. Eben so lange, wie man
braucht, um eine Tasche von einer Hand in die andere zu nehmen.
Dann fuhr der Zug ein. Ich lief, um einen Sitzplatz zu bekommen. Im Gedränge hörte ich eine Stimme: ‚Du bist so schön!' Ich
wusste, das ist er. Ich habe mich nicht umgedreht, dafür schämte ich mich viel zu sehr. Ich stieg in den Zug und habe ihn nie mehr
getroffen. Im selben Jahr habe ich deinen Großvater geheiratet
und ein gutes Leben gelebt. Schwer, aber letzten Endes – Gott sei
seiner Seele gnädig – gut. Vier Kinder habe ich ihm geboren."

1 kg Zucker in Wasser auflösen und langsam erhitzen, bis die Flüssigkeit anfängt einzudicken. Die Pflaumen aus dem Kalk nehmen, abtrocknen und in den Sirup geben.
Für eine säuerliche Geschmacksnote und eine kräftigere Farbe Zitronenspalten zugeben. 20 Minuten auf kleiner Flamme ziehen lassen.

Meine Großmutter ist in Bijeljina geboren. Alle ihre Geschichten sind mit diesem Städtchen verbunden, in dem ich nur ein einziges Mal war.

In Bijeljina lebten vor dem Krieg ungefähr 40000 Menschen: 27000 Bosniaken, 10000 Serben und 3000 andere. Heute leben dort 70000 Menschen, davon 8000 Bosniaken und 62000 Serben. Während des Krieges wurden rund 1000 Menschen getötet und die übrige Bevölkerung vertrieben. Alle sieben Moscheen wurden zerstört; an ihrer Stelle entstanden Parkplätze oder Plätze für Märkte und Feste. Der Sitz der Islamischen Gemeinde ist jetzt der Sitz des serbischen Veteranenvereins. In der Wirtschaft

und den öffentlichen oder städtischen Einrichtungen von Bijeljina arbeitet heute praktisch kein einziger Bosniake mehr. Aus dem Semberija-Museum, der Kunstgalerie und der Bibliothek wurden alle Exponate und Objekte aus der bosniakischen Tradition entfernt. Die Straßen, die einst nach Persönlichkeiten aller Nationalitäten benannt waren, tragen heute ausschließlich serbische Namen. Nach der Vertreibung der bosniakischen Einwohner wurde jede Erinnerung an die bosnischen Muslime und ihre Kultur ausgelöscht, aus Dokumenten, Geschichtswerken, Büchern und sämtlichen anderen kulturellen Manifestationen entfernt.

Als ich 18 Jahre alt wurde, herrschte in Bijeljina Krieg. Niemand außer den Soldaten kam in die Stadt. Die Züge fuhren nicht.

Die Großmutter, die damals in Sarajevo lebte, war ans Bett und einen Katheter gefesselt. Die Senilität klebte an ihr wie schlechter Sirup, aber sie wusste, dass in Bijeljina die Männer in den Kalk geworfen wurden und die Pflaumen im Gras verfaulten.

Die Großmutter saß beim Kaffee, aufgekocht in einem blauen, am Rand abgestoßenen Töpfchen. Sie trank ihn aus einer mit Mondsichel und Stern verzierten Tasse, ein Stück Würfelzucker auf der Untertasse, rauchte unablässig und sah besorgt in die Ferne, während sie sich die Kriegsberichte anhörte.

Ich bat sie, mir von ihrer Jugend zu erzählen. Und sie erzählte von Bijeljina, von ihrem Vater Derviš, der in Istanbul zur Schule gegangen war, von Tifa und Fadila Lipničević, Cousinen von ihr, die sich den Partisanen angeschlossen hatten und zu Volksheldinnen wurden. Für die verschleierten Frauen von Bijeljina allerdings waren sie nur eine Schande. Sie erzählte vom Verbot, den Schleier zu tragen, woraufhin ihre Mutter nie mehr das Haus verließ, von der Hochzeit mit dem Großvater, der bei der jugoslawischen Eisenbahn arbeitete und mit dem sie in verschiedene bosnische Kleinstädte zog, vom ersten Krieg, als sie meine Mutter gebar …

Die Geschichten wiederholten sich, nur manchmal tauchten neue, noch nie erzählte auf, die sich zufällig in den Erinnerungsstrom meiner Großmutter mischten.

Aber oft begann sie, gefragt nach ihrer Jugendzeit: „Ich erinnere mich … einmal brachte ich der Tante eingemachte Pflaumen nach Tuzla …", und sie dachte, sie würde es zum ersten Mal erzählen. Während sich der Beutel des Katheters tröpfchenweise füllte, stand der unbekannte Mann auf dem Bahnsteig:

„Du bist so schön!"

Die Großmutter lächelte ein vom Hirnschlag leicht verzerrtes Lächeln.

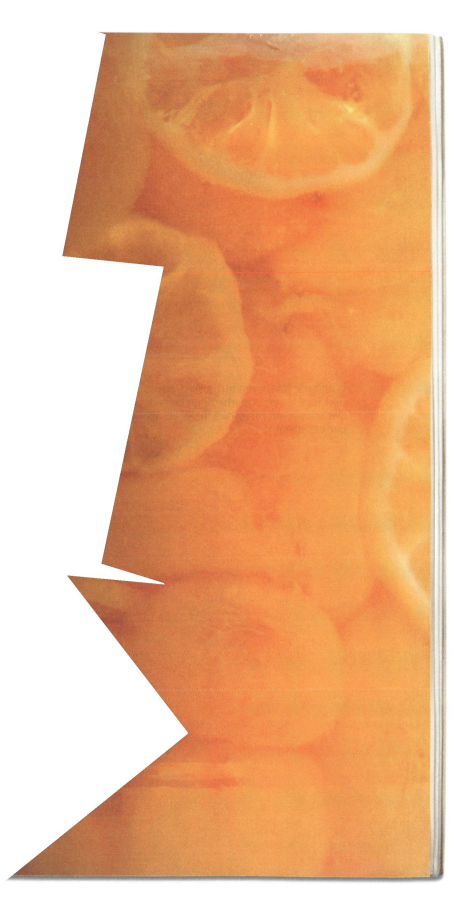

Wenn die Pflaumen fertig sind, ein sauberes, feuchtes Tuch über den Topf legen und abkühlen lassen.
Die erkalteten Pflaumen in ein verschließbares Gefäß umfüllen.
Guten Appetit!

Emir Imamović
Der Name des Spiels: Krieg

„Die Wahrheit ist: Während alarmierend großer Abschnitte des Tages bin ich ein Schwachsinniger", schreibt Nick Hornby am Anfang von *Ballfieber*[1], für viele der Fußballroman schlechthin. Und wirklich, für jeden, der Fußballfans verstehen will, ist dieser schmale Band voller Selbstironie eine perfekte Einführung. Er erklärt, was Menschen dazu treibt, Stadien mit Kirchen zu verwechseln und mit religiöser Inbrunst in einem emotionalen Crescendo zweiundzwanzig Männer bei einem eigentlich recht schlichten Spiel zuzusehen.

Wäre Hornby nicht Engländer und Fan von Arsenal London, wäre er in Bosnien-Herzegowina geboren und hätte seine Jugend in einem der Stadien von Sarajevo, Tuzla, Mostar, Banja Luka, Široki Brijeg, Trebinje oder Zenica verbracht, er wäre wohl kaum zum Star des Literaturbetriebs aufgestiegen. Obwohl er wahrscheinlich nicht weniger begabt und es auch nicht weiter ungewöhnlich gewesen wäre, hätte er seinen Erstling über Fußball geschrieben. Aber *Ballfieber* wäre als Titel dieses Erstlings wohl nicht düster genug gewesen.

Man könnte sich also durchaus einen Fußballroman als Debüt eines bosnisch-herzegowinischen Hornby vorstellen. Aber damit verbieten sich weitere Vergleiche angesichts der jüngsten Vergangenheit eines Landes, das vom serbischen Blitzkrieg verbrannt wurde und durch den wechselseitigen Hass seiner Bewohner gespalten ist. Denn hier dienten Fußballstadien als Sammelpunkte für Massendeportationen im Rahmen der organisierten ethnischen Säuberungen. Insbesondere in Ostbosnien, entlang der Grenze zu Serbien, wurden hier diejenigen für den Abtransport interniert, die später aus den Massengräbern zu exhumieren waren. Die Massenschlägereien zwischen den Anhängern von Roter Stern Belgrad und Dinamo Zagreb erwiesen sich im Nachhinein als bloßer Vorgeschmack auf die Brutalität eines Krieges, in dem sich die einst liberalste nichtkapitalistische Gesellschaft auf die Suche nach dem ultimativ Bösen begab.

Aber schieben wir all das für einen Moment beiseite und stellen wir uns den Roman unseres imaginären Hornby als Fanstory ohne historische Anspielungen vor, heute erzählt und von der Spielsaison in einem Land inspiriert, in dem der Krieg vor zehn Jahren zu Ende ging. Es ist ein Land, in dem die Fans von einer Entität (Federacija Bosna i Hercegovina) in eine andere (Republika Srpska) reisen, dessen Nationalmannschaft sich aus Spielern aller drei bosnisch-herzegowinischen Ethnien zusammensetzt, in dem sich die Profifußballer für den Klub entscheiden, der das meiste Geld bietet, und Kriterien wie Heimat oder ethnische Zugehörigkeit keine Rolle spielen. Kurzum, ein Land, in dem viele Männer und ein paar Frauen am Wochenende wie überall auf der Welt zum Fußball gehen und jeder Klub neben den normalen Fans organisierte Gruppen für die jüngsten, aggressivsten Mitglieder hat. Fraglos wäre *Ballfieber* eine Untertreibung, wollte man beschreiben, was sich hier bei sportlichen Begegnungen abspielt.

Doch die Sprache des Hasses hat ein Verfallsdatum; und was die offizielle Kommunikation in Bosnien-Herzegowina betrifft, ist die Frist bereits abgelaufen. In dem Land, in dem Herrschaftsphantasien Anfang der neunziger Jahre noch als

1 Nick Hornby, *Ballfieber. Die Geschichte eines Fans*, übers. v. Marcus Geiss und Henning Stegelmann, Hamburg 1996, S.12 (Orig.: *Fever Pitch*, London 1992).

Sarajevo

Ziyah Gafić, Fotografie, Sarajevo 2002: „1992 kamen UN-Truppen nach Bosnien. Erst 1996 begann der Westen mit seiner Intervention in dieser Region. In den Jahren dazwischen waren
überall in Bosnien viele von diesen weißen Autos zu sehen.
Das *Oslobođenje*-Gebäude wurde im Krieg stark beschädigt."

Ziyah Gafić, Fotografie, Sarajevo 2004: „Nach dem Krieg wurde
das Gebäude verkauft, in dem die *Oslobođenje* – früher die
wichtigste Zeitung Bosnien-Herzegowinas – untergebracht war.
Entgegen der ursprünglichen Idee, es zu erhalten, errichtete
man an seiner Stelle ein Bürogebäude."

politische Konzepte verkauft wurden und einen brutalen Krieg heraufbeschworen haben, ist Politik heute Realpolitik: Keine der größeren Parteien bestreitet noch die Realität des Staates Bosnien-Herzegowina; die Differenzen zwischen den serbischen, bosniakischen und kroatischen Parteien ergeben sich eher aus dem inneren Aufbau des Landes. Durch den Staat, der vor fünfzehn Jahren von Kanonen aufgeteilt wurde, reist heute jeder, wie er will, seine Bürgerinnen und Bürger besitzen die gleichen Papiere und arbeiten für dieselbe Valuta (vorausgesetzt, sie zählen zu den Glücklichen, die Arbeit haben). Im Vergleich zu der Zeit, als Jugoslawien zerfiel und die Kriege begannen, weist der politische Trend heute exakt in die entgegengesetzte Richtung.

Jedoch: Trotz seiner beiden Nobelpreisträger (Ivo Andrić und Vladimir Prelog) oder des Regisseurs des in der Geschichte der siebten Kunst mit den meisten Auszeichnungen bedachten Films (Danis Tanović, *Niemandsland*), trotz eines der bedeutendsten zeitgenössischen Künstler (Braco Dimitrijević) oder der architektonischen Perlen aus der Zeit der osmanischen und österreichisch-ungarischen Herrschaft – dieses Land kennt kaum einer. Wenn's hochkommt, hat man schon mal über Hasan Salihamidžić vom FC Bayern München, in der Regel jedoch nur im Zusammenhang mit Kriegsverbrechen von Bosnien-Herzegowina gehört. Und es ist immer noch kein glückliches Land. Seine Bewohner leiden an sämtlichen Kriegs- und Transformationskrankheiten, aber wenigstens herrscht Frieden. Oder glauben das naiverweise nur jene, die das Land nicht verlassen haben?

Es wäre ein interessantes Experiment, zum Beispiel in Oslo jemanden zu suchen, der nichts über Bosnien-Herzegowina weiß, ihm in aller Kürze die jüngste Geschichte des Landes zu erklären und dass dort nach wie vor drei Bevölkerungsgruppen miteinander leben, die sich im Grunde nur durch ihre religiöse Zugehörigkeit unterscheiden (Muslime, Katholiken und Orthodoxe). Man sieht sich mit ihm einige Spiele der Ersten Liga – eher plumpe Veranstaltungen mit gerade einmal sechzehn Klubs und durchschnittlich ein paar tausend Zuschauern je Match – an und bittet ihn um ein Urteil über Bosnien. Wahrscheinlich wird unser Norweger dem Land ohne Zögern eine Zukunft voraussagen, die noch düsterer ausfällt als die jüngste Vergangenheit.

Versuchen wir uns in seine Lage zu versetzen. Stellen wir uns vor, wir seien in Banja Luka, der Hauptstadt der Republika Srpska, und sähen ein Spiel zwischen Borac, dem dortigen Fußballklub, und den „Eisenbahnern" (Željezničar), die aus Sarajevo angereist sind. Auf den Tribünen stehen mehrheitlich Fans der „Kämpfer" (so die Übersetzung von Borac) aus Banja Luka, äußerlich durch nichts von den Fans im übrigen Europa zu unterscheiden: Schals, Kappen, Fahnen, das komplette Programm. Unten auf dem Rasen warten bereits die Borac-Spieler aus Banja Luka, der weltoffensten Stadt der Serbischen Republik, ihrem administrativen, politischen und kulturellen Zentrum. Auf der anderen Hälfte des Spielfelds laufen die Gäste aus Sarajevo ein, der Hauptstadt von Bosnien-Herzegowina, in der mehrheitlich Bosniaken leben. Es ist wie gesagt ein Jahrzehnt her, seit man von Banja Luka in den Uniformen der serbischen Armee zu den Stellungen rund um Sarajevo ausrückte und das Stadion der Gastmannschaft an der Front lag. Die „Vultures", wie sich die organisierten Borac-Anhänger selbst nennen, haben am Zaun des Stadions ein Transparent befestigt: „Messer, Draht, Srebrenica", was sich auf Serbisch reimt und eindeutig auf eines der größten Verbrechen nach dem Zweiten Weltkrieg anspielt, sich mit dessen Größenordnung einverstanden erklärt (8000 Bosniaken wurden umgebracht) und den Gästen mitteilt, welches Schicksal man ihnen wünscht. Vor dem Transparent stehen junge Männer in T-Shirts, auf denen die Konterfeis der beiden meistgesuchten Kriegsverbrecher – Radovan Karadžić und Ratko Mladić – prangen. Heiser gröhlen sie Tschetnik-Lieder aus dem Zweiten Weltkrieg [2] und fordern lautstark Großserbien und die Auslöschung Bosniens.

Fahren wir jetzt nach Stolac, einer Kleinstadt in der Herzegowina, deren bosniakische Bewohner 1993, also zu Beginn der Feindseligkeiten zwischen den einstigen Verbündeten, den Regierungstruppen von Bosnien-Herzegowina und dem Kroatischen Verteidigungsrat (Hrvatsko vijeće odbrane, kurz HVO), vertrieben wurden. Der Klub von Stolac ist nicht in der Ersten Liga, aber der Ort liegt an der Straße von Mostar nach Trebinje, und in Trebinje spielte der kroatische Fußballklub Zrinjski gegen den dortigen Klub namens Leotar. Der Fußballklub Zrinjski entstand, nebenbei bemerkt, nachdem die HVO – eine militärische Formation, die auf Initiative der größten nationalkroatischen Partei in Bosnien-Herzegowina gegründet und finanziell vom Nachbarstaat Kroatien und seinem damaligen Präsidenten Franjo Tudjman unterstützt wurde – West-Mostar von der nicht-kroatischen Bevölkerung „gesäubert" hatte. Der Klub bezog Mitte der neunziger Jahre das Stadion am Bijeli Brijeg, dem Weißen Berg. Dort hatte der Fußballklub Velež jahrelang seine Heimspiele absolviert, bis er wegen seiner kommunistischen Vergangenheit im postkommunistischen Zeitalter nicht mehr opportun war. Die Spieler von Zrinjski sind also auf der Rückfahrt von Trebinje, begleitet von einer großen, fahnenschwenkenden Anhängerschar. Als Zwischenstopp entscheiden sie sich für Stolac, dessen Bewohner (Kroaten und Bosniaken, die nach dem Krieg zurückkehrten) nach den ungeschriebenen Gesetzen einer auf Frieden bedachten Konfrontation leben. „Das ist Kroatien!" rufen die „Ultras" aus Mostar und werfen Schaufenster ein. Im Handumdrehen verwandeln sich die Straßen in ein Schlachtfeld: Steine fliegen, Autos brennen, alles ist mit Glassplittern übersät, ins Krankenhaus am Ort werden Verletzte eingeliefert. Würden sich die jungen Männer mit den blutigen Köpfen nicht durch ihre Kleidung als Fußballfans ausweisen, alles wäre wie damals, als sich die bosnisch-herzegowinischen Kroaten mit offizieller politischer Unterstützung aus Zagreb die Abspaltung vom bosnischen Staat und den Anschluss an Kroatien zum Ziel gesetzt hatten.

Bleiben wir noch ein wenig in der Herzegowina, dem klimatisch angenehmsten Teil von Bosnien-Herzegowina, genauer in Široki Brijeg, einer Stadt mit nur einigen zehntausend Einwohnern, aber dem höchsten Mercedes-Benz-Aufkommen

---

2 Die Serben haben sich von 1945 bis zum Aufstieg Slobodan Miloševićs für die Tschetniks geschämt, die als verbrecherische Organisation galten, die im Verlauf des Zweiten Weltkriegs unter nationalsozialistisches Kommando geriet und der unzählige Kroaten und Bosnier zum Opfer fielen. In den neunziger Jahren fand eine Umwertung statt: Die Tschetniks stehen nach neuserbischer Deutung historisch auf der richtigen Seite, die serbischen Kräfte verwendeten in den Balkankriegen die Symbole der Tschetniks und übertrafen sie noch an Brutalität.

pro Kopf im ganzen Land. Da die Bevölkerung mehrheitlich kroatisch ist und die Front zu weit entfernt lag, als dass gegnerische Truppen bis hierher hätten vordringen können, hat Široki Brijeg keine ethnische Säuberung erlebt. Im Fußballstadion findet ein Freundschaftsspiel zwischen der kroatischen und der bosnisch-herzegowinischen Jugendmannschaft statt. Den Regeln gemäß wird zuerst die Hymne der Gäste angestimmt, das ganze Stadion singt im Chor das kroatische Lied „Lijepa naša" (Unser schönes Heimatland). Es folgt die Hymne von Bosnien-Herzegowina. Sie geht – wohlgemerkt: mitten in der Herzegowina! – in einem Pfeifkonzert unter. Während des gesamten Spiels wird die Gastmannschaft von ihren Fans frenetisch angefeuert, und nur die Unterbrechung des Matchs wegen eines angeblichen Stromausfalls verhindert den bekannt unangenehmen Ausgang des Ganzen: dass die bosnische Mannschaft zusammengeschlagen wird. Und das, obwohl ihr auch einige in Bosnien-Herzegowina geborene Kroaten angehören.

Nun sind wir endlich in Sarajevo, einer Stadt mit phantastischer Architektur und herausragender Küche, umgeben von Bergen, auf denen 1984 – laut Juan Antonio Samaranch, dem damaligen Präsidenten des Internationalen Olympischen Komitees – die bis dahin am besten organisierten Olympischen Winterspiele stattfanden. Zwanzig Jahre und ein paar Monate danach treffen in dem Stadion, in dem einst die Winterspiele eröffnet wurden, die Nationalelf von Bosnien-Herzegowina und die von Serbien und Montenegro zur ersten offiziellen Begegnung aufeinander. Es sind die Nationalmannschaften zweier Staaten, die vor zehn Jahren noch gegeneinander Krieg führten, sich heute wechselseitig vor dem Internationalen Gerichtshof in Den Haag wegen Kriegsverbrechen anklagen und die Anerkennung eines Angriffskriegs sowie Entschädigungsansprüche einfordern. Zwei Stunden vor dem Anpfiff füllen sich Ost-, West- und Nordkurve mit den Fans von Bosnien-Herzegowina, die zum Teil unter dem Namen BH Fanaticosi organisiert sind. An die Zäune des Stadions hängen sie Fahnen (die Nationalflagge und das Kriegsbanner von Bosnien-Herzegowina, aber auch die Flagge der Türkischen Republik)[3] und Transparente, auf die sie die Namen ihrer Heimatorte geschrieben haben: Sarajevo, Tuzla, Zenica und so fort, ja sogar Banja Luka – damit setzen bosniakische Kriegsflüchtlinge aus dieser Stadt, die heute irgendwo in der Europäischen Union wohnen, ein Zeichen. Gut eine Stunde später werden die serbischen und montenegrinischen Fans von der Polizei auf die südliche Tribüne geleitet. Begrüßt von einem Pfeifkonzert halten sie ihre Requisiten hoch, darunter eine riesige serbische Fahne, auf der in kyrillischen Buchstaben Banja Luka geschrieben steht.

Es sind einige hundert Fans, doch die meisten sind keineswegs aus Serbien zu dem höchst riskanten Spiel angereist. Sie kommen vielmehr aus der Umgebung

---

3 Die Bosniaken haben in ihrer Not, wie sie sich politisch definieren sollten, eine an der Grenze zur Schizophrenie liegende Möglichkeit gewählt. Sie beschwören die Gemeinsamkeiten in Bosnien-Herzegowina und schleppen gleichzeitig die Flagge der Türkei mit ins Stadion, berufen sich also auf die Verbindung zum Osmanischen Reich, mit dem der Islam nach Bosnien kam, und sehen in der heutigen modernen türkischen Republik das, was die bosnischen Kroaten in Kroatien und die bosnischen Serben in Serbien sehen – das Mutterland! Dieselben Bosniaken merken nicht, dass ihre Rufe „Hier ist Bosnien!" und „Allah ist groß!" als Wunsch nach einem islamisch dominierten Bosnien und einer Marginalisierung der übrigen Volksgruppen gedeutet werden kann.

Ziyah Gafić, Fotografie, Ostbosnien 2001: „Zwei Männer tragen
die sterblichen Überreste der Nachbarn und Familienmitglieder
weg. In den letzten sieben Jahren kamen in Bosnien Tausende
dieser weißen Nylonsäcke zum Einsatz."

von Sarajevo und haben das Stadion, in dem sie jetzt die Namen Radovan Karadžić und Ratko Mladić skandieren, höchstwahrscheinlich während der Belagerung als Mitglieder der serbischen Truppen von den Bergen rund um die Stadt aus betrachtet. Auch wenn sie gegen den ohrenbetäubenden Lärm der BH Fanaticosi keine Chance haben, brüllen sie mit ihren serbisch-nationalistischen Liedern oder einem rhythmischen „Srbija i Crna Gora" gegen den Krach an, was die Kehle hergibt, und es ist ihnen vollkommen egal, dass der bosnisch-herzegowinischen Mannschaft auch gebürtige Serben wie Vladan Grujić aus – so langsam wird es absurd – Banja Luka angehören. Dank des Polizeieinsatzes muss bei diesem Fußballmatch nur ein einziger Fan mit einer Schnittwunde am Kopf ins Krankenhaus gebracht werden. Einige Jahre zuvor hatten wütende Sarajlis (wie die Bewohner von Sarajevo genannt werden) in der ganzen Stadt die Anhänger des gegnerischen Teams auf Barrikaden erwartet und, aufgebracht von der Niederlage ihrer Mannschaft und mehr noch von den Provokationen der Gäste, ihr Geschick im Beschimpfen und Verletzen unter Beweis gestellt.

Sarajevo ist die größte bosnische Stadt, das einstige „Jerusalem Europas", und es war der geographische Mittelpunkt von Jugoslawien, also geht es schon in Ordnung, wenn wir uns hier ein wenig länger aufhalten. Bleiben wir im Koševo-Stadion und schauen uns das Finale des Bosnien-Herzegowina-Cup an; es spielt Sarajevo gegen Široki Brijeg. Wieder erklingt die Hymne, und die Fans von Sarajevo, die einige Monate zuvor der bosnisch-herzegowinischen Nationalmannschaft zugejubelt haben, stimmen ein Lied zu Ehren von Alija Izetbegović an, dem ersten Präsidenten von Bosnien-Herzegowina und nationalen Führer der – gemäß der neuen Sprachregelung – Bosniaken. Die Gäste aus Kroatien werden mit einem beleidigenden „Trampelt die Ustaschas tot!"[4] empfangen. Neunzig quälende Minuten später lösen die Rufe: „Allah ist groß!" das bisher skandierte „Hier ist Bosnien!" ab.

Schauen wir unserem Mann aus Oslo ins Gesicht: Können Sie die Verwirrung in seinen Augen erkennen? Vielleicht braucht er eine Erklärung? Wir sollten die Zusammenhänge so weit wie möglich vereinfachen. Versuchen wir es.

Die organisierten Fanklubs haben ihre eigene Folklore, und es gehört zur Tradition, den Gegner in jeder Hinsicht möglichst grob zu beleidigen. Dabei geht es um die Beleidigung als solche, und normalerweise steckt nichts weiter dahinter. Fahren wir nach Zenica, früher eine Industriestadt, heute eine der ärmsten, vom Krieg und von mafiösen „Reformen" gezeichneten Kommunen des Landes, und sehen uns das einmal an. Auf der einen Seite stehen die einheimischen Fans, also Bosniaken, auf der anderen die Fans aus Sarajevo, also ebenfalls Bosniaken. Zum Entsetzen der nichtorganisierten Fans beschimpfen die organisierten Anhänger die Gäste aus Sarajevo als „Markale", verspotten sie also wegen der Granaten, die die Serben auf ebendiesen Marktplatz in Sarajevo abfeuerten und damit eines der

4 Für die meisten Kroaten war die Ustascha 45 Jahre lang eine Verkörperung des Bösen, eine Armee, die für den Marionettenstaat NDH (Nezavisna Država Hrvatske, Unabhängiger Staat Kroatien) auf der Grundlage von Rassengesetzen Konzentrationslager betrieb sowie Massendeportationen und Massentötungen durchführte. Die „bleierne Zeit" veränderte auch diese Einschätzung: In Mostar – der Heimat der Zrinjski-Fans – wurde sogar eine Straße nach Mile Budak benannt, dem Schöpfer der kroatischen Rassengesetze.

schlimmsten Verbrechen an Zivilisten begingen. Hassen die Zenicer die Sarajlis wegen ihrer nationalen Zugehörigkeit? Natürlich nicht. Sie sind einfach fanatische Anhänger ihres Klubs und hassen die gegnerischen Fans, weil es gegnerische Fans sind. Sie wollen sie verletzen, wenigstens verbal. War das einfach genug?

Allerdings gibt es zwischen den organisierten Fanklubs auch Unterschiede, in denen sich letztlich doch die individuellen Haltungen ihrer Mitglieder widerspiegeln. Diese Einstellungen wurden oft in einer anderen, friedlicheren Umgebung geprägt. Drängt sich daher der Schluss auf, dass der Hass gegen Menschen anderer Nationalität vom Krieg in die Familie und in das Bildungssystem getragen wird, vermittelt von den Medien und genährt von schon vorher vorhandenen Frustrationen, und dass im Stadion lediglich die Äußerungsweisen dieses Hasses eingeübt werden? Zu kompliziert?

Suchen wir ohne weitere Verkomplizierungen nach einer einfachen Antwort. Stellen wir unserem Gast die Anführer der bosnisch-herzegowinischen Fanklubs vor, diejenigen, die bei jedem Spiel den Chor vieler tausend Stimmen dirigieren und die von allen verabscheut werden, die im Stadion hauptsächlich ein schönes Fußballspiel sehen wollen. Finden wir uns damit ab, dass wir nie erfahren werden, ob sie die politische Unterstützung nationalistischer Parteien genießen, ob ihnen der Klub Geld dafür bezahlt, dass sie die Hassorgien auf den Tribünen anheizen, Freude nur kurz zulassen, etwa wenn ein Spieler mit der „falschen" Nationalität ein Eigentor schießt, und dafür sorgen, dass den Anhängern der gegnerischen Seite, die damit ebenfalls aus dem „falschen Volk" stammen, lautstark Tod und Verderben angedroht wird. Soll unser Gast doch hören, was die Journalisten des Sarajever Magazins *Start* zu hören bekamen: Die Krieger von den Tribünen erklärten, das heutige Bosnien-Herzegowina sei eine politische Vernunftehe und die Fanklubs sprächen halt aus, was die politischen Führer aus Angst vor Sanktionen sorgsam in ihren Programmen verklausulierten. Bei den Spielen würde nur offenkundig, was sonst keiner zu sagen wage, aber jeder denke.

Gibt es für unseren norwegischen Besucher am Ende doch Grund für ein wenig Optimismus? Ein eingefleischter Fan würde es vielleicht so ausdrücken: Bis vor kurzem haben wir Krieg geführt, gut, dass wir jetzt vom Tun zum Reden übergegangen sind. Und wirklich, wäre es anders, würden die Worte wieder zu Taten, dann gäbe es schon nach der ersten Runde in der Ersten Liga keinen Strafraum, keine Seitenlinien oder Eckfahnen mehr, sondern Gräber. Rund um die Tribünen herrschte wieder Krieg.

Jasmina Husanović

In den Zwischenräumen von Vergangenheit, Gegenwart und Zukunft
Praktiken der Querverbindung in den Arbeiten von Šejla Kamerić, Jasmila Žbanić und Amra Bakšić-Čamo

Erinnern, Gedenken, Zugehörigkeit und Gemeinschaft werden in Bosnien auf der Grundlage von Palimpsesten verhandelt. Diese Verhandlung stellt die Grundstruktur von Kunst und Kultur in einem Land dar, in dem der schwindelerregende Abgrund zwischen Vergangenheit, Gegenwart und Zukunft im öffentlichen Diskurs mit Bezeichnungen wie „Nachkriegs…" oder „Post-Dayton" überdeckt wird. Allem voran die Zeichen aus Kunst und kultureller Produktion leisten Widerstand gegen diese „Konfiszierung der Erinnerung"[1]. Letztere grassiert nicht nur in Bosnien, sondern in allen Ländern des ehemaligen Jugoslawien, des Balkans und Osteuropas. Dabei überlagern die verschiedenen Post-Ismen nicht etwa eine durch den Krieg verursachte Abwesenheit von Erinnerungen und Erinnern, überdeckt wird im Gegenteil der politisch-ideologische Komplex einer wuchernd-chaotischen Anwesenheit von „Erinnern" und „Vergessen" in unserem Alltag. Und diese chaotische Anwesenheit entpolitisiert fraglos sowohl „Vergangenes" als auch „Gegenwärtiges" und „Zukünftiges". Um diese allgegenwärtigen Zonen der Ununterschiedenheit[2], in denen wir, um mit Dubravka Ugrešić zu sprechen, nichts vergessen und nichts erinnern[3], zu entwirren, benötigen wir eine neue Sicht auf die Dinge.

Dieser Beitrag betrachtet ausgewählte Arbeiten von drei Künstlerinnen und Kulturaktivistinnen: Šejla Kamerić, Jasmila Žbanić und Amra Bakšić-Čamo. Ihre Suche nach neuen Sichtweisen und Praktiken stellt einen emanzipatorischen Akt dar, das „triple bind" in der heutigen bosnischen Realität, und natürlich nicht nur dort, zu überwinden. So gelingt es ihnen, das Amalgam aus den Kulturen der „Amnesie"[4], der „Verleugnung"[5] und der „Lüge"[6] zu transzendieren. Schon Dubravka Ugrešić hat angemerkt, dass wir bei zwei Themen – Gemeinschaft und Vergangenheit – besonders empfindlich reagieren.[7] Und die kulturell-politische Krise Bosnien-Herzegowinas reproduziert sich über verschiedene, persönlich wie kollektiv verletzende Geschichtsauffassungen, die die gesamte Öffentlichkeit spalten. Vor diesem Hintergrund betrachtet, erscheint die Tätigkeit der drei Künstlerinnen und Kulturproduzentinnen – die häufig genug am alternativen Rand verortet werden – in einer Praxis verankert, die sich in einem traumatisierten Umfeld dem Risiko des Widerstands und der Entmystifizierung herrschender Identitäts- und Zugehörigkeitsvorstellungen aussetzt.

Konstitutiv für eine Politik des Erinnerns und der Erinnerungen sind Zeugenaussagen ebenso wie die Konfrontation der Entscheidungsträger mit ebendiesen. In einer Zeit jedoch des Verleugnens / Verschwindens, Mythologisierens oder Hospitalisierens der „historischen Kränkung"[8] geht derjenige, der Verluste und Ver-

---

1 Vgl. Dubravka Ugrešić, „Die Konfiszierung der Erinnerung", in: dies., *Die Kultur der Lüge*, Frankfurt am Main 1995; engl.: *The Culture of Lies*, London 1998.
2 Vgl. Giorgio Agamben, *Homo Sacer. Die souveräne Macht und das nackte Leben*, Frankfurt am Main 2002.
3 Ugrešić, *The Culture of Lies*, S. 235.
4 Vgl. Andreas Huyssen, *Twilight Memories. Marking Time in a Culture of Amnesia*, New York 1994.
5 Vgl. Stanley Cohen, *States of Denial. Knowing About Atrocities and Suffering*, Cambridge 2001.
6 Vgl. Ugrešić, *The Culture of Lies*.
7 Ebd., S. 221.
8 Kali Tal, *Worlds of Hurt. Reading the Literature of Trauma*, Cambridge 1996, S. 6. Vgl. auch Jenny Edkins, *Trauma and the Memory of Politics*, Cambridge 2003, und Shoshana Felman, *The Juridical Unconscious. Trials and Traumas in the Twentieth Century*. Cambridge, Mass., 2002.

bliebenes, Nostalgie und Melancholie offen anspricht, häufig ein Risiko ein. Denn diese Zeit betrachtet Traumata einfach nur als Krankheit. Doch wer dagegen rebelliert, der vermag jene herrschende politische und symbolische Ökonomie zu enttarnen, die den Menschen Gedächtnisschwund, selektierte Erinnerungen und fortwährende Verletzungen aufzwingt. Eine künstlerisch-kulturelle Tätigkeit, die ihren politischen Flankenschutz auf der Linie Vergangenheit – Gegenwart – Zukunft aufbaut, bedeutet daher auch die Suche nach neuen/alten Schlüsseln im Zusammenhang von Repräsentation und ethisch-politischer Verantwortung. In den Werken von Frauen, von Künstlerinnen und Kulturschaffenden, nimmt diese Suche eine besondere Wendung und bekommt eine spezifische Lebendigkeit. Und Frauen beziehen in diesem Feld immer offensiver – wenn auch nie dominant – Stellung. Die Gespräche mit Šejla Kamerić, Jasmila Žbanić und Amra Bakšić-Čamo gewähren Einblicke in die Biographien dieses Engagements.

Šejla Kamerić: Navigieren zwischen Trauma und Traum [9]

Vor einigen Jahren nutzte ich Šejla Kamerićs Videoarbeit *Dream House* (2002)[10] als Bildschirmschoner. Damals beschäftigte ich mich intensiv mit der Metapher vom Haus, rang mit meiner eigenen Neuinterpretation des radikal Zufälligen in Gemeinschaft und Identität sowie den Erfolgsaussichten für eine emanzipatorische Politik in Bosnien. Für mich brachte Šejla Kamerićs Arbeit die paradoxe Suche nach einem Zuhause zwischen Trauma und Traum auf den Punkt, sowohl für die Vergangenheit als auch für die Zukunft. Meine eigene Erfahrung mit diesem Paradox lässt sich am besten im Tempus der vollendeten Zukunft ausdrücken: „Ich werde dort gewesen sein", genau wie in *Dream House*. Für mich erforschen Šejlas Arbeiten manchmal offen und manchmal kaum wahrnehmbar, doch stets subtil die Träume traumatisierter Menschen.

Seit zehn Jahren zählen Šejla Kamerićs Multimedia-Interventionen mit Sicherheit zu den innovativsten Beiträgen in der bosnischen Kunstszene. Die Copy & Paste-Methode verbindet künstlerische Arbeiten wie *Bosnian Girl* (2003), *Fortune Teller* (2001) und *copy-paste* (1997), in denen sie „vertraute" Details und Symbole aus dem Zusammenhang reißt und so neu interpretiert. Damit spürt sie neue politisierte Inhalte und Subjektivitäten in Verbindung mit den traumatischen Erlebnissen auf, die viele von uns in Bosnien durchmachen mussten.

Im Verlauf unseres Gesprächs legte Šejla Kamerić großen Wert darauf, dass sie in ihrer Arbeit „Gefühle und Erinnerungen aus einer ganz persönlichen Geschichte" verarbeite. Dabei folge sie den „unaufdringlichen Vorgaben", die sich aus den Titeln ihrer Werke ergeben. Mit ihrer Abschlussarbeit an der Kunstakademie in Sarajevo, *Radi sebe* (Meinetwegen, 1999), hat sie dieses Prinzip explizit zum Rahmen ihrer künftigen Interventionen und (Neu-)Schöpfungen vertrauter Kon-

9 Näheres zu Kamerićs Biographie und über ihre Arbeiten siehe unter www.sejlakameric.com.
10 Siehe www.sejlakameric.com/video/dream_house.htm.

texte jenseits der offiziellen Parameter und Grenzen von Kunst und Politik in Bosnien erhoben.

Die politische Haltung von Kamerić zeigt sich auch in der Beharrlichkeit, mit der sie auf die „Ethik der Verantwortung" und die „Universalisierung von Kategorien" verweist, die sich neben der Frage von „Gerechtigkeit und Ungerechtigkeit" in ihren Arbeiten formuliere. Am meisten schmerze die Menschen, so fährt sie fort, dass diese Begriffe durcheinander geworfen und „dass diese Verwechslung sowie unsere Erinnerung instrumentalisiert werden". Unser Gespräch wurde persönlicher, als Kamerić erklärte, das Schöpferische an ihrer Arbeit sei die Verarbeitung des Traumas. Und nach einer kurzen Pause konkretisierte sie: „Mein Motiv ist die Selbstheilung". Selbstheilung – was das bedeutet und welche Schritte dafür notwendig sind, diese Fragen gehörten mit Sicherheit zu den schmerzhaftesten der „alternativen" Kunstszene in Bosnien während der letzten Dekade. Angesichts der erzwungenen Amnesie und der erzwungenen Erinnerung besteht der erste Schritt hin zu kulturellem Widerstand gegen den Ausschließlichkeitsanspruch konventioneller Politik darin, dass wir zu Vergangenheit und Zukunft kritische Fragen stellen und die in der bosnischen Öffentlichkeit vorherrschenden offiziellen Narrative problematisieren.

Als ich Šejla Kamerić danach fragte, welche ihrer Arbeiten hinsichtlich der angestrebten Selbstheilung die eindrucksvollste persönliche Verwandlung ergeben habe und für sie selbst den Schlüssel für den eigenen Umgang mit Erinnerung und Phantasie bedeute, nannte sie ohne Zögern das Theaterprojekt zum zehnten Jahrestag der Belagerung Sarajevos, *Kolekcija Opsada 92-95* (Die Belagerungskollektion, 2002). Zeitgleich mit der Fashionweek Sarajevo, einer jährlichen Modenschau, die sich in nichts von anderen kommerziellen Modenschauen unterscheidet, sollte ihre „Modenschau die Stereotype von Catwalk und Modekonsum unterlaufen", indem Kleidungsstücke gezeigt wurden, die Menschen während des Krieges in Sarajevo trugen und anschließend „nicht wegwerfen konnten". Kamerić fand ihre „Modelle" über informelle Netzwerke von Freunden und Kollegen binnen weniger Tage. Jedes einzelne Kleidungsstück erzählte eine Geschichte vom Krieg und einem abwesenden Körper. Im Hintergrund hing ein Plakat, auf dem Radovan Karadžić und Ratko Mladić steckbrieflich gesucht wurden,[11] sowie eine alte bosnische Flagge. In dieser Inszenierung kommt es zu einer massiven Überlagerung der Gegenwart durch die Vergangenheit, was Kamerićs Beschreibung zufolge eine kollektive Katharsis auslöste, sowohl bei der Künstlerin selbst als auch beim Publikum und bei den jungen Frauen, die die Modelle präsentierten. Es entstand eine zwar vorübergehende, aber doch sehr intensive persönliche Verbundenheit zwischen allen Beteiligten der Aktion.

In der – mit allen Vorbehalten so genannten – kritischen Öffentlichkeit Bosniens und Sarajevos gibt es ein unterschwelliges und oft falsch verstandenes Bedürfnis nach neuer Solidarität und Gemeinschaft, gleichgültig, wie sehr die Be-

---

11 Das Plakat ist in der öffentlichen Installation *Warrant* zu sehen; siehe www.sejlakameric.com/art/warrant.htm.

teiligten durch „vergangene/gegenwärtige" Gemeinschaften verletzt wurden. Kamerićs *Belagerungskollektion* bringt uns das Paradoxe an solchen „träumerischen" Identifikationen und den Kampf um deren politische Anerkennung nahe. Sie benutzt in diesem Event nicht nur Artefakte der stofflichen Kultur, um bestimmten Lebensstilen und Lebensweisen ihre politische Bedeutung wiederzugeben, sondern verbindet – wie schon bei anderen Interventionen (*Closing the Border*, 2002, *EU/Others*, 2000) – diverse Ebenen und Formen von Widerstand gegen Gewalt und Ausgrenzung in verschiedenen räumlichen und zeitlichen Kontexten. Dabei spielt der Bezug auf das zeitgenössische Sarajevo oft eine entscheidende Rolle. Kamerić stellt in dieser Arbeit ihr eigenes Erleben in den Vordergrund und bringt doch den unvermeidlich kollektiven Sinn ihrer Handlungen und Leidenschaften (mit anderen Worten, das Politische darin) zum Ausdruck. Was aber veranschaulicht die *Belagerungskollektion*? Man könnte sie als eine Untersuchung der ethisch-politischen Rolle von Trauer und/oder der melancholischen Sehnsucht nach Verlorenem und Zurückgelassenem lesen,[12] verbunden mit einer gewissen Hoffnung, das zu enthüllen und neu zu benennen, was von den verlorenen Geschichten und den Geschichten des Verlusts zurückgeblieben ist.[13]

Während wir über die *Belagerungskollektion* sprachen, merkte Kamerić an, der zehnte Jahrestag der Belagerung Sarajevos sei offiziell bewusst übergangen worden; ihn zu erwähnen galt als „politisch regressiv oder unangemessen, als zu konfliktreich oder rückwärtsgewandt, als zu gefährlich für die noch immer verletzbare Gesellschaft Bosniens". Deswegen hätten ihn die führenden lokalen wie internationalen politischen Akteure und Meinungsbildner abgelehnt. Genau dies aber gebe in der Öffentlichkeit Raum für den Wildwuchs starrer nationalistischer Fixierungen und Identifizierungen, fördere das Nicht-loslassen-Können und führe letztlich zu einer Politik der Hoffnungslosigkeit. Kamerić geht gegen diese gefährlichen Trugbilder aus Vergangenheit, Gegenwart und Zukunft an, indem sie sich durch Traumata und Träume arbeitet und spezifische gesellschaftliche Räume für eine persönliche Interaktion schafft. So entstehen Kunstwerke und politische Projekte, die sich gegen die „Trägheit des Herzens" wehren – den Ursprung des hoffnungslosen, verzagten Festhaltens am Gewesenen.

2002 galt es als politisch unklug, zu tief in Sarajevos Kriegswunden zu wühlen, und genau das tat Kamerićs *Belagerungskollektion*. 2005 wurde das gemiedene Wort „Genozid" anlässlich der Tragödie in Srebrenica, die sich zum zehnten Mal jährte, im öffentlichen Diskurs zwar häufiger, wenn auch in problematischer Weise gebraucht, aber wiederum war von einer „rein bosnischen Geschichte" die Rede, die an bestimmte Menschen und Verhältnisse gebunden sei. Eine der Reaktionen darauf war das von Šejla Kamerić gestaltete Plakat *1945–1995–2005*, das eine Fotografie von Tarik Samarah zeigt. Die Kunstaktion im öffentlichen Raum wurde von dem langfristig angelegten Projekt „De/construction of Monument" des

12 Zum Begriff des Verlusts vgl. die Einleitung zu David L. Eng/David Kazanjian (Hg.), *Loss. The Politics of Mourning*, Berkeley 2003.
13 Zur schöpferischen Beziehung zur Vergangenheit vgl. Walter Benjamin, „Über den Begriff der Geschichte", in: ders., *Illuminationen. Ausgewählte Schriften*, Frankfurt am Main 1961.

1945-1995-2005

Dream House Story
We are dreaming. They and I. Of different worlds,
different circumstances. In our dreams, I am not
a refugee shelter, they are not refugees. I am home,
and they are people living in the home of their dreams.

Oben: Šejla Kamerić, *1945–1995–2005*, 2005; links: Postkarte/
Plakat: Besuch von Müttern aus Srebrenica im Anne-Frank-Muse-
um, Amsterdam, Juli 2004 (in Zusammenarbeit mit Tarik Samarah);
rechts: Transparent an der Synagoge in Sarajevo, Juli 2005
Unten: Šejla Kamerić, *Dream House*, 2002, Video-Loop, auf weißen
Vorhang projiziert (Flüchtlingsdurchgangslager Rakovica/BA).

Sarajevo Center for Contemporary Art (SCCA) organisiert und war nicht nur der Erinnerung an den Genozid in Srebrenica, sondern auch der Erinnerung an den Holocaust gewidmet. Samarahs Fotografie einer Mutter aus Srebrenica, die im Juli 2004 das Anne-Frank-Museum in Amsterdam besuchte, wurde als Transparent an der Fassade der Synagoge in Sarajevo angebracht. Außerdem wurden am 11. Juli 2005 hunderte Plakate in ganz Sarajevo aufgehängt.[14] Die Übertragung verschiedenster Blickwinkel und Blicke auf unsere Erinnerung verleiht sowohl dem Text als auch dem Kontext der Plakate eine zutiefst politische Relevanz. Wir stehen der Fotografie einer Frau aus Srebrenica gegenüber, die ihrerseits vor einem Plakat des Anne-Frank-Museums steht, auf dem Anne Frank und ihre Schwester Margot am Strand zu sehen sind. Dabei sehen wir nur die Rücken dieser Frauen und sind uns darüber im Klaren, dass deren Blick (auf die See, auf das Foto, auf das Foto des Fotos mit weiteren Betrachtern und Passanten) uns verborgen bleibt und dass es unser Blick ist, der heute politisch zählt, weil wir die Zeugen von Traumata an verschiedenen Orten und zu verschiedenen Zeiten sind.

Die Politik des Erinnerns kann auf diese Weise den Verlust aktivieren und das Universelle sowie das Partikulare in unserer Suche nach Gerechtigkeit verknüpfen. Eine Politik der Hoffnung wird möglich, wenn wir dem Verlust schöpferische Attribute verleihen und unsere Geschichte durch die Schaffung von Körpern und Subjekten, von Räumen und Repräsentationen, Idealen und Wissen in Richtung Zukunft öffnen. Das zeigt sich auch in Kamerićs bereits erwähnter Videoarbeit *Dream House* von 2002. Es ist also nicht überraschend, dass ihre neueren Arbeiten immer nach dem Schlüssel suchen, der „positive Inhalte" in der Erinnerung aufschließt: Liebe und Glück zum Beispiel, besonders in der Zeit vor dem Krieg; einer Zeit der Träume, die im zeitlich-linearen Sinn „vor dem Trauma" liegt, jedoch stets aus heutiger Perspektive interpretiert wird. All das verwebt sich zu immer komplexeren Geschichten über das, was uns gehörte und über die Flugbahnen von Vorkriegs-, Kriegs- und Nachkriegszeit noch immer gehört. Angesichts des Reichtums der Gefühlsregister in Kamerićs Arbeiten ist dies ein weiterer Code für ihre Sorge um die Verletzlichkeit des Menschen, in der sich Körperlichkeit, Raum und Ideal verbinden. Auch das sind Themen, die ihre Arbeiten, die zwischen Trauma und Traum navigieren, durchdringen.

Jasmila Žbanić: Mutterschaft bezeugen im Strudel des Traumas

Wie sollte ein Künstler mit einem radikalen Verlust umgehen? Mehr als alle anderen in der neueren bosnischen Filmproduktion ermöglichen mir die Filme von Jasmila Žbanić, dieser Frage nachzugehen. Denn sie erforschen den paradoxen Bezug zwischen Trauma und Gerechtigkeit. Ihr Dokumentarfilm *Crvene gumene čizme* (Rote Gummistiefel, 2002) etwa beobachtet die Suche einer Mutter nach

14 Siehe www.scca.ba/deconstruction/e_akcije/e_akcije_tarik.htm.

stofflichen „Überbleibseln", die den Verlust ihrer Kinder symbolisieren. Dabei wird an keiner Stelle auf die üblichen Stereotype zurückgegriffen. Die Traumata werden von Jasna, einer Frau, die am Rand des Zusammenbruchs steht, ausgiert und durchgearbeitet. Sie ist mit der klaffenden Leere des „Realen" konfrontiert, die keine Symbolisierungs- oder Materialisierungsstrategie – die Abwesenheit der Kinder wird durch ihre Schuhe und Kleidungsstücke repräsentiert – füllen kann. Erzählt wird so die Geschichte einer niemals abgeschlossenen Trauer, die sich aus der Unmöglichkeit ergibt, mit dem Verlust fertig zu werden. Žbanićs Filmsprache konfrontiert die Zuschauer mit dem Verlust durch die entschlossene Weigerung der Mutter, mit ihm abzuschließen. Unerbittlich hält Jasna an ihrer Untröstlichkeit fest. Diese Entschlossenheit nimmt ihrer Hingabe an eine Trauer, die weder im Traum noch in der Wirklichkeit ein Ende findet und keine Erleichterung sucht, das Pathologische. Žbanić konzentriert sich auf ihr Gesicht und ihre Augen, und diese führen uns mit voller Wucht das nicht kalkulierbare Thema traumatisierter Mutterschaft vor Augen: einer Mutterschaft, die mit unerklärlicher persönlicher Härte und Hartnäckigkeit ihre Unfähigkeit ausgiert und durcharbeitet, den Tod der eigenen Kinder zu bezeugen. Durch Žbanićs Film werden die Zuschauer Zeugen der Unmöglichkeit, einen radikalen Verlust darzustellen oder aufzulösen. Auf diese Weise überantwortet uns die Regisseurin den schwierigen Fragen, wie nach dem Fehlenden zu suchen wäre.

In unserem Gespräch betonte Žbanić, dass die Frage: „Was heißt Mutterschaft nach der traumatischen Vergangenheit für uns?" für sie von überragender Bedeutung sei. Ebenso wichtig sei ihr die damit verbundene Frage, wie Frauen sich mit den Rollen identifizieren, die das vorherrschende symbolische Regime ihnen nahe legt. Schließlich sind im Nachkriegsbosnien Populärkultur und Publikumsgeschmack von einer Retraditionalisierung geprägt, wie sie etwa im „Turbofolk"[15] zum Ausdruck kommt. Das Gefühl, aus den herrschenden, normierten Lebensentwürfen für Frauen auszuscheren, die diese zu Objekten von Politik und Massenkultur, zu passiven Rezipientinnen oder Randfiguren der politischen und symbolischen Ökonomie der Kunstproduktion in Sarajevo machen, ist das Verbindungsglied zwischen Žbanićs Arbeit und ihrem persönlichen Leben, in dem das Gefühl des Verlusts eine zentrale Rolle spielt: Ihre Filme verdichten die Bedeutung eines komplexen Verlustes, der in den weiblichen Körper und die weibliche Subjektivität eingeschnitten wurde und palimpsestartig durch sie hindurchscheint. Ihre Filme erlauben uns die raumzeitliche Flexibilität sowie das Zusammenspiel von Darstellung und Sinn in dem „Verlorenen und (NICHT) Gefundenen" zu verstehen, die jeweils tiefgreifende soziopolitische Konsequenzen haben.[16] Die Themen Verlieren, Finden und die gescheiterte Suche – besonders im Leben traumatisierter Frauen und Kinder – durchziehen den größten Teil von Žbanićs Arbeit, von *Rote Gummistiefel*

15 Eine Analyse des „Turbofolk"-Phänomens, das die Massenkultur der ehemaligen jugoslawischen Republiken durchdringt, sowie zu anderen staatlich geförderten nationalistischen Strategien „mobilisierender Passivität" findet sich bei Eric D. Gordy, *The Culture of Power in Serbia. Nationalism and the Destruction of Alternatives*, University Park, Pennsylvania, 1999, besonders im Kapitel „The Destruction of Musical Alternatives", S.103–165.
16 Vgl. Eng/Kazanjian (Hg.), *Loss. The Politics of Mourning*, S.5.

bis zu *Rođendan* (Der Geburtstag, 2005), dem Kurzdokumentarfilm, den sie im Rahmen des Omnibusfilms *Lost and Found* (2005) gedreht hat. Ihr jüngster Spielfilm *Grbavica* (ein Stadtteil von Sarajevo, der während des Kriegs von Einheiten der bosnisch-serbischen Armee besetzt war) setzt die Untersuchung von Lebensweisen und Gefühlsskalen fort, die eine Investition in die Zukunft vorstellbar und denkbar machen. Der Film, der zum Zeitpunkt der Drucklegung dieses Artikels bereits abgedreht war und im Wettbewerb der Berlinale 2006 zu sehen sein wird, beleuchtet eingehend die nicht eingelösten Möglichkeiten der Vergangenheit und subjektive, „weibliche" Identifikationen in den gefährlichen traumatischen Momenten der bosnischen Gegenwart.

Im Gespräch mit mir betonte Jasmila Žbanić nachdrücklich, dass ihre Filme Ergebnis einer kollektiven Energieanstrengung seien, durch die Kunst zu einem Transformationsmodell für Kommunikation werde. Der Film könne Menschen zum Dialog und Nachdenken über den traumatischen Gehalt der bosnischen Wirklichkeit bewegen. Žbanićs Œuvre[17] ist eine Mischung von authentischen Zeugenaussagen über Verletzungen und Verluste an Körpern, Räumen und Ideen, welche das Subjekt (sowohl als Beobachterin wie auch als Beobachtete – der Fokus liegt zumeist auf Frauen) als kompletten Betrug empfindet, als Vertrauensbruch, der den Glauben an die gesamte symbolische Welt um sie herum zerstört. Mit unbeirrbarer Sensibilität und Intuition verfolgt Žbanić „Themen, von denen ich besessen bin", wie sie sagt, Themen, die sich gleichermaßen durch eine „Reihe von Zufällen" entwickeln sowie durch das äußerst schmerzliche Sammeln anthropologischer Daten, auf das dann die Erforschung und Interpretation dieses dokumentarischen Materials folgt. Žbanićs Bewusstsein für das „Politische" findet sich in ihren Kunstwerken und auch in ihren privaten Aktionen im öffentlichen Raum (etwa bei ihrem Auftritt während eines festlichen Empfangs in der französischen Botschaft anlässlich des 14. Juli 2003 in Sarajevo, bei dem sie ein Kleid mit einem Foto von Carla Del Ponte trug, das eine Freundin für sie entworfen hatte). Nie darf Zeugenschaft die politische Aussage verlieren. Denn das allein verhindert die entpolitisierende Interpretation und Darstellung von Zeugenaussagen, wie sie von offiziellen Stellen (und oft auch von Künstlern) betrieben wird; das allein verhindert die Aneignung, Darstellung, Kodifizierung und die „Veralltäglichung" von traumatischen Erfahrungen wie etwa der Belagerung von Sarajevo, der Gewalt des Ausgesetztseins, des Verwundetwerdens, der Suche nach Vermissten, dem Problem von Massengräbern, den Vergewaltigungen und dem Morden von ganzen Städten.

Žbanić hat sich ganz bewusst dafür entschieden, Banales bei der Auswahl ihrer Themen zu vermeiden, sie hat ganz bewusst nach einer Haltung zu schwierigen Fragen gesucht und Position bezogen. Ihre Interventionen richten sich auf den übergeordneten Kontext, in dem weibliche Subjekte durch die Reduktion auf schlichte Archetypen entpolitisiert werden, um Komplikationen zu vermeiden und

---

17 Siehe zum Beispiel die Kurzfilme *Poslije, poslije* (Danach, danach, 1997), *Crvene gumene čizme* (Rote Gummistiefel, 2000), *Nazad naprijed* (Vor und zurück, 2002), *Slike sa ugla* (Bilder von der Ecke, 2003), *Rođendan* (Der Geburtstag, 2005) – eine Episode von *Lost and Found* (2005) – sowie den Spielfilm *Grbavica*, derzeit in Fertigstellung.

Oben: Jasmila Žbanić, *Rođendan* (Der Geburtstag), 2005,
Filmstills
Mitte: Jasmila Žbanić, *Grbavica*, 2005, Filmstills
Unten: Jasmila Žbanić, *Crvene gumene čizme* (Rote Gummi-
stiefel), 2000, Videostills

das herrschende patriarchalische System mit seinen Normen zu reproduzieren. In diesem Kontext führt das Problem Vergewaltigung zu einer, wie sie es nennt, „psychotischen Situation". Wir bekommen ein „kopfloses", passives Subjekt oder Opfer präsentiert, aber genau diese zutiefst problematische patriarchale Selbstgefälligkeit wird in Žbanićs letztem Film, *Grbavica*, mit der Figur der Esma fundamental gestört. Esma ist eine alleinerziehende Mutter, ihre Tochter das Ergebnis einer Vergewaltigung. Die nuancierte Darstellung von Geschichte und Charakteren im Film vermeidet die Klippen von Opferrolle und Vereinfachung und zieht uns doch in einen Dialog über das Verhältnis von Verletzung und Identität, Geselligkeit und Vertrauensmissbrauch. Das künstlerische Engagement von Frauen, darauf legt Žbanić Wert, hat transformatorische Kraft in einem Umfeld, das die verstörendsten Seiten von Vergangenheit, Gegenwart und Zukunft nicht wahrhaben will. Für ihren Film *Rote Gummistiefel* erhielt sie keinerlei öffentliche Förderung, auch vom Staatsfernsehen BHT gab es kein Geld, denn damals wurden „politisch sensible" Themen von lokalen wie internationalen Akteuren in der bosnischen Politik und in den Medien totgeschwiegen. Dessen ungeachtet hat Žbanić durch die Verflechtung mehrerer Ebenen von Zeugenschaft[18] ihre eigene Sprache für die Suche nach Gerechtigkeit gefunden. Ebenso kritisch wie nachdenklich integriert sie Zweideutigkeit und Emotionalität, und diese kritische Nachdenklichkeit überträgt sich auf die Zuschauer.

In unserem Gespräch wurde deutlich, dass sie sehr genaue Vorstellungen davon hat, was in der Öffentlichkeit gefördert werden müsste: nämlich nicht nur die juristische Aufarbeitung von Schuld durch die Logik der Bestrafung. Vielmehr müsste die Suche nach Gerechtigkeit verbunden werden mit einem Nachdenken über sich selbst, damit wir von einem Niveau kritischer Reflexivität aus „jenen an den Schalthebeln der Macht die Wahrheit ins Gesicht sagen". Das gelte umso mehr vor dem Hintergrund der Tatsache, dass Bosnien derzeit das Drama einer „kulturellen, politischen, moralischen und epistemologischen Krise"[19] durchlebt. Tatsächlich ist die Krise weit größer als gemeinhin in Diskussionen über die Wechselwirkung zwischen privatem und kollektivem Trauma – die kollektive Formen von Identifikation und Verallgemeinerungen mobilisieren kann – zugegeben und begriffen wird. Žbanić stimmte mir zu, dass es zu wenig konzertierte Aktionen für neue Formen von Denken, Erinnern und theoretischer Aufarbeitung gäbe, diese aber unverzichtbar seien, wenn wir zu kulturell-politischen Zeugen werden wollten, die „aus dem Trauma als Erfahrung Einsicht und mit innovativen Begriffen neue Instrumente gewinnen"[20], mit denen sich die bosnischen Traumata denken lassen. Das SCCA-Projekt „De/construction of Monument" zählt zu den wenigen Versuchen, in dieser Situation Abhilfe zu schaffen.

Žbanićs Zeugenschaft reagiert, wie in aller gebotenen Kürze skizziert, auf Ambivalenz und Affekt mit einer vorsichtigen, subtilen Filmsprache. Dasselbe gilt für

18 Vgl. Dori Laub, „Truth and Testimony. The Process and the Struggle", in: Cathy Caruth (Hg.), *Trauma. Explorations in Memory*, Baltimore 1995, S. 61-75.
19 Shoshana Felman, *The Juridical Unconscious*, S. 4 f.
20 Ebd., S. 8.

die Spannungen zwischen Bewusstem und Unterbewusstem, zwischen Sprache und Schweigen, die eng mit dem Trauma verbunden sind, weil sie fortwährend nach einem Umgang mit dem Versagen von Worten und Bildern sucht. Žbanić sucht nach einer Sichtweise auf Traumata durch sprachlose Verkörperung. Schweigen soll die traumatischen Geschichten jenseits der Sprachgrenze zum Sprechen bringen. Ihre Filme enthalten eindrückliche diskursive Szenen und ein hochdramatisches physisches Gerechtigkeitstheater, in dem der traumatisierte Körper seine politische Essenz zurückerhält [21] und das Durcharbeiten der bezeugenden Kraft von Kunst der Suche nach Gerechtigkeit und dem Versprechen einer Zukunft neuen Sinn verleiht.[22] In den Terrains, die mit den Menschen/Körpern wie Jasna in *Rote Gummistiefel* und Esma in *Grbavica* als Orte des Traumas und der Erinnerung beschritten werden, findet sich eine neue Macht der Rede und der Aktion. Das sind die richtigen Szenen für eine breite Öffentlichkeit, in der sich bereits Synergien zwischen Kultur, Kunst und Politik herauszubilden beginnen. Und diese Synergien müssen unterstützt werden, trotz unserer traumatischen Erfahrung, dass Gerechtigkeit (un-)möglich ist. Žbanićs Arbeiten fördern die individuelle Verwebung von einer Politik des Gefühls und der Ambivalenz von Zeugenschaft und Erinnerung. Dadurch ermöglicht sie persönliche Entdeckungen, und genau darin besteht das große emanzipatorische Potential ihrer Arbeiten.

Amra Bakšić-Čamo: Brodelnde Alternativen

Die Arbeit der Produzentin, Redakteurin und Kulturaktivistin Amra Bakšić-Čamo ist eng mit den Projekten des Multimedia-Labors pro.ba innerhalb des SCCA verbunden.[23] Auszüge aus einem Gespräch mit ihr, die vor allem für ihr Engagement in Medien und Kulturpolitik bekannt ist, stellen die Politik des Erinnerns und der Hoffnung in den Zusammenhang einer größeren soziopolitischen Matrix von Vertreibung, Angst und Unsicherheit. Bakšić-Čamo geht es vor allem darum, den Raum für neue Subjektivitäten und neue Formen der Identifikation zu öffnen, allem voran für Frauen und im Bereich von Kunst und Aktivismus in der Zivilgesellschaft, genauer gesagt, in der politischen Grauzone, die durch den Post-Dayton-Mix von Ethnonationalismus und Neoliberalismus erzeugt wird.

Denn zwischen uns spannt sich ein Raum auf, in dem die wunden Punkte von Vergangenheit und Gemeinschaft unterschiedlich angegangen werden und in dem man der Entpolitisierung der subjektiven Erfahrung mit der Repolitisierung der Lebensstile und Lebensweisen (die von der offiziellen, herkömmlichen Politik nicht anerkannt oder politisch unterlaufen wird) begegnet. Dies geschieht durch bestimmte kulturelle Praktiken und den Aufbau neuer Formen von Solidarität und Identifikation durch Verhandlungen über Gemeinschaft und Zugehörigkeiten.

21 Ebd., S. 9.
22 Ebd., S. 156.
23 Mehr Informationen unter www.pro.ba und www.ssca.ba. Zum Projekt „De/construction of Monument", das von „relations" unterstützt wurde, siehe www.ssca.ba/deconstruction/e_main.htm.

Dieses Ver- und Aushandeln ist Šejla Kamerićs, Jasmila Žbanićs und Amra Bakšić-Čamos Arbeiten gemeinsam. Letztere umfassen unter anderem das SCCA-Projekt „De/construction of Monument", die Redaktion von Fernsehsendungen auf pro.ba wie *Kuhinja* (Küche), einem Magazin über Subkultur, Underground-Kultur und alternative Phänomene im modernen Leben, den Spielfilm *Ljubav na granici* (Liebe auf der Grenze) oder die derzeit produzierte Doku-Serie *BiH u potrazi za izgubljenim identitetom* (Bosnien-Herzegowina auf der Suche nach der verlorenen Identität). Zentral für alle Projekte im Zusammenhang mit pro.ba, an denen Bakšić-Čamo beteiligt ist, sind öffentliche Kulturereignisse und Prozesse, die sich am „Rand" der Gesellschaft abspielen, mit „alternativen Lebensstilen" in Verbindung zu bringen sind oder vielmehr, so die Grundidee von *Küche*, positiv zeigen wollen, was in der kulturell-politischen Szene gerade am „Kochen" ist. Was gerade serviert wird, interessiert nicht: Der kreative Prozess soll beleuchtet, nicht die objektivierten Kulturprodukte gezeigt werden. Diese Projekte sind ebenfalls ganz wesentlich mit der individuellen wie kollektiven Analyse der Schichtungen von Identität, Zugehörigkeit, Gemeinschaft und Vertreibung befasst, eingefärbt mit einer neuen Sensibilität, die aus der kritisch-reflexiven Beziehung zu dem erfahrenen Trauma und/oder Verlust folgt.

Für Bakšić-Čamo steht die Politik der Hoffnung und der starken Gefühle mit ihrem emanzipatorischen Potential hinsichtlich der problematischen kollektiven wie individuellen Vergangenheit, Gegenwart und Zukunft über allen rationalen Entscheidungen und Wahrnehmungen. Sie ist aber auch ein Risiko, das wir auf der Suche nach der schöpferischen Seite in dem, was wir verloren haben, was uns bleibt und wohin wir eilen, tragen müssen. Entscheidend ist, dass es nicht nur um die Suche nach den Schlüsseln zu einer Erinnerungsarbeit geht, sondern auch um die Schlüssel, die Identifikation, Gesellschaftsformen sowie eine ethische Verantwortung erlauben, welche die Tür zu künftigen Bezeichnungen, Interpretationen und Handlungen im kulturell-politischen Kontext von Bosnien und der gesamten Region aufstößt. Diese Suche verläuft quer zur aktuellen ideologischen Matrix, denn die operiert in einer Kultur des selektiven Vergessens und Verleugnens.

Es ist eine Tatsache, dass die Mehrheit progressiver Praktiken auf kulturell-künstlerischem Gebiet in Bosnien-Herzegowina von einer neuen Generation von Künstlerinnen und Kulturaktivistinnen ausgeht. Bisher fehlt es an vernünftigen soziologischen und anthropologischen Erklärungen, warum dem so ist. Bakšić-Čamo zufolge hat die traditionelle „Abseitigkeit" weiblicher Tätigkeiten, ihre Verbannung in alternative Räume jenseits der öffentlichen Sichtbarkeit, die aktive, produktive Beziehung von Frauen zu Ambivalenz und Unsicherheit gefördert. Zudem wurden Ambivalenz und Unsicherheit von einer geschwächten Identitätspolitik und einer politischen Ökonomie verursacht, die das Land in der „Nachkriegsübergangsphase" mit dem ganzen zerklüfteten Horizont von Erwartungen und Hoffnungen heimsuchten. Man könnte sogar sagen, dass die Suche nach unterschiedlichen Formen von Identifikation und Aktion ihren emanzipatorischen Ausdruck genau dann findet, wenn der Zustand der Begrenztheit im „Dazwischen" oder auf „Wartelisten" als schöpferischer Vorgang erlebt wird, wenn neue Formen von Identifi-

ANA BANJAC

DRAGOMIR POPOVIĆ

MILJENKO JERGOVIĆ

DARKO SARAČEVIĆ

DJ SEMRA

ADISA BAŠIĆ

LEJLA HODŽIĆ

SENAD ALIHODŽIĆ

DANIJELA MAJSTOROVIĆ

NINO RASPUDIĆ

JUSUF HADŽIFEJZOVIĆ

VESELIN GATALO

NAMIK KABIL

DJ AHMAAD

HALID BEŠLIĆ

Stills aus dem Fernsehmagazin *Kuhinja* (Küche), 2004/05,
Redaktion: Amra Bakšić-Čamo

301

kation und Aktion sich dieser Begrenztheit kritisch und mit einer Politik der Hoffnung nähern. Dass die wachsende Retraditionalisierung der Gesellschaft entlang der patriarchalischen Linie von Künstlerinnen und Kulturproduzentinnen aktiv bekämpft wird, findet auch Kamerić und ergänzt, die Entpolitisierung der Frauen im Krieg und im Nachkriegsumfeld habe nicht wenige Frauen in die Suche nach neuen Formen kulturell-politischer Relevanz und Anerkennung getrieben. Das sind Stimmen, die besonders im Bereich von Kunst und zivilgesellschaftlichem Aktivismus gehört werden.

Das Spezifische für Künstlerinnen ist laut Bakšić-Čamo ihre enorme Präsenz in einem Kontext oder ein gemeinsamer Habitus, der sie verbindet. Gemeint ist die Tatsache, dass sie gegen die „verfügbaren" Rollenmodelle in der symbolischen Ökonomie der bosnisch-herzegowinischen Gesellschaft vor, während und nach dem Krieg aufbegehren müssen. Auch Kamerić und Žbanić betonen diesen Punkt. Die Kontinuität des ideologischen Angebots für die Frauen, die sich von der sozialistischen Ära bis heute durchzieht (es genügt, sich Filme anzusehen, deren weibliche Heldinnen entweder als Mütter/Heilige oder Huren/Hexen gezeichnet werden), sorgt für Frustration, aber eben auch für eine vielversprechende Suche nach neuen Identifikationen, welche die ideologischen Stereotypen unterlaufen und überwinden. Vergewaltigung, Mutterschaft und Weiblichkeit aus diesen Stereotypen (gegen alle symbolischen wie realen Verletzungen, die diese fortlaufend verursachen) zu lösen und für sich zu beanspruchen, sie kritisch-reflexiv neu zu interpretieren, für eine Neubewertung und emanzipatorische Hoffnungen zu öffnen, das ist eine authentische politische Verteidigungsgeste.

Da Handlungen dieser Art und die Durcharbeitung der Probleme über den Nexus von Gemeinschaft und Gemeinsamkeit, Trauma und Gewalt, in dessen Epizentrum der Mensch steht, sich subversiv zur konventionellen Politik sowie politischen und symbolischen Ökonomien verhalten, die vom Feld der Kunst und Kultur Besitz ergreifen wollen, sollten wir uns über einen Mangel an Unterstützung nicht wundern. Das Establishment wirft dieser Art von Kunst immer wieder Knüppel zwischen die Beine, umso mehr, als es sich um das Establishment eines Landes „ohne Kulturpolitik" handelt, genauer eines Landes, in dem das absichtlich angelegte Chaos hinsichtlich sämtlicher politischen Visionen einen beneidenswerten Grad von Raffinesse erreicht hat. In diesem Land müssen die mystifizierten Handlungen der regierenden Politiker und ihre ideologischen Phantasmagorien ständig entlarvt werden. In einem solchen Umfeld ist es unentbehrlich, in einer in Entstehung begriffenen kritischen Öffentlichkeit neue Formen kollektiver Aktion und Visionen zu entwickeln, die die verstreuten emanzipatorischen Gesten im Werk Einzelner und kleiner Gruppen transformieren. Solche noch nicht eingelösten Möglichkeiten bestehen im Gedanken- und Wahrnehmungspotential des „Neuen" und der „Zukunft" durch neue Gemeinschaften, Solidarität, politische Handlungen und den Widerstand gegen institutionalisierte Gewalt. Allerdings hat die Energie dieser Kreise in den letzten Jahren spürbar nachgelassen, obwohl sich die wichtigsten Akteure offenbar immer stärker bewusst sind, wie notwendig der Schritt in diese Richtung ist. Wie lässt sich dieser Schritt wagen? Den Arbeiten von Šejla Kamerić,

Jasmila Žbanić und Amra Bakšić-Čamo, so unterschiedlich sie sind, kommt hier zweifellos besondere Bedeutung zu, weil sie auf eine vielversprechende politische Investition am Abgrund zwischen Vergangenheit, Gegenwart und Zukunft verweisen. Dort werden der Kunst entlehnte schöpferische Gespräche und Kommunikationsmodelle vermittelt, mit denen sich verhandeln lässt, was verloren ist, was bleibt, was gefunden wurde und was kommen wird.

Mein Dank gilt Šejla Kamerić, Jasmila Žbanić und Amra Bakšić-Čamo für die Zeit und die inspirierenden Gespräche, die diesem Artikel zugrunde liegen.

Nachkriegszeiten: Wer erinnert was? Und wessen Erinnerung wird mehrheitsfähig? Normalität: Wer vergisst was – und wessen Vergessen wird staatstragend? Das Beste wäre, man hätte immer ein privates Denkmal für alle Gelegenheiten bei sich, aufblasbar und also reisefest, merkt der Künstler Sokol Beqiri an. In etwa hier begann das gemeinsame Nachdenken mit Dunja Blažević, die 1997 das Sarajevo Center for Contemporary Art (SCCA) aufbaute: Mit welchen künstlerischen Mitteln könnte den gegenwärtig dominanten Mustern von Gedenken und Verdrängen in Bosnien-Herzegowina begegnet werden? Das Projekt „De/construction of Monument" [> S. 608] führt die Praxis des SCCA fort, den öffentlichen Raum, die Stadt zu nutzen, um mit künstlerischen Interventionen Traumata und Gedenkrituale den Tabuzonen zu entziehen und Platz und Sprache und Öffentlichkeit zu schaffen für Erinnerung.

In Mostar wurde am 26. November 2005 ein Denkmal für den Kung-Fu-Kämpfer Bruce Lee eingeweiht – ein Ergebnis der Zusammenarbeit von „De/construction of Monument" mit der Initiative Urban Movement. Was bedeutet es, rund zehn Jahre nach dem Ende des Krieges eine Symbolwelt aus der Vorkriegszeit im Stadtzentrum zu verankern, einen Helden der eigenen Jugendzeit in Bronze zu gießen? Nationalistische Zuordnungsversuche prallen ab an ihm, und dennoch ist er eine Art Volksheld. Welche Bedeutung hat ein Bruce-Lee-Denkmal in Mostar, in einer Stadt, die sich bis heute entlang ethnischer Trennlinien organisiert? Marina Gržinić versammelt kontroverse Positionen von Engagement, Kritik und künstlerischer Praxis in einem gemeinsamen Gespräch.

Ein Gespräch, moderiert von Marina Gržinić

Das Bruce-Lee-Denkmal in Mostar

Das Gespräch fand am 29. Mai 2005 im Sarajevo Center for Contemporary Art (SCCA) statt; teilgenommen haben:

Dunja Blažević, Direktorin des SCCA und Projektleiterin von „De/construction of Monument"

Marina Gržinić, Kunstkritikerin mit Schwerpunkt zeitgenössische Kunst, lebt in Ljubljana und Wien

Nebojša Jovanović, Kulturkritiker, der sich mit Psychoanalyse beschäftigt und über zeitgenössische politische und kulturelle Phänomene in Bosnien-Herzegowina und anderen Teilen der Welt schreibt, lebt in Sarajevo

Nenad Malešević, Künstler, in Belgrad für den Magisterstudiengang Ästhetik eingeschrieben, arbeitet in Banja Luka

Bojana Pejić, Kunsthistorikerin, Moderatorin und Dozentin im Rahmen des Projekts „De/construction of Monument", lebt in Berlin

Nino Raspudić, Literaturwissenschaftler, Mitglied des Urban Movement Mostar und einer der Initiatoren des Denkmalprojekts für Bruce Lee, lebt in Zagreb und Mostar

Šefik Šeki Tatlić, Theoretiker und Aktivist, der sich mit der Interpretation der Transitionsprozesse in Bosnien-Herzegowina und des globalen Kapitalismus befasst, lebt in Sarajevo

Marina Gržinić: Wir wollen über das Denkmal für Bruce Lee reden, das Ende dieses oder Anfang des nächsten Jahres in Mostar errichtet wird. Das Denkmal steht in direktem Zusammenhang mit dem Projekt „De/construction of Monument", Sarajevo. Beide Projekte arbeiten Hand in Hand und werden gemeinsam vorangetrieben, und beide können nur vor dem Hintergrund der politischen und kulturellen Situation in Bosnien-Herzegowina verstanden werden. Gut zehn Jahre nach Kriegsende ist der Kampf um die kollektive Erinnerung voll entbrannt, und Bruce-Lee-Denkmal und „De/construction of Monument" reagieren unmittelbar auf die politisch wie kulturell schwierige Lage im Land. Deswegen wollen wir zunächst die aktuelle Situation skizzieren und über die politischen Implikationen der gewählten künstlerischen Mittel diskutieren. Es soll also um die politische Dimension der Repräsentation gehen. Was bedeutet es, in Bosnien-Herzegowina heute ein Denkmal vorzuschlagen? Und welche Form müsste dieses Denkmal haben, damit es dem konkreten sozialen, kulturellen, künstlerischen und politischen Kontext entspricht? Ich denke, wir sollten mit der Frage beginnen: Warum wurde das Denkmal für Bruce Lee überhaupt vorgeschlagen?

Nino Raspudić: Ich würde gern zuerst ein paar Informationen zum Denkmal geben und dann auf Ihre Fragen eingehen.

Man kann das Bruce-Lee-Denkmal in Mostar mit drei Fragen umschreiben: Wie erlebe ich ein Denkmal? Wie erlebe ich Mostar? Wie erlebe ich Bruce Lee? Und was ergibt sich aus der Verbindung dieser drei Fragen beziehungsweise Erzählungen? Ein Denkmal sehe ich als Objekt, das zwei in sich paradoxe Funktionen erfüllen soll. Die erste Funktion wäre ein Kampf à la Don Quijote gegen die Zeit und das Vergessen, und die zweite Funktion wäre, etwas Gestalt und Gesicht zu geben, das von sich aus weder Gestalt noch Gesicht hat. Aus beiden Funktionen erklärt sich das Bruce-Lee-Denkmal als Versuch, an etwas zu erinnern. Woran soll uns dieses Denkmal in Mostar erinnern?

Warum Bruce Lee? Weil seine Anziehungskraft universell ist und weil er gleichzeitig ganz konkrete Emotionen weckt. In Mostar ist alles zweigeteilt, und alles wird im Sinn der einen oder der anderen Seite interpretiert. Im öffentlichen Raum kann deswegen nichts neutral sein, in einem dermaßen hyperpolitisierten Umfeld ist jedes Zeichen mit Bedeutung aufgeladen und wird so oder so interpretiert: es ist entweder zu katholisch oder zu islamisch. Bruce Lee dagegen ist universell genug, um von allen akzeptiert zu werden. Im Unterschied zu Abstraktionen wie den „Menschenrechten“, der „Multikulturalität“ und so weiter, im Unterschied also zu leeren Formeln, ist er in seiner Universalität gegenwärtig, allgemein annehmbar und vor allem eine konkrete Figur, die konkrete Gefühle und Erinnerungen weckt. Deswegen also Bruce Lee und nichts und niemand anders.

Mostar könnte ein Modell für Bosnien-Herzegowina werden. Was kurzfristig als Tragödie erscheint – die Teilung der Stadt –, lässt sich auch so verstehen, dass eben keine Seite gesiegt hat. Mostar ist heute die einzige multiethnische Gegend in Bosnien-Herzegowina, es ist weder Banja Luka noch Sarajevo. Es ist die einzige Stadt, in der keine Bevölkerungsgruppe die Zweidrittelmehrheit oder auch nur mehr als fünfzig Prozent Anteil an der Gesamtbevölkerung hat. In diesem Sinn glaube ich an Mostar. In den neunziger Jahren, also während des Krieges in Bosnien-Herzegowina, brachen hier die Gräben zweimal auf, es gab zwei Kriege nacheinander. Zunächst verlief die Front zwischen der Armee der Republika Srpska und dem Kroatischen Verteidigungsrat (Hrvatsko vijeće odbrane, HVO), und zwar mitten durchs Stadtzentrum. Die Bosniaken kämpften im HVO mit, denn die bosnisch-herzegowinische Armee hatte sich damals in Mostar noch nicht formiert. Später trennte dieselbe Frontlinie HVO und bosnisch-herzegowinische Armee. Wieder wurde mitten im Stadtzentrum gekämpft. Die Front verlief entlang eines Boulevards, der auf der einen Seite am Španjolski trg, dem Spanischen Platz, endet. Genau auf diesem Platz soll das Denkmal für Bruce Lee entstehen.

Nach dem Krieg wurde die Stadt in sechs Bezirke unterteilt, drei mehrheitlich bosniakische und drei kroatische; außerdem gibt es den „Distrikt“, der die Demarkationslinie wie ein enger Gürtel umschließt. Dieser neutrale Gürtel sollte der Kern sein, aus dem die Einheit der Stadt neu austreibt. Den ersten Schritt haben die spanischen Sfor-Soldaten auf dem Spanischen Platz getan. Es war sehr wichtig, dass sie dort ein Denkmal für ihre Gefallenen errichtet haben. Leider ist es ästhetisch betrachtet eine Katastrophe, die Soldaten haben es wohl selbst entworfen und gebaut.

Nebojša Jovanović: Es gibt keinen größeren Kitsch, als wenn sich Militärs eigenhändig Denkmäler setzen.

Marina Gržinić: Für mich hat es etwas Paradoxes, sich auf Bruce Lee zu beziehen. Dieses Denkmal steht für das, was die Poststrukturalisten Positivierung nennen: Seine Ikonographie ist so populistisch, dass es den traumatischen Raum, der in Mostar existiert, eher verschließt als öffnet. Das heißt, das Denkmal kann angesichts der schwierigen sozialen und politischen Lage nicht der Punkt sein, von dem aus die Teilung der Stadt ohne Konflikte durch eine alternative Erzählung aufgelöst werden könnte. In gewisser Weise bringt es den Bruch nur zum Ausdruck, es steht für die Teilung, die in Mostar, aber auch in ganz Bosnien-Herzegowina Realität ist und auf die man politisch und nicht therapeutisch reagieren müsste. Ich verstehe das Bruce-Lee-Denkmal als Positivierung einer Abwesenheit, der Abwesenheit von Möglichkeiten, erfolgreich von der traumatischen Realität Mostars zu erzählen. Wie Sie gesagt haben, ist Mostar ideologisch, politisch und ethnisch geteilt, deswegen meine Nachfrage: Ist das Denkmal der politischen Situation angemessen?

Nino Raspudić: Die Idee zu dem Denkmal hat eine Vorgeschichte. Wir haben eine Ausstellung zu den 34 scheußlichsten Objekten veranstaltet, die in Mostar nach dem Krieg gebaut wurden: „Die Schönheit von Erneuerung und Wiederaufbau – 34 architektonische Nachkriegs-Perlen aus Mostar". Nach dieser Ausstellung gründeten wir das Urban Movement Mostar. Unsere Ausgangsthese war, dass die Neubauten in Mostar schlimmer und abstoßender sind als die Kriegsruinen. Die Nachkriegsbauten haben das Gesicht und die Identität der Stadt komplett verändert. Kroaten und Bosniaken bestimmen jeweils ungefähr über die Hälfte der Stadt, und beide Gruppen setzen – das ist die Formel, die ich für mich gefunden habe – mit den Neubauten „symbolische Duftmarken". Die kroatische Seite nutzt zu diesem Zweck alles Katholische, Österreichische beziehungsweise Westeuropäische, um die kroatische Identität von West-Mostar zu betonen. Und alles, was islamisch, orientalisch und so weiter ist, wird von der anderen Seite genutzt, um diesen Raum so bosniakisch wie möglich zu machen. Das treibt Blüten, die wie eine Karikatur wirken. Die Franziskanerkirche aus dem 19. Jahrhundert beispielsweise, die nicht nur zum städtischen Erbe der Kroaten, sondern allen Bürgern Mostars gehörte, wird nicht so restauriert, wie sie vor dem Krieg war, sondern als überdimensioniertes Betonmonster mit einem mehr als hundert Meter hohen Glockenturm neu gebaut.

Jedenfalls versuchen beide Seiten den städtischen Raum für sich zu reklamieren, und das Problem ist, dass die Architektur eine einzige Katastrophe ist. Für mich als Einwohner der Stadt und auch für andere Mitglieder des Urban Movement sind stalinistische Parolen wie „Baut keine Kirchen und Moscheen, nur Fabriken!" passé. Baut in Gottes Namen Hunderte von Kirchen und Moscheen, aber könnt ihr nicht bitte etwas Schönes bauen! Tatsache ist, dass wir unter den Gebäuden, die nach dem Krieg in Mostar entstanden sind, kein einziges gefunden haben, das auch nur die grundlegendsten architektonischen und ästhetischen Kriterien erfüllt. Warum das so ist? Die Erklärung ist unserer Meinung nach darin zu suchen, dass der Übergang, die Transition, hier in einem rechtlichen Vakuum stattgefunden hat. Man kann es als Raub des öffentlichen Raums beschreiben. Oberflächlich betrachtet will jede Seite ihn möglichst großflächig als ihr Eigentum markieren, im Grunde handelt es sich aber um Diebstahl. Ein paar hohe Tiere aus Politik und Wirtschaft haben sich wertvolle Grundstücke oder Immobilien einfach unter den Nagel gerissen. Im Ergebnis können sich die Einwohner Mostars immer weniger mit „ihrer" Stadt identifizieren. Dabei ist es typisch für Mostar, dass man hier zehn von zwölf Monaten im Freien lebt. Es war der wärmste Ort im ehemaligen Jugoslawien, wir haben, abgesehen von der Insel Hvar, die meisten Sonnentage im Jahr. Es ist also nicht erstaunlich, dass wir diese Entwicklung als traumatisch empfinden.

Ich bin überhaupt nicht mit Ihrer These von der Positivierung einverstanden, die den traumatischen Raum angeblich verschließt. Ich denke nicht, dass das Denkmal schon wegen seiner Form nicht den Ausgangspunkt für eine alternative Erzählung bilden und den Raum öffnen kann. Das Bruce-Lee-Denkmal kann genau das Gegenteil bewirken, denn in Mostar existiert kein traumatisches Vakuum, was wir haben, ist vielmehr ein Monolith. Das heißt, es herrscht eine Art stillschweigende Übereinkunft, „sollen sie diese Scheußlichkeiten doch bauen, sieh dir nur den Mist von der anderen Seite an" etc., aber eigentlich findet eine Enteignung des öffentlichen Raums statt.

Auf der anderen Seite gibt es scheinbar eine Unmenge an NGOs – für Frauen, Jugend, Dialog und so weiter –, deren einziger Zweck darin besteht, gut bezahlte Arbeitsplätze zu schaffen. Das ist fast eine Mafia, die den Eindruck erwecken will, sie würde etwas bewegen, aber in Wirklichkeit tut sie nichts. Das Bruce-Lee-Denkmal soll also nicht irgendwelche traumatischen Hohlräume zuschütten, sondern die Oberfläche aufkratzen. Ich würde es als postmodernen Ansatz bezeichnen: es vermischt Stilebenen, kombiniert Hochkultur und Unterhaltung. Solche Mischungen können einen amüsanten Effekt haben, so wie das Bruce-Lee-Denkmal. Würde es irgendwo anders als in Mostar gebaut, wäre es vielleicht nur eine billige Kopie des Frank-Zappa-Denkmals in Litauen. Mit anderen Worten, jahrzehntelang haben sie dir „große Männer" um die Ohren gehauen, Stalin, Lenin und Konsorten, und jetzt baust du Frank Zappa ein Denkmal und empfindest das als Befreiung.

Bojana Pejić: Als Befreiung von Ideologie.

Nino Raspudić: Das Bruce-Lee-Denkmal kann nirgendwo anders als in Mostar stehen. Wie gesagt, die Einwohner von Mostar erleben den öffentlichen Raum immer weniger als ihren Raum. Warum also Bruce Lee? Wir wollten ein anderes Element ins Spiel bringen, mit dem sich alle Mostarer mehr oder weniger stark identifizieren können. Wir wollen eine Bronzefigur aufstellen, bilden uns aber nicht ein, dass sie Mostar als universales Symbol den Frieden bringt. Die Statue wird ein

Meter siebzig hoch sein, und auf dem Sockel sollen nur Name, Geburts- und To-desjahr von Bruce Lee stehen und darunter: „Dein Mostar". Das heißt, ich bestehe auf diesem Pluralismus von Identitäten und von Zeichen der Identität im Raum. Das Urban Movement hat weder einen Raum noch eigene Finanzmittel, wir haben kein Telefon, wir haben gar nichts, nur einen Vorsitzenden, Veselin Gatalo, und mich als Vorsitzenden des Aufsichtsrats. Wir haben die Organisation im Grunde wegen der Idee mit dem Denkmal offiziell eintragen lassen. In der Pressemittei-lung an die lokalen Medien haben wir uns als Organisationsausschuss der Initiati-ve zur Errichtung des Bruce-Lee-Denkmals, Urban Movement Mostar, vorgestellt; mit drei Personen sind wir an die Öffentlichkeit getreten und haben die Künstler vor Ort um gestalterische Lösungen gebeten, eine Pressekonferenz veranstaltet und ein Internetportal eingerichtet.

>**Nebojša Jovanović:** Ihr seid direkt mit der Idee für ein Bruce-Lee-Denkmal an die Öffentlichkeit gegangen und habt dann erst Künstler um gestalterische Lösungen gebeten? Wäre es nicht besser gewesen, die Künstler vorher zu fragen?

Nino Raspudić: Nein, das Internetportal transportierte die Nachricht. Nachdem sie jemand ins Englische übersetzt hatte, geschah vier, fünf Tage später das Wun-der. CNN, BBC, alle lokalen Medien und das Fernsehen … die Nachricht ist förm-lich in die Welt geplatzt. Was uns besonders gefreut hat: Niemand hat sie als Sa-tire präsentiert. Sie haben es intuitiv begriffen. Sogar in Zagreb haben sie begriffen, dass da nicht irgendwelche idiotischen Kung-Fu-Fans am Werk sind und dass es auch nicht als Witz gemeint ist. Jeder weiß zumindest ungefähr, was in Mostar los ist – und jetzt Bruce Lee in Bronze, und die ganze Welt bringt die Nachricht und versteht es. Und woher die Mittel für das Denkmal kommen? Wir haben unsere Kontakte aktiviert, die Gießerei angerufen, in der die Statue gegossen werden soll. Die Gießerei Ujević in Zagreb war begeistert und machte uns einen tollen Preis …

>**Dunja Blažević:** Gute Reklame.

Nino Raspudić: Als der Kontakt zum SCCA geknüpft war, haben wir angefangen, das Projekt in einem größeren Kontext zu sehen. Das SCCA hat uns in einem um-fassenden Sinn in der Theoriearbeit unterstützt. Sokol Beqiri, ein Künstler aus dem Kosovo, hat uns mit seinen aufblasbaren Skulpturen dazu angeregt, über Denk-mäler im Allgemeinen nachzudenken. Ähnliche Denkmäler und Monumente ent-stehen derzeit in Kroatien und Serbien, und auch das Projekt „De/construction of Monument" beschäftigt sich mit diesen Themen.

>**Dunja Blažević:** Wir im SCCA waren 2003 gerade in der Vorbereitungsphase zu dem Projekt „De/construction of Monument", als die Medien über das Bruce-Lee-Denkmal berichteten. Die Initiative entsprach vollkommen unserem Konzept, und wir haben sofort Kontakt mit dem Urban Movement aufgenommen, genauer ge-sagt, mit Nino Raspudić und Veselin Gatalo, den Urhebern der Aktion.

Nino Raspudić: Bei der Debatte in Mostar und an anderen Orten sind wir zu dem Schluss gekommen, dass das Denkmal nichts abschließt oder zudeckt, sondern eher als bronzenes Fragezeichen im Raum stehen wird. Wenn wir einer fiktiven Figur ein Denkmal setzen, wirft das doch die Frage auf, ob nicht alle unsere Helden fiktiv sind. Die erste, oberflächliche Lesart wäre, dass wir uns mit dem Denkmal über die derzeit herrschende Mythomanie lustig machen wollen, die Obsession für Denkmäler und Helden. Aber das greift zu kurz. In einer Stadt, in der alles halbiert und geteilt wurde, wirkt das Denkmal als Erinnerungsstütze. Und da kommt dieser Versuch ins Spiel, dem Gesichtslosen ein Gesicht zu geben. Das Denkmal erinnert die Menschen an Gemeinsames. Die Idee dazu wurde aus Not und Verzweiflung heraus geboren, nicht aus Übermut oder Langeweile. Es soll daran erinnert werden, dass es Dinge gibt, die Menschen gemein haben, sogar in diesem hyperpolitisierten Raum, in dem nichts vorangeht, in dem wir nichts zu sagen haben, in dem der Hohe Repräsentant nach eigenem Gutdünken entscheidet und Wahlen eine Farce sind. Die Menschen leben tagtäglich von der Politik. Sie erleben keine persönlichen Siege und Niederlagen mehr, sondern nur noch Siege und Niederlagen in Sportstadien. Manche sehen sich stattdessen Seifenopern an, wieder andere die Nachrichten im Fernsehen. Auf den Ausgang haben wir weder im ersten noch im zweiten noch im dritten Fall Einfluss. Jedenfalls nicht direkt. Wenn alles zur Politik wird, ist nichts mehr Politik. Wir wollen ein Bewusstsein für die Werte aus der Kindheit schaffen, die überhaupt keinen Bezug zu Politik und Ideologie in diesem überwältigenden, unmittelbaren Sinn haben. Einfach, damit sich die Leute ein bisschen entspannen, damit sie lockerer werden. Mir fällt dazu eine exemplarische Umfrage des Lokalfernsehens in Mostar zum Zustand der Straßen ein, der Interviewer stellt sich also auf die Straße und fragt einen Passanten: „Wie finden Sie diese Schlaglöcher hier?", und der Mann antwortet: „Über Politik rede ich nicht!"

> **Nebojša Jovanović:** Gut, aber wir sollten nicht zu polemisch werden. Wir müssen uns doch eher der politischen Auseinandersetzung wieder zuwenden, wir brauchen den politischen Antagonismus. Denn das Einzige, was wir im Programm haben, was in unserem politischen Unterbewusstsein funktioniert und was auch die Initiatoren dieses Projekts gespürt haben, das ist natürlich unsere Partisanenvergangenheit, die ebenfalls in ihrem revolutionären …

Nino Raspudić: Wessen revolutionäre Partisanenvergangenheit? Entschuldigung, aber sprich bitte nicht im Namen von uns allen.

> **Nebojša Jovanović:** Oh! Aber ich rede doch gerade von der Partisanenvergangenheit als unserem einzigen universalistischen Begriff.

Nino Raspudić: Na, ich weiß nicht. Tudjman war auch bei den Partisanen, während andere auf der Seite der Achsenmächte, also auf der Seite von Deutschland und Italien, gekämpft haben, da würde ich nun nicht gerade … auch wenn es über sechzig Jahre her ist.

> **Nebojša Jovanović:** Ich würde gern meinen Gedanken zu Ende führen. Also wir hatten einst, und ich sage das jetzt noch einmal, unsere Partisanenvergangenheit, eben im politischen Sinn, und diese Partisanenvergangenheit hat einen Antago-

nismus geschaffen, der so am Anfang des Zweiten Weltkriegs nicht existiert hat. Zu Beginn des Zweiten Weltkriegs hatten wir die gleiche Situation wie jetzt. Alles lief auf ethnische Separation hinaus. Aber Politik steht nicht für ethnische Konflikte, im Gegenteil, sie steht gegen diejenigen, die diese Konflikte anheizen. Deswegen kann ich von „unseren Partisanen" sprechen. Wir können weder von „unserer Ustascha" sprechen, denn die Ustaschas waren faschistische kroatische Kollaborateure im Zweiten Weltkrieg, und wir können auch nicht von „unseren Tschetniks" sprechen, den serbischen Nazi-Kollaborateuren. Aber wir können von „unseren Partisanen" sprechen, denn nur sie hatten dieses universalistische Potential, und das treibt uns noch heute um, sechzig Jahre danach. Das Bruce-Lee-Denkmal verschließt meiner Meinung nach dieses politische Potential, dieses politische Erbe.

Dunja Blažević: Ich würde behaupten, dass es sich im Gegenteil um die Neuschöpfung eines Partisanendenkmals handelt.

Nebojša Jovanović: Aber um eine missglückte Neuschöpfung! Bruce Lee ist ein verfehltes Partisanendenkmal. Ästhetisch, das heißt künstlerisch wurde die Revolution der Partisanen im jugoslawischen Partisanenfilm neu formuliert. Aber diese Neuformulierung ging paradoxerweise nicht vom Mainstream des jugoslawischen Partisanenfilms aus, also von Regisseuren wie Veljko Bulajić, Stipe Delić etc., sie fand nur in einem marginalisierten und unterschätzten Bereich des Genres statt. Und zwar in dem Bereich, der mit Hollywood nicht nur geflirtet, sondern dessen Muster komplett abgekupfert hat. Ein gutes Beispiel sind die Filme von Hajrudin Šiba Krvavac, vor allem die Trilogie *Diverzanti* (Männer in Nacht und Flammen), *Most* (Auftrag für Tiger) und *Valter brani Sarajevo* (Einer ist Sarajevo). Vor allem die ersten beiden folgen dem Vorbild von *Mission Impossible.* Eine Gruppe von Saboteuren übernimmt einen Auftrag, der eigentlich nicht zu erfüllen ist. Aber die Message lautet: Geht trotzdem hin und zerstört den Flughafen, von dem aus die deutschen Flugzeuge starten, die unsere Flüchtlingstrecks zusammenschießen. Über Šiba Krvavaćs Film *Valter brani Sarajevo* wird kolportiert, er laufe seit dreißig Jahren ohne Unterbrechung in chinesischen Kinos, und wenn Chinesen hier bei uns Bata Živojinović im Fernsehen sehen, zeigt sich, wie gut das Phantasma funktioniert, und daran sieht man: Bata Živojinović ist der Prototyp des Partisanen, ein Produkt des Partisanenfilms.

Damit will ich auf das Denkmal zurückkommen und auf ein Detail hinweisen, an dem sich zeigt, wie unzureichend über Bruce Lee in diesem Zusammenhang nachgedacht wurde. Bruce Lee wird mit den Figuren verwechselt, die er gespielt hat, das ist der eigentliche Fehler. Eben wurde gesagt, dass sein Geburts- und Todesjahr auf dem Sockel stehen soll. Welches Todesjahr wird da stehen?

Nino Raspudić: 1973.

Nebojša Jovanović: Die bekanntesten Bruce-Lee-Filme kamen nach 1973 in die Kinos. Das gibt der Geschichte einen Dreh, der nur mit einem Phänomen der heutigen Popkultur vergleichbar ist, mit Tupac Shakur. Seine bekanntesten Alben wurden nach seinem Tod aufgenommen.

Nino Raspudić: Nein, das habe ich überprüft, das stimmt nicht …

Nebojša Jovanović: Was ich sagen will, ist, dass Bruce Lees Todesjahr nicht sein Todesjahr ist. Was nichts anderes heißt, als dass die Realität vollständig in der Fiktion aufgegangen ist. Deswegen ist Bruce Lee ein Mythos. Bruce Lee hat genau genommen kein Todesjahr. Das ist meiner Meinung nach der zentrale Punkt hier, die Vermischung der Ebenen: des Fiktiven und des Realen. Und das ist auch genau der Moment, in dem das Problem mit der paradigmatischen Figur aus dem Partisanenfilm auftaucht. Für mich ist das Bruce-Lee-Denkmal ein Symptom, ein Kompromiss oder eine Ersatzschöpfung für ein Denkmal, das Šibas Krvavac' Filmpartisan gesetzt werden müsste. Er wurde, wie gesagt, von Bata Živojinović gespielt. Aber wie wir alle wissen, hat sich Bata Živojinović 1990 als falscher Held enttarnt, nicht nur als Nationalist, sondern auch als Antikommunist, im totalen Gegensatz zu der Partisanenfigur, die er gespielt hat. Weswegen man dem Partisanen von Šiba Krvavac heute unmöglich ein Denkmal setzen kann. Und deswegen wird der jugoslawische Filmheld, ein jugoslawischer Partisan, den die Chinesen angeblich verehren, durch einen Chinesen ersetzt. Beziehungsweise durch einen Amerikaner chinesischer Abstammung. Für mich stellt sich das als spezifische Inversion dar, die vielleicht zusätzliches Licht auf die Frage wirft, warum gerade Bruce Lee und nicht irgendein anderer Kämpfer für die Gerechtigkeit auf den Sockel gestellt wird.

Nenad Malešević: Ich glaube nicht, dass man Bruce Lee als Kompromiss bezeichnen kann. Es zeigt sich ja, dass er hier von verschiedenster Seite angefeindet wird.

Nino Raspudić: Und Feinde wie Verbündete auf allen Seiten überrascht.

Nenad Malešević: Nino Raspudić hat betont, dass es bei den Nachkriegsbauten in Mostar zu einer dramatischen Abkehr von ästhetischen Prinzipien gekommen ist. Das gilt natürlich nicht nur für Mostar und betrifft auch nicht ausschließlich die Architektur. Die realisierte künstlerische Praxis ist ein ideologisches Modell, und auf dieser Ebene muss man sie auch analysieren. Bruce Lee lässt sich weder symbolisch für eine Ethnie vereinnahmen, noch kann man ihn als reproduktiven Faktor im kapitalistischen Modell der Geldzirkulation nutzen. Diese Modelle sind funktional bestimmt, etwa durch den Mythos vom Wert der eigenen Nation oder über ein Bild des eigenen Anderen, in dem man dann das metaphysisch Böse erkennt. Bruce Lee entzieht sich dieser Bezeichnungspraxis, und in diesem Sinn ist er avantgardistisch. Er hat aber auch postavantgardistische Züge. Anders als Bata Živojinović ist er nicht für den gemeinen Mann gedacht. Der „gemeine Mann" ist einen Zeichen ohne raumzeitliches Korrelat. Er ist ein Punkt, in dessen Namen man spricht, der selbst aber nichts zu sagen hat. Gewöhnliche Menschen existieren nur in den Phantasmen der Sinnkonstruktion. Die Rezeption Bruce Lees erfordert ein intellektuelles Engagement, das die Möglichkeiten von gewöhnlichen Menschen übersteigt. Bruce Lee steht für den aktiven Kampf um Gerechtigkeit. Er provoziert und attackiert. Der gemeine Mann dagegen verhält sich passiv. Der

Bruce Lee von Mostar erkennt sein Anderes in der gesellschaftlichen Klasse, die sich als Kriegsgewinnler hervortut. Es gibt Avantgarde-Strömungen, die …

> **Nebojša Jovanović:** Schon, aber diese Avantgarde-Strömungen können sich nicht apolitisch oder außerhalb der Politik konstituieren.

Dunja Blažević: Halt, langsam, ihr steckt Nino Raspudić in eine Ecke, in die er so nicht hingehört.

> **Šefik Šeki Tatlić:** Nenad Malešević hat eben das Geld der Kriegsgewinnler erwähnt. Das ist genau der grundlegende Fehler. Die Ästhetik der Transition wird mit diesem Geld finanziert, und die Transition selbst ist nichts anderes als die Assimilierung der postsozialistischen Gesellschaft an den globalen Kapitalismus. Wenn Nenad vom Kapital der Kriegsgewinnler spricht, bezeichnet das eine Ebene, die zu diesem Kapitalismus gehört, die Ebene der Fragmentierung; das ist die hybride Ebene, von der wir sprechen. Kapital von Kriegsgewinnlern gibt es nicht, es gibt nur den Gewinn aus der Relativierung des Kapitals. Die Avantgarde selbst ist in diese hybride Ebene einbezogen. Das Bruce-Lee-Denkmal steht meines Erachtens für die Entpolitisierung der Kultur und belegt die Zugehörigkeit unseres Raums zu dem hybriden Feld des globalen Kapitalismus.
>
> Was Nino Raspudić Hyperpolitisierung nennt, ist das genaue Gegenteil, nämlich eine Entpolitisierung. Das Ergebnis ist ein anderes: Hyperästhetisierung. Deswegen wurde die Nachricht über das Bruce-Lee-Denkmal von CNN, BBC etc. nicht als Kuriosität verstanden, denn grundsätzlich bestätigt es die sozusagen avantgardistische, neoliberale Position, die eine Art Kontrapunkt zu der ethnischen Teilung und Fragmentierung bildet. Im Grunde handelt es sich um ein und dieselbe Sache. Denn das Bruce-Lee-Denkmal besagt, dass die ethnische Teilung kontrollierbar ist und als Fragment des übergeordneten Kontexts bestehen bleiben kann. So arbeitet das Kapital. Wie Michael Hardt und Antonio Negri in *Empire* feststellen, nutzt der globale Kapitalismus die ethnische Teilung, um die Produktionsverhältnisse zu kontrollieren.
>
> Die Reaktion von CNN und BBC in diesem laut Nino Raspudić nicht satirischen Kontext ähnelt der Reaktion von HVIDRA, dem kroatischen Verband der Veteranen aus dem Zweiten Weltkrieg. Sie belegt die Akzeptanz von Rechtfertigungen des Typs: Da veröffentlicht jemand die Idee zu einem Denkmal und wartet Reaktionen ab, und von diesen Reaktionen hängt es ab, ob das Denkmal gebaut wird und wie es im Einzelnen ausfällt. Bruce Lee als Kämpfer für Gerechtigkeit ein Denkmal zu setzen, während man brav auf Erlaubnis wartet und sich über die Reaktion von Medien freut, die allesamt für die vom Kapital erzeugte Ungerechtigkeit stehen, das ist einfach hirnrissig.

Nino Raspudić: Ich sehe hier ein allgemeines Problem in der Art und Weise, wie wir unsere Wirklichkeit reflektieren. In Zagreb begegnen mir, was die Theorie angeht, ständig solche Sachen. Man benutzt überholte Begriffe, um die Situation zu analysieren, und das halte ich für intellektuelle Faulheit. Die Wirklichkeit in Mostar lässt sich nicht mit Begriffen von Žižek oder Lacan analysieren. Es verlangt eine intellektuelle Anstrengung, vielleicht sogar die Entwicklung neuer Begriffe oder eines ganzen Begriffsapparats, wenn man diese Realität erklären will. Mit dem terminologischen Rüstzeug, das beispielsweise in Frankreich zur Beschreibung des globalen Kapitalismus entwickelt wurde, kann man die gesetzlos verlaufene Transition in Mostar nicht erfassen.

Nebojša Jovanović: Das klingt schwer nach Historismus.

Nino Raspudić: Überhaupt nicht. Nur ist Transition kein abstraktes Phänomen, sie findet immer in einem konkreten Umfeld statt. Die Transition in Litauen ist nicht dieselbe wie in Mostar. Ihr sprecht jetzt von der Ästhetik der Transition, was soll das sein? In Mostar ist die Bevölkerung quasi ausgetauscht worden, die früheren Einwohner sind weg. Der Leiter des Instituts für Stadtplanung zum Beispiel hat einen mittleren Schulabschluss, der auf medizinische Berufe vorbereitet, und er spielt bis heute auf Hochzeiten Ziehharmonika. Während des Krieges hat er im Schnelldurchgang die juristische Fakultät durchlaufen, und jetzt leitet er das Institut für Stadtplanung. Worüber reden wir hier eigentlich? Tatsache ist doch, dass Menschen umgebracht und vertrieben wurden. Dass die alteingesessenen Mostarer die Stadt verlassen haben. Das muss man alles bedenken. Kollege Jovanović attestiert mir mit seinem politisch Unbewussten politische Bewusstlosigkeit …

Nebojša Jovanović: Nein, ich rede völlig bewusst und ideologisch engagiert.

Nino Raspudić: Das Paradigma von Bruce Lee als Partisan kann ich überhaupt nicht akzeptieren, denn die Partisanen sind nicht der Nabel der Welt. Meine Eltern wurden 1949 und 1953 geboren, und in meiner Erinnerung sind die Partisanen und der Kommunismus eine Farce, eine Karikatur.

Nebojša Jovanović: Meine Worte, du erinnerst dich nicht an die Partisanen, sondern nur an Partisanenfilme.

Nino Raspudić: Ich verstehe das Bruce-Lee-Denkmal nicht als konstativ, sondern als performativ. Es ist nicht so, als hätten wir eine Erleuchtung gehabt und wollten sie jetzt allen anderen vermitteln. Nein, in gewisser Weise schafft Bruce Lee erst die Gemeinsamkeit. In der Auseinandersetzung um das Denkmal entsteht einerseits unerwartet Solidarität, andererseits zerstreiten sich manche bisher homogenen Gruppen. Ich hatte erwartet, dass die Alten dagegen und die Jungen dafür sind. Und dann sehe ich im kroatischen Fernsehen auf RTL, wie eine Siebzigjährige auf dem Spanischen Platz interviewt wird, eine alte Frau mit schwarzem Kopftuch, von der ich nie erwartet hätte, dass sie je von Bruce Lee gehört hat. Und sie sagt, sie finde die Idee ausgezeichnet, er sei ein großer Kämpfer und, ja, ja, sie kennt seine Filme. Von HVIDRA oder dem Veteranenverband JOB bin ich nicht angegriffen worden, wohl aber von SUBNOR, der jugoslawischen Liga der Veteranenverbände des Zweiten Weltkriegs. Dabei ist das Bruce-Lee-Denkmal ein kleines Denkmal, kein großes Monument, mit dem wir alles erschlagen wollten. Es entstehen also neue Standpunkte, die es so bisher nicht gegeben hat. Wir vom Urban Movement wollten ein neues Identifikationsangebot schaffen, dafür haben wir uns eingesetzt.

Bojana Pejić: Mir gefällt diese Diskussion nicht, weil Nino Raspudić jetzt sein Projekt verteidigen muss, statt dass wir uns dem stellen, was wir selbst heute vertreten haben. In diesem Sinn möchte ich drei Dinge sagen. Erstens will ich begründen, warum ich das Denkmal unterstütze, dann würde ich gern auf Nebojša Jovanović antworten und dabei auch meine eigenen Bedenken gegen das Denkmal vorbringen. Man kann natürlich einwenden, dass der Vorschlag nicht von Künstlern kam. Gegen diesen Einwand möchte ich die Arbeit verteidigen. Denken wir an konzeptuelle Strategien und Lawrence Weiners Statement aus dem Jahr 1968: „Der Künstler kann die Arbeit herstellen" – kann, das impliziert: muss aber nicht, Kunst kann auch ein Nichtkünstler herstellen –, dann wird der Einwand hinfällig. Natürlich hat sich zu der Zeit, als Weiner sein Statement formulierte, niemand vorstellen können, dass eine solche Arbeit figurativ sein könnte. Aber von Art & Language haben wir gelernt, dass sie sehr wohl figurativ sein kann. Wir haben das *Portrait of V. I. Lenin in the Style of Jackson Pollock* aus dem Jahr 1980 von dieser Theoretikergruppe, und insofern kann ich das Bruce-Lee-Denkmal durchaus als „Porträt von Bruce Lee im Stile Lenins" bezeichnen. Es wird eine Ikone sein. Es wird dem „Original" ähneln, das keiner von uns lebend gesehen hat. Und das Original ist wie so oft in der Kunstgeschichte kein nach dem Lebenden angefertigtes Porträt, sondern eines, das sich von Repräsentationen herleitet. Im Fall von Bruce Lee sind diese Repräsentationen seine Filme. Und genau hier widerspreche ich Nebojša Jovanović. Warum? Die Frage ist doch: Wie kann man ein Denkmal persönlich erleben? Die alte Frau im Fernsehen hat eine persönliche Beziehung zu Bruce Lee. Die hatte ich zum Glück oder leider nie zu sozialistischen Denkmälern, ich habe sie nie als etwas Persönliches erlebt. Das war Ideologie, Politik, was weiß ich. Was habe ich als etwas Persönliches erlebt? Die Performances von Raša Todosijević und Marina Abramović. Das war meine Welt, und das „da drüben" war eine andere Welt. Das führt mich zu der Theorie des französischen Semiologen Louis Marin über die „zwei Körper des Königs". Der König hatte in der politischen Theologie des Mittelalters zwei Körper, wie Ernst Kantorowicz in seiner Studie *Die zwei Körper des Königs* (1957) gezeigt hat: einen sterblichen und einen politischen, und der politische Körper unterlag nicht den Gesetzen der Natur. Louis Marin betont in seinem Buch *Le portrait du roi* (1981) die Sichtbarkeit dieses zweiten königlichen Körpers. Er zitiert Blaise Pascals Diktum: „Le portrait de Cesar, c'est le Cesar" (Das Bild des Kaisers ist der Kaiser). Marin erklärt: Wer auch immer König ist, König ist nicht er, sondern nur sein Bild. Das ist das Moment der „Verräumlichung" des Königs. Statuen von Ludwig XIV wurden vor allem in den Provinzen Frankreichs errichtet, in denen sich der größte Widerstand gegen ihn regte. Aus demselben Grund wurden Denkmäler zu Ehren des jugoslawischen Königs Aleksander Karađorđević, einem Serben, in Dörfern der Vojvodina aufgestellt, die nicht von Serben bewohnt wurden. Und das ist meine Antwort auf Nebojša Jovanović, wenn wir über die verschiedenen Möglichkeiten sprechen, wie eine visuelle Repräsentation wirkt. Mit anderen Worten, Bruce Lee konstituiert sich in Mostar als eine Repräsentation von Bruce Lee, die neue Bedeutungen produziert. Und diese Bedeutungen lassen sich, wie bei den meisten anderen Denkmälern auch, nur sehr schwer im Vorhinein festlegen.

Ich habe mit dem Bruce-Lee-Denkmal ein ganz anderes Problem. Wieder einmal wird der öffentliche Raum mit einer männlichen Heldenfigur restituiert. Dieses Denkmal schreibt theoretisch und praktisch eine Vorstellung von Männlichkeit fort, die historisch gesehen den hiesigen öffentlichen Raum dominiert, und nicht nur den hiesigen. Es ist eine maskuline Figur, die eine heroische Männlichkeit vermittelt, in diesem Fall weder ein Partisan noch ein nationaler Held, aber dennoch eine Form heroischer Männlichkeit. Während des Sozialismus waren wir mit einem ähnlichen Paradox konfrontiert. Männer und Frauen waren zwar vor dem Gesetz gleichgestellt, und viele Frauen hatten im Zweiten Weltkrieg als Partisaninnen gekämpft – ein Drittel aller Partisanen waren Frauen. Trotzdem verschwand die Partisanin bereits wenige Jahre nach dem Krieg aus den Denkmälern, die an den nationalen Befreiungskampf erinnerten. Was ich sagen will: Wir sollten uns dieser Fortschreibung einer heroischen Männlichkeit im öffentlichen Raum zumindest bewusst sein.

Dunja Blažević: Ich will mich nicht auf der theoretischen oder analytischen Ebene einmischen, sondern erklären, warum das Bruce-Lee-Denkmal ein Bestandteil des Projekts „De/construction of Monument" ist. Wie ich schon sagte, waren die Berichte über das Denkmal bereits in den Zeitungen erschienen, als wir unseren Projektvorschlag zu Papier brachten. Uns war klar, dass es ein Symbol, eine Verdichtung unserer Ideen war, wie wir sie uns besser nicht wünschen konnten. Denn das Bruce-Lee-Denkmal stößt wichtige Fragen an angesichts der aktuellen Inflation von Denkmälern, die sogar hinter die sozialistisch-realistischen Denkmäler zurückfallen. Es stellt einerseits frühere und gegenwärtige Denkmäler in Frage, andererseits befreit es die Form des Denkmals selbst von politischen und ideologischen Schichten. Und es spricht wichtige politische, gesellschaftliche und kulturelle Themen an: Was ist mit bestimmten historischen Denkmälern oder mit ihren Überresten tatsächlich geschehen, nachdem die Denkmäler massenweise zerstört wurden? Es ist der Versuch, eine Position zu entwickeln, eine Auseinandersetzung zu initiieren angesichts dieser Auslöschung von Erinnerung, dieser Revision der Vergangenheit anhand ihrer materiellen Symbole.

Bei dem Thema der De/Konstruktion geht es um eine wichtige Eigentumsfrage: Wem gehört der öffentliche Raum? Den Bürgern? Oder wird er von den politischen und wirtschaftlichen Eliten kontrolliert? Wir alle wissen aus Erfahrung, wie schwer es ist, in „unseren" öffentlichen Raum mit einer künstlerischen Praxis zu intervenieren, die den gesellschaftlichen Kontext kritisch hinterfragt. Diejenigen, die über die Macht verfügen, realisieren ihre Vorhaben dagegen einfach ohne die Zustimmung der Einwohner. Der öffentliche Raum gehört also nicht den Bewohnern, sondern denen, die politisch und ökonomisch die Fäden in der Hand halten. Die zentrale Frage, die wir mit dem „neuen Denkmal" der Öffentlichkeit vorlegen, ist hochpolitisch, denn zum ersten Mal übernimmt eine Nichtregierungsorganisation die Trägerschaft. Was das „künstlerische Erlebnis" betrifft, fiel unsere Entscheidung anhand des Kriteriums, ob das Kunstwerk mit Raum und Zeit kommuniziert und unser Standpunkt transparent wird, auch wenn natürlich jedes Kunstwerk auf mehreren

Ebenen verstanden werden kann. Für das SCCA und unser Projekt „De/construction of Monument" steht im Vordergrund, dass sich die Idee des öffentlichen Raums materialisiert, dass dieser Raum markiert und mit etwas gestaltet wird, das sich nicht einfach nur als öffentliche Kunst definiert. Der öffentliche Raum muss zurückerobert werden, obwohl sich natürlich die Frage stellt, ob wir ihn je besessen haben. Deswegen erschien uns die Idee zu dem Bruce-Lee-Denkmal als Teil unseres eigenen Projekts. Die in Split erscheinende Wochenzeitung *Feral Tribune* veröffentlichte 2003 ein langes Interview mit den Urhebern der Idee, und mir war von daher klar, dass sie sich keinen Spaß erlaubten, sondern die Sache ernsthaft betrieben und vieles damit problematisierten. Und für mich ist es auch das Statement einer Generation. Die Generation dieser jungen Leute, die so viel durchgemacht haben, hat in jeder Hinsicht ein Recht auf den öffentlichen Raum, mental wie materiell. Auf einem anderen Blatt steht die Realisierung des Denkmals selbst: eine realistische Bronzeskulptur von Bruce Lee, die die klassische Denkmalform aufgreift, dieser aber eine ganz neue Bedeutung verleiht. Das alles wirft die Frage auf, wie strategisch und taktisch mit den Herrschenden zu verhandeln wäre, wie man in den öffentlichen Raum eindringen kann. Es geht im Grunde um die schlichte Tatsache, dass ein Denkmal ohne Zustimmung der Behörden nicht gebaut werden kann, man muss die Genehmigung einholen, um es an einen bestimmten Platz aufzustellen. Und die Kunst der Verhandlung umfasst natürlich Kompromisse.

> **Marina Gržinić:** Ja, es geht um Verhandlungen über den öffentlichen Raum, aber es geht auch um das Konzept. Im Rahmen der Ausschreibung für das Projekt „De/construction of Monument" haben wir neben anderen Vorschlägen auch eine Arbeit von Nebojša Šerić-Šoba ausgewählt, die analytisch und konzeptuell den inneren Raum Bosnien-Herzegowinas sowie den äußeren der internationalen Gemeinschaft präzise erfasst. Auch für diese Arbeit bin ich zu jedem Kompromiss bereit, wenn sie nur im öffentlichen Raum realisiert wird. Der Kompromiss muss immer im Verhältnis zum konzeptuellen Gehalt der Arbeit stehen.

Bojana Pejić: Da Sie den Begriff Verhandlungen erwähnt haben, möchte ich auf Rosalyn Deutsche verweisen, die denselben Ansatz vertritt. Sie vertritt die These, die öffentliche Sphäre sei ebenjener Raum, in dem sich Verhandlungen abspielen. Wir verhandeln gerade. Aber während wir uns hier vielleicht über Nebojša Šerić-Šoba oder Bruce Lee einigen können, müssen wir als SCCA noch mit einigen anderen verhandeln, etwa mit der Stadtverwaltung.

> **Nenad Malešević:** Mir sind zwei Dinge sehr wichtig. Die eine Sache hat Dunja Blažević erwähnt: Die Geschichte fängt nicht mit uns an, und da stimme ich voll und ganz zu. Der Kampf gegen den Faschismus geht weiter, und Bruce Lee ist einer der Kämpfer. Dem möchte ich einen zweiten Gedanken hinzufügen. Dieser Bruce Lee ist für mich ein gutes Beispiel, welches Image Bosnien-Herzegowina braucht. Aber er hat keine Bedeutung jenseits der Medien und der Ökonomie, und wir sollten dem nicht ausweichen. Bruce Lee sollte realisiert, beworben und verkauft werden. Übers Internet, durch Tourismus …

Šefik Šeki Tatlić: Also das muss nun wirklich nicht sein.

Nebojša Jovanović: Ich würde gern noch einmal auf einen Satz von Nino Raspudić zurückkommen: Ein Denkmal kann nicht alle Probleme lösen, es ist kein Allheilmittel. Mein Schlusswort wäre, wir brauchen überhaupt keine Denkmäler, um irgendwelche Probleme zu bereinigen oder Krankheiten zu kurieren. Aber wenn schon, dann müsste das Denkmal auf eine Repolitisierung hinwirken, auf eine politische Aktion, die ich nur im radikal linken Spektrum angelegt sehe. Das Denkmal wird mit Sicherheit gebaut, aber es wird meiner Meinung nach nur dann Sinn haben, nur dann gerechtfertigt sein, wenn diese Idee dahinter steht.

Marina Gržinić: Und damit beschließe ich dieses Gespräch.

Die Transkription des zweistündigen Gesprächs hat Asja Hafner vom SCCA übernommen. Dafür vielen Dank. – M.G.

Das Gespräch wurde von Marina Gržinić ediert.

November 2001
Sarajevo, Liberation Square

By the Commission's Decision:
Everyone to One's Own

Artists are making a new type
of monument as their legitimate defense.

Sarajevo   Kurt und Plasto, *Odlukom Komisije: Svi na svoje*
(Die Kommission empfiehlt: Verlangt zurück, was zu euch
gehört!), 2001, Aktion im öffentlichen Raum

The artists placing busts with their own heads on empty pedestals where the busts of famous writers used to be.

As the result, ad hoc civic forum decided
to put the busts of Bosnian writers back.

Kurt und Plasto, *Odlukom Komisije: Svi na svoje*
(Die Kommission empfiehlt: Verlangt zurück, was zu euch
gehört!), 2001, Aktion im öffentlichen Raum

IVO ANDRIĆ

ISAK SAMOKOVLIJA

MAK DIZDAR

BRANKO ĆOPIĆ

authors
KURT AND PLASTO

Nebojša Jovanović

Intellektuelle, nur eine Anstrengung noch, wenn ihr euer Gedächtnis verlieren wollt! Wider den postjugoslawischen liberalen Konformismus

Das Einzige, wodurch das Gebiet der ehemaligen Sozialistischen Föderativen Republik Jugoslawien problemlos Teil des heutigen neoliberalen Westens sein könnte, ist der Konformismus seiner intellektuellen Eliten: In ihrer Verachtung radikaler linker Kritik und Vorstellungskraft gehören sie zu den maßgeblichen Protagonisten jenes Phänomens, das Russell Jacoby schon im Titel seiner inzwischen klassischen Studie „soziale Amnesie" genannt hat.[1] Der Nationalismus als eine der schlimmsten Plagen in den ehemaligen Republiken Jugoslawiens ist vielen bekannt, und so mag es unbeteiligte, wohlwollende Beobachter überraschen, dass die postjugoslawische Variante der sozialen Amnesie frei von jeder aufschneiderischen ethnonationalistischen Rhetorik ist. Die intellektuellen Konformisten, gegen die dieser Essay sich richtet, sind keineswegs ausgewiesene Nationalisten, sondern gehören teilweise zu deren schärfsten Kritikern. Wie ist dieses Paradox zu erklären? Oder, genauer gefragt, handelt es sich überhaupt um ein Paradox?

Beginnen wir mit einer jungen Stimme aus der bosnisch-herzegowinischen Szene, einer Stimme, die den Wandel am deutlichsten in der Polemik über aktuelle gesellschaftliche Fragen demonstriert. Bitten wir Ivan Vukoja herein, den Chefredakteur von *Status,* einem vor kurzem gegründeten „Magazin für (politische) Kultur und soziale Fragen". Vukoja zufolge will das Blatt

> „wichtige Themen offen und kritisch ansprechen [...] die zwar nicht verboten sind, jedoch im Verdacht stehen, ihre Erwähnung sei stets politisch-ideologisch gefärbt und veranlasst und stehe insofern im Dienst ebendieser politisch-ideologischen Ziele. Dieser Generalverdacht hat letztlich zur Folge, dass über bosnisch-herzegowinische Themen meistens im Fahrwasser bestimmter (weltanschaulicher, ideologischer, politischer...) Trends geschrieben wird, statt einen offenen, kritisch-theoretischen, an Tatsachen und stichhaltigen Argumenten orientierten Diskurs zu eröffnen. [...] *Status* will ein Gegengewicht zu derlei einseitigen, ideologisierten, trendgesättigten Gedankengängen und der (un)bewussten Instrumentalisierung gewisser Tatsachen, Ideen und Theorien bilden."[2]

Dieses Manifest ist für den postjugoslawischen, bürgerlich-liberalen Intellektuellen exemplarisch. Er hat, wie es scheint, noch nie etwas von Jacoby gehört, obwohl *Social Amnesia* seinerzeit ins Serbokroatische übersetzt wurde. Natürlich ist damit die erste Lektion des Buchs an ihm vorübergegangen, die seine Grundannahmen als falsch entlarvt. Denn er geht wie selbstverständlich davon aus, wir könnten an gesellschaftliche Probleme auf zweierlei Art herantreten: entweder ideologisch und damit völlig unangemessen und verlogen oder „objektiv", vom heilsamen Standpunkt des „offenen Denkens", des Empirismus und des gesunden Menschenverstands. Jacoby hat seine Argumente gegen diese Auffassung schon

1 Russel Jacoby, *Soziale Amnesie. Eine Kritik der konformistischen Psychologie von Adler bis Laing,* übers. v. Christel Beier, Frankfurt am Main 1978 (Orig.: *Social Amnesia. A Critique of Conformist Psychology from Adler to Laing,* Boston 1975).
2 Ivan Vukoja, „Otvorena misao" (Ein offener Gedanke), Editorial, in: *Status,* Nr. 2, Februar/März 2004, S. 4.

vor dreißig Jahren formuliert, unter anderem in Abgrenzung zu Hannah Arendts 1958 erstveröffentlichtem Buch *Elemente und Ursprünge totaler Herrschaft*. Der amerikanische Historiker bekämpft die tief im liberalen Bewusstsein verwurzelte Prämisse, „Ideologie [sei] eine Form abstrakter, nicht-empirischer Logik […], die in Gewalt und Terror endigt"[3]. Doch der intellektuelle Konformist hat seine Gründe, warum er sich nach dem sprichwörtlichen Ende von Geschichte und Politik so gern jenseits der Ideologie sieht und jedes Ansinnen, sich politisch und ideologisch zu engagieren, als anachronistisch, überholt und zudem gefährlich zurückweist: *Haben uns nicht gerade die Ideologien und die Politik in Krieg und Elend gestürzt? Ist ein theoretischer, an den Tatsachen orientierter, unpolitischer und entideologisierter Diskurs nicht umso notwendiger, als er uns vor nationalistischem Wahn und Kriegstreiberei bewahrt?*[4]

Doch exakt diese Distanzierung von der dreckigen Ideologie ist eine fundamentalideologische Geste, mit der intellektuelle Konformisten zu Meistern der Ideologie mutieren, um genau zu sein: zu Meistern der liberalen Ideologie, die uns weismachen will, ideologische und politische Kämpfe gehörten der Vergangenheit an, heute hätten wir ausschließlich kulturelle Probleme zu bereinigen (Identitätspolitik, Religion, multikulturelle Toleranz/Intoleranz). Von daher überrascht es nicht, dass der postjugoslawische Konformist an eine bekannte Filmfigur erinnert, die Baudelaires Bonmot vom erfolgreichsten Trick des Teufels – die Welt von der eigenen Nicht-Existenz zu überzeugen, auch dies eine fundamentalideologische Geste – zitiert. Gemeint ist der Kleinkriminelle Roger „Verbal" Kint (gespielt von Kevin Spacey) in *Die üblichen Verdächtigen* von Bryan Singer. Zum allergrößten Teil berichtet der Film, wie Verbal dem vor Selbstbewusstsein strotzenden Detective Dave Kujan (Chazz Palminteri) in Rückblenden die Ereignisse erklärt, die zu dem von Kujan untersuchten Massaker geführt haben. Hinter der blutigen Abrechnung, so legt Verbals Geschichte nahe, stehe der unangreifbare, mythische Herr des Bösen, ein Monster namens Keyser Söze. Erst in der letzten Filmminute erfahren wir, dass Verbal die Geschichte frei erfunden, sie geschickt aus Informationen und

3 Jacoby, *Soziale Amnesie*, S. 28.
4 Der Niedergang des „liberalen Bewusstseins" während der vergangenen dreißig Jahre enthüllt sich eindeutig in folgendem Detail. Während Jacoby bereits vor drei Jahrzehnten Alvin Toffler einer ekstatischen Verherrlichung der Technik beschuldigte, sind wir heute Zeugen, wie häufig liberale Konformisten der Faszination obskurer Wiederbelebungsversuche von Traditionen und Ursprüngen erliegen. *Status* bringt in jeder Nummer direkt nach Vukojas Editorial eine Rubrik namens „Mislioci" (Denker), die das Werk von Autoren wie Rudolph Steiner oder Béla Hamvas einschließlich der dazugehörigen Interpretationen vorstellt. Was aktuelle bosnisch-herzegowinische Probleme und „stichhaltige Argumente" etwa mit Steiners Lektüre von Goethes *Märchen von der grünen Schlange und der weißen Lilie* oder mit Martin Lings' Analyse Guénons zu tun haben, bleibt in Vukojas *stichhaltigen Argumenten* verborgen. Die Begeisterung für die New-Age-Mystik und ihre „Weisheit" erreichte in der fünften Nummer von *Status* (November / Dezember 2004) ihren obszönen Höhepunkt, und zwar in einer Rubrik, die – wenn man ihrem Titel „Planet žena" (Planet der Frauen) trauen dürfte – wohl die „fachliche öffentliche Auseinandersetzung und argumentative Polemik" über den Status von Frauen in der heutigen bosnisch-herzegowinischen Gesellschaft hätte eröffnen sollen. Leider zeigt bereits ein flüchtiger Blick auf die drei Texte, aus denen die Rubrik besteht, dass hinter dem deklarierten profeministischen Ansatz ein ganz gewöhnlicher Obskurantismus durchscheint, in dem sich New Age (hier der sprichwörtliche „Krieg der Geschlechter") mit der übelsten Variante des Machismo vermischt. Der schlagendste Beweis für diese Behauptung ist der Aufsatz des serbischen „Sexologen" Jovo Toševski, „Spekulacije o evoluciji i dejstvu seksualnosti žene i muškarca" (Spekulationen über die Evolution und Wirkungsweise männlicher und weiblicher Sexualität), den man nur als Mischung von Otto Weininger und Radovan Karadžić beschreiben kann.

Versatzstücken zusammengefügt hat, die Kujan selbst ihm unabsichtlich verriet oder die im Büro des Polizisten an der Wand hingen; die Porzellanmarke Kobayashi nutzte er als Namen für Sözes engsten Mitarbeiter und so weiter. Kujan merkt erst, nachdem er Verbal freigelassen hat, dass er belogen wurde. Er hat ihm die Geschichte geglaubt, genauer gesagt: Er hat an die eigene Überlegenheit über den „armen" Verbal geglaubt, eine Überlegenheit, mit der Kujan – dachte er zumindest – Wahrheit und Lüge in Verbals Aussagen unterscheiden konnte.

Stehen westliche Neoliberale (die Vertreter der sogenannten „radikalen Mitte") und postjugoslawische intellektuelle Konformisten nicht in einem ähnlichen Verhältnis zueinander? Letztere hätten dem allzu selbstbewussten West-Kujan Insiderinformationen über die blutrünstigen Verbrechen während des Zerfalls von Jugoslawien zu liefern und würden sich dabei der vom Westen übernommenen Terminologie bedienen, der Standard-Schibboleths des westlichen Liberalismus mit seiner Multi-Kulti-Ideologie: Identitätspolitik, das Bekenntnis zur kulturellen Vielfalt sowie jene Charakteristika, die der Westen dem Osten am liebsten zuschreibt: das Fehlen demokratischer Traditionen und das üble Erbe des realexistierenden Sozialismus. Kurz, der Westen hört von den konformistischen Verbals, was er hören will; sie sollen ihm nur bestätigen, was er ohnehin schon „weiß".[5] Und die Ost-Konformisten geben sich als unschuldige Gutmenschen aus, die sich rein zufällig an den Ort des Verbrechens verirrt hatten, und auf diese Weise verschweigen sie ihren Anteil an der ganzen Angelegenheit.

Ihre ausgesprochen widersprüchliche Haltung und Rolle lässt sich hervorragend am Beispiel Ivan Lovrenović illustrieren, dem exponiertesten bosnischen Intellektuellen und „kroatischsten bosnischen Schriftsteller"[6]. Ein Interview, das vor nicht allzu langer Zeit im kroatischen Fernsehen ausgestrahlt wurde, weist dramaturgisch zahlreiche Parallelen zu Singers Film auf: Auch Lovrenović wird von einem dreisten Interviewer ausgefragt, der, vor Selbstbewusstsein strotzend, ausnehmend blöde Fragen stellt. (Ein Beispiel: Was wäre, wenn die Zahl der Kroaten in Bosnien-Herzegowina so weit zurückgehen würde, dass sie nicht mehr Staatsvolk, sondern nur noch eine nationale Minderheit wären?) Solche Fragen lieferten Lovrenović eine Steilvorlage für die schlichte, kohärente Mär vom Nationalismus, der an allem schuld sei. Und selbst die überraschende Wendung kurz vor Schluss wiederholt sich am Ende des Interviews und zeigt Lovrenović in seiner ganzen Doppelbödigkeit. Er holte unter dem Tisch ein Buch hervor, schenkte es seinem Gastgeber und erklärte:

> „Die sogenannte Identität wird sehr oft total missbraucht. Die Kroaten in Bosnion-Herzegowina haben eine ganz bestimmte, sehr konkrete und mit ganz konkreten Inhalten gefüllte historisch-kulturelle Identität, die sie selbst leider

---

5 In diesem Sinn sind der Westen und Kujan Opfer der Illusionen, die sie über sich selbst hegen, große „Subjekte, denen man Wissen unterstellt" und die sich nicht blenden lassen. Von daher verkörpern sie Lacans Ausspruch „les non-dupes errant" vollkommen – ebenjene, die glauben, sie seien nicht zu täuschen, gehen am vollständigsten irre, blind durch den Glauben an die eigene Allmacht.
6 Diese Bezeichnung verdanken wir Ivo Banac; vgl. ders., „Možda ovo nije pesma" (Vielleicht ist das kein Gedicht), in: *Feral Tribune*, 20. August 2004.

wegen der allgemeinen Sucht nach einer überethnischen, keine Unterschiede duldenden Identität ignorieren, vernachlässigen, verächtlich machen etc. Das hier ist eine Sammlung von Texten der Franziskaner, die ich gemeinsam mit meinem Freund und Verleger [...] herausgegeben habe und die ich zum Beispiel gern hier auf diesen Tisch legen würde, damit sie irgendjemanden, zum Beispiel Sie, provoziert, ein Gespräch anstößt und zu einer Sendung anregt, in der gezeigt würde, was die Kroaten in Bosnien in ihrem Wesen auszeichnet, denn von ihnen wird ausschließlich auf politischer Ebene gesprochen – ob sie gleichberechtigt sind oder nicht, ob sie politisch vertreten sind oder nicht –, und alles andere fristet bloß ein tristes, armseliges Leben, aus dem die Substanz herausgesaugt wurde, eine Substanz, die im geschichtlichen wie kulturellen Sinn eine überwältigende, äußerst vitale und konkrete Substanz ist, von der dieses Buch nur einen winzig kleinen Ausschnitt präsentiert ..."[7]

Diese Kehre am Ende, diese Geste am Schluss, mit der der wortgewaltige Protagonist alles in Frage stellte, was er zuvor gesagt hatte, beweist zur Genüge, dass Lovrenović in die Riege der national gesinnten postjugoslawischen Intellektuellen gehört, die mit großem Mut das herrschende Regime kritisieren, aber in keiner Weise die Absicht haben, sich von der – um einen Ausdruck von Bourdieu zu verwenden – *Doxa* der Nation abzuwenden beziehungsweise sich von den wichtigsten Ideologemen der nationalen Politik loszusagen: dem Glauben an die ursprüngliche Unschuld, Reinheit und „Vitalität" der nationalen Substanz. Im Einklang damit beschränkt sich ihre Kritik hauptsächlich auf die Kritik am Regime, das in ihren Augen die ursprüngliche nationale Reinheit beschmutzt, eine Reinheit, die Lovrenović in den von ihm mit so viel Liebe herausgegebenen klerikalen Texten entdeckt. Damit sind wir bei der unangenehmsten Frage: In welchem Verhältnis stehen die nationalistischen postjugoslawischen Regierungen und ihre liberalen Kritiker zueinander? Wenn Slobodan Milošević und Franjo Tudjman lediglich skrupellose Pragmatiker waren, die nationalistische Ideen für ihre Zwecke genutzt, nicht aber selbst an sie geglaubt haben, wer hat diese Ideen dann eigentlich vertreten, wer sind die *wahrhaft Gläubigen*, die im Gegensatz zu den pragmatischen Usurpatoren tatsächlich an die Nation, die ursprüngliche Reinheit und Heiligkeit ihrer Substanz glauben? Wer, wenn nicht unsere liberalen Konformisten?

Aus diesem Grund können liberale Intellektuelle nicht öffentlich von ihrer Liebe zum eigenen Volk oder zur Heimat reden. Zugegeben, sie erliegen auch der Versuchung, mit Witold Gombrowicz oder Danilo Kiš zu liebäugeln, den großen Verächtern des Patriotismus, die diesen als letzte Trutzburg der Bösewichte entlarvten, doch mit derselben Leichtigkeit haben ebendiese Konformisten patriotische Petitionen voll abgeschmackter Volksschulrhetorik unterschrieben.[8] Besonders ab-

---

7 Ausgestrahlt in der Fernsehsendung *Nedeljom u 2* (Sonntags im 2. Programm) am 10. April 2005.
8 Ivan Lovrenović gehörte zu den ersten Unterzeichnern einer derartigen Petition, der Petition gegen die „Geringschätzung des Namens" des mittelalterlichen bosnischen Königs Tvrtko I. (Tvrtko Kotromanić):

surd muss dabei anmuten, dass sie diese banalen Machwerke samt ihrer öffentlich gebeichteten Heimatliebe als etwas Subversives hinstellen, als Akt des Widerstands gegen die gesellschaftlichen und politischen Machtverhältnisse. Innerhalb der Anti-Milošević-Szene liefert das sogenannte „andere Serbien" vielleicht das vollkommenste Beispiel einer solchen Erklärung:

> „Ich hatte Mühe […] zu erklären, dass mir das Land gefällt, auch wenn ich seine Regierung ablehne. Dieses Land gefällt mir sogar sehr! Wenn mich jemand als Verräter der Regierung anzeigt – ich wäre außerordentlich stolz darauf! Ein Landesverräter bin ich ganz gewiss nicht! Die Regierung hat nicht mehr Recht auf dieses Land als ich. Das ist mein Land … mindestens so sehr meins wie das ihre. Und da sie es in den Ruin getrieben haben, ich mich jedoch bemühe, ihm nicht zu schaden, gehört dieses Land einen Tick mehr mir als ihnen!"[9]

Die liberalen Konformisten wollen nicht einsehen, dass sie auf diese Weise der nationalen Ideologie in die Hände spielen. Sie wollen nicht darüber nachdenken, dass die postjugoslawischen nationalistischen Regierungen nicht für die Irrwege eines ursprünglich ehrenhaften nationalen Bewusstsein stehen, das urplötzlich und unerklärlicherweise aus dem Gleis des zivilisierten, liberal aufgewerteten Begriffs der Nation herausgesprungen wäre, sondern dass es im Gegenteil gerade um die vollständige, konsequente Verwirklichung des bürgerlich-liberalen Glaubens an die „vitale und konkrete Substanz" (Lovrenović) oder die „organische Einheit der Nation" (Vlado Gotovac) geht. Genau in diesem Punkt irren „antinationalistische" Projekte wie das „andere Serbien" oder die kroatischen Liberalen und Sozialdemokraten. Die einen wollten das „Serbentum" vor Milošević retten, die anderen das „Kroatentum" vor Tudjman, und deswegen funktionieren beide so vollkommen als Hüter der Nation, die den eigentlichen Kern der nationalen Ideologeme vor den inkompetenten Emporkömmlingen an der Macht bewahren. Die bürgerlich-liberale Intelligenzija betreibt damit die postjugoslawische Variante dessen, was Slavoj Žižek „post-

„In die Geschichte Bosniens ist der Name ‚Tvrtko Kotromanić' mit goldenen Buchstaben eingeschrieben. Ohne Tvrtkos mittelalterliches Reich wäre es unmöglich, sich auf die staatliche Kontinuität Bosniens zu berufen. Deswegen plädieren wir dafür, dass Bosnien und seine Bürger allem, was mit seinem Namen in Zusammenhang steht, größere Achtung erweisen […] wir, die Unterzeichnenden, verleihen unserer Unzufriedenheit, Verwunderung und Ablehnung angesichts der Initiative Ausdruck, den Teil der Straße, der den Namen des größten bosnischen Königs trägt, nach dem Dichter Izet Kiko Sarajlić zu benennen. Wir sind umso erstaunter, als unter den Initiatoren dieser Umbenennung unter anderem auch Menschen sind, die sich öffentlich als probosnisch bezeichnen und behaupten, sie achteten die staatsbildende Vergangenheit Bosniens." *Dani*, Nr. 386, 5. November 2004.
9 Srbijanka Turajlić in einem Interview, veröffentlicht in: Radonja Leposavić / Snežana Ristić (Hg.), *Šta ste radili u ratu: Glasovi iz crne rupe* (Was habt ihr im Krieg gemacht: Stimmen aus dem schwarzen Loch), Belgrad 1999, S. 209. Ähnlich erhellend sind die Äußerungen von Sonja Liht, einer weiteren Aktivistin des „anderen Serbiens": „Soll man, nur weil dieses [Miloševićs] Regime auf den Nationalismus gesetzt hat, dem Nationalismus und der Sorge um das Volk abschwören?" (Ebd., S. 153) Dasselbe patriotische Lied singt man auch in Bosnien-Herzegowina. Ausgerechnet Lovrenović bekennt an einer Stelle: „Ich habe nie von Bosnien verlangt, es solle besser und schöner, reicher und ‚historischer' sein, damit ich es inniger lieben, mich ihm noch stärker zugehörig fühlen könnte. Deswegen sind mir die Gründe für die heftige Enttäuschung der heutigen […] Staats- und Nationalideologen bezüglich der Kontinuität völlig unklar. Kann dieser Mangel rechtfertigen, dass man Staat und Volk weniger liebt?" Ivan Lovrenović, „Bosanski ‚kontinuitet'" (Bosnische „Kontinuität"), in: *Dani*, Nr. 123, 8. Oktober 1999.

Nebojša Jovanović: Intellektuelle, nur eine Anstrengung noch,
wenn ihr euer Gedächtnis verlieren wollt!

329

politisches Denkverbot" genannt hat: Sie verbietet das politische Projekt der Linken und stützt so die gegenwärtigen Machtverhältnisse. Die Tatsache, dass eine unkontrollierte Rechte fest im Sattel sitzt, während die Linke von der Bildfläche verschwunden ist, verschafft den bürgerlich-liberalen Konformisten die Rolle des guten Buben. Wann immer die bürgerlich-liberalen Konformisten aus Sarajevo Kommunismus und Nationalismus als die „beiden größten totalitären Übel des 20. Jahrhunderts"[10] bezeichnen, steckt de facto ein Angriff auf ein mögliches „kommunistisches" (linksradikales, marxistisches) kritisches Projekt dahinter und zugleich der Versuch, die Auswirkungen der rechten Ideologien herunterzuspielen. Wenn wir einen Ausspruch suchen, der die rhetorische Gleichsetzung von radikaler Rechter und radikaler Linker auf die Spitze treibt, kommen wir um folgendes Statement nicht herum: „Ich versuche, zur Normalität zurückzufinden, denn es ist nicht leicht, in einem Land zu leben, in dem dich die Rechten danach beurteilen, ob du dem eiskalten Blick von Ante Gotovina standhältst, und die Linken beurteilen dich danach, wie du dem eiskalten Blick von Boris Buden standhältst."[11] Damit setzt Nenad Popović, die graue Eminenz der kroatischen Literatur, den wegen Kriegsverbrechen angeklagten kroatischen General Ante Gotovina, dessen Auslieferung der Gerichtshof in Den Haag verlangt, mit dem linken Theoretiker Boris Buden gleich. Buden betont in seiner Entgegnung, dass sich diese Gleichsetzung zusammen mit der rhetorischen Figur eingebürgert habe, die Rechte zu einem unbedeutenden Phänomen zu erklären:

> „[Popović] verbreitet die Illusion, das Problem der kroatischen Rechten ließe sich auf dieselbe Weise wie das Problem der kroatischen Linken […] lösen. ‚Ich versuche, zur Normalität zurückzufinden', schreibt Popović. Die Hoffnung ist vergebens. In unserem Land kann man nicht normal leben, aber nicht, weil ich jedes Jahr ein paar angeblich linke Artikel veröffentliche, sondern weil Kriegsverbrecher hier nicht bestraft werden. […] Nein, der kroatische Faschismus ist kein Outlaw, der sich hinter den sieben Bergen im siebten Tal unseres ach so unübersichtlichen Landes versteckt hält. Er wohnt hier, mitten unter uns, eine Banalität unseres Alltags, so dass wir ihn kaum von unserer kroatischen demokratischen Normalität unterscheiden können und erst recht nicht von der selbstmitleidigen Sehnsucht danach."[12]

Ein glänzendes Beispiel für das Unbehagen, das die postjugoslawischen liberalen Konformisten gegenüber der linken, genauer gesagt, der marxistischen Ideologie einschließlich ihrer radikalen Kritik empfinden, ist der Fall Ugo Vlaisavljević, Professor für Philosophie an der Universität in Sarajevo mit großer Affinität zu Derrida. Im November 2004 verfasste Vlaisavljević einen Text zum zwanzigsten Todestag von

10 Mile Babić, Beitrag zur Podiumsdiskussion „Dealing with the Past", Projekt „De/construction of Monument", Sarajevo, 11. Dezember 2004.
11 Nenad Popović, „Korak prema modernizaciji" (Ein Schritt Richtung Modernisierung), Interview, in: Zarez, Nr. 91, 7. November 2002. Siehe www.zarez.hr/91/zariste4.htm.
12 Boris Buden, „Fuj, lijeve ekstremist!" (Pfui, linker Extremist!), in: Zarez, Nr. 93, 5. Dezember 2002. Siehe www.zarez.hr/93/z_reagiranja.htm.

Kasim Prohić, einem angesehenen bosnisch-herzegowinischen Philosophen. Aber Vlaisavljević würdigt nicht nur Prohić, sondern weist auch auf die Versuche der heutigen nationalistischen bosniakischen Intelligenzija hin, sich dessen Erbe anzueignen und es für das eigene ideologische Projekt zu verwerten. Dazu müsse sie die offensichtlich marxistischen Elemente in Prohićs Œuvre bewusst ignorieren und den Akzent stattdessen auf seine philosophisch-theoretischen Texte über bosnische Schriftsteller wie Meša Selimović oder Mak Dizdar legen – in der Annahme, in diesen halte sich der marxistische Anteil in Grenzen. Vlaisavljević merkt an, dies sei vergebliche Liebesmühe: Man könne unmöglich Prohićs Philosophie der Kunst ohne seinen Marxismus verstehen (beziehungsweise seinen Leninismus, denn zu Recht betont Vlaisavljević, dass sich Prohić auch zu Zeiten, in denen es nicht opportun war, als Leninist bezeichnete). Aber während er die rechten Intellektuellen rüffelt, Prohić sei nicht ohne Marxismus zu haben, schlägt er selbst einen viel teuflischeren Haken:

> „Das ‚Marxistische‘ hat bei Prohić jeden (ideologischen) Gehalt verloren und verwandelt sich in eine ‚regulative Idee‘ im kantischen Sinn oder, mit Derrida gesprochen, in die Idee der Gerechtigkeit, die über jedem positiven Recht steht. Diese Gerechtigkeit ist noch marxistisch, denn sie wird vorrangig als gesellschaftliche Gerechtigkeit aufgefasst. Das Marxistische verpflichtet Kasim Prohić [...] in keiner Weise auf eine Ideologie, am wenigsten auf die ‚marxistische Ideologie‘. [...]
> Prohićs Marxismus lässt sich nicht als ideologische Befangenheit interpretieren, vielmehr zeigt sich, um es ganz vorsichtig zu formulieren, jenseits der Ideologien ein Rest, der wichtiger ist als alles andere zusammen, weil ihn dieser Autor als jenes eigentlich Philosophische, als apokryphe Quelle seiner philosophischen Berufung dargestellt hat. Wenn wir diesen Rest herauslösen, riskieren wir die Totalamputation des Philosophischen aus Prohićs Werk. Damit würden wir ihn entweder seinen eigenen Trugbildern ausliefern und auf ein marxistisches (ideologisches) Werk reduzieren, das es niemals sein wollte, oder den Trugbildern einer der anderen Ideologien, die derzeit im Schwange sind."[13]

Vlaisavljević krönt also die Behauptung, Prohić sei ohne Marxismus nicht zu haben, mit der Behauptung, der Marxismus sei ohne ideologischen Gehalt zu haben, sei quasi ein Destillat im Sinn des reinen philosophischen Wissens, das Prohić gehabt haben müsse, noch bevor er sich dem Marxismus zugewandt habe. Das wäre also ein Marxismus, der, bereinigt um „alles andere", den philosophischen Kern repräsentiert, obwohl dieses „alles andere", dieser unreine Marxismus-Leninismus, bei Prohić selbst die Hauptrolle gespielt (er war die Basis dessen, womit er sich identifizierte) und bei bekennenden Nationalisten wie bürgerlichen „Dekonstruktivisten" die heftigste Verachtung auf sich gezogen hat. Wenn wir vom Marxismus eines

---

13 Ugo Vlaisavljević, „Bosna i Hercegovina: Književna republika!" (Bosnien-Herzegowina: Literarische Republik!), in: *Slobodna Bosna*, 18. November 2004.

Nebojša Jovanović: Intellektuelle, nur eine Anstrengung noch, wenn ihr euer Gedächtnis verlieren wollt!

331

sicher wissen, dann ist es die Tatsache, dass er erklärtermaßen ideologisch in die gesellschaftlich-politische Wirklichkeit eingreifen und ein revolutionäres Subjekt schaffen will. Der Marxismus wurde nicht einfach in den ideologischen Kampf um soziale Veränderungen hineingezogen, er *ist* der ideologische Kampf. Bezeichnet sich also jemand als Marxist oder gar als Leninist, dann will er uns mit dieser Geste *ganz gewiss* auf die marxistische Ideologie verpflichten, dann will er sein Werk als ideologisch eindeutig positioniert verstanden wissen. Insofern muss man Kasim Prohić, *den* bosnischen marxistisch-leninistischen Philosophen, nicht so sehr vor der nationalistischen Intelligenzija in Schutz nehmen, denn sie wird ohnehin nur einige seiner Texte für ihre Zwecke herauspflücken und das übrige Werk als subversiv verwerfen. Eher muss man Prohićs Werk vor Vlaisavljevićs Verteidigung bewahren, weil er sich nicht auf die Manipulation verwertbarer Teile beschränkt, sondern den ganzen Kontext dieses Werks befriedet, dessen Intentionen einebnet und seine marxistische Schärfe durch eine konformistische Sicht der Philosophie ersetzt, die über der ideologischen Praxis stehe. Vlaisavljević erklärt Prohićs Parteilichkeit zur vernachlässigbaren Äußerlichkeit. Die einzig mögliche marxistische Antwort darauf kann nur lauten: Lassen wir Prohić doch seine Marx'schen „Gespenster", lassen wir ihm den ideologischen Kern des Marxismus, denn darin liegt das utopische, antiliberale, nonkonformistische Potential seiner Philosophie.[14]

Ein anderer Aspekt des postpolitischen Denkverbots ist die aktuelle Politik des Gedenkens. Vom Standpunkt eines reinen, „ideologiefreien" Wissens, durchtränkt mit gesundem Menschenverstand, wird rückwirkend die Vergangenheit neu interpretiert. Die Konformisten wollen die verschiedenen Versionen des kollektiven Gedächtnisses von ideologisch-politischen Verunreinigungen säubern, um unter mehreren Schichten ideologischer Unwahrheiten und Verdrehungen schließlich die authentische Wahrheit über Geschichte, Nation und Staat freizulegen. Erinnert das nicht an einen Gemeinplatz der New-Age-Pop-Psychologie: Wir modernen Menschen ächzen unter einer Rüstung aus falschen, verzerrten Identifikationen

---

14 Überflüssig zu erwähnen, dass *Status* ganz allgemein als antimarxistische Zeitschrift einzuordnen ist. Unter den zahlreichen Beweisen dafür habe ich mich für den psychotischsten und lächerlichsten entschieden. In der bereits erwähnten symptomatischen Rubrik „Mislioci" käut der serbische Schriftsteller Svetislav Basara den Marxismus als „entartete Kabbalistik" wieder: „Marx hat, in der Sprache der Kabbala ausgedrückt, den Blick auf den Baum des Lebens gelenkt und Malkuth, die gestaltende Welt, die Welt der Vulgärempirie, den Boden des Seins, zur letzten und einzigen Wirklichkeit und den Determinismus zu ihrem Gesetz erklärt. [...] Als Emblem hat der Marxismus das *Pentagramm* gewählt, das Symbol für die kosmische Unordnung. Es ist nur folgerichtig, dass der vom Judentum abgefallene Jude die Dekonstruktion der Welt einleitet. [...] Selbst heute noch ist hier und da die Meinung zu hören, der Kommunismus sei eine edle Idee. Weit davon entfernt, ging der Marxismus mit der Abschaffung jeder Selbstdisziplin einher und befreite definitiv alle sublunaren Energien, die im Menschen existieren. [...] Noch einmal müssen wir auf die Irreversibilität der Schäden hinweisen, die der Marxismus angerichtet hat. Scheinbar hat er sich zurückgezogen, aber er ist allgegenwärtig. Er hat das gesamte Denken so sehr vergiftet, dass selbst der erklärte Antimarxismus ihn verinnerlicht hat. Dem vergleichbar ist auch die kommunistische *forma mentis* global. Da helfen weder Staatsgrenzen noch der CIA, der MI5 oder die diametrale Opposition zur Gesellschaftsordnung. Es geht um einen mentalen Virus, eine geistige Ansteckung, und die einzigen Gegenmittel sind Fasten und Beten." Svetislav Basara, „Virtualna Kabala" (Virtuelle Kabbala), in: *Status*, Nr. 6, Januar/Februar 2005, S. 14. – Als Verbindung zwischen den *Basaras* und *Vlaisavljevićs* bietet sich *Status* als vollendete Grundlage, mit einer Anleihe bei Žižek gesprochen, der symbiotischen Konjugation von New-Age-Obskurantismus und dekonstruktivistischer Sophisterei an, Zwillingsdiskurse, die das postpolitische Denkverbot vermitteln. Bleibt nur noch zu ermitteln, inwiefern es ein Zufall ist, dass diese vollendete Ehe von der Europäischen Union mit ihrem Emblem und auch finanziell unterstützt wird.

und verlogenen Gefühlen, und nur wenn wir diese Rüstung ablegen, wenn wir von allen Trugbildern unserer selbst Abschied nehmen, werden wir tief in unser Selbst eintauchen, die Wahrheit über unsere Identität erfahren, authentische Weisheit spüren, uns selbst verwirklichen, unser eigentliches Ich finden, uns „aktualisieren" etc. Die Psychoanalyse verwirft diesen Ansatz vollständig. Für sie ist das Ich nichts anderes als die Ablagerung zahlloser Identifikationen mit verschiedenen Bildern und Idealen und verweist keineswegs auf irgendeinen mystischen Kern. Damit wäre es ausgeschlossen, *wahre Identifikationen* aus einem hypothetischen Raum jenseits der falschen Identifikationen hervorzuzaubern: *Alle Identifikationen sind falsch*, alle Bilder und Ideale, mit denen sich das Subjekt in seinem Leben identifiziert, nichts als eine Kette von Fehlern. Lacan zufolge besteht die Grundfunktion des Ich (ego, „self") in der Verkennung, *méconnaissance*. Lacan zerlegt das Wort in *mé-connaissance*, buchstäblich Mich-Erkennen (Selbsterkenntnis); letztlich sei also jedes Wissen über uns selbst, unser Ich, unausweichlich imaginär.

Wenn wir Lacans Lehre auf den Bereich der kollektiven Erinnerung übertragen, dann erweist sich diese ebenfalls als künstlich und falsch, eine Aufschichtung sehr unterschiedlicher ideologisch-politischer Bilder und Erzählungen, und das Bewusstsein von dieser inhärenten Falschheit ist der erste Schritt zu einem wie auch immer gearteten Nachdenken über das Thema. So wenig wie die Psychoanalyse die falschen Bilder korrigieren muss, mit denen sich der Patient identifiziert (ein, nebenbei bemerkt, ohnehin zum Scheitern verurteiltes Unterfangen), so wenig sollte sich das theoretisch-kritische Engagement um die Rückführung der entstellten auf die „authentische" kollektive Erinnerung an ein bestimmtes Ereignis bemühen. Die Erinnerung ist wie das Ich der Psychoanalyse unverbesserlich; so etwas wie eine ursprüngliche oder richtige Erinnerung, die von späteren ideologischen Manipulationen entstellt wurde, hat es nie gegeben; vielmehr ist die Erinnerung selbst bereits ein Defekt, eine Verzerrung.

Offenbar gibt es für die liberalen Konformisten kein größeres Schreckgespenst als die künstliche, unauthentische Natur des nationalen oder staatlichen „Ichs". Das vielleicht beste aktuelle Beispiel ist die Art, mit der sich bosnische liberale Patrioten gegen den Vergleich Bosniens mit der Sozialistischen Föderativen Republik Jugoslawien (SFRJ) verwahren und sich etwa über den in Ex-Jugoslawien häufig gehörten Spruch aufregen, Bosnien-Herzegowina sei ein „Jugoslawien im Kleinen". Schließlich bestehe ein wichtiger Unterschied: Die SFRJ sei ein Staat gewesen, Bosnien-Herzegowina hingegen vor allem eine Gesellschaft. Das Argument setzt voraus, dass Staaten unnatürliche, künstliche Gebilde sind, ihren Bürgern auf jeden Fall entfremdet, politisch aufgezwungen, nur mit ideologischen Mitteln aufrechtzuerhalten und deswegen dazu verdammt, in blutigen Kämpfen auseinander zu brechen. Im Gegensatz dazu soll der Begriff „Gesellschaft" – paradoxerweise – für die *Natur* selbst, für etwas Ursprüngliches, Authentisches und Selbstverständliches stehen. Den bosnischen patriotischen Konformisten gilt Bosnien, um es mit einem Oxymoron zu sagen, als *Naturgesellschaft,* sie kann also nicht wie ein beliebiges, um es mit einem Pleonasmus zu sagen, *Staatsartefakt* zerfallen, sprich wie ein politisches Gebilde à la SFRJ. Der vaterlandsbegeisterte nationale

Nebojša Jovanović: Intellektuelle, nur eine Anstrengung noch,
wenn ihr euer Gedächtnis verlieren wollt!

333

Konformist ist also prinzipiell nicht in der Lage, das Ideologem vom Bosniakentum als unnatürliche, ideologische Kreation zu erkennen, als ebenso artifiziell wie das von ihm im Rückblick so verachtete staatstragende Ideologem Jugoslawiens. Mit anderen Worten, Schibbolethe wie „Einheit in der Vielfalt", „gutes Bosnien" oder „bosnisches Paradigma" (für Multikultur und Toleranz) sind nicht weniger künstlich als das jugoslawische Konzept von der „Brüderlichkeit und Einheit". Die Leugnung dieser Tatsache seitens der konformistischen Intelligenzija geht paradoxerweise Hand in Hand mit ihrer Klage, Bosnien-Herzegowina sei nicht Staat genug beziehungsweise seine Staatlichkeit werde von der nationalistischen Politik der bosnischen Serben und Kroaten unterlaufen, die noch immer nicht von ihren Sezessionsplänen und/oder Ressentiments ablassen.

Hier zeigt sich vielleicht am deutlichsten, wie gut die gute alte Bemerkung von Fredric Jameson – der Liberalismus sei eine Weltanschauung, welche die Politik nicht ernst nehme[15] – auch auf dessen postjugoslawische Variante passt. Die strategische Entscheidung *gegen* Jugoslawien und *für* den „eigenen" Nationalstaat – die auf der Annahme beruht, der zuletzt genannte Staat sei das politisch „authentischere" Projekt – zeigt klar und deutlich die politische Inkompetenz der postjugoslawischen liberalen Konformisten. Dass sie heute diese Entscheidung vertuschen, als mangels Alternativen niemals getroffene Entscheidung hinstellen – nur die nationale Doxa hätte man vertreten können –, ist ein grundsätzlicher Akt der Verleugnung. Auf diese Weise weigern sich die postjugoslawischen liberalen Konformisten, ihren Teil der Verantwortung für die Konstruktion nationalstaatlicher Ideologeme auf sich zu nehmen, obwohl die Verwirklichung dieser Ideologeme zu einem Hamlet-ähnlichen Ende der SFRJ geführt hat. Sie haben nicht nur in den 1980er Jahren intellektuell kapituliert und die jugoslawische Idee kampflos den Anhängern der großserbischen Idee überlassen, die diese für expansionistische Ziele missbrauchten. Sie beweisen zudem bis heute einen vollständigen Mangel an kritischer politischer Vorstellungskraft, inzwischen auf dem Niveau einer Posse. Doch als gebe es eine Art „poetische Gerechtigkeit", haben jene, die gestern die jugoslawische Idee entpolitisierten und ihr jeden authentischen politischen Gehalt absprachen, heute nichts zu sagen, das politisch für Bosniaken, Kroaten oder Serben in irgendeiner Form relevant wäre.

Dem hätte ich nur noch eine kurze Liste von Ersetzungen hinzuzufügen, die die postjugoslawische soziale Amnesie beschreiben: Die kritische Analyse musste dem Dekonstruktivismus weichen, die Politik der Kultur, das marxistische Erbe des dialektischen Materialismus einem überbordenden gesunden Menschenverstand, und Jugoslawien als politisch gangbare, wenn auch korrumpierte Herausforderung wurde von der seit jeher erreichbaren Option des Nationalstaats abgelöst. Das Einzige, was noch geändert werden müsste, damit unsere intellektuellen Konformisten ins liberale Paradies eintreten könnten, in dem sie vor der Schlange der Ideologie und der Frucht der kritischen Erkenntnis sicher sind, wäre der Titel ihres himmlischen Magazins: Statt *Status* sollte es *Status quo* heißen.

15 Fredric Jameson, *The Political Unconscious. Narrative as a Socially Symbolic Act*, London 1993, S. 289

Warschau

Kritik im Marktgedränge

Joanna Mytkowska und Andrzej Przywara, **Sprung in die Stadt**, 2005 > S. 339-349

Abbildungen:
Wilhelm Sasnal, *Warsaw*, 2005 [> S. 340-341] / Paweł Althamer, *Bródno 2000*, 2000 [> S. 342] / Oskar Hansen, *Sen Warszawy* (Warschau-Traum), 2005 [> S. 343] / Paulina Ołowska und Lucy McKenzie, *Nova Popularna*, 2003 [> S. 344] / Edward Krasińskis Atelier, 2003 [> S. 346-347] / Piotr Uklański, *Bez tytułu* (Ohne Titel), 2005 [> S. 349] / Joanna Rajkowska, *Pozdrowienia z Alej Jerozolimskich* (Grüße von der Aleje Jerozolomskie), 2002 [> S. 349] / Jeanne Faust, *Global Girl*, 2003 [> S. 349] / Cezary Bodzianowski, *Skocznia Warszawa-Mokotów* (Sprungschanze Warschau-Mokotów), 2005 [> S. 349]

Sprung in die Stadt

Wir würden gerne die Stadt zeigen. Aber nicht so, wie wir sie jeden Tag von der Straße aus erleben, sondern so, wie sie imaginiert und phantasiert wird und für uns letztlich am realsten ist: das mentale Warschau. Es handelt sich also um ein verzerrtes, subjektives Bild, reflektiert vom gekrümmten Spiegel der zeitgenössischen Kunst, die sich, mehr als jede andere Aktivität, wie ein Schmarotzer vom urbanen Raum ernährt. Von einem Raum, der sich in den letzten Jahren in einem Zustand ständiger Hektik und Veränderung befand.

Eine Inschrift, die von Wilhelm Sasnal mit einer brennenden Zündschnur auf der Wand eines Gebäudes angebracht wurde, zeigt Warschau auf einfachste und banalste Weise. Das Entzweischneiden des Wortes „Warsaw" sagt mehr aus als viele der Reiseführer über die historischen Gebäude der Stadt, von denen die meisten Nachkriegsrekonstruktionen sind. ❶

Paweł Althamer, einem Künstler, der mittlerweile als der „Schamane von Bródno" gilt, gelang in den entlegenen Vorstädten Warschaus ein Wunder: Er schaffte es, seine Nachbarn dazu zu bewegen, mit ihm zusammenzuarbeiten. Sie schalteten die Lichter in ihren Wohnungen in einer bestimmten Reihenfolge an und traten dann vor den Wohnblock, um ihr Werk von kosmischem Ausmaß zu bewundern. Es war das größte Kulturereignis, das es in diesem Viertel, das sonst vor allem für seine hohe Kriminalitätsrate bekannt ist, je gegeben hat. ❷

Der letzte der großen Architekten, der visionäre Oskar Hansen, ersann das Modell eines Gebäudes. Einige Wochen vor seinem Tod installierte Hansen das Modell auf einem Baum vor den Fenstern der Stiftung Galerie Foksal. Von der Galerie aus zu einer bestimmten Stunde in der Abenddämmerung und aus einem bestimmten Winkel betrachtet, verlieh es der Innenstadt, die vom Palast der Kultur und Wissenschaft – 1955 von den Sowjets erbaut – und den „Lakaien" des freien Marktes – den großen, nach 1989 errichteten Bürogebäuden – beherrscht wird, den Anschein von Ordnung (im Sinne von Ausgeglichenheit). ❸

Unter einem NP-Neonzeichen gab es einen Monat lang eine exklusive Nachtbar namens „Nova Popularna". Hinter dieser Tarnung verbarg sich ein raffinierter Versuch, die modernistische Tradition des künstlerischen Salons wiederzubeleben. Es war ein hoffnungsloser Versuch: eine gesteuerte elitäre Performance – das Gegenteil des neuen, vom *mass clubbing* gekennzeichneten Polen. ❹

In einer Wohnung im elften Stock eines Wohnblocks im Zentrum Warschaus hat Edward Krasiński eine Falle eingerichtet. Gegenstände betrachten sich selbst in ihren fotografischen Bildern; Spuren und Drähte, die die Gemälde von Henryk Stażewski, des Helden der Avantgarde, hinterlassen haben; ein neuer Horizont, markiert durch einen Streifen blauen Klebebands, der in einer Höhe von 130 Zentimetern über die Wände und Fenster der Wohnung verläuft. Krasińskis Erbe repräsentiert ein extrem ephemeres Werk umfassender Natur (beinahe im Sinne eines Gesamtkunstwerks), das präzise gegen die Stadtlandschaft gesetzt ist; man nimmt diese durch die Streifen Daniel Burens hindurch wahr. ❺

Auf Bitten des polnischen Künstlers Piotr Uklański bildeten mehrere Tausend halbnackte brasilianische Soldaten in einem Stadion in São Paulo ein lebendes Bild von Papst Johannes Paul II. Das Fotoporträt, das dabei entstand, wurde als erstes Werk einer im Aufbau begriffenen Sammlung im Zentrum von Warschau ausgestellt, an jener Stelle, an der ein Museum zeitgenössischer Kunst errichtet werden soll. Nach dem Tod des Papstes eignete te sich die um einen großen Polen trauernde Menge dieses eigentümliche Porträt an. ❻

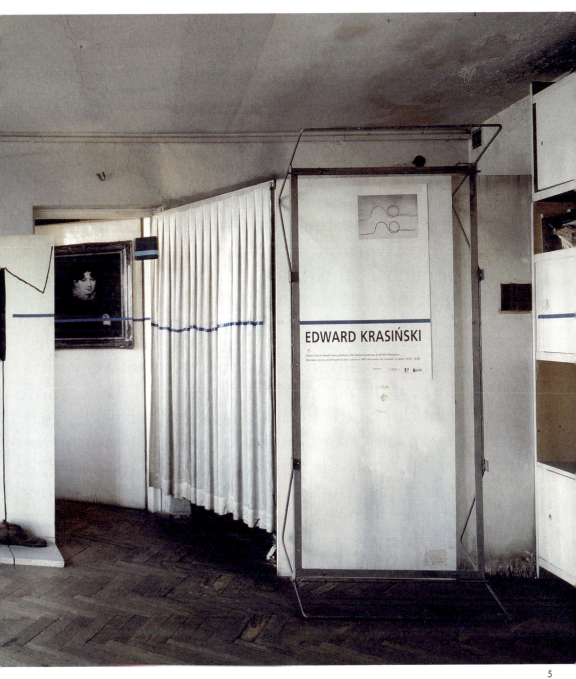

EDWARD KRASIŃSKI

Eine Palme aus Plastik ist das einzige erfolgreiche Denkmal, das in Warschau nach 1989 errichtet wurde. Es ist das einzige Monument, mit dem sich alle Menschen in der Hauptstadt identifizieren können. Es wurde mit größter Sorgfalt an einer strategischen Stelle, an der Kreuzung der eleganten Straßen Nowy Świat und Aleje Jerozolimskie errichtet, vor dem Gebäude der Warschauer Börse, dem ehemaligen Hauptquartier der polnischen Kommunistischen Partei. Eine Palme im Zentrum von Warschau wirkt wie ein Phantom. Es öffnet die Perspektive der nach Osten führenden Straße: die Perspektive der Stadt jenseits der Weichsel. ❼

Das Stadion Dziesięciolecia, ein sozialistisch-realistischer Koloss, hat einen Funktionswandel von einer Sportstätte zu einem Basar durchgemacht. Der größte Freiluftmarkt der Stadt findet dort statt, wo täglich Ost und West, symbolisch und buchstäblich, aufeinandertreffen. Dieser „Jahrmarkt Europa", wie er genannt wird, ist der wichtigste Treffpunkt für die Mehrheit der rund 20000 vietnamesischen Einwohner Warschaus. Der dynamische, selbstorganisierte Raum spielt eine zentrale Rolle in einem Film der deutschen Künstlerin Jeanne Faust, die sich mit der Basar-Ökonomie dieses Orts auseinandersetzt. ❽

Die Ruine einer Skisprungschanze – die nostalgischste Sportstätte in Warschau und der gesamten Mazowsze-Ebene – wurde dem Publikum letztmalig anlässlich einer ambitionierten Live-Performance von Cezary Bodzianowski zugänglich gemacht. ❾

6

8

9

7

Edwin Bendyk

Warschau – Städter gegen die Stadt

Zwei Szenen aus Roman Polańskis Film *Der Pianist* können diesem Essay als Motto dienen. In der ersten Szene kommt Władysław Szpilman aus seinem Versteck und sieht einen fast leeren Raum vor sich. Was einmal Warschau war, ist tote Wüstenei, nur die verkohlten Überreste der Häuser und Schutthalden ragen aus der Landschaft empor. Die zweite Szene spielt nach der Befreiung: Menschen ziehen durch die zerstörten Straßen, das Leben kehrt in den toten Stadtraum zurück. Es kehrt spontan, auf elementare Weise zurück. Schon ein Jahr später, nach der Volkszählung von 1946, werden fast eine halbe Million Menschen in Warschau wohnen.

Der wahnsinnige Demiurg

Doch die Geschichte hat es nicht eilig mit dem glücklichen Schluss, dass das Leben im Kampf mit den ordnungszerstörenden Kräften der Entropie den Sieg davonträgt. Denn jetzt taucht eine dritte Kraft auf: die Vernunft in ihrer gefährlichen, totalitären Form. Schon 1945 nationalisieren die Machthaber de facto die städtischen Grundstücke. Mit einem Federstrich säubern sie den gesellschaftlichen Raum vom Gewebe all jener Beziehungen, die sich in der Eigentumsstruktur spiegeln. Übrig bleibt ein von materieller und symbolischer Substanz befreiter Raum, das ideale Spielfeld für den Demiurgen der neuen Wirklichkeit.

Dieser Demiurg ist die totalitäre Macht, die mit dem Wiederaufbau der polnischen Hauptstadt zwei Ziele verfolgt. Erstens will sie beweisen, dass sie die einzige Kraft ist, die sich der Entropie, deren paralysierender Exzess der Zweite Weltkrieg war, widersetzen kann, indem sie die Stadt aus dem Nichts heraus neu erschafft. Und sie will beweisen, dass die destruktive Entropie sich gerade aus der ungezügelten Spontaneität des gesellschaftlichen Lebens speist. Sie äußert sich unter anderem in den chaotischen Prozessen der Kommunikation und der menschlichen Interaktion, und ihr räumliches Äquivalent ist die organische Stadt, der gesellschaftliche Raum, der sich im natürlichen Widerstreit mit den geschichtlichen Kräften entwickelt. Da aber die organische Stadt das Ergebnis gesellschaftlicher Kommunikation ist, soll diese sich in der Demiurgen-Stadt dem vom Großen Planer aufgezwungenen Raum fügen. „Im Gegensatz zu den reaktionären Konzepten, die das Warschauer Zentrum nach dem Vorbild der kapitalistischen City gestalten wollen, formulierte Genosse Bierut den Kern seiner Vorstellungen für die Innenstadt der sozialistischen Hauptstadt Polens, indem er ihren demokratischen Volkscharakter und ihren weiten räumlichen Schwung betonte. Es werden Arterien sein, durchströmt von der Fülle eines reichen, vielfarbigen Lebens, Plätze für große Massenversammlungen und Kundgebungen an Feiertagen [...]. Hier wird sich das gesellschaftliche und kulturelle Leben nicht nur der Hauptstadt, sondern des ganzen Landes konzentrieren."[1]

1 Edmund Goldzamt, *Architektura zespołów śródmiejskich i problem dziedzictwa* (Die Architektur der Innenstadtensembles und das Problem des Erbes), Warschau 1956. Bolesław Bierut war in den Jahren 1948 bis 1956 Erster Sekretär des Zentralkomitees der Polnischen Vereinigten Arbeiterpartei.

Der Entwurf der im Dienste des Demiurgen stehenden Architekten und Stadt-planer aus Polen und dem Ausland war einerseits modernistisch (das Aufbau-projekt berief sich auf die Charta von Athen, die eine rigide funktionale Auftei-lung der Stadt vorsah), andererseits totalitär. Im Ergebnis entstand Warschau, eine Stadt mit einem gesellschaftlichen Raum, der sich der Entropie widersetz-te – jener unrühmlichen, von der Thermodynamik entdeckten universalen Natur-kraft, die mit der Zeit jedes Sein in Staub verwandelt; er widersetzte sich aber auch jeder Art von spontaner gesellschaftlicher Kommunikation, die zu unkon-trollierbaren Interaktionen hätte führen können. Lag die Bevölkerungsdichte im Vorkriegs-Warschau, das bisweilen als Paris des Nordens bezeichnet wurde, bei 8368 Menschen je Quadratkilometer (1931), so waren es 1971 nur 2827. Zu wenig, um zu einer Explosion zu führen. Gleichzeitig hatte man Anstalten der Diszipli-nargesellschaft, Maschinenbaufabriken und Werke der pharmazeutischen und elektronischen Industrie fast bis in die Stadtmitte verlegt; von Westen her reich-ten sie auf ein bis zwei Kilometer ans Zentrum heran.

Hier ist nicht der Ort, die Strategien des gesellschaftlichen Widerstands ge-gen das damalige Regime zu erörtern, doch sollen zwei Ereignisse nicht uner-wähnt bleiben, die die Diskurse des heutigen Warschau präfigurieren. Das erste Ereignis, von großer symbolischer Tragweite, war die Pilgerfahrt von Papst Johan-nes Paul II. nach Polen im Jahr 1979. In Warschau wurde die Papstmesse auf dem damaligen Siegesplatz (heute Piłsudski-Platz) abgehalten, dem Stadtzentrum im engeren Sinne. Hunderttausende nahmen an diesem Ereignis teil, manche aus religiösen, andere aus politischen Motiven. Jedenfalls war es der erste gesell-schaftliche Kommunikationsakt dieser Größenordnung im Nachkriegs-Warschau, der sich der Kontrolle der kommunistischen Machthaber entzog. Die Warschau-er, die über den leeren und riesigen Raum der Hauptstadt verstreut lebten, er-kannten, was für eine Macht sie darstellten.

Damals war niemand sich der wirklichen Bedeutung dieses Ereignisses be-wusst. Die Menschen kamen einfach zusammen und gingen wieder auseinander. Es schien, als habe sich nichts verändert. Aber ein Jahr danach begann auf der Danziger Werft die Revolution der Solidarność, und das kommunistische Regime wusste, dass es mit den Arbeitern verhandeln musste, weil die Erinnerung an die Kraft der frei kommunizierenden Massen auf dem Siegesplatz noch leben-dig war. Was wäre, wenn dieselbe Masse sich gegen das Regime erheben würde? Die Bedrohung war allzu real, besser, man einigte sich, aber diesmal wurde die Vereinbarung nicht nur mit den Arbeitern einer bestimmten Fabrik getroffen. Die ganze Gesellschaft, als virtuelle Kraft hinter Lech Wałęsa und seinen Mit-streitern, war einbezogen.

Die Revolution der Solidarność siegte, weil sie zeigen konnte, dass man im totalitären Staat nur die offiziellen, totalitären Kommunikationsregeln zu brechen braucht, um politische Veränderungen in Gang zu setzen. Die Kraft der auf dem Siegesplatz versammelten Menge demonstrierte, dass die Staatsmacht leer, dass der König nackt war, auch wenn der Staat noch all seine Panzer und Solda-ten aufbieten konnte, wie das im Dezember 1981 geschah.

Maurycy Gomulicki, *Warszawa (Warschau)*, 2000-2005,
Fotografien

Jerzy Gumowski, *Plac Trzech Krzyży* (Platz der drei Kreuze),
22. November 2004, Fotografie

Das andere Ereignis, von unvergleichbar bescheidenerem Ausmaß, fand Ende der 1980er Jahre statt, schon im Endstadium des realen Sozialismus. Die Bedürfnisse und Wünsche der meisten Polen waren vom allgemeinen Mangel geprägt: Sie wollten politische und wirtschaftliche Freiheit nach dem westlichen Modell, mit unbegrenztem Zugang zu Konsumgütern. Die einzigen Orte, an denen man auch im sozialistischen Polen fast alles kaufen konnte, waren die Pewex- und Balton-Läden. Für Devisen oder sogenannte Bons durfte man dort vom westlichen Wohlstand kosten. Einer dieser Devisenläden war im Kaufhaus „Junior" eröffnet worden (das „Junior" sollte in besseren Zeiten der Planwirtschaft als Vorzeigeobjekt des sozialistischen Konsums dienen). Einige Warschauer Studenten nahmen die Herausforderung an und organisierten 1988 ein aufsehenerregendes Happening: Sie ketteten sich in dem Devisenladen mit Handschellen an die Heizkörper und baten um politisches Asyl. Mit Ironie und Witz wurde die Leere der kommunistischen Macht vorgeführt.

Der Tod des Demiurgen

1989 landete der wahnsinnige Demiurg dann doch auf dem Müllhaufen der Geschichte. Er hinterließ einen dysfunktionalen städtischen Raum, der die öffentliche Kommunikation bis heute prägt und Warschau zu einer in vielerlei Hinsicht ungewöhnlichen Hauptstadt macht (leider vor allem im negativen Sinne). Das Problem lässt sich am besten an der emotionalen Karte Warschaus veranschaulichen.[2] Erstens ist die Stadt in zwei Teile geteilt, die überhaupt nicht miteinander kommunizieren. Die Grenzlinie bildet die Weichsel. In den meisten europäischen Städten ist der Fluss ein natürliches Verbindungsstück ästhetischer, symbolischer und funktionaler Art; die Weichsel dagegen teilt Warschau, wie eine Berliner Mauer, in ein besseres Westufer und ein schlechteres Ostufer. Beide Seiten zeigen dem Fluss die kalte Schulter und begegnen einander mit Desinteresse, wenn nicht gar Verachtung.

An der emotionalen Karte Warschaus verblüfft außerdem, dass noch am ehesten die Altstadt positive Gefühle bei den Warschauern zu wecken vermag, sowohl bei denen vom linken wie bei denen vom rechten Ufer. Erstaunlich ist diese Tatsache deshalb, weil die Altstadt, auf Weisung der kommunistischen Machthaber detailgetreu wiederaufgebaut, als eine Art Disneyland funktioniert (vor dem Krieg war sie ein Armenviertel), aber abseits der Hauptverkehrswege liegt. In Krakau zum Beispiel, einer organischen Stadt, deckt sich das emotionale Stadtzentrum, der Markt, mit dem Zentrum der öffentlichen Kommunikation. Der Krakauer Markt ist die Essenz Krakaus, die Warschauer Altstadt ist die Essenz des Traums von Warschau.

2 Vgl. Maria Lewicka, „Ewaluatywna mapa Warszawy. Warszawa na tle innych miast" (Evaluationskarte von Warschau. Warschau vor dem Hintergrund anderer Städte), in: Janusz Grzelak/Tomasz Zarycki (Hg.), Społeczna mapa Warszawy (Soziale Karte Warschaus), Warschau 2004.

Als Hinterlassenschaft des Kommunismus, nunmehr unbeaufsichtigt von der totalitären Macht des Demiurgen, erweist sich der städtische Raum selbst als Agent der Entropie, statt ihren Kräften entgegenzuwirken. Der Bauboom, die an jeder freien Ecke aufschießenden Hochhäuser und Einkaufszentren verstärken nur die vom Kommunismus hinterlassene dysfunktionale Struktur des städtischen Raumes, vertiefen das ästhetische und kommunikative Chaos. Dieser Raum sträubt sich gegen jede kreative gesellschaftliche Kommunikation, es ist ein entropogener Raum.[3] Zu welchen Strategien greifen die Warschauer im Kampf gegen die feindlichen Kräfte der Entropie?

Freier Markt versus Kapitalismus

Als die Ausgehungerten entdeckt hatten, dass der Demiurg fort war und man sich nicht mehr an die Heizkörper von Devisenläden ketten musste, entdeckten sie auch den freien Markt (allerdings im vorkapitalistischen Sinne, in seiner Präfiguration als Basar). Flächen, die noch wenige Jahre zuvor für kommunistische Paraden und Zwangsversammlungen vorgesehen waren, füllten sich mit Marktbuden. Der riesige Platz um den Palast der Kultur und Wissenschaft wurde von Tausenden „Mausefallen" bedeckt, metallenen Klappständen, auf denen alles mögliche angeboten wurde. Auf den Bürgersteigen der wichtigsten Straßen breiteten sich die Feldbetten und Klapptische der Händler aus. Eben noch abstoßend kalt und monumental, wurde der Raum zum authentischen Schauplatz eines zwar etwas verwahrlosten, aber spontanen Lebens.

Die im Handel der Warschauer (und nach 1991 erst recht der Verkäufer aus der ehemaligen Sowjetunion) zum Ausdruck kommende übermäßige Spontaneität beunruhigte manche Ideologen der neuen Ordnung. Kapitalismus und freier Markt waren, wie sich herausstellte, nicht zwangsläufig Synonyme. Um Warschau wieder „europäischer" zu machen, begannen die städtischen Behörden die „Mausefallen" aus dem Stadtzentrum zu entfernen. An ihrer Stelle erschienen „Giga-Fallen" vor dem Kulturpalast, potthässliche provisorische Einkaufshallen, die schon die ordnende Hand des Kapitalismus im städtischen Raum erkennen ließen. An die Stelle der spontanen Vielfalt der Kleinhändler traten die Kapitalisten, die ersten Nutznießer der postkommunistischen Akkumulation des Kapitals.

Die Mausefallen, Ausdruck von spontanem Unternehmertum und Kreativität, wichen dem Kapital, doch sie verschwanden nicht völlig. Sie zogen einfach ans rechte Weichselufer, in das Stadion Dziesięciolecia, einen gewaltigen Sportbau der Kommunisten, in dem vor allem Massenveranstaltungen stattfanden. Nun wurde das Stadion zum „Jahrmarkt Europa", auf dem bis heute Tausende

---

3 Ich verstehe Entropie hier in den Kategorien der Kommunikationstheorie als das Gegenteil von Information. Information ist nach Gregory Batesons Definition „difference which makes difference", also eine Kraft, die einen schöpferischen Differenzierungsprozess auslöst. Im Fall des Gesellschaftssystems führt die Information mit den Prozessen ihrer gesellschaftlichen Verarbeitung zu einer gesellschaftlichen Ordnung, die Entropie im Gegenteil zur Einebnung der Unterschiede und zum Chaos.

Maurycy Gomulicki, *Warszawa* (Warschau), 2000-2005,
Fotografien

Warschau   Jerzy Gumowski, *Wisła* (Weichsel), 12. Juni 2005, Fotografie

von Menschen Handel treiben. Das Angebot nutzen täglich Zigtausende, nicht nur Warschauer, sondern Menschen aus ganz Polen und Osteuropa. Sie halten Ausschau nach billigen Produkten, die für den kleinen mitteleuropäischen Geldbeutel erschwinglich sind, aber dennoch „europäischen" Ansprüchen genügen. Man findet hier billige Raubkopien von CDs, imitierte Trainingsanzüge von Adidas, vietnamesische Versace-Brillen und aus Weißrussland oder der Ukraine geschmuggelten Wodka.

Tag für Tag wird auf dem „Jahrmarkt Europa" auf perverse und paradoxe Weise dem Traum vom kapitalistischen Wohlstand gehuldigt. Und gleichzeitig wird dieser Traum spontan unterlaufen, indem man rücksichtslos gegen den kapitalistischen Grundsatz des geistigen Eigentums verstößt. Bezeichnend für die Größenordnung dieses Phänomens ist die Schätzung, dass der „Jahrmarkt Europa", als ein einziges großes Unternehmen betrachtet, den höchsten Umsatz von allen polnischen Firmen aufweist.

Nach wie vor imponierend durch die elementare, spektakuläre Spontaneität der gesellschaftlichen Interaktion, die sich scheinbar jeglichen Regelungsversuchen des neuen Staates entzieht, wird der „Jahrmarkt Europa" dennoch immer mehr zu einer sorgfältig regulierten Institution. Normgebend wirken dabei nur die Mafia und mafiöse Organisationen, die den vom allzu schwachen Staat aufgegebenen öffentlichen Raum mit brutaler Gewalt besetzen. Daher die immer wieder erhobenen Politikerforderungen, den „Jahrmarkt", als kriminogenen Herd gesellschaftlicher Pathologien, zu schließen.

Diesen Forderungen wird in nächster Zukunft wohl kein Erfolg beschieden sein. Im Gegenteil, wie Metastasen einer bösartigen Neubildung (Symbol für ungezügelt spontane Lebenskraft) breiten sich auf Warschaus Hauptstraßen provisorische Marktstände aus. Die Händler verkaufen Kleinzeug – Schnürsenkel, Taschentücher, Sonnenbrillen, Schmuggelzigaretten – und kommen so, mit der Würde der Mittellosen, dem Aufruf des neoliberalen Regimes nach: Bereichert euch! Für viele wirft dieser Handel kaum mehr ab, als sie zum täglichen Leben brauchen. Und nicht einmal dafür würde es reichen, wenn man noch legale Steuern (oder Schutzgelder an die Mafia) darauf zahlen müsste.

Cash City

Dabei ist Warschau beileibe keine arme Stadt. Das Bruttoinlandsprodukt pro Kopf ist hier ebenso hoch wie in Berlin oder Madrid und höher als in Lissabon. Die Hauptstadt ist um ein Vielfaches reicher als der Rest des Landes. Und genau dieses Geld lockt das internationale Kapital an, das sich für einen zivilisierten, europäischen Konsum anstelle des „asiatischen" stark macht, wie er auf dem „Jahrmarkt Europa" stattfindet. Wie Pilze schießen die Supermärkte der globalen Ketten und Kaufhäuser mit Boutiquen der Weltmarken aus dem Boden. Sie versuchen, mehr zu sein als Oasen des Luxuskonsums. Es sind neue Räume „spontaner" gesellschaftlicher Kommunikation, die die Lücken der dysfunktionalen postsozialistischen Stadt füllen. In Krakau trifft man Bekannte auf dem Markt-platz. In Warschau haben Einkaufszentren die Funktion des Marktplatzes über-nommen. Sie bieten, was die Stadt selbst nicht gewährleisten kann: das Gefühl von Sicherheit (garantiert durch Wachschutzfirmen), Sauberkeit, Abschottung von der unästhetischen Armut auf den Straßen. Ganz so wie in einer geschlos-senen Wohnsiedlung, und besser noch, denn beim Betreten eines Einkaufszen-trums fragt dich niemand nach dem Ausweis. Du kannst dich als freier Mensch fühlen.

Die Einkaufszentren bilden Enklaven und erwecken den Anschein bürgerli-cher Stabilität. In Wahrheit aber sind sie Ausdruck der neoliberal-kapitalisti-schen Strategie gegen die Entropie. Wer sich ein wenig in Thermodynamik aus-kennt, die unter anderem von der Entropie handelt, weiß, dass die Ordnung in diesen Enklaven von der Umgebung bezahlt wird. Die Zentren, die sich polypen-gleich an den Hauptverkehrsadern der Stadt ausbreiten, desorganisieren das ohnehin kränkelnde Verkehrssystem. Gleichzeitig sterben in der näheren Um-gebung die kleinen Geschäfte ab, die der Konkurrenz mit dem Moloch nicht standhalten. Die Stadtbewohner können nun auf dem „Jahrmarkt Europa", im Supermarkt oder in der Luxusboutique einkaufen. Doch diese Wahl wirkt wie ein Ordnungsprinzip, wie ein gigantischer Maxwell'scher Dämon[4], der die War-schauer in hermetische Ströme menschlicher Moleküle teilt. Wer auf dem „Jahr-markt" kauft, trifft kaum je mit denjenigen zusammen, die im „Arkadia" kaufen. Beide trennt vieles, und es wird immer mehr.

Strategien des Widerstands

Warschau ist ein gutes Beispiel dafür, dass die neoliberale Strategie des Kamp-fes gegen die Entropie zu einer wachsenden gesellschaftlichen Schichtenbil-dung und Separierung führt. Was in der polnischen Hauptstadt fehlt, ist ein zivil-gesellschaftlicher Raum, der die Bewohner integrieren könnte. Der vom kom-munistischen Demiurgen entworfene Raum spielt seine Rolle auch nach dem Tod des Demiurgen weiter, wie ein Vampir. Versuche, in Warschau massenhafte Bürgerproteste zu organisieren, bleiben nur matter Abglanz ähnlicher Demons-trationen in Prag oder Berlin. Im Frühjahr 2004 fand in Warschau das Europäi-sche Wirtschaftsforum statt, das von mindestens ebenso starken Protesten der Globalisierungsgegner begleitet werden sollte wie in Genua. Die Warschauer verließen in Panik ihre Stadt, die Schaufenster wurden mit Holzbrettern verna-gelt und Tausende Polizisten aufgeboten. Am Ende waren mehr Polizisten da als Demonstranten. Was abschrecken sollte, wirkte lächerlich.

4 Figur aus einem Gedankenexperiment des berühmten Physikers James Clark Maxwell (1831–1879). Der Dämon war verantwortlich für die Aufrechterhaltung der Ordnung in einer von Gasteilchen gefüll-ten Kammer. Seine Aufgabe bestand darin, die Teilchen aufgrund ihrer Eigenschaften voneinander zu trennen. Leider bewies Maxwell, dass der Dämon auf längere Sicht keine Erfolgsaussicht hatte. Um-sonst gibt es keine Ordnung.

Die in anderen Teilen Europas populären Formen der politischen Massenaktivität gelingen in Warschau nicht. Umso erstaunlicher ist der Erfolg von zwei jährlich stattfindenden Veranstaltungen. Die erste ist das Festival der Wissenschaft. Initiiert wurde es vor zehn Jahren von zwei Professoren der Polnischen Akademie der Wissenschaften, Magdalena Fikus und Maciej Geller. Beseelt von der aufklärerischen Mission, Wissen, also die Substanz der modernen Gesellschaft, zu verbreiten, riefen sie eine beispiellose Veranstaltung ins Leben. Jedes Jahr nehmen Dutzende, ja Hunderte Labors zahlreicher wissenschaftlicher Einrichtungen Warschaus daran teil. Völlig selbstlos öffnen sie den Warschauern ihre Türen, damit die sich mit eigenen Augen davon überzeugen können, wie Wissenschaft wirklich aussieht. Parallel dazu gibt es in den Hörsälen Debatten und Vorlesungen mit hervorragenden Gelehrten. Die Warschauer sind von dieser Idee begeistert, Zehntausende besuchen das Festival. Für die interessanteren Vorführungen muss man sich Tage im Voraus anmelden.

Im Frühjahr findet zu Füßen der Warschauer Altstadt das „Wissenschaftspicknick" statt. Diese Veranstaltung, die inzwischen fester Bestandteil der Warschauer Landschaft ist und jedes Mal die Massen anzieht, geht auf die Initiative von Łukasz Turski zurück, der ebenfalls als Professor an der Akademie lehrt. Das Festival und das Picknick faszinieren (sie werden inzwischen von anderen Akademiestädten kopiert), auch wenn ihr Erfolg vermutlich Ausdruck einer Sehnsucht nach Modernisierung ist, nach der Realisierung des Paradigmas gesellschaftlichen Fortschritts, das sich erschöpft hat und heute in der polnischen Wissenschaft als einem sympathischen Freiluftmuseum bestaunt werden kann.

Auf der Suche nach der verlorenen Essenz

Eine typisch postmoderne Strategie zur Rückeroberung des städtischen Raums sind ganz bestimmt die Aktionen der „Kritischen Masse". Am letzten Freitag jedes Monats brechen vom Königsschloss die Radfahrer auf und nehmen die Straßen in Beschlag. Hunderte, wenn nicht Tausende Teilnehmer verlangen von den Behörden, dass sie ihre Bedürfnisse bei der Stadtplanung berücksichtigen. Ihre Forderung nach Radwegen in der Stadt ist ein im Grunde revolutionäres Postulat.

Dasselbe gilt für die Forderung von Homosexuellen, sich ihrer Identität im öffentlichen Raum vergewissern zu dürfen. Wendepunkt bei der Rückeroberung Warschaus durch die Gesellschaft war die „Gleichheitsparade" im Juni 2005. Warschaus Oberbürgermeister Lech Kaczyński verbot die Veranstaltung, doch sie fand trotzdem statt und zog Tausende von Menschen an. Der Streit um die „Parade" entfachte eine Debatte darüber, wem der städtische Raum heute gehöre. Soll die Stadt sich der postmodernen Vielfalt öffnen? Oder führt eine solche Öffnung, wie die Konservativen behaupten, zu Chaos und zur Auflösung des „gesunden" sozialen Zusammenhalts?

Die postmodernen Artikulationen übersteigen den Horizont und das Verständnis der herrschenden Eliten in der Stadt. Die Behörden sind allenfalls im

Jerzy Gumowski, *Rondo Marszałkowska Jerozolimskie*,
(Kreuzung Marszałkowska/Jerozolimskie), 5. April 2005,
Fotografie

Stadium der Moderne angelangt; ihr strategisches Ziel ist es, den städtischen Raum symbolisch umzubauen und so das Stigma des kommunistischen Demiurgen zu überdecken. Als nach der Einführung der neuen Warschauer Verfassung die neugebildeten Gemeinden ihre eigenen Rathäuser bauten, wurde jedes mit einer weithin sichtbaren Uhr versehen. War nicht die Rathausuhr, als Symbol bürgerlicher Macht und Stabilität, das beste Gegenmittel gegen die Kräfte der Entropie? Den Höhepunkt der „Veruhrung" Warschaus bildete die Installation eines Zeitmessers an der Spitze des Kultur- und Wissenschafts-Palastes.

Jetzt sind die Museen an der Reihe, in denen die historische Essenz sedimentieren soll. Die Liste der bereits verwirklichten oder angekündigten Projekte ist beeindruckend: Museum des Warschauer Aufstandes (im ersten Jahr nach der Eröffnung eine halbe Million Besucher), Verkehrsmuseum, Museum für zeitgenössische Kunst, Forschungssternwarte (Kopernikus-Zentrum), Museum für die Geschichte der polnischen Juden. Diese Vorhaben werden die symbolische Karte Warschaus bestimmt verändern, aber wird das genügen, um die negative Energie der Stadt zu entladen? Aus ihnen spricht der Traum von Warschau als einer sauberen, bürgerlichen, absolut berechenbaren und vorhersehbaren Stadt, die ihrer Geschichte und ihren Helden zugetan ist, einer Stadt, in der die Bürger tagsüber anständig ihr Geld verdienen, um es abends am sicheren heimischen Herd zu zählen. Das Festival der Wissenschaft mag zu diesem Stadtmodell noch passen, die durch die Altstadt paradierenden Schwulen und Lesben ganz gewiss nicht. Hat ein solches Stadtmodell überhaupt noch etwas mit der Welt von heute zu tun? Und bringt es wirklich die Erwartungen der Warschauer selbst zum Ausdruck?

Paradoxer Vorbote der Multitude

Der Antwort auf diese Frage kommen wir näher, wenn wir ohne Scheuklappen analysieren, was sich in den ersten Apriltagen 2005, kurz nach dem Tod von Papst Johannes Paul II., abgespielt hat. Wie im Jahr 1979 strömten Hunderttausende Warschauer auf den Piłsudski-Platz. Sie kamen jeden Tag dorthin, bis zum Tag der Beerdigung. Man hätte meinen können, das Volk wäre von dem traumatischen Erlebnis aus einer Lethargie geweckt worden. Und genau so, als Wiederbelebung der nationalen Einheit durch etwas „Tieferes", durch starke Werte, interpretieren die Konservativen die Aprilereignisse. Umfrageergebnisse, die ein deutliches Ansteigen konservativer Stimmungen in der Gesellschaft zeigen, sollen diese These untermauern.

Aufmerksamere Beobachter weisen jedoch auf einige Tatsachen hin, die das Bild einer nostalgischen Kehrtwendung zur nationalen Einheit verderben. An der öffentlichen Mobilisierung in der „Papstwoche" hatten die Institutionen der weltlichen oder kirchlichen Macht keinen Anteil. Die Menschen organisierten sich spontan, von selbst, sie veranstalteten den größten Flashmob der Geschichte. Handys, SMS und E-Mails ersetzten die offiziellen Hierarchien. Das

Ausmaß der gesellschaftlichen Selbstorganisation und ihre logistische Effektivität waren verblüffend.

Gegen die konservativen Deutungen behaupte ich, dass wir es bei der Menschenmenge, die sich im April 2005 versammelte, mit der ersten Manifestation der Multitude als dem neuen, postmodernen Subjekt der Gesellschaft zu tun hatten. Die Multitude ist eine dynamische, rasch reagierende Kommunikationsgemeinschaft, die sich nicht auf essentialistische Begriffe wie Nation, Klasse oder Volk reduzieren lässt. Die Multitude, das sind Individuen im Prozess ungehinderter Kommunikation, die sich in gesellschaftlichem Handeln ausdrückt. Manifestationen der Multitude haben wir in Seattle im November 1999 (Aktion N30) und während der millionenfachen Proteste gegen den Irakkrieg im Februar 2003 (Aktion F15) erlebt.[5]

Das Phänomen der Multitude ist eng verknüpft mit einem neuen Paradigma gesellschaftlicher Kommunikation, das die Vermittlung durch den physischen Raum und durch Institutionen hinter sich lässt. Die Multitude ist ein virtuelles Wesen, Ergebnis unaufhörlicher Verständigungsakte in den Kommunikationsnetzen. Dieses Wesen kann sich jederzeit an jedem beliebigen Ort aktualisieren. Dazu genügt ein entsprechend starker Impuls, der eine Informationskaskade auslöst. Das Warschauer Duell zwischen den Kräften der Entropie, der negativen Energie des städtischen Raums, und dem spontanen Leben könnte also gut ausgehen. Vielleicht ist die Revolution der Solidarność, die 1979 auf demselben Platz mit der Entdeckung der Kraft freier Kommunikation begann, noch nicht zu Ende.

5 N30 und F15 sind Abkürzungen, die unabhängige politische Massenereignisse bezeichnen. Der Buchstabe bezeichnet den Ort, die Zahl den Tag.

Sławomir Sierakowski

Gott und der Markt

Bekanntlich wird das Meinungsspektrum der Bürger repräsentativer Demokratien, die mit der Zeitung auf den Knien vor dem Fernseher einschlafen, weitgehend von den Medien vorgegeben. Die Medien konstruieren ein Universum
möglicher Standpunkte und der Organisationen, die sie vertreten. Sie entscheiden, welche Meinungen seriös und welche verrückt sind. Wer und was als populistisch, fanatisch oder ideologisch verblendet abgestempelt wird.

In der polnischen Gesellschaft dominieren nach wie vor zwei politische
Diskurse. Der erste ist rechts und „heiß". Er spricht die Gefühle der Polen an.
Er rankt sich um die Begriffe Nation, Tradition, Familie, Gott und Religion. Zu seinen zentralen Postulaten gehört die Überprüfung und Entfernung politisch be-
lasteter Kader mit dem Ziel, das öffentliche Leben in Polen zu „reparieren". Zwei
der drei großen Tageszeitungen (*Fakt* im Tabloidformat und die *Rzeczpospolita*) und drei der sechs meinungsbildenden Wochenzeitungen (die ultrakonser-
vativen *Ozon* und *Wprost* sowie *Newsweek*) sind Sprachrohr dieses Diskurses.

Einzig und allein der zentristische Diskurs kann in der öffentlichen Debatte
mit der rechten Ideologie konkurrieren. Er ist „kühl", ruft zu Mäßigung und Vernunft auf. Er schätzt das konkrete Argument und meidet die „Ideologie". Mit diesem Begriff bezeichnet er alles, was den polnischen Konsens – Marktorientie-
rung in der Wirtschaft, Konservatismus in allem anderen – untergräbt. Vorrang
gibt er der ökonomischen Freiheit, alles Übrige passt er opportunistisch den jeweiligen Trends an. Die Zentristen kommen in der bedeutendsten Tageszeitung
Polens, der *Gazeta Wyborcza*, und den beiden verbleibenden Wochenzeitungen
Polityka und *Przekrój* zu Wort.

Der linke Diskurs in Polen ist deshalb so schwach, weil die Rolle der Linken
nach 1989 mit den Postkommunisten besetzt wurde, die glaubten, sie wären am
Anfang der III. Republik schon dadurch glaubwürdig, dass sie den guten Namen
des alten Regimes und seiner Gefolgsleute verteidigen und ansonsten die Sprache der Zentristen sprechen. Diese Botschaft findet man in der fast bedeutungslos gewordenen postkommunistischen Zeitung *Trybuna* und der Wochenzeitung
Przegląd. Bis heute assoziieren die Polen die Linke fast ausschließlich mit der
Volksrepublik. Wenn die Postkommunisten doch einmal einen Platz in der Öffentlichkeit erobern wollten, versuchten sie das eher durch den Zugriff auf Finanzen
und Medien als dadurch, dass sie ein eigenständiges politisches Vokabular und
einen Problemkatalog erarbeiteten und Netzwerke von Intellektuellen, Kulturschaffenden und linken Ökonomen aufbauten. Linke Forderungen nach einem
starken Staat, der die wirtschaftliche Ungleichheit und die Diskriminierung von
Frauen und Minderheiten bekämpft, sind heute in Polen eher die Domäne alternativer Kreise, die allerdings immer häufiger Zugang zu den wichtigsten Medien
finden. Die Etablierung einer linken Sprache, mit der linke Politik ermöglicht
würde, ist dagegen noch Zukunftsmusik. Dem linken Diskurs steht in Polen bislang kein bedeutendes Medium zu Verfügung.

Bis vor kurzem war die *Gazeta Wyborcza* die Hauptkraft im polnischen Mediendiskurs, eine Tageszeitung mit einer Auflage von einer halben Million, geleitet von dem charismatischen Adam Michnik und einem Team der besten polni-

schen Journalisten aus der früheren intellektuellen Opposition. Die *Gazeta* gab den Ton in den öffentlichen Debatten an und setzte Standards, sie wuchs zu einem riesigen Medienkonzern heran, der den polnischen Markt dominiert. Aus Furcht vor der national-katholischen Rechten des Priesters Tadeusz Rydzyk, der sein eigenes Mediennetz aufgebaut hat und entscheidenden Einfluss auf die Partei „Liga Polnischer Familien" ausübt, gab Michnik den pragmatischen Postkommunisten eine Legitimation. Jahrelang achtete die *Gazeta* darauf, die soeben am Runden Tisch konstruierte politische und rechtliche Ordnung nicht zu gefährden, durch die nach Ansicht ihrer Chefs die polnischen Prioritäten gesichert waren – wirtschaftliche Modernisierung und europäische Integration. In der Wirtschaft galt der Liberalismus als Dogma, in weltanschaulichen Fragen hielt man sich in den letzten Jahren an ein stillschweigendes Abkommen mit der Kirche. Im Gegenzug dafür, dass diese die europäische Integration unterstützte, wurde die Diskussion über Fragen blockiert, in denen die Kirche sich eine günstige Rechtsposition gesichert hat. Um des Erfolgs in „fundamentalen Fragen" willen verzichtete man darauf, unterschiedliche Varianten der wirtschaftlichen Transformation ernsthaft zu diskutieren und überließ damit den Populisten die Kritik der neoliberalen Transformation. Auch der Streit um die Sexualerziehung an den Schulen, die Abtreibung, die gleichgeschlechtlichen Partnerschaften und die Position der Religion im öffentlichen Leben wurde unterbunden. Während das Recht unverändert bleibt, gibt man den Menschen augenzwinkernd zu verstehen, wir lebten schließlich in einem freien Land und im Grunde werde niemand verfolgt. In der Volksrepublik Polen kam man irgendwie durch, irgendwie kommt man auch in der III. Republik durch. Besonders, wenn man reich und gebildet ist und in einer Großstadt lebt. Die oberen Klassen genießen ihre private Nischenfreiheit; die Gerechtigkeit und ihre Verantwortung für die Lebensqualität der Allgemeinheit haben sie vergessen. Auf diese Weise wird moralische Scheinheiligkeit sanktioniert.

Als akzeptabel gelten nur ein einziger „rationaler" Weg der wirtschaftlichen Entwicklung und ein Lebensmodell, bei dem Karriere und Konsum die höchsten Werte bilden. Darüber hinaus – Gott. Gott und der Markt – das ist heute die elementare Wahl, die die Öffentlichkeit den Menschen in Polen lässt. Die Politiker sind damit beschäftigt, unser Leben der Marktwirtschaft anzupassen, damit endlich „Freiheit" und „Rationalität" herrschen. Die Kirche ist die Hüterin unserer nationalen, kulturellen und religiösen Identität. Und einer Mitgliedschaft Polens in Europa, bei der Bauch und Arbeitskraft in die Union integriert sind, Kopf und Seele aber in Polen bleiben. Um die polnische Kultur ist es nicht besser bestellt. Literatur und Kunst sind an den Rand gedrängt; sie provozieren weder Diskussionen noch gedankliche Entwicklung, sondern sind – je nachdem – Gegenstand von Verehrungsritualen oder Spießerskandalen. Der einzige künstlerische Akt, der ein breiteres Forum findet, ist die vermeintliche Verletzung der religiösen Gefühle von Stadträten und Abgeordneten der extremen Rechten. Im Ergebnis wird die Freiheit der Meinungsäußerung beschränkt.

Der Kontertanz der beiden dominierenden Diskurse, die sich in ihrer Rivalität gegenseitig ergänzen und so das gesamte ideologische Spektrum in Polen ausfüllen, geht weiter. Die (zentristische) Sprache des Neoliberalismus vertritt die Interessen der Nutznießer der Veränderungen. Die Sprache der Rechten dagegen bedient die frustrierten Gefühle aller anderen. Sie, die es nach Schutz und Trost verlangt, versorgt sie mit fiktiven Bedrohungen (dem EU-Beitritt, Deutschland, der europäischen Verfassung, Geheimagenten etc.), aber ihre Probleme lässt sie ungelöst, wodurch die Frustration bis ins Unendliche weiter instrumentalisiert werden kann. Dieses System der scheinbaren Rivalität und tatsächlichen Kooperation zwischen beiden Diskursen funktioniert gut, hier schließt sich der Kreis. Dem Neoliberalismus die Wirtschaft, dem Konservatismus das Recht. Beide legitimieren einander und delegitimieren auf diese Weise andere Stimmen. Andere Ansichten dringen allenfalls einmal durch, wenn sie besonders interessant, verrückt oder radikal wirken und zugelassen werden, um Pluralismus zu simulieren. Der Eintritt ist erlaubt, jedoch nur mit einer Erkennungsmarke für die Nichtalltäglichkeit und „Illegalität" der geäußerten Meinungen.

Dieses konservativ-liberale Bündnis wird zur dominierenden politischen Vision in Polen. Wenn es keine Debatte zwischen zwei oder mehr politischen Visionen gibt, zeugt sich die dominierende Vision selbst fort, und niemand reflektiert sie mehr. Die Minderheitenrechte werden zu Privilegien der Minderheiten. Der Wunsch nach sozialer Sicherheit wird zum Anspruchsdenken. Die neoliberale Wirtschaft zur Wirtschaft an sich. Und so weiter. Das Selbstverständliche wird nicht länger diskutiert. Andere Meinungen werden ins Abseits gedrängt. Aus Mangel an Alternativen wird die ideologische Sprache zur „natürlichen", und alle, die sich ihrer nicht bedienen, machen sich unverständlich und damit verdächtig. Dadurch kann das rechte Projekt der Einflussnahme auf Wirtschaft und Weltanschauung in Polen als ein unideologisches auftreten.

Die jüngste hitzige Debatte um die europäische Verfassung mag dies als konkretes Beispiel illustrieren. Sie war geprägt von zwei Diskursen: der pragmatischen Sprache der Experten und dem konservativ-nationalen Diskurs. Der Expertendiskurs bediente sich rational-instrumenteller Argumente und verwies bisweilen auf sehr detailliertes Spezialwissen. Er ging auf zwei Fragen ein: die ökonomischen Vorteile (oder Verluste), die Polen durch den EU-Beitritt entstehen würden, und den Einfluss des polnischen Staates innerhalb der EU-Strukturen. Das Ziel war unstreitig, diskutiert wurden die Mittel. Polen sollte so viel Macht wie möglich gesichert werden; der Maßstab dafür war die Fähigkeit, Beschlüsse der EU-Mehrheit zu blockieren. De facto versuchte man, Polen eine von den übrigen Staaten der Union möglichst unabhängige Position zu verschaffen. Das ging natürlich auf Kosten der Wirksamkeit und Transparenz der Entscheidungsstrukturen in der EU und ihrer Integration, auf die nicht die geringste Rücksicht genommen wurde.

Der nationale und konservative Diskurs verwendete den Kollektivbegriff der „Nation", die ebenso wie die „Souveränität" als Wert an sich galt. Außerdem berief er sich auf eine Art homogener „kollektiver Identität", auf die Tradition und den gemeinsamen Glauben. Explizit beschwor er das Konzept des „nationalen Interesses" sowie den nationalen Egoismus als natürliche und unveränderliche politische Motivationsquellen. Als Hauptziel wurde ohne Umschweife eine möglichst große politische und kulturelle Unabhängigkeit von der Europäischen Union genannt.

Der pragmatische Expertendiskurs und der national-konservative Diskurs traten nicht immer getrennt auf, sie vermischten sich oft. Rationale Argumente wurden mit emotionaler nationaler Rhetorik untermauert. Der nationale Diskurs führte zur Verstärkung fachliche und rationale Gründe an. In wirtschaftlichen und politischen Fragen war dabei kühler Pragmatismus obligatorisch, in „geistigen" Fragen dominierte der katholisch-nationale Diskurs. Die auf diese Weise geführten Debatten hatten einen gemeinsamen, nationalistischen Hintergrund, und im Grunde ging es um die Entscheidung zwischen traditionellem und modernisiertem Nationalismus.

Abschließend noch ein Wort zu einem sehr interessanten Phänomen der polnischen Öffentlichkeit. Die extreme Rechte, mit etwa zehn Prozent der Sitze im Parlament vertreten, besitzt einige große Medien, darunter das umstrittene Radio Maryja, die Tageszeitung *Nasz Dziennik* sowie der Fernsehsender Trwam, alles unter der Kontrolle des Priesters Tadeusz Rydzyk, der für seine antisemitischen und nationalistischen Äußerungen berüchtigt ist. Der Erfolg dieses Diskurses verdankt sich einem allgemeinen Mechanismus, der uns viel über die gesamte öffentliche Sphäre in Polen sagt.

Wie aus der politischen Philosophie bekannt ist, strebt der Liberalismus danach, Antagonismen in friedliche Unterschiede zu verwandeln. Im Sozialismus ist es genau umgekehrt: Sein Ziel ist die Umwandlung der Klassenunterschiede in Klassenantagonismen. Die linken Liberalen kämpfen für die Anerkennung des Anderen, die Sozialisten für seine Überwindung. Der bekannte slowenische Philosoph Slavoj Žižek hat treffend bemerkt, dass paradoxerweise heute die rechten Populisten der Logik des Antagonismus folgen, während die liberale Linke die Anerkennung der Unterschiede anstrebt und die Antagonismen auf einer Ebene koexistierender Unterschiedlichkeit „nivelliert". Die basisinitiierten, konservativ-populistischen Kampagnen dagegen haben die alte Marx'sche Strategie der Mobilisierung der Massen zum Kampf gegen die Ausbeutung übernommen. Nach Jacques Lacan, auf den Žižek sich beruft, ist Kommunikation dann erfolgreich, wenn ich meine eigene Botschaft vom anderen in umgekehrter, wahrer Form zurückerhalte. Ist es nicht genau das, was den aufgeklärten polnischen Liberalen passiert, wenn sie mit angewidertem Gesicht Radio Maryja hören?

Noch einmal Slavoj Žižek: „Bekommen sie von den konservativen Populisten nicht ihre eigene Botschaft in umgekehrter/wahrer Form zurück? Mit anderen Worten, sind die konservativen Populisten nicht das Symptom der tolerant aufgeklärten Liberalen?"[1] In Pater Tadeusz Rydzyks schrecklichen und lächerli-

---

1 Slavoj Žižek, „Somewhere over the Rainbow", www.lacan.com/zizeksomewhere.htm.

chen Gefolgsleuten, die sich über die liberale Fäulnis entsetzen, erkennt der polnische Liberale das wahre Wesen seiner eigenen Scheinheiligkeit.

In den ersten fünfzehn Jahren der polnischen Demokratie fochten postkommunistische Linke und antikommunistische Rechte ihren Kampf. Lachender Dritter war das liberale Zentrum um die *Gazeta Wyborcza*, die auf diese Weise ihre Seelenherrschaft in Polen aufrechterhalten konnte. Diese Teilung war deshalb schädlich, weil sie nicht auf der Konfrontation unterschiedlicher Visionen der Entwicklung Polens beruhte, sondern paradoxerweise die Privilegierten des alten Systems in ihrer „neuen" Rolle als Linke legitimierte. Heute, da die Postkommunisten eine vernichtende Niederlage erlitten haben, gibt es keine starke Linke mehr, die der dominierenden Rechten entgegentreten könnte, um endlich einen sinnvollen und zivilisierten Pluralismus in Polen aufzubauen. Dafür braucht es noch Zeit und harte Arbeit.

Maciej Gdula

Hauptstadt in Zäunen

Fünfzig pastellfarbene Häuser drängen sich im Warschauer Bezirk Ursynów dicht an dicht an schmalen Straßen. Eine zwei Meter hohe Mauer trennt sie von der Außenwelt. Auf dieser Mauer ist zusätzlich ein meterhoher Zaun montiert. Ein Schlagbaum und zwei Wachleute sichern die Einfahrt zur Siedlung, Kameras überwachen den geschlossenen Raum. 87 Prozent aller Warschauer träumen davon, in einer solchen oder ähnlichen Siedlung zu leben,[1] einige haben ihren Wunsch schon wahr gemacht. In der polnischen Hauptstadt gibt es inzwischen fast zweihundert bewachte Siedlungen, und ständig entstehen neue; sie verändern das Stadtbild nicht nur an der Peripherie, sondern auch im Zentrum. Warschau wird zur Verkörperung der neuen, neoliberalen Ordnung, die der Stadt ihren Stempel nicht weniger deutlich aufdrückt als zuvor das kommunistische System. Gated communities, geschlossene Wohnsiedlungen, sind neben Einkaufszentren und Bürohochhäusern die räumlichen Muster der neoliberalen Stadt.

Abschied vom Plan

Eines der Hauptmerkmale des Neoliberalismus ist die Deregulierung, sie hat den Planungsehrgeiz des vorherigen Systems abgelöst. Die sozialistische Stadt sollte rational sein, im Einklang mit der Ordnung der Vernunft stehen. Im Zweiten Weltkrieg dem Erdboden gleichgemacht, bot Warschau die Möglichkeit, diesen rationalen Plan konsequent umzusetzen. Zum beherrschenden Punkt der Stadt wurde der 230 Meter hohe Palast der Kultur und Wissenschaft, der 1955 als einziges Gebäude auf dem größten Platz Europas errichtet wurde. Das Stadtzentrum blieb also gewissermaßen leer.[2] Diese Leere, ähnlich wie die Leere im Zentrum Tokios, verwies auf die Macht. In Tokio ist das leere Zentrum dem Kaiser als Vertreter der Feudalmacht vorbehalten. Der Palast in Warschau repräsentierte jedoch nicht unmittelbar die Macht der Partei, sondern die neuzeitliche Macht der Vernunft – die Macht von Kultur und Wissenschaft. Vom Palast gehen breite Straßen aus, die rechtwinklig von anderen Straßen gekreuzt werden und so für eine übersichtliche Struktur der Stadt sorgen. Planmäßig wurden auch Siedlungen weitab vom Zentrum angelegt, die den notwendigen Raum für die großzügig entworfenen Wohnprojekte bieten sollten. So entstanden in Ursynów, Bródno, Tarchomin oder Jelonki weitläufige, gleichförmig angeordnete Plattenbauten. Doch die Rationalität des realexistierenden Sozialismus blieb meist auf das Planungsstadium beschränkt. Bei den Wohnungsbauprojekten wurde an der notwendigen Infrastruktur gespart, der Nahverkehr war ineffizient, und im Stadtinneren entstanden riesige, verwahrlosende Brachflächen.

Nach dem Zusammenbruch des Sozialismus trat die Deregulierung an die Stelle der großen Staatsinvestitionen. Die sozialistischen Wohnsiedlungen wur-

---

1 Vgl. Polityka, Nr. 30/2005, S. 6.
2 Auf die Leere im Zentrum der östlichen Städte weisen Bohdan Jałowiecki und Marek Szczepański hin: Miasto i przestrzeń w perspektywie socjologicznej (Stadt und Raum in soziologischer Sicht), Warschau 2002, S. 194.

Warschau   Sofie Thorsen, *Village fig. 9 / The Golden Castle That Hung in the*
                                                    Air, 2005, Dias aus einer Video- und Diainstallation

den durch Einzelgebäude und kleine Siedlungen ersetzt, wo immer die Baufir-men Grundstücke erwerben konnten. Die Entwicklung der geschlossenen Sied-lungen ist Teil dieses Deregulierungsprozesses. Die Rationalität äußert sich hier nicht mehr im Streben nach Schaffung eines harmonischen, durchsichtigen städtischen Raumes. Es bedarf keines Gesamtplans mehr, die Genehmigung zur Nutzung eines abgegrenzten Raums, den man für einen bestimmten Preis er-werben kann, genügt. Auf diesem Terrain kann man ein Objekt errichten, für das sich dann ein Käufer findet. Die Stadt soll durch das ungehinderte Spiel von Angebot und Nachfrage und durch die freie Wahl des Konsumenten geformt werden.

Du bist ein potentielles Opfer!

Für geschlossene Siedlungen entscheiden sich die Konsumenten vor allem aus Sicherheitserwägungen. Oder, wie ein Wachmann der Siedlung in Ursynów mein-te: „Die Leute wollen hier wohnen, weil sie Sicherheit wollen. Alles ist bewacht. Hier treibt sich niemand Fremdes herum." Die Suche nach Sicherheit in der ge-schlossenen Siedlung vereint zwei wesentliche Merkmale der neoliberalen Ord-nung: die Angst und die Privatisierung. Die Menschen sollen sich selbst als po-tentielle Opfer erleben. Dies legen sowohl die Psychologen nahe, wenn sie in populären Therapie-Ratgebern den Schutz der Psyche empfehlen, als auch die Polizei, wenn sie dazu rät, an öffentlichen Orten besondere Vorsicht walten zu lassen und die anderen als mögliche Gefährdung wahrzunehmen. Zugleich soll der Einzelne, so empfindsam und verletzlich er ist, für sich allein sorgen. Seine Sicherheit ist seine Privatsache, doch für die Lösung der individuellen Probleme und Sorgen gibt es einen eigenen Markt. Die geschlossenen Siedlungen sind nur ein Teil des reichhaltigen Angebots für all jene, die sich in der Position des po-tentiellen Opfers wähnen.

Es wäre aber ein Irrtum zu glauben, die Bewohner dieser Siedlungen führ-ten hinter ihren Mauern ein sorgloses Leben und ließen Autos und Häuser offen stehen. Die Wachleute passen auf, dass alles gut gesichert wird: „Jeden Abend machen wir einen Rundgang und prüfen, ob die Fenster im Auto zugedreht und die Garagentore geschlossen sind. Wenn etwas nicht stimmt, rufen wir den Be-sitzer an." Keiner der Bewohner, mit denen ich gesprochen habe, klagte über all-zu strenge Kontrollen. Die Wachleute behaupteten sogar, die Bewohner seien zufrieden mit der Überwachung und passten selbst auf, dass alles ordentlich verschlossen ist. Das Gefühl, ein potentielles Opfer zu sein, vergeht auch hinter drei Meter hohen Mauern nicht. Schließlich können auch die Mitbewohner zu einer Bedrohung werden. Ein Wohnungsbesitzer in einer geschlossenen Sied-lung gab zu bedenken: „In dem Block wohnen irgendwelche Ausländer, Neger, Asiaten, Iraner. Wer weiß, was die im Schilde führen."

Gleich und Gleich gesellt sich gern

Die kommunistischen Siedlungen sollten ein Werkzeug sein, um eine egalitäre Gesellschaft aufzubauen. Die Blocks mit Wohnungen vergleichbarer Größe und Ausstattung waren sowohl für die Arbeiter als auch für die Intelligenzija gedacht. Eine funktionale, moderne Architektur ohne jeden Zierrat, der den gesellschaftlichen Status betonen würde, sollte die Aufhebung der Klassenantagonismen befördern. Zu einem Bündnis zwischen Arbeitern und Intellektuellen kam es in den Großsiedlungen dennoch nicht. Die in den großen Blöcken zusammengepferchten Menschen blieben anonym und fanden nicht zueinander. Nach dem Ende des realen Sozialismus zogen die Bessergestellten um, um unter ihresgleichen zu leben. Zwei Drittel der Bewohner von Warschaus geschlossenen Siedlungen gaben 2003 bei einer Umfrage an, sie betrachteten es als Vorzug, „dass man unter sich ist"[3].

Die größte der neu entstehenden Warschauer *gated communities* trägt den Namen „Marina" und wird auf einer zentrumsnahen Brachfläche errichtet, die die sozialistische Planung zurückgelassen hat. Die Immobilienprospekte werben hauptsächlich mit dem Versprechen der idealen kleinen Gemeinschaft: „Die Philosophie des Wohnens in der Marina Mokotów ist Ruhe, Maß und Komfort. Es gibt dort weder laute Plätze noch lärmende Unterhaltung. Die Marina bietet einen neuen Lebensstil. Hier wird es sympathische Cafés, stilvolle Restaurants, kleine Geschäfte und Dienstleistungspunkte geben – alles, was ein komfortables Leben erlaubt, ohne dass man die Siedlung verlassen muss. Über die Marina verteilt werden die Geschäfte zum Greifen nah liegen. Hier grüßt Sie lächelnd der vertraute Verkäufer, dort serviert Ihnen der Cafébesitzer den Morgenkaffee und die Zeitung."[4] Hinter Wall und Festungsgraben soll eine Oase für Menschen mit vergleichbarem Lebensstil entstehen. Anziehen soll sie die Vorstellung, sie könnten diesen Lebensstil kultivieren, *ohne auch nur die Siedlung zu verlassen*, ohne den Kontakt mit anderen zu riskieren, die diese Idylle gefährden könnten.

Besonderen Wert legen die Planer auf Ästhetik. Die Gebäude sollen schön, die Grünflächen gepflegt, die Baustoffe von höchster Qualität sein. Alles wird getan, um eine Störung der Harmonie zu verhindern. Sogar die Farbe der Balkongeländer ist vorgeschrieben. Dadurch unterscheiden sich die bewachten Siedlungen deutlich von ihrer Umgebung, denn dort hängt das Erscheinungsbild ausschließlich von individuellen Vorlieben ab, die eine chaotische Architekturlandschaft entstehen lassen. Auch Einfahrtstore und Schlagbäume sind ein Werkzeug der Ästhetik, sie bewahren die Bewohner vor dem Anblick anderer, die die kunstvoll entworfene Ordnung zerstören würden. Die Wachleute lassen keinen Fremden herein, der die ästhetische Landschaft beflecken könnte. Ein in

---

3 Bohdan Jałowiecki / Magdalena Krajewska / Karol Olejniczak, „Klasa metropolitarna w przestrzeni Warszawy"(Die metropolitane Klasse im Raum Warschau), in: *Studia Regionalne i Lokalne*, Nr. 1/2003.
4 Siehe www.marinamokotow.com.pl.

Sofie Thorsen, *Village fig. 9 / The Golden Castle That Hung in the Air*, 2005, Dias aus einer Video- und Diainstallation

einer geschlossenen Siedlung lebender pensionierter Arzt sagte mir, er habe sich an seinem früheren Wohnort zwar nicht bedroht gefühlt, sei dort aber oft Obdachlosen und Betrunkenen begegnet. Jetzt, in der Siedlung, treibe sich „kein Gesindel herum". Die Ästhetisierung des Alltagsraums geht unmittelbar einher mit einer Klassentrennung, die extreme Formen annimmt: Jeder auf seinen Platz, die Menschen unterschiedlicher Klassen sollten sich nicht vermischen. Vermischung ist unästhetisch. Die Privilegierten sollten in ihren klar abgetrennten Räumen bleiben.

Mit den geschlossenen Siedlungen, die sich wie ein amorpher Archipel umzäunter Inseln ausbreiten, schirmt die neoliberale Ordnung die Wohlhabenden vor den sozialen Problemen ab. Ihr Leben findet in sicheren, kontrollierten Räumen statt, wo sie nicht mit den Gescheiterten konfrontiert werden. Arme, Stadtstreicher oder Obdachlose tauchen in der bewachten Straße nicht auf, sie kommen auch nicht ins Einkaufszentrum. Indem sie den Zugang zur Siedlung regulieren, entbinden die Wachleute die Bewohner von der moralischen Verantwortung gegenüber den anderen und bewahren sie vor Schuldgefühlen, die aus verweigerter Hilfe entstehen könnten. Das Wachpersonal dient dem Erhalt der moralischen Unbeschwertheit und dem psychischen Wohlbefinden.

Der Verzicht auf eine umfassende städtische Planung ist beispielhaft für die neoliberale Politik. Die großen Gesellschaftsentwürfe sind überflüssig geworden; die bessere Welt braucht nicht mehr erschaffen zu werden, man muss sich einfach nur für sie entscheiden, indem man eine Wohnung in der geschlossenen Siedlung kauft. Auf diese Weise, quasi durch die Privatisierung der Utopie, stellt die neoliberale Ordnung die gesellschaftliche Ungleichheit aus und verdeckt sie zugleich.

Gemäßigtes Klima

Manch einer, der in der Hoffnung auf ein Leben in organischer Gemeinschaft eine Wohnung in einer geschlossenen Siedlung kauft, könnte enttäuscht werden. Soziologische Untersuchungen zeigen, dass die Bewohner solcher Siedlungen wenig Neigung zu gemeinsamen Unternehmungen und zur Mitgliedschaft in Vereinen oder Organisationen entwickeln. Die Bewohner von Mietshäusern und Einfamilienhäusern zeigen in beiden Bereichen größere Aktivität.[5] Den Nachbarschaftsbeziehungen in *gated communities* fehlt es sowohl an Herzlichkeit als auch an Feindseligkeit – ein gemäßigtes Klima entsteht. Das bestätigten die Bewohner geschlossener Siedlungen, wenn sie mir gegenüber erklärten, mit den Nachbarn verbänden sie keine engen Beziehungen. „Sie verabreden sich eher nicht, sitzen lieber zu Hause", stellte auch ein Wachmann fest. „Den ganzen Tag sitzen sie zu Hause. Gemeinsame Treffen gibt es kaum, das kommt nicht vor. Höchstens mal ein Schwätzchen über den Zaun."

5 Vgl. *Polityka*, Nr. 30/2005, S. 8-10.

Zäune gibt es nicht nur zwischen Siedlung und Umgebung. So wie der Dreimeterzaun am Rand der Siedlung grenzen Zäune auch innerhalb der Siedlung physische Räume, einzelne Grundstücke und Grünanlagen, voneinander ab; Barrieren existieren aber vor allem in den Beziehungen zwischen den Menschen. Die geschlossenen Siedlungen fördern das Vertrauen nicht, sie schaffen kühle Distanz.

Widerstand?

Im sozialistischen System, das eine möglichst umfassende Regulierung des gesellschaftlichen Lebens anstrebte, beruhte die Strategie des Widerstandes darauf, Nischen im System zu finden und Enklaven der Autonomie zu bilden. In den großen sozialistischen Siedlungen äußerte sich dieser Widerstand in unterschiedlichen Formen der Raumaneignung. Dazu gehörte zum Beispiel die spontane Reprivatisierung von Teilen des öffentlichen Raums. Außerhalb der Gebäude legte man eigene kleine Gärten an, innen grenzte man öffentliche Treppenhäuser mit Gittern ab und funktionierte sie zu zusätzlichen privaten Nutzflächen um.

Auch die Logik des neuen Systems ist nicht omnipräsent. Es gibt Bereiche, die man als Räume des Widerstands ansehen kann. Die Warschauer nutzen dafür die Überbleibsel des Sozialismus, zum Beispiel den Kulturpark in Powsin, ein Erholungsgebiet zwanzig Kilometer außerhalb der Stadt. Sonnabends und sonntags füllt sich der Park mit Menschen aus unterschiedlichen sozialen Milieus. Sie kommen mit dem Rad, dem Bus oder dem Auto. Der Eintritt ist frei, ebenso die Nutzung der meisten Anlagen. Sportplätze und Schachtische stehen umsonst zur Verfügung, und der Eintritt ins Schwimmbad ist der billigste in Warschau.

Besonders interessant ist, wie die Nutzung der Volleyballplätze geregelt wird. Ganz egalitär gilt, dass diejenige Mannschaft, die zuerst kommt, auf dem Platz spielen darf. Zu den ungeschriebenen Regeln gehört es, dass einzelne „fremde" Spieler sich einer Mannschaft anschließen dürfen, wenn diese unvollständig ist. Das Alter oder die gesellschaftliche Position spielen dabei keine Rolle. Man leiht Unbekannten auch einmal einen Ersatzball, wenn sie gerade keinen eigenen Ball zum Spielen haben. All diese Praktiken sind gleichsam die Antithese zu den in der neoliberalen Stadt geltenden Regeln. Hier stellen die anderen keine Bedrohung dar, man darf ihnen vertrauen, der Kontakt mit ihnen ist spielerisch und körperlich. Der von den Akteuren genutzte Raum ist kein exklusiver, weder Wächter, Zäune noch Geld entscheiden über den Zutritt zum Spielplatz.

Allerdings haben sich mit dem Systemwechsel auch die Bedingungen des Widerstands verändert. Die Existenz der Enklaven gefährdet die neue Ordnung nicht, weil diese gar nicht die Kontrolle über die gesamte Gesellschaft anstrebt. Sie findet sich einstweilen mit ihrer Unvollständigkeit ab und begnügt sich mit der Kontrolle ausgewiesener Zonen, überlässt den Rest seinem Schicksal. Es genügt ihr, neue Investitionsflächen zu akquirieren. Der Widerstand durch Nischenbildung stellt das neoliberale System noch nicht in Frage. Der Neoliberalismus toleriert diese Nischen, benutzt sie sogar als Alibi für seine Offenheit. Wirksamer

Warschau Sofie Thorsen, *Village fig. 9 / The Golden Castle That Hung in the Air*, 2005, Dias aus einer Video- und Diainstallation

Widerstand würde darin bestehen, den Prozess der Abzäunung der Stadt administrativ zu beschränken. Doch man darf daran zweifeln, ob das je gelingen wird in einer Stadt, in der die Mehrheit vom Umzug in eine geschlossene Siedlung träumt, die zum Symbol für Sicherheit und Status geworden ist.

Zu Zäunen verdammt?

Die Popularität der geschlossenen Siedlungen in Polen lässt sich nicht als natürliche Folge des auf Privateigentum beruhenden Kapitalismus verstehen. Wie die Erfahrung in Ländern mit längerer kapitalistischer Vergangenheit zeigt, muss das Privateigentum nicht immer mit einer drei Meter hohen Mauer geschützt werden. Die geschlossenen Siedlungen lassen sich auch nicht aus der Tradition der Abgrenzung in der polnischen Nationalkultur erklären. Vielmehr sind sie Teil jener neoliberalen Ideologie, die die für die polnische Kultur typischen „Zaunstreitigkeiten", nach der Logik des Pastiches, allenfalls zitiert.

Darin, wie der soziale Raum in Warschau organisiert wird, zeigt sich die neoliberale Ideologie noch deutlicher als im Diskurs der politischen oder wirtschaftlichen Institutionen. In der Abzäunung der Stadt äußert sich die systematische Entwertung von allem Öffentlichen zugunsten privater Güter. Die Bürger sollen immer mehr zu bloßen Konsumenten werden. Die bessere Welt muss nicht mehr errichtet, sondern nur noch erworben werden als Anteil an einem Raum, der Personen von ähnlichem Lebensstil verbindet. Nicht Vertrauen und Zusammenarbeit bestimmen die gesellschaftliche Praxis, sondern Angst und Ästhetik; die soziale Distanz wird verstärkt und zugleich erfolgreich maskiert.

Die bewachten Siedlungen in Warschau sind kein unentrinnbares Schicksal, sondern Ausdruck einer bestimmten, partikularen Ordnung. Von den Warschauern hängt es ab, ob sie sich dieser Ordnung restlos fügen oder ob sie mehr von ihrem Leben erwarten.

Warschau nach 1989 – die Gründer und Kuratoren der Stiftung Galerie Foksal, Joanna Mytkowska, Andrzej Przywara und Adam Szymczyk, nehmen gemeinsam mit dem Kunstkritiker und Kurator Piotr Rypson und dem Soziologen Marek Krajewski ihre Stadt in den Blick. Eine Stadt, die sich seit der Wende mit einer Rasanz verändert, die ihresgleichen sucht. Wo haben wir angefangen? Was war unsere Nische? Und: Wirklich, die Musik hast du gehört? Von diesen Fragen ausgehend entwickelt sich ein Gespräch, das die individuelle Vergangenheit in die gesellschaftliche Gegenwart einschreibt. Die Stiftung Galerie Foksal zählt heute zu den international erfolgreichen Institutionen, die zeitgenössische Kunst fördern und zugleich gängige Praxen der Kunstvermittlung hinterfragen.

Das im Rahmen von „relations" entwickelte Projekt „Re:form" reagiert auf den Wandel, auf die inhärente Beschleunigung, und sucht nach neuen, auch den ökonomischen Verhältnissen angemessenen Vermittlungsformen von zeitgenössischer Kunst [> S. 610]. Gleichzeitig geht es um die Sicherung von Geschichte. Künstlerarchive, die seit den 1950er Jahren aufgebaut wurden, werden digitalisiert und in einer polnisch- und englischsprachigen Datenbank öffentlich zugänglich gemacht. „‚Re:form' bedeutet für uns", erklärt Joanna Mytkowska, „Prozesse der graduellen Veränderung, des Umformens, des Umdefinierens und Umdeutens, der Resignifikation oder der Rekontextualisierung im Zusammenhang mit der Formulierung neuer Formen zu sehen." So bildet die Überzeugung, dass Kunst über die Kapazität verfügt, Vergangenheit und Zukunft miteinander zu verweben, einen der Eckpfeiler des Gesprächs. Es thematisiert auch die Schwierigkeit, provokante Arbeiten in ihrer Mehrdimensionalität einer breiteren polnischen Öffentlichkeit zu vermitteln. Piotr Piotrowski, einer der bedeutendsten Kunsthistoriker Polens, moderiert.

Ein Gespräch, moderiert von Piotr Piotrowski

Vergangenheit und Gegenwart überbrücken

Das Gespräch fand am 7. Juli 2005 in der Stiftung Galerie Foksal in Warschau statt; teilgenommen haben:

Marek Krajewski, Soziologe, Dozent an der Adam-Mickiewicz-Universität in Poznań
Joanna Mytkowska, Kuratorin der Stiftung Galerie Foksal
Piotr Piotrowski, Professor und Leiter des Instituts für Kunstgeschichte an der Adam-Mickiewicz-Universität in Poznań
Andrzej Przywara, Kurator der Stiftung Galerie Foksal
Piotr Rypson, Kurator, Kunstkritiker und Autor, Warschau
Adam Szymczyk, Leiter der Kunsthalle Basel, ehemaliger Kurator der Stiftung Galerie Foksal, heute Mitglied des Stiftungsbeirats

Piotr Piotrowski: Wir befinden uns in der Stiftung Galerie Foksal, einem der Wahrzeichen der zeitgenössischen Kunst in Warschau und einem der bedeutendsten kritischen Meinungsforen in der Stadt. Hervorgegangen ist sie aus den Erfahrungen der Galerie Foksal, die in einer völlig anderen historischen Realität, in den sechziger Jahren, gegründet wurde – aktiv ist sie bis heute. Von diesem Ort aus werfen wir einen Blick auf die Beziehungen zwischen Vergangenheit und Gegenwart. Nur kurz: Die Galerie, gegründet 1966, war eine der wichtigsten kulturellen Institutionen im ganzen Ostblock, fraglos die wichtige und unabhängige Galerie für zeitgenössische Kunst zu jener Zeit. Einerseits war sie sehr international durch die hier ausgestellten Künstler und Positionen aus aller Welt, andererseits war sie ein typisches Produkt ihrer Zeit und wurde von den Kommunisten geduldet, weil sie mit ihren Ausstellungen keine politischen Fragen berührte. Die Stiftung ist als Institution viel kritischer gegenüber der sie umgebenden Wirklichkeit, viel offener für die Komplexität der Welt. Mag sein, dass sie nicht so berühmt ist wie damals die Galerie, denn die Konkurrenz in der postkommunistischen Welt ist viel härter als früher, aber das ist nicht wichtig. Wichtig ist die Frage nach der unterschiedlichen Identität der Stiftung Galerie Foksal. Wenn wir also die Gegenwart vor allem über den Systemwechsel definieren, auf welche kritische Tradition kann man sich berufen, um diese Wirklichkeit zu analysieren? Hat für euch die Tradition der Alternative, des Widerstands, der Gegenkultur aus den Zeiten des Kommunismus eine Rolle gespielt, oder nicht? Wie nehmen wir die Gegenwart vor dem Hintergrund unserer Vergangenheit wahr?

Adam Szymczyk: Wir kamen alle drei ungefähr 1989 nach Warschau. Damals stellte ich auf den Parties fest, dass alle den Sänger Jacek Kaczmarski hörten, den Barden der Solidarność. Das war mir unerklärlich. Ich hörte ihn nicht, aber für meine Altersgenossen war das ein Schlüsselerlebnis. Das war nicht meine Sprache. Am Lyzeum in Łódź war ich hauptsächlich damit beschäftigt gewesen, meine eigene Untergrund-Zeitschrift herauszugeben, die praktisch keine Leser hatte. Andrzej Przywara, Joanna Mytkowska und ich beschränkten unsere Aktivitäten auf einen kleinen Raum, wir fühlten uns nicht mit der allgemeinen Tradition und Geschichte verbunden. Im Gegenteil – wir wehrten uns von Anfang gegen sie. Wir suchten nach Nischen. So landeten wir in der Institution, der Galerie Foksal, in der die Tradition sehr stark und mit einer gewissen Ehrfurcht definiert wurde, und das vervielfachte unsere Energie; eine Art zentrifugaler Energie. Bald lagen wir im Clinch damit. Später verging uns das, aber das war kein besonders bewusster Prozess oder eine Strategie.

Piotr Piotrowski: Aus deinen Worten höre ich heraus, dass hier das Generationenproblem, der Altersunterschied, eine große Rolle gespielt hat. Für meine Generation war Jacek Kaczmarski ein Symbol der Widerstandskultur; wir hörten ihn schon Anfang der Achtziger, und dahinter stand eine andere persönliche Erfahrung, die Erfahrung einer anderen Generation. Geht man von dieser Deutung aus, dann kann man sagen, dass dem Denken, das zur Stiftung Galerie Foksal führte, eine Generationserfahrung zugrunde liegt, die sozusagen nach Kaczmarski entstand, nach den Aktivitäten der Untergrundbewegung. Wenn wir also die Beziehungen zwischen der Galerie Foksal und der Stiftung Galerie Foksal diskutieren und damit auch die Frage nach dem Brückenschlag zwischen Gegenwart und Vergangenheit – stellt sich für euch die Frage der Rezeption eurer Arbeit unter dem Gesichtspunkt der Generation?

> **Adam Szymczyk:** Wir waren 1989 zwischen achtzehn und zwanzig, und ich glaube, unser Alter hat uns zum totalen Zweifel gezwungen. Zweifel sowohl an den Dingen, die auf die achtziger Jahre zurückgingen, als auch an der Energie, die mit den Neunzigern kam. Uns war immer klar, dass wir in einer Übergangszeit lebten zwischen dem ausgehenden Kommunismus, in dem sich Raum für diverse nihilistische Späße öffnete, und den neunziger Jahren mit ihrer Verheißung des freien Marktes für Waren und Ideen, eine Verheißung, die wir ziemlich ernst nahmen und auf ziemlich ungelenke Weise realisierten. Wir realisierten die Möglichkeiten, die damals versprochen wurden und die die meisten Leute nicht nutzen konnten oder wollten.

Andrzej Przywara: 1995 gründeten wir die Stiftung Galerie Foksal, die anfangs ein administratives Instrument war, um die Galerie Foksal effektiver und wirtschaftlich leistungsfähiger zu gestalten, eine wichtige Sache in der neuen politischen Wirklichkeit. Wir hatten immer in einer kleinen Gruppe arbeiten wollen, ohne den ganzen Verwaltungsballast, der viele Institutionen in Polen beschwert, und das gelang uns und zeigte Erfolg.

> **Joanna Mytkowska:** Zu Piotr Piotrowskis Frage nach der Bedeutung der alternativen Kultur für unsere Arbeit heute muss ich sagen, dass wir nicht in solchen

festen, ideologischen Kategorien dachten. Wir suchen eher die Auseinandersetzung mit konkreten, individuellen Positionen, zum Beispiel der von Artur
Żmijewski, dem Filmemacher, der Polen 2005 auf der Biennale von Venedig vertreten hat, oder Oskar Hansen, dem visionären modernistischen Architekten
und einflussreichen Lehrer an der Akademie der Künste in Warschau. Uns interessiert auch die Tradition der Moderne, die moderne Utopie im weiteren Sinne,
als Quelle heutiger Reflexion über die Kunst, aber wir verhalten uns nicht unkritisch zu ihr. Bei den Kontakten mit „relations", auf der Suche nach einer interessanten und effektiven Gesprächsebene, stießen wir auf eine für uns selbst uner-
wartete Einschätzung unserer Erfahrungen. Denn es stellte sich heraus, dass die
für die westliche Sozialdemokratie bzw. für Organisationen wie „relations" notwendige Kritik am Neoliberalismus um Erfahrungen der postkommunistischen
Gesellschaft bereichert werden kann. Um die Erfahrungen von Leuten, die die
Verunstaltungen der linken Utopie am eigenen Leib erfahren haben und ihr weniger ehrfurchtsvoll gegenüberstehen.

Andrzej Przywara: Ja. Wir waren immer von schwer definierbaren Gestalten angezogen. Edward Krasiński und Oskar Hansen vertraten beide merkwürdige Positionen. Auch wir sind nicht definiert. Jedenfalls wollen wir es nicht sein. Im
Grunde regt das alle furchtbar auf, alle wollen wissen: „Was ist denn das nun für
eine Stiftung?" Alle fragen nach unserer Identität; ob das nun eine ökonomisch
starke Galerie sei, die mit Kunst handelt, oder eine Stiftung, die Projekte realisiert. Darauf beruht auch die Kraft und Wirksamkeit dieser kleinen Institution, in
der Künstlerprojekte realisiert und Bücher herausgegeben werden, die wiederum andere Fragen aufwerfen, mit denen sich dann wieder andere auseinandersetzen müssen. Im Grunde versuchen wir nicht nur, für uns wichtige Ausstellungen
zu machen oder zu publizieren, sondern auch neue Bedeutungen zu produzieren.

Adam Szymczyk: Um zu erklären, was die Stiftung ist und welche Rolle sie spielt,
bietet sich die Fußgängerbrücke in Cieszyn als Metapher an. Die Brücke, die Polen und die Tschechische Republik miteinander verbinden soll, wurde von dem
französischen Architekten François Roche entworfen und soll 2007 eingeweiht
werden. Sie ist ein redundantes, überflüssiges Bauwerk, das den Fußgänger-
übergang in einer Stadt ermöglicht, die eine solche Brücke schon besitzt. Also
eine zusätzliche Brücke und nicht eine, die absolut notwendig wäre. So ist sie
auch nicht aus der Überzeugung heraus entstanden, dass sie nun die bessere
oder leistungsfähigere Brücke wäre. Sie ist nicht *die* Alternative schlechthin,
sondern einfach *eine* Alternative.

Andrzej Przywara: Mehr noch: Denkt daran, wie diese Brücke genannt wird!
Loophole – erste Bedeutung „Gesetzeslücke", zweite Bedeutung „Falle", „Knoten"
oder „Schlinge". Zum Beispiel die Schlinge um den Hals. Die Brücke ist eine
höchst komplexe Metapher, so kompliziert wie die Beziehungen zwischen
Cieszyn auf der polnischen Seite der Grenze und Český Těšín auf der tschechischen. Bis heute schauen die Polen auf die Tschechen herab. 1938 haben polni-

sche Armeeeinheiten das tschechische Gebiet Zaolzie besetzt und es Polen angeschlossen; nach dem Zweiten Weltkrieg fiel es an die Tschechoslowakei zurück. Das heißt, eigentlich ist es unmöglich, dort eine einfache Brücke zu bauen. Roche hatte das rasch begriffen und entwarf eine Stegbrücke in Form einer Schlinge, so dass man beim Überqueren auf der Brückenmitte umdrehen und einen Blick zurück auf das Ufer werfen muss, von dem man aufgebrochen ist. Das ist ein Brücken-Paradox mit zwei Mitten, man kann sich da nicht einfach so in der Mitte begegnen.

Piotr Piotrowski: Der Witz an dem Projekt ist doch, dass es das Konzept der Zentralisierung in Frage stellt. Das heißt, das kritische Moment des Brückenentwurfs in Cieszyn besteht gerade darin, dass dieser Ort nicht benutzt wird, um Nutzen im Zentrum zu erzielen, im Gegenteil. Im Grunde handelt es sich, politisch gesprochen, um einen Alterglobalismus. Ich sehe in dieser Initiative eine kritische Spitze gegen die Globalisierung.

Marek Krajewski: Man kann hier auch von Kolonisierung sprechen. Es führt kein Weg daran vorbei, dass ihr, die Stiftung Galerie Foksal, über eine ungeheure Macht verfügt. Mit eurer Verschiebung, eurem Meiden des Zentrums verwandelt ihr alles in Gold und verändert die Struktur der Kunstwelt in Polen. Dieser Rolle könnt ihr nicht entkommen. Deshalb ist es nicht ganz angebracht, wenn ihr euch ein Unschuldsmäntelchen umhängt und das alles in die Ideologie der Dezentralisierung kleidet. Ich meine das auch gar nicht abwertend. Es ist Kolonisierung in ihrer unartigen Form. Das Drama der Galerie Foksal und der Stiftung Galerie Foksal ist, dass ihre Aktionen den lokalen Kontext verfehlen, sie sind ihm einfach um eine Kulturepoche voraus, sowohl mit der Kunst, die sie präsentieren, als auch mit dem Diskurs, der diese Kunst definiert. Dieser Diskurs ähnelt dem Diskurs in den entwickelten, postmodernen Ländern des Westens; er verläuft parallel zu ihm. Hier in Polen hat er keine ideologische Unterstützung, hier gibt es kein wirklich ernstzunehmendes linkes Milieu. Ihr streitet auf einsamem Posten.

Joanna Mytkowska: Wir warten auf sinnvolle Kritik von außen.

Piotr Piotrowski: Ich möchte gern auf das zurückkommen, was Marek Krajewski über die Macht gesagt hat, nämlich dass ihr eine klar erkennbare Position in der Kulturlandschaft, nicht nur Polens, einnehmt. Seht ihr aus dieser Position ein Generationenproblem? Wie nehmen euch die jungen Leute wahr, die hierher kommen? Wie beurteilen sie eure Aktionen? Findet die neue Generation, die keinen biographischen Kontakt zu Kaczmarski und zur Untergrundbewegung hat, ganz zu schweigen von der Galerie Foksal und der alternativen Kultur der „vergangenen Zeit", findet diese Jugend, die in einem anderen Raum lebt und die Welt völlig anders strukturiert, ihren Weg zu euch in die Stiftung Galerie Foksal? Wie ist das Verhältnis zwischen euch und ihnen? Wie nehmt ihr euer Verhältnis zum jungen Publikum wahr, das nach 1989 in einer neuen Gesellschaftsordnung aufgewachsen ist und anders denkt?

Andrzej Przywara: Wir möchten Vereinfachungen vermeiden. Unsere Aktionen in den Kategorien des Erfolgs zu analysieren, sie als Erfolg in der neuen kapitalistischen Wirklichkeit zu klassifizieren, das ist so eine irrwitzige Vereinfachung, die alles, was wir machen, uninteressant macht; es entspricht nicht unserer täglichen Erfahrung.

Piotr Piotrowski: Darauf habt ihr keinen Einfluss. Ich frage danach, wie die junge Generation euch sieht. Betrachtet ihr euch selbst im Spiegelbild der jungen Leute?

Andrzej Przywara: Unsere Erfahrung war insofern ungewöhnlich, als wir mit mehreren Künstlergenerationen gleichzeitig gearbeitet haben, mit Künstlern, die in den sechziger Jahren begonnen hatten, zum Beispiel Edward Krasiński, dann mit der Generation, die Ende der Achtziger debütierte, wie Mirosław Bałka und Katarzyna Józefowicz, und später bauten wir unser Programm auf die Erfahrung von Künstlern der neunziger Jahre auf – Paweł Althamer und Artur Żmijewski. Die Arbeit in der Galerie Foksal ermöglichte diese einmalige Erfahrung zwischen den Generationen. Später hatten wir Gelegenheit, mit einer anderen Generation in Kontakt zu kommen, als wir zum Beispiel mit Wilhelm Sasnal zusammenarbeiteten. Prägend für unsere Generation war die Diskussion über die Geschichte, viele Künstler kamen auf die Erfahrungen des Zweiten Weltkriegs zurück. Zu einem der wichtigsten Ereignisse wurde die öffentliche Debatte über Jan Tomasz Gross' Buch *Nachbarn*, das die Ermordung von Juden durch polnische Mitbewohner in der Stadt Jedwabne beschrieb; es erschien 2000. Wir sind in dem Gefühl erzogen worden, Opfer zu sein, die Polen waren allenfalls Zeugen des Mordes. Diese Diskussion über das polnisch-jüdische Verhältnis im Krieg zwang uns, darüber nachzudenken, auf welche Weise die polnische Gesellschaft in den Völkermord an den Juden verstrickt war. Es gab zu diesem Thema mehrere wichtige Arbeiten von Künstlern unterschiedlicher Generationen. Ich erinnere mich, wie ich einmal bei einer Präsentation von Bałkas Arbeit in der Galerie Zachęta Seife auf den Fußboden auftrug, als die Ausstellung *Where is Abel, Thy Brother* (1995) gezeigt wurde. Später hat Żmijewski sein *Tryptyk izraelskiego* (Israelisches Tryptichon, 2002) realisiert. Und Wilhelm Sasnal machte 2002 eine Arbeit, die auf Spiegelmans Comic *Maus* anspielte, der gerade ins Polnische übersetzt worden war. In Bielsko-Biała zitierte er in einer Wandmalerei Geschichten von Spiegelman, der aus Bielsko-Biała stammte. Das waren generationsübergreifende Erfahrungen.

Adam Szymszyk: Wir hatten nur schwer eine generationsübergreifende Tradition finden können, aber nach Jedwabne zeigte sich, dass es einen solchen gemeinsamen, wunden Punkt doch gab. Er betraf alle. Uns alle interessiert der Bezug zur Vergangenheit.

Andrzej Przywara: Zur jüngeren Vergangenheit.

Piotr Piotrowski: Meine Frage zielt in eine andere Richtung. Wenn wir die Stiftung Galerie Foksal über die Generationserfahrung, über persönliche Entscheidungen und Geschichten definieren, wie es Adam Szymczyk vorhin getan hat, dann haben wir es jetzt mit einer völlig neuen Generation zu tun. Mich interessiert immer noch, wie eure Aktivität rezipiert wird.

Andrzej Przywara: Das konnte man sehen, als Żmijewskis Film *Repetition* 2005 im polnischen Pavillon auf der Biennale von Venedig gezeigt wurde. Der Film ist eine Art Remake des berühmten Experiments von Philip Zimbardo aus dem Jahre 1971, bekannt als „Stanford Prison Experiment", aber mit anderem Ausgang. Während in dem Originalversuch die Teilnehmer die Wächterrolle *bis zu Ende* spielten und ihre verborgenen Aggressionsinstinkte auslebten, ergaben sie sich bei Żmijewski nicht der Situation und verweigerten gemeinsam mit den „Häftlingen" die weitere Teilnahme an dem Experiment. Nachdem der Film auf der Biennale gelaufen war, wurde er in der Kunstzeitschrift *Obieg* diskutiert. Es gab auch eine wahnsinnig emotionale und kritische Rezension in der polnischen Tageszeitung *Rzeczpospolita*. In einer Zeitschrift, die von Studenten der Kunstgeschichte in Warschau herausgegeben wird, kommt eine Studentin nach der Beschreibung des Films zu dem Schluss, die Interpretation lohne die Mühe nicht, weil es in dem Film kein Fazit gebe. Sie schreibt weiter, der Film sei langweilig und schlecht geschnitten. Es ist bezeichnend, dass sie sich auf die Beschreibung der Arbeit und einen einzigen kritischen Satz beschränkt, ohne ihr Urteil zu erläutern und zu begründen. Schlecht geschnitten und langweilig, fertig – das sagt ihre Intuition. Eine völlige Verkümmerung des Instrumentariums der Kritik.

Piotr Piotrowski: Ist das das einzige Beispiel?

Joanna Mytkowska: Nein, lies nur mal solche Zeitschriften wie *Obieg*, im Druck und im Internet herausgegeben vom Zentrum für Zeitgenössische Kunst, Schloss Ujazdowski in Warschau, oder *Sekcja*, publiziert von Studenten der Kunstgeschichte der Universität Warschau.

Andrzej Przywara: Und das sind Fachzeitschriften, die vernünftige Kritik betreiben sollten.

Piotr Rypson: Wenn man wirklich differenzieren wollte – ich bin eine Generation älter –, dann sehen wir bei der Generation der gut Zwanzigjährigen, und das sind ja die treuesten Besucher der Stiftung Galerie Foksal, ganz unterschiedliche Haltungen. Sie sind diejenigen, die zu den Vernissagen kommen. Was jedoch die Arbeiten, die künstlerische und auch die institutionelle Praxis betrifft, so zeichnen sie sich vor allem dadurch aus, dass ihr in der Stiftung Galerie Foksal den unaufhörlichen Versuch einer Sinnstiftung, einer Sinnproduktion unternehmt, und zwar indem ihr bestimmte Ereignisse kreiert und die Künstler bei der Produktion unterstützt. Ich habe den Eindruck, dass eine bestimmte Sprachschicht, eine Art von modischem „Neusprech", dessen sich die Generation der

Zwanzigjährigen bedient, auf die Vernichtung von Bedeutung abzielt, auf Verschiebungen in der Sprache, um sie zu banalisieren, zu entwerten, ja die Sphäre der Sprache überhaupt zu verlassen: Die Aufgabe der Sinnproduktion erscheint als unattraktiv oder von vornherein aussichtslos. Und so schreibt dann ein gut zwanzigjähriger Kritiker gleichzeitig für die polnische Ausgabe von *Newsweek*, ein Frauenmagazin, *Zwierciadło* und *Obieg* und weiß Gott für wen noch, weil – wie er behauptet – die wirtschaftliche Situation ihn dazu zwingt.

Adam Szymczyk: Uns hat immer interessiert, im Dialog mit anderen Sinn aufzubauen. Im Gespräch mit dem anderen entsteht Sprache, und ich habe den Eindruck, die gut Zwanzigjährigen haben gar nicht das Bedürfnis nach einer gemeinsamen Sprache, nach der Stiftung eines *sensus communis*. Ihre Sprachen sind erschreckend privat.

> **Piotr Rypson:** Dabei gibt es so eine gemeinsame Sprache wirklich, das heißt eine Sprache, die benutzt wird, eine Art neuer Subsprache, ein in raschem Wandel begriffener Dialekt. Er hat eine elitär-exklusive Funktion, weil nur diejenigen richtig mitreden können, die ihn kennen und zu schnellen Sprachspielen fähig sind. Dieses Spiel reduziert aber gleichzeitig den Sinn, weil es auf Verschiebungen und Manipulationen beruht, die letztlich keine Erneuerung der Bedeutungen bewirken. Ein hervorragendes Beispiel ist die Literatur der jungen Autorin Dorota Masłowska, die es verstanden hat, dieses Material zur Beschreibung der Gegenwart zu benutzen und sich gleichzeitig über diese Subsprache lustig zu machen.

Piotr Piotrowski: Was die Reduktion des Sinns betrifft, würde ich mich gern von der Geschichte der Stiftung Galerie Foksal lösen und einen breiteren Blickwinkel einnehmen. Ich habe den Eindruck, wir haben es eigentlich in jedem Land Mittelosteuropas mit dem Entwurf einer unvollständigen Demokratie zu tun. Nach 1989 öffneten sich diese Länder eher für den Kapitalmarkt als für neue Ideen; die neunziger Jahre brachten den freien Markt von Waren und Kapital, aber um die Ideen ist es schlechter bestellt. Der gesamte Osten ist ein unvollendetes Demokratieprojekt. In Polen sieht man das sehr deutlich. Meine Frage lautet demnach: Inwieweit übertragen sich die Schwierigkeiten mit der Demokratie, ihre Unvollständigkeit also, auf das Problem der Sinnreduzierung; der fehlenden Lektüre von produziertem Sinn, der unvollständigen Partizipation, der Paralexie gegenüber der Funktion dieses Sinns?

> **Marek Krajewski:** Ich frage mich, was „unvollendete Demokratie" bedeutet. Ist Demokratie jemals vollendet?

Piotr Piotrowski: Gute Frage. Natürlich ist sie nirgendwo vollendet. Es steht jedoch außer Zweifel, dass in den Ländern des ehemaligen Ostblocks tief verwurzelte autokratische Machtmechanismen funktionieren, die unüberwindbar erscheinen. In Polen zeigt sich das an Problemen mit der Veröffentlichung kritisch dargestellter religiöser Ikonographie, Sexualität etc. Wir beobachten in diesen

Ländern, auch in Polen, Mechanismen, die darauf hindeuten, dass der Demokratisierungsprozess weniger vollendet ist als in den westeuropäischen Ländern. Die Vereinigten Staaten haben ihr ganz eigenes Problem mit der Demokratie, aber das führt jetzt zu weit – ich will nicht über Politik sprechen, sondern über künstlerische Kultur. Mich interessiert besonders die Reduzierung des Sinns der künstlerischen Aussage. Ich habe den Eindruck, die Diskussion über das bekannteste Beispiel, Dorota Nieznalskas *Passion* (2003), genauer jenes Fragment, das eine Fotografie von männlichen Genitalien in die Form eines Kreuzes einpasst, ist vor allem durch die Massenmedien so kanalisiert worden, dass die Vielzahl von Elementen, die die künstlerische Kultur ausmachen, auf ein einziges Motiv reduziert wurde: Verletzung religiöser Gefühle.

> **Andrzej Przywara:** Im Fall Nieznalska bin ich der Meinung, dass die öffentlichen Institutionen einen strategischen Fehler begangen haben. Wenn der Staat demokratisch ist und demokratische Institutionen funktionieren, dann sollten sie für diese Arbeit eintreten. Das wäre die Aufgabe der öffentlichen Institutionen gewesen. Die Galerie Zachęta hätte diese Arbeit sofort ausstellen müssen, ohne lange zu überlegen, ob das gut oder schlecht ist, und ohne darüber in wissenschaftlichen Zirkeln zu debattieren. Zu überlegen, ob wir das verteidigen dürfen, ob es wert sei, das zu verteidigen ...

Piotr Piotrowski: Ich frage nicht nach dem Wert, ich frage nach der Bedeutung.

Andrzej Przywara: Es zeigt, dass die Demokratie unvollendet ist.

Piotr Piotrowski: Das heißt also, die These, dass die unvollständige Demokratie die Produktion von Bedeutung gefährde, ist richtig?

> **Joanna Mytkowska:** Genau das ist ja mit der Arbeit von Nieznalska passiert. Ich hatte darüber ein interessantes Gespräch mit Artur Żmijewski. Er sagte, seiner Ansicht nach sei Nieznalska selbst schuld, weil sie ihre Aussage so konstruiert habe, dass ihre Bedeutung dem Publikum nicht zugänglich war.

Piotr Piotrowski: Ein anderes Beispiel ist die Ausstellung *Irreligia*, die 2001/02 in Brüssel zu sehen war, kuratiert von Kazimierz Piotrowski und Włodzimierz Majewski. Sie hatte einen anderen, tieferen Sinn als Nieznalskas Arbeit. Das war der Versuch, unter Verwendung blasphemischer ikonographischer Motive eine alternative Geschichte der polnischen Kunst zu zeigen.

> **Andrzej Przywara:** Anda Rottenberg, die Direktorin der Galerie Zachęta, hat mutige und für sie selbst folgenreiche Entscheidungen getroffen. Solche Entscheidungen sind eine Schocktherapie für das Publikum, aber diese Art von konfrontativer Erziehung des polnischen Publikums leuchtet mir eher ein als irgendwelche randständigen Erziehungsprogramme. Rottenberg hat Harald Szeemann eingeladen, hundert Jahre polnischer Kunst nach eigenem Gutdünken darzustellen, und er zeigt Maurizio Cattelans *La Nona Ora* (*Die Neunte Stunde*), was die ganze Situation mit einem Schlag verändert. Von einem Tag auf den an-

deren hatte Anda Rottenberg persönlich die Konsequenzen dafür zu tragen, sie wurde entlassen.

Piotr Piotrowski: Die Bedeutung von Cattelans Arbeit ist überhaupt nicht begriffen worden.

Joanna Mytkowska: Ja, aber Szeemanns Ausstellung war ungewöhnlich wichtig, weil sie eine neue Lesart unserer künstlerischen Tradition anbot.

Piotr Piotrowski: Szeemanns Entscheidung, Cattelans *Die Neunte Stunde* auszustellen, das den liegenden Papst zeigt, an dem jeder vorbeigehen kann, über den man sogar aus Versehen stolpern kann, bedeutete einen visuellen Schock in einem Land, wo die zahllosen Papstdenkmäler kniend betrachtet werden. Es war ein Versuch, den Polen bewusst zu machen, wie wir den Papst sehen; eine Art Dekonstruktion unseres Blicks. Die Intention des Kurators ist also überhaupt nicht verstanden worden. Die Kritik in der Massenpresse und die Meinung der politischen Zirkel, denen Anda Rottenberg letztlich zum Opfer gefallen ist, gingen in eine andere Richtung. Auch das gehört mit zum Problem der Bedeutungsreduzierung.

Joanna Mytkowska: Aber es gibt auch Künstler, die diese Bedeutungsreduzierung zum Gegenstand ihrer Arbeit machen. Piotr Uklański setzt bei der Konstruktion seiner Arbeiten die Möglichkeit einer derartigen Reduzierung immer schon voraus. Ich sehe in Cattelans *Neunter Stunde* ebenso wie in Piotr Uklańskis *The Nazis* und seinem Papstporträt mehrdimensionale Aussagen, die sowohl die publizistische als auch die mediale Rezeption antizipieren.

Andrzej Przywara: Glaubst du, das wird nie mehr entziffert werden?

Piotr Piotrowski: Das glaube ich keineswegs, ich versuche nur den Moment zu erfassen, an dem dieser Reduktionsmechanismus eingesetzt hat.

Andrzej Przywara: Von der Schwäche der Kunstszene zeugt die Tatsache, dass Szeemanns Ausstellung, eine der wichtigsten nach 1989 und in der polnischen Ausstellungsgeschichte überhaupt, bis heute keinen Katalog hat. Das ist ein Witz. Eine Ironie des Schicksals. Diese Ausstellung wird in Fußnoten und Kommentaren existieren, ein Katalog wird nicht erscheinen, denn das ist so ein Charakterzug, lieber wegschauen, lieber sich nicht damit auseinandersetzen, lieber vergessen.

Adam Szymczyk: Cattelans Arbeit hat eine Art *blind spot* in Polen sichtbar gemacht – sie ist verdrängt worden, hat die Rezipienten blind gemacht. Die geblendeten Rezipienten fühlten sich schlecht. Eine heftige Diskussion entbrannte, die Opfer forderte; ein kleines Pogrom von Politikern und Medien.

Marek Krajewski: Die den Papst noch nie in einer solchen Position gesehen hatten.

Adam Szymczyk: Es gibt so eine Zeichnung aus den siebziger oder achtziger Jahren, ich glaube, von Andrzej Czeczot, da steht ein Typ in der polnischen Einöde und brüllt: „Psychoanalyse für alle, kostenlos!" Er fordert das im Namen der einfachen Leute, er fleht diese Psychoanalyse herbei, weil er in dieser Einöde, dieser Leere nicht zurechtkommt. Die Psychoanalyse ist ein schmerzhafter und langwieriger Prozess, und die hier angesprochenen historischen Symptome müssen ihr unterzogen werden. Die Lage ist nicht mehr so schlimm, die Verdrängung nicht mehr so stark wie noch vor zehn Jahren. Dafür taucht ein paralleles Problem auf: die schwache Vergesellschaftung der Gesellschaft, das niedrige Niveau der Partizipation. Wenn das Werk demokratiefeindlich war, hätten die gesellschaftlichen Institutionen es kritisch prüfen müssen, wenn es demokratisch war, hätten sie es verteidigen müssen. Aber das tun sie nicht, meines Erachtens deshalb, weil kaum jemand daran glaubt, dass sich dadurch etwas ändert. Und das liegt ganz einfach an der geringen Beteiligung der Menschen an der Gesellschaft, an jenem Spiel, das soziales Leben heißt. Viele spielen nicht mit, sie ziehen sich zurück oder werden aufgerieben zwischen persönlichen und wirtschaftlichen Schwierigkeiten. Die Leute denken nicht über Politik nach, sie überlassen die Politik den Politikern und werden zynisch.

Piotr Piotrowski: Die sogenannte „kleine Stabilisierung"?

Piotr Rypson: Die kleine Stabilisierung ist die Folge einer „persönlichen Kostenreduzierung". Der Vergleich mit der „kleinen Stabilisierung", wie man die kommunistischen sechziger Jahre unter Władysław Gomułka ironisch umschrieb, ist angebracht. In unserer politischen Realität gibt es sehr viele Gomułkas. Nebenbei bemerkt, ist interessant, dass die einzige öffentliche Institution, die sich bei den von politischen Parteien und kommunalen Behördenvertretern organisierten Angriffen auf die Kunst korrekt verhalten hat, das damalige Kulturministerium war. Der Minister sagte, das sei nicht seine, sondern eine Angelegenheit der Kunstinstitutionen, die für diese Kunst eintreten müssten, er als „Behörde" werde diesen Streit nicht entscheiden.

Piotr Piotrowski: Das war im Zusammenhang mit der Ausstellung *Irreligia*. Damals war Andrzej Celiński Kulturminister.

Piotr Rypson: Celiński hat sich wirklich sehr angemessen verhalten, indem er das Problem an die Kunstinstitutionen und die Vertreter des öffentlichen Kulturlebens verwies. Er gab den Ball korrekt zurück – wenn ihr euch damit befasst, dann tut auch was.

Piotr Piotrowski: Das haben sie ja auch getan, nämlich Kazimierz Piotrowski, einen der Kuratoren der Ausstellung *Irreligia*, beim Nationalmuseum in Warschau gefeuert.

Piotr Rypson: Man sollte hinzufügen, dass auch diese Kreise unter Druck stehen, dass sie Angst haben. Beruht die genannte eingeschränkte Partizipation womöglich einfach auf Angst, sozusagen wirtschaftlicher Angst um Karriere und Job?

Joanna Mytkowska: Einige Künstler beschreiben ihre Rolle folgendermaßen: Mit meiner künstlerischen Aussage verteidige ich die Demokratie, ich erweitere sie. Dazu gehört vielleicht Dorota Nieznalska. Das ist eine mögliche und ehrenwerte Einstellung. Es gibt aber auch andere, die komplexere Fragen zur gesellschaftlichen Situation im weiteren Sinne aufwerfen. Die Arbeiten von Artur Żmijewski oder Piotr Uklański zum Beispiel lassen sich nicht allein in ihrer Beziehung zum unvollendeten, repressiven politischen Modell beschreiben.

> **Marek Krajewski:** Ich glaube, die Situation ist universaler. Ist es nicht so, dass in Polen die Angriffe auf die zeitgenössische Kunst, die Mitte der neunziger Jahre einsetzten, mit der sich verändernden Wirtschaftslage zusammenhängen, mit dem Entstehen immer größerer Gruppen von Ausgeschlossenen, mit der Verhärtung von Positionen, um so die eigene Würde zu wahren? Denkt doch nur daran, dass in den westlichen Ländern unter dem Einfluss der Entstehung von etwas, das man „Zwei-Sphären-Gesellschaft" nennen könnte, einer Gesellschaft also, die geteilt ist in jene, die Arbeit haben, und jene, die keine haben, dieser höchst primitive Mechanismus der Verhärtung von Positionen entstanden ist. Das fördert den Fundamentalismus. Der katholische Fundamentalismus in Polen ist die erkennbare Frucht der wirtschaftlichen Situation und der Verdrängung von Menschen, die vielleicht an der Demokratie partizipieren wollen, es aber nicht können. Ich will gar nicht davon reden, wie diese Verweigerungs- und Ausschlusshaltung dann politisch ausgenutzt wird. Aber ich glaube, das System ist primitiver und zugleich komplexer. Nach dem Grundsatz „Erst die Schuhe, dann Shakespeare" entsteht Kulturinteresse bei all denen, die satt sind. Die privilegiert sind.

Adam Szymczyk: Es gab einen interessanten Vorschlag, der kein Echo gefunden hat und nicht begriffen worden ist, und er konnte nicht begriffen werden, weil das Werkzeug dafür fehlte. Ich meine die Ausstellung *Wealth of Nations*, die Cornelia Lauf und Milada Ślizińska 1991 im Warschauer Zentrum für Zeitgenössische Kunst organisiert haben und an der unter anderen Rirkrit Tiravanija beteiligt war. Diese Ausstellung ging von einem Wort Adam Smiths aus, dessen Gedanken sonst zur Legitimierung einer streng marktfreundlichen Politik herhalten müssen. Das Zitat besagte, dass der Reichtum der Nationen nicht ausschließlich ökonomischen Charakter habe. Es gehe nicht darum, sich gegenseitig auf dem Markt zu bekämpfen, sondern sich bewusst zu machen, dass die liberale Situation, die sich nun eröffnet hat, allen, auch den Künstlern, die Chance gibt, an gesellschaftlichen Veränderungen teilzuhaben. Auf der Ausstellung waren linke, aber auch andere Positionen vertreten. In gewissem Sinne war sie das Modell einer kleinen Gemeinschaft, die aktiv am Gesellschaftsleben teilnahm. Ein Emanzipationsmodell. Übrigens wurde zu der Veranstaltung kein einziger polnischer Künstler eingeladen. Doch diese Ausstellung hat uns gezeigt, wie Demokratie aussehen könnte. Die dort vertretenen Künstler versuchten auf ihre – vielleicht naive – Weise, die damalige Wirklichkeit in unserem Land zu verstehen. Manche Arbeiten waren amüsant, paranoid, ironisch. Kurz darauf fand eine Ausstellung von Krzysztof Wodiczko im Zentrum für Zeitgenössische Kunst statt, die ebenfalls sehr wichtig war, weil sie ein Bild der, nicht nur positiven, ökonomischen und politischen Veränderungen Anfang der neunziger Jahre in Polen zeigte. Wenn man eine Kunst- oder Ausstellungsgeschichte auf positiven Beispielen aufbauen wollte, dann wären dies die Momente, in denen die Kunst sich gesellschaftlich engagierte, etwas anzubieten hatte und sich nicht auf den Standpunkt der Selbstreferenz zurückzog, sondern zum Dialog einlud. Von gleicher Art waren auch alle von Artur Żmijewski organisierten Ausstellungen, *Parteitag*, *Polen* und andere.

Piotr Piotrowski: Ich stimme der Bewertung von Krzysztof Wodiczkos Ausstellung und seines Projekts mit Immigranten in Polen zu. Das war ein wichtiges Projekt, aber es ist hier nicht begriffen worden. Damals fielen harte Worte, sie sind aber in der Rezeption dieses Vorhabens völlig untergegangen. Man hat überhaupt nicht bemerkt, was das Wesentliche an dieser Arbeit war: die Initiative, die Einstellung der Fremden zu den Polen und der Polen zu den Fremden zu testen. Das hat so gut wie niemand aufgegriffen, und ich habe den Eindruck, dass wir an den Ausgangspunkt unseres Gesprächs zurückkommen. Wenn Marek Krajewski davon spricht, dass die Situation in Polen in gewissem Sinne mit der im Westen herrschenden Situation, also mit der Verhärtung der Positionen, vergleichbar sei, dann kann man dem schwerlich widersprechen, auch wenn die Ursachen unterschiedlich sind. Ein gutes Beispiel sind die Niederlande, wo wir eine Woge des Fundamentalismus beobachten. Dort gibt es ja gewisse Instrumente und intellektuelle Traditionen, die eine kritische Beleuchtung dieser Situation erlauben. In Polen haben wir weder die Instrumente noch die Tradition. Wodiczkos Ausstellung ist ein Beispiel – niemand hat diese Diskussion aufgenommen. Zweitens hat sich niemand die Mühe gemacht, die ganzen Veränderungen kritisch zu analysieren, niemand hat eine Kritik der Realität versucht, in der wir leben. Das von Marek Krajewski erwähnte Fehlen einer kritischen Tradition, das die Stiftung Galerie Foksal, wie mir scheint, durch ihre Projekte zu kompensieren versucht, ist also bezeichnend und charakteristisch. Deshalb habe ich am Anfang dieses Gesprächs über die Galerie Foksal gesprochen, denn die Galerie war programmatisch nicht an dieser Art Reflexion interessiert. Die Stiftung dagegen spürte mehr oder weniger intuitiv, dass hier ein Feld zu bestellen war. Wenn wir die Situation Polens und anderer mitteleuropäischer Länder als unvollendetes Demokratieprojekt betrachten, dann ist die fehlende Tradition kritischen Denkens eines seiner Elemente.

Joanna Mytkowska: Mir scheint, bei Żmijewski handelt es sich um ein zutiefst politisches und weit über die Kunst hinausgehendes Projekt, gleichzeitig aber – und das ist sein größter Vorzug – wird dort nicht ideologisiert. Żmijewski bezeichnet das nicht als linke Kritik. Es ist eher eine Kritik der sozialdemokratischen Sichtweise mit ihrer politischen Korrektheit. Das ist das Interessanteste, und es ist wichtig. Ich möchte erwähnen, dass zum Beispiel im Umfeld der linken politischen Monatszeitschrift *Krytyka polityczna* das Projekt einer linken Kritik der zeitgenössischen Kunst entstanden ist, wenn auch ziemlich naiv materialistisch. Nach diesem Konzept heißt es: erst die Kindergärten, dann die Kunst.

Adam Szymczyk: Auf dem Flug nach Warschau las ich in der Zeitung einen Artikel über ein Mietshaus. In irgendeiner Stadt haben die Bewohner die Initiative ergriffen und begonnen, zu ihrer Sicherheit Kameras zu installieren; sie haben ein Fitnessstudio eingerichtet, alles sauber gemacht und ihren Block in ein vorbildliches Wohnhaus verwandelt. Die Mieter fühlen sich wie Eigentümer. Sie haben all die bösen Graffitischmierer und Penner verjagt, die sich jetzt nicht mehr dorthin trauen, wie die Zeitung schreibt. Der Block ist vergesellschaftet worden. Die Zeitung zitiert einen Fachmann für Hausgemeinschaften, der sagt, das sei ein Einzelfall, derartige Mustergemeinschaften könne man in Polen an fünf Fingern abzählen. Dagegen gibt ein Sozialpsychologe zu bedenken, bei solchen Kameras müsse man aufpassen, dass es nicht zu viele würden, sonst arte das Ganze in Selbstunterdrückung aus. Wenn wir diesen Wohnblock nehmen und ihn damit vergleichen, was Paweł Althamer 2000 in dem Block in Bródno gemacht hat, dann muss man sagen, dass Althamers Projekt absolut visionär war.

Joanna Mytkowska: Vielleicht sollte die Kunst sich auf das Visionäre beschränken.

Adam Szymczyk: Im Jahr 2000 waren die Blocksiedlungen noch kein besonderes Thema, es gab solche vergesellschafteten Blocks noch nicht. Althamer ist die Karnevalisierung der Wirklichkeit gelungen. Alle Bewohner und Nachbarn wurden einbezogen, eingeladen, sie kamen vor ihr Wohnhaus, und dort passierte eine Menge: man unterhielt sich, tanzte, grillte Würstchen, spielte Musik, Lichter brannten, und doch war das nicht nur ein Theater, in dem der Künstler etwas Großes inszeniert, während sich nebenan alle wie auf einem Bierfest oder einer Vernissage im Museum vergnügen. Das war das utopische Modell einer Wirklichkeit für eine Nacht.

Piotr Rypson: Kürzlich wurde Paweł Althamers Aktion übrigens in einer Blocksiedlung in Krakau wiederholt. Während Althamer die Mieter in Warschau überredet hatte, das Licht in ihren Wohnungen so an- und auszuschalten, dass das neue Jahr mit einem leuchtenden „2000" gefeiert wurde, entstand in Krakau daraus ein großes Kreuz.

Piotr Piotrowski: Eine gute Schlusspointe für unser Gespräch: Ein Künstler formuliert die Utopie einer Mietergemeinschaft und organisiert ein frohes Fest zur Verabschiedung des einen Jahrtausends und zur Begrüßung des nächsten. Die Bewohner einer anderen Siedlung greifen die Methode auf, organisieren sich aber um einen ganz anderen Inhalt, im Grunde um eine Ideologie, die in Polen einen ziemlich reaktionären Charakter hat und nicht wenig dazu beiträgt, dass das Demokratieprojekt hier, wie wir sagten, unvollendet ist. Ich danke sehr für das Gespräch.

Das Gespräch wurde von Piotr Piotrowski ediert.

　　　　　Warschau　　　　　Shirana Shahbazi, *[Kobieta-01-2004]* (Frau), 2004, Fotografie

Warschau   Shirana Shahbazi, *[Warszawa-02-2004]* (Warschau), 2004,
                                                        Fotografie

Konstantin Akinsha

Den Kommunismus ins Museum bringen

Ein Gespenst geht um in Europa – das Gespenst des Kommunismus.
(Karl Marx und Friedrich Engels, Manifest der Kommunistischen Partei)

Es war Samstag. Der Tag war sonnig und warm, wahrscheinlich der erste warme Tag nach einer Woche mit ungewöhnlich kaltem Wetter. Um zehn Uhr morgens dämmerte Warschau friedlich vor sich hin. Als ich mich dem Studiotheater näherte – einem der beiden Theatersäle, die im Palast der Kultur und Wissenschaft untergebracht sind, einem Wolkenkratzer, der 1955 als Geschenk des sowjetischen Volkes an die polnische Nation errichtet und nach dem Genossen Stalin benannt worden war –, vernahm ich den Klang alter offizieller Reden, die von lautem Applaus unterbrochen wurden. Während ich schockiert stehen blieb, begannen die Lautsprecher in der Nähe des Theatereingangs plötzlich zu keuchen und spuckten dann den nächsten Teil der Rede aus. Das Déjà-vu-Gefühl verstärkte sich, als ich das Foyer des Theaters betrat. Meine Irritation war verständlich, denn einige Jahre zuvor hatte ich an der Moskauer Universität studiert und viel Zeit in ihrem Hauptgebäude verbracht, einem stalinistischen, von Lew Rudnew entworfenen Wolkenkratzer, demselben Architekten, von dem auch der Palast in Warschau erbaut worden war.

Ich hatte beschlossen, am 4. Juni 2005 in das Studiotheater zu gehen, weil die Socland Foundation die Bürger Warschaus eingeladen hatte, sich an diesem Tag dorthin zu begeben und Exponate für das zukünftige Museum des Kommunismus zu stiften, das im Keller des Palastes eingerichtet werden sollte. Große Plakate mit einer der Statuen, die die Fassade des Kulturpalasts schmücken, waren überall in der Stadt zu sehen: die Figur eines jungen Mannes, der optimistisch in die Zukunft blickt, in der Hand ein mächtiges Buch, auf dessen Umschlagdeckel die Namen Marx, Engels und Lenin prangen. Begleitet wurde das Bild von dem kecken Slogan „Bringt den Kommunismus ins Museum".

In der Eingangshalle des Theaters standen drei Tische, um die eine Gruppe junger Leute versammelt war – Studenten, die sich als Freiwillige gemeldet hatten, um der Socland Foundation bei der Entgegennahme der Gaben zu helfen, außerdem einige Journalisten, die gekommen waren, um das Ereignis zu dokumentieren. Bislang hatten sich noch keine Spender blicken lassen, aber es war auch noch zu früh. Niemand erwartete, dass die Leute am Samstagmorgen um Punkt zehn in Scharen hereinströmen würden. Nachdem mir eine energische junge Frau namens Maja, eine Vertreterin der Stiftung, erklärt hatte, der Projektkoordinator Marek Kozicki gäbe dem deutschen Fernsehen gerade ein Interview und stünde frühestens in einer halben Stunde zur Verfügung, überließ sie mich wieder mir selbst. Die Spender ließen nach wie vor auf sich warten. Also begann ich eine Unterhaltung mit den Studenten und fragte sie, warum sie sich freiwillig bereit erklärt hätten, einen so schönen Tag im Kulturpalast zu verbringen, statt irgendwo anders zu sein. Ihre Antwort überraschte mich. Sie alle studierten an der historischen Fakultät der Universität Warschau und wollten Kunstgegenstände aus der kommunistischen Vergangenheit sehen, um zu verstehen, wie die Menschen damals gelebt hatten. Es stellte sich heraus, dass ich mein eigenes Alter vergessen und naiverweise geglaubt hatte, dass die Leute, selbst die ganz jungen, natürlich mit der materiellen Kultur des untergegangenen Imperiums vertraut seien. Inzwischen war es fast elf, aber es waren immer noch keine Spender aufgetaucht. Ich ging nach draußen und rauchte eine Zigarette, während ich den endlosen Parteikongresstiraden lauschte, die über die Lautsprecher ausgestrahlt wurden, um eine dem Ereignis entsprechende Stimmung zu schaffen. Als ich in das Theater zurückkam, war Bewegung in die Freiwilligen und Journalisten gekommen: Der erste Spender saß an einem Tisch und war gerade dabei, ein paar in altes Zeitungspapier eingewickelte Päckchen aus seiner Tasche hervorzuholen. Er schien ein schüchterner junger Mann zu sein, der sicherlich nicht mit so großer Aufmerksamkeit gerechnet hatte. Es dauerte, bis er seine Päckchen ausgewickelt hatte, doch schließlich stellte er seine Gaben auf den Tisch. Es handelte sich um drei Gegenstände: ein kleines rundes Heizgerät, einen gelben Lampenschirm aus Glas sowie einen alten elektrischen Föhn. Alle drei hatten etwas vom universalen Stil der Epoche von Charles Eames und hätten in den späten 1950er Jahren in Amerika produziert worden sein können. In Polen wurden sie vermutlich Anfang der 1970er Jahre hergestellt. Diese armen und späten Nachkommen internationaler Designtrends, die durch den Eisernen Vorhang hereingesickert waren, versetzten die Journalisten in Aktion. Einige findige Radiojournalisten begannen sofort nach einer Steckdose zu suchen, um den Föhn anzuschließen und den Klang des „Kommunismus" aufzunehmen. In der Zwischenzeit torpedierte eine Gruppe von Zeitungsreportern den großzügigen Spender mit ihren Fragen. Doch der junge Mann war nicht sehr gesprächig. Seine Informationen beschränkten sich auf die Mitteilung, er habe die Relikte im Schrank seiner Großeltern gefunden. Er war höchstens achtzehn Jahre alt und hatte keine unmittelbaren Erfahrungen mit der sozialistischen Wirklichkeit gemacht.

Der zweite Spender gab zu größeren Hoffnungen Anlass. Es handelte sich um einen beleibten, über achtzigjährigen Mann, der einige kommunistische Broschüren stiftete. Es waren nur wenige Broschüren, und ihre verschmutzten gelben, mit roten Bändern verzierten Umschläge wirkten wenig ansprechend. Doch auch wenn sie selbst keinen großen Wert besaßen, weckte ihr Eigentümer das Interesse der Pressekorrespondenten, die um den Tisch versammelt waren, an dem die Schenkungszeremonie vonstatten ging. Allerdings sollte der höfliche Ausdruck schon bald aus ihren Gesichtern weichen; die Hoffnung aufgebend senkten die Radioreporter die Mikrophone und traten den Rückzug an. Der alte Mann hatte den Stimmungsumschwung dadurch herbeigeführt, dass er etwas zu häufig den Ausdruck „Itzig" benutzt hatte.

In der Zwischenzeit betraten andere Spender das Foyer. Ein Vater und sein sechsjähriger Sohn stifteten eine kleine Sammlung kommunistischer Abzeichen. Der Junge trennte sich nur widerwillig von den glänzenden roten Sternen der sowjetkommunistischen Kinderorganisation, war aber sichtlich erfreut über die Aufmerksamkeit der Reporter. Die beste Schenkung, deren Zeuge ich wurde, war eine Sammlung von Ehrenzeichen: Sportauszeichnungen, die von einem hageren alten Mann stammten, der früher sicherlich Sportler gewesen war. Zweifellos handelte es sich bei dieser Schenkung nicht einfach nur um nutzlose „kommunistische" Artefakte, sondern um Erinnerungsstücke aus seinem Leben.

Schließlich gaben die deutschen Fernsehjournalisten Herrn Kozicki frei, und ich hatte Gelegenheit, ihm einige Fragen zu stellen. Marek Kozicki erwies sich als großer, kurzhaariger Mann mit gepflegten Umgangsformen. Ich bat ihn, mir das Konzept zu erläutern, das dem zukünftigen Museum des Kommunismus zugrunde liegen sollte. Er war nicht der Erste in Warschau, dem ich diese Frage stellte. Kozicki versuchte zunächst, mir eine allgemeine Beschreibung der Idee zu geben, und es war sofort klar, dass er seine Erklärung schon viele Male vorgetragen hatte. Doch auf meine Nachfrage hin, warum das Museum des Kommunismus ausgerechnet in Warschau angesiedelt sein sollte, wich er von der gut einstudierten Version ab: Er meine, die zukünftige Institution sollte weniger dem Kommunismus im Allgemeinen gewidmet sein als vielmehr dem Leben des polnischen Volkes in den Jahren des Sozialismus. Während des Sprechens kam der Projektkoordinator zunehmend in Fahrt und erklärte, das Museum solle nicht nur das Innenleben jener Zeit rekonstruieren, sondern auch mit Hilfe von Schauspielern bestimmte für die sozialistischen Jahre typische Lebenssituationen nachstellen, von den Warteschlangen in Lebensmittelgeschäften bis zum Verhör politischer Gefangener. Vom Höhenflug seiner Phantasie davongetragen, verkündete er stolz: „Wir werden sogar den Geruch des Kommunismus rekonstruieren."

Seine Worte verblüfften mich. Ich versuchte mich an die Gerüche meines eigenen persönlichen Kommunismus zu erinnern, die Düfte des sowjetischen Lebens der 1960er bis 1980er Jahre. Wir hatten viele davon: den Geruch verfaulenden Kohls in den Speisesälen, den charakteristischen Kasernengestank aus Schweiß und Schuhwichse, den Duft des Parfüms „Rotes Moskau" (das in Flakons verkauft wurde, die dem Spassky-Turm des Kreml nachgebildet waren, und das meine Großmutter liebte), den scharfen Geruch des „Dreifach"-Eau de Cologne, das Alkoholiker häufig als preiswerten Wodkaersatz konsumierten, und natürlich den alles durchdringenden Gestank von Chlor, der überall, von öffentlichen Toiletten bis zu Gefängnissen, für Desinfektionszwecke verwendet wurde. Ich war mir nicht sicher, ob alle diese Gerüche – vielleicht mit Ausnahme des Parfüms Rotes Moskau – spezifisch „kommunistisch" waren. Als ich darüber nachzudenken begann, ob der polnische Kommunismus, ganz zu schweigen vom chinesischen oder kubanischen, möglicherweise anders riechen könnte als meine sowjetische Vergangenheit, wechselte Herr Kozicki unvermittelt das Thema. Er gestand, dass die Organisatoren des Museums noch kein konkretes Konzept hätten und daher eine Konferenz planten, um Museumsexperten zu einer Diskussion darüber einzuladen, wie das zukünftige Museum aussehen sollte. „Wir sind keine professionellen Museumsleute", gab der Koordinator zu.

Einige Tage vor diesem denkwürdigen Samstag, an dem die Bevölkerung von Warschau eingeladen war, „den Kommunismus ins Museum zu bringen", saß ich im Büro von Czesław Bielecki, einem Architekten und ehemaligen Vorsitzenden des Komitees für Auswärtige Beziehungen im polnischen Sejm. Bielecki kannte den Kommunismus nur zu gut: Er hatte Mitte der 1970er Jahre die demokratische Opposition in Polen mitbegründet und deshalb einige Zeit im Gefängnis verbracht. Später war er die treibende Kraft bei der Einrichtung der Socland Foundation gewesen; das Museum des Kommunismus war ein alter Traum von ihm. Zum Rat der Stiftung, die 1999 gegründet wurde, zählen Prominente wie der Filmregisseur Andrzej Wajda; die Liste der Ehrenmitglieder umfasst Zbigniew Brzezinski, den ehemaligen nationalen Sicherheitsberater der USA, den französischen Historiker Alain Besançon und den früheren tschechischen Präsidenten Václav Havel.

„Sehen Sie sich die Schrifttype an!" rief Bielecki und zeigte auf das Logo der Stiftung. „Wir verwenden dieselbe Type, die für den Namen der *Tribuna Ludu*, der Hauptparteizeitung, verwendet wurde. Jeder Pole, der zu der Zeit gelebt hat, kann das erkennen." Hinter den Gläsern seiner dickrandigen Brille funkelten die Augen des Architekten vor Begeisterung. Bielecki war entzückt von der Idee, dass das zukünftige Museum interaktiv sein würde. 2003 hatte seine Stiftung bereits eine Ausstellung im Keller des Kulturpalastes organisiert, bei der zahlreiche Computersimulationen zum Einsatz gekommen waren. Besucher betraten einen Raum, in dem Dokumentarmaterial zur Parade am Ersten Mai gezeigt wurde, und konnten sich plötzlich selbst in der Menge sehen, die den Parteiführern zuwinkte; im anderen Saal fanden sie sich dann unter den Streikenden der Danziger Leninwerft wieder. Bieleckis besonderer Stolz war die „Verhörmaschine". Hier wurden Menschen, die einen als Verhörzimmer ausstaffierten Raum betraten, mit der schreienden Stimme eines unsichtbaren Geheimdienstpolizisten konfrontiert, der von den Gefangenen verlangte, ihr „Geständnis" zu unterschreiben.

Bieleckis Vision des zukünftigen Museums war eine Mischung aus Erinnerungsstätte für die Opfer und High-Tech-Entertainment-Park. Der Name der Stiftung ist kein Zufall. „Socland" bezieht sich auf einen anderen Vergnügungsort, dem es jedoch an der strengen Ernsthaftigkeit „rückblickender Gerechtigkeit" mangelt: Disneyland in Florida.

Wie viele Vertreter seiner Zunft war auch Czesław Bielecki nicht völlig gefeit vor der Versuchung des Größenwahns. In seinem kleinen Büro, das sich im Dachgeschoss eines Fin-de-Siècle-Wohnhauses befindet und mit einem halben Dutzend nicht zueinander passender Wiener Stühle ausgestattet ist, präsentierte mir der Architekt stolz das ursprüngliche Projekt des Museums des Kommunismus. Er zeigte mir die Blaupausen eines pyramidenförmigen Wolkenkratzers, der in der Nähe des Kulturpalasts erbaut werden und diesen noch überragen sollte (der Palast ist 231 Meter hoch). Bielecki erzählte mir, er habe gehofft, ein südkoreanisches Unternehmen für dieses Projekt gewinnen zu können, indem er den Investoren gestattete, einen Teil des Gebäudes als mitteleuropäischen Hauptsitz zu nutzen. Doch entweder hatte das Unternehmen Konkurs gemacht, oder es war einfach nicht interessiert an einer derart eindrucksvollen Investition. Folglich war die „Pyramide des Kommunismus" dazu verurteilt gewesen, Teil des Korpus utopischer Architekturprojekte zu werden. Der abgespeckte Museumsentwurf sah wesentlich besser aus als der ursprüngliche Plan. Jetzt soll die zukünftige Institution im Keller des Kulturpalastes untergebracht werden. Die unterirdisch gelegene Haupthalle vor dem Palast wird dieser Konzeption nach mit einer Glasdecke überzogen, durch die die Besucher den Palastkoloss aus einem eindrucksvollen Blickwinkel wahrnehmen können.

Ich fragte Bielecki, was er von den anderen der sozialistischen Vergangenheit gewidmeten Museen in den polnischen Nachbarländern halte. Er äußerte sich sehr positiv über das Budapester Haus des Terrors, hatte aber noch nichts vom Prager Museum des Kommunismus gehört. Und er wusste auch nicht, dass das Budapester Museum eine Kontroverse ausgelöst hatte und zum wesentlichen Bestandteil eines „Kulturkampfs" zwischen ungarischen Nationalisten und Liberalen geworden war.

Ursprünglich hätte das Budapester Haus des Terrors mehr sein sollen als ein Museum des Kommunismus, doch infolge politischer Manipulation wurde es genau dies. Es liegt im Zentrum von Budapest in einem großen Wohngebäude in der Andrássy ut 60, das 1944 bis 1945 als Hauptquartier von Ferenc Szálasis Pfeilkreuzlern, der ungarischen Nazipartei, diente. In seinen Kellern töteten die Pfeilkreuzler Kommunisten, andere Mitglieder der Opposition und natürlich Juden. Nach dem Krieg wurde das Haus von der kommunistischen Geheimpolizei, der AVO (später AVH), als Zentrale genutzt.

Das Gebäude, das für viele Ungarn zum wahren Symbol des Terrors geworden war, wurde in ein Museum umgewandelt und am Vorabend der Parlamentswahlen von 2002 eingeweiht. Viktor Orbán, der damalige Ministerpräsident Ungarns, hielt bei der Eröffnungszeremonie eine Rede. Für den konservativen Nationalisten Orbán war die neue Institution nicht nur eine Gedenkstätte für die Opfer von Nationalsozialismus und Kommunismus, sondern ein politisches Projekt: etwas, das sich im Wahlkampf wunderbar ausschlachten ließ. Der kommunistische Terror sollte als historisches Vermächtnis der konkurrierenden Ungarischen Sozialistischen Partei (MSZP) dargestellt werden. Der vorgesehene Zweck des Museums spiegelte sich in seinem Logo – das Nazi-Pfeilkreuz und der kommunistische fünfzackige Stern, Seit an Seit.

Doch es ist schwierig, das Haus des Terrors als ein Museum „zweier Übel" zu beschreiben. Der einzige Saal der Ausstellung, der sich über drei Stockwerke und den Keller des großen Gebäudes erstreckt, ist den ungarischen Nazis gewidmet. Nirgends im Museum wird erwähnt, dass Ungarn schon vor der deutschen Besetzung 1944 ein loyaler Verbündeter des Dritten Reiches war und sich an der Aufteilung der Tschechoslowakei beteiligte; und es findet sich auch kein Hinweis darauf, dass das jugoslawische Backa-Becken von Ungarn besetzt worden war und ungarische Soldaten an der Ostfront und in Stalingrad gekämpft hatten. Außerdem haben es die Gründer des Hauses des Terrors versäumt, seine Besucher daran zu erinnern, dass der Holocaust in Ungarn nicht während der kurzen und blutigen Herrschaft von Szálasi begann, sondern bereits 1938, als die Regierung von Admiral Miklós Horthy die ersten antijüdischen Gesetze erließ, auf die später die Ermordung von 64 000 Juden folgte, die zu „Arbeitsdiensten" an die Ostfront geschickt wurden. Im Haus des Terrors wurden aus Tätern die Opfer einer „doppelten Besetzung", indem die Museumsorganisatoren die Besetzung Ungarns durch die Nationalsozialisten und die Sowjets zu einem Trauma verschmolzen. So war ihnen etwa die willige Teilnahme der Ungarn an der blutigen Vernichtung der Budapester Juden kaum der Erwähnung wert; andererseits versäumten sie es aber nicht, die jüdische Herkunft der führenden AVO-Offiziere zu betonen. Die Voreingenommenheit der Ausstellung ist offenkundig: Auf das kleine Übel des Pfeilkreuzes folgte das große Übel des Kommunismus. Das Museum geriet zur bloßen Manifestation einer staatlich geförderten Manipulation der Erinnerung. Die Räume im Haus des Terrors wurden mit großformatigen, künstlerisch aufgemotzten Installationen gefüllt, die von den kommunistischen Verbrechen inspiriert waren und vom schlechten Geschmack ihrer Schöpfer zeugten.

Während der Budapester Versuch, „den Kommunismus ins Museum zu bringen", offenkundig politisch motiviert war, wurde das Prager Museum des Kommunismus aus rein kommerziellen Zwecken gegründet. Es geht auf den 36-jährigen amerikanischen Unternehmer Glenn Spicker zurück, der im Anschluss an die „samtene Revolution" nach Prag zog und die Bevölkerung der tschechischen Hauptstadt mit einem derart wichtigen Produkt der New Yorker Küche wie dem Bagel vertraut gemacht hat. Im Jahr 2001 beschloss der Eigentümer der Bohemian Bagels Company, sich auf einem neuen Gebiet zu versuchen: dem Museumsgeschäft. Nach Presseberichten gab Spicker beim Herumstöbern in den Trödelläden und auf den Flohmärkten Prags insgesamt 28000 Dollar aus. Es gelang ihm, eine eindrucksvolle Sammlung kommunistischer Denkwürdigkeiten zusammenzutragen. Mit Hilfe des in London ansässigen tschechischen Dokumentarfilmproduzenten Jan Kaplan entwickelte er das simple Konzept, das Museum in drei Hauptsektionen zu unterteilen: Traum, Alptraum und Realität.

Das neue Unternehmen liegt mitten im Zentrum der Stadt im Savarin-Palast, nicht weit vom Wenzelsplatz. Spickers Museum teilt sich das Gebäude mit einem Kasino und McDonald's: der besiegte Kommunismus wird hier symbolisch mit dem siegreichen Kapitalismus konfrontiert. Der berühmte Theaterregisseur Konstantin Stanislawski sagte einmal, „das Theater beginnt in der Garderobe". Auf vergleichbare Weise beginnt das zeitgenössische Museum im Museumsshop. In der Eingangshalle des Prager Museums können die Besucher Reproduktionen kommunistischer Plakate, Denkwürdigkeiten und so eindrucksvolle Beispiele „kommunistischen" Kitsches wie Kerzen in Form der Köpfe Lenins und Stalins kaufen. Nach Entrichtung des Eintrittspreises von fünf Dollar – Pressekarten gibt es nicht, das Unternehmen ist streng kommerziell ausgerichtet! – finden sich die Besucher in Museumsräumen wieder, die mit allem Möglichen gefüllt sind, von lebensgroßen Skulpturen kommunistischer Führer bis zu alten Motorrädern. Spicker ist es gelungen, in seinem Museum den Geist jener muffigen Prager Trödelläden einzufangen, in denen er seine Sammlung erwarb. Die bescheidene Investition schloss die Möglichkeit interaktiver Installationen aus. Aber die Museumsgründer konnten der Versuchung nicht widerstehen, die Vergangenheit nachzubilden. Im Prager Museum finden sich Rekonstruktionen des obligatorischen Verhörraums, eines Lebensmittelgeschäfts und selbst eines Klassenzimmers. Ich muss zugeben, das einige dieser Nachbauten hervorragend gelungen sind. Der archäologische Riecher des amerikanischen Unternehmers half ihm dabei, eine eindrucksvolle Anzahl authentischer Objekte zusammenzutragen; das Lebensmittelgeschäft etwa wirkt äußerst realistisch. Ein anderer Vorzug von Spickers Schöpfung besteht darin, dass sie auf anrührende Weise veraltet ist. Das Prager Museum basiert nicht auf Stand- oder bewegten Bildern, wie dies bei der Mehrzahl der dem 20. Jahrhundert gewidmeten zeitgenössischen Museumsinstitutionen der Fall ist, sondern auf realen, von der Patina der Zeit überzogenen Objekten. Doch letzten Endes kann man Spickers Unternehmen schwerlich als Museum bezeichnen. Es dürfte angemessener sein, von einem Kabinett kommunistischer Kuriositäten zu sprechen.

Als ich das Prager Museum besuchte, war es voller Touristen: Amerikaner lasen aufmerksam die Wandplakate, lachende japanische Damen hantierten mit ihren Digitalkameras herum und posierten vor Leninstatuen. Glenn Spicker ist erfolgreich: Er hat nicht nur die Tschechen mit dem Bagel vertraut gemacht, sondern ausländischen Touristen auch die materielle Welt des kommunistischen Atlantis erschlossen. Dem Prager Museum droht nun allerdings ein unmittelbarer Wettbewerber: 2005 ergriff der kanadische Verband der Tschechen und Slowaken, eine einflussreiche Emigrantenorganisation, die Initiative, in der tschechischen Heimat ein „Museum der kommunistischen Schande" zu errichten, das sich auf die politische Unterdrückung und die Sklavenarbeit konzentrieren soll. Die Nachricht vom Museum des Kommunismus in Warschau war einer der Beweggründe für diese neue Unternehmung.

Offenbar ist ganz Mitteleuropa von der Idee eines Museums des Kommunismus besessen. Doch merkwürdigerweise hält sich Russland, das ehemalige Zentrum des kommunistischen Systems, in dieser Frage eigentümlich bedeckt. Die bescheidenen Versuche der russischen Gedenkstiftung, Informationen über den Gulag zusammenzutragen und Ausstellungen dazu zu organisieren, werden im Grunde als staatsfeindliche Aktivitäten behandelt. Es hat den Anschein, als würden die neuen russischen Ideologen am Kommunismus als Teil der potentiell „nützlichen Vergangenheit" festhalten – wenn nicht der marxistischen, dann wenigstens der imperialen.

Seltsamerweise wurde die Idee, ein Museum des Kommunismus zu errichten, nicht in Mitteleuropa, sondern in den USA geboren. Am 17. Dezember 1993 verabschiedete der US-Kongress das von Präsident Clinton unterzeichnete öffentliche Gesetz 103-199. Es autorisierte das Nationale Komitee für unterdrückte Nationen (National Captive Nations Committee, Inc.), „zu Ehren der Opfer des Kommunismus, deren Zahl tragischerweise über hundert Millionen Menschen beträgt, die in einem beispiellosen imperialen kommunistischen Holocaust durch Eroberungen, Revolutionen, Bürgerkriege, Säuberungen, Stellvertreterkriege und auf andere gewaltsame Weise hingeschlachtet wurden, im Distrikt Columbia eine angemessene internationale Gedenkstätte zu errichten, aufrechtzuerhalten und zu betreiben."[1] Das Komitee für unterdrückte Nationen gründete die Gedenkstiftung für die Opfer des Kommunismus (Victims of Communism Memorial Foundation), die den Auftrag erhielt, sich mit dem Bau einer Gedenkstätte zu befassen – sie wurde von Anfang an als ein Museum konzipiert, das dem Holocaust Memorial Museum in Washington D.C. ebenbürtig sein sollte. Im nationalen Beratungskomitee der Stiftung saß eine große Anzahl „Kalter Krieger", von den Senatoren Bob Dole und Jeane Kirkpatrick bis zu den Historikern Richard Pipes und Robert Conquest; das internationale Beratungskomitee bestand aus einer Ansammlung berühmter Dissidenten, unter ihnen Jelena Bonner, Wladimir Bukowski und Lech Wałęsa.

Anfänglich war man siegesgewiss: Das sowjetische Imperium lag in Trümmern, der Kalte Krieg hatte mit einem unerwarteten Sieg geendet. Der Aufstieg eines „neuen amerikanischen Jahrhunderts" schien unmittelbar bevorzustehen. Das Jahr 1997 wurde von der Stiftung zu einem Jahr der Mittelbeschaffung erklärt: Hundert Millionen US-Dollar sollten zusammengetragen werden. Einer der Stiftungsvertreter erklärte tapfer, dass dieses Ziel „sehr realistisch" sein könnte, wenn die Menschen für jedes Opfer des Kommunismus einen Dollar spenden würden. Architekten entwarfen bereits vorläufige Pläne für das Museum, und man veranschlagte das Budget. Die Anfangskosten für das Museum sollten 25 Millionen Dollar betragen; die restlichen 75 Millionen wurden für Forschungszwecke und die Unterhaltung der Institution einkalkuliert. Doch irgendetwas ging schief; jedenfalls gelang es der Stiftung nicht, nennenswerte Geldbeträge aufzutreiben. 2004 bekannte Lee Edwards, der Direktor der Stiftung: „Wir haben immer darauf gewartet, dass ein Milliardär auftauchen und uns einen großen Scheck überreichen würde. Aber nach einer Weile wurde uns klar, dass dies nicht passieren würde."

Das eindrucksvolle Projekt des Gedenkmuseums für die Opfer des Kommunismus (Memorial Museum of Victims of Communism) wurde durch den bescheideneren Plan ersetzt, in Washington ein Denkmal für die Opfer kommunistischer Unterdrückung zu errichten, das von einem im World Wide Web entwickelten virtuellen Museum des Kommunismus begleitet werden soll. Schließlich wurde im April 2005 nach monatelangen Anhörungen in Bundes- und städtischen Ausschüssen der Standort für das neue Denkmal gebilligt; es soll an der Kreuzung von Massachusetts Avenue, N.W., New Jersey Avenue, N.W., und G. Street, N.W., errichtet werden. Dabei handelt es sich nicht um das Stück Land unmittelbar nördlich des Kapitols, das die Stiftung ursprünglich hatte haben wollen, doch Lee Edwards tröstete sich mit der Tatsache, „dass man von dort einen ungehinderten Blick auf das Kapitol hat, mit der berühmten Freiheitsstatue darüber"[2]. Was das Denkmal betrifft, so beschloss die Stiftung, eine Nachbildung jener Freiheitsstatue aufzustellen, die die chinesischen Studenten

1 Victims of Communism Memorial Foundation, Legislative History, www.victimsofcommunism.org/about/legislativehistory.php.
2 Lee Edwards, Foundation Update, 13. April 2005, Victims of Communism Memorial Foundation, www.victimsofcommunism.org/about.

auf dem Tiananmen-Platz errichtet hatten. Die amerikanische Version des chinesischen Simulakrums der „Lady Liberty" soll in Bronze gegossen, aber dann zur Erinnerung an den Tiananmen-Prototyp weiß bemalt werden. Der Bildhauer Thomas Marsh hat sich bereit erklärt, auf sein Honorar zu verzichten, doch das Problem der Geldbeschaffung ist damit noch nicht geklärt: Der Stiftung fehlen immer noch 300 000 Dollar, um das Denkmal errichten zu können. Wenn man bedenkt, dass eine der eindrucksvollsten Spenden im Jahr 2004 jene 35 000 Dollar waren, die vietnamesische Emigranten in Nord-Virginia sammelten, so dürfte sich die Mittelbeschaffung als schwierig erweisen. „Sie werden die Herstellung dieses Denkmals aus Kostengründen nach China outsourcen müssen", witzelte ein New Yorker Journalist im privaten Rahmen sarkastisch.

In Warschau indes lässt sich schwer beurteilen, was mit dem Projekt der Socland Foundation geschehen wird. Klar ist nur, dass – vielleicht mit Ausnahme von Glenn Spickers Unternehmung, die ein Erfolg geworden ist – alle bisherigen Versuche, ein solches Museum einzurichten, gescheitert sind. Der Versuch, das Museum des Kommunismus in der polnischen Hauptstadt zu errichten, findet vor dem Hintergrund eines wahren Museumsbooms statt. Unlängst wurde das neue Museum des Warschauer Aufstands eröffnet. Es wurde sofort eine der populärsten Adressen der Stadt und wird ebenso von ausländischen Touristen wie von Einheimischen besucht. Es ist dem Holocaust Memorial Museum in Washington nachempfunden und eine jener Museumsinstitutionen, die sich nicht auf die realen Gegenstände, sondern auf das sogenannte „Museumserlebnis" konzentrieren. Man mag die Angemessenheit einiger in der Ausstellung benutzter Präsentationsmittel in Frage stellen (etwa die Schubladen, die die Besucher aus den Wänden ziehen müssen, um etwas über die Biographien der Helden des Aufstands zu erfahren, eine Form von Interaktivität, die bestenfalls albern wirkt). Doch insgesamt wurde die Herausforderung, einen geschichtlichen Rückblick in Form einer Museumspräsentation, um nicht zu sagen: eines Szenarios, zu schaffen, im Museum des Warschauer Aufstands sehr gut gemeistert. Momentan laufen die Vorbereitungen für die Einrichtung des Jüdischen Museums in der polnischen Hauptstadt. Dieses Projekt ist politisch aufgeladen und ließe sich im Kontext der nationalen Bewusstwerdung deuten, die die Auseinandersetzung mit der tragischen Geschichte der polnisch-jüdischen Beziehungen ausgelöst hat. Doch der Museumsboom beschränkt sich nicht auf Bemühungen, die Geschichte neu zu betrachten. Geplant ist der Bau eines Museums für zeitgenössische Kunst, das an einer Stelle in der Nähe des Kulturpalastes errichtet werden soll, wo heute ein hässlicher Eisenhangar steht, der einen Secondhand-Markt beherbergt. Diese Blüte von Museumsprojekten erinnert an die Leidenschaft des 19. Jahrhunderts, durch die Errichtung von Museumsinstitutionen eine nationale Identität zu schmieden, aber sie wirkt auch wie ein Wunsch, die Liste der Noblesse-oblige-Einrichtungen zu vervollständigen, die eine Verpflichtung für jede Hauptstadt sind, die etwas auf sich hält. Doch es erscheint weiterhin viel realistischer, das Museum des Warschauer Aufstands zu errichten, als dem Kommunismus ein Museum zu widmen.

Historische Nähe und erhitzte politische Diskussionen verhindern einen ruhigen analytischen Umgang mit dem Problem. Die Leute vergessen sogar, dass der Kommunismus als solcher nie existierte: er war nie mehr als ein unerreichbares utopisches Ziel einer sozialistischen Gesellschaft. Es ist sehr schwierig, „den Kommunismus ins Museum zu bringen", denn der Kommunismus oder, genauer gesagt, der „reale Sozialismus" war ein komplexes und vielgestaltiges Phänomen. Es ist eine kompliziertere Aufgabe, ihn zwischen Museumswänden unterzubringen, als eine umfassende Ausstellung über die Naziverbrechen zu organisieren. Im Gegensatz zum Nationalsozialismus überlebte der Kommunismus die Periode seines absoluten Bösen und starb an Altersschwäche. In seiner Geschichte sind die unerhörten Verbrechen mit der Komödie des Absurden verknüpft, einer Komödie, an der es dem gleichermaßen absurden Nazideutschland gebricht. Es ist möglich, ein Denkmal für die Opfer politischer Unterdrückung oder ein Museum des Alltagslebens im Sozialismus zu errichten, aber beides, Tragödie *und* Komödie, im Rahmen einer Präsentation zu zeigen, ist ein äußerst schwieriges, wenn nicht gar unmögliches Unterfangen.

Die Leidenschaft Czesław Bieleckis für Interaktivität entspricht den jüngsten Trends im amerikanischen Museumswesen: Überall führen erfahrene Museumsvertreter den magischen Begriff „Edutainment" im Munde. Offenbar ist Disneyland nicht nur für die Socland Foundation zum Vorbild geworden. Aber selbst wenn das Warschauer Museum des Kommunismus mit den aktuellsten Computerspielereien ausgestattet wäre, bezweifle ich, dass die Genossen Gierek und Gomułka erfolgreich mit Mickey Mouse und Donald Duck konkurrieren könnten.

Natürlich bleibt uns noch ein letzter Ausweg: Wenn wir den realen Kommunismus, im Gegensatz zu seinem virtuellen Pendant, live erleben wollen, können wir (leicht) nach Kuba oder (mit wesentlich größeren Schwierigkeiten) nach Nordkorea fliegen. Warum in ein paläontologisches Museum gehen, wenn direkt daneben der Jurassic Park liegt?

PS: Wir haben Rumänien vergessen. Bauen die Rumänen ein Museum des Kommunismus? Es hat den Anschein, als habe das Land andere Pläne. Laut Pressemeldungen versicherte der rumänische Ministerpräsident Investoren vor kurzem, die Regierung unterstütze weiterhin das Projekt eines Dracula-Themenparks. „Die Regierung hat versprochen, das Land für die Errichtung des Parks, zu dem ein schauerromantisches Schloss mit Spukeffekten, Golfplätze sowie ein Hotel gehören, zur Verfügung zu stellen."[3]

3 Update zum Dracula-Park, www.ucs.mun.ca/~emiller/DrLand.htm.

Zagreb

Das zweite Leben der Kollektive

What, How & for Whom, **Zusammenarbeiten?**, 2005   > S. 415-425
Gestaltung: Dejan Kršić@WHW

Abbildungen:
Zenit, zwei Ausgaben von 1922, Belgrad/Zagreb; Plakat für die Ausstellung *Salon 54*, Rijeka 1954,
Gestaltung: Ivan Picelj [> S. 416] / Mitglieder und Freunde von Gorgona, 1961; Plakat für die
Ausstellung *Tendencije 4*, Zagreb 1969, Gestaltung: Ivan Picelj [> S. 417] / Grupa Šestorice, Aus-
stellungs-Aktion vor dem Studentski centar, Zagreb, 27. Oktober 1977; *Maj 75*, Heft G/1981,
Cover: Boris Demur; *Maj 75*, Heft J/1982, Cover: Mladen Stilinović [> S. 418] / Plakat für den Pod-
room, 1978; Einladungskarte und Broschüre für Željko Jermans Ausstellung *Ha Ha Art*, Gale-
rie PM, Zagreb 1981; Einladungskarte für Vlasta Delimars Ausstellung *Dekoracija* (Dekoration),
Galerie PM, Zagreb 1982 [> S. 419] / Kugla Glumište, *Mekani brodovi* (Weiche Schiffe), Auffüh-
rung, 1978 [> S. 420] / Katedrala, Seite aus dem Projektkatalog, 1988, Gestaltung: Boris Bakal, Darko
Fritz, Stanko Juzbašić, Ivan Marušić Klif; Novi Kvadrat, Ausstellungsplakat Galerija Koprivnica,
Koprivnica, 1978 [> S. 421] / *Arkzin*, Nr. 91/1997; EgoEast, Gruppenporträt, 1991[> S. 422] /Elektra,
Werbematerial, 1996; Weekend Art, *Weekend Art: Hallelujah the Hill*, 1995-2005 [> S. 423] / Andreja
Kulunčić, *Distributivna Pravda* (Verteilungsgerechtigkeit), 2001-2003 [> S. 424]

Zagreb - Cultural Kapital 3000

Zusammenarbeiten?

Das zweite Leben der Kollektive

1 | Ob man in Netzwerken arbeitet, ist heute keine Frage der eigenen Wahl mehr, sondern schlicht und ergreifend eine Notwendigkeit. Lediglich das Ausmaß, in dem man sich in Netzwerke einbindet, variiert je nach persönlicher Präferenz. Wann ist die Arbeit in Netzwerken/Gruppen/Kollektiven unvermeidlich? Wann und warum entscheiden Sie sich für die Arbeit in Netzwerken/Gruppen/Kollektiven?

2 | Kann die kollektive Arbeitsweise Ihrer Meinung nach als Modell für gesellschaftlich relevante Gegenstrategien dienen, um in den öffentlichen Raum hineinzuwirken? Wenn ja, warum?

Die Diagramme wurden als Messinstrumente für die instabilen Werte der Intensität der Zusammenarbeit, der konzeptionellen Konvergenz und des Niveaus der taktischen Partnerschaft oder des Potentials für politische Wirksamkeit entwickelt. Sie sind ein Versuch, die Prozesse der Zusammenarbeit, die im Zentrum von **CK3000** stehen, abzubilden und zu analysieren, aber auch sie zu planen und letztlich zu kontrollieren.

Sie waren ein idealistischer Versuch, einen kulturellen Masterplan zu entwerfen; die Diagramme vermochten die transformativen Auswirkungen unserer Zusammenarbeit nicht zu veranschaulichen. Gleichwohl sind sie als einfache graphische Instrumente gedacht, die von allen Mitgliedsorganisationen genutzt werden können, um ihre eigene Entwicklung bei der Zusammenarbeit mit anderen aufzuzeichnen. Die ausgewählten Diagramme stellen Spuren von Kooperationen in der Anfangsphase des Projekts [2003-2004] dar.

Platforma 9,81 / Zagreb–Cultural Kapital of Europe 3000

_ cooperation intensity [ci] diagram showing projects and partner organizations, respective intensity rate is defined by the summary value of cooperation capacity of partner organizations [see index]

1921—1926

1950—1956

Zenit

Internationale Zeitschrift für Kunst und Kultur, gegründet 1921 in Zagreb. Redakteur und Herausgeber war **Ljubomir Micić**, Verlagsort bis 1923 Zagreb, anschließend Belgrad [bis 1926]. Es erschienen insgesamt 43 Ausgaben. Anfangs geprägt vom Expressionismus, setzte sich **Zenit** für die Zerstörung alter Werte und die Schaffung einer neuen Kultur ein. 1922 dominierten konstruktivistische Ideen die Zeitschrift. In Zusammenarbeit mit russischen Konstruktivisten wurden die Nummern 17 und 18 ganz der neuen russischen Kunst gewidmet und von **Ilja Ehrenburg** und **El Lissitzky** betreut. Beiträge zu **Zenit** lieferten auch **Walter Gropius**, **Welemir Chlebnikow** und **Kasimir Malewitsch**, so dass die Zeitschrift anderen europäischen Avantgarde-Magazinen fast ebenbürtig ist. Hinsichtlich der graphischen Gestaltung verwandte **Micić** besondere Sorgfalt auf die Typographie und kam in den Details zu ähnlichen Lösungen wie **El Lissitzky** und **László Moholy-Nagy**. Von den Künstlern des damaligen Jugoslawien haben an **Zenit** mitgearbeitet: **Vjera Biller**, **Mihailo S. Petrov**, **Josip Seissel** [Jo Klek], **Avgust Černigoj**, **Edvard Stepančić**, **Jovan Bijelić**, **Vilko Gecan**.

Exat 51

Exat 51 [Experimentelles Atelier] ist eine Künstler- und Architektengruppe, die von 1950 bis 1956 in Zagreb aktiv war. Ihr gehörten die Architekten **Bernardo Bernardi**, **Zdravko Bregovac**, **Božidar Rašica**, **Vjenceslav Richter**, **Zvonimir Radić** sowie die Maler **Vlado Kristl**, **Ivan Picelj** und **Aleksandar Srnec** an. Ihr Programm und Manifest veröffentlichte die Gruppe 1951 in Zagreb auf der Mitgliederversammlung von ULUPUH [Udruženje likovnih umjetnika primjenjenih umjetnosti Hrvatske/Kroatische Gesellschaft bildende Künstler in der angewandten Kunst]. **Exat 51** setzte sich für die abstrakte Kunst, eine zeitgemäße visuelle Kommunikation und Interdisziplinarität ein. Ihr Auftreten markiert den Bruch mit dem Sozialistischen Realismus. Die erste Ausstellung fand 1953 in Zagreb und noch im selben Jahr in Belgrad statt.

LOK [Local Base for Cultural Refreshment]

Interdisziplinarität ist heute Mainstream und der Normalfall in allen Be-
ichen oder Disziplinen; man versteht darunter eine Zusammenarbeit sowie
nergien zwischen verschiedenen Feldern des Wissens, der Information und
r Erfahrung. Aus diesem Grund ist die Arbeit in Netzwerken/Gruppen/Kol-
ktiven unvermeidlich. Es gehört zu den Charakteristika des neuen Zeitalters,
ss die Unterschiede zwischen Aktivismus, künstlerischem und politischem
andeln verschwimmen, eigentlich erleben alle Kategorien eine Art Entgren-
ng. Der Begriff der Vernetzung ist auf kulturellem Gebiet keine Frage der
ethode, sondern impliziert vor allem politisches Handeln.

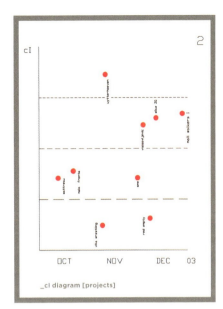

_cI diagram [projects]

2 | Zu Zeiten, in denen Wirtschaft und Kapital grenzüberschreitend
agieren und sämtliche Bereiche durchdringen, auch den von Kultur
und Kunst, bieten Kollektive einen Raum, in dem Selbstbestimmung
und Selbstverwaltung weitergeführt werden können, denn Kollektive organisieren sich nach ihren eigenen Regeln. Insofern handelt
es sich hier um eine potentielle Gegenstrategie. Angesichts der Krise
des öffentlichen Raums ist es wichtig, kollektive Ansätze zu unterstützen, denn sie tragen zur Entstehung einer kritischen Öffentlichkeit bei. Kollektive
aktivieren und pluralisie-
ren öffentliche Auseinandersetzungen, bilden
einen öffentlichen Raum, der sich fortlaufend
selbst erzeugt und die Öffentlichkeit als Ort
für Auseinandersetzungen, Diskussionen
und Antagonismen konstituiert. Würde man
dauerhaft Methoden der Zusammenarbeit
und der Bildung von Schnittmengen fördern,
die das Ziel verfolgen, gesamtgesellschaft-
lich wirksam zu sein, könnte infolge einer
solchen Dynamisierung und Pluralisierung
endlich das Konzept Sicherheit [Sicherheit
des Einzelnen, vor allem auch ökonomische
Sicherheit] bedeutungslos werden.
Vesna VUKOVIĆ

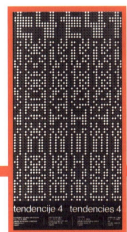

tendencije 4 tendencies 4

959—1966

orgona

e Gruppe bestand zwischen 1959 und 1966 in
greb. Sie setzte sich zusammen aus dem Ar-
itekten und Maler **Miljenko Horvat**, den Malern
arijan Jevšovar und **Julije Knifer**, dem Bildhauer
an Kožarić, dem Kunsthistoriker und Künstler
mitrije Bašičević Mangelos, den Kunsthistori-
rn **Matko Meštrović** und **Radoslav Putar** und
m Maler **Đuro Seder**. Die Gruppe trat sehr zu-
ckhaltend und unspektakulär auf. **Gorgona** steht
r die Suche nach künstlerischer und intellektuel-
· Freiheit, deren Verwirklichung sich die Gruppe
m Ziel gesetzt hatte. Zwischen 1961 und 1966
röffentlichte sie die Anti-Zeitschrift **Gorgona**
f Ausgaben], an der unter anderem **Victor Va-
rely**, **Harold Pinter** und **Dieter Roth** mitwirkten.

1961—1973

Nove Tendencije [Neue Tendenzen]

Internationale Kunstbewegung, 1961 in Zagreb auf Anregung einer Gruppe von
Kunstkritikern und Künstlern gegründet: **Dimitrije Bašičević Mangelos**, **Božo Bek**,
Božidar Kelemen, **Matko Meštrović**, **Ivan Picelj**, **Radoslav Putar** und **Vjenceslav
Richter**. Die Bewegung reflektiert den Einfluss der kinetischen sowie kyberneti-
schen Kunst, des Neokonstruktivismus und der Computerkunst. **Nove Tendencije** engagierte sich für das konstruktivistische modernistische Projekt der 1960er
Jahre — die Zusammenführung und Vergesellschaftung von Wissenschaft, Technik
und Kunst — und führte die Gruppenarbeit ein, um das Kunstwerk der Anonymität
zuzuführen. Zwischen 1961 und 1973 organisierte die Gruppe fünf internationale
Ausstellungen: **Nove Tendencije** [1961], **Nove Tendencije 2** [1963], **Nove Tendencije 3** [1965], **Tendencije 4** [1969] sowie **Tendencije 5** [1973]. Eine Reihe nationa-
ler wie ausländischer Künstler beteiligten sich an der Bewegung: **Getulio Alviani**,
Piero Dorazio, **François Morellet**, **Bruno Munari**, **Bridget Riley**, **Jesus Rafael Soto**,
Zero, **Piero Manzoni**, **Gruppo T**, **Gruppo N**, **Anonima**, **Dviženije**, **Ivan Picelj**, **Julije
Knifer**, **Vjenceslav Richter**, **Vlado Kristl**, **Aleksandar Srnec**, **Vojin Bakić**, **Miroslav
Šutej**, **Vladimir Bonačić**, **Juraj Dobrović**. Dazu kamen die Theoretiker **Božo Bek**,
Matko Meštrović und **Radoslav Putar**.

Bacači Sjenki [Shadow Casters]

1 | Mir scheint, dass heute jedes ernsthaftere, umfangreichere und komplexere Projekt notwendigerweise durch das Handeln einer Gruppe, eines Netzwerks, eines Kollektivs entstehen muss. Dabei geht es nicht so sehr darum, dass Einzelne für derartige Projekte kaum die entsprechenden Mittel zusammenbekommen, es ist vor allem eine Chance, bestimmte Themen aus verschiedenen Blickwinkeln anzugehen, durch gemeinsame Arbeit das Material schneller zu bearbeiten und sich nicht zuletzt die Last der Verantwortung zu teilen. Gerade die geteilte Verantwortung ist oft der eigentliche Grund, sich an Kollektiven, Gruppen, Netzwerken zu beteiligen. Man erträgt Niederlagen leichter, hält den Druck des Establishments besser aus, kommt problemloser mit Institutionen ins Gespräch und erhält unvergleichlich viel schneller eine Förderung. Im Grunde sind die künstlerische Arbeit und die Künstler [hier] zu folgender Alternative verurteilt: Entweder folgt man dem bereits geebneten Weg durch die verflochtenen Machtpositionen [Stipendien, Auszeichnungen und die Beteiligung an maßgeblichen Netzwerken] mit sicheren Schritten [„Mach nicht die Welle!"], wodurch schließlich auch der Einzelne nach einer ganzen Reihe von Kompromissen ausreichend „Mittel" für einzelne, komplexere Unternehmungen zur Verfügung gestellt bekommen kann. Oder man wählt den anderen Weg, den Weg der Netzwerke, Kollektive, Gruppen, die Projekte und Aktionen oft sehr schnell realisieren, weil die Last gemeinsam getragen wird. Ich meine damit künstlerische Aktivitäten aller Art und nicht etwa Tätigkeiten, die einzelne Künstler [oder Künstlergruppen] oder auch verschiedene andere Kulturschaffende ausführen, um das bloße Überleben zu sichern.

2 | Zum Teil habe ich diese Frage oben bere[...] mitbeantwortet. Sicher ist es ein Modell, ab[...] nicht unbedingt und in allen Situationen das b[...] ste. Manchmal ist es sehr gesund, für sich selb[...] Verantwortung zu übernehmen. Dann kann m[...] einschätzen, was man selbst gemacht hat u[...] was nicht, also was sich aus dem eigenen Nac[...] denken ergibt, dem persönlichen Reiferwerde[...] und was der Gruppe zuzuschreiben ist, deren R[...] gelkodex man befolgt, und ihren ideologisch[...] und ideologisierten Wegweisern. Wir alle wär[...] ab und zu gern Rockstar und dann wieder lieb[...] Uhrmacher oder Botaniker. Öffentliches Ha[...] deln im Kollektiv ist notwendig, um die Fra[...] zu beantworten, wie die Ressourcen und Mitt[...] der Gemeinschaft zum Wohle aller bewahrt u[...] genutzt werden können, ohne damit die Wah[...] freiheit des Einzelnen zu bedrohen. Das ist d[...] Grundfrage der Gesellschaft, auf der Verfassu[...] gen und Benimmregeln beruhen und die in Ta[...] senden von Jahren immer wieder neu form[...] liert wurde. Das gilt auch für heute, angesich[...] der Omnipräsenz aller für alle, der technische[...] Bedingtheit der Einheit von Zeit und Raum, d[...] visionären Raums wie auch des Raums, von de[...] wir uns hier und jetzt mit unserer eigenen Ha[...] überzeugen können.

Boris BAKAL

1975—1984
Grupa Šestorice [Gruppe der sechs Künstler]

Die **Grupa Šestorice** wirkte zwischen 1975 und 1984 in Zagreb; Mitglieder waren **Boris Demur**, **Željko Jerman**, **Vlado Martek**, **Mladen Stilinović**, **Sven Stilinović** und **Fedor Vučemilović**. Von ihren Strategien wurde eine Reihe von „Ausstellungs-Aktionen" an verschiedenen Punkten in der Stadt [entlang der Flussufer, auf Straßen und Plätzen, in Parks etc.] besonders bekannt. Auf der Suche nach alternativen Ausstellungsmöglichkeiten strebte die Gruppe nach innovativen, kritischen und aktiven Kontexten, in denen sie ihre Arbeiten präsentieren konnte, einem Rahmen jenseits des Mainstream, der die Fallen üblicher Kunstinstitutionen vermied. Die spontane Aneignung neuer Ausstellungskontexte führte dazu, dass die Kunstwerke auf Rasenflächen oder Fahrbahnen gelegt, Dias und Filme an Hauswände projiziert oder Aktionen durchgeführt wurden, die das Publikum einbezogen oder irritierten.

Zwischen 1975 und 1981 gab die Gruppe die Zeitschrift **Maj 75** heraus.

1975—1984
Maj 75

Die Zagreber **Grupa Šestorice** veröffentlichte die erste Ausgabe der Zeitschrift **Maj 75** am 7. Juli 1975; die letzte Nummer erschien am 16. Januar 1984. Die Zeitschrift enthielt Supplemente, die einzelne Künstler individuell gestaltet hatten. Diese Blätter wurden vervielfältigt, jeweils zu einem Ganzen zusammengestellt und in kleinen Auflagen verlegt. **Maj 75** stand auch Künstlern und Künstlerinnen mit verwandter Kunstauffassung offen.

CDU [Center for Drama Art]

1 | Für die Gründung von **BADco.** gab es mehrere Gründe: **1.** Wir haben die Gruppe aus der Notwendigkeit heraus ins Leben gerufen, Probleme mit den Produktionsbedingungen effizienter zu lösen. **2.** Wir haben die Gruppe aus einem bestimmten Personenkreis heraus konstituiert, der Freude an der Mitgliedschaft hat und diese zu schätzen weiß. **3.** Wir haben die Gruppe um Mitglieder erweitert, die die Vielfalt hinsichtlich der Mikropolitik der Gruppe gestärkt haben. Jedes Projekt impliziert sehr spezifische Beziehungen zwischen den einzelnen Mitgliedern des Kollektivs, auch wenn sich diese Beziehungen nicht in der künstlerischen Arbeit manifestieren müssen. Was Netzwerke betrifft, richtet sich die Zusammenarbeit hier vor allem nach den Interessen. Meiner Erfahrung nach halten Interessennetzwerke im Unterschied zu Kollektiven und Gruppen keine ungeklärten Beziehungen aus. Die Freude an einer Mitgliedschaft entsteht hier nur dann, wenn Interessen erfüllt werden und Geben und Nehmen sich die Waage halten. Genauer gesagt krankten die Netzwerke, an denen ich über **CDU** mitgearbeitet habe, hauptsächlich an der mangelnden individuellen Vernetzung in der Arbeit zwischen den vernetzten Kollektiven und Organisationen.

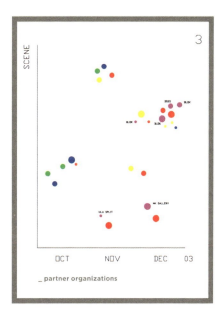

2 | Ich bin nicht sicher, ob Gegenstrategie das richtige Wort ist. Meiner Meinung nach ist das Kollektiv ein Ort, an dem sich individuelle Formen augenfälliger manifestieren, allerdings nicht unbedingt im Sinn von Urheberschaft, sondern in der Unteilbarkeit von [die „Integrität" bewahrenden] durch Wahrnehmung und Sprache vermittelten Erfahrungen und letztlich auch in der Erfahrung, etwas geschaffen zu haben. Andererseits denke ich, dass Kollektive jederzeit die Möglichkeit bieten, neue Beziehungen zu knüpfen, die sich erst durch das Äußern von Interessen herauskristallisieren, wobei es sich hier auch um öffentliche Belange handeln kann.

Goran Sergej PRISTAŠ

1978—1980

Podroom

Im Mai 1978 erklärten **Sanja Iveković** und **Dalibor Martinis** ihr Kelleratelier in der Mesnička 12 zum alternativen, selbstorganisierten Kunstraum unter der Bezeichnung **Podroom** [ein Wortspiel mit dem kroatischen Wort für Keller, „podrum"]. Er bestand von 1978 bis 1980. Ein Dutzend Künstler neuer Kunstrichtungen veranstalteten 35 Ausstellungen, diverse Vorträge und andere Veranstaltungen, und sie gaben die Zeitschrift **Prvi broj** [Erste Nummer] heraus. **Podroom** verstand sich als einer der ersten alternativen, von offiziellen Institutionen unabhängigen Veranstaltungsräume.

1981—1989/1994—…

Galerija PM [Galerie PM]

Die **Galerija Proširenih Medija** [Galerie der erweiterten Medien] entstand Ende der 1970er Jahre aus dem Bedürfnis nach Alternativen zum traditionellen institutionellen Rahmen. Man wollte Kunst auf neue Weise präsentieren können, nicht zuletzt wegen der Kunstformen, die seit den 1970er Jahren in Erscheinung traten und unter dem Begriff „neue künstlerische Praxis" zusammengefasst wurden: Arte povera, Fluxus, Konzeptualismus etc. 1981 stellte die Hrvatsko društvo likovnih umjetnika [HDLU, Kroatische Gesellschaft der bildenden Künstler] der **Galerija PM** einen Raum zur Verfügung. Die erste Phase der Galerie wurde von der Begeisterung der Künstler getragen, die ohne jedes Honorar die Zeitschrift **PN** [Proširene Novine/Erweiterte Zeitung] herausgaben. Anfangs gab es keinen Verantwortlichen für den Raum, das Programm wurde spontan festgelegt. Interessierte Künstler schrieben ihren Wunschtermin einfach in eine Liste, die am Eingang zur Galerie aushing. Ab 1984 leitete **Mladen Stilinović** die **Galerija PM**. Anfang der 1990er Jahre musste die Galerie ihren Raum abgeben und erhielt ihn erst 1994 zurück.

Platforma 9,81

1 | Mir ist nicht klar, wie ihr den Begriff Netzwerke verwendet, ich meine, ich selbst habe nie in Netzwerken gearbeitet. Ich gehöre verschiedenen Netzwerken an, um mich zu informieren, aber ich war niemals Teil eines Netzwerks, das projektorientiert gearbeitet hat. Man könnte natürlich sagen, die Zugehörigkeit von **Platforma 9,81** zu **Clubture** weise in diese Richtung, aber innerhalb unseres Kollektivs ist das Bedürfnis nach einem solchen Typus von Netzwerk zu gering, als dass man behaupten könnte, wir würden einen Beitrag dazu leisten. Ich würde lieber von einem Zusammenkommen in Kollektiven sprechen. Kollektive formieren sich aus praktischen Gründen, aus denen sich Einzelne zusammentun, um sich gegenseitig zu helfen, und dafür sehe ich hauptsächlich zwei Motive: **1.** Öffentlichkeit schaffen [weil sie den Mitgliedern des Kollektivs fehlt, weil sie besser ist als die derzeit bestehende und weil sie besonders in der Gründungsphase einer Gruppe buchstäblich allen offen steht]. Diese Öffentlichkeit hat materielle [physische] Implikationen [wenn auch meist vorübergehende], insofern ein Raum benötigt wird. Die Gruppe schafft einen neuen öffentlichen Raum. Es ist interessant zu beobachten, wie sich die Logik hinter der Eröffnung eines neuen öffentlichen Raums auf die Entwicklung der Gruppe auswirkt und diese verkompliziert. **2.** Mittel für seine eigene Produktion und Distribution aufzuteilen [im Fall unseres Kollektivs geht es vorwiegend um die Sammlung, Produktion und Distribution von Wissen]. Am Anfang steht wiederum der klar formulierte Wunsch, möglichst viele Individuen in Produktion und Austausch einzubinden. Mich beschäftigt derzeit die Frage, ob sich dieses Motiv nicht hauptsächlich deshalb von dem zuerst genannten unterscheidet, weil der Imperativ „Produziere!" viel mehr als nur die Eröffnung eines Raums beeinflusst. Diese beiden Motive bestimmen die innere Logik der Gruppe und die Art, wie sie sich formiert. Auch der Zerfall des Kollektivs wird davon bestimmt, ob innerhalb der Gruppe das eine oder das andere Motiv überwiegt. Beide Gründe liefern die Bedingungen für die Privatisierung von öffentlichem Raum oder Kapital [im Fall unseres Kollektivs handelt es sich um symbolisches Kapital]. Auf weitere wichtige Wirkungsweisen von Gruppen und ihrer Fähigkeit, ihren Einfluss auf die Öffentlichkeit und ihren Handlungsspielraum auszuweiten, möchte ich an dieser Stelle nicht eingehen.

2 | Das habe ich bereits in der vorherigen Frage beantwortet.

Marko SANČANIN

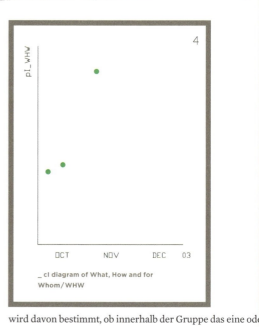

_ cl diagram of What, How and for Whom / WHW

1971—1979
Coccolemocco

Die Theatergruppe **Coccolemocco** nahm 1971 ihre Arbeit auf. Die ersten Mitglieder rekrutierten sich aus den Schülern einer Zagreber Gymnasialklasse; künstlerischer „Ziehvater" und Leiter war **Branko Brezovec**. Noch während ihrer Schulzeit führten die Mitglieder vier Stücke von **Brecht** auf. Eine Gruppe von Studierenden der philosophischen Fakultät, darunter auch **Branko Matan**, stieß dazu, und in wechselnder Besetzung wurde die Gruppe immer größer und wuchs zeitweise auf über siebzig Mitglieder an. Nach dreijährigen Vorbereitungen wurde 1977 die „Puppenmoralität" **Jedan dan u životu Ignaca Goloba [Ein Tag im Leben des Ignaz Golob]** uraufgeführt, eine spektakuläre Inszenierung mit drei Meter hohen Puppen über den Mythos vom kleinen Mann. 1979 bereitete die Gruppe das Mega-Rezital **Čega nema tog se ne odreci [Was es nicht gibt, davon sagt man sich nicht los]** mit mehr als hundert Akteuren, Masken, Puppen, Folkloregruppen, Chören und Orchestern vor und parodierte die Ikonographie sozialistischer Versammlungen und Paraden.

1970er Jahre
Kugla Glumište [Theaterkugel]

Gegründet in der ersten Hälfte der 1970er Jahre, gehört **Kugla Glumište** zu den wichtigsten alternativen Theatergruppen. Zu den Gründungsmitgliedern zählen neben anderen **Zlatko Sviben**, **Dunja Koprolčec** und **Zlatko Burić**. Bei der ästhetischen Gestaltung von Aufführungen, Aktionen und Events stützte sich **Kugla Glumište** auf das Erbe des neuen europäischen Theaters, auf **Artaud** und **Brecht**, noch stärker aber auf das amerikanische Theater der 1960er Jahre. Die Gruppe war insofern von der Konzeptkunst und Performance beeinflusst, und **Damir Bartol Indoš** führte verschiedene Arten von Happenings ein.

1987—1988
Katedrala [Kathedrale]

Gruppe und polymediales Projekt in Zagreb 1987—1988. Eine praxisorientierte polymediale Synthese von analytischen Aktivitäten einer Gruppe von Autoren und Performern hinsichtlich der Frage nach dem Schöpferischen, in dessen Mittelpunkt der Mensch steht und die begrenzt wird von spezifischen Formen, die sich über den Ort des Ereignisses und seine Dauer definieren.

Katedrala wurde vom 23. bis 25. Februar 1988 als Ereignis in dem radikal umgestalteten Raum der **Galerija PM** realisiert, der im Starčevićev Dom, damals das Domizil der HDLU [heute beherbergt das Haus

Kontejner [Container]

1 | Die Arbeit in Netzwerken und Kollektiven wird dann notwendig, wenn man etwas realisieren will, das zu komplex und schwierig ist für eine Person, wenn man Gleichgesinnte findet, wenn man Verantwortung teilen muss, wenn ein interdisziplinärer Zugang erforderlich wird und verschiedene Fähigkeiten benötigt werden, die auf verschiedene Personen verteilt sind. Genau deswegen entscheiden wir uns fast immer für die Zusammenarbeit in Netzwerken beziehungsweise Gruppen. Und diese Form des Arbeitens ist anregend und unterhaltsam, auch das ist ein Grund.

2 | Diverse Kollektive und Vereinigungen entstehen aus einer Begeisterung heraus, einem gemeinsamen Interesse an einer bestimmten Tätigkeit oder einem bestimmten Gebiet, meist haben sie einen komplexen Bezug zu den Themen und Bereichen, mit denen sie sich beschäftigen, und deswegen ist ihre Arbeit hinsichtlich der institutionellen oder individuellen Praxis effizient. Kollektive Energie kann daher Standards oder Grenzen durchbrechen und auf diese Weise Wirkung zeigen. Diese Wirkung [in den Medien, in Städten und in der Öffentlichkeit] ist genau genommen das Ziel jeder kollektiven Strategie.

Olga MAJCEN &
Sunčica OSTOIĆ

c_I

5

OCT   NOV   DEC   03

_cI area / oct-dec. 2003

1977—1982
Novi Kvadrat
[Neues Quadrat]

Vereinigung der Comiczeichner, die seit 1977 in Zagreb bestand. Zu den Mitgliedern gehören **Mirko Ilić**, **Igor Kordej**, **Krešimir Zimonić**, **Joško Marušić**, **Radovan Devlić**, **Krešimir Skozret**, **Ninoslav Kunc**, **Ivan Puljak** und **Nikola Konstantinović**.
Im Umfeld der Jugend- und Studentenpresse wie **Polet**, **Studentski list**, **Mladost** und **Student** führte die Gruppe für den Comic eine Reihe von graphischen, thematischen und ikonographischen Innovationen ein.

[i]e Stadtbibliothek] untergebracht war. Projekt und Arbeitsplattform wurden anschließend [in Berlin [6. August 1988] und in Belgrad [17 —20. September 1988] vorgestellt. Raum und [Z]eit des Ereignisses **Katedrala** sind so organisiert, dass Ausführende und Publikum gleichberechtigt sind. Zu einem Closed Circuit zusammengeschaltete Fernsehgeräte verknüpfen [d]ie drei Themenräume von **Katedrala** und sollen, wie die über interaktive Impulse via Fotosensoren computergesteuerten Lichtprojektionen, den Blick auf alle Orte gleichzeitig und [z]eitweilig lenken. Die Location wurde durch eine akustische Computersimulation zu einem [O]rt gesteigerter Sensibilität. Das Werk bezieht sich strukturell und im Titel auf ein Gespräch [z]wischen **Joseph Beuys** und **Iannis Kounellis**, die ähnliche Überlegungen anstellen und die [k]ünstlerische Tätigkeit als gesellschaftliche Notwendigkeit auffassen. **Katedrala** wurde als [in]novative, provokative Arbeit einschließlich ihrer Plattform in nach ihrer Bedeutung ausgewählten, inhaltlich und formal angepassten Ausschnitten in fast allen Medien [Print/Rundfunk] vor und auch während des Ereignisses vorgestellt [unter anderem mit Radiospots, Artikeln und Seiten in Zeitungen und Zeitschriften; die Eröffnungsveranstaltung wurde direkt [a]us der Galerie über die Radiofrequenz 101 übertragen, Philosophen, Musikwissenschaftler, [K]unsthistoriker und Besucher kamen dabei zu Wort]. Für das Konzept zeichnen **Boris Bakal**, **Marko Fritz**, **Stanko Juzbašić**, **Ivan Marušić Klif** und **Goran Premec** verantwortlich.

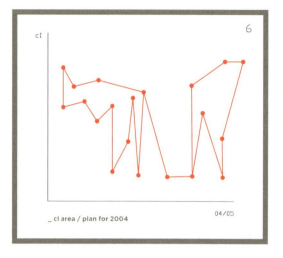

_ cI area / plan for 2004   04/05

Community Art

1 | Wenn ich auf die letzten fünfzehn Jahre zurückblicke, entstand meine künstlerische und aktivistische Arbeit im Wesentlichen aus der Zusammenarbeit mit anderen Leuten. Deswegen halte ich die Zusammenarbeit in Kollektiven, Gruppen und Netzwerken für absolut notwendig. Ich habe diese Form der Arbeit schon immer für unersetzlich gehalten, und schon deswegen habe ich mich für sie entschieden.

2 | Die Öffentlichkeit in allen ihren Formen einschließlich des öffentlichen Raums ist für viele Menschen und Interessengruppen von Belang, und alle versuchen, Einfluss auf sie zu nehmen. Kollektives Handeln schafft eine sehr starke Balance und die Bedingungen für die Zerschlagung von Monopolen. Aber vielleicht ist es in diesem Zusammenhang interessanter, von Handlungsmodellen im öffentlichen Raum zu sprechen, denn wenn wir die Frage nach der Partizipation aufwerfen, stellt sich immer zugleich die Frage, wie sich diese entwickeln wird. Also handelt es sich um einen permanenten Prozess, in den wir ohne kollektives Handeln keinen Einblick hätten und gar nicht wüssten, wovon wir reden.

Aleksandar Battista ILIĆ

1991/1994—1999/...
Arkzin

1991 als Fanzine der **Antikriegskampagne** in Kroatien gegründet. Mit der zweiten Serie erschien **Arkzin** seit 1993 monatlich, zwischen 1994 und 1997 vierzehntägig, anschließend ein weiteres Jahr lang wieder einmal pro Monat. Die Zeitschrift etablierte sich als wichtiges Forum unabhängiger, alternativer, kritischer Information und Diskussion. Sie richtete sich nicht nur gegen die Regierung, sondern erörterte auch die Rolle der Medien, der Intellektuellen und verschiedener marginalisierter Jugend-Subkulturen. Ab 1996 wurde **Arkzin** zudem als Verlag tätig und publizierte neben kroatischen, serbischen und slowenischen Autoren [**Dubravka Ugrešić**, **Rastko Močnik**, **David Albahari**, **Peter Mlakar**] auch **La société du spectacle** [Die Gesellschaft des Spektakels] von **Guy Debord**, **Arhiv medija** [**Medien-Archiv**] der **Agentur Bilwet**, anlässlich des 150-jährigen Jubiläums der Erstveröffentlichung eine Sonderausgabe des **Kommunistischen Manifests** von **Marx** und **Engels** mit einer Einführung von **Slavoj Žižek** und, ebenfalls von **Žižek**, NATO kao lijeva ruka Boga? [**Die Nato als linke Hand Gottes?**] sowie **Dreizehn Versuche nach Lenin**.

1991—1995
EgoEast

Das Kollektiv **EgoEast** [1991—1995] wollte einen Dialog anstoßen, zunächst innerhalb der kroatischen zeitgenössischen Kunstszene, dann auch mit den entsprechenden Kreisen in Osteuropa und schließlich mit denen im Rest der Welt. **EgoEast** wurde von **Aleksandar Battista Ilić**, **Ivana Keser**, **Ivica Franić**, **Davor Pavelić** und **Željko Božićević** gegründet. Schwer zugängliche Informationen, kaum dokumentierte Entwicklungen und eine starke orale Tradition kennzeichnen nicht nur die kroatische, sondern die meisten osteuropäischen Kunstszenen. Dass **EgoEast** den Dialog suchte, führte sehr rasch zu mehreren Ausstellungen, Diskussionen und Gesprächsrunden; eine kreative Atmosphäre wechselseitigen Austauschs entstand. Nachdem die anfängliche Begeisterung abgeflaut war, mündete die **EgoEast**-Idee in mehreren kritischen Texten und jahrelangen Auseinandersetzungen. Es ging dabei immer wieder um die Auffassung, ein Künstler habe das Recht, sich direkt an die Kunstgemeinde zu wenden und offensichtliche Probleme beim Namen zu nennen.

Multimedia Institute [mi2]

Meist wird angenommen, Netzwerke seien eine Notwendigkeit des Augenblicks und man hätte hier nur die Wahl, sich etwas bereits Bestehendem anzuschließen. Dennoch legt die eigentliche Perspektive kollektiven und/oder vernetzten Handelns in der Offenheit gegenüber neuen Initiativen, die stets auf ein lebendiges oder unbedingt notwendiges Tun oder Bedürfnis reagieren müssen.

Weder die kollektive Arbeitsweise noch die Vernetzung haben in ihren heute vorherrschenden Manifestationen jeweils für sich genommen auch nur entfernt das Potential, im öffentlichen Raum relevante und, wichtiger noch, erfolgreiche Gegenstrategien zu entwickeln. Kollektivitäten wie Netzwerke scharen sich von ihrem Fundament her vor allem um die Logik des Gleichen, Ähnlichen, Übereinstimmenden. Denn es geht im Fall der Kollektivität um den Typus der Gemeinsamkeit, der Ästhetik, der Ideologie oder auch der Interessen, im Fall des Netzwerks liegt der Grund des Zusammenschlusses in einer sachlichen, beruflichen, inhaltlichen oder anderen Verwandtschaft, Gemeinsamkeit oder Interessengleichheit. Alles, was dem nicht entspricht, ist für diese Handlungsmodelle akzidentiell. Daher bleiben die meisten Kollektive eine geschlossene Gesellschaft, weil es fast unmöglich ist, in ihre halbprivate oder sogar intime Interessenlogik einzudringen, während Netzwerke auf der anderen Seite grundsätzlich eine banale Ideologie endlos reproduzieren, die keinen Bestand hätte, wäre tatsächlich Gleichberechtigung und Offenheit das Ziel. Nun, insofern man ein Modell beziehungsweise ein Konzept für kollektive Netzwerke entwickeln würde, für das wir in verschiedenen Anläufen Namen wie „intensive Kollaborationsplattform" oder „taktische Vernetzung" gefunden haben, würde man vielleicht zu einem Modell kommen, das aus beiden Aktivitätstypen das Beste herauszieht und deren Mängel so weit wie möglich eliminiert. Ein solches Modell müsste kurz gesagt vier Merkmale beziehungsweise Bedingungen erfüllen, damit die Ideen, Akteure und Aktivitäten, die nach diesem Modell organisiert werden, auf jeden Fall sowohl strategisch wie auch taktisch ablaufen und sich damit zugleich eine Strategie gegen die herrschenden gesellschaftlichen Handlungsformen sichern können. Merkmal 1 bezieht sich auf den Projektcharakter der Aktivitäten, der die Basis des Modells kollektiver Netzwerke bildet. Ein solches Netzwerk gründet sich nicht länger vorrangig auf den Austausch von Informationen und Erfahrungen, auch nicht auf das Bedürfnis der Beteiligten, ihre Interessen zu vertreten, und schon gar nicht in gemeinsamen „Dach"-Projekten, sondern vorrangig auf eine Reihe von Projekten, welche die an solchen Netzwerken Beteiligten innerhalb eines vorgegebenen Rahmens entwickeln und durchführen. Die Vorgaben können thematischer oder struktureller Natur sein, das Verfahren betreffen oder aus anderen selbstgewählten Bedingungen bestehen. Merkmal 2 der taktischen Vernetzung ist die Verpflichtung auf bestimmte thematische Brennpunkte mit starker sozialer oder politischer Komponente. Merkmal 3 verweist auf die trans- und interdisziplinäre, hybride Natur dieser Netzwerke, die die Verschiedenheit und wechselseitige Ergänzung der einzelnen Akteure betonen und damit das Feld kultureller Vernetzung anderen zivilgesellschaftlichen öffentlichen wie privaten Subjekten öffnen sowie einem potentiellen gesellschaftlichen Einfluss mehr Raum verschaffen. Merkmal 4 betrifft die Logik, die hinter der Organisation taktischer Vernetzungen steht, selbstverständlich mit mehreren Handlungsebenen und einer komplexen, auf Modulen aufbauenden Organisationsstruktur mit definierten Kommunikations- und Verwaltungsprinzipien, -regeln und -vorschriften.

Teodor CELAKOSKI

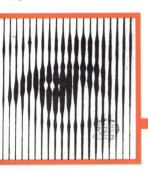

1996—…

Elektra

Interdisziplinäres Kunstzentrum, 1996 von Künstlerinnen, Studentinnen und Aktivistinnen gegründet. Hauptziel ist die Förderung der künstlerischen Betätigung von Frauen, welche die Grenzen und Hierarchien innerhalb der tradierten Kultur als Repräsentationsraum der Entscheidungsträger ausloten, überschreiten und verwischen. Elektra organisiert Ausstellungen und Konferenzen und finanziert Kunstprojekte.

1995—2005

Weekend Art

Die Gruppe wurde 1995 mit dem Ziel gegründet, über zehn Jahre hinweg Aktionen und Performances von **Weekendart: Hallelujah the Hill** durchzuführen. Bis 2005 gehörten der Gruppe **Aleksandar Battista Ilić**, **Ivana Keser** und **Tomislav Gotovac** an. Die Aktionen und Performances bestehen in Wanderungen der drei Künstlerinnen und Künstler im nahe bei Zagreb gelegenen Gebirge Medvjednica. Es entstand eine Fotoserie mit 3000 Aufnahmen von den Performances, eine Art Tagebuch in Dias, die nacheinander projiziert werden. Die Gruppe trat zudem weltweit mit Performances und Theateraufführungen auf, besonders hervorgehoben seien **Weekend Art: Tri projekcije na tri gola tijela [Wochenendkunst: Drei Projektionen auf drei nackten Körpern]** und das Projekt einer nonverbalen Performance über den Film **Film Body Essays**.

WHW [What, How & for Whom]

1| Jede künstlerische Äußerung ist Teil der kollektiven gesellschaftlichen Praxis, da können sich die traditionelle Kunstgeschichte und das kommerzielle Ausstellungswesen noch so sehr bemühen, sie als Gestus eines einzelnen Genies darzustellen. Aber jede Entscheidung, wie an der Schaffung neuer gesellschaftlicher Strukturen zu arbeiten wäre – und dazu gehört auch die Entwicklung neuer Strategien für mehr Partizipation –, mit der die Beziehungen zwischen Kulturproduzenten und Kulturkonsumenten geöffnet beziehungsweise neu definiert werden sollen, bringt unvermeidlich das Bedürfnis nach intensiver, zielgerichteter Arbeit in Gruppen, Kollektiven und größeren Netzwerken mit sich. Da Kollektivität Veränderungen ermöglicht, die dem individuellen, isolierten Handeln verschlossen bleiben, könnte diese Erfahrung zur treibenden Kraft werden, welche die Einzelnen ebenso wie die Gesellschaft transformiert. Das Kollektiv bietet seinen Mitgliedern gleichzeitig ein Gefühl von Sicherheit und offenen Möglichkeiten und das Versprechen, neue Plattformen und einen selbstbestimmten Raum zu schaffen. Dazu gelangt man über das Hinterfragen und die Veränderung eingebürgerter, erwarteter und gesellschaftlich anerkannter Formen hierarchischer Kommunikation und Arbeit in sogenannten Teams. Wir haben uns für die Arbeit im Kollektiv entschieden, weil wir in einem autonomen und selbstbestimmten Raum arbeiten, also unsere eigene Mikrowelt schaffen wollen, die im Gegensatz zur herrschenden institutionellen Gewalt steht. Andererseits laufen Kollektive immer Gefahr, sich abzuschließen, zu erstarren und eben das hierarchische Modell zu internalisieren, gegen das man Stellung bezieht: Ein Kollektiv ist nicht einfach deswegen, weil es ein Kollektiv ist, bereits gut oder progressiv. Zitieren wir **Jon Hendricks**, der der **Guerrilla Art Action Group** angehört: *„Die Gruppe ist eine Art dritte Person, die sich von den Einzelpersonen unterscheidet, aus denen sie besteht. Genau darin liegt ihre Stärke begründet, und genau das ist auch die Ursache für ihre Selbstzerstörung."* [1]

Im Unterschied zu Kollektiven, in denen manchmal der paradoxe, selbstgenügsame Spaß an der Gruppenarbeit zu den Schlüsselfaktoren ihres Entstehens und Bestehens zählt, bilden sich Netzwerke meistens aus einem bestimmten Bedürfnis heraus, dem Drang nach einer Stärkung und Vereinheitlichung der „Fronten". Das muss sie natürlich nicht effizienter oder inklusiver machen. Wie bei Kollektiven besteht auch bei Netzwerken das Risiko, exklusiv zu werden [paradoxerweise meist aus dem Gefühl einer äußeren Bedrohung heraus oder aus dem Bedürfnis, sich zu verteidigen] und das hierarchische Modell zu reproduzieren, gegen das sie vorgeblich angetreten sind.

1. Jon Hendricks, „Fluxus: Vorwort!", in: Kollektive Kreativität, Ausstellungskatalog Kunsthalle Fridericianum, Kassel 2005, S. 118.

2| Nicht von selbst, Kollektive brauchen emanzipatives Potential, vor allem für ihre Mitglieder, die Emanzipation der anderen ist immer fragwürdig, ebenso das ausgesprochen windige Modewort „empowerment". Leider sind derzeit die Gruppen und Kollektive in der Mehrheit, die die negativen Aspekte in der Gestaltung des öffentlichen Raums potenzieren [womit wir wieder bei der Neigung zu Exklusivität und Hierarchie wären]. Das belegen Beispiele von den religiösen Institutionen bis zu den Terroristen, den derzeit homogensten und expansivsten Formen kollektiven Handelns. Das Kollektiv als Modell einer Gegenstrategie zur Veränderung des öffentlichen Diskurses ist vor allem ein Kollektiv in Opposition zum repressiven Totalitarismus.

Ivet ĆURLIN, Ana DEVIĆ, Nataša ILIĆ & Sabina SABOLOVIĆ

2001—2003

Distributivna Pravda
[Verteilungsgerechtigkeit]

Das multidisziplinäre Projekt **Verteilungsgerechtigkeit**, angeregt von **Andreja Kulunčić**, wird als „work in progress" von Menschen mit unterschiedlichem Hintergrund [Kunst, Philosophie, Soziologie, Fotografie, Design und Datenverarbeitung] betrieben. Es beschäftigt sich mit der gesellschaftlichen Güterverteilung und besteht aus zwei Teilen: dem Projekt im virtuellen Raum, zu finden unter **www.distributive-justice.com**, einschließlich Internetspiel, in dem die Teilnehmer auf freiwilliger Basis materielle und immaterielle Güter austauschen und auf diesem Weg eine dynamische „Gesellschaft" bilden. Aus diesem Verteilungsspiel gehen verschiedene Gesellschaftstypen hervor. Der andere Teil des Projekts ist eine „Arbeitsplatz"-Installation, situiert in Ausstellungsräumen. Es handelt sich um eine Materialschau, die sich fortlaufend aus den entsprechenden Teilen des Projekts — virtuell [die Internetseite], praktisch [Feldforschung, Meinungsumfragen] und theoretisch [Studium relevanter Literatur, offene Diskussionen, Gespräche, Vorlesungen] — speist. Die Materialsammlung wächst und ändert von Ausstellung zu Ausstellung ihre Form. Mehrere Länder sind in das Projekt einbezogen, hinterlassen jeweils ihre Spuren und werden Teil der Ausstellung.

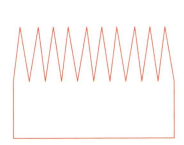
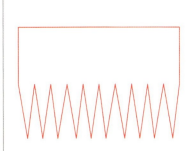

c_I 7a c_I 7b

_ two types of cI model for a hypothetical organization

Zagreb–Cultural Kapital of Europe 3000 ist eine Kooperationsplattform, die als gemeinsames Projekt von **Bacači Sjenki [Shadow Casters], BLOK, Center for Drama Art [CDU], Community Art, Kontejner [bureau of contemporary art praxis], Multimedia Institute [mi2], Platforma 9,81** und **What, How & for Whom [WHW]** geschaffen wurde. **Zagreb–Cultural Kapital of Europe 3000** fördert Kooperationen – sowohl zwischen den Initiatoren des Projekts als auch zwischen den lokalen und internationalen Initiativen –, die sich mit den Veränderungen in den gesellschaftlichen Bedingungen der Kulturproduktion auseinandersetzen, die strukturelle Position einer unabhängigen Kultur entwickeln und das herrschende System der Repräsentation von Kultur in Frage stellen. ZKC 3000 umfasst Konferenzen, Kunstfestivals, Ausstellungen, Workshops, Vorträge, Präsentationen, Publikationen, Medienproduktionen usw. Ein wichtiger Teil des Projekts sind kulturpolitische Aktivitäten, die auf eine Reform der institutionellen Situation der unabhängigen Kultur abzielen und ihr mehr Einfluss und größere Ressourcen verschaffen.

Bacači Sjenki [Shadow Casters]

ist eine nichtkommerzielle internationale künstlerische Produktionsplattform für interdisziplinäre Zusammenarbeit, Schaffung und Reflexion intermedialer Künste, die existierende Konzepte individueller und kollektiver Identitäten in Frage stellen, sich mit sämtlichen Formen sozialer, politischer und kultureller Intoleranz und Ausgrenzung befassen und zur Auseinandersetzung über die Natur und die Widersprüche des aktuellen Globalisierungsprozesses ermutigen.

BLOK [Local Base for Cultural Refreshment]

ist eine nichtkommerzielle Nichtregierungsorganisation, die auf dem Gebiet der öffentlichen Kunst und der Kunst im öffentlichen Raum arbeitet, das **UrbanFestival** organisiert sowie langfristige, forschungsorientierte Projekte entwickelt.

Center for Drama Art [CDU]

ist eine Nichtregierungsorganisation, deren Ziel es ist, durch das Publizieren von Programmen, internationalen Austausch und Bildungsprogramme neue Möglichkeiten für ernsthaftes performatives Denken und Handeln zu eröffnen.

Community Art

ist eine kollektive Nichtregierungsorganisation und das permanente öffentliche Forum eines offenen Projektes, das sich auf verschiedenste Aspekte des zeitgenössischen Lebens bezieht und dabei auf persönlichen Erfahrungen, interdisziplinären Projekten und 1990 begonnenen Kooperationsprojekten aufbaut. In jüngerer Zeit haben Menschen mit verschiedenstem Hintergrund im Projekt **Community Art** zusammengearbeitet und aufgrund ihrer Aktivitäten die Probleme, Paradigmen und Phänomene des Kollektivs in den Fokus der Koexistenz, des Widerstands, der Bildung, der Kunst und des Films gestellt. **Community Art**, das 2001 als Nichtregierungsorganisation gegründet und registriert wurde, hat auch die **Community Art School** ins Leben gerufen.

Kontejner | bureau of contemporary art praxis

ist eine 2002 gegründete künstlerische Nichtregierungsorganisation aus Zagreb. **Kontejner** organisiert, produziert und fördert zeitgenössische investigative Kunstpraktiken, zu denen intermediale und interdisziplinäre Projekte sowie ein

hybrider und innovativer Umgang mit Medien zählen. Sie operieren auf den Gebieten Kunst und Technologie, Kunst und Wissenschaft sowie der Lebens-Kunst.

Multimedia Institute [mi2] ist eine in Zagreb ansässige Nichtregierungsorganisation, die sich mit kritischer Netzkultur, Sozialtheorie und Kulturpolitik auseinandersetzt. Sie ist vor allem für Aktivitäten in ihrem öffentlichen Interface **net.culture club [mama]**, ihr digitales Verlagslabel **egoboo.bits** und ihre freie Software sowie Kulturentwicklungsprojekte bekannt.

Platforma 9,81 ist ein 1999 gegründetes Architektur- und Medienkollektiv. Es untersucht räumliche und urbane Phänomene in Kroatien im Kontext sich verändernder politischer, ökonomischer und kultureller Identitäten. Durch die Entwicklung neuer Methoden innerhalb der Architektur und unter Verwendung interdisziplinärer Bildungsnetzwerke fördert **Platforma 9,81** den Aktivismus und neue urbane Techniken durch öffentliche Veranstaltungen und Massenmedien.

What, How & for Whom [WHW] ist ein unabhängiges Kuratorenkollektiv, das verschiedene Produktions-, Ausstellungs- und Publikationsprojekte entwickelt und organisiert und außerdem die **Galerija Nova** in Zagreb leitet.

Realisiert von **What, How & for Whom**
Diagramme: **Platforma 9,81**
Gestaltung: **Dejan KRŠIĆ@WHW**
Zagreb | Herbst 2005

Andrea Zlatar

Zagreb – von versteckten Utopien und neuen Kollektiven

Kollektive künstlerische und theoretische Praxis

Dieser Essay widmet sich der zeitgenössischen kulturellen Praxis in Zagreb, ein zu breites Feld, als dass man es nicht eingrenzen müsste, und diese Eingrenzung sei der Fokus auf die unabhängige Kunstszene, die sich hier in den letzten zehn Jahren entwickelt hat. Im Mittelpunkt der folgenden Analyse steht also die Herausbildung einer unabhängigen Szene, die sich anfangs durch die Zerstreutheit und Partikularität vereinzelter Projekte auszeichnete, während in letzter Zeit Gemeinschaftsaktionen im Vordergrund stehen und ganze Kollektive in Projekte eingebunden werden. Ausgangspunkt ist die Realität einer Stadt mit mehr als 800 000 Einwohnerinnen und Einwohnern, einer Stadt, in der über hundert Kultureinrichtungen (in staatlichem oder städtischem Besitz) sowie mehrere hundert unabhängige Kunst- und Kulturvereine und Laiengruppen tätig sind. Welches Modell bietet Zagreb als Hauptstadt Kroatiens in der Kulturpolitik, und in welchem Ausmaß sind die Akteure der Kulturszene bereit, an der Transformation des bestehenden Systems der Kulturproduktion bewusst mitzuwirken? Sind sie bereit, die konservativen Konzepte der restaurativen Kulturpolitik der 1990er Jahre ins Wanken zu bringen, etwa den Begriff der „nationalen kulturellen Identität"?

Philosophen, Stadtplaner, Tänzer, Psychoanalytiker, Sänger, Schauspieler, Videokünstler und andere beteiligten sich in den 1990er Jahren an verschiedenen Performances, die man nicht den herkömmlichen Sparten wie Theater, Tanz, bildende Kunst etc. zuordnen konnte. Die meisten dieser Performances waren im Bereich der darstellenden Künste angesiedelt, die sich auch in ihrer tradierten Aufführungspraxis grundsätzlich als kollektive Leistung unter Mitwirkung des Publikums verstehen. Kollektive künstlerische und theoretische Praxis gründet sich nicht mehr auf eindeutig formulierte gemeinsame Annahmen, die häufig ideologischen, immer aber teleologischen Charakter hatten. Als wichtigstes Merkmal des neuen Typs von Kollektivität würde ich die Tatsache hervorheben, dass sich die Akteure nicht auf Ideen und Ergebnisse als Ziel oder Zweck ihres Tuns berufen, sondern auf dem Prozesscharakter der Produktion insistieren (künstlerisch wie theoretisch, womit zugleich die Grenzen zwischen Kreativität und Reflexion verschwimmen). Daraus ergibt sich eine Produktionspraxis, die sich fortlaufend selbst beobachtet, hinterfragt, zur Diskussion stellt, destabilisiert, transformiert. Die Gründe für einen Zusammenschluss sind unterschiedlich und können nebeneinander bestehen, ohne hierarchisiert zu werden; sie reichen von dem Wunsch nach persönlicher Anregung bis zu gemeinsamen theoretischen Interessen und politischen Positionen. Als zweites Merkmal sei die Tatsache betont, dass die Mauer zwischen der Kunst als eigenständigem Handlungsfeld und dem alltäglichen Leben eingerissen wurde. Besonders deutlich zeigt sich das im Projekt Weekend Art[1], das ganz bewusst und mit ironischer Distanz zu einer Zeit ausgeführt wurde, die sich au-

---

1 Eines der Projekte von Local Community Art in Zagreb, eine zehnjährige Performance von drei Künstlern, die auf Wochenendwanderungen in den Bergen hinter Zagreb, Medvednica, beruht und

ßerhalb der üblichen „Arbeitszeit" befindet: Wochenenden gelten gemäß der
Logik des kapitalistischen Staates als klassische Erholungsphase für die Mit-
telklasse. Als drittes Merkmal würde ich die Spannung zwischen dem Privaten
und dem Gemeinschaftlichen, dem Persönlichen und dem Kollektiven anfüh-
ren. Aus dieser Spannung entsteht der zeitgenössische Typus des Kollektivs,
in dem sich das Persönliche nicht durch den Eintritt in eine Gruppe und die
Übernahme einer potentiellen „kollektiven Identität" verliert, auch wenn ein
Hauptgrund für den Beitritt zu einer Gruppe sein mag, in der Sicherheit der
Gemeinschaft eigene Unsicherheiten zu überwinden. Alle diese Merkmale –
Verschmelzen von Kunst und Reflexion, Kunst und Alltag, Persönlichem und
Gemeinsamem – verweisen letztlich auf das grundlegende Merkmal des neuen
Typs künstlerisch-theoretischer Kollektivität: dessen immanenten, haupt-
sächlich politischen Aktivismus. Die Beispiele aus der für Zagreb charakteristischen Kulturszene belegen, dass der politische Aktivismus der einzelnen
Gruppen sich meist auf ganz konkrete sozialpolitische Themen konzentriert,
von Stadtplanungsfragen bis hin zur Umgestaltung der Kulturpolitik. Der Aus-
zug der Kunst aus ihrer gesellschaftlichen Isolation (ob einer privilegierten
oder marginalisierten, ist hier gleichgültig) führt zur vollständigen Sozialisie-
rung und Politisierung des Künstlerischen/Kulturellen, das heißt zur De-
ckungsgleichheit beider Sphären: prozessual handeln statt Artefakte produzieren, reflektieren statt fixieren, horizontales Miteinander statt Hierarchie.
Die Folgen dieser Denk- und Arbeitsweise gehen in jedem Fall über den strukturalistischen „Tod des Werks" und den poststrukturalistischen „Tod des Au-
tors" (als Schöpfer der Bedeutung, als psychobiographisch Bezeichneter, als
Subjekt des Wissens und der Rede) hinaus. In dieser spezifischen Praxis *kollektiver Produktion* – einer Produktion, die einerseits das Subjekt durch die
Gruppe ersetzt und andererseits ihre Identität durch die konsekutive oder simultane Aktivität verschiedener Subjekte, die ihre jeweilige Subjektivität behalten, gewinnt – verschwindet (oder, je nach Interpretation, oszilliert) die
Grenze zur Wirklichkeit, während an die Stelle der partikularen Autorschaft
Kooperation, das heißt Zusammenarbeit tritt. In diesem Sinn ist der Unterschied zu den Kunstbewegungen Mitte des 20. Jahrhunderts darin zu sehen,
dass diese, im Wesentlichen durch eine gemeinsame Ästhetik verbunden, bis
in die 1960er Jahre an der individuellen Autorschaft festhielten. Hingegen
nutzt die jüngste künstlerische und theoretische Praxis verschiedene Kommu-
nikationsformen für ihre Projekte. Darunter sind bekannte wie Vorträge, Konferenzen, Werbeauftritte, Publikationen und Ausstellungen, aber auch innovative Ansätze, beispielsweise interaktive Workshops oder Medienproduktionen.
Man will so den öffentlichen Raum möglichst flächendeckend besetzen und
auf verschiedenen Kanälen in ihn vordringen.

medial archiviert wird. Die Performance selbst besteht aus Dias, Fotografien, Postkarten in Kombination
mit Vorträgen, der Herausgabe von Zeitungen, dem Druck von Plakaten sowie einem Internetprojekt.

Beispiel einer öffentlichen Aktion: Diskussionen als Lobbyarbeit

All das ereignet sich in ein und demselben, wenn auch nicht unbedingt einheitlichen soziokulturellen Raum, dringt in diesen ein, hinterlässt dort Spuren, verändert ihn. Wie? In welchem Ausmaß? Wie lässt sich die Wirkung einer solchen kulturellen Praxis messen, die von sich aus die klassischen Formen von Präsentation und Repräsentation meidet, die nicht nach dem üblichen Schema *Aufführung – Kritik (Premiere – Medienurteil)* funktioniert? Ich will diese Fragen für den derzeitigen Kulturbetrieb in Zagreb anhand eines natürlich nicht zufällig ausgewählten Projekts behandeln, das nicht lange zurückliegt und sich für die Analyse und Beurteilung der aktuellen Situation anbietet, weil es seinerseits die künstlerische und kulturelle Szene der Nichtregierungsorganisationen (NGOs) in Zagreb thematisiert. Dieses Projekt belegt das Wachstum der unabhängigen Szene und die Verbindung der einzelnen Akteure in einer kollektiven Aktion mit dem Ziel, eine gemeinsame Plattform für ansonsten selbständige Gruppen zu schaffen, die in der Öffentlichkeit mehr Aufmerksamkeit erregt. Einige der aktivsten unabhängigen Organisationen waren daran beteiligt: Udruženje za razvoj kulture (Gesellschaft zur Entwicklung der Kultur), Autonomni kulturni centar (Autonomes Kulturzentrum), Multimedia Institute, Mreža mladih Hrvatske (Kroatisches Jugendnetzwerk) und „Zagreb – Cultural Kapital of Europe 3000" (ZCK 3000). Im Frühjahr 2005 wurde eine Reihe öffentlicher Podiumsdiskussionen zum Thema unabhängige Kultur und Jugendkultur veranstaltet. Sie befassten sich mit dem Verhältnis der städtischen Kulturpolitik zur unabhängigen Kulturszene, mit deren chronischem Raummangel, verschiedenen Lösungsvorschlägen und der Formulierung einer gemeinsamen Erklärung, die mit Vertretern der Regierungs- und Oppositionsparteien in Zagreb abgestimmt werden sollte. Es ist kein Zufall, dass Raumprobleme im Zentrum der Erörterungen standen, denn geeignete Räumlichkeiten wurden als *die* Voraussetzung für die Entstehung und Entwicklung von Kultur erkannt. An diesen Diskussionen war ich als Teilnehmerin und Zuhörerin beteiligt und habe alles daran gesetzt, möglichst eindeutig zu ermitteln, inwieweit das Thema Kultur die neuralgischen Punkte der Stadt aufdeckt, inwiefern die unabhängige Kultur die Urbanität Zagrebs hinterfragt und neue, private wie öffentliche, Formen städtischen Lebens hervorbringt. Die Diskussionen waren zeitweilig sehr mühsam und verwirrend. Völlig unterschiedliche Standpunkte wurden sichtbar, von denen aus die Redner die uns alle umgebende, wenigstens vorübergehend gemeinsame Wirklichkeit betrachteten und interpretierten. Gleichzeitig offenbarte sich nicht nur eine durchaus vorhersehbare Diskrepanz zwischen dem Diskurs von Kulturproduzenten und Regierungsvertretern, sondern auch ein Dissens zwischen Administration und Politik sowie zwischen der Politik und den führenden unabhängigen Meinungsbildnern. Eines wurde aber vollkommen klar: Die eigentliche Verbindung zwischen dem Abstraktum Stadt und dem Abstraktum Kultur ist die Existenz eines öffentlichen kulturellen Raums, der sich in einer Reihe einzelner Orte konkretisiert

Erstmals in der Geschichte Zagrebs wird der städtische Raum rasch wiederaufgebaut, ohne tatsächlich produziert zu werden. Der ursprüngliche Schwerpunkt des Projekts „Invisible Zagreb" hat sich verlagert von verlassenen Gebäuden, die das ehemalige soziale Kapital repräsentieren, hin zu Bildern sehr privater und sehr großer neuer Räume. Zu Räumen, die gebaut werden, ohne dass irgendein soziales Kapital in ihre rasche Ausführung investiert wird. *Invisible Zagreb Rebuilt* steht daher nicht für die verlassenen Orte, die von neuen Bürogebäuden besetzt werden, sondern für die Tatsache, dass die neuen Gebäude und die neuen Arbeiterklassen unsichtbar bleiben werden.[1]

„Invisible Zagreb" ist ein Projekt von Platforma 9,81, dessen Ziel es ist, die räumlichen Implikationen der gegenwärtigen Kultur und die ermächtigenden Wirkungen architektonischen Wissens zu untersuchen, das der öffentlichen Nutzung und freien Interpretation zugänglich gemacht wurde.

In Zagreb wird in Kürze die erste neue öffentliche Bildungseinrichtung seit fünfzehn Jahren eröffnet, eine Grundschule in Borovje mit einer Fläche von 3440 m². In der Stadt soll von 2005 bis 2006 neuer Büroraum mit einer Gesamtfläche von 400 000 m² errichtet werden.

und ein öffentlicher Raum par excellence ist, weil er eine der grundlegendsten Funktionen der Stadt – Kommunikation – ermöglicht. Das Ziel der Veranstaltungsreihe wurde erreicht, eine gemeinsame Erklärung zur Notwendigkeit, der unabhängigen Kulturszene wie der Jugendkultur Räumlichkeiten zuzusichern, ausformuliert und seitens der führenden Regierungs- und Oppositionsparteien unterschrieben. Ihre Wirkung (um nicht zu sagen, ihr Schicksal) in der Realpolitik der nächsten Legislaturperiode bleibt abzuwarten.

Realität und Virtualität des kulturellen Raumes in Zagreb

Die allmähliche Konzentration aller gesellschaftlichen Funktionen in den Städten hat schon im Zeitalter der Moderne eine brodelnde Gemengelage geschaffen – die Ballungsräume wurden zu Zentren der künstlerischen Produktion. Nicht nur für Manuel Castells steht die zeitgenössische Stadt exemplarisch für die „Raum-Zeit-Kompression", die Verdichtung der neuen Beziehungen innerhalb der „Netzwerkgesellschaft", in der die überkommenen Beziehungen zu Kontinuität und Tradition aufgelöst werden. Gleichzeitig entstehen mit der Transformation des Diskurses in und über Kunst neue Mechanismen der sozialen Konstruktion und Distribution von Macht auf dem symbolischen Feld der Kunst. Untersucht man diese Mechanismen, so offenbart sich ein Netz von Machtbeziehungen zwischen verschiedenen Akteuren, die um die Kontrolle über den Raum konkurrieren.

Der kulturelle Stadtplan des heutigen Zagreb weist Bauten auf, die über ein Jahrhundert alt sind, etwa das Nationaltheater, die Akademie der Wissenschaften und Künste, Museen und andere Kunstinstitutionen; verschwunden sind dagegen Cafés oder Kabaretts, die demselben „Zeitgeist" entsprungen waren, jedoch eher dem Konsum dienten. Der Multimediakünstler Dalibor Martinis hat vor einigen Jahren einen elektronischen Stadtplan geschaffen, in dem Zagreb als ein Netz paralleler Kulturlinien vorgestellt wird. Martinis legte seiner CD-ROM den früheren Streckenverlauf der Trambahnen zugrunde, als Metapher für verschiedene Perspektiven auf die Stadt. Einige Linien – die 11, die 2 und die 14 – sind noch immer in Betrieb; eine Route führt durch das Kulturerbe, eine andere an Naturdenkmälern vorbei, die dritte erschließt die Theaterlandschaft – und alle zusammen kartographieren den aktuellen Zustand der für die Kulturgeschichte relevanten Chronotopoi. Martinis sieht in seinem „Kulturstadtplan" einen Nachtexpress vor, leider ohne Haltestellen; weitere Linien markieren das schwule und das lesbische Zagreb, die urbane Kultur, das unabhängige Zagreb, und zuletzt wird die Realität mit der Virtualität kontrastiert: Die Haltestellen einer Linie legen den Finger auf die schlimmsten kulturellen Fehlschläge und städtebaulichen Sünden, wieder eine andere Linie hält schließlich überall dort, wo ungenutzte Potentiale schlummern.

Doch können wir Zagrebs kulturellen Raum tatsächlich mit einer Aufzählung von Institutionen beschreiben? Es gibt über hundert kulturelle

Einrichtungen, acht offizielle Theaterhäuser, zwanzig Museen, dreizehn Kulturzentren, Dutzende privater Galerien, Hunderte unabhängiger Kunst- und Kulturvereine, einen großen Konzertsaal; ein Museum zeitgenössischer Kunst befindet sich im Bau, ein Tanzzentrum im Entwurfsstadium, das Studentenzentrum ist ziemlich heruntergekommen, ein Jugendzentrum für den Großraum Zagreb angedacht. Der real existierenden Stadt mit ihrem Netz aus Wirklichem und Fixiertem steht ein Gespinst aus Möglichkeiten und Virtualitäten gegenüber. Gegen das sichtbare Zagreb formiert sich das unsichtbare Zagreb. „Invisible Zagreb" ist ein Projekt der unabhängigen Organisation Platforma 9,81, eine der im „ZCK 3000"-Projekt vernetzten Gruppen. Der Name spielt auf Italo Calvinos Roman *Die unsichtbaren Städte* an, das Projekt selbst widmet sich vor allem architektonischen und stadtplanerischen Fragen, entdeckt ungenutzte Stadträume (die sich sehr oft im Eigentum der Stadt befinden) und lenkt die Aufmerksamkeit der Einwohner auf deren Existenz. Zagreb könnte anders aussehen, wenn seine aufgelassenen Fabriken aus früheren Industrialisierungsphasen oder Schutzbunker als öffentliche, nutzbare Räume allen zugänglich wären.

Interventionen in die Kulturpolitik

Werfen wir einen genaueren Blick auf „Zagreb – Cultural Kapital of Europe 3000". Das Projekt versteht sich selbst als Plattform, die aus der Zusammenarbeit verschiedener Gruppen entstanden ist, im Einzelnen: dem Center for Drama Art, dem Multimedia Institute, Platforma 9,81 und What, How & for Whom. Nach dem ersten Jahr kamen Bacači Sjenki, Community Art, Kontejner und BLOK (Local Base for Cultural Refreshment) hinzu. Alle diese Gruppen befassen sich mit der Veränderung der gesellschaftlichen Bedingungen von Kulturproduktion, sie entwickeln die Position der unabhängigen Kultur und stellen die herrschenden Repräsentationsformen in Frage. Ein wichtiger Teil des „ZCK 3000"-Projekts sind kulturpolitische Aktivitäten, „die auf eine Reform des institutionellen Rahmens, mehr Einfluss und größere Ressourcen für die unabhängige Szene abzielen"[2]. „ZCK 3000" beruft sich zwar nicht explizit darauf, aber mit seiner Form des kollektiven Handelns, die von einem inneren Zusammenhang zwischen Kunst und Theorie ausgeht und die Grenzen zwischen Kreativität und Reflexion durchbricht, ruft das Projekt jene Formen des Kollektivismus und kollektiver Bewegungen ins Gedächtnis, die für die kroatische Kultur zwischen 1930 und 1970 charakteristisch waren und sich auf Manifeste der Avantgarde oder auf linke Politik gründeten, aber auch auf autochthone ästhetische Projekte geschlossener Systeme.

Die für die unabhängige Kultur und Jugendkultur typische Erfahrung, sozial marginalisiert zu sein, sich also an den Rändern der Gesellschaft zu

2 Selbstdefinition von „ZCK 3000", die in der Einleitung zu jeder Publikation wiederholt wird.

bewegen, ist nicht zuletzt deswegen spezifisch, weil der Rand symbolisch doppelt aufgeladen ist. Einerseits bedeutet Marginalisierung, aus dem Zentrum geworfen oder dezentriert zu sein, andererseits aber auch Offenheit und Flexibilität, vor allem im Sinn von Mobilität. Der Rand, sagen zeitgenössische Philosophen, ist ein offener Raum, der Saum der Unendlichkeit, und bietet in einer existentiellen Situation, die auf den ersten Blick als Ausschluss erscheint, einen gnoseologischen Vorteil. Durch den Blick von außen und die eigene Beweglichkeit sieht man deutlicher, was sich (vorübergehend) im Zentrum befindet. Das Verhältnis von Zentrum und Peripherie ist ein Machtverhältnis, steht aber auch für Veränderlichkeit, den Austausch von Figuren, Positionen. In ihm spiegeln sich Anspannung und Herausforderung, Stellung beziehen und Stellung wechseln, Einziehen und Umziehen, die Umverteilung der Macht. Ein gutes Beispiel für die Rolle, die ein marginaler, peripherer Ort im Verhältnis zu den Zentren der Kulturproduktion in der Stadt spielen kann, ist der Club Močvara (Sumpf), der in der ehemaligen Fabrik Jedinstvo (Einheit; der Name steht symbolisch für gemeinsame Arbeit) untergebracht ist. Hier haben in den letzten Jahren verschiedene unabhängige Gruppen und Einzelkünstler gearbeitet, von der außerordentlich interessanten Theatergruppe Kufer (Koffer) über individuelle Projekte des Performancekünstlers Damir Indoš und Attack bis zur Tanzgruppe Ekscena und der Gesellschaft zur Entwicklung der Kultur, die zahlreiche Auftritte von Musikgruppen, Filmreihen und Programme im Bereich bildende Kunst organisierte, aber auch Podiumsdiskussionen zu politischen und sozialen Themen. Mit diesen Programmen wurde eine Plattform für kulturelle Zusammenarbeit geschaffen, denn es nahmen immer auch junge Künstler aus den Nachbarländern teil. Am wichtigsten ist jedoch die Tatsache, dass die kulturellen Aktivitäten im Močvara, trotz der Vielzahl beteiligter Gruppen und Künstler, den Eindruck eines gemeinsamen, kollektiven Projekts hinterlassen, denn alle sind sich über die Bedingungen der Kulturproduktion in der zeitgenössischen Gesellschaft einig. Außerdem ist der Club Močvara der einzige Ort in Zagreb, der für Jugendliche zwischen fünfzehn und achtzehn attraktiv ist, eine Altersgruppe, die seit Jahren unter fehlenden Räumen und Angeboten leidet. Sie wird nicht mehr von den Programmen für Schulkinder erreicht und interessiert sich noch nicht für die Arbeit von Studentengruppen, insofern klafft hier eine echte Lücke.

Die räumliche Metapher von Zentrum und Peripherie eignet sich auch, um den aktuellen Zustand des Kultursystems in Zagreb und Kroatien zu analysieren. Kroatien befindet sich seit gut fünfzehn Jahren in einer Phase der sogenannten Transition, und es teilt ein wesentliches Merkmal der kulturellen Infrastruktur mit anderen betroffenen Ländern: den gescheiterten Abschied vom sozialistischen Finanzierungs- und Organisationsmodell. Der größte Missstand im derzeitigen Kultursystem ist ein Mechanismus, der sich gegen die Logik von Projekten verschließt und stattdessen die Institutionen des Kulturbetriebs unterhält (Personal- und Gebäudekosten). So entsteht ein unerträgliches Ungleichgewicht in der Finanzierung von institutionellen und

Platforma 9,81, *Invisible Zagreb Rebuilt*, 2005
Aus: Invisible Zagreb Archive, www.platforma981.hr

außerinstitutionellen Kulturproduktionen, wobei Letztere insgesamt nur ein Zehntel des städtischen Budgets erhalten.

Doch birgt dieser Konflikt zwischen institutioneller und außerinstitutioneller Kultur nicht auch das Potential, dass sich der Kulturbetrieb für eine interne Restrukturierung öffnet? Dieser Zwischenraum, dieser offene Raum im konkreten Sinn eines „kulturellen Raumes" besteht aus zwei miteinander verbundenen Ringen: zum einen den lokalen Kulturzentren, dreizehn an der Zahl, die sich entlang der ehemaligen Peripherie ringförmig um die Stadt ziehen, sowie Novi Zagreb, den Neubausiedlungen jenseits der Save; zum anderen den aufgegebenen Industriegebieten mit ihrer alten Fabrikarchitektur. Die Gemeinden, eigene „Territorialkollektive" in der politischen und damit auch kulturpolitischen Praxis, galten in den 1990er Jahren als unerwünschtes Überbleibsel des sozialistischen Systems. Die einstigen Kulturzentren werden in ihrer Mehrheit bis heute nicht genutzt und verwahrlosen, aber sie könnten ein neues Netz von Räumlichkeiten für Kulturproduzenten bilden, vor allem für jene, die aus der jeweiligen Gemeinde und aus verschiedenen sozialen und (sub-)kulturellen Minderheiten stammen. In solchen Projekten kommen regelmäßig Experten und Amateure zusammen, hier verbinden sich Vorführung und erzieherische Funktion, und auf diese Weise werden die Grenzen zwischen Publikum und Ausführenden vorübergehend aufgehoben. In den Kulturzentren der Vororte zeigen sich also dieselben Merkmale, die die derzeitige kollektive künstlerische und theoretische Praxis charakterisieren. Künstlerisch provoziert wurde Zagreb in den letzten Jahren von Ivana Keser, Aleksandar Battista Ilić und Tom Gotovac, die in Zusammenarbeit mit Theoretikern und Aktivisten die Gruppe Community Art bilden. Sie betreiben ein offenes Projekt, das sich zum Teil mit der Gorgona-Bewegung überschneidet und ein öffentliches Forum bietet, auf dem verschiedene Aspekte des zeitgenössischen Lebens, der Kunst und einer Politik der Existenz, des Widerstands und des Austauschs von Wissen thematisiert werden.

Die jüngste Initiative für kollektive Projekte kommt aus den lokalen Kulturzentren selbst, die aktiv ihre Programmkrise, das Desinteresse an ihren Projekten und ihren Geldmangel überwinden wollen. In einer ersten Erneuerungsphase haben sie sich entschlossen, die Gemeindeebene zu verlassen, ihre Angebote untereinander auszutauschen und gleichzeitig über Partnerschaften mit städtischen Einrichtungen und unabhängigen Kulturorganisationen ein gemeinsames Programm zu erarbeiten. Die Gemeinschaftsprogramme umfassen nicht nur künstlerische Produktionen, sondern auch Theorie- und Bildungsworkshops. In diesen Seminaren geht es um Probleme der Kulturpolitik und die Suche nach neuen Formen von Kulturmanagement, das den Bestand von unabhängigen Gruppen und kleinen Gemeindezentren sichern und ihre Weiterentwicklung hin zu technisch und finanziell anspruchsvolleren Projekten ermöglichen würde.

Vom Networking zur kollektiven Aktion

Die Entwicklung einer unabhängigen Kultur in Zagreb (und in Kroatien, soweit das Zagreber Modell in Dubrovnik, Rijeka, Split und anderen Städten übernommen wurde) war im letzten Jahrzehnt von einer entscheidenden Veränderung der soziokulturellen Landschaft bestimmt. In den 1990er Jahren wurde die unabhängige Szene als „alternative Kultur" wahrgenommen, mit all der Unentschiedenheit und Zweideutigkeit (aber auch den ganzen Taschenspielertricks), die in dem Begriff stecken. Für die Öffentlichkeit waren unabhängige Kultur und Alternativkultur ein und dasselbe, ihr Maßstab war allein deren ästhetische Innovationskraft. Vereinfacht gesagt, verglich man die ästhetische Ausrichtung und das künstlerische Konzept einer unabhängigen Theatertruppe mit Aufführungen im Stadttheater. Inzwischen ist allerdings klar, dass die Verantwortlichen in der kroatischen Kulturpolitik in erster Linie die *organisatorische Infrastruktur* bestimmter Gruppen als Maßstab nutzen müssen, und in diesem Sinn steht eine „künstlerische" NGO in ihrer Funktions-, Finanzierungs- und Wirkungsweise einer NGO im Bereich von Friedensforschung oder Sozialarbeit sehr nahe. „Ähnlichkeiten" mit den klassischen Institutionen des Kulturbetriebs lassen sich nur mühsam aufrechterhalten, wenn man ohnehin mit abgenutzten und unzureichenden Kategorisierungen und Spartenbegriffen arbeitet (etwa Musik und Film, darstellende und bildende Kunst). Immer haufiger passen Projekte in keine dieser Schubladen, und deswegen stehen bei städtischen und staatlichen Geldgebern neue Ablagekörbchen mit Aufschriften wie „urbane Kultur", „Jugendkultur" und „neue Medien und Technologien". Die Vernetzung der NGOs begann Ende der 1990er Jahre. Damals förderte das von der Soros-Stiftung finanzierte Open Society Institute Croatia die ersten derartigen Projekte, beispielsweise Clubture. Es waren Projekte, die innerhalb von Kroatien durch die Gemeindezentren „tourten". Anfangs glich Clubture eher einer neuen Art von Vertriebsnetz, das den Austausch von unabhängigen Programmen und Produktionen zwischen mehreren kroatischen Städten organisierte, wobei Zagreb die zentrale Rolle spielte. Doch der Ansatz, die verschiedenen, noch vereinzelten Disziplinen zusammenzubringen, und die selbstreflexiven, selbstevaluierenden Elemente waren ebenfalls von Anfang an vorhanden.

Mit Sicherheit hat die Versteinerung der offiziellen kroatischen Kulturpolitik, die die Möglichkeit, genauer, die Notwendigkeit einer grundlegenden Veränderung in der Organisation und der Art der Mittelzuteilung innerhalb des Kulturbetriebs schlicht ignorierte und nur provisorisch einige befristete (und bescheidene) Fonds für unabhängige Produktionen einrichtete, ihren Teil zur Vernetzung der NGOs beigetragen. Networking in Kroatien bedeutet heute mehr als nur Informationsaustausch und Wissenszuwachs. Networking heißt hier auch Lobbyarbeit. Ziele von Aktionen und Kampagnen werden klar formuliert, und damit fordert das Modell der vernetzten unabhängigen Kultur den Status quo in seiner Totalität offensiv heraus. Networking war gestern, es lebe die kollektive Aktion!

Zagreb   Platforma 9,81, *Invisible Zagreb Rebuilt*, 2005
                                        Aus: Invisible Zagreb Archive, www.platforma981.hr

Um das Denken zu verändern und Räume zu schaffen, die es derzeit noch nicht gibt, muss das vorhandene Wissen vernetzt und eine neue Art von Wissen hinzugewonnen werden, darunter vor allem Kulturmanagement und eine strategische Stadtverwaltung. Die Inbesitznahme der drei erwähnten Räume (Peripherie, Novi Zagreb, aufgegebene Industriearchitektur) – reale, aber ihrer sozialen und urbanen Funktion beraubte Räume – ist nicht nur eine Frage der Macht, und es geht nicht einfach darum, zwischen verschiedenen politischen Optionen zu wählen. Es geht um den Fortbestand der Stadt, wenn diese Stadt kreativ und lebendig sein und sich aus sich selbst heraus erneuern können soll. Dieser Schritt verlangt den radikalen Bruch mit der bisherigen Vorstellung vom Verhältnis zwischen Kultur und Gesellschaft oder Kunst und Wirklichkeit; er verlangt eine Veränderung der Produktionsbedingungen von Kunst und Kultur, und damit unseres eigenen Lebens.

Anstelle eines Schlussworts: Heterotopische Perspektive für Zagreb

Das andere Zagreb, dem gewöhnlichen Passanten unsichtbar, ein Zagreb, das nicht an unseren alltäglichen Wegen liegt, das nur professionellen Flaneuren bekannt ist, erfahrenen Spaziergängern, die es aus Archiven und historischen Berichten ermitteln, dieses Zagreb ändert unsere Vorstellungen über die Zukunft. Es ist ein, mit Michel Foucault gesprochen, *heterotopisches* Zagreb, eine Stadt des anderen Raums, der anderen Räume, eine Stadt der Antiräume, der Gegenräume zum Vorhandenen. Heterotopische Räume sind Foucaults Definition zufolge eine Form *lokalisierter Utopie:* Wir denken immer an Länder, die es nirgendwo gibt, an Städte, die in der Wirklichkeit keinen Platz haben, Nichtorte entstehen in unseren Köpfen, manchmal geboren aus Angst, manchmal aus der Leere unseres Herzens.[3] Antiräume, widerständige Räume gegen das Bestehende, unterscheiden sich von der klassischen Utopie, weil sie in unserem Alltag verankert sind. Für ein kleines Kind kann ein solcher Gegenraum ein dunkler Keller oder der Dachboden sein, oder das Bett der Eltern mit der großen Tagesdecke, die sich leicht in wilde Meereswogen verwandeln lässt. Friedhöfe und Heime, Gefängnisse und Krankenhäuser sind ebenso heterotopisch wie historische Theater, moderne Bibliotheken und Museen. Archive mit ihrer Tendenz, auf einem Fleck Dinge aus allen Zeiten zu sammeln, durch Restrukturierung den historischen Raum und die historische Zeit zu vernichten, repräsentieren exemplarisch die heterotopische Gegenwart. Denn die Kraft der Heterotopie liegt darin, dass sie die Wirklichkeit herausfordert, sich ihr entgegenstellt und sie verändert.

3 Begriff und Bild übernommen aus Foucaults Vortrag über „andere Räume", gehalten 1967, aber erst 1984 unter dem Titel „Des espaces autres" veröffentlicht; dt.: Michel Foucault, „Andere Räume", in: Karlheinz Barck u. a. (Hg.), *Aisthesis. Wahrnehmung heute oder Perspektiven einer anderen Ästhetik,* Leipzig 1990, S. 34-46.

Boris Bakal

Netzwerke anerkennen

Um meinen persönlichen Standpunkt zu Netzwerken und Kollektiven darzulegen, die in gewisser Weise die Entstehung von Netzwerkprojekten in Zagreb und Kroatien präformieren – darunter auch das Projekt bzw. die Plattform „Zagreb – Cultural Kapital of Europe 3000"–, möchte ich „unsere" Geschichte in einen geographischen und historischen Rahmen einordnen. Denn ich bin davon überzeugt, dass der Bruch in den Identifikationen und Identitäten, der im südöstlichen Europa[1] stattgefunden hat, auch im Entstehungsmuster unserer Gemeinschaften, zivilgesellschaftlichen Vereinigungen und Vereine, künstlerischen Kollektive und kreativen Plattformen präsent ist.

Die Bildung eines Netzwerks ist oft die Folge einer kritischen Masse von Interessen, die in den bestehenden Kommunikationsnetzwerken oder gesellschaftlichen Strukturen keinen Platz haben und sich mit diesen nicht identifizieren können. Das neue Netzwerk steht für die Emanzipation bestimmter Bedürfnisse und strebt nach mehr Demokratie oder zumindest nach einer anderen Dynamik als das Netzwerk, von dem es sich abgespalten hat. Jedes neue Netzwerk will in erster Linie die Rechte seiner Mitglieder progressiver vertreten, auch wenn es oft die Modelle und die Dynamiken der Gesellschaft übernimmt, aus der es hervorgegangen ist, und ebenso die schlechten Gewohnheiten jenes Netzwerks, von dem es sich emanzipiert hat.

Der genaue Blick auf das Networking und die Horizontalität der sozialen Interessenstruktur der Region, auf die Aktivitäten der Netzwerke und die Bereiche, in denen sie sich engagiert haben, sowie auf ihr Entstehen in den 1990er Jahren im Kontext der damaligen politischen Realität ist auch angesichts der globalen Machtverschiebungen wichtig, die damals nicht so transparent waren wie heute.

Andererseits glaube ich daran, dass das Networking und die Identitäten, die bis zu einem gewissen Grad zu Bestandteilen der Netzwerke werden, auch im Licht der Kontinuität (im Sinne Emersons)[2] von Aktionen in dieser Region betrachtet werden sollten, und zwar von der Mitte des 19. Jahrhunderts bis zum Jahr 1946, als der neue Staat alle bestehenden Netzwerke und bürgerlichen Aktivitäten[3] verboten oder unter eine zentrale Kontrolle gestellt hat. Wahrscheinlich sollte man in diesem starken Wunsch nach Kontrolle bzw. einem Überblick über alle möglichen Partikularinteressen, der dem Einzelnen die Möglichkeit raubte (oder zumindest weitestgehend vorenthielt), kleine Veränderungen[4] –

1 Das südliche Zentraleuropa, Ex-Jugoslawien, der Balkan oder der westliche Balkan.
2 „Alles lehrt Übergang, Übertragung, Metamorphose: darin liegt die menschliche Kraft, in der Übertragung, nicht in der Schöpfung; und darin liegt die menschliche Bestimmung, nicht in der Langlebigkeit, sondern im Entfernen. Wir tauchen unter und an neuen Orten wieder auf." William H. Gilman, Ralph H. Orth u. a. (Hg.), *The Journals and Miscellaneous Notebooks of Ralph Waldo Emerson*, Cambridge, Mass., 1960-1982, Bd. 10, S. 76.
3 Alle Bürgervereinigungen sowie humanitäre, Minderheiten- und Bildungsorganisationen oder Berufsverbände wurden verboten, und ihre materielle Basis (Gebäude, Schutzräume, Küchen, Schulen, Büros) wurde konfisziert. Betroffen waren zum Beispiel Društvo čovječnosti (Gesellschaft für Humanität) und Hrvatski radiša (Der kroatische Arbeiter).
4 Auf lokaler Ebene, in den „lokalen Kommunen", wurden geringe städtische Mittel für kleinere örtliche Veränderungen und Aktionen bereitgestellt.

wie sie im Geist dieser Gesellschaft genannt wurden[5] – bewirken zu können, den Grund für den Tod oder das Verschwinden des sozialistischen Steuerungsmodells suchen. Die sozialistische Gesellschaft wollte vielleicht gerechter und sozial bewusster sein als frühere Gesellschaften, aber sie hat die Schlacht verloren, weil sie darauf bestand, dass das Neue (in Form des politischen Systems und der sozialen Dynamik) den Sieg über jede positive gesellschaftliche Kontinuität davontragen und sie verdrängen sollte.

Die Gründe für verschiedene Typen von Kollektivismus und Networking in Kroatien und der früheren SFRJ[6] sind daher, anders als beispielsweise in Westeuropa und den USA, vorwiegend legislativ-politischer Natur. Von 1946 bis in die frühen 1980er Jahre wurden die Aktivitäten und Inhalte künstlerischer Kollektive und der seltenen bürgerlichen Vereinigungen ebenfalls von diesem Rahmen bestimmt.

Für mich bedeutet die Zusammenarbeit mit anderen die Erweiterung meines Wissens und meiner eigenen Fähigkeiten; sie bedeutet, dass ich die Welt aus einer anderen Perspektive wahrnehmen kann und so Lösungen für Probleme sehe, die ich allein vielleicht für unlösbar gehalten hätte. Das Projekt bzw. die Gruppe *Katedrala* (Kathedrale), das ich 1987 und 1988 in kreativer Zusammenarbeit mit einer Reihe von Autoren und Experten aus verschiedenen Disziplinen und Generationen realisiert habe,[7] sollte ein breites Netzwerk für interdisziplinäre Zusammenarbeit schaffen. Am Ende beschränkte es sich jedoch auf die kollektive Arbeit an einem einzigen großen Projekt: der Ausstellung und Multimedia-Installation *Katedrala* im Künstlerischen Pavillon von Zagreb 1988, die auch in Belgrad und Berlin gezeigt wurde – die Inkarnation eines möglichen Gesamtkunstwerks. Trotz der speziellen Artefakte, die dieses Projekt hervorgebracht hat, war es auch von der damaligen sozialen, politischen und finanziellen Situation in Kroatien geprägt. *Katedrala* war von der Idee inspiriert, dass die Zuschauer im Mittelpunkt des Kunstwerks stehen sollten; durch das Ritual der Ausstellung wurden sie Teilnehmer und Mitschöpfer des Werks, indem sie gleichsam eine intelligente Kunstmaschine[8] aktivierten. Andererseits versuchte das Projekt, angelehnt an Joseph Beuys, auf eine sehr simple Weise die Idee einer spirituellen Künstlergemeinschaft ins Spiel zu bringen, deren Rolle es wäre, gewissermaßen das Bewusstsein der Gesellschaft zu sein. Die kroatische Gesellschaft war damals schon zutiefst durch Antagonismen und gewalttätige ökonomische Konflikte gespalten, die gerissene Politiker bald zu religiös-nationalistischen und ethnischen Kriegen zuspitzen sollten. Diese Vorahnung von der bevorstehenden *großen ethischen Säuberung* – genauer: der Säuberung von der *Ethik* – wird in der Collage des *Katedrala*-Katalogs

---

5 Frauenrechte (aber nicht für Lesben), das Verbot von Kinderarbeit (aber kein systematischer Schutz von Kindern vor sexuellem oder körperlich-erzieherischem Missbrauch), Arbeiterrechte (aber für einzelne Arbeitsgruppen waren keine Besonderheiten erlaubt) etc.
6 Sozialistische Föderative Republik Jugoslawien.
7 Autoren: Boris Bakal, Darko Fritz, Stanko Juzbašić, Ivan Marušić Klif, Goran Premec; Koautoren und Mitarbeiter: Alenka Bobinski, Joško Lešaja, Vladimir Petek, Jasna Zastavnikovič, Sven Pepeonik, Nikola Tačevski, Ognjen Persoglio, Igor Šujić, Čedo Zubović, Mario Mavrin und andere.
8 Im Computer verarbeitete Impulse der Besucher, ausgelöst durch Fotosensoren.

manifest, die (naiv und unschuldig) in einer Vision alle Gotteshäuser von „Zagreb" vereint: die zerstörte jüdische Synagoge, die katholische Kathedrale, die orthodoxe Kirche am Preradović-Platz und die neue Moschee. Und dies, obwohl die spirituelle Einheit, die das Projekt evozieren wollte,[9] alles, nur nicht religiös im institutionellen Sinn war.

Die kurze Lebensdauer von Künstlerkollektiven und deren relative Exklusivität in der früheren SFRJ wurden auch von der Tatsache bestimmt, dass damals nie ausreichend Mittel für eine kontinuierliche kollektive Arbeit oder nachhaltige institutionelle Aktivitäten im künstlerischen und kulturellen Bereich bereitgestellt wurden. Es war wie im *Katedrala*-Projekt möglich, staatliche Kulturinstitutionen als Partner zu gewinnen und über Sponsoren finanzielle Unterstützung oder Sachspenden zu erhalten, sowohl von staatlichen wie von privaten Unternehmen, aber das galt nur für ein einmaliges Projekt und unter der Bedingung, dass dieses Projekt den allgemein anerkannten künstlerischen Rahmen nicht sprengte.[10]

Die Gesellschaft des Reichtums und der sozialen Gerechtigkeit (jedoch nicht für das Individuum) hat nie Kritik von außen akzeptiert (oft genug auch nicht von innen); deswegen war es unmöglich, ein Parallelsystem von Werten und zivilgesellschaftlichen Netzwerken zu schaffen, das diese Gesellschaft erfolgreich hätte korrigieren können.[11]

Abgesehen davon, dass sie in einer bestimmten politischen Atmosphäre auftraten, war es das vielleicht charakteristischste Merkmal einer Reihe von kroatischen Künstlerkollektiven[12] im europäischen Kunstkontext, dass sie in ihren Aktivitäten nicht von irgendwelchen materiellen Vorbedingungen bestimmt wurden, sondern ausschließlich auf freiwilliger Arbeit und konzeptueller Stärke beruhten. Das gilt trotz der Tatsache, dass einige Projekte dieser Vereinigungen, Kollektive oder Bewegungen mit staatlichen oder städtischen Geldern finanziert wurden, was jeweils mit recht eigenwillig interpretierten institutionellen sozialen Bedürfnissen begründet wurde.

In den 1990er und bis zu einem gewissen Grad bereits in den 1980er Jahren wuchs ganz allgemein das Bewusstsein vom Potential kollektiver Aktivitäten außerhalb des Systems (das seinerseits immer weniger imstande war, der ständig größer und zahlreicher werdenden Probleme in der Zeit nach Titos Tod Herr zu werden), aber auch das Bewusstsein von der Verschiebung des geopolitischen Gleichgewichts, in dem sich Jugoslawien, so wie es war, zunehmend zu einem Hindernis für die Interessengruppen des Kapitals entwickelte.

Hatte die Anrufung des Gemeinsinns, die *Katedrala* vertrat, den eigentlichen Sinn des Potentials von Netzwerken noch nicht erfasst, entsprang

9 Aus einem Gespräch von Joseph Beuys und Iannis Kounellis.
10 Man denke an das verblüffende Syntagma vom „ehrlichen Intellektuellen", das auf dem Höhepunkt der Kommunistenjagd direkt nach dem Zweiten Weltkrieg geprägt wurde und das vom Staat verordnete Misstrauen gegenüber Intellektuellen illustriert.
11 Dies wurde klar im Fall und in der Arbeit der philosophischen Plattform „Praxis", ursprünglich Zagreb, die von 1965 bis 1974 eine Zeitschrift gleichen Namens herausgab.
12 Gorgona, Exat, Podroom, Grupa Šestorice (Gruppe der sechs Künstler), Nove Tendencije (Neue Tendenzen) etc.

das nächste Projekt, an dem ich mich beteiligte und das ich mit gegründet habe – die Antikriegskampagne von Kroatien (Antiratna kampanja Hrvatske, ARK) –, zu diesem Zeitpunkt einem unmittelbaren Bedürfnis der Gesellschaft und entwickelte sich rasch zu einem Netzwerk von Individuen, Aktivitäten und Organisationen, die sich nicht mit der nationalistischen Barbarei Anfang der 1990er Jahre identifizierten.

Von Anfang an *erkannte* ARK den Imperativ *an,* dass sich eine verängstigte Gesellschaft nicht durch direkte Agitation oder Argumentation dazu bewegen ließ, nach anderen Lösungen als jenen zu suchen, die von den führenden Politikern angeboten wurden, sondern nur durch komplexe Aktionen und Aktivitäten auf verschiedenen Ebenen.[13] Im Rahmen dieser Aktivitäten publizierte die zivile Plattform eine der wichtigsten Zeitschriften (ursprünglich ein Fanzine) für das ehemalige Jugoslawien: *Arkzin. Arkzin* und ARK bauten ab der ersten Stunde auf die Zusammenarbeit und den Erfahrungsaustausch innerhalb der gesamten Region. Bestärkt durch diese Erfahrungen gründete ich 1993 in Belgien zusammen mit einer Gruppe junger wallonischer und flämischer Intellektueller (Studenten und Professoren der Katholischen Universität von Louvain) sowie Künstlern und Intellektuellen aus Kroatien und Serbien die strategisch-erzieherische Plattform Flying University (FU). Die Aufgabe der FU bestand darin, die Konstruktion kollektiver Identitäten systematisch als Manipulation und Mystifikation zu entlarven. Darüber hinaus galt es, die Krise der Identität und die Brüche in verschiedenen Identifikationsprozessen als zentrale Probleme der Gesellschaft und des Individuums in der heutigen Gemeinschaft aufzudecken. Das Projekt vermied jedwede Aktivität oder Sichtbarkeit in den Medien und agierte ausschließlich über kleine Diskussionsrunden, Vorträge und Workshops. Dabei wurden Arbeitsgruppen gebildet, die sich untereinander vernetzten und anschließend an individuellen Projekten arbeiteten, während das größere Publikum über Konzerte und Festivals in Belgien, den Niederlanden, Luxemburg, Slowenien, Kroatien und Serbien erreicht und beeinflusst wurde.[14]

Wir haben mit Institutionen, lokalen Netzwerken und Individuen aus dem gesamten ehemaligen Jugoslawien[15] zusammengearbeitet, als wir 1993 und 1994 in Zagreb eine Reihe von Vorträgen und Workshops veranstalteten. Sie fanden im Altenheim in der Klaić-Straße, im Kulturzentrum Ribnjak, im Kultur-Informationszentrum in der Preradović-Straße sowie im Foyer des Gemeindehauses in der Tkalčić-Straße statt, wobei wir die Räume zu marktüblichen Preisen anmieteten. Zahlreiche Abiturienten und Studenten, aber auch Intel-

---

13 Das Projekt Vrata mira (Friedenstür), Konzerte und Straßenprozessionen, Klubtreffen, Debattierklubs, Zusammenarbeit mit Interessenvertretern und religiösen Gruppen – Hare Krishna, Schwulenbewegung usw.

14 Abgesehen von diesen Ländern entwickelte das Projekt auch die Zusammenarbeit mit Organisationen und kulturell-humanitären Projekten in Bosnien-Herzegowina, Frankreich und Deutschland.

15 Die Antikriegskampagne (ARK), *Arkzin*, Radio B92, Radio Študent, Suncokret (Sonnenblume), Ženska mreža (Frauennetzwerk), Centar za žene žrtve nasilja (Zentrum für Gewaltopfer unter Frauen), Makronova Center, Ženska infoteka (Frauen-Infothek), Studentska mreža (Studentennetzwerk), Ambasade lokalne demokracije (Botschaften lokaler Demokratie), Studentenklubs und kulturelle Klubs in Zagreb, Rijeka und Belgrad.

lektuelle[16] nahmen an diesen Diskussionen und Debatten teil; 45 Gäste aus Belgien arbeiteten in Zagreb, Rijeka, Ljubljana und Belgrad an dem Projekt mit.

Aus den Erfahrungen mit den lateralen und transversalen Operationen der FU ging das Projekt „The Order of Bank and Money Worshipers" hervor, eine Kunstaktion, die in der Gesellschaft sowohl indirekt (mit kritischem Sloganeering) als auch direkt (ohne das Sicherheitsnetz der Kunst oder der Artefakte) präsent sein wollte.[17] Meine Mitstreiter[18] und ich waren damals an einer Aktion interessiert, die auf bestimmte extreme Vorfälle in der Gesellschaft aufmerksam machte. Sie sollte nicht bloß eine Emanation kritischer Egos sein, sondern stattdessen durch eine bis zum Paroxysmus gesteigerte Sublimierung von Irregularitäten und eine absurde Dynamik die Verbindungen zwischen Kriminellen und Politikern enthüllen.[19]

Zur gleichen Zeit existierte bereits eine große Zahl von Vereinigungen in Kroatien und Zagreb, die im Dienst verschiedener Ziele handelten (Zielgruppen werden gebraucht) und sich vernetzten; ihre Aktivitäten wurden von zahlreichen internationalen Stiftungen unterstützt. Ende der 1990er Jahre und in der Zeit nach 2000 begann ich, „Shadow Casters" (SC) aufzubauen, ein Projekt, das mit den Begriffen des Kollektivs und des Networking in vielen Facetten arbeitet und das Höchstmaß an Komplexität darstellt, das ich bisher in meiner Arbeit erreicht habe; diese Begriffe sind in das ganze Projekt eingebettet, vom Subjekt bis zur Struktur, vom Kontext bis zur Form. SC wurde in Zusammenarbeit mit Katarina Pejović und Pina Siotto realisiert und ließe sich unter drei Aspekten beschreiben: als langfristige Erforschung der Stadt – die komplexeste aller menschlichen Erfindungen – als hypertextuelle Matrix, als Erforschung der verschiedenen Modelle und Dynamiken künstlerischer Zusammenarbeit und als Erforschung der Effizienz spezifischer Formen erzieherisch-politischen und künstlerisch-professionellen Austauschs durch das Jonglieren mit Regeln und Arbeitsprotokollen. Das Projekt wurde in verschiedenen Weltstädten mit einem jeweils anderen kreativen Team von Autoren und Mitarbeitern realisiert; die wichtigsten waren Zagreb, Bologna, Graz, Ljubljana, Belgrad und New York. Die Gruppen repräsentierten immer eine Mischung aus „ausländischen" und „einheimischen" Mitarbeitern, um eine neue, unvoreingenom-

16 Zelena akcija (Grüne Aktion), B.a.B.e., Djeca žrtve nasilja (Gewaltopfer unter Kindern), Suncokret (Sonnenblume) etc.

17 Bank and Money Worshipers – BMW. In jenen von einer düsteren ökonomischen und politischen Lage geprägten Tagen in Kroatien, in denen die Banken die Aura von Tempeln der Furcht und der Hoffnung annahmen, erschien eine als Yuppies gekleidete Gruppe junger Menschen in den Banken Zagrebs und führte etwas auf, das für den oberflächlichen Betrachter so aussah wie normale Erledigungen in der Bank, jedoch Anomalien und Abweichungen von den tatsächlichen Bankritualen aufwies, vor allem deshalb, weil diese Rituale und Regeln auf die Spitze getrieben wurden: Sie stellten sich immer wieder hinten an, versuchten, den jugoslawischen Dinar gegen kroatische Kuna oder eine Silbermünze mit Titos Konterfei gegen eine Goldmünze mit Tudjmans Konterfei einzutauschen etc. Ihre Anwesenheit dauerte exakt 45 Minuten, danach verschwanden sie so unauffällig, wie sie gekommen waren.

18 Nataša Lušetić, Stanko Juzbašić, Tomo Savić Gecan, Nicole Hewit, Aleksandar Acev, Ela Agotić, Katarina Barić.

19 Die Performance wurde zwanzig bis dreißig Mal in verschiedenen Banken von Zagreb durchgeführt, ohne Ankündigung und Erlaubnis und mit der neugierigen, aktiven Teilnahme von Bürgern, Polizisten und Bankangestellten.

mene Sicht der Stadt mit einer zu kontrastieren, die bewusst oder unbewusst ein gewisses eingebettetes, erworbenes, erlerntes und historisch ererbtes Wissen vermittelt. Dank der Arbeitsmethoden wurde erwartet, dass die Standpunkte im Lauf des Projekts wechseln würden: Die „Fremden" würden das Bekannte im scheinbar Unbekannten erkennen, während die „Einheimischen" neue Perspektiven entdecken würden.

Auf der Ebene einer kreativen Plattform kombiniert SC einerseits den Austausch von Fertigkeiten innerhalb einer temporären produktiv-erzieherischen Gemeinschaft, die zu einer bestimmten Zeit und an einem bestimmten Ort den Umfang und die Möglichkeiten einer Zusammenarbeit auslotet. Andererseits ist das Projekt selbst als Artefakt (Ergebnis der zuvor erwähnten Erforschung der Stadt durch den Austausch von Fähigkeiten und Wissen und durch die Hinterfragung des Begriffs Kollektiv) angelegt, und zwar in Form von Städtereisen. Diese unternimmt das Publikum individuell und ist damit seinerseits an der Reihe, seine Haltung zur Stadt, zum Kollektiv, zu Entscheidungsprozessen sowie zu aktiver und passiver Partizipation zu hinterfragen. Die Struktur von SC konfrontiert den Betrachter also mit den unmittelbaren Konsequenzen seiner Handlungen, und mit jeder neuen Entscheidung gelangt er in eine neue Situation, die seine Sichtweise der gesamten Struktur/Erzählung radikal verändern könnte.

Mir erscheinen die heutige Kulturproduktion und die damit verbundene Reflexion über die Bedingungen kultureller und künstlerischer Praxis als Ausdruck einer essentiellen utopischen Energie, wenn auch nicht unbedingt einer sozialen Utopie. Der Überschuss an gesellschaftlichem Wert in einer Gemeinschaft, der sich aus der Qualität und Kreativität des Kollektivs ergibt, wird zur Vorbedingung eines möglichen Überschusses an Produktionswert der Gemeinschaft – ein handgreiflicher Ertrag.

Notwendige Voraussetzung, um dieses Modell auf die Realität zu übertragen, ist die Anerkennung des Kollektivs und die Wahrnehmung der eigenen Person im Kollektiv. Taktisches Networking, so wie es vom Projekt „Zagreb – Cultural Kapital of Europe 3000" vertreten wird, will die Bedingungen für eine Kulturproduktion schaffen, die gesellschaftlich als aktiver Faktor relevant wird und sich trotzdem nicht für politische Parteien als ideologische Plattform eignet. Das Artefakt steht bei dieser Art von Networking und Kulturproduktion nicht im Vordergrund, und es ist durch sie ästhetisch nicht definiert. Es wird aber auch nicht abgelehnt, sondern auf Distanz gehalten, indem man auf dem Prozess insistiert. Es scheint, als biete in einer Gesellschaft, die sich nicht mehr als moralische/ethische Gemeinschaft versteht, sondern ausschließlich am Materiellen interessiert ist, nur noch taktisches Networking ein mögliches Gegengewicht zu den sich permanent beschleunigenden globalen Kapitalströmen und ökonomischen Transaktionen.

Diesen Denkansatz weitertreibend und in Konsequenz meiner gesamten vorhergehenden Reflexionen und Aktivitäten verstehe ich das Projekt „Man Is Space" (Mensch ist Raum) und seine Segmente[20] als Generator für potentielle Veränderungen in der lokalen Gemeinschaft, aber auch als Fallstudie, die als

Modell für ausgedehntere soziale und künstlerische Aktivitäten in Kroatien und anderswo dienen kann. Das Projekt begann mit der Empfehlung, Veränderungen an dem berühmten Wolkenkratzer des Architekten Ivo Vitić [21] aus dem Jahr 1962 vorzunehmen, und entfaltet sich seitdem, indem es eine größere Gemeinschaft mit möglichen Formen kollektiver Aktion, das heißt auch mit Beispielen einer positiven künstlerischen und zivilgesellschaftlichen Praxis in der Region und anderswo [22] vertraut macht. Die Aktionen innerhalb des Projekts können mannigfaltige Formen annehmen, darunter Begegnungen von Vertretern der Baugesellschaft mit Künstlern und Bewohnern; Informationsveranstaltungen für Wohnungsbesitzer (das heißt die Miteigentümer des Gebäudes) über öffentliche Zuschüsse zur Restaurierung ihres trotz Denkmalstatus verrottenden Hauses; ein hochkarätiges internationales Kultur- und Kunstprogramm mit Konzerten, Performances, Ausstellungen und Vorträgen, das in dem Gebäude selbst stattfindet; Werbung für das Projekt in den Medien sowie in Berufsverbänden und Fachkreisen; Präsentation des Projekts auf internationalen Kongressen und Symposien etc. Auf diese Weise verbindet diese künstlerisch-zivilgesellschaftliche Plattform die Interessen der traditionellen Kultur (die Bewahrung des kulturellen Erbes und traditioneller künstlerischer Formen) mit höchst innovativen, ja experimentellen soziokulturellen Formen und Inhalten. Das Projekt wurde als persönliche Initiative von Künstlern und Bürgern ins Leben gerufen, um mit der Zeit zu einer dauerhaften Plattform zu werden, die von der Kommune und staatlichen Institutionen unterstützt wird, nachdem sie ihre Effizienz und ausgeprägte Medienpräsenz erkannt haben. Bei der Zusammenarbeit mit den rund 250 Bewohnern und Miteigentümern von Vitićs Wolkenkratzer war ich mit derselben Dynamik von (Miss-)Verstehen und Hass, Euphorie und (Nicht-)Akzeptanz konfrontiert, die für die gesamte Gesellschaft charakteristisch ist. Ich begriff, dass ich jedes Gespräch mit einem Bewohner/Miteigentümer als Gespräch mit einem Teil der Welt/Gesellschaft im Ganzen erlebte und insofern eine wichtige Grundlage für meine zivilgesellschaftlichen und künstlerischen Aktivitäten schuf.

Angesichts der globalen Veränderungen und der Umbrüche innerhalb der Gesellschaft, in der ich lebte, habe ich seit dem Ende der 1980er Jahre auch eine Phase äußerster Ablehnung künstlerischer und kultureller Aktivitäten durchlitten. Das geschah, als ich spürte, dass die traditionelle kulturelle Praxis in verschiedener Hinsicht unzulänglich war. Durch die Netzwerke, an denen ich mich beteiligte, und durch die künstlerischen, kulturellen und zivilgesellschaftlichen Praktiken, die ich befürworte, gelang es mir nur bis zu einem gewissen Grad, das Niveau gesellschaftlicher Wirksamkeit zu erreichen, das ich hoffentlich in diesem kurzen Text vermitteln konnte.

20 Vitić pleše (Vitić_tanzt), Druga arhitektura (Andere Architektur), Vitić_pleše_drugi_krug (Vitić_tanzt_zweite_Runde) und Film i grad (Der Film und die Stadt).
21 Der Preis für das beste Architekturprojekt in der SFRJ 1962, eines der repräsentativsten Objekte kroatischer Architektur weltweit – ein unentbehrliches Kapitel im Welterbe des architektonischen Modernismus.
22 In Serbien-Montenegro, Italien, Frankreich, Österreich, Burkina Faso, den USA, Chile, Brasilien usw.

Marlene Streeruwitz

gehen. ging. gegangen.

Kranjčevićeva rechts – Savska links – Trg maršala Tita rechts – Masarykova geradeaus – Preradovićeva links – Trg Petra Preradovića rechts – Bogovićeva geradeaus – Gajeva links – Trg bana Josipa Jelačića.

Die Kranjčevićeva liegt den ganzen Tag in der Sonne. Am Vormittag gibt es einen schmalen Rand Schatten auf der rechten Seite. Vorbei an 2 Cafés. Am Morgen sitzen nur Männer da. Sie trinken Kaffee oder Bier und reden. Die Türen zur Autoersatzteilhandlung stehen offen. Gleich auf der Mauer des nächsten Hauses steht „new blue generation". Schwarz hingesprayt. In Druckbuchstaben.

Da, wo die Kranjčevićeva, die Tratinska und die Brozova zusammenkommen. Da riecht es nach Lindenblüten und Sommerwiese vom Bahndamm her. Unter der Bahnbrücke ist es kühl. Die Menschen warten da auf die Straßenbahn und laufen dann zur Straßenbahn. Gleich nach der Bahnunterführung geht eine Sandstraße den Bahndamm entlang. Weit hinten Plakate und Geschäftsnamen in Neon. Zuerst denke ich, Ikea ist dahinten versteckt. Die Hallen sind aber alle geschlossen. Leer. Auf dem weiten Sandplatz wird nur geparkt.

An der Ecke zur Savska liegt das technische Museum. Betonhallen. Rollblechtore. Eine Wetterstation in der Wiese zwischen weißblühenden Malvensträuchern. Auf Marmorstelen Bronzeköpfe von Wissenschaftlern oder Erfindern. Einer der kleinen Köpfe könnte der von Madame Curie sein. Aber vielleicht ist eine kroatische Wissenschaftlerin verewigt. Eine Dampflokomotive vor dem Haus. Ein Mann im blauen Arbeitsmantel geht in die Halle rechts. Er schiebt das Rolltor nur so weit auf, dass er sich durchzwängen kann. An der Kassa ist niemand.

Die Savska hinauf ist es schattig. Lindenalleen auf beiden Straßenseiten. Hier fahren alle sehr schnell. Die Autos. Die Straßenbahn. Die Radfahrer. Fußgänger müssen lange warten, bis die Ampel für sie grün wird, um über die Straße zu kommen.

Das Studentenzentrum liegt auf der anderen Straßenseite. Hinter einem Parkplatz. Der Lindenduft reicht nicht bis dorthin. Es riecht nach altem Fett und heißem Staub. An der Straße Cafés. Hier sitzen junge Leute. Paare. Sie diskutieren.

Im Schatten auf der Savska sind Chemieinstitute. Junge Frauen warten. Sie rauchen. Hier übertönt der Lindenduft alle Abgase. Hinter Plakatwänden ein Häuschen versteckt unter Fliederbüschen, umgeben von rosaroten Rosensträuchern. Dann wieder Plakatwände. Auf einem Plakat. Ein Paar in einer Opernloge. Die beiden stehen und applaudieren. Hinter ihnen weitere Paare, die applaudieren. Das Paar im Vordergrund ist jung. Sie sind mit dem zurückhaltenden Chic angezogen, den nur besonders viel Geld kaufen kann. Sie stehen gegeneinander gelehnt. Sie lachen. Ihre Zähne sind perfekt und weiß gebleicht. Sie werben für MasterCard. Eine lange Reihe nackter, haariger Männerbeine wirbt für ein Musical. *The Full Monty.* Nach der Bahnunterführung ein Schuhgeschäft. Es gibt Prozente auf alle Schuhe.

Im ehemaligen Intercontinental ist ein DM-Drogeriemarkt. Große Bilder stark geschminkter junger Frauen die Fassade entlang. Vor dem Muzeum Mimara üben Skater. Sie sind noch nicht sehr geschickt. Auf den Bänken sitzen Jugendliche. Einzeln. Sie lesen. Lernen. Schreiben in Hefte. Auf einer Bank zwei junge Frauen und ein junger Mann. Sie tauschen ihre Sonnenbrillen aus. Sie besprechen die Wirkung. Lachen. Der Mann schmust mit der jungen Frau im rosa Top. Sie sitzt auf seinem Schoß. Die junge Frau im weißen Bikinioberteil sitzt daneben. Sie raucht. Alle lachen. Sie tauschen die Sonnenbrillen zurück. Dann stehen alle auf und schlendern weg. Die Frau im rosa Top geht weiter. Der Mann kommt mit der Frau im weißen Bikinioberteil zurück. Sie setzen sich. Er zieht die Frau auf seinen Schoß. Sie schmusen. Rauchen. Lachen. Die erste Frau kommt zurück. Der Mann geht mit ihr weg und die Bikinioberteilfrau bleibt sitzen. Sie holt eine Puderdose aus der Tasche und trägt Lippenstift auf. Einen Augenblick lässt sie die Schultern nach vorne fallen und starrt in den Spiegel. Dann geht sie den anderen nach.

Auf dem Marschall-Tito-Platz kniet eine Frau. Sie hat schwarze Tücher übergeworfen. Sie liegt fast am Boden. Nur ihre aufgehaltene Hand ist zu sehen. Sie wiegt sich von rechts nach links und stöhnt.

An der juridischen Fakultät ist es wieder schattig. In der Schulbuchhandlung an der Ecke zur Masarykova. Gegenüber der Bar Hemingway. Die kroatischen Kinder lernen im Geschichtsunterricht, dass sie von den Österreichern bei der Entwicklung eines Nationalstaats behindert wurden. Auf allen Schulheften sind Einheiten der „United Peace Force" von der Sony-Playstation aufgedruckt. Wenn kroatische kleine Kinder Deutsch lernen, dann bekommen sie zuerst einmal die Koordinaten ihrer Selbstvermessung auf Deutsch vermittelt. Name. Geschlecht. Alter. Beruf der Eltern. Was die Eltern besitzen. Häuser. Autos. Fernseher. Katzen. Hunde. Und dann Auszählreime. Ein Grundkurs über Zugehörigkeit und Ausschluss ist das.

In der Masarykova ist dann schon wieder ein DM-Drogeriemarkt. Kleidergeschäfte. Überall sind die Preise reduziert. Ein Fast Food Joint und ein Kürschner. Auch hier nur ein schmaler Streifen Schatten. „Bad blue boys" ist auf eine Hausmauer gesprayt.

Trg bana Josipa Jelačića in Richtung Westen – Ilica geradeaus – Tomićeva rechts – mit dem Funiculaire zur Oberstadt – Strossmayerovo nach links – Mesnička rechts – Tepeč rechts – Markov trg – Kamenita geradeaus – durch das Stadttor – die Stiegen zur Radićeva hinunter – Radićeva nach rechts – Trg bana Josipa Jelačića.

Auf dem Markt gleich über dem Jelačića-Platz gibt es kleine saftige Erdbeeren. Walderdbeeren. Heidelbeeren. Die Beeren sind alle frisch. Trocken glänzend und prall. Sie sind am Morgen gepflückt worden. Die Männer und Frauen hinter den Marktständen sind alt. Verbraucht. Sonnenverbrannt. Kleinbauern. Ich kaufe von allen Beeren und setze mich in den Park am Fuß des Hügels der Oberstadt. Die Globalisierung wird Schluss machen. Mit so einem Markt. Niemand wird sich die teureren Angebote leisten. Alle werden auf Glaswolle gezogene Glashausbeeren aus Holland und Polen essen.

Cesarčeva – Vlaška – Branjugova – Trg Josipa Langa – Ribnjak – Degenova links – Zvonarnička geradeaus – Nova Ves links – Kaptol Center.

Im Garten des Archäologischen Museums versammeln sich Männer in Trachten. Sie haben martialische Schnurrbärte. Messer und Pistolen sind in die Schärpen gesteckt. Rote Jacken mit Goldverschnürung. Männer im dunklen Anzug mit dunkler Krawatte schütteln Hände. Sie haben große rote Embleme auf die Revers geheftet. Über den Herzen. Kleine Mädchen in Tracht versammeln sich unter dem Torbogen. Die Männer in den kämpferischen Trachten schwitzen. Pelzmützen mit Gamsbärten bei mehr als 30 Grad.

Die beiden Paare am Tisch nebenan. Sie tragen ihre Handys an Sonybändern um den Hals. Sie lächeln über die Trachtler. Die Politiker und die Trachtler lassen sich fotografieren. Immer wieder stoßen neue wichtige Leute dazu oder werden von hinten zu den Fotos nach vorne gebracht. Fernsehkameras werden aufgestellt. Die Trachtler und die Politiker schütteln weiter Hände. Die Hände von Damen werden geküsst. Die Damen tragen Hüte. Die Männer mit ihren roten Westen. Blumensträuße und Quasten an den Pelzkappen. Die Männer mit ihren alten Flinten und Dolchen und Pistols stellen sich auf und ziehen hinaus. Die Musikkapelle hinterher. In der Musikkapelle spielen Mädchen mit. Bei den Waffen waren es nur Männer. Ältere Männer. Der Zug geht die Gajeva hinauf. In Richtung Jelačića-Platz. Das Getrommel und Geschnarre verklingt dumpf. In der engen Gasse hatte das bedrohlich geklungen. In Nordirland wäre das wohl einer dieser Umzüge von Veteranen, wegen denen Unruhen ausbrechen. Ich finde aber niemanden, der oder die genug Englisch könnte, mir den Hintergrund dieses Umzugs zu erklären. Aber die, die Unruhen machen könnten. Die gibt es hier ja nicht. Dafür hat der Krieg 1991 bis 1995 endgültig gesorgt.

Kranjčevićeva links – Metalčeva rechts – Klenovnička links – Wiesenweg – durch das Gelände des Zagreber Hockeyclubs – eine Sandstraße am äußeren Werksgelände des Kraftwerks entlang – Zagorska – Denkmal für 1938.

Die Frau, die mein Hotelzimmer aufräumt, deutet mir, dass sie noch 10 Minuten brauchen wird. Ich gehe. Hinter dem Hotel riecht es nach Abgasen. Die Luft ist blauwolkig. Die Busse werden klimatisiert. Für die Touristen aus den USA. Beim Frühstück haben sie über Russland gesprochen. Und über Marschall Tito. Sie benehmen sich viel besser als ich. Ich habe mir gleich 3 Tassen vom Kaffee aus der Urne genommen. Die Frauen der amerikanischen Touristenpaare sind für jede neue Tasse an das Buffet gegangen. Der Kaffee schmeckte nach Pulver und war dünn. Auf den Bussen steht „ökologischer Tourismus". Ich versuche die Abgase nicht zu atmen. Vor dem Hotel stehen viele Taxis. Die Taxifahrer lehnen an den Autos. Sie rauchen. Rufen einander Scherze zu. Lachen. Nach links hinunter ist ein riesiger Schornstein zu sehen. Ein Kraftwerk? Eine Müllverbrennung? Unter dem Schornstein ist es grün. Bäume. Ich gehe nach links. Die Gehsteige gehören den Autos. Die Autos parken mit den Schnauzen fast an den Hausmauern. Sie stehen quer zur Straße. Dichtgedrängt. Wohnblocks die Straße hinunter. Dazwischen Banken. Kleine Geschäfte. Schneider. Bäcker. Dann kleine Häuser. Beim Bäcker steht eine junge Frau hinter der Theke. Sie hat ihren Arm auf der Vitrine aufgelegt. Sie schaut auf den Kreisverkehr hinaus. Sicher steht sie da. Selbstvergessen. Schön. Allem gewachsen. Aber wie wird das aussehen. Einmal. Wie verhält sich das zu den vielen alten Frauen, die betteln. In der Stadt. Die gebeugt an Hausecken lehnen oder in Eingängen kauern. Ich hoffe, dass die Altersvorsorge dieser jungen Frau besser aussieht. Dass sie nicht als Frau zu den Hauptverliererinnen der sozialen Umstürze gehören wird.

Um den Kreisverkehr fahren Autos in ununterbrochener Folge. Kleinwagen. Lastwagen. Uralte Lieferwagen. Manchmal ein BMW. Kein Auto bleibt stehen. Die Fußgänger stehen ergeben da und warten, bis sich eine Lücke ergibt.

Weiter in Richtung Schornstein. Die Häuser links sind klein. Gärten. Manchmal ist alles betoniert und nur ein Baum in der Mitte gelassen. Aber es ist das Paradies, das immer irgendwie geht. Ein Stück Wiese. Ein Baum. Ein Tisch und Sessel. Bei einem Haus sind rote Rüben angepflanzt. Rechts ein neuerer Wohnblock. Die Balkone verschwinden hinter Markisen. Gelb und weiß gestreift. 8 Stockwerke überragen die Balkone die kleinen Siedlungshäuschen gegenüber.

Ein Weg führt in einen Wiesenstreifen. Nach rechts das Kraftwerk. Gleich daneben das Hotel Panorama. Nach links schmale Straßen. Sie enden an der Wiese und die Autos werden halb auf der Wiese geparkt. Vom Kraftwerk her zischt es. Das Umspannwerk summt. Auf der Wiese tollen Hunde. Die Hundebesitzer stehen unter den Kirschbäumen. Sie reden. Eine alte Frau sitzt auf einer Bank. Bewegungslos. Der Weg nach rechts führt zu einem Tor. Der Zagreber Hockeyplatz liegt dahinter. Hunden ist der Eintritt verboten. Beim Zurückgehen. Die alte Frau sitzt genauso da. Bewegungslos. Angespannt. Die Schultern nach vorne gezogen.

Kranjčevićeva rechts – Savska links – Vodnikova links – Botanischer Garten.

Während in der Galerie Nova die Gruppe für kollektive Kreativität diskutiert, wird im ZKM-Theater gleich daneben die *Anna Karenina* gespielt. Ein russischer Regisseur hat den Roman in Szene gesetzt. Geschickt. Es gibt Schnee. Regen. Schöne Kleider. Ein Russe zeigt ein Russland einer in Regeln verstrickten feudalen Gesellschaft. Gebote und das Herzeleid davon.

Hier. Im Theater. Da sind es Russen, von kroatischen Schauspielern und Schauspielerinnen gegeben. Die Zerstörten auf dem Theater. Am Ende. Die Figuren bleiben dann Russen. Die tragische Figur, die auf dem Theater zurückgelassen werden wird. Eine Bühnenrussin. Eine russische Frau.

Das mit der Repräsentation des Nationalen über Frauen. Über den Körper der Frauen. Die Zerstörung des Feinds über den Körper der feindlichen Frau. Das funktioniert immer. Immer noch. Und nicht einmal sehr verschleiert.

Hier im Theater. Da wird Gesellschaftsnostalgie über die russische Tragödie gekleistert. Und dann ist auch gleich alles das Fin de Siècle in Wien. Kleinadel und Großbürgertum. Regeln und die möglichen Tragödien aus den Verstößen. Das ewige Leben der Oper wird in dieser Inszenierung mitbenützt. Die Frau, die ihrem Begehren und damit ihrem Körper nachgegeben hat, muss den Kopf ganz wörtlich verlieren. Die Männer ziehen danach in den Krieg. Die Frauen, die im Theater waren, schauen verweint aus. In der Galerie Nova ist es dunkel. Die Diskussion über kollektive Kreativität ist vorbei.

Kranjčevićeva rechts – Savska links – Trg maršala Tita rechts – Masarykova geradeaus – Preradovićeva links – Trg Petra Preradovića rechts – Bogovićeva geradeaus – Gajeva links – Trg bana Josipa Jelačića.

„Unseren General werden wir nie ausliefern", sagt Mirjana. Und dass niemand Kroatien wolle. Gewollt habe. Dass die ganze Geschichte von Kroatien davon handle, dass Kroatien keinen Platz gefunden habe. Und manchmal wollten die Kroaten sich selber nicht, klagt sie. Es wäre eben nach dem Krieg. Sie lebten eben nach einem Krieg. Sie seien alle noch immer im Schock. Alle Kroaten seien traumatisiert. Das bewiese die Selbstmordwelle von Männern, die im Krieg gewesen wären. 2000 Männer um die 35 hätten sich in den letzten Monaten selbst umgebracht. Weil niemand sie haben wolle. Diese Männer. Weil sie alle anderen an den Krieg erinnert hätten. Weil niemand an den Krieg erinnert werden wolle. Und da hätten diese Männer keinen anderen Ausweg gesehen. Und der General, den sie da in Den Haag haben wollten. Der sei doch ein ganz normaler Fremdenlegionär. Der sei doch in Frankreich ausgebildet worden. Der habe doch nur gemacht, was in einem Krieg eben gemacht werde. Gemacht werden müsse. Und wir. Die aus dem Westen. Wir hätten ja keine Ahnung, was diese doppelte Diskriminierung bedeutet hätte. Wenn man Kommunist und Serbe sein hatte müssen, nur um studieren zu können. Und ob ich meine, dass Zagreb so ähnlich wie Wien wäre. Oder wie Graz.

Mirjana ist Sprachlehrerin. Sie spricht perfektes britisches Englisch. Die zweite Sprache, die sie unterrichtet, ist Französisch. Sie hat lange in Lille gearbeitet. In Wien war sie noch nie. Österreich. Das hätte sich nie ergeben. Wenn man international sein wolle, dann müsse man mehr in den Westen. Italienisch könne sie natürlich auch. Das wäre aber weniger gefragt. Und sie. Sie brächte sich ganz gut durch. Eine Zeit lang wären alle in die Sprachinstitute Sprachen lernen gegangen. Weil sie da Zeugnisse bekamen. Etwas zum Vorweisen. Aber mittlerweile habe sich herumgesprochen, dass man bei ihr die Sprachen wirklich sprechen lerne. Und nicht nur so ein Zeugnis bekäme.

Mirjana ist 70 Jahre alt. Sie kommt von der Küste. Aber da hätte sie alles verloren. Da habe ihre Familie alles verloren. Deswegen wären alle nach Zagreb gezogen. Schon als junge Frau. Und ihre Eltern hatten da noch gelebt. Sie fragt mich, ob mein Name jüdisch sei. Aber das mache nichts, sie komme selbst aus einer jüdischen Familie. Und nein, die Probleme deswegen wären nicht mehr so groß, wie sie einmal waren.

Mirjana hasst es, dass sie alle auf die EU warten müssten. Jetzt. Nach den negativen Abstimmungen in Frankreich und Holland werden sie noch länger warten müssen. Die EU, das wäre für Kroatien das, was der Verlobungsring für eine Frau sei.

Mirjana und ich gehen Eis essen. Mirjana zeigt mir die besten Eissalons. Ihr Internist und ihr Zahnarzt wären nicht begeistert, wenn sie sähen, dass sie so eine große Portion äße. Aber was bliebe einer Frau ihres Alters auch schon übrig. Im Eissalon könnte sie wenigstens mit den Albanern flirten. Ja. Ob ich nicht wüsste. Das Geschäft mit dem Eis. Das wäre in der Hand der Albaner. Die machten auch das beste Eis. Die Albaner würden sehr reich mit dem Eisverkauf, aber sie zahlten keine Steuern. Das wäre ein Problem.

Kranjčevićeva links – Metalčeva rechts – Klenovnička links – Wiesenweg – durch das Gelände des Zagreber Hockeyclubs – eine Sandstraße am äußeren Werksgelände des Kraftwerks entlang – Zagorska – Denkmal für 1938 – Zagorska – Kralja Tomislavova – Zagrebačka cesta – Prilaz baruna Filipovića – Selska cesta links.

Das große Denkmal an der Zagorska überragt die Bäume. In einem runden Rosenbeet stehen 6 kannelierte Bronzestreben. Gute 8 bis 10 m hoch. 4 Tafeln mit dem Rücken zueinander sind auf den Streben befestigt. Auf der 1. Tafel ein Stern aus Bajonettspitzen. Autobahn und Schienenstrang sind angedeutet. Eine Säulenhalle. Das Rad des Gewerbefleißes. Wie bei einem Rotary Club. Eine Reihe dunkel drohender, abweisend blickender Menschen. Links 2 Paare. Die Frauen mit kunstvoll gebundenen Kopftüchern. Stirn und Haare verdeckend. Die Männer mit langen Haaren. Dann ein Mann mit Militärkappe und 3 weitere Personen. Sie sehen einander an. Auf der 2. Platte eine Hinrichtung. Auf eine die Arme hochreißende Figur mit wehendem, in Bahnen zerfallendem Kleid sind die Gewehre eines Muskelprotzes in aufgerollten Bauernhosen von links und von Stahlhelmsoldaten von rechts gerichtet. Links außen eine Frau mit diesem an Nonnentracht erinnernden Kopfputz. Sie wiegt einen toten Mann in ihren Armen. Auf der 3. Platte gehen Frauen. Die Tücher sind nun einfach um den Kopf geschlungen. Sie tragen Schultertücher. Weite Kleider und Schürzen. Sie gehen von rechts nach links. Niedergeschlagenen Blicks. Ein kleines Mädchen tanzt dazwischen. Ein Kind wird getragen. Auf der untersten Platte stehen 2 Männer aneinandergefesselt. Eine sitzende junge Frau mit Kind. Alle sind hinter einem Gitter. Keiner sieht einen anderen an. Es scheint die Seite zu sein, auf der die Unterdrückung geschildert wird. Auf der anderen Seite findet sich auf der obersten Platte ein Reigentanz. Auf der 2. Platte reißt die auf der anderen Seite gerade erschossene Figur mit dem zerrissenen Kleid oder Mantel ein Gewehr triumphierend in die Höhe. Auf der 3. Platte spricht diese Figur zu Bauern. Auf der 4. und also untersten Platte sind dann alle wieder hinter einem Gitter gefangen.

Es ist ein Denkmal zur Erinnerung an die Ereignisse im Jahr 1938. Ich ging oft zu diesem Denkmal. Es liegt an einer Kreuzung. Der Straßenverkehr schwillt an und ab. Je nach Ampelschaltung. In der Ecke ist ein Spielplatz. Bänke sind so aufgestellt, dass man jede Seite des Denkmals genau studieren kann. Um die Bänke sind Bierdosen und McDonald's-Schachteln verstreut. Der Kinderspielplatz ist von Bierflaschenscherben übersät. Der Duft von Linden, Jasmin und Liguster ist vom Geruch verrottender Essensreste durchzogen. Zigarettenstummel sind in den schweren Boden getreten. Im Springbrunnenbecken glitzern zerschlagene Flaschen. Blinken in der Sonne. Aber es ist schattig. Am Tag sitzen alte Menschen aus der Umgebung unter den hohen Bäumen. Das Denkmal schaut keiner an. Eine Frau mit einem Kind im Kinderwagen.

Auf die Rollbalken eines verlassenen Geschäfts ist „bad blue boys zagreb" gesprayt.

Cesarčeva – Vlaška – Branjugova – Trg Josipa Langa – Ribnjak – Degenova links – Zvonarnička geradeaus – Nova Ves links – Kaptol Center.

Im Mama beschäftigt sich Marie-Luise Angerer mit dem Affekt.

Warum war ich nun so begeistert über den Vorschlag, nach Zagreb zu fahren. Und warum will ich wieder weg. Will ich weg, weil mich alles an meine Jugend in einer Kleinstadt erinnert. An diese Lähmung der 60er Jahre, in der es nur möglich war, wegzugehen. Oder zu versinken. Will ich weg, weil mich das alles an dieses Gefühl damals erinnert, nicht verstanden zu werden. Weil damals alle in dieser Kleinstadt davon ausgingen, nicht verstanden zu werden. Nicht verstanden werden zu können. Und aus diesem Nicht-verstanden-werden-Können wurde dann eine spezifische Arroganz konstruiert. Eine arrogante Wehleidigkeit. Provinz. Und. Die Menschen hier. Sie haben sich für den Ort entschieden. Der Ort und seine Bezeichnung war wichtiger als ein Menschenbild. Eine Idee. Beim Verlassen Jugoslawiens wurde direkt ins 19. Jahrhundert zurückgekehrt. Nation und Religion. Und die Rolle der österreichischen Politik. Da. Ende der 80er und Beginn der 90er Jahre. Die österreichische Außenpolitik musste Jugoslawien ja loswerden. Jugoslawien war doch einer der strategischen Hauptgründe für die Neutralität Österreichs. Militärisches Niemandsland, um Jugoslawien zu isolieren. Von den Russen und vor den Russen und gegen die Nato. Wir haben also unseren Beitritt zur EU mit der Verführung von Slowenien und Kroatien zur Unabhängigkeit herbeiintrigiert. Österreich hat die Instabilität dieser Unabhängigkeit mit allen schrecklichen Folgen riskiert, um eine bessere Verhandlungsposition mit der EU herzustellen. Die antiserbische Haltung hat zur Verstärkung der inneren Widersprüche Jugoslawiens beigetragen. Die österreichische und auch die deutsche Politik haben hier viel zu verantworten. Vor allem einmal eine emotionalisierte Informationspolitik, die bis heute international Auswirkungen hat. Und alles katholisch.

Kranjčevićeva rechts – Savska links – Trg maršala Tita rechts – Masarykova geradeaus – Preradovićeva links – Trg Petra Preradovića rechts – Bogovićeva geradeaus – Gajeva links – Trg bana Josipa Jelačića.

Die verlassenen Läden außerhalb des Zentrums erzählen von der Globalisierung. Kinos. Restaurants. Cafés. An der Peripherie sind sie geschlossen. Und hier kommt die Globalisierung aus Österreich. Billa. DM. Palmers. Kriegsgewinnlerei. Arbeitslosigkeit. Kein Wunder, dass in den Cafés Mitgebrachtes aus dem Papiersackerl gegessen wird.

Am Abend sind alle Bänke in den Parks besetzt. Frauen in Gruppen. Paare. Familien. Sie haben ihr Essen mitgebracht. Es wird gelacht. Viel geraucht. Es wird geredet. Das hat Charme. Man macht aus einer Situation das Beste. Man hilft sich selbst. Ich gehe die Parks von der Teslina zum Bahnhof hinunter. Nikole-Zrinskog-Platz. Strossmayerov-Platz. Tomislava-Platz. Neben das Denkmal von Marko Markulić, dem europäischen Humanisten von 1450 bis 1524, ist „new bad boys zagreb" gesprayt.

Hotel Laguna – Aerodrom Sisak.

Bei der Fahrt. Der Taxifahrer spricht sehr gut Englisch. Er ist unzufrieden. Die meisten Leute, die im Kommunismus an der Macht waren, sind jetzt weiter in der Regierung. Ihm und seiner Familie sei großes Unrecht widerfahren. Zwei Mal sei ein Haus, das sein Vater gebaut hatte, von der Polizei zerstört worden. Auf die Frage, ob er sich eine Aufklärung dieses Unrechts wünsche, erzählt er, dass er zu der Behörde gegangen sei, die zuständig wäre. Und er habe begonnen, „Excuse me. I have someone in my family who was in the German army ..." Er wäre da gleich unterbrochen worden. „Out", hätte der Beamte geschrien. „Out." Und er musste gehen. Er hatte seine Geschichte nicht erzählen können. Dafür hätte man dann seine Kinder vergiftet. Und ihn. Er sei alleinerziehender Vater. Er habe sich nicht helfen können. Er habe die Kinder ins Spital bringen müssen. Da hätte man die Kinder operiert, obwohl das nicht notwendig gewesen wäre. Er habe die Ärzte dann gestoppt. 30 Tage habe er keine Nahrung zu sich genommen und gebetet. Nur noch 55 Kilo habe er gewogen. Ob es etwas geholfen habe, frage ich. „I hope so", sagt er.

Plattformen bauen. Die Kulturpolitik dazu bewegen, Kenntnis von einer vielfältigen Kulturszene jenseits der staatlichen Institutionen zu nehmen. Eine kritische Öffentlichkeit schaffen. Für Performances, zeitgenössischen Tanz, Ausstellungen, Vorträge, Workshops, Diskussionsveranstaltungen, die das ganze Jahr über in Zagreb stattfinden. Das war die Grundidee für den Zusammenschluss von vier unabhängigen, auch international bekannten Gruppen, dem Kuratorenkollektiv WHW, dem Multimedia Institute, der Urbanistengruppe Platforma 9,81 und dem Center for Drama Art, zu „Zagreb – Cultural Kapital of Europe 3000" [> S. 612]. Seit 2003 gelingt es dieser Plattform, eine eigene Vision von einer Kulturhauptstadt – von dem, was eine Stadt an kulturellem Kapital besitzt und auch als solches begreift – in die Praxis umzusetzen.

In der Kulturszene verschafft sich eine neue, gut vernetzte Generation Sichtbarkeit und Gehör. In welches Verhältnis setzt sie sich zu den älteren Generationen von kritischen Intellektuellen und Kulturschaffenden, die ebenfalls eine lebendige Kunst- und Theorielandschaft in Zagreb aufgebaut und verteidigt haben? Welche Verbindungen hat der Krieg gekappt, welche gestärkt? Boris Buden, der zu Beginn der 1990er Jahre die nationalismuskritische Zeitschrift *Arkzin* mitbegründet hat, moderiert das Gespräch mit Künstlern und Intellektuellen unterschiedlicher Generationen.

Ein Gespräch, moderiert von Boris Buden

Das zweite Leben der Kollektive

Das Gespräch fand am 30. August 2005 in Zagreb statt; teilgenommen haben:

Boris Buden, Schriftsteller und Kulturwissenschaftler, Berlin
Ana Dević, Kunsthistorikerin, Kuratorin, Mitglied des Kuratorenkollektivs What, How & for Whom (WHW), Zagreb
Dejan Kršić, Graphikdesigner und Publizist, wirkt seit mehr als zwanzig Jahren an verschiedenen Medienprojekten mit
Pero Kvesić, Schriftsteller und ehemaliger Journalist, seit dreißig Jahren Teilnahme an einer Reihe von Zeitungs- und Kulturprojekten, derzeit tätig bei der Filmproduktionsfirma Zagrebfilm
Tomislav Medak, Philosoph, Medienaktivist, Performer und Mitglied des Multimedia Institute [mi2] in Zagreb. Sein Schwerpunkt liegt auf Gesellschafts- und Medientheorie.

Boris Buden: Gehen wir zunächst zurück zu den neunziger Jahren in Kroatien. Es ist unmöglich, das Kollektiv der Neunziger schlechthin, das Kollektiv des unmittelbaren Postkommunismus und der postkommunistischen Transition zu umgehen, nämlich die Nation. Sie ist gleichzeitig eine kulturelle Tatsache und die gesellschaftliche und politische Form, in der sich die sogenannte Nationalkultur reproduziert. Bekanntlich ist die Nation, die auf der Idee einer partikulären kulturellen Identität gegründet ist, gerade im Postkommunismus wieder auferstanden, und zwar als eine Art postkollektivistisches Kollektiv. Zufällig oder nicht entsteht in Kroatien parallel zur nationalistischen „Rekollektivierung" der Gesellschaft eine Pluralität an selbständigen, selbstorganisierten kulturellen und künstlerischen Kollektivprojekten. Wie können wir dieses Paradoxon verstehen?

> **Dejan Krši**ć: Diese Frage können wir nicht beantworten, ohne auf die Erfahrungen der siebziger und achtziger Jahre zurückzugreifen. Leider hat unsere Historiographie, unsere Publizistik, kurz: die aktuelle Reflexion unserer kulturellen Vergangenheit und Gegenwart, kein Narrativ dafür, was die eigentliche Rolle der Kultur in der sozialistischen Gesellschaft war. Es geht um fast fünfzig Jahre unserer kulturellen Geschichte, die heute verdrängt werden. Wir wissen also nicht mehr, wie das, was man damals die Jugendkultur nannte, in der damaligen Gesellschaft eigentlich funktioniert hat. Auch der Blick des Westens trägt hier zur Verwirrung bei, da er durch eine Reihe von Vorurteilen über die sozialistische Gesellschaft im Jugoslawien der siebziger und achtziger Jahre verblendet ist. Tatsache ist jedoch, dass damals die Partei und der

Verband der Sozialistischen Jugend, also die kommunistischen Machthaber, viel Geld in die Jugendkultur hineingepumpt haben. Warum? Wie? Mit welchem Ziel? Es klingt paradox, aber ich wiederhole, es ist eine Tatsache: Die Kommunisten haben von einer Seite Geld in diese kulturelle Produktion hineingepumpt, und auf der anderen Seite kamen Punkbands heraus. Und diese Kultur, diese Projekte und Initiativen, waren keinesfalls, wie heute so viele behaupten und glauben wollen, kontrolliert, überwacht, als hätte die Partei in der Rolle eines Mastermind alles organisiert. Es gab viel Raum für Aktivismus, für Selbstorganisation. Es könnte sein, dass diese Politik zynisch war, etwa in der Art: Geben wir den Kindern Geld für ihre Kultur, damit sie sich nicht mit Politik beschäftigen. Doch die Kulturproduktion war gewaltig und, wie gesagt, sie war ziemlich frei.

Pero Kvesić: Noch etwas. Wir waren damals gar nicht isoliert. Ich werde nicht vergessen, was für einen Kulturschock ich erlebt habe, als ich Mitte der Siebziger zum Studium nach Amerika ging. Auf den ersten Blick erschien mir dort alles anders, allerdings habe ich diese Unterschiede zwischen den USA und Jugoslawien nicht als Systemunterschiede verstanden. Es ging nicht darum, dass die USA ein besseres politisches System als Jugoslawien hatten, sondern um die Tatsache, dass ein Land viel größer, reicher, entwickelter war als das andere.

Boris Buden: Doch heute sagen alle, im ehemaligen Jugoslawien hätte damals der kommunistische Totalitarismus geherrscht, während Amerika das demokratische Vorbild für die ganze Welt war und für manche heute noch ist.

Pero Kvesić: Welcher Totalitarismus? In dem Jugoslawien, in dem ich gelebt habe, gab es nach den fünfziger Jahren kaum noch Totalitarismus. Es gab totalitäre Züge, aber das war kein totalitärer Staat. Amerika wird als das Land gefeiert, in dem alle Menschen die gleichen Möglichkeiten haben, als wäre dort der bekannte Spruch Napoleons verwirklicht, jeder seiner Soldaten trüge den Marschallstab in seinem Tornister. Im ehemaligen Jugoslawien dagegen konnte tatsächlich jeder, der entschlossen genug war, jede führende Position besetzen, natürlich unter zwei Bedingungen: dass er das System akzeptiert hat, oder zumindest behauptet hat, er würde es akzeptieren, und zweitens: dass man intelligent genug und fähig war zu verstehen, wie das System funktionierte. Dann war fast alles zugänglich. Natürlich ging man undemokratisch mit den „Feinden des Systems" um, wodurch sich das System selbst kompromittiert hat, doch dieses Etikett „Feinde des Systems" war oft nur ein Euphemismus für tatsächlich protofaschistische politische Ambitionen.

Boris Buden: Spricht aus deinem Mund jetzt nicht eine Art Optimismus der Erinnerung? Bist du eigentlich nostalgisch?

Pero Kvesić: Manchmal, glaube ich, schon … Wenn ich zurück in die Ära der klassischen Griechen kommen könnte, wo würde ich am liebsten leben, in Sparta oder in Athen? Lieber in Athen. Stellen wir diese Frage aus der Perspektive des

22. Jahrhunderts: Wenn ich in die zweite Hälfte des 20. Jahrhundert zurückgeh-
en könnte, wo würde ich am liebsten leben? In einem der urbanen Zentren
des Jugoslawien der sechziger, siebziger und achtziger Jahre. Außerdem bin
ich damals tatsächlich aus Amerika zurückgekommen, obwohl ich hätte dort
bleiben können, obwohl ich dort genug nahe Verwandte hatte, die Mitte der
fünfziger Jahre emigriert waren und sich in die amerikanische Gesellschaft gut
integriert hatten. Ich war aber der Erste aus mehreren Emigrantengeneratio-
nen, der zurückgekehrt ist.

> **Boris Buden:** Offensichtlich gab es damals im jugoslawischen Kommunismus
> genug Spielraum, und zwar besonders für kulturelle Initiativen. Stimmt das
> wirklich, was Dejan Kršić vorhin sagte, dass die Partei viel Geld in die Rock-
> und Punkbands hineingepumpt hat?

Pero Kvesić: Ja, das ist eine Tatsache. Wollte sie das wirklich? Oft auch nicht.
Doch die Initiative kam eigentlich von unten. So wie ein Künstler heute, um
sein Projekt zu realisieren, einen Sponsor finden muss, haben wir damals etwas
Ähnliches gemacht, nämlich die Partei, die Kohle hatte, angesprochen und einen
Weg gefunden, diese Kohle aus ihren Kassen herauszuholen. Etwa so, wie man
sich heute den Sponsoren, meistens den westlichen Stiftungen, als eine Person präsentieren muss, die unbedingt gefördert werden sollte, hatten auch wir
eine Prozedur eingeübt, um die Kohle aus dem damaligen Establishment her-
auszuboxen.

> **Dejan Kršić:** Es gab damals auch eine funktionierende Infrastruktur: das Zen-
> trum für gesellschaftliche Aktivitäten (CDD), das Zentrum für kulturelle Akti-
> vitäten (CKD), das Studentenzentrum, den Verband der Sozialistischen Jugend
> und so weiter.

Pero Kvesić: Auf diese Weise entstand etwa die Kultdisco Jabuka (Apfel). Wir Bur-
schen aus der Nachbarschaft haben uns abends gelangweilt, haben Bier ge-
trunken und konnten nirgendwohin ausgehen. Also sagten wir uns: Wie schön
wäre es, wenn wir unsere eigene Disco hätten. Aber wie machen wir es? So eben,
dass wir uns als ein Abzweig des Verbands Sozialistischer Jugend organisiert
haben. Wir haben eine Sitzung abgehalten, einen Präsidenten gewählt und ein
Protokoll davon gemacht, das wir dann in die Zentrale geschickt haben. Wir haben mit ihnen in einer Sprache geredet, die sie nicht ablehnen konnten, und sie
haben uns das Geld für den Disco-Club gegeben.

> **Dejan Kršić:** Anfang der Neunziger wurde diese ganze Infrastruktur zerstört.
> Man musste neue Gruppen gründen, weil das die einzige Möglichkeit eines
> kulturellen Überlebens war, an erster Stelle aber unabhängige Medien, danach
> andere, darauf gegründete Initiativen. So entstand die ganze NGO-Struktur
> auf der einen, und eben die neue Finanzierungsinfrastruktur aus den westli-
> chen Sponsoren, Hilfsorganisationen und Stiftungen auf der anderen Seite.
> Als selbständiger Künstler konnte man nämlich nur relativ wenig Geld für ein

kleines Projekt kriegen, doch je größer die Gruppe, die Organisation war, desto mehr finanzielle Unterstützung war möglich.

Boris Buden: Sollen wir das als eine materialistische Erklärung vom Entstehen der Kollektive nach dem Zusammenbruch des Kommunismus verstehen?

> **Dejan Kršić:** Ganz so banal ist es auch nicht. Die ganze Struktur dessen, was einst Jugoslawien war, ist durch einen neuen Prozess, den wir heute die postkommunistische Transition nennen, untergegangen. Die westlichen Gesellschaften verfügen über einen funktionierenden Kunstmarkt, es gibt dort Verleger oder Produzenten, die ein Interesse daran finden, eine kleine alternative Band zu unterstützen und zu pushen. Das wird heute als normal angesehen. Bei uns gab es und gibt es aber keinen Kunstmarkt. Die staatlichen Institutionen waren für uns keine Alternative, da sie im Postkommunismus noch mehr unter ideologischer und politischer Kontrolle stehen als in der Zeit des aufgeklärten Sozialismus.

Boris Buden: Okay, um zu Geld zu kommen, musste man Gruppen bilden. Aber wie entsteht dann ein Kollektiv, ein Netzwerk daraus? Ihr alle seid auf die eine oder andere Weise Mitglieder von verschiedenen Kollektiven und Netzwerken. Macht ihr selber einen Unterschied zwischen einem Netzwerk und einem Kollektiv?

> **Tomislav Medak:** Ich bin gleichzeitig beides, vernetzt und Mitglied eines Kollektivs. Aber wenn wir vom Kollektiv reden, denken wir an einen bestimmten Aspekt der Produktion, der aus dem Zusammensein hervorgeht. Dieser Aspekt setzt auch eine Produktionsgemeinschaft voraus, die nicht nach funktionellen Differenzierungen, nach einer Spezialisierung arbeitet, sondern durch einen gemeinsamen Habitus entsteht. Es ist ein Gemeinwesen, oder besser: ein Gemeinsamsein, das ein Kollektiv bestimmt. Netzwerke hingegen setzen nicht den gleichen Typus von Gemeinwesen voraus. Im Gegensatz zu den Kollektiven sind sie ein Phänomen der postmodernen Zeit und im Prinzip funktionalistischer als diese. Ein Netzwerk setzt auch ein Austauschprotokoll voraus, und zwar im rein kybernetischen Sinne, also auch gewissermaßen nichtidentische Akteure, die an einem Netzwerk teilnehmen. Und ein Netzwerk kann, glaube ich, auch teleologisch definiert werden. Es ist einem Ziel gegenüber bestimmt, wobei sich unterschiedliche Weltanschauungen oder Biographien treffen und gemeinsam an diesem Ziel arbeiten, abgesehen von den Besonderheiten, die sie in das vernetzte Handeln mitbringen. Ein Netzwerk schließt immer eine Art funktionelle Abstraktion ein, dem Ziel und dem Produktionsinput gegenüber.

Boris Buden: Heißt das, dass ein Kollektiv vor allem durch einen Inhalt bestimmt ist?

> **Tomislav Medak:** Ich würde eher sagen: durch einen Überschuss in Bezug auf die Produktion, einen Überschuss an Gemeinwesen, der nicht notwendigerweise an Effizienz messbar ist.

Boris Buden: Eine Art Qualität?

Tomislav Medak: Man kann es auch so verstehen.

Dejan Kršić: Ein Netzwerk, könnte man sagen, entsteht durch eine Art Partnerschaft, die sich im Grunde genommen nicht von jener Partnerschaft unterscheidet, die für die kapitalistische Produktionsweise typisch ist.

Ana Dević: Wenn wir von der Genese des Kollektivbegriffs und seiner Korrelation mit dem Netzwerkbegriff reden, dessen Geschichte offensichtlich kürzer ist und vielleicht weniger ideologische Konnotationen hervorruft, möchte ich auf eine Tradition aufmerksam machen, die nicht nur für Zagreb und Kroatien, sondern für ganz Osteuropa typisch ist. Das ist eben der Begriff der Gruppe. Im Unterschied zu Netzwerken und Kollektiven setzt eine Gruppe, obwohl sie ihrer Struktur nach offen sein kann, eine bestimmte Zahl von Mitgliedern voraus. Und sie setzt die Grundentscheidung voraus, in einem Raum zusammenzuarbeiten und etwas auf diese Weise hervorzubringen. Die Motivation, die eine Gruppe ins Leben ruft, ist eigentlich die Bildung einer Art öffentlichen Raumes. Das heißt, die Gruppe ist ein Raumphänomen, das im unterschiedlichen Rhythmus von Kontraktion oder Ausdehnung diesen Raum besetzt, wodurch er sich dann in einem gewissen Moment in einen öffentlichen Raum verwandeln und als eine *open resource* funktionieren kann.

Boris Buden: Wir sollten also auch die Gruppe von einem Kollektiv unterscheiden?

Ana Dević: Genau. Eine Gruppe hat für mich eher eine feste Struktur, während die Struktur eines Kollektivs eher fluid ist. Sie kann an einem Ort auftauchen und sich mit einer anderen Initiative von einem anderen Ort vermischen. Das Kollektiv, da stimme ich Tomislav Medak zu, bringt immer diesen Überschuss hervor; doch obwohl es einige Unterschiede in der inneren Dynamik und Struktur gibt, kann man dasselbe auch für die Gruppe sagen. Aber eine Gruppe ist nur in der Lage, einen Überschuss, die Kollektivität als Phänomen, hervorzubringen, wenn sie eine Zeit lang auf einem Territorium, in einem Raum zusammenarbeitet.

Dejan Kršić: Eine Gruppe braucht kein Ziel, sie muss keine Aufgabe haben, nicht einmal eine Motivation. Sie muss nicht notwendigerweise etwas, irgendein Produkt hervorbringen.

Boris Buden: Was ist eigentlich dieser Überschuss, dieser Mehrwert? Wenn es sich etwa um ein Kunstprojekt handelt, ist dann dieser Überschuss ein Teil des Projekts oder eher sein Nebenprodukt, das also mehr als das Projekt selbst ist, eben sein Überschuss? Ist das Kollektiv das, was den Überschuss produziert? Oder ist umgekehrt dieser Überschuss das, was aus einer Gruppe ein Kollektiv und das genannte Kunstprojekt zu einem Kollektivprojekt macht, das mehr als bloß Kunst ist?

Tomislav Medak: Die Problematik des Kollektivs ist zum großen Teil die Problematik einer Aneignung dieses Überschusses, den die gesellschaftliche Produktion im Kollektiv hervorbringt und der im Grunde genommen nutzlos oder unbrauchbar im Sinne der materiellen Produktion ist. Wenn wir jetzt einen Blick auf die historische Erfahrung des Kollektivismus werfen, wird klar, dass dieser Überschuss in der Produktion der Kollektivität die Struktur eines Versprechens und einer Hoffnung hatte – eines revolutionären Versprechens und einer revolutionären Hoffnung. Gleichzeitig basierte er auch auf einer Struktur des Aufschubs. Man versuchte aufzuschieben, dass etwas in der Form der Arbeit oder des Produktes aktualisiert wird.

> **Boris Buden:** Nochmals zurück zu den Neunzigern: Gilt das auch für das Kollektiv der Nation?

Tomislav Medak: Der Überschuss, von dem ich hier rede, ist nicht notwendigerweise etwas Positives. Die Neunziger sind die Zeit des Nationalismus und des jugoslawischen Zerfalls. Das war im ideologischen Sinne ein Höhepunkt in der Aneignung des kollektiven Überschusses. Von der ganzen gesellschaftlichen Produktion ist nichts übrig geblieben außer ebendieser Produktion von Gesellschaft als Zusammensein, Gemeinwesen in der Substanz, kurz: außer der Produktion der nationalen Identität. In dieser Hinsicht können wir das Phänomen des Kollektivismus und des Kollektivs in den unabhängigen Kulturinitiativen der Neunziger als eine Art Gegenstrategie zum Nationalismus verstehen, als eine Antwort auf dieses Spiel im Feld der gesellschaftlichen Produktion des Kollektiven.

> **Ana Dević:** Die Neunziger sind durch einen schrecklichen Kontinuitätsbruch gekennzeichnet, was eben gerade meine Generation traf, die in der Pubertät noch den Widerhall der achtziger Jahre gespürt hat. Es geht um eine Generation, die in den Achtzigern den beschleunigten Zerfall des jugoslawischen kommunistischen Systems miterlebt hat und gleichzeitig noch die interessantesten Früchte dieses Systems genießen durfte.

Boris Buden: Was heißt das aus der Perspektive der gegenwärtigen Kunst?

> **Ana Dević:** Genau das. In diesem Feld waren die Achtziger eine Art Früchtegenießen der Siebziger. Im Unterschied zum Film oder zur Hochliteratur wurde die Gegenwartskunst damals nicht als ein einflussreiches Medium betrachtet, das irgendwie zensiert oder unter Aufsicht gestellt werden sollte. Die Experimente kamen aus dem Gebiet der bildenden Kunst, das heißt, sie haben eigentlich die Sprache der bildenden Kunst aufgegeben und sind in das Gebiet der sozialen Verhältnisse übergetreten. Diese Experimente verstanden sich nicht nur als Institutionskritik, sondern auch als eine Art *reinventing* eines parallelen Systems: Sie haben die offizielle Ideologie der Selbstverwaltung, die damals schon in ihre zynische Phase gekommen war, ernst genommen und anhand von kleinen Modellen das getan, was heute nicht mehr möglich ist.

Boris Buden: Können wir die heutigen kollektiven Initiativen als eine Art Alternative verstehen?

> **Tomislav Medak:** Die Realität ist heute sozusagen postalternativ geworden. Zwei Schlüsselerfahrungen sind da relevant: die für die Transition typische Erfahrung des Zerfalls, aber auch eine andere Erfahrung, die uns den Begriff des Netzwerks gebracht hat, weshalb wir auch Netzwerke mit Kollektiven verwechseln. Das ist die Erfahrung der Globalisierung, die in den Neunzigern sozusagen vom Himmel auf uns herabgestürzt ist, und zwar in medialer, ideologischer und ökonomischer Hinsicht. So bildet sich die Alternative heute in einer anderen Situation, in der es keinen monolithischen, universalen Feind mehr gibt. Das, was einst alternativ war, ist heute einerseits sehr nah am Mainstream, andererseits definiert es sich viel stärker durch seinen Produktions- und Transformationsaspekt. Die Kreativität ist formalistisch geworden. Was in den letzten Jahren so sichtbar wurde, ist etwa eine gegenseitige Annäherung von Aktivisten und Künstlern und ein gewisses Verschwinden der Grenzen zwischen den beiden.

Boris Buden: Ist das Aktivistische eigentlich charakteristisch fürs Kollektiv? Macht der aktivistische Aspekt diesen kollektivistischen Überschuss aus?

> **Tomislav Medak:** Heute ist der Überschuss vor allem diese Möglichkeit, die strukturellen Bedingungen zu verändern, und nicht wie früher, eine Kritik zu artikulieren. Es geht um eine Verschiebung vom Kritischen zum Transformativen, vom Globalen zum Singulären.

Dejan Kršić: Wenn es überhaupt noch eine Alternative gibt, dann ist sie irgendwie ökonomisch. Die neuen Gruppen, von denen wir jetzt reden, wollen die Vorstellung nicht akzeptieren, dass nur eine von der Partei oder von der Nation geförderte Kultur möglich sei. Es kommt darauf an, Verhältnisse zu finden oder zu erfinden, in denen diejenigen, die die Kultur produzieren, auch die Möglichkeit haben, darüber zu entscheiden, wie sie das tun. Das ist bei uns wahrscheinlich die Erfahrung und das Erbe der Selbstverwaltung. Aber im Unterschied etwa zum amerikanischen Modell sind wir immer noch davon überzeugt, dass der Staat eine Verpflichtung gegenüber der Gesellschaft, gegenüber dem Individuum und damit auch gegenüber den Künstlern und der öffentlichen Sphäre, in der sie arbeiten, haben muss und dass man diesen Raum nicht einfach dem Kapital oder den Unternehmen überlassen darf.

> **Tomislav Medak:** Es geht hier um die Öffentlichkeit. Während der Mainstream durch das Publikum definiert wird, wird die Alternative oder die Postalternative in der Kulturproduktion durch die Öffentlichkeit als ihren Adressaten definiert.

Boris Buden: Von welcher Öffentlichkeit redest du?

> **Tomislav Medak:** Ich rede von der Öffentlichkeit in einem eminent politischen Sinne, also von einer Öffentlichkeit, die die herrschenden politischen Tenden-

zen eines Raumes bestimmt, und von einer Öffentlichkeit, die in demselben Raum von den existierenden hegemonialen Verhältnissen verdrängt wird. Das ist in der heutigen postalternativen Kultur die beherrschende Konstante.

Boris Buden: Ist das ein wesentlicher Unterschied zu den Initiativen der Siebziger und Achtziger im damaligen Sozialismus? Auch damals wurden Kulturprojekte teilweise vom sozialistischen Staat finanziert. Es ging dabei auch nicht um eine gnadenlose Systemkritik, sondern um eine Art langfristige Transformation.

> **Pero Kvesić:** Diese Zeit war alles, nur nicht eindimensional. Es gab unterschiedliche Finanzierungsmodelle, unterschiedliche Zugänge zum Geld und auch unterschiedliche Resultate. Die Frage ist aber, ob es eher eine Kontinuität oder eine Diskontinuität gibt. Das hängt von der gesamten historischen Erfahrung ab, und die ist bei uns eine andere als in den entwickelten westlichen Demokratien. Im Rahmen unserer persönlichen Erfahrungen, und da beziehe ich auch die Erinnerung meiner Eltern mit ein, können wir etwa von fünf verschiedenen Staaten reden, die im Leben eines Einzelnen auf ein und demselben Territorium gegründet wurden und untergegangen sind. Jede solche Veränderung, jeder neue Staat war eigentlich auch eine radikale Unterbrechung der Kontinuität, ein vollständiger Neuanfang. Und das ist eine Situation, die vielen Menschen im Westen praktisch unbekannt ist. Viele von ihnen leben in Staaten, die mehrere hundert Jahre alt sind. Bei uns dagegen bleibt alles auf einmal stehen und muss neu anfangen.

Boris Buden: Kommt mir wie ein Verhängnis vor.

> **Pero Kvesić:** Das ist kein Verhängnis, das ist ein Faktum. In den Neunzigern haben wir in bestimmten Bereichen einen schrecklichen Schnitt erlebt. Menschen mit Berufserfahrungen wurden praktisch komplett aussortiert, und es tauchten aus dem Nichts heraus neue Leute auf, die keine Ahnung hatten. Ich habe damals in einer Firma gearbeitet, die 273 Angestellte hatte. 270 davon wurden entlassen, nur drei alte sind übrig geblieben. Das war 1990 und 1991. Es ist durchaus natürlich, dass neue Generationen kommen, die keine Erfahrung, aber Ideen und einen guten Willen haben, doch in einer relativ normalen Situation lernen diese jungen Menschen von den Älteren, sie übernehmen ihre Erfahrungen, oder sie widersetzen sich den Älteren, um anders zu werden. Sie brauchen eine Erfahrung, der gegenüber sie sich positionieren können.

Ana Dević: Genau darin liegt das Problem der Generationen. Wenn es nichts, keine Norm gibt, wogegen sich eine neue Generation positionieren kann, dann gibt es auch keinen Mainstream und keine Alternative mehr. Stattdessen entstehen gewisse hybride Formen in der Art von Verschmelzungen, Amalgamierungen ... Das betrifft auch die Frage der Kontinuität in den Gruppen oder Kollektiven.

Boris Buden: Was heißt das konkret für deine Generation?

Ana Dević: Seltsamerweise hat unsere Generation, die der Neunziger, einen unmittelbaren Link zu den Siebzigern gefunden. Es ging um ein Erbe, das nicht institutionell vermittelt wurde, das wir eigentlich selbst entdecken mussten, und zwar durch eine Art mündliche Weitergabe in der Form von Mythos. Da war zum Beispiel dieser Mythos von der Unschuld der Gruppeninitiativen aus den Siebzigern, gerade auch in der Frage der Finanzierung. Wenn sie nicht offen gegen die Institutionen vorgegangen sind, haben sie zumindest parallel zu diesen Institutionen gearbeitet. Sie haben versucht, eine Art Selbstfinanzierung zu organisieren. Nehmen wir etwa die Grupa Šestorice (Gruppe der sechs Künstler), die 1975 bis 1984 in Zagreb existierte. Sie brauchten kein Museum, um ihre Aktionen zu machen, sondern sie taten das auf dem damaligen Platz der Republik oder in anderen öffentlichen Räumen. Sie haben ihre aus billigem Material gemachten Sachen mitgebracht und auf dem Boden oder auf einem Stück Karton ausgestellt, so dass die Kunst, oder, wenn wir so wollen, das der Kunst entsprechende soziale Verhältnis, dort stattfand. Deshalb rede ich von einer gewissen „Unschuld" dieser Zeit und dieser Initiativen, weil das Niveau, auf dem sie sich organisiert und finanziert haben, eigentlich minimal war. Oder nehmen wir die Gruppe Gorgona, die 1959 bis 1966 in Zagreb bestand. Ihre Mitglieder waren sehr angesehene Künstler und Kuratoren, die ihre individuellen Karrieren im institutionellen Kontext hatten. Doch als Gruppe agierten sie völlig unabhängig und stellten im Schaufenster eines Bilderrahmengeschäftes im Zentrum von Zagreb aus. Das dafür benötigte Geld haben die Künstler gemeinsam bereitgestellt, es wurde von der Kassiererin der lokalen Buchhandlung aufbewahrt und verteilt. Da geht es, könnte man sagen, um eine echt radikale und romantische Idee.

Boris Buden: Diese Unschuld, von der du sprichst, hat aber auch etwas mit der Idee der Kollektivität, mit der Arbeit in einem Kollektiv zu tun, oder?

Ana Dević: Eine Kollektivarbeit, wie schon gesagt, schließt immer ein Genießen, ein gewisses Maß an Freundschaft und Liebe mit ein. Damals war dieses Genießen irgendwie unschuldiger, im Sinne der inneren Ökonomie eines Kollektivs. Heute sind wir gezwungen, uns zu bürokratisieren, um überleben und die investierten Potentiale erhalten zu können. An einem Netzwerk teilzunehmen heißt heute, die eigenen Aktivitäten notwendigerweise zu bürokratisieren. Ein Netzwerk ist nicht mehr eine Frage der freien Wahl, wie das bei einer Gruppe damals vielleicht der Fall war.

Boris Buden: Es scheint, als hätte man damals, im sogenannten totalitären sozialistischen System, einen anderen Raum, einen Raum der Unschuld, der Naivität, der Authentizität, irgendwie leichter betreten können als heute.

Ana Dević: Es kann sein, dass es sich bei mir, bei uns, um eine echte Nostalgie handelt, um die rückwärtsgewandte Sehnsucht nach einem Gegenstand, den man eigentlich nie besessen hat, auf den man aber die eigenen Hoffnungen projizieren kann. Das ist wahrscheinlich die Sehnsucht nach der Möglichkeit eines radikalen Sich-Positionierens.

Boris Buden: Ist das heutige Bedürfnis nach kollektiver Arbeit auch ein Teil dieser Naivität, dieser romantischen Nostalgie?

Tomislav Medak: Ja, warum nicht. Sofern sie am romantischen Aspekt der Kollektivität festhalten, hoffen heute alle, dass ihre kollektive Produktion nicht in das kapitalistische System eingespannt wird, in das System, das heute von Menschen erwartet, dass sie sich gut selbst organisieren können, sich mit der Produktionsgemeinschaft, mit der Gruppe, reibungslos identifizieren können und dass sie vom kommunikativen Werkzeug, das die Mitglieder eines Kollektivs verbindet, Gebrauch machen können.

Boris Buden: Erlebst du dich selbst als Zugehöriger einer Generation?

Tomislav Medak: Ja, und dabei geht es um diesen Schnitt, um diese Leere der Neunziger, von der Pero Kvesić spricht, die eigentlich die Generation, die Mitte der Siebziger geboren wurde, geprägt hat. Diese Leere ist auch vom Verschwinden des gesamtjugoslawischen öffentlichen Raumes gekennzeichnet, wenn es ihn je gab. Ich weiß aber nicht, ob es je eine Generation gegeben hat, die in diesem gemeinsamen Raum reif geworden ist.

Boris Buden: Was verstehst du unter dem Begriff „gemeinsam"? Das Projekt einer gemeinsamen Kultur und eines gemeinsamen Medienraumes im ehemaligen Jugoslawien?

Tomislav Medak: „Gemeinsam" meine ich nicht nur räumlich, sondern auch im Sinne der Kontinuität, von der wir geredet haben. Es geht auch um das Verschwinden und um die aktuelle Diffamierung der gemeinsamen Vergangenheit, die man deshalb weder fortsetzen noch sich von ihr abgrenzen kann.

Boris Buden: Pero Kvesić, gab es diesen Raum oder nicht?

Pero Kvesić: Ja und nein. Einerseits hat er gut funktioniert. Ich war Redakteur beim Magazin *Erotika*, das in 360 000 Exemplaren alle zwei Wochen in ganz Jugoslawien verkauft wurde. Das war kein Einzelfall in der Medienbranche. Andererseits kamen wir mit einigen unserer Projekte kaum über die Grenzen der Republik Kroatien, manchmal nicht einmal über die Stadtgrenzen von Zagreb hinaus. Schon damals gab es Leute, die die Idee eines gemeinsamen jugoslawischen Kulturraumes gut fanden und an ihr gearbeitet haben, aber es gab auch die anderen, die diese Idee wie die Pest gehasst und sie überall sabotiert haben.

Tomislav Medak: Die Generation der Neunziger ist in zweierlei Hinsicht gezeichnet: vom repressiven Vorgehen der offiziellen nationalistischen Politik und Ideologie gegen die Kontinuität des gemeinsamen jugoslawischen Medien- und Kulturraums, kurz: vom repressiven Vergessen der Vergangenheit. Der zweite Aspekt ist, wie schon gesagt, der unmittelbare Anschluss an die globale Kultur.

Boris Buden: Und wie artikuliert eure Generation ihre eigene Position in diesem Kontext?

Tomislav Medak: Unsere Generation konzentriert sich auf eine Ausdehnung dieses ideologisch und politisch verengten Kulturfeldes. Sie konzentriert sich auf das Problem der Kultur – sei es die Kultur der neuen Medien, die neue aktivistische Kultur oder die Kultur der Partizipation im medialen Raum –, aber auch auf eine Retrospektion, eine Reaktualisierung von Praxen aus der Vergangenheit.

Ana Dević: Konkret heißt das, dass WHW zum Beispiel mit einem Projekt der kulturellen und ideologischen Reaktualisierung begonnen hat: Wir haben eine Ausstellung gemacht, die das *Kommunistische Manifest*, seine Neuauflage beim Arkzin-Verlag Mitte der Neunziger und seine Bedeutung heute, thematisiert hat. Es ging um ein Kulturkapital, das von der vorangegangenen Generation Anfang der Neunziger schwer erkämpft worden war. Dieses Projekt hat eine Reihe der gesellschaftlichen Probleme aktualisiert, die im neuen nationalistischen, post- und antikommunistischen Kontext an den Rand gedrängt und verdrängt wurden.

Boris Buden: Wurde dadurch auch eine gewisse politische Spannung hervorgerufen? Wie verhalten sich diese Projekte der politischen und ideologischen Macht gegenüber?

Tomislav Medak: Für die Gruppen, die etwa 2000 angefangen haben, war der politische Kontext schon ausdifferenzierter. Der Staat begann zu dieser Zeit, einige seiner Schlüsselfunktionen endlich wahrzunehmen, von denen in den Neunzigern fast nichts zu sehen oder zu spüren war, etwa seine Funktion als Rechtsstaat. Daher sind unsere Initiativen, die aus der zivilgesellschaftlichen Szene hervorgehen, nicht mehr so stark vom Konflikt mit dem politischen und ideologischen Mainstream, sprich mit dem Nationalismus, gekennzeichnet wie die Initiativen der Neunziger. Ab 2000 ist das nicht mehr der dominierende Aspekt. Obwohl meine Organisation, das Multimedia Institute, immer noch als „serbisch-schwul-kommunistischer Cyber-Vergnügungspark" diffamiert wird.

Ana Dević: Trotzdem kann man sagen, dass sich diese Initiativen dem nationalistischen, konservativen, kommerziellen, kulturellen Mainstream widersetzen, und zwar auf strukturelle Weise: Sie beschäftigen sich einfach mit den Themen und Problemen, mit denen sich Leute von Kalkutta bis New York beschäftigen, und das ist eine Art von Tätigkeit, die dem nationalistischen Mainstream komplett fremd ist.

Tomislav Medak: Für den dominierenden kulturellen Betrieb ist das sozusagen eine andere Welt, eine andere Galaxie.

Boris Buden: Das Schlimmste ist also politisch und ideologisch irgendwie vorbei. Ist das ein Schritt nach vorne im Vergleich zur Zeit der Wende, des unmittelbaren Postkommunismus der neunziger Jahre?

Pero Kvesić: Was wir als Wende erlebt haben, war eine Art Travestie. Man sagte damals, wir hätten in einem totalitären kommunistischen System gelebt, das jedoch in den letzten Jahren alles, nur nicht totalitär war. Und dann kam ein System, das angeblich frei sein sollte und das versprach, das Gegenteil von der kommunistischen Eindimensionalität zu sein, aber eine Eindimensionalität bis zum Gehtnichtmehr mit sich brachte. Anfang der Neunziger habe ich das Gefühl gehabt, ich lebte umgeben von Berserkern und Wahnsinnigen. Man wurde von allen Seiten mit einem ungeheuren Ausmaß an Dummheit bombardiert, und zwar einer Dummheit ohne ideologische Vorzeichen. Das ging jahrelang so.

Boris Buden: Was bedeutete die Wende für die Kollektive, im strukturellen Sinne?

Tomislav Medak: Vor allem das Verschwinden von öffentlichen Produktionsmitteln, die früher kollektivistisch organisiert waren. Der ökonomische Prozess der Transition bestimmt die ganze kulturelle Szene, in der heutige Kollektive arbeiten. Die Frage, die sie sich in dieser Situation stellen, ist die nach dem Zugang zu Ressourcen. Und das ist das Neue heute: dass sich die Kollektivität nämlich nicht nur um den genannten Überschuss kümmert, sondern nach den Bedingungen der Produktion fragen muss. Selbst die sogenannte appellative Macht, etwa dem Staat gegenüber, die einst noch aktuell war, ist inzwischen verschwunden, weil eigentlich jener Staat, der sich um soziale Projekte kümmert, auch verschwunden ist. Stattdessen saniert er die ökonomischen Projekte. Die Frage ist, welche Infrastruktur für die kulturelle Tätigkeit überhaupt noch übrig geblieben ist.

Boris Buden: Wie sieht unter diesen Bedingungen die Zukunft der Kollektive aus?

Tomislav Medak: Die Zukunft wird einerseits durch das bestimmt, was man den Normalisierungskontext, die Normalisierung der kroatischen Gesellschaft nach dem Jahr 2000 nennen kann, und andererseits durch die aktuellen europäischen und globalen Integrationsprozesse. Und schließlich wird die Fortdauer der Kollektive davon abhängen, inwieweit es ihnen gelingt, auf das eigene Handlungsfeld transformativ zu wirken und sich als öffentlicher Raum durchzusetzen.

Dejan Kršić: Ich finde, man kann hier von einer Art Diskontinuität in Bezug auf die traditionelle kroatische Intelligenzija reden. Bei uns haben sich Intellektuelle, Schriftsteller, Künstler mit Politik hauptsächlich außerhalb ihres eigenen Berufs beschäftigt, etwa indem sie damals in die Kommunistische Partei eingetreten sind oder nach der Wende selbst irgendwelche politischen Parteien gegründet haben. Selten haben sie sich den gesellschaftlichen und politischen Fragen in ihrer eigenen Arbeit gewidmet. Das wäre meiner Meinung nach das Ziel der von der neuen Generation durchgeführten kollektiven Projekte: durch den eigenen Beruf, durch die eigene kulturelle und künstlerische Arbeit gewisse soziale und politische Veränderungen zu bewirken und gesellschaftliche Effekte zu erzielen.

Ana Dević: Diese Kollektive sind in einem intensiven Dialog mit der internationalen Szene, teilweise gerade wegen ihrer Verankerung im Lokalen, wegen der Qualität, die sie durch diese Verankerung produzieren. Die Schlüsselfrage ist nicht mehr die Sichtbarkeit, nicht das kommunikative Potential ihrer Relevanz, weil dieses kulturelle Kapital schon realisiert und anerkannt ist, und zwar im Ausland mehr als hier zu Hause. Die entscheidende Frage ist vielmehr pragmatisch und betrifft die Infrastruktur, die grundlegenden Produktionsmittel, von den Räumen bis zu der Möglichkeit, weiter selbstbestimmt arbeiten zu können. Alles ist immer noch prekär, und die Zukunft ist ungewiss.

Das Gespräch wurde von Boris Buden ediert.

Zagreb   Boris Cvjetanović, aus der Serie *Foto Studio City*, 1993-2005,
Silbergelatineabzug

Boris Cvjetanović, aus der Serie *Foto Studio City*, 1993-2005, Silbergelatineabzug

Zagreb   Boris Cvjetanović, aus der Serie *Foto Studio City*, 1993–2005,
                          Silbergelatineabzug

Boris Cvjetanović, aus der Serie *Foto Studio City*, 1993-2005,
Silbergelatineabzug

Vesna Kesić

Wohin Feminismus?
Die Politik des Erinnerns und Vergessens

In der europäischen Imagination spielt das Urbane eine zentrale Rolle, stellen Hartmut Häußermann und Anne Haila in einer Untersuchung zur Stadt als analytischem Konzept fest.[1] Aber ist dies nicht überall der Fall, nicht nur in der europäischen Imagination? Städte sind dynamisch und flüchtig, als Vorstellung ebenso wie als reale Orte. Städte befinden sich stets im „Übergang", und dies dürfte einer der Gründe dafür sein, dass sie die Einbildungskraft so anregen und fesseln. Doch nicht alle Übergänge sind gleich. Gewaltsame und radikale Übergänge erzeugen radikale und schnelle Veränderungen, nicht nur im sozialen und politischen Bereich, sondern auch im symbolischen Raum der Repräsentation. Ja mehr noch, häufig gehen symbolische Veränderungen den politischen, ökonomischen und institutionellen voraus. Wenn ich hier einige Geschichten aus Zagreb, meiner eigenen Stadt, erzähle, die sich plötzlich aus einer der sechs Republikhauptstädte des Bundesstaats Jugoslawien in die Hauptstadt des neuen, unabhängigen Staates Kroatien verwandelt hat, dann möchte ich im Grunde die Geschichte eines der osteuropäischen Übergänge erzählen. In dieser Geschichte ist die Stadt einfach der Schauplatz, an dem die Veränderungen am deutlichsten zutage treten. So hat etwa die Straße, in der ich fast vierzig Jahre lang gelebt habe, in diesem Zeitraum fünfmal den Namen gewechselt, zweimal im Sozialismus und dreimal in den letzten fünfzehn Jahren, seit dem Beginn der letzten Übergangsphase. In diesem Teil der Welt finden symbolische Veränderungen mit einer gewissen Regelmäßigkeit statt. Ein älterer Bekannter von mir weist gerne darauf hin, dass er schon sein ganzes Leben in demselben Haus und derselben Straße wohnt. Ohne jemals umgezogen zu sein, habe er in mindestens sechs verschiedenen Staaten gelebt.[2] Grund genug für eine tiefgreifende Identitätsstörung. Und wenn doch die Form des Staates das einzige Organisationsprinzip der Identität wäre, denn wie steht es mit der ethnischen Zugehörigkeit, dem sozialen Geschlecht, der Kultur und all den anderen Kennzeichen, die unsere Identität prägen?

Die Gestaltung der Geschichte und des Nationalstaats war schon immer ein gewaltsamer Prozess. Neben all den anderen Dingen, die verwandelt und verändert werden, formt ein gewaltsamer Übergang Männlichkeit und Weiblichkeit von Grund auf um und schafft eine noch größere Kluft zwischen den Geschlechtern, als sie normalerweise in der bürgerlichen Gesellschaft besteht. Die Intensivierung des patriarchalischen Diskurses ist eines der wichtigsten Kennzeichen solcher im Übergang befindlicher Gesellschaften. Man muss den Charakter der auf diese Weise erzeugten Geschlechterdifferenz und ihre politische Bedeutung verstehen, will man die Transformationsprozesse begreifen, die sich in Osteuropa am Ende des 20. Jahrhunderts vollzogen haben.

1 Vgl. Hartmut Häußermann/Anne Haila, „The European City. A Conceptual Framework and Normative Project", in: Yuri Kazepov (Hg.), *Cities of Europe. Changing Context, Local Arrangements, and the Challenge to Urban Cohesion*, Malden, Oxford, Carlton 2005, S. 52.
2 Österreich-Ungarn, das mehrere Verfassungsänderungen durchlaufen hat; das erste Jugoslawien (1917–1941) mit mindestens zwei Verfassungsänderungen; der unabhängige Staat Kroatien (1941–1945), der international nie anerkannt wurde, aber seine Eigenstaatlichkeit erklärte; Jugoslawien nach dem Zweiten Weltkrieg, mit mehreren Verfassungsänderungen; und heute die Republik Kroatien.

Ich habe nicht die Absicht, die offizielle Geschichte der „Transition" zu erzählen, was immer das sein mag: von der Einparteienherrschaft zur demokratischen Verfassung, von der sozialistischen Ökonomie zu einer vom Markt beherrschten Gesellschaft (Kapitalismus), von Osteuropa in den politischen Westen oder zumindest nach Zentraleuropa und in den Eingangsbereich der Europäischen Union. Vor den Ereignissen des Jahres 1990 hieß meine Straße nach einer der kroatischen Heldinnen des Antifaschismus, Ljubica Gerovac. Etwa auf halber Länge der kurzen Straße stand ihre Büste, ein eher kleines Denkmal im vertrauten Stil des Sozialistischen Realismus. Im Zuge der Veränderungen und der Umbenennung der Straße hackte man ihr zunächst den Kopf ab, während ihr enthaupteter Körper noch eine Weile stehen blieb. Inzwischen ist das Denkmal ganz verschwunden, und die Straße ist nach einem kleinen Fluss nahe Zagreb benannt. Ljubica Gerovac wurde nicht deshalb entfernt, weil sie eine Frau war, sondern weil sie zur kommunistischen und antifaschistischen Vergangenheit Kroatiens gehört. Doch irgendwie sind bei der großen symbolischen Säuberung dieser Vergangenheit fast alle nach Frauen benannten Straßen der Stadt abhanden gekommen. Anlässlich des historischen Übergangs verloren Zagreb und das ganze Land, zu dessen Hauptstadt es wurde, auch ihre Geschichte (*her-story*). Sie wurde verboten und entstellt, aber auch bewahrt und neu geschaffen, allerdings selten im Rahmen des offiziellen Erinnerns.

Hätte mich irgendwann vor langer Zeit, das heißt zur Zeit des Sozialismus, jemand gefragt, was für eine Stadt Zagreb sei, dann hätte ich wohl mit keiner spontanen Antwort aufwarten können. Vermutlich hätte ich gesagt: Zagreb ist eine kleine und langweilige Stadt. Na und? Wir können nicht alle in Berlin oder New York leben – jenen Orten, die wegen ihres Multikulturalismus, ihrer Intensität, ihrer visuellen Anregungen und entspannten Kommunikations- und Fortbewegungsmöglichkeiten, ihrer Erotik und all der anderen Extravaganzen des metropolitanen Lebens für mich damals die paradigmatischen modernen Städte waren. Ich war fasziniert von diesen beiden Metropolen. Für mich waren sie Orte, an denen man allein sein konnte, ohne zwangsläufig einsam zu sein, trotz der blasierten und reservierten Haltung, die man dort, Georg Simmel zufolge, angeblich entwickelt. Simmel sieht darin einen Abwehrmechanismus gegen den Einfluss der Geldwirtschaft, die zum Verlust von Substantialität führe und die individuelle Freiheit in Gestalt einer sich drängelnden Menge bedrohe.[3] Damals konnte sich noch niemand eine Gay Pride Parade in den Straßen von Zagreb vorstellen.[4] Viele Unterschiede waren verboten oder wurden zumindest nicht thematisiert, sondern unter den ideologischen Teppich des Klassenkampfs und der sozioökonomischen Verteilungsgerechtigkeit gekehrt. Dazu gehörten

3 Diese Deutung stammt aus Heinz Paetzolds einleitendem Essay „The Philosophical Notion of the City", in: Heinz Paetzold (Hg.), *City Life. Essays on Urban Culture*, Maastricht 1997, S. 15-35.
4 Die erste Gay Pride Parade fand 2003 in Zagreb statt und ist zu einer regelmäßigen Veranstaltung geworden, die stets von einem starken Polizeiaufgebot begleitet wird. Hinsichtlich der Notwendigkeit eines solchen starken Schutzes in einer neokonservativen Gesellschaft sind die Organisatoren und Teilnehmer nach wie vor geteilter Meinung, aber möglicherweise dient er auch dazu, die repressive Macht des Staates zu demonstrieren.

neben ethnischen und kulturellen Unterschieden sexuelle Neigungen und Geschlechtsunterschiede. Natürlich hatte auch Zagreb damals schon teil an jenen „Ökonomien der Zeichen und des Raums"[5], die für den organisierten Kapitalismus charakteristisch sind. Doch funktionierten die Neonreklamen auf den Dächern oft monatelang, ja manchmal jahrelang nicht, und einige Buchstaben fehlten immer. In den „Grand Cafés" der Stadt konnte man den ganzen Tag bei einem Cappuccino sitzen, ohne von den Kellnern irgendwann zu einer zusätzlichen Bestellung aufgefordert oder mit einer Rechnung behelligt zu werden, die angedeutet hätte, dass die bezahlte Zeit zusammen mit den soeben konsumierten Waren abgelaufen sei. Auf den Straßen der Stadt gab es keine sichtbaren „Anderen" im ethnischen Sinn, einmal abgesehen von den Touristen, die sich im Sommer kurz dort aufhielten, bevor sie an die Adriaküste weiterreisten.

Meine Unfähigkeit oder mein Desinteresse, die kulturellen und historischen Zeichen der Stadt – und des Staates – wahrzunehmen, muss eine Folge der schlichten Tatsache gewesen sein, dass ich hier und jetzt lebte und ein fragmentarisches, urbanes Alltagsleben genoss (oder darunter litt), ohne irgendein besonderes historisches, ethnisches oder kulturelles Zugehörigkeitsgefühl zu empfinden. Der Sozialismus erkannte die subtile menschliche Tätigkeit nicht an. Geschichte war ein kollektives Projekt, das nicht viel Raum bot für zivilgesellschaftliche Initiativen und sich daher auf die Vergangenheit konzentrierte oder auf eine „bessere Zukunft" projiziert wurde. In Übereinstimmung mit jüngeren Debatten innerhalb der Transformations- und Transitionsforschung zur Bedeutung der privaten und öffentlichen Sphäre im Sozialismus würde ich die These vertreten, dass sowohl meine Generation, die der Zeit nach dem Zweiten Weltkrieg, als auch mehrere nachfolgende Generationen kein Leben in der öffentlichen Sphäre hatten. Alles wurde ins Privatleben und in private Ereignisse abgedrängt, selbst wenn sie in öffentlichen Räumen stattfanden. Was immer der Sozialismus war – er schaffte die öffentliche Sphäre im eigentlichen Sinn ab. Was immer wir taten, und wir taten viel – als öffentliche Intellektuelle, als Feministinnen, als Aktivistinnen, als Künstlerinnen –, nie wurde daraus eine Auseinandersetzung über Staatsbürgerschaft und Herrschaft, Freiheit und Verantwortlichkeit, Gerechtigkeit und Staatsgewalt und was sonst noch zur liberalen politischen Theorie gehört.

Wann beginnt die Geschichte des Umbruchs in den osteuropäischen Gesellschaften? Die offiziellen Erzählungen verweisen in der Regel auf eine heldenhafte nationale Erhebung wie die der Solidarność in Polen, die „samtene Revolution" in der Tschechoslowakei, neue soziale Bewegungen in Slowenien oder Ungarn, Miloševićs nationalistischen Populismus in Jugoslawien und, vor allem, den Fall der Berliner Mauer in Deutschland. Wenn ich meine privaten Erinnerungen Revue passieren lasse, glaube ich, mehrere Momente benennen zu können, in denen mir klar wurde, dass im ehemaligen Jugoslawien epochale Veränderungen vor sich gehen würden.

5 Scott Lash und John Urry, zit. n. Roemer van Toorn, „Sir, Your Coat is Ringing", in: Paetzold (Hg.), *City Life*, S.164.

Im Oktober 1978 fand in Belgrad die erste internationale feministische Konferenz statt: „Drug-ca žena" (Genosse Frau)[6]. Einige bekannte europäische Feministinnen, Wissenschaftlerinnen und Aktivistinnen besuchten erstmals in einer halboffiziellen Funktion ein osteuropäisches Land. Außerdem erlebten die meisten von uns zum ersten Mal eine „lebende Feministin", Frauen, die wir sonst nur aus ihren Texten kannten. Diese Begegnung funktionierte wie ein exemplarischer *Klick*, die plötzliche Einsicht in die Tatsache, dass wir diese „unterdrückten Frauen" waren, die man ihres Lebens und ihrer Würde beraubt hatte. Wir waren professionelle und erfolgreiche Wissenschaftlerinnen, Journalistinnen und Studentinnen, die glaubten, dass sie innerhalb der bestehenden gesellschaftlichen und politischen Ordnung völlige Gleichheit erlangen und ein erfülltes Leben führen könnten. Wenn wir an der Gesellschaft nur ein paar „kleinere Korrekturen" vornehmen würden, meinten wir, müsste das gelingen.

Auf der Konferenz hörten wir diesen erfolgreichen westlichen Frauen zu, die größtenteils unsere linken politischen Ideen und Überzeugungen teilten, aber ihre Wut und ihren Schmerz nicht verbargen oder leugneten und offen über ihre Sexualität, ihre persönlichen Beziehungen und Enttäuschungen sprachen. Das war, glaube ich, der Wendepunkt, an dem einige von uns ihre Auffassungen vom Persönlichen und Politischen zu ändern begannen. Dieser Austausch persönlicher Erfahrungen war notwendig, um zu begreifen, dass unsere politische Wirklichkeit und unsere utopischen Gleichheitsphantasien von denselben patriarchalischen Mechanismen gehemmt wurden wie der Glauben der Frauen aus dem Westen an die liberale Demokratie und ihre Möglichkeiten. So unterschiedlich unser Umfeld war, im Zentrum der Erfahrungen auf beiden Seiten stand die Unterscheidung zwischen „privat" und „öffentlich". Wir mussten diese Unterscheidung innerhalb unseres eigenen Kontexts begrifflich erfassen. Unser Problem, so stellte sich heraus, bestand darin: Wie sollten wir die bestehenden Machtverhältnisse in einem Staat herausfordern und entmystifizieren, der über keine öffentliche Sphäre in irgendeinem realen Sinn verfügte und uns kaum irgendeinen Handlungsspielraum ließ? Auch wenn sich der Staat einigermaßen angemessen um die Kinderbetreuung und die wirtschaftlichen Rechte von Frauen kümmerte und auch wenn Frauen gleiche Chancen auf eine gute öffentliche Ausbildung hatten, stießen sie, ebenso wie in den liberalen Demokratien, immer wieder an eine unsichtbare Grenze und spürten, dass sie nicht gleichberechtigt waren.

Diese Konferenz war der Geburtsort des zeitgenössischen jugoslawischen Feminismus. Feministische Autorinnen begannen ihre Aufmerksamkeit auf die Existenz von Gewalt gegen Frauen im öffentlichen und privaten Raum zu richten; in akademischen Kreisen in Zagreb, Belgrad, Sarajevo und Ljubljana bildeten sich Forschungs- und Studiengruppen; das erste Netzwerk von organisierten Frauen außerhalb der großen, vom Staat unterstützten Organisationen entstand. Innerhalb des nächsten Jahrzehnts folgten die ersten SOS-Hotlines,

6 Dies veranschaulicht die Art und Weise, wie offizielle Briefe verfasst sind, die beide grammatische Formen ansprechen, die männliche und die weibliche, doch die weibliche nur als Erweiterung der männlichen.

die ersten Umweltschutz-Gruppen in der Mitte der 1980er Jahre und das erste Refugium für Frauen, eine Wohnung im Zentrum Zagrebs. Mit „erste" meine ich nicht nur: die frühesten feministischen Initiativen in den Ländern Osteuropas, den sozialistischen Ländern oder dem Balkan, wie immer man diesen Teil der Welt bezeichnen möchte. Sondern es ist sehr wichtig zu betonen, dass dies auch die ersten zivilgesellschaftlichen Initiativen überhaupt im ehemaligen Jugoslawien waren, dem damals liberalsten und fortschrittlichsten sozialistischen Land. Doch warum lief dann alles so völlig schief?

In dem zentralisierten, autoritären sozialistischen System war die „Frauenfrage" offiziell innerhalb der Ideologie des sozialistischen Egalitarismus und des klassentheoretischen Konzepts der ökonomischen Verteilungsgerechtigkeit gelöst worden. Trotz unseres Vertrauens in den „Sozialismus mit menschlichem Antlitz" erwiesen sich alle unsere Versuche, den sozialistischen Staat zu entpatriarchalisieren, als aussichtslos. Unter staatlicher Kontrolle und angesichts einer vom Staat neutralisierten Zivilgesellschaft konnte keine effektive Frauenbewegung entstehen. Von offizieller Seite wurden Feministinnen als „bürgerliche Importe aus dem Westen" beschimpft, und unsere männlichen Kollegen, Intellektuelle und Akademiker, verurteilten sie wegen ihres Mangels an „historischem Bewusstsein". Bei der öffentlichen Veranstaltung, die unmittelbar nach der Belgrader Konferenz an der philosophischen Fakultät der Universität Zagreb stattfand, zog einer meiner guten Freunde, ein überzeugter Marxist und vehementer Kritiker des realexistierenden Sozialismus, eine Parallele zwischen dem Feminismus und der „jüdischen Frage": Wenn Frauen Gleichheit wollten, meinte er, sollte die Welt von der Weiblichkeit „emanzipiert" werden. Weder er noch andere progressive männliche Intellektuelle thematisierten jemals Männlichkeit oder das Patriarchat als eines der Strukturmerkmale der sozialistischen Hierarchie und Machtverhältnisse. In diesem Punkt blieben Feministinnen mehr oder weniger auf sich allein gestellt. In einer bestimmten Phase, während eines Großteils der 1980er Jahre, galt Feminismus als Schimpfwort, und Feministinnen gehörten zu den am meisten diffamierten „Anderen" in der Gesellschaft.[7] Das Engagement für eine autonome Frauenbewegung wurde als etwas angesehen, das dem ideologischen Fundament des Sozialismus, den männlichen Interessen innerhalb alternativer intellektueller Bewegungen und später dem politischen Projekt des Nationalstaats feindlich gegenüberstand.

Insofern sie ihr Recht auf eine autonome Organisation innerhalb der sozialistischen Gesellschaft erklärten, die vom Staat beherrscht und kontrolliert wurde, waren die feministischen Initiativen der 1970er und 1980er Jahre die ersten organisierten Versuche einer Rückeroberung der Zivilgesellschaft im ehemaligen Jugoslawien. Neben verstreuten, politisch schwachen Dissidentengruppen und individuellen Abweichlern und der stets gegenwärtigen natio-

---

7 Natürlich gab es Roma und verborgenen Rassismus in der jugoslawischen Gesellschaft, doch die offizielle Politik verlangte politische Korrektheit in der öffentlichen Rhetorik gegenüber ethnischen Gruppen, die sich nicht auf ideologische und politische „Feinde" bezog.

nalistischen Opposition[8], die vom Staat aufmerksam beobachtet und kontrolliert wurde, war der Feminismus, der in den größeren jugoslawischen Städten entstand, eine noch größere Bedrohung für die etablierte Ordnung, als wir selbst es damals wahrhaben wollten. Umweltschützer-, Friedens- und andere Interessengruppen traten erst in der zweiten Hälfte der 1980er Jahre auf, und die Menschenrechtsinitiativen entstanden in den 1990er Jahren mit dem Ausbruch des Krieges. Um diese lange Geschichte abzukürzen: Eines ihrer Ergebnisse war, dass die isolierten Inseln des Widerstands gegen den Krieg und den Nationalismus, der zu Beginn der 1990er Jahre in Jugoslawien ausbrach, vor allem aus kleinen Frauengruppen und verstreuten Friedensinitiativen bestanden, die fast ausschließlich von Aktivistinnen und Feministinnen geleitet wurden.[9] Sie waren auf der Grundlage der autonomen Frauenbewegung der späten 1970er und 1980er Jahre entstanden. Feministische Gruppen, die funktionierende Netzwerke übernommen und ihre internationale Kommunikation weiterentwickelt hatten, gehörten zu den wenigen Akteuren der Zivilgesellschaft, die eine Infrastruktur für den Widerstand gegen den kriegslüsternen Nationalismus bereitstellten. In der Anfangsphase des Krieges kümmerten sich Frauengruppen, vor allem in Kroatien und Bosnien-Herzegowina, um die Bedürfnisse weiblicher Flüchtlinge und Opfer sexueller Gewalt und wiesen auf die Verletzung ihrer Menschenrechte hin, unter der sie gelitten hatten, während sich der nationalistische Diskurs auf die ethnischen Opfer konzentrierte. Wegen dieser Arbeit wurden 2005 einundzwanzig Frauen aus Osteuropa, sechs davon aus Kroatien und jede von ihnen Angehörige einer feministischen Gruppe, zusammen mit tausend weiteren Frauen aus der ganzen Welt für den Friedensnobelpreis nominiert. Als kroatische Fernsehjournalisten auf den Straßen von Zagreb die Leute fragten, ob sie diese Frauen kennen würden, zeigte sich erneut, dass die breite Öffentlichkeit nichts von deren Rolle und Engagement wusste. Obwohl sie während der Kriege als Friedensstifterinnen tätig waren, wurden die Frauen nicht in die Friedensverhandlungen und den offiziellen Friedensschluss nach dem Waffenstillstand einbezogen.

Als Anfang der 1990er Jahre die Übergangsphase begann und sich in allen Ländern des ehemaligen Jugoslawien nationalistische Parteien formierten, entdeckte man plötzlich, dass es außer Feministinnen und anderen unheimlichen Frauen weitere Andere unter uns gab. Diese Anderen waren unsere Mitbürger – Menschen anderer ethnischer Herkunft, die schon immer hier gelebt hatten und deren ethnische Zugehörigkeit man nicht wahrgenommen hatte.

8 Dabei denke ich lediglich an den kulturellen und sentimentalen Nationalismus, der innerhalb des Landes wirksam war und nur einmal, Anfang der 1970er Jahre und vor allem in Kroatien, den Versuch unternahm, sich politisch zu organisieren. Ich beziehe mich weder auf die organisierte politische Emigration noch auf den Nationalismus, der dem Machtkampf innerhalb der regierenden kommunistischen Partei innewohnte.
9 Es ist wichtig zu betonen, dass die Frauengruppen sich nicht automatisch aus Gründen des sozialen Geschlechts gegen Nationalismen und Kriege wendeten. Es gab auch viele nationalistische und patriotische Frauengruppen und -organisationen. Nur diejenigen Frauengruppen, die sich als feministisch bezeichneten, widersetzten sich offen dem Krieg und Nationalismus in ihren jeweiligen Ländern und bemühten sich über ethnische und nationale Grenzen hinweg um Solidarität.

Sie waren die Anderen, die unsichtbar geworden waren, aber deren Präsenz ansonsten so charakteristisch für moderne Städte ist, und jetzt erkannte man sie unter den Nachbarn, Kollegen und Freunden. Sie waren Serben, Muslime, Kosovo-Albaner, die nun als Bedrohung für den mythischen tausendjährigen Traum von der kroatischen Eigenstaatlichkeit erschienen. An diesem Punkt begann die Geschichte sich unseres Leben zu bemächtigen und unsere Erinnerungen auszulöschen, während sie zugleich neue, ethnisierte und geschlechtsspezifische Erinnerungen hervorbrachte.

Wo immer Nationalismus und Staatsbildungsprojekte in Osteuropa gemeinsam in Erscheinung traten, veränderten sie nicht nur die Gestalt von Staaten, Klassenhierarchien, national-internationale Beziehungen und Aspekte der Staatsbürgerschaft, sondern versuchten auch, die bestehenden Geschlechterverhältnisse zu modifizieren. Sexistische Diskurse waren zentral für die Selbstbestimmung der nationalistischen, auf Eigenstaatlichkeit abzielenden Bewegung sowie später für das neue Regime. Der Kampf um die Schaffung eines kroatischen Staates ging mit der Konstruktion einer neuen nationalen Identität einher, die auch eine neue Geschlechterordnung umfasste. Die sozialistische Frau war zusammen mit dem Klassenkampf und der sozialistischen Ideologie bestattet worden. Die neue kroatische Frau musste alle die ihr in traditionellen männlichen Definitionen zugeschriebenen Rollen erfüllen: die der Mutter und Gattin, des Opfers, der zu Beschützenden, der heiligen Jungfrau und der „gefallenen Frau", wie ein Journalist Kroatien zu dem Zeitpunkt beschrieb, als das Land den Krieg zu verlieren schien.

Die Kontroverse um Veränderungen in der symbolischen Ordnung ist emblematisch für die Debatte über Moderne und Nationalismus. Wie Nadežda Čačinović in ihren Skizzen aus dem Zagreb der Übergangszeit gezeigt hat, sind sowohl die Moderne als auch der Nationalismus raumzeitliche Konstrukte.[10] Das in die Zukunft gerichtete Projekt der Moderne sieht die Welt als eine, die sich stets verbessern lässt, der Kern des Nationalismus ist dagegen als „territoriale Historizität" definiert. Frauen werden zu einem zentralen Bestandteil bei der Konstruktion von Nationalität, Identität und Ethnizität gemacht, wobei das historische Projekt – die Nation – am Knotenpunkt von Vergangenheit, Selbst-Repräsentation und Zukunft lokalisiert ist. Nur selten wird zur Kenntnis genommen, dass die zeitliche Anomalie innerhalb des Nationalismus – das Schwanken zwischen der Sehnsucht nach der Vergangenheit und dem ungeduldigen, progressiven Sichablösen von derselben – typischerweise dadurch bewältigt wird, dass der Widerspruch in der Repräsentation der Zeit als natürlicher Gegensatz der Geschlechter erscheint: Frauen werden als der atavistische und authentische Körper der nationalen Tradition dargestellt, als Inbegriff des konservativen Prinzips der Kontinuität.[11]

10 Vgl. Nadežda Čačinović, „The Case of Zagreb", in: Paetzold (Hg.), City Life, S. 43.
11 Vgl. Silke Wenk, „Gendered Representations of the Nation's Past and Future", in: Ida Blom/Karen Hagemann/Catherine Hall (Hg.), Gendered Nations. Nationalism and Gender Order in the Long Nineteenth Century, Oxford, New York 1999, S. 63-77

Nachdem nationalistische Parteien 1990 die Vielparteienwahlen gewonnen hatten und der Bundesstaat zusammenzubrechen begann, nutzten die neuen Herrscher ihre gerade gewonnene politische Macht, um die bestehende symbolische Ordnung zu verändern. Die Umbenennung von Straßen und Sehenswürdigkeiten begann noch vor dem versprochenen wirtschaftlichen, politischen und institutionellen Wandel, der vor allem als Demokratie und politische Philosophie des Marktes beschrieben wurde. Die Repräsentation der nationalen und ethnischen Einheit wurde zur zentralen Aktivität des nationalistisch motivierten Übergangs.

Zur gleichen Zeit erklärte die regierende Partei, die Kroatische Demokratische Gemeinschaft (HDZ) von Präsident Franjo Tudjman, die Rückkehr Kroatiens nach Europa – wozu es immer schon gehört habe – zu einem wesentlichen Bestandteil der demokratischen Transformation.[12] Der „Balkan" wurde zum Synonym für Kommunismus und Jugoslawismus in einem. Wo immer es möglich war, schrieben die nationalistischen Kräfte der räumlichen und kulturellen Umgebung raumzeitliche Mythen ein. Inmitten der erhitzten Auseinandersetzungen über das Auseinanderbrechen Jugoslawiens und die Bedeutung der Unabhängigkeit fiel kaum jemandem die Ironie der ersten Umbenennung auf, bei der das Symbol der politischen Moderne in das Symbol einer feudalen Vergangenheit verwandelt wurde. Der zentrale Platz in Zagreb, Trg Republike (Platz der Republik), wurde in Trg bana Josipa Jelačića (Graf-Jelačić-Platz) umbenannt, wie er bereits vor dem Zweiten Weltkrieg geheißen hatte. In der nationalistischen Phantasie gilt der Graf als heldenhafter Befreier des 19. Jahrhunderts, weil er die Kroaten aus der Leibeigenschaft befreite, während man sich seiner in der internationalen Geschichtsschreibung auch als österreichischen Armeegenerals erinnert, der 1848 Volksaufstände in Österreich-Ungarn niederschlug. Seine Truppen waren bekannt für ihre Vergewaltigungen und Plünderungen.

Indessen rief die Umbenennung eines anderen Platzes der Stadt, Trg žrtava fašizma (Platz der Opfer des Faschismus), in Trg hrvatskih velikana (Platz illustrer kroatischer Männer) anhaltenden Widerstand hervor. Der Platz selbst ist bekannt für Kämpfe um Repräsentation und Veränderungen in der öffentlichen Erinnerung. Er ist der Ausgangspunkt für ein halbes Dutzend Straßen, die die heroischen Namen von Königen, Rittern und nationalen Befreiern aus der fernen, häufig mythischen Geschichte tragen. Das ganze Viertel ist praktisch eine Ansammlung von Symbolen einer heldenhaften patriarchalischen Vergangenheit. Einige der Straßen wurden in der Zeit des Sozialismus umbenannt.[13] Nur zwei am Rand dieses heroischen Viertels gelegene Straßen sind nach Frauen benannt: Ulica kraljice Jelene (Königin-Jelena-Straße) und,

---

12 Diese Rückkehr wurde nie als *acquis*, als rechtliches und politisches Vermächtnis der EU beschrieben, sondern als rein kultureller Wert.
13 Obwohl es keine systematische Forschung zur Umgestaltung des öffentlichen Erinnerns in der Stadt Zagreb gibt, könnte man auf den ersten Blick sagen, dass die Kommunisten bei der Widerrufung nationaler Geschichte wesentlich stärker zu Kompromissen bereit waren als die Nationalisten bei der Auslöschung des Zeitalters des Sozialismus.

welch eine Überraschung, Ulica Neznane Junakinje (Straße der Unbekannten Heldin), bei der es sich um die wahrscheinlich kürzeste Straße im gesamten Viertel handelt. Den meisten von uns war die unbekannte Heldin wirklich unbekannt, bis Sanja Iveković bei den Recherchen für ihr Kunstprojekt herausfand, dass sich die unbekannte Heldin als Mann verkleidet hatte, um an einer der historischen Schlachten teilzunehmen, die der kroatische Adel unter österreichisch-ungarischer Herrschaft in der Nähe von Wien gegen die osmanischen Truppen ausfocht. Dies belegt, was Katherine Verdery als den nationalistischen Diskurs beschreibt, „der die Geschichte als eine endlose Abfolge männlicher, einer nach dem anderen entsprungener Helden präsentiert, fast wie eine Reihe von ‚Sprösslingen‘, und so den Eindruck erweckt, die Nation sei in zeitlicher Hinsicht zutiefst patrilinear"[14].

Für fast zehn Jahre, von 1991 bis 2000, wurde der ehemalige Platz der Opfer des Faschismus zum Ort des Widerstands gegen Tudjmans autoritäre Herrschaft und nationalistische Politik. Antifaschismus war der unangefochtene gemeinsame Nenner für viele ansonsten ideologisch und politisch gegensätzliche Gruppen und Individuen; das Spektrum reichte von alten Partisanen bis zu Vertretern von Minderheiten, Liberalen, Menschenrechtsaktivisten, Frauengruppen oder einfach nur kritischen Bürgern. Der Platz wurde aber auch zum rituellen Ort ideologischer Zusammenstöße, an dem die organisierten extremen nationalistischen Gruppen, angeführt von den Mitgliedern der entsprechenden politischen Parteien, „die Linken" sogar körperlich angriffen. Als die HDZ nach zehn Jahren nationalistischer Herrschaft im Jahr 2000 die Wahlen verlor, widmete die neue sozialdemokratische Regierung den Platz wieder der Erinnerung an die Opfer des Faschismus. Doch nie gab sie das patriarchalische, mythische Symbol auf: die „illustren kroatischen Männer" wurden an einen nahegelegenen, etwa hundert Meter entfernten Platz umgesiedelt. Die wahrscheinlichste Erklärung ist die, dass die Sozialdemokratische Partei den nationalistischen Kreisen entgegenkommen wollte.[15] Die Kontroverse in der Kette symbolischer Veränderungen geht weiter, weil die „illustren kroatischen Männer" sich nun an dem kleinen, aber symbolisch stark besetzten Platz aufhalten, der bis zur Manifestation der kollektiven Phantasie einer heroischen männlichen Vergangenheit den Namen Trg Burze (Börsenplatz) getragen hatte. Paradoxerweise hatte der Platz seinen Namen selbst zu Zeiten des Sozialismus behalten, als die Börse, Inbegriff einer kapitalistischen Institution, zusammen mit der Marktwirtschaft abgeschafft wurde. Auch hier ging die Umbenennung ohne großes Aufsehen vor sich und niemand bemerkte, dass die „politisch korrigierte" offizielle Erinnerung nach wie vor eine starke Ähnlichkeit mit der Grundstruktur des Nationalismus aufweist, das heißt der Verkörperung der Machtverhältnisse zwischen den Geschlechtern und der patrilinearen

14 Katherine Verdery, „From Parent-State to Family Patriarchs: Gender and Nation in Contemporary Eastern Europe", in: *East European Politics and Societies* 8, Nr. 2/1994, S. 238.
15 Die sozialdemokratische Regierung erwies sich als schwach und kurzlebig; sie errang lediglich ein vierjähriges Mandat. Viele sind der Ansicht, dass einer der Gründe für dieses Scheitern ihre mangelnde Entschlossenheit war, Tudjmans Herrschaft vollständig zu demontieren.

Symbolik. Die Umbenennung übertünchte das führende Symbol der Markt-wirtschaft und des Kapitalismus (die Börse) inmitten einer strukturellen Er-neuerung und der Entstehung einer neuen Gesellschaftsordnung, die sämtli-che postkommunistischen Demokratien als befreiende Kraft feierten. Diese vielfältigen Widersprüche erscheinen im öffentlichen Raum so, wie sie im durchschnittlichen politischen Bewusstsein der Kroaten zutage treten.

In der Zwischenzeit sind die wenigen Straßen, Passagen, Denkmäler und öffentlichen Schulen, die nach Frauen benannt waren und während der Über-gangsphase umbenannt wurden, völlig aus der Erinnerung der Öffentlichkeit verschwunden. Die meisten von ihnen trugen die Namen von Heldinnen des Zweiten Weltkriegs, von Frauen, die am antifaschistischen Widerstand betei-ligt waren, wie die Schwestern Baković, Nada Dimić, Ljubica Gerovac, Dragica Končar; aber auch ältere historische Gestalten wie Rosa Luxemburg und Clara Zetkin sind verschwunden. Die Erinnerung, die hier ausgelöscht wird, ist die Erinnerung an Frauen, die nicht einfach nur Opfer oder Überlebende waren, jene symbolischen Positionen, die Frauen während gewaltsamer historischer Umbrüche vorrangig zugewiesen werden. Im nationalistischen Diskurs ist das weibliche Ideal antiheroisch: Wenn überhaupt eine Frau dargestellt wird, dann als Mutterfigur, als „Unbekannte" oder, bestenfalls, als Wildfang.

Während der nationalistischen Kriege wurden Frauen zu Sinnbildern der ethnischen Differenzierung. „Kroatische Frauen" mussten sich erkennbar von serbischen oder muslimischen unterscheiden, und zugleich musste die „neue kroatische" Frau im Gegensatz zur „alten jugoslawischen", das heißt kommu-nistischen Frau konstruiert werden. Diese erschien nun als „entweiblicht", da damals die Familie durch liberale Abtreibungsgesetze, wirtschaftliche Eman-zipation, staatliche Unterstützung bei der Kinderbetreuung und andere „unpa-triotische" Akte bedroht war. Die weiblichen Opfer sexueller Gewalt im Krieg wurden zu nationalen Symbolen, sie verkörperten das Leiden und die Viktimi-sierung der Nation: die vergewaltigten kroatischen (muslimischen, serbi-schen, albanischen etc.) Frauen standen für die Vergewaltigung von Kroatien und die Erniedrigung der Männer der Nation. Die Gedenkstätten der Nach-kriegszeit sind zu einer eigenständigen Kulturindustrie geworden, aber weder weibliche Opfer noch Aktivistinnen werden in der öffentlichen Erinnerung re-präsentiert. Wie schon so oft sind Frauen Opfer, die während des Krieges auf besondere Weise gefeiert werden, aber nach dem Ende des Krieges nicht in die offizielle Geschichte eingehen. Beide Seiten, „Gewinner" wie „Verlierer", zie-hen es vor, die Politik des Vergessens zu praktizieren.

Innerhalb dieser Konstruktion werden Frauen vor allem die Rollen der Be-schützten, der Verteidigten und der Opfer zugewiesen. Doch sie spielen auch eine aktive Rolle beim Widerstand gegen Kriege und ethnische Konflikte so-wie bei der Demokratisierung von Übergangsgesellschaften. Im Fall von Ex-Ju-goslawien gehörten feministische Frauengruppen zu den wenigen sozialen Akteuren, die Organisationen und Netzwerke über nationale und ethnische Grenzlinien hinweg aufbauten, Frauen führten Friedensinitiativen an, und indem sie all dies taten, durchlebten sie eine Erfahrung, die sich von der des Opfers unterscheidet. Frauen gehören auch zu den wenigen gesellschaftlichen Akteuren, die die Erinnerung an den permanenten Widerstand gegen Krieg und gewaltsame nationalistische Politik aufrechterhalten.

Aus den Opfern und nationalen Symbolen, die sie unmittelbar nach Kriegsende gewesen waren, verwandelten sich die Frauen in einen der großen Verlierer des Übergangs. Fast 60 Prozent der Arbeitslosen in Kroatien sind Frauen; im öffentlichen Leben und bei der politischen Entscheidungsfindung sind sie unterrepräsentiert; häusliche Gewalt ist eine der Hauptformen der Gewalt geworden. Beinahe jeden Monat wird eine Frau von ihrem männlichen Partner getötet, und es ist zu Massakern gekommen, bei denen ein Mann seine Ehefrau und ihre Freundinnen tötete, in einem Fall sogar ihre Rechtsanwältin und die Richterin.[16]

In allen Ländern des ehemaligen Jugoslawien werden politische und soziale Stabilität, nicht nur im Fall der Frauen, durch Vergessen und Verdrängen geschaffen, statt aktiv eine Politik des Erinnerns zu verfolgen. Auslöschung, Ausschließung oder Einseitigkeit in der Darstellung von Geschichte erzeugen Syndrome der ungelösten Vergangenheit, in welchen die Wiederholung der vergangenen Gewalt die Wiederherstellung des „alten Machtgleichgewichts" befördern kann, sei es ein autoritärer Sozialismus oder ein autokratischer Nationalismus.

16 1999 erschoss in einem Gericht in Zagreb ein Kriegsveteran seine Frau, ihre Rechtsanwältin und die Richterin; außerdem verwundete er eine Gerichtsangestellte schwer. Dabei handelte er auf Bitten seiner Frau. Auf Betreiben von Frauengruppen wurde der Jahrestag dieses Ereignisses 2004 zum Gedenktag für Gewalt gegen Frauen erklärt und erstmals am 29. Oktober 2005 erinnert. Ein zweiter Fall ereignete sich 2005 in Petrinja, als ein ehemaliger Polizist seine Frau, die eine Scheidungsklage eingereicht hatte, zusammen mit zwei ihrer Freundinnen auf offener Straße tötete.

Ljubljana

Internationalität als Selbstverständnis

Nataša Petrešin, **Internationalisierung**, 2005
Gestaltung: New Collectivism

> S. 491-501

INTERNATIONALISIERUNG

Nataša Petrešin

1
Subversion als Kunstform:
Kunst und Aktivismus Hand in Hand in einer liberalen und in einer neoliberalen Atmosphäre

In den späten 1970er Jahren begannen sich in der Politik- und Kulturszene Sloweniens die Bedingungen für eine, im Vergleich zu den anderen sozialistischen Ländern Osteuropas, relativ liberale Agenda herauszubilden. Diese Offenheit bzw. jenes liberale Klima entwickelte sich innerhalb des Studentenkulturzentrums und Radio Student. Es reagierte auf so unterschiedliche kulturelle Phänomene wie Punk, Industrial-Musik und New-Wave-Bewegungen, eine organisierte Homosexuellenbewegung (1984 war das erste Jahr überhaupt, in dem eine solche Bewegung in einem der Ostblockstaaten in organisierter Form auf den Plan trat), eine psychoanalytische, an Lacan und Marx orientierte Schule sowie auf Strategien der Subversion und des Widerstands gegen das sozialistische Regime – und integrierte diese. Die kollektive Beteiligung an der Produktion von Werken und Kontexten war in diesem Zeitraum von großer Bedeutung. Aufgrund der fehlenden kulturellen und künstlerischen Infrastruktur und einer fortschreitenden Institutionalisierung in der Übergangsphase kam es zu einer Zunahme von künstlerischen »Phantom«-Institutionen und -Organisationen. Subversive Aktionen, die durch die Kritik an der Technologie und an dem neoliberalen Diskurs innerhalb der Kunstszene gestärkt wurden, fanden während der gesamten 1990er Jahre statt und werden bis heute fortgesetzt.

Laibach *XY – Ungelöst*, 1983

Die legendäre Aktion *XY – Ungelöst* von Laibach (die damals zum Kollektiv NSK – Neue Slowenische Kunst – gehörten) fand 1983 in Form eines Interviews im nationalen Fernsehsender in Ljubljana statt. Während des Interviews trugen die Mitglieder der provokanten Band und Konzeptkunst-Gruppe jugoslawische Militäruniformen mit doppeldeutigen schwarzen Kreuzen auf den Armen. Laibach war zu dieser Zeit gerade dabei, bekannt zu werden. Ihr Auftreten und ihre extreme, sich unmittelbar auf die Ideologie Jugoslawiens berufende Erklärung, die eines der Gruppenmitglieder dem Journalisten vorlas, zog ein vierjähriges Auftritts- und Namensverbot nach sich. Das Interview wurde unlängst von TV Slovenija erworben und ist Teil der Bestände des Museums für Moderne Kunst in Ljubljana. Heute ist dieses Performance-Kunstwerk hier in Echtzeit und als Beispiel für direkten Medienaktivismus zu sehen.

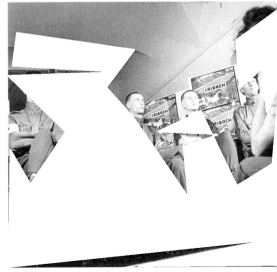

XY – Ungelöst, 1983, Courtesy Museum für Moderne Kunst, Ljubljana, Videostill

ZANK/Borghesia *Triumph des Begehrens*, 1987–1989

Zemira Alajbegović und Neven Korda arbeiten seit den frühen 1980er Jahren intensiv zusammen und produzieren Musikvideos und Dokumentarfilme über die Subkultur und Schwulenszene von Ljubljana. Ihre Themen sind sozialistische Motive, die postsozialistischen Lebensbedingungen in Slowenien, die Einwanderungspolitik und der Krieg im ehemaligen Jugoslawien. Für das Bildmaterial bei Konzerten ebenso wie für ihre Musikvideos, die sich jeweils aus Bildercollagen von Industriezonen, politischen Dokumentationen und Sexszenen zusammensetzen, kooperieren sie seit 1983 eng mit der Industrial-Band Borghesia.

Triumph des Begehrens, eine Kompilation von Musikspots (1987–1989) der Band Borghesia, 1990, Videostill

Neuer Kollektivismus *Plakat für den Tag der Jugend*, 1987

1987 reichte die Graphikabteilung des Kollektivs NSK einen Plakatentwurf für die alljährliche Feier des Tags der Jugend, die Feier von Marschall Titos Geburtstag, ein. Ihr Plakat erhielt den ersten Preis. Kurz darauf fand man heraus, dass es sich um eine Kopie eines Naziplakats handelte, dessen Symbole leicht verändert worden waren. Diese »Plakataffäre« löste in Jugoslawien einen Skandal aus und führte zur strafrechtlichen Verfolgung der Künstler und einem politischen Prozess gegen sie, der jedoch später eingestellt wurde.

Plakat für den Tag der Jugend, 1987

Metelkova City

Die Aktionen, in deren Mittelpunkt der Metelkova City genannte ehemalige Kasernenkomplex des jugoslawischen
Militärs stand, erreichten nach 1991 ihren Höhepunkt.
Nachdem der Komplex in Absprache mit dem Stadtrat von
Ljubljana bereits von einer Reihe von Künstlern und Kulturorganisationen bezogen worden war, stellte der Stadtrat
1993 die Wasser- und Stromversorgung ein. Viele Intellektuelle, Kulturaktivisten und andere Vertreter des öffentlichen Lebens beschlossen daraufhin, ständig in den kalten
Räumen zu schlafen, und leisteten so Widerstand gegen
den Versuch der Stadt, sie zu vertreiben. Ein Jahr später
stellte der Stadtrat die Wasser- und Stromversorgung wieder her. Heute zählt Metelkova City zu den prominentesten
aktivistischen, kulturellen und künstlerischen Wahrzeichen
Ljubljanas. Der Komplex verkörpert die Wichtigkeit der
grauen oder verlassenen Zonen in der Stadt und die relative
Autonomie der öffentlichen Räume, die sich der Einbeziehung in eine kodifizierte Stadtplanung widersetzt haben.

Metelkova City, 2005, Foto: Nataša Serec, Courtesy Fotoarhiv KUD Mreža

NSK – Staat in der Zeit 1992–fortlaufend

Neue Slowenische Kunst zählt zu den prominentesten Künstlerkollektiven der ehemaligen osteuropäischen Kunstszene.
Gegründet wurde es von den Künstlergruppen Laibach, Irwin
und Scipion Nasice Sisters Theater. Zu den weiteren Mitgliedern zählen Neuer Kollektivismus und die »Abteilung für Reine und Angewandte Philosophie«. Ihre Strategie bestand in
einer »Überidentifizierung« mit der herrschenden Ideologie.
Das führte zur Produktion doppeldeutiger Bilder und State-
ments, ohne die normalerweise bei kritischen Äußerungen
übliche Distanzierung durch Satire oder Ironie. Im Manifest
ihres politisch provokantesten Projekts heißt es: »Die Gruppe Neue Slowenische Kunst definiert ihren Kollektivismus
im Rahmen eines unabhängigen Staates, als künstlerische
Aktionen in der Zeit, denen alle anderen räumlichen und
materiellen Verfahren des künstlerischen Schaffens unter-
geordnet sind. ... Der NSK-Staat in der Zeit ist ein abstrakter
Organismus, eine suprematistische Körperschaft, die in einem realen sozialen und politischen Raum als eine Skulptur
installiert ist, die die konkrete Körperwärme, den Geist und
die Arbeit ihrer Mitglieder umfasst.« Nur ein Jahr nach der
Unabhängigkeit Sloweniens begann der virtuelle Staat tätig
zu werden, indem er temporäre Botschaften einrichtete, die
Armeen fremder Länder bat, die NSK-Flagge zu bewachen,
und Pässe für NSK-Bürger ausstellte. Dies ist Ausdruck der

Irwin: NSK-Botschaft Moskau, 1992, Foto: Jože Suhadolnik

(üblichen osteuropäischen) Erfahrung, wie man innerhalb
einer sich rasch verändernden geopolitischen Landkarte
potentielle autonome Zonen für künstlerische und politische
Aktivitäten entdeckt.

Besuch II (Schlafen mit einem Hirsch), Naturhistorisches Museum, Ljubljana, 1993

Tadej Pogačar/P.A.R.A.S.I.T.E. Museum of Contemporary Art
1993–fortlaufend

Das P.A.R.A.S.I.T.E. Museum of Contemporary Art ist eine künstlerische Parainstitution, die 1993 von Tadej Pogačar gegründet wurde. Sie dient als eine Einrichtung zur kritischen Reflexion der Analyse und Dekonstruktion symbolischer Machtzentren und der Suche nach Parallelmodellen für kulturelle, ökonomische und soziale Operationen. Zu den frühesten Aktionen gehörten künstlerische Interventionen in den Sammlungen von Museen. In seinen jüngsten Projekten hat sich das P.A.R.A.S.I.T.E. Museum of Contemporary Art mit der Erforschung und Analyse von Parallelökonomien, Menschenhandel und der Frage nach dem privaten oder öffentlichen Raum in verschiedenen städtischen Bereichen befasst.

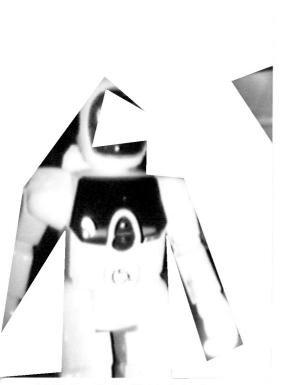

Ballettikka Internettikka - Illegallikka Robottikka (Guerilla-Liveübertragung im Internet), Ort: Mailänder Scala, Mikroort: Küche der Scala, 13. November 2004

Igor Štromajer und Brane Zorman
Ballettikka Internettikka - Illegallikka Robottikka,
2002–fortlaufend

Diese Performanceserie eines Guerilla-Internetballetts besteht aus drahtlos gelenkten Robotern, die mit Webcams ausgestattet und illegal etwa in das Moskauer Bolschoitheater (2002) oder die Mailänder Scala (2004) eingedrungen sind. Die Performances werden im Web übertragen; neben den von den Robotern übermittelten Bildern sind die Aktivitäten der beiden Künstler und Dirigenten zu sehen. Das Projekt thematisiert die Bedingungen der Sichtbarkeit und Legitimität in einer von den Massenmedien gesättigten Welt. Es stellt eine humorvolle Kritik an der durch die Medien aufgebauten Aggression und der Hinterhältigkeit der von ihnen konstruierten Geschichten dar.

Dunja Zupančič und
Dragan Živadinov *Mehatron Noordung*
1995–2005–2045, 2005

2005 leitete Dragan Živadinov, ein ehemaliges Mitglied des Kollektivs NSK, die zweite Wiederaufnahme seines lebenslangen Projekts *One Versus One (Noordung 1995–2005–2045)*. Dieses beruht auf den Schriften von Herman Potočnik Noordung, einem Weltraumforscher slowenischen Ursprungs aus dem frühen 20. Jahrhundert, der Texte über Reisen im Weltraum und geostationäre Satelliten verfasste, sowie auf dem Erbe der russischen und slowenischen Avantgarde und Neo-Avantgarde. Die Premiere fand am 20. April 1995 statt; für alle zehn Jahre sind Wiederaufnahmen geplant. Im Rahmen der Premiere erklärte Živadinov, das Projekt werde 2045 enden, wenn die Schauspieler und Schauspielerinnen durch sechzehn bewohnte Skulpturen mit Melodien und Rhythmen ersetzt worden sind. Nur der Künstler selbst wird überleben und die Symbole nach Russland bringen. Von dort aus wird er die Symbole per Raumschiff an den Punkt der absoluten Schwerelosigkeit transferieren (38 000 Kilometer über dem Planeten Erde) und sie und sich selbst im Weltraum aussetzen.

Mehatron Noordung 1995–2005–2045, erste Wiederaufnahme, 2005,
Foto: Bojan Brecelj

2
Selbstdefinition: Geopolitische Fragen und die Darstellung instabiler Grenzen

Slowenien hat eine soziale und politische Übergangsphase durchlaufen, von dem relativ liberalen Klima unter der sozialistischen Regierung zu einem unabhängigen Staat und dem unlängst erfolgten Beitritt zur EU. Mit der Öffnung Sloweniens gegenüber einem breiteren internationalen Kontext hat das internationale Interesse an der neueren und aktuellen Kunstproduktion in Slowenien zugenommen, und es zeichnen sich kritische lokale Konfrontationen mit hegemonialen (Infra-)Strukturen ab. Die Darstellung der Instabilität der Grenzen, die sowohl Trends des globalen Kapitals als auch im Entstehen begriffene geopolitische Zustände bezeichnen, ist eine der häufigen Motivationen der künstlerischen Praxis in den Ländern, die problematischerweise als »Peripherie« bezeichnet werden. Um zu dem zu gelangen, was Boris Groys als Selbstdefinition bezeichnet (derjenigen Osteuropas zum Beispiel), mussten an der vorherrschenden Geschichtsschreibung Revisionen und Rekonstruktionen vorgenommen werden. Mit einem Bewusstsein für die Techniken der Instrumentalisierung, die in neue Historiographien eingreifen können, nähern sich Künstler diesem Thema mit einem geschärften Verantwortungsgefühl für das (neue) Wissen, das sie produzieren.

▷

Marko Peljhan/Projekt Atol *Makrolab*, 1997–2007

Marko Peljhan arbeitet mit Technologien, die aus dem militärisch-industriellen Bereich und geschlossenen wissenschaftlichen Forschungszentren stammen. Zu den komplexesten seiner aktuellen Projekte zählt Makrolab, ein Laboratorium und eine Informationsplattform. Makrolab wurde 1994 konzipiert und erstmals 1997 auf der Documenta X in Kassel präsentiert. Der autarke Charakter der Laboreinheit, eine modulare Architektur in der Tradition Buckminster Fullers, ermöglicht Künstlern und Wissenschaftlern zu einem bestimmten Zeitpunkt an Orten, die normalerweise außerhalb urbaner Zentren liegen (derzeit Lutterberg in der Nähe von Kassel, Rottnest Island in Australien, Blair Atholl in Schottland und die Insel Campalto vor Venedig), eine gemeinsame Auseinandersetzung mit Themen wie Telekommunikation, Wettersysteme und Migration.

Makrolab markIIex, Insel Campalto, Biennale von Venedig, 2003,
Foto: Marko Peljhan

Irwin *East Art Map*, 2002–fortlaufend

East Art Map – A Reconstruction of the History of Contemporary Art in Eastern Europe ist ein Projekt von Irwin, das sich über mehrere Jahre erstreckt hat. Ziel des Projekts ist es, die Geschichte der zeitgenössischen Kunst zwischen 1945 und der Gegenwart in den ehemals sozialistischen Ländern einer kritischen Rekonstruktion zu unterziehen. Die Annäherung an die sich verändernde Topographie der vormals abgeschotteten Länder in Europa und ihre Visualisierung wurden erstmals 2002 in der Publikation *East Art Map I* präsentiert. Dabei wählten die eingeladenen Wissenschaftler und Kuratoren eine begrenzte Anzahl von Künstlern aus ihren jeweiligen Ländern aus, die ihrer Meinung nach zentral sind für die noch zu schreibende Kunstgeschichte. In der zweiten Phase des Projekts wurde die Datenbank dieser Künstler im Internet zugänglich gemacht, und die Besucher wurden eingeladen, sich an dem Projekt einer prozesshaften Selbstdefinition zu beteiligen, indem sie Vorschläge machen, wie die Karte zu verändern oder zu ergänzen ist.

East Art Map, 2002

Vadim Fishkin *Was ist auf der anderen Seite?*
1998–2000

Die wissenschaftliche Forschung und explorative Haltung in Fishkins Werken zielen auf ein »Muster des entgegengesetzten Punktes« eines bestimmten Orts. Dieser »Antipode« liegt per definitionem genau am anderen Ende einer geraden Linie, die direkt durch den Erdmittelpunkt führt. Das »Muster« wurde in Originalgröße ausgeführt.

Was ist auf der anderen Seite? Museum für Moderne Kunst, Ljubljana, 2000, Relief aus Silikonkautschuk, Metallrahmen, Karten, Digitaldrucke (DIN A4), Nadeln, Courtesy Museum für Moderne Kunst, Ljubljana

Marina Gržinić und Aina Šmid
Der Sämann, 1991

Unter Verwendung des archetypischen Motivs des Sämanns in der Geschichte der slowenischen Kunst als zentraler Metapher für den Unabhängigkeitsprozess Sloweniens befasst sich dieses Video mit den politischen Bedingungen in der slowenischen Kunst und Kultur 1991 und dem Ausbruch des Krieges im ehemaligen Jugoslawien nach der Abspaltung. Das Dokumentationsmaterial stammt aus den zehn Kriegstagen in Slowenien im Juni und Juli 1991.

Der Sämann, 1991, Videostill

Marina Gržinić und Aina Šmid
Postsozialismus + Retroavantgarde + Irwin, 1997

Dieses Video stellt zentrale Fragen zur Instrumentalisierung der Geschichtsrevision hinsichtlich Mittel- und Osteuropa. Das theoretische Skript, mit Auszügen aus einem Interview mit Slavoj Žižek, thematisiert die Tendenz, die Kunstpraxis von Neue Slowenische Kunst als »Retro-Avantgarde« (Peter Weibel) zu bezeichnen. Stattdessen schlagen Gržinić und Šmid ein historisches Diagramm vor, dem zufolge zwischen den Positionen von NSK, Mladen Stilinović aus Zagreb und Kasimir Malewitsch aus Belgrad dialektische Beziehungen bestehen.

Postsozialismus + Retroavantgarde + Irwin, 1997, Videostill

Laibach *NATO*, 1994

Alle künstlerischen Aktivitäten von Laibach, seien es ihre Live-Auftritte, Musikprojekte oder Platten, basieren auf in sich kohärenten Konzepten. Das Cover des Albums *NATO* repräsentiert, wie das Album selbst, Laibachs Position zur Unfähigkeit oder mangelnden Bereitschaft des Westens, den Balkankonflikt jener Zeit zu lösen. Eines der ersten Konzerte, das Laibach 1994 nach der Veröffentlichung des Albums gab, fand in Sarajevo statt.

NATO, 1994

Tadej Pogačar *CODE:RED*, 2001–fortlaufend

CODE:RED untersucht Aspekte der Prostitution und Sexarbeit als Formen einer Parallelwirtschaft. Der First World Congress of Sex Workers and New Parasitism fand im Rahmen der 49. Biennale von Venedig in Zusammenarbeit mit Aktivisten, Sexarbeiterinnen und Organisationen aus ganz Italien und anderen Ländern statt. Die Möglichkeit eines offenen Dialogs zwischen den Künstlern, der Öffentlichkeit und den Sexarbeitern erleichterte eine Reihe öffentlicher Aktionen, von denen eine der Red Umbrellas March der Kongressteilnehmer durch Venedig war.

CODE:RED, First World Congress of Sex Workers and New Parasitism: Red Umbrellas March, Venedig 2001

Vuk Ćosić und Davor Bauk *Großslowenien*, 2004

Dieses Projekt präsentiert verschiedene Darstellungen des Gebietes von Slowenien auf den Karten Europas und des Rests der Welt. Falsch eingezeichnete Grenzen und Formen des Staates sind symptomatisch für die Ignoranz derjenigen, die diese Karten hergestellt haben, ebenso wie für die Lücken in den Techniken der Selbstdarstellung.

Großslowenien, 2004

3
Eine Kritik an der Standardisierung als Strategie der Zähmung des Anderen

Schon immer gab es eine zeitliche und institutionelle Verzögerung zwischen den hegemonialen Narrationen im Westen und der unbekannten Geschichte Osteuropas. Die Einsicht, dass die Kunstproduktion im östlichen Europa mit einer Institutionalisierung und Kommerzialisierung einhergeht, die der in der restlichen Welt sehr ähnlich beziehungsweise mit ihr identisch ist, erwies sich in den postkommunistischen Staaten als eine zentrale Erkenntnis der 1990er Jahre. Aus diesem Grund sind die postkommunistischen Länder mit den Symptomen eines tatsächlichen oder eingebildeten Gefühls von einer verspäteten Teilhabe an der Kunstgeschichtsschreibung konfrontiert. Dies gilt auch in Bezug auf die technologischen, sprachlichen oder kulturellen Standardisierungen, die von den hegemonialen Positionen des Westens ausgehen. In der künstlerischen Praxis finden sich verschiedene Formen des Widerstands gegen diesen Prozess. ▷

Alenka Pirman *Arcticae horulae*, 1994–1997

Zur Förderung der Amateurforschung als Lieferant alternativer Wissenssysteme und zur Einbeziehung von Ironie und Subjektivität in die Forschungsergebnisse hat Alenka Pirman für ihre Aktionen das Private Forschungsinstitut gegründet. Zwischen 1994 und 1997 sammelte sie für sich privat Germanismen im Slowenischen. Dieses Projekt wurde 1995 erstmals als Installation in der National- und Universitätsbibliothek ausgestellt und später in Form eines Wörterbuchs als Künstlerbuch veröffentlicht.

Arcticae horulae, Ansicht der Installation in der National- und Universitätsbibliothek, Ljubljana, 1995, Foto: Miha Škerlep, Courtesy SCCA Ljubljana

son:DA *no title.psd*, 2002

Die Computermaus-Zeichnungen von son:DA zeugen von der Kälte und Entfremdung innerhalb der global vernetzten Welt. Der Einsatz einer Computermaus als Interface ist ein akribisch-kreativer Akt, der sich auf die Geschichte der Anpassung neuer Medien in einer Art Übergangsphase von der traditionellen Kunst zur Medienkunst bezieht, und er ist zugleich eine Parodie der digital erzeugten Hochglanzmotive. son:DA betrachten neue Technologien und den Zugang zu ihnen als Stärkung der Ersten und bestimmter Teile der Dritten Welt, die sich radikal von den Gebieten auf der Weltkarte unterscheiden, die nicht an das Netz angeschlossenen sind und keine Privilegien genießen.

no title.psd, Computermaus-Zeichnung, 2002, Courtesy Sammlung Essl, Klosterneuburg, Österreich

Vuk Ćosić/ASCII Art Ensemble *Deep ASCII*, 1998

Zusammen mit Luka Frelih und Walter van der Cruijsen gründete Vuk Ćosić das ASCII Art Ensemble. Als erste Gemeinschaftsarbeit konvertierten sie den Pornofilm *Deep Throat* (1972) in ein bewegtes ASCII Format. (ASCII ist die Abkürzung für American Standard Code for Information Interchange. Der Code wurde ursprünglich für Fernschreiber entwickelt und erst in den 1960er Jahren den Computerstandards angepasst.) Bei dieser Bezugnahme auf die Frühphase der Computertechnik und Computerkunst handelt es sich fraglos um eine Fortsetzung von Ćosićs früheren Netzkunst-Projekten, in denen die Technologie kritisch hinterfragt wird.

ASCII Art Ensemble: *Deep ASCII*, 1998

Emil Hrvatin und Peter Šenk *FWC (First World Camp)*, 2004

Ziel der FWC-Plattform ist die künstlerische Erforschung der Entmilitarisierung abgekapselter Gesellschaften. Ihre Forschung konzentriert sich auf freiwillige und unfreiwillige Formen der Abkapselung. Hrvatin und Šenk betrachten das Lager als Ausnahmezustand, als Notstand, auf dem das gesamte politische und juristische System der sogenannten Ersten Welt aufbaut: »Das Lager ist immer ein Parallelsystem, buchstäblich ein ›Para‹-System, ein exterritorialer Ort, für den das übliche juristische System nicht gilt. Genau damit aber ist es auch ein Ort oder gar ein Nicht-Ort, in den sich das reguläre Rechtssystem jederzeit verwandeln kann. Aus diesem Umstand leitet sich folgende Frage ab: Kann ein Konzept des ›Lagers‹ als Rollenbild für irgendeine Form der von uns betrachteten Abkapselung fungieren?«

First World Camp, Installation in der Galerie des CUNY Graduate Center, New York, 2004, Foto: Tom Powel

Marko Peljhan/Projekt Atol/Pact Systems *Signal Sever*, 2002–2004

Die audiovisuelle Performance der Hochfrequenz- und Satelliten-Telekommunikationsexperten vom Projekt Atol, einer auf Kooperation beruhenden Künstlerinitiative, die 1992 von Marko Peljhan ins Leben gerufen wurde, dauert mehrere Stunden. Innerhalb eines ausgewählten Zeitraums zwischen Morgen- und Abenddämmerung verfolgen die Teilnehmer Veränderungen in der elektromagnetischen Sphäre, die den täglichen Veränderungen in der Ionosphäre entsprechen, und zeichnen diese auf. Sie präsentieren die aufgefangenen Radiosignale als eine akustische und visuelle Erfahrung in Echtzeit, die aus einer kritisch-analytischen Position heraus gemacht wurde. Diese taktische Medienperformance konfrontiert die Betrachter mit dem Schock einer ungewöhnlichen Verschiebung des Augenmerks auf die Immaterialität als Signifikant für die enorme Bandbreite menschlicher Manipulation.

Projekt Atol/Pact Systems: *Signal Sever*, Ljubljana 2002, Foto: Igor Škafar

Aldo Milohnić

Ljubljana zwischen Internationalisierung und Provinzialisierung

Vor Jahren führte ich in der Infektionsklinik des Klinischen Zentrums von Ljubljana ein Interview mit dem indischen Theaterregisseur Rustom Bharucha, der auch für seine Essays zum Interkulturalismus bekannt ist. Bharucha war nach Ljubljana gekommen, um auf dem ersten *City-of-Women*-Festival einen Vortrag zu halten, wurde aber schon kurz nach seiner Ankunft wegen einer Malariaerkrankung ins Krankenhaus eingeliefert. Damals sprachen wir über Interkulturalismus, das heißt die Internationalisierung der Kultur, die er in seiner Terminologie als „Kulturaustausch zwischen den Völkern" bezeichnet. Wir kamen darin überein, dass die infrastrukturelle Grundlage der Interkulturalität sich aus drei Schlüsseleinrichtungen zusammensetzt: Flughafen, Krankenhaus und Hotel.

Im Vergleich zu den Zentralflughäfen der meisten europäischen Hauptstädte ist der Flughafen von Ljubljana so winzig, dass Busfahrer lediglich ein oder zwei Minuten benötigen, um Reisende von den Flugzeugen zu den Flughafengebäuden und umgekehrt zu befördern. Gelegentlich hat man den Verdacht, dass die Fahrer sich ihr nervtötendes Tagesgeschäft durch das Einschlagen von Umwegen versüßen. Seiner Bedeutung nach ist der Flughafen von Ljubljana natürlich der internationale Zentralflughafen der Republik, dem Äußeren und der Größe nach jedoch ist er eher provinziell. Obwohl er in den letzten Jahren vor allem wegen des Auftauchens von Billigfluggesellschaften im Schnellverfahren ausgebaut wurde, ist die Infrastruktur noch immer nicht auf ein angemessenes Niveau gebracht. Dies gilt besonders für die Personenbeförderung vom Flughafen in die Stadt. Reguläre Autobusse des öffentlichen Nahverkehrs verkehren selten und sind langsam, die Kombis privater Unternehmen fahren zwar schneller, aber noch seltener. Es bleiben die Taxis, und die sind teuer.

Zu der Zeit, als Rustom Bharucha in der Infektionsklinik behandelt wurde, war die Krankenhausversorgung in Ljubljana noch ausschließlich als öffentliche Einrichtung organisiert, mit regulären Anstellungen für das Krankenhauspersonal und die Chirurgen. Für einige Eingriffe waren die Wartezeiten unzumutbar lang – und sind es noch immer –, dafür konnten sich aber auch Leute aus ärmeren Bevölkerungsschichten operieren lassen. Mit dem Amtsantritt der Regierung von Janez Janša setzte dann eine Privatisierungswelle ein, die auch das öffentliche Gesundheitswesen erfasste. Zum Beispiel können Chirurgen des Klinischen Zentrums in Ljubljana nun eine Lizenz für die Eröffnung privater chirurgischer Praxen erhalten und so den Großteil der chirurgischen Eingriffe außerhalb des Zentralkrankenhauses vornehmen. Der Gesundheitsminister verspricht zwar, die Wartezeiten zu verkürzen; doch einige meinen, er habe vermutlich vergessen zu erwähnen, dass dies vor allem für wohlhabendere Patienten gilt. Insofern wird es in Ljubljana künftig wohl eher wie in jenen Hauptstädten der Welt zugehen, in denen sich der Kapitalismus noch nicht halbwegs „sozialisiert" hat.

Eine weitere zentrale Institution des interkulturellen Austauschs ist das Hotel. Ljubljana bleibt mit seinem Hotelangebot immer noch hinter anderen europäischen Hauptstädten zurück; die bestehenden Kapazitäten können die wachsende Nachfrage nicht befriedigen. Schätzungen sprechen für 2004 von einem Anwachsen der Zahl ausländischer Besucher in Ljubljana um 70 Prozent im

Ljubljana under a Common Roof

Dies ist eine Fallstudie, die auf einem Vorschlag beruht, den der Architekt Jože Plečnik 1944 für die Stadt Ljubljana gemacht hat. Die Stadt baut ein Dach und stellt die Infrastruktur für ein Viertel bereit. Anwohner bauen Häuser unter dem gemeinsamen Dach. Ein ähnliches Konzept findet sich im heutigen Johannesburg (allerdings in einem anderen Maßstab). Hier werden einzelnen Familien, aber nicht der ganzen Gemeinde, ein Dach und wichtige Infrastrukturen zur Verfügung gestellt.

Marjetica Potrč, *Ljubljana under a Common Roof*, 2004,
Baumaterialien und Energieinfrastruktur
Links: Zeichnung von Jože Plečnik, rechts: Installationsansicht
Marjetica Potrč: Urban Growings, De Appel Foundation for
Contemporary Art, Amsterdam, 2004

Vergleich zum Vorjahr; 2005 sollen die Zahlen allerdings wieder etwas rückläufig sein. Einige Hotels renovieren daher und stocken die Bettenzahl auf. Besonders stark gestiegen ist die Nachfrage nach preiswerten Unterkünften, etwa nach Jugendherbergen.

Flughäfen, Bahnhof und Busbahnhof (eine radikale Modernisierung der beiden letzteren wird gerade geplant), Hotels, Krankenhäuser und andere Bereiche der urbanen Infrastruktur sagen viel über den internationalen Geist einer Stadt und ihre wachsenden internationalen Verbindungen aus. Davon zeugt auch die Tatsache, dass nach Einführung von Billigflugverbindungen mit London und Berlin innerhalb nur eines Jahres allein mit der britischen Fluglinie easyJet annähernd 100 000 Reisende nach Ljubljana kamen. Offenbar ging dieses deutliche Anwachsen des internationalen Flugverkehrs nicht zu Lasten der slowenischen Fluggesellschaft Adria Airways. Denn die gab bekannt, dass die Zahl ihrer Passagiere bei den entsprechenden Flugverbindungen gleich geblieben, wenn nicht sogar leicht gestiegen sei.

Doch wir sollten vorsichtig sein mit Zahlen und Statistiken, denn sie vermögen viel zu verbergen. Die deutliche Zunahme ausländischer Besucher verdankt sich dem verstärkten internationalen Verkehr und dem Beitritt Sloweniens zur Europäischen Union, und sie ist auf den Straßen und Plätzen im Stadtzentrum, in Restaurants oder rund um die Architekturdenkmäler der Stadt kaum zu übersehen. Aber das sind Veränderungen, die an der Oberfläche bleiben. Die wachsende Zahl ausländischer Besucher trägt zwar zu einem weltstädtischeren Bild der Stadt bei, in der nun häufiger englische, deutsche, spanische und andere Wortfetzen zu hören sind, die so Teil des alltäglichen Lebens in Ljubljana werden. Dennoch muss man sich fragen, ob diese Veränderungen die „Internationalisierung" der slowenischen Hauptstadt entscheidend beeinflusst haben.

Ljubljana hat schon immer Menschen von überallher angelockt. Die berühmte Ljubljaner Philharmonie, die auf eine dreihundertjährige Tradition zurückblicken kann, zählte so bedeutende Komponisten wie Haydn, Beethoven und Brahms zu ihren Ehrengästen; Gustav Mahler hat hier dirigiert. Nach dem katastrophalen Erdbeben von 1895 wurde die Stadt unter der Leitung österreichischer und tschechischer Architekten wiederaufgebaut. Sie hinterließen außergewöhnlich schöne Gebäude im Secessionsstil, die heute neben den Bauwerken des slowenischen Architekten Jože Plečnik das Stadtbild prägen. Über die zahllosen internationalen Kulturkontakte hinaus, die hier in den vergangenen Jahrhunderten geknüpft wurden, war Ljubljana seit jeher auch ein Handelszentrum.

Den schlimmsten Angriff auf ihre Weltoffenheit erlebte die Stadt während des Zweiten Weltkriegs, als sie 1942 von Besatzungstruppen – Ljubljana wurde erst von italienischen und dann von deutschen Truppen besetzt – mit dreißig Kilometer Stacheldraht umzäunt wurde. Die Nachkriegsbehörden haben entlang des ehemaligen Zauns einen Gedenkpfad angelegt, der bei Spaziergängern, Radfahrern und Joggern nach wie vor sehr beliebt ist.

Vor dem Zweiten Weltkrieg zählte die Stadt etwa 60 000 Einwohner, nach dem Krieg begann die Zahl der Einwohner stark anzuwachsen. Eine zweite größere Ansiedlungswelle erlebte Ljubljana in den 1970er Jahren, als viele Menschen aus anderen Republiken des ehemaligen Jugoslawien, vor allem aus Bosnien-Herzegowina, auf der Suche nach Arbeit hierher kamen. Damals hatten die Ansiedlungen den Charakter von Binnenmigration, da Slowenien Teil des sozialistischen Bundesstaats Jugoslawien war, doch nach der Entstehung eines unabhängigen slowenischen Staates bekamen die Bürger anderer ex-jugoslawischer Republiken nun den Status von Ausländern. Neueste Statistiken deuten darauf hin, dass die meisten der in Ljubljana ansässigen Immigranten aus dem ehemaligen Jugoslawien kommen (etwa 60 Prozent). Nach der letzten Volkszählung hat die Stadt etwas weniger als 266 000 Einwohner; von denen, die ihre nationale Zugehörigkeit angegeben haben, sind die überwältigende Mehrheit Slowenen (85 Prozent).

Wenn man also über den internationalen Geist Ljubljanas nachdenkt, sollte man berücksichtigen, dass es gerade die früheren und jetzigen Zuwanderer aus anderen ex-jugoslawischen Republiken sind, die bedeutend zum internationalen und kosmopolitischen „Humankapital" der Stadt beitragen. Viele von ihnen arbeiten in schlechtbezahlten Jobs, was durch Bildungsstruktur, fehlende Sprachkompetenz, aber leider auch durch Vorurteile bedingt ist. Diese Stereotypisierung wird durch den öffentlichen Diskurs befördert, vor allem von Politikern der Rechten, den Medien und der Kulturindustrie. In den von nationalen und kommerziellen Fernsehsendern ausgestrahlten Sitcoms etwa sind die Rollen von Putzfrauen, Pförtnern und dergleichen inzwischen Schauspielerinnen und Schauspielern vorbehalten, die typisch nichtslowenische Namen (Fata, Veso etc.) tragen und ein gebrochenes Slowenisch mit bosnischem Akzent sprechen. Zwar arbeiten viele Zuwanderer, besonders die der ersten Generation, tatsächlich in Jobs, die über wenig Prestige verfügen und bei Slowenen unbeliebt sind (zum Beispiel im Bausektor oder bei der städtischen Müllabfuhr), aber es gibt unter ihnen auch erfolgreiche Manager, Wissenschaftler oder Künstler. Im Mediendiskurs allerdings wird dieser Teil des Spektrums nicht wahrgenommen, wodurch ein eindimensionales Bild gesellschaftlicher Realitäten entsteht, das noch zusätzlich die Vorurteile über die „ungebildeten" und „unfähigen" Zuwanderer aus den „südlichen Republiken" verstärkt.

Aufgrund derartiger Stereotype sind ganze Stadtviertel, in denen viele Immigranten leben, mittlerweile stigmatisiert. Etwa die Siedlung Nove Fužine, über die die Soziologen Vesna Leskošek und Srečo Dragoš berichten: „Die ganze Gegend von Nove Fužine wurde aus dem einfachen Grund zum Ghetto erklärt und mit Armut und Kriminalität assoziiert, weil die Mehrheit der Bewohner aus Ex-Jugoslawien stammt. Tatsächlich belegen statistische Angaben, dass die Kriminalitätsrate in dieser Gegend niedriger ist als in jedem anderen Stadtviertel."[1] Auch dieses Klischee von der angeblichen Gewalttätigkeit der Zuwanderer wird von den Medien gestützt, besonders von denjenigen, für die echte Schlagzeilen nur

---

1 Srečo Dragoš/Vesna Leskošek, *Družbena neenakost in socialni kapital/Social Inequality and Social Capital*, Ljubljana 2003, S. 64.

Next Stop, Kiosk

Eine Palafita – ein südamerikanisches Haus auf Stelzen (manchmal als „laufendes Haus" bezeichnet) – wird über einer Gruppe sich überlagernder Stadtkioske errichtet. Der K-67-Kiosk wurde ursprünglich in den späten 1960er Jahren von dem in Ljubljana ansässigen Architekten Saša J. Mächtig als mobile Unterkunft entworfen.

Marjetica Potrč, *Next Stop, Kiosk*, 2003, Baumaterialien,
Energie- und Kommunikationsinfrastruktur
Rechts: Installationsansicht *Marjetica Potrč: Next Stop, Kiosk*,
Museum für Moderne Kunst, Ljubljana, 2003

solche sind, die in die Rubrik „Verbrechenschronik" gehören. Bojan Dekleva, der zum Phänomen der Jugendgewalt forscht, weist hingegen darauf hin, dass die von Einheimischen ausgeübte Gewalt „strukturell und sozial bedingt ist, die von Ausländern dagegen vorwiegend direkt und physisch. In den Verbrechenschroniken finden wir daher häufig Nachrichten über Gewalt von Ausländern, verhältnismäßig selten dagegen über Gewalt von Einheimischen."[2] Hinzu kommt, dass die Anzahl der Straftaten, in absoluten Zahlen ausgedrückt, natürlich in jedem beliebigen urbanen Milieu höher ist als auf dem Land. Ljubljana macht hier keine Ausnahme; deshalb kann aber noch lange nicht behauptet werden, dass es eine unsichere oder auch nur im Vergleich zu anderen europäischen Städten unsicherere Stadt wäre.

Auch die offizielle slowenische Politik hat die Einwohner nichtslowenischer Herkunft nicht zu integrieren versucht, im Gegenteil. Am bekanntesten ist der Fall der „izbrisani" („Gelöschte"), unter denen auch Einwohner Ljubljanas sind, die in dieser Stadt schon seit Jahrzehnten leben. „Gelöschte" ist der Ausdruck für etwa 20 000 Personen, die kurz nach der slowenischen Unabhängigkeitserklärung den Status ständiger Einwohner verloren. Das damalige slowenische Parlament hatte den Zusatzantrag einer Abgeordneten der Liberalen Partei zu einer besonderen gesetzlichen Regelung des Status dieser Personen nicht angenommen, was eine Gesetzeslücke und eine willkürliche Auslegung gesetzlicher Bestimmungen zur Folge hatte. Erst nach Jahren erklärte das slowenische Verfassungsgericht die „Löschung" für verfassungswidrig und ordnete an, dass alle betroffenen Personen ohne Ausnahme den rechtswidrig entzogenen Status wiedererlangen und materiell und rechtlich entschädigt werden sollten. Die Implementierung dieser höchstrichterlichen Entscheidung steht leider noch aus, da die Behörden beharrlich die gesetzliche Klärung dieses Problems verschleppen. Dabei ignorieren sie auch die Hinweise vieler angesehener internationaler Organisationen, die die „Löschung" als die eklatanteste und massivste Verletzung der Menschenrechte im unabhängigen Slowenien verurteilt haben.

Wenn Ljubljana eine kosmopolitische Stadt sein möchte, muss sie auch für die religiösen Belange aller ihrer Einwohner empfänglich sein, nicht nur für die der Katholiken, der größten Glaubensgemeinschaft in der Stadt. Allerdings zeigt der Umgang mit der islamischen Gemeinde, dass dem nicht so ist. Für gewöhnliche Menschen, vor allem für Angehörige der bosnisch-muslimischen Gemeinschaft (die zweitgrößte ethnische Gemeinschaft nach den Slowenen in der Stadt), ist es schwer zu verstehen, warum es in Ljubljana keine Moscheen gibt, obwohl die ersten Anträge auf den Bau dieser Gotteshäuser schon vor dreißig Jahren an die örtlichen Behörden gerichtet wurden. Die Anhänger des islamischen Glaubens sind noch immer gezwungen, ihre religiösen Bräuche in Turnhallen oder anderen improvisierten Räumlichkeiten auszuüben. Nicht an-

---

2 Bojan Dekleva/Špela Razpotnik (Hg.), *Čefurji so bili rojeni tu: življenje mladih priseljencev druge generacije v Ljubljani* (Die Čefuren sind hier geboren. Das Leben junger Zuwanderer der zweiten Generation in Ljubljana), Ljubljana 2002, S. 260. Anm. d. Übers.: „Čefuren" ist ein slowenisches Schimpfwort für Zuwanderer aus Bosnien-Herzegowina.

ders erging es den Flüchtlingen aus Bosnien-Herzegowina, die man zunächst mit offenen Armen empfangen hatte, dann aber zum Teil zehn Jahre lang auf eine dauerhafte Regelung ihres Status warten ließ. Während dieser zehn Jahre, die sie in Slowenien als „temporäre Flüchtlinge" verbrachten, wurden ihnen sämtliche Rechte vorenthalten, die sonst von demokratischen Staaten gewährt werden, wie etwa das Recht auf Arbeit. Nach zehn Jahren erhielten diese Menschen schließlich den Status dauerhafter Flüchtlinge, und einige von ihnen, die sich dazu entschlossen hatten, die slowenische Staatsbürgerschaft. Vor kurzem wurde an einer ziemlich obskuren Stelle am Stadtrand, wo früher die Barackensiedlung der bosnischen Flüchtlinge gestanden hatte, ein modern ausgestattetes Asylbewerberheim errichtet. Damit schlugen die Behörden zwei Fliegen mit einer Klappe: Einerseits passte man sich bei der Flüchtlingshilfe europäischen Standards an, andererseits beruhigte man die Anwohner jenes Stadtviertels, in dem die Asylbewerber zuvor in völlig unzureichenden Räumlichkeiten untergebracht worden waren, was wiederum zu Missmut unter der örtlichen Bevölkerung geführt hatte.

Die Übergriffe gegen Asylbewerber erreichten ihren Höhepunkt 2001, nachdem im Jahr 2000 fast zehntausend Asylanträge eingereicht worden waren. Auf eine so große Zahl von Asylsuchenden war Slowenien nicht vorbereitet; die Behörden ergriffen eilig Notmaßnahmen und richteten auf verschiedene Weise improvisierte Unterkünfte für die zahlreichen Immigranten ein. Es kam zu Reaktionen der Intoleranz seitens Bevölkerung, nicht nur in Ljubljana, sondern auch in anderen Gegenden Sloweniens, wo Asylbewerber untergebracht waren. Die Medien ihrerseits trugen nichts zur Entspannung der Lage bei. Im Gegenteil, besonders die konservativen und rechtsgerichteten Medien fachten die Xenophobie unter der Bevölkerung noch an. Zur selben Zeit begannen die bis heute vom Friedensinstitut herausgegebenen Jahresberichte über Fälle von Intoleranz in der Medienberichterstattung zu erscheinen. Sie stellen bislang das einzige systematische und kontinuierliche Monitoring slowenischer Medien dar und analysieren die Methoden, mit denen diese über Minderheiten und andere sensible Themen berichten. Neben den klassischen Massenmedien wurden auch Internetforen untersucht, wo Immigranten als unerschöpfliche Inspirationsquelle für die Verbreiter von Fremdenfeindlichkeit und Hass herhalten müssen. Eine wesentlich bessere Figur als die Medien machten regierungsunabhängige Organisationen, die bei der Versorgung von Asylbewerbern halfen und für deren Menschenrechte eintraten, aber auch Aktivistengruppen, die Protestmärsche zur Unterstützung von Flüchtlingen in Ljubljana organisierten.

Die einen engagieren sich für die Entfernung von Asylbewerbern aus Šiška (dem Viertel, in dem diese untergebracht waren), die anderen demonstrieren im Stadtzentrum für die Unterstützung von Flüchtlingen (verstärkt durch zahlreiche angereiste italienische Aktivisten) – dies zeigt vielleicht am plastischsten die zwei Gesichter des heutigen Ljubljana: das einer selbstgefälligen und provinziellen und das einer weltoffenen Stadt. Aber so war diese Stadt schon immer: Zu Beginn des 17. Jahrhunderts jagten die „Rechtgläubigen" die Protestanten aus der

House for Travelers

Ich habe das *House for Travelers* für eine Flüchtlingsfamilie gebaut, die in Ljubljana lebt. Das Haus orientiert sich an einem UNESCO-Umsiedlungsprojekt in Kenia. Die Unterkunft besteht aus einem Weißblechdach auf Stelzen und einem kleinen Raum für die Verwahrung des persönlichen Besitzes. Sowohl in Ljubljana als auch in Sarajevo wurde diese Behelfsstruktur einer temporären sozialen Gruppe überlassen. Die Bewohner nahmen ihre eigenen Verbesserungen an den Häusern vor.

Marjetica Potrč, *House for Travelers*, 2000-2002, Baumaterialien
Mitte: realisiert im Rahmen der *Manifesta 3*, Ljubljana 2000
Rechts: realisiert im Rahmen von *go-HOME*, Sarajevo 2002

Stadt und verbrannten deren Bücher, zugleich zählte der slowenische Polyhistor Valvasor gegen Ende desselben Jahrhunderts 27 verschiedene Sprachen, die zu jener Zeit in Ljubljana, damals einer Stadt mit kaum zehntausend Einwohnern, in Gebrauch waren. Dieser „Kosmopolitismus im Kleinen"[3], wie ihn Matjaž Kmecl genannt hat, wurde auch von einigen ausländischen Besuchern bemerkt, etwa von dem französischen Schriftsteller Charles Nodier, der zu Beginn des 19. Jahrhunderts die Vielsprachigkeit der hiesigen Bevölkerung bewunderte.

Ljubljana trat in das 20. Jahrhundert als eine von einem schweren Erdbeben gezeichnete Stadt ein, aber auch als eine Stadt, die unter der Führung des Bürgermeisters Ivan Hribar und nach Plänen des Architekten Maks Fabiani modernisiert wurde. Während der Amtszeit von Hribar wurde die städtische Infrastruktur ausgebaut oder erneuert (Elektrizität, Straßenbahn, Kanalisation, soziale und Bildungseinrichtungen etc.), und es entstanden einige bedeutende Denkmäler, darunter das Prešeren-Denkmal, das sich auf dem gleichnamigen und beliebten Platz im Stadtzentrum befindet. Es war die Zeit, als bedeutende slowenische Maler (Ivan Grohar, Rihard Jakopič etc.), Schriftsteller (Ivan Cankar, Dragotin Kette, Josip Murn, Oton Župančič etc.) und andere Künstler durch Ljubljana flanierten.

Der internationale kulturelle und künstlerische Geist der Stadt verstärkte sich besonders in den Jahren zwischen den beiden Weltkriegen. Die Slowenen schlossen sich mit anderen südslawischen Völkern zu einem gemeinsamen Staat zusammen, der sich nach dem Ersten Weltkrieg „Königreich der Serben, Kroaten und Slowenen" (SHS), später, ab 1929, „Königreich Jugoslawien" nannte. In dieser Zeit wurde die Universität in Ljubljana gegründet, Radio Ljubljana nahm seinen Sendebetrieb auf, und im Ljubljaner Union-Theater lief der erste abendfüllende slowenische Film, *V kraljevstvu Zlatoroga* (Im Königreich des goldenen Horns). Theaterwissenschaftler bezeichnen diese Periode als „Europäisierung" des slowenischen Theaters, denn das slowenische Nationaltheater erreichte Standards (in Repertoire, Spiel und Regie), die denen ausländischer Theaterhäuser vergleichbar waren.

Für spätere kulturelle und künstlerische Strömungen spielten die slowenischen Konstruktivisten eine bedeutende Rolle, etwa der Maler Avgust Černigoj, der Schriftsteller Srečko Kosovel und der Theateravantgardist Ferdo Delak. Die Konstruktivisten entfalteten weitverzweigte internationale Aktivitäten; sie nahmen an den damaligen avantgardistischen Bewegungen in Europa teil und eröffneten damit auch anderen in ihrer Umgebung neue Horizonte. Einige bedeutende Vertreter der slowenischen Kunst und Kultur betrachteten die Konstruktivisten damals wohl als Sonderlinge, aber sie konnten sie nicht völlig ignorieren. Peter Krečič, der zur slowenischen historischen Avantgarde forscht, schreibt, dass der berühmte Architekt Jože Plečnik einmal Černigoj besucht und dessen Werke begutachtet haben soll. Nach dem Besuch habe er gegenüber einem Architekten-

---

3 Matjaž Kmecl, „Kozmopolitizem na drobno: ljubljanska literarna scena do začetka 20. stoletja" (Kosmopolitismus im Kleinen: Die literarische Szene Ljubljanas bis zum Beginn des 20. Jahrhunderts), in: Bojana Leskovar/ Nela Malečkar (Hg.), *Ljubljana – mesto kulture/Ljubljana – the City of Culture*, Ljubljana 1997, S. 54-57.

kollegen gesagt: „In Ljubljana lebt ein sonderbarer Mann, der aber wundervoll zeichnen kann."[4]

Nach dem Zweiten Weltkrieg erlebte die Kunst- und Kulturproduktion – erst in der Hauptstadt der sozialistischen Republik und später des unabhängigen Staates Slowenien – unterschiedliche Zeiten; einige waren freier, andere eher bleiern. Die Kultur war häufig ein Asyl für all jene, die das undemokratische kommunistische System ablehnten, aber auch für diejenigen, die es kritisierten, weil es nationalen Fragen kein Gehör schenkte. Wie in vielen anderen europäischen Städten kam auch in Ljubljana Ende der 1960er Jahre eine Studentenbewegung auf, die grundlegende Reformen forderte. Danach fanden größere politische Erschütterungen eher auf dem Feld der Kultur statt. Der politische Freigeist der studentischen Achtundsechziger hinterließ nämlich in vielen künstlerischen und kulturellen Initiativen seine Spuren, etwa bei der konzeptualistischen Gruppe OHO oder der experimentellen Theatergruppe Pupulija Ferkeverk. Einige Kunsthistoriker bezeichnen diese Phase als „Neoavantgarde" oder als „zweite" slowenische Avantgarde. Damals nahm auch Radio Student, eine der ersten nichtkommerziellen Radiostationen in Europa, seinen Sendebetrieb auf.

Eine außerordentlich interessante Periode in der neueren Geschichte der slowenischen Hauptstadt waren die 1980er Jahre, die noch heute starke Nostalgiegefühle hervorrufen und deswegen in gewisser Weise mythologisiert werden. In dieser Zeit kamen neue soziale, subkulturelle und gegenkulturelle Bewegungen auf: die Friedensbewegung, alternative Magazine (Fanzines), Frauengruppen, Schwulen- und Lesbenbewegung, Punkbands, progressive sozialkritische Theorien (Slavoj Žižek, Rastko Močnik, Mladen Dolar und viele andere) und eine Vielzahl alternativer künstlerischer und kultureller Praktiken. Kurz, Ljubljana war damals eine außergewöhnlich dynamische, offene und international interessante Stadt. Aleš Erjavec und Marina Gržinić, die 1991 die erste umfassendere „Inventur" der Ljubljaner 1980er in Kunst und Kultur veröffentlicht haben (*Ljubljana, Ljubljana*), erklären, warum sie den alternativen und subkulturellen Praktiken in ihrem Buch so viel Platz einräumen: „Dieses Buch widmet sich in erster Linie der Subkultur und der alternativen Szene, denn sie haben in Slowenien bzw. in Ljubljana während dieses Jahrzehnts etwas so Neues entwickelt, wie wir es seit dem Ende der 1960er und dem Beginn der 1970er Jahre nicht mehr gesehen hatten. Ganz offensichtlich blühte die alternative Szene am stärksten in den anarchischen 1980er Jahren, als das alte System und die alte Staatsgewalt langsam abstarben, es aber noch keine neuen gab."[5]

Heute existiert in Ljubljana ein Kultur- und Kongresszentrum, das Cankar-Haus (erbaut 1983), das eine wichtige infrastrukturelle Basis für technologisch anspruchsvollere einheimische und ausländische künstlerische Produktionen darstellt. In der Stadt reihen sich jährlich fast zehntausend kulturelle Ereignisse

---

4 Peter Krečič, *Slovenski konstruktivizem in njegovi evropski okvirji* (Der slowenische Konstruktivismus und sein europäischer Rahmen), Maribor 1989, S. 53.
5 Aleš Erjavec/Marina Gržinić, *Ljubljana, Ljubljana: osemdeseta leta v umetnosti in kulturi/Ljubljana, Ljubljana: 1980s in Arts and Culture*, Ljubljana 1991, S. 12-13.

aneinander, darunter dreißig Festivals, von denen die Hälfte international ist. Doch von dem politischen und kulturellen „Humus", der von den sozialen Bewegungen der 1980er Jahre gebildet wurde, ist kaum etwas übrig geblieben. Einige werden dem widersprechen und als Gegenbeispiel Metelkova City anführen, ein autonomes Kulturzentrum, das bereits seit zwölf Jahren auf dem Gelände einer ehemaligen Kaserne als Oase der Alternative und einer ausgesprochen kosmopolitischen Kulturszene fungiert. So behauptet einer der Autoren des Sammelbandes *Blicke auf Ljubljana*, das Metelkova sei „der einzige wahre Repräsentant eines kulturellen Kosmopolitismus in der Stadt"[6]. Diese Behauptung ist etwas übertrieben, denn selbst wenn sie zutrifft, sollten wir nicht vergessen, dass eine Schwalbe noch keinen Sommer macht.

6 Tomaž Bartol in: Drago Kos u. a., *Pogledi na Ljubljano: ideje o razvoju* (Blicke auf Ljubljana: Ideen für seine Entwicklung), Ljubljana 2001, S. 14.

Nataša Velikonja

Kampf um die Städte

In der ersten Hälfte der achtziger Jahre, als viele dachten, die jugoslawischen Städ-te würden nun endgültig von einer urbanen, modernen und kosmopolitisch ein-gestellten Generation übernommen, war ich noch ein Teenager, eine Schülerin. In Nova Gorica, meiner ersten Stadt, waren die Botschaften der neuen sozialen Bewegungen, alternativen Subkulturen und Lebensstile damals schon angekom-men. Die Belgrader New-Wave-Band Ekaterina Velika und die Punker Paraf aus Rijeka spielten auf dem zentralen Platz der Stadt. Mit diesen Klängen trat ich in die Welt ein. Pünktlich um elf Uhr abends beendete die Polizei das Konzert.

Die urbanen Subkulturen nannten sich damals noch nicht „Stämme" oder „Identitäten". Ihre Haltung war nicht patchworkartig, sondern zielte auf Interven-tion; ihre Ausrichtung war nicht das Ghetto, sondern die gesamte Gesellschaft; nicht die Struktur war ihr Domizil, sondern die Situation. Sie zielten geradewegs auf das Zentrum, auf den Mainstream. Ihre verzerrte Musik und ihre Rhythmen, ihr transgressives Äußeres, Image und Vokabular unterbrachen den monotonen Marsch gesellschaftlicher und politischer Routine. Sie setzen ihm ihre Unange-passtheit und Illoyalität als emanzipatorische Prinzipien entgegen. Und sie wur-den zum Mainstream.

Ich glaube, dass diese Zeit zu Ende ging, als die Mariborer New-Waver von Lačni Franz (Hungriger Franz) 1987 eine Rockversion des *Trinkliedes* heraus-brachten, jenes Liedes, das der romantische Dichter France Prešeren anlässlich der Märzrevolution von 1848 geschrieben hatte und das 1991 zur slowenischen Nationalhymne erhoben wurde. Nicht viel später, an einem Junitag 1988, spielten die Punk-Ikonen des damaligen Jugoslawien, die Pankrti aus Ljubljana, auf dem Kongressplatz in Ljubljana eine Rockversion des ebenso volkstümlichen Liedes *Janez, Kranjski Janez* (Janez, Krainer Janez). Damals war ich Studentin, lebte in Ljubljana, der Hauptstadt Sloweniens, und eine derartige Regression des Ge-meinschaftsgeists um ein Jahrzehnt, ja um ein Jahrhundert erschien mir exzessiv. Doch der Exzess der Volkstümelei setzte sich fort. Sie wurde zur Norm, und ich glaube, dass damals die Urbanität zu verschwinden begann.

Die neue Begeisterung für die Nation war die Keimzelle aller Veränderungen, die in den kommenden Jahren die Verbindung zwischen der lokalen und der in-ternationalen Kulturszene beeinflussten. War die kulturelle Dynamik noch kurz zuvor von modernistischen und postmodernistischen Genres geprägt gewesen, drängte sich nun das Paradigma der nationalen Restauration und des kulturellen Lokalismus mit explosiver Gewalt in den Vordergrund. Anfang der neunziger Jahre stellte das Motiv des völkischen Staates bereits das dominante Genre dar.

Das hatte revolutionäre Folgen. Der Vielvölkerstaat Jugoslawien zerbrach, und mit ihm eines der mächtigsten internationalistischen Bindeglieder: der kommunistische Gedanke. In ihrer Faszination für einen mehr oder weniger todbringenden Lokalismus entwickelten alle neuen Staaten des untergegangenen Jugoslawien ihre eigene Version einer feindseligen Ablehnung des Kosmo-politismus. Die Geschichte ist bekannt. Auch in Slowenien herrschte eine bestimmte, volkstümelnde Populärkultur vor, der sogenannte Turbofolk, der sich traditionalistischer Kulturschablonen bedient. Auch hier übernahm man unkritisch Vorstellungen von Zugehörigkeit, die aus den Beständen politischer Ideologien stammten. Auf diese Weise wurden wir zu Europäern und vor allem zu Slowenen. Die nichtnationalen kulturellen Genres, die in den achtziger Jahren den gesellschaftlichen Raum belebt, geöffnet, befreit und erweitert hatten, waren jetzt unerwünscht.

So verschwanden Anfang der neunziger Jahre alle irgendwohin. Seit 1993 begann ich sie wieder zu treffen: die Heavy-Metal-Anhänger, Punks, Hardcore-Fans, Ökologen, Videokünstler, Aktivisten, Mitglieder der Friedensbewegung, Feministinnen, die Schwulen und Lesben, Produzenten, Film- und Theaterleute, Jazzmusiker und Clubhopper. Ich traf sie bei der Hausbesetzung in Metelkova City, einem in den Gebäuden einer ehemaligen Kaserne untergebrachten autonomen Kulturzentrum. Ein Großteil dessen, was sich in den Achtzigern gesellschaftlich sichtbar und wahrnehmbar in der Öffentlichkeit abspielte, setzte sich in den Neunzigern an diesem kleinen, verborgenen Ort fort. Vor einem der Gebäude war die erste Parade schwul-lesbischen Selbstbewusstseins geplant. Im Metelkova befindet sich auch das KUD Anarhiv, die einzige Organisation, deren Mitglied ich bin. Im Metelkova entstanden das „Büro für Intervention", ein informelles Netzwerk von Kämpfern für eine gerechte Globalisierungspolitik, und das „Forum für die Linke", ein auf den Prinzipien des Weltsozialforums gegründetes politisches Bündnis. Metelkova City hat 2002 als soziales und künstlerisches Projekt an der 25. Biennale für Zeitgenössische Kunst in São Paolo teilgenommen. Im Metelkova hat Emotionfilm ihren Sitz, die Produzentin des Films *Brot und Milch*, der 2001 bei den Filmfestspielen in Venedig den Löwen der Zukunft gewonnen hat. In den verschiedenen Gebäuden von Metelkova City sind autonome Bibliotheken mit Tausenden von Büchern untergebracht; das alljährliche Punkfestival DrMrr Orto und das Politisch Unkorrekte Filmfestival finden hier statt. Im Hali Gali trat die Band The Mars Volta auf, die von der internationalen Musikkritik als „Innovation der zeitgenössischen Rockmusik" gefeiert wird – doch was die Kritik für bedeutend hält, ist offenbar für die lokale Kulturpolitik nicht interessant genug, wenn man bedenkt, dass Metelkovas Konzertveranstalter Buba um sein Überleben kämpfen muss.

In einem Klima des nationalistisch gefärbten gesellschaftlichen Konsenses stellte die konsequent internationale Ausrichtung des Metelkova natürlich von Anfang an ein Problem dar. So wie die Hausbesetzung zu einer urbanen Zuflucht wurde, wurde sie auch zur Zielscheibe von Gewalt, Abrissdrohungen, falschen Spielen mit dem Mietrecht und Verleumdungen seitens der Medien. Sie schien mir immer bloß ein zeitweiliges Asyl zu sein, oder sogar nur eine Art retroaktive Erinnerung, die jederzeit die Grenzen der eigenen Zukunft überschreiten kann – dann nämlich, wenn auf dem Territorium dieser autonomen Zone der Abgrund eines Vergnügungsparks oder ein Parkplatz oder ein Boulevard des hauptstädtischen Innenstadtrings droht, gesäumt von einer Reihe pastellfarbener Häuschen und Glaswürfel, die endgültig die Diskussionsansätze der Achtziger zunichte machen werden, wer das Recht auf urbane Gestaltung und städtische Besiedlung hat.

Es ist mir nicht möglich, hier all die feinen Verästelungen einzelner Verbindungen zu internationalen kulturellen und intellektuellen Strömungen zu beschreiben. Vielmehr möchte ich betonen, dass alle Akteure und Bewegungen, die mit globalen Trends verbunden sind (mit denen natürlich, die in ihrer Produktion und ihren Inhalten von den Vorschriften aktueller Machthaber unabhängig sein wollen), planmäßiger Vernichtung ausgesetzt sind oder zumindest marginalisiert werden. Der Gruppe Laibach wurde 2005 ein großer Teil der öffentlichen Mittel entzogen. Die Zeitschrift *Lesbo* ist bereits mehrere Jahre, seit ihr die Unterstützung des Kulturministeriums gestrichen wurde, paralysiert. In den letzten Jahren wurden die Punker von Strelnikoff mit einem religiös motivierten Strafverfahren überzogen, weil sie auf dem Cover ihrer Platte *Bitchcraft* der Jungfrau Maria eine hübsche Ratte anstelle des Jesuskindes in den Schoß gelegt hatten. Ebenso erging es dem Fotografen Goran Bertok und dem Bildhauer Dean Verzel, die in ihrer Installation *Heiliges Kreuz* eines der auf dem Land verbreiteten Kreuze verbrannten.

Das sozialistische Jugoslawien unterstützte zumindest in seinen letzten Jahren stark die alternative Kultur, und diese Praxis setzte sich auch im ersten Jahrzehnt nach der Unabhängigkeit Sloweniens fort. Als ich im Herbst 1998 im Fachbereich für Slawische und Osteuropäische Studien an der Londoner Universität berichtete, dass die Zeitschrift *Lesbo* vom Kulturministerium finanziert wird, waren alle angenehm überrascht. Die anwesenden Studenten und Mentoren, die in einem System des vom Markt bestimmten kulturellen Pluralismus sozialisiert waren, hatten sich das nicht vorstellen können. Der Westen schien nicht allzu viel vom Osten wissen zu wollen, jedenfalls nichts Wesentliches, das gängige Klischees in Frage gestellt hätte. Genau genommen weiß ich nicht, welches Wissen von dieser „Region" die darauf spezialisierte Fakultät eigentlich vermittelte. Vermutlich wurden die Balkanmythologie, die sozialistische Kollektivierung und die jüngsten „Stammesfehden" durchgekaut, angesichts der Tatsache, dass die Fakultät vom britischen Außenministerium finanziert wurde, wahrscheinlich auch Strategien der Implementierung struktureller Reformen im Osten.

Doch die neoliberale Globalisierung, wie sie von Aktiengesellschaften und Kapitaleignern abgesteckt wurde, jenen neuen Feudalherren, die von der Politik der Europäischen Union und von lokalen Lehnsherren, darunter slowenischen, gestützt werden, hat ihren kolonialen Feldzug auch in dieser Region angetreten. Auch hier beginnt das Kapital bestimmte Kunstformen als Bestandteil seiner Imagepolitik auszuwählen, auch hier verschwindet die Kultur als öffentliches Gut immer mehr und rasend schnell zugunsten privater Profiteure, und auch hier sind viele Künstler und Kunstinstitutionen den neuen Herren blind ergeben, selbst wenn sie aus der Alternative hervorgegangen sind. Im August 2005 fand unter der Schirmherrschaft der Mobiltelefongesellschaft Si.Mobil-Vodafone ein großes Rave-Festival statt, auf dem als wichtigster Star der international anerkannte DJ Umek auftrat – der seine Karriere im Club K4 begonnen hat, einer der kulturellen Errungenschaften der achtziger Jahre. Im März 2005 beherbergte die Galerie Škuc – auch sie hatte in den Achtzigern mit einer mutigen Kulturpolitik neue

Räume erschlossen – die Ausstellung *Central: New Art from New Europe*, die gleich zwei Vernissagen erlebte: eine erste, geschlossene, die den Gästen der Sponsoren, der Bank Austria Creditanstalt und Siemens, vorbehalten war, sowie eine zweite am nächsten Tag für alle anderen.

War die international ausgerichtete Kultur der Achtziger in den Neunzigern von einer religiös-nationalistischen Heimatkultur verdrängt worden, so wird diese heute von einer Kultur des Kapitals überlagert. In den neunziger Jahren sah es so aus, als sei der zentrale Konflikt der zwischen ländlicher und urbaner Kultur, zwischen Tradition und Moderne. Jetzt, im gegenwärtigen Jahrzehnt, kommt noch die neoliberale Revolution hinzu – mit ihrer ganzen Verachtung gegenüber dem geschützten, unprofitablen Minderheitensektor. Den ohnehin dezimierten alternativen künstlerischen Formen und Möglichkeiten, die den Angriff des Volkstums überlebt haben, wird nun vom neoliberalen Kapitalismus zusätzlich das Wasser abgegraben – von Einkaufszentren am Stadtrand, der durch Privatisierung verursachten Verödung und von einer Kommunalpolitik, die dem Kapital und seinen Vorstellungen darüber hörig ist, wie Urbanität auszusehen und zu klingen hat. Noch vor kurzem erfreuten sich Musikliebhaber an zwei kleinen spezialisierten Läden im alten Stadtkern, dem Vinilmanija und dem Rec-Rec. Letzterer musste gezwungenermaßen an einen Großhandel am Stadtrand mit dem unheilvollen Namen Building of Fun verkauft werden, der jetzt seine prall mit Heavy Metal, Rap, Punk, Reggae, Ethno und Indie gefüllte Abteilung für alternative Musik schließt.

Ich wohne noch immer in Ljubljana, der heute fast völlig verödeten Hauptstadt einer weiteren kapitalistischen Kolonie. In Nova Gorica, meiner ersten Stadt, treten auf dem zentralen Platz, der von rund um die Uhr geöffneten Spielhallen umzingelt ist, schon lange Blaskapellen auf und spielen Volksmusik, und die Polizei hat an der Schengener Außengrenze einen neuen nächtlichen Zeitvertreib gefunden. Als „Freischaffende in der Kultur" mit der Berufsbezeichnung „Dichterin", als lesbische Aktivistin und linke Intellektuelle gehöre ich zum ersten Mal zu einer Bevölkerungsmehrheit der besonderen Art: zur Masse der Verunsicherten, deren soziale Sicherheit ungewiss und deren inhaltliche Ausrichtung unangemessen ist – besonders für das „nationale Interesse", wie das Kulturministerium seinen liebsten kulturellen Wert bestimmt – und deren Kaufkraft schließlich unzureichend ist. Ich bin davon überzeugt, dass Widerstand, Aufsässigkeit und der Kampf gegen den globalen, konservativen Angriff des Kapitals heute eine neue kulturelle Internationale bilden.

Emil Hrvatin

Wenn es keine Mission gibt, gilt: Mission möglich! Über die Position einer Kulturzeitschrift unter den Bedingungen der unerträglichen Leichtigkeit der Freiheit

Ich habe die Zeitschrift *Maska* nie als Dokument einer bestimmten (künstlerischen) Praxis verstanden, sondern vielmehr als Dokument einer bestimmten Art des Nachdenkens. Nur als Praxis des Nachdenkens wird sie zum Dokument der künstlerischen Praxis. Die Praxis des Nachdenkens ist nicht irgendetwas, das in diskursiver Gestalt dem künstlerischen Handeln folgt, sie ist bei *Maska* untrennbar mit den Praktiken des Nachdenkens über die Kunst verbunden. *Maska* stand nie außerhalb der künstlerischen Praxis, tatsächlich reartikuliert sie unaufhörlich gemeinsam mit der Kunst ihre Positionen und Territorien und ist in einem Zwischenraum angesiedelt, in dem die Machtverhältnisse noch nicht konsolidiert sind.

In Slowenien wurde der Kultursektor in den vergangenen fünfzehn Jahren grundlegend umstrukturiert. Die staatlichen Institutionen sind größtenteils noch in derselben Lage wie während der sozialistischen Ära, wobei die einen mehr, die anderen weniger dem Druck marktwirtschaftlicher Prinzipien nachgegeben haben (Anbiederung an das Publikum, aggressives Marketing, antiglobalistischer Nationalismus, Vermietung von Räumlichkeiten für kommerzielle Zwecke). Der Privatsektor ist überaus verästelt und reicht von regierungsunabhängigen, weitgehend aus öffentlichen Quellen finanzierten Organisationen bis zu solchen, die kommerzielle Inhalte anbieten und nicht von öffentlichen Mitteln leben. In dieser neuen Konstellation sind die Kulturzeitschriften sehr schlecht weggekommen. Die allgemeine kulturelle Zweiwochenschrift *Razgledi* hat nach 50-jährigem Bestehen ihr Erscheinen eingestellt, während die Wochenzeitschrift *Deloskop,* die einen ausgesprochen affirmativen Zugang zur Kunst hatte und eine Art Ljubljaner *Time Out* war, das erste Jahr nicht überlebte. Beide Zeitschriften wurden von dem größten slowenischen Zeitungshaus, Delo, verlegt, das für *Razgledi* öffentliche Subventionen in einem Umfang erhielt, der die für andere Zeitschriften gewährten Beihilfen bei weitem überschritt. Heute erscheint in Slowenien nur noch eine allgemeine Kulturzeitschrift, die Monatsschrift *Ampak.* Sie repräsentiert ein traditionelles Verständnis von Kultur als Trägerin nationaler Identität, und die Hälfte ihrer Beiträge ist tagespolitischen Themen gewidmet. Das Kapital hat den Raum kritischer Reflexion über Kunst und Kultur ausgelöscht, der Staat ihn in Fachzeitschriften untergebracht.

Doch selbst hier kam es zu Reduktionen und Auslöschungen. Am schlimmsten war der Bereich der visuellen Kunst betroffen, wo die Zeitschriften *Sinteza*, *M'ars* und *Platforma* ihr Erscheinen einstellen mussten, so dass heute nur noch die Zeitschrift *Likovne besede* (Bildende Worte) sowie die internationale Publikation *Manifesto Journal* existieren, letztere mit einem slowenischen Mitverleger. Dieser Prozess der Zensur durch das Kapital ist keine slowenische Besonderheit, man kann ihn in der ganzen demokratischen Welt beobachten. Da die zeitgenössische Kunst außerhalb ihres Tätigkeitsfeldes praktisch keine Wirkung erzielt, ist ihre Rezeption von der sie produzierenden Community abhängig. Die Zeitschrift wird immer mehr zum Sprachrohr einer isolierten Künstlergemeinde, sie dient als öffentliche Legitimation und Existenzbeweis in einem.

Und dennoch: So wie die Kunst unter den Bedingungen der unerträglichen Leichtigkeit der Freiheit keinen Imperativen, sondern einzig und allein der Zensur des Kapitals unterworfen ist, so hat auch die Zeitschrift keinerlei Mission zu erfüllen. Um überleben zu können, muss sie sich nicht an irgendein potentielles Publikum anbiedern, sondern eine Nachfrage nach Lesen, Theorie und Reflexion schaffen, eine kritische Öffentlichkeit im Feld der zeitgenössischen Kunst. Das Einzige, was eine Zeitschrift zu leisten vermag, ist die Schaffung eines Raumes für Debatten und Konfrontation. Unter den Bedingungen des neoliberalen Kapitalismus macht eine Kulturzeitschrift – ebenso wie die zeitgenössische Kunst selbst – das Kapital nervös. In dem Moment, in dem eine Zeitschrift dem Imperativ des Dienstes an der Geschichte folgt, wird sie selbst zur Geschichte und hört auf zu existieren.

Eine kurze Geschichte von *Maska*

Um die heutige Position von *Maska* zu verstehen, müssen wir die jüngere Geschichte der Zeitschrift überfliegen, die bis in die 1920er Jahre reicht.[1] Nach dem Fall der Berliner Mauer, als eine völlig offene historische Situation entstand und der Zerfall des kommunistischen Systems eine Welle des Optimismus in der Gesellschaft erzeugte, wurde auch *Maske* durch zwei Prozesse ermutigt. Der Regisseur und Dramatiker Dušan Jovanović, der Theaterhistoriker Dragan Klaić und der *Maske*-Herausgeber Peter Božič initiierten das ambitionierte Projekt einer internationalen Theaterrevue namens *Euromaske*, die in englischer Sprache erschien und Beiträge international anerkannter Autoren veröffentlichte. Die Zeitschrift war qualitativ hochwertig in der Herstellung (sie erschien komplett in Vierfarbdruck) und wurde durch aggressives Marketing gestützt, da man sie kostenlos an zahlreiche Fachleute in Europa und der ganzen Welt verschickte und auf bedeutenden Festivals und internationalen Theatertreffen vorstellte und bewarb. Es erschienen lediglich drei Nummern von *Euromaske*, und ihr Misserfolg kündigte die Schwierigkeiten aller vergleichbaren transnationalen Zeit-

1 *Maska* wurde 1920 von einer Gruppe „fortschrittlicher" (ein damals wie später zu sozialistischen Zeiten gebräuchlicher Begriff) Theaterleute, Regisseure und Schauspieler gegründet, die die Zeitschrift als Raum der Veränderung und Erneuerung des Theaters betrachteten. Im Leitartikel zum ersten Heft schrieben sie: „Wir müssen eine neue Menschheit bauen. Alle Völker bauen. Handeln wir. Bauen wir." *Maska* war ein Raum für Debatten und Informationen über weltweite Theaterereignisse sowie künstlerische Interventionen. Ihr Erscheinen wurde wegen finanzieller Schwierigkeiten, aber auch aufgrund administrativer Beschränkungen eingestellt, da den Mitgliedern von Theaterensembles, die die Mehrzahl der Beiträge in *Maska* verfassten, verboten wurde, über das Theater zu schreiben. Hier war die Kluft zwischen Theorie und Praxis, die eine ständige Begleiterscheinung kultureller Publizistik ist, also institutionell festgeschrieben worden.
  Maska wurde 1985 – unter der Pluralform *Maske* – von einer Gruppe von Theaterleuten (Schriftstellern, Regisseuren, Kritikern etc.) wiedererweckt, die in einer der damaligen Amateurkünstlervereinigungen einen Herausgeber fand. Redakteure waren der Schriftsteller und Dramatiker Peter Božič sowie der an der Akademie für Theater, Radio, Film und Fernsehen angestellte Übersetzer Tone Peršak. Die Zeitschrift war als informative und kritische Lektüre über einheimische Theaterereignisse konzipiert; ein besonderer Teil war pädagogischen Aufgaben gewidmet, hier gab man Theaterliebhabern praktische Hinweise für ihre Amateurtätigkeit. Die Zeitschrift etablierte sich als Bindeglied zwischen elitären Theaterproduktionen und den zahlreichen Aktivitäten von Theateramateuren. Sie veröffentlichte Dramentexte und bekräftigte damit ihre Verbundenheit mit dem dramatischen Theater. Immer häufiger fanden auch Artikel über die damals aufkommende Erneuerung des gesamten Bereichs der darstellenden Künste durch das experimentelle, visuelle und Tanztheater Eingang in die Zeitschrift.

schriften für darstellende Künste an – etwa das Ende der Zeitschriften *Hybrid* und *Theaterschrift* und die Einstellung der englischsprachigen Ausgabe von *Ballettanz*, um nur einige zu nennen. Auch unter den globalisierten und offenen Bedingungen der neuen Weltordnung gab es offenbar kein Lesepublikum, das in ausreichendem Maß an zeitgenössischen szenischen Praktiken experimenteller, multikultureller und kosmopolitischer Art interessiert war. Und das trotz des „leserfreundlichen" Formats von *Euromaske* (kurze Beiträge, viel Information, ansprechendes Layout). Es fragt sich, inwiefern die überwiegend auf Festivals ausgerichtete Verbreitung zeitgenössischer szenischer Praktiken, die diese als bloßes Produkt der Kulturindustrie inszeniert, für dieses Desinteresse mit verantwortlich war.

Einen anderen bedeutenden Einschnitt bei *Maske* stellte der Redaktionswechsel zu Beginn der 1990er Jahre dar. Die Redaktionsleitung der Zeitschrift, die man wieder in ihre ursprüngliche Singularform, *Maska*, umbenannte, wurde nun von den beiden Dramaturgiestudentinnen Maja Breznik und Irena Štaudohar übernommen. Sie scharten ein junges Team von Kritikern, Dramaturgen, Philosophen und Künstlern um sich und nahmen eine radikale Erneuerung der Zeitschrift in Angriff. *Maska* wurde zu einem Diskussionsforum für aktuelle Fragen der zeitgenössischen szenischen Praxis, reflektierte das damals entstehende experimentelle Theater, zeitgenössischen Tanz und Performance und bot zugleich einen kontextuellen Rahmen für die lokale szenische Praxis. Das erste Heft verkündete sozusagen als Manifest, was der Referenzpunkt des Programmes sein würde – thematisch war es dem Stück *Die Taufe unter dem Triglav* des Scipion Nasice Sisters Theater gewidmet, das auch fünf Jahre nach seiner Premiere noch stark in der Fachwelt nachwirkte und eine Woge des Nachdenkens über die darstellende Kunst ausgelöst hat. *Maska* trug im Untertitel die Bezeichnung „Zeitschrift für Theater, Tanz und Oper" und dokumentierte damit, dass sie sich mit interdisziplinären szenischen Praktiken beschäftigte. Dieser Entscheidung lag der Wunsch zugrunde, eine zeitgenössische künstlerische Praxis zu unterstützen, die die Grenzen zwischen den verschiedenen künstlerischen „Sparten" des Theaters, der Oper und des Tanzes überschritt und sie erweiterte, indem sie neue hybride, nicht etablierte und disziplinär unbestimmte Räume schuf.

Maska setzte zu Beginn der 1990er Jahre auch neue graphische Standards. An die Stelle des verschämten, akademisch-amateurhaften Äußeren von *Maske* und der Mehrzahl der übrigen diskursiv geprägten Zeitschriften für darstellende Künste trat ein retrofuturistisches Design, das noch stärker die Verbindungen zwischen Theorie und Kunst betonte.[2] Die Zeitschrift erhielt den Anstrich von Exklusivität und Qualität, was angesichts des Zusammenbruchs des sozialistischen Regimes und des ungewissen Übergangs in den wilden Kapitalismus ein dreistes Unterfangen war. Die klassische, stereotype Frage all derer, die *Maska* in die Hand nahmen, besonders derjenigen, die aus Westeuropa kamen, lautete:

---

2 Zugleich wirkte es als eine Verbindung in der unmöglichen Situation, in der wir damals lebten. Es entstand eine furchtbare Kluft, in der es keine Vergangenheit mehr gab, die Gegenwart unerträglich war und die Zukunft sich rasch in einen unaufhörlichen Übergang verwandelte.

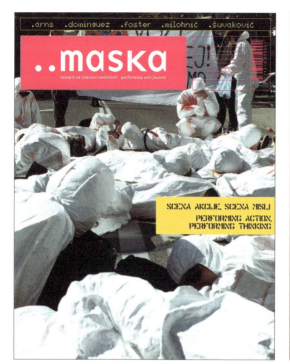

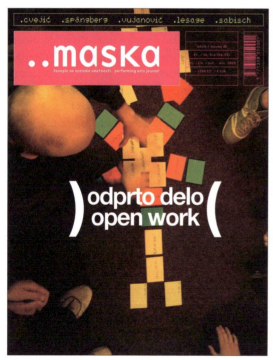

Maska-Cover: 20. Jg., Nr. 90-91, Frühjahr 2005; 19. Jg.,
Nr. 86-87, Sommer 2004; 20. Jg., Nr. 94-95, Herbst/Winter 2005;
20. Jg., Nr. 92-93, Sommer 2005

„Wer finanziert das?" Im Westen war es unmöglich, eine Theaterzeitschrift von dieser graphischen Qualität herzustellen, und es wirkte daher verstörend, dass so etwas ausgerechnet aus einem Land kam, das vom westlichen Blick als verarmter Osten wahrgenommen wurde. Ein ähnliches Missverständnis ereignete sich zwischen Künstlern und Festivalorganisatoren. Letztere konnten beispielsweise keine massiven Szenographien für das Experimentaltheater akzeptieren – für sie war und blieb Jerzy Grotowski das Modell eines Künstlers aus dem Osten, Fragen der Utopie und der Beziehung zwischen Künstler und Ideologie wurden dagegen in das unverfängliche Zellophan einer humanistischen Perspektive verpackt. Die gutmütig-zynische Fortsetzung der Frage „Wer bezahlt das?" war: „Sieht hübsch aus, nur schade, dass ich's nicht lesen kann."

1993 unternahm *Maska* den nächsten bedeutenden Schritt: Die Herausgabe wurde von einer neugegründeten gemeinnützigen Organisation mit dem Namen Maska übernommen, die unabhängige Position der Zeitschrift dadurch institutionalisiert. Damit befand sich *Maska* in derselben Lage wie die Mehrzahl der Vertreter einer damals gerade entstehenden Aufführungspraxis, die für ihre Aktivitäten neue Produktionsbedingungen suchten und verwirklichten. Eine Folge dieser Entscheidung war der langandauernde Kampf um die Legitimation des eigenen Handelns, denn innerhalb der gesamten kulturellen Sphäre übt der Staat immer noch den entscheidenden Einfluss aus, und die überwiegende Mehrheit öffentlicher Gelder ist staatlichen Kultureinrichtungen vorbehalten (ca. 93 Prozent im Jahr 2004). Der Transformationsprozess eines von staatlichen Eliten einerseits und Liebhabern andererseits geprägten kulturellen Systems wurde langsam durch die Etablierung privater Produktionsinitiativen beschleunigt.

Zu Beginn der 1990er Jahre gab es kein diskursives Instrument, das in der Lage gewesen wäre, diese neue Praxis angemessen zu interpretieren und zu kontextualisieren. Es musste daher buchstäblich geschaffen werden. Daran waren am meisten die unmittelbaren Akteure interessiert, das heißt Künstler, Dramaturgen, Kritiker und Produzenten, die die neue Praxis von interdisziplinärer Performance, Tanz und konzeptuellem Theater mitgestalteten. Die Mitarbeiter von *Maska* waren und sind noch immer als Künstler aktiv, so zum Beispiel der Medienkünstler Marko Peljhan, die Regisseure Dragan Živadinov, Matjaž Berger, Goran Sergej Pristaš und Ivica Buljan, die Choreographinnen und Tänzerinnen Mala Kline und Petra Sabitsch sowie die Autorin und Performerin Bojana Cvejić.

Maska publizierte kritische Reflexionen über aktuelle slowenische und internationale Produktionen, Texte der bedeutendsten Reformer des 20. Jahrhunderts und Übersetzungen zeitgenössischer theoretischer Texte, vor allem solche, die zu einer Erweiterung des Felds der darstellenden Künste und zur Entstehung neuer künstlerischer Formen beitrugen. In den späten 1990er Jahren initiierte *Maska* eine Debatte über neue Technologien, Kunst und Wissenschaft sowie über andere Räume und Kontexte szenischer Aufführung. Der grundlegende Mentalitätswandel, den *Maska* bewirkte, bestand darin, dass die darstellenden Künste nicht mehr als ästhetisches Feld in einem Archipel nationaler Kunst begriffen wurden, sondern als Faktor verschiedener künstlerischer, Produktions- und sozialer Praktiken. Die logische Folge dieses Wandels war eine Internationalisierung der Zeitschrift, die im Grunde dem Prozess der Internationalisierung der gesamten künstlerischen Praxis und nicht zuletzt des gesamten Staates folgte. Der radikale Verlust der Bindungen zu den anderen Republiken des ehemaligen Jugoslawien war zwar gerade auf dem Gebiet der zeitgenössischen Kunst am wenigsten spürbar, dennoch schwächten der Krieg und die radikale Verarmung des kulturellen Sektors die alten Bindungen drastisch.

Die Internationalisierung der Zeitschrift vollzog sich zum Teil durch die Übersetzung von Artikeln, vor allem aber durch die Präsenz auf internationalen Treffen, Festivals und Konferenzen sowie durch die Veröffentlichung von Autorentexten auswärtiger Mitarbeiter. Ihren Höhepunkt erreichte sie im Jahr 2002, als *Maska* vollständig zur Zweisprachigkeit (Slowenisch und Englisch) überging. Damit wurde die Zeitschrift einer internationalen Öffentlichkeit zugänglich und etablierte sich in den letzten Jahren als relevante Lektüre, die den kritischen Diskurs auf dem Gebiet der darstellenden Künste nachhaltig beeinflusste.

Mit dem Übergang zur zweisprachigen Erscheinungsweise wandelte sich auch der Kontext von *Maska*. Die zeitgenössische Kunstproduktion hat sich in Slowenien in den vergangenen fünfzehn Jahren erheblich erweitert, da mit öffentlichen Mitteln ein breites Spektrum szenischer Praktiken unterstützt wird, das von experimentellem Theater und zeitgenössischem Tanz bis zu interaktiver Performance und performativen Eingriffen in öffentliche Räume („site-specific art", „public art") reicht. An diesem Punkte ist für *Maska* nicht mehr die Affirmation neuer Felder durch deren Beschreibung und globale bzw. historische Kontextualisierung von entscheidender Bedeutung, sondern vielmehr die Problematisierung der von der zeitgenössischen Kunst aufgeworfenen strukturellen und politischen Fragen. Hier denken wir zunächst an die Überprüfung der eigenen Position durch die zeitgenössische Kunst, die gewissermaßen einen ethischen Imperativ der Kunst des 21. Jahrhunderts darstellt. Mit anderen Worten, Theorie und Reflexion entwickeln sich nicht durch den Dienst an der Praxis, sondern sind tief in der Praxis selbst verankert, sind selbst Praxis. Richten wir nun unser Augenmerk auf einige „Missionen" der Zeitschrift.

Die Zeitschrift als Ereignis

In einer der letzten Nummern von *Maska* schreibt unser Freund und Mitarbeiter Goran Sergej Pristaš über *Frakcija*, ein von ihm herausgegebenes Zagreber Magazin für darstellende Künste: „Jede Nummer der Zeitschrift, die wir herausgegeben haben, war für uns ein Ereignis, das nicht nur Theoretiker, sondern vor allem Künstler erfasst hat, die sich stets in der Situation befinden, produzieren, promoten, distribuieren und sich erklären zu müssen."[3] Die Zeitschrift ist eine der

---

3 Goran Sergej Pristaš, „Why Do We Produce Ourselves, Promote Ourselves, Distribute Ourselves, and Explain Ourselves? Why Are We ‚As Well' Around?", in: *Maska* 20, Nr. 92–93, Sommer 2005, S. 7.

Vorstellungen und Ausstellungen, die wir uns anschauen gehen. Die Zeitschrift ist ein Festival auf dem Papier. Je ungewisser und unregelmäßiger ihr Erscheinen, desto mehr wirkt sie als Event. So war *Maska* in den 1990er Jahren.

Ab dem Jahr 2000 gewöhnte *Maska* ihre Leser an ein regelmäßiges Erscheinen. Aus dem Event war ein Prozess des Beharrens auf einer Position der kritischen Reflexion, der Erweiterung der Räume für öffentliche Debatten und der Legitimierung neuer Formen darstellender Kunst geworden. Aus der Zeitschrift heraus entstanden ein ganzjähriges Ausbildungsprogramm für die an kritischem Nachdenken über zeitgenössische Kunst Interessierten (das von Bojana Kunst geleitete Seminar zu zeitgenössischen darstellenden Künsten) und die Buchreihe *Transformacije*, in der Debatten über zeitgenössische Kunst und eigene künstlerische Produktionen erscheinen.

Es handelt sich um ähnliche Prozesse, wie wir sie auf der Ebene der szenischen Praxis bereits zu Beginn der 1990er Jahre verfolgen konnten, als es darum ging, sich einen Raum für andersartige Praktiken und Produktionsformen zu erkämpfen. Im Unterschied zu früheren Generationen, einschließlich der Avantgarde der 1960er Jahre, entwickelte die Generation der 1990er Jahre neue Produktionsweisen und beharrte auf diesen – und ließ sich nicht auf einen langen Marsch durch die Institutionen ein. Sie zeigte, dass bestimmte künstlerische Formen Produktionsweisen erfordern, die moderner sind als die des Repertoires von Abonnementtheater und -ballett.

Dasselbe gilt für die Zeitschrift. *Maska* ist weder eine akademische Zeitschrift noch ein populäres Informationsblatt. Wir haben nichts gegen großformatige Fotografien, und oft hält man uns vor, wir bildeten zu viele nackte Körper auf den Titelseiten ab. Der Ansatz von *Maska* ist affirmativ, wir schreiben über das, was uns interessiert, aber zur Affirmation gelangen wir über die Eröffnung eines kritischen Diskurses.

Internationalisierung

Wenn wir über Internationalisierung sprechen, meinen wir das, was *Maska* dafür getan hat, um im internationalen Kontext präsent zu sein. Aber was hat der internationale Kontext (der Kontext der westlichen, der Ersten Welt natürlich) dafür getan, dass *Maska* in ihm präsent ist? Zunächst ist es eine typisch paternalistische Geste: er erlaubt, dass in einen Kontext, den der auf Kapital und Infrastruktur gestützte Westen bestimmt, ein Kuriosum tritt. Etwas, das nie Teil des Marktes sein wird, das niemals ernst genommen werden wird, etwas, das ein paar stets enthusiastische und gutgelaunte Individuen beitragen und kostenlos teilen, von denen nicht ganz klar ist, was sie eigentlich tun. Es sind zugleich Redakteure, Künstler, Kaufleute, Professoren ... Warum können sie sich nicht festlegen und eine Visitenkarte bei sich tragen, auf der klar und deutlich steht, mit wem man es zu tun hat? Mit ihrer unklaren, wechselnden und fluiden Identität bestätigen sie nur den Eindruck vom Osten oder, schlimmer noch, vom Balkan als etwas Unbegreiflichem, denn nie weiß man, um was es diesen Subjekten eigentlich geht, obschon klar ist, was sie wollen: ein Teil dieser Welt sein. Das Paradoxe dieser ganzen Sichtweise besteht darin, dass ein Produkt umso rätselhafter erscheint, je mehr es dem Standard irgendeiner westlichen Zeitschrift entspricht – zum Beispiel *Maska* und *Frakcija* im Vergleich zu *Performance Research*. Und mehr noch: Wie ist es möglich, fragen sich dieselben Leute, dass aus dem Osten frische und aktuelle Zeitschriften in Spitzenqualität kommen, etwa der Prager *Umĕlec* oder die rumänische *Idea*, während im Westen immer mehr Zeitschriften verschwinden und diejenigen, die bleiben, völlig dem Diktat des Marktes unterworfen sind (besonders die Zeitschriften für visuelle Künste, deren Überleben von der Anzahl der Anzeigen abhängt)? Hat sich irgendein westliches Verlagshaus einmal für die Herausgabe einer Zeitschrift interessiert, die im Osten gemacht wird? Wie Slavoj Žižek sagen würde: Liebe deinen Nächsten, aber aus der Entfernung. Seid auch weiterhin so hartnäckig, interessant und schön, aber bleibt, wo ihr seid.[4]

Ich schreibe dies aus der Perspektive eines in der Zusammenarbeit mit west- und osteuropäischen Kulturzeitschriften Erfahrenen. Es ist kein Zufall, dass jene Zukunft, die wir uns vorstellen, die Teil-der-Welt-Zukunft, im Titel einer gemeinsamen Ausgabe der britischen Zeitschrift *Performance Research*, der kroatischen *Frakcija* und der slowenischen *Maska* festgehalten ist: „Yet to Come". Doch ist es mir gestattet, so wie ich bin ein Teil der Welt zu sein? Oder muss ich, wie Rem Koolhaas sagen würde, „Realist" sein und mich den Diktaten des Kapitals, der Akademien, Produzenten und Verlage sowie des Wohlgefallens unterwerfen? Ich möchte an dieser Stelle ein längeres Zitat aus einem Beitrag von Bojana Kunst für die obengenannte Gemeinschaftsausgabe anführen, der über einige zeitgenössische künstlerische Strategien spricht, doch auch sehr genau die Position von *Maska* bestimmt: „Die Projekte spielen daher auf ambivalente Weise mit ihrer eigenen Sichtbarkeit. Sie suchen nach Strategien, um präsent zu sein, doch während sie präsent sind, stellen sie die Formen der Präsenz in Frage. Sie entwickeln nicht-unterwürfige Taktiken und reflektieren so kritisch über die kommende Zeit, wobei sie die symbolische Darstellung von Macht verändern und in verschiedenen Lebensbereichen um das Recht auf Phantasie kämpfen. Eine wichtige Folge davon ist die Erkenntnis, dass die Kunstproduktion eng mit Institutionalisierung und Kommerzialisierung verbunden und denselben bürokratischen Gesetzen und Problemen der Partizipation unterworfen ist, wie sie überall bestehen. Doch auch wenn das Betätigungsfeld für Künstler heute immer enger zu werden scheint, ist das Bedürfnis, ein alternativer Wissensproduzent zu sein und als radikale Kraft zu wirken, nur umso mehr vorhanden. Es ist bemerkenswert, dass hier auch ein gewisses utopisches Verlangen nach Autonomie wirkt, das dem von Paolo Virno beschriebenen zivilen Ungehorsam sehr nahe steht. Die Strategien sind nicht gegen

---

4 Das drastischste „Nein!" wurde auf dem denkwürdigen Treffen des Netzwerks IETM (Informal European Theater Meetings) in Zagreb 1990 ausgesprochen, als die Lobby der westeuropäischen Festivalorganisatoren nicht nur kategorisch die Vorstellung *Zenit* von Dragan Živadinov, sondern die gesamte damalige slowenisch-jugoslawische Produktion ablehnte, die jenen Moment der tiefen Kluft in der Zeit durch das Reflektieren des Utopischen in Kunst, Ideologie, Religion und Wissenschaft widerspiegelte.

die Unannehmlichkeiten von Gesetzen, sondern gegen die Ausübung von Macht und Kontrolle gerichtet, gegen die subtilen und übermächtigen Mechanismen, mit denen Macht und Kontrolle in unser Leben und unsere Arbeit eindringen."[5]

Doch wer sich einmal „internationalisiert" hat, kann nicht dort stehen bleiben, wo er gerade ist. Von *Maska* wurde im lokalen Kontext erwartet, dass es eine Art Portfolio für die hiesigen Künstler sein würde. Dabei wurde ein entscheidendes Moment übersehen: Bei *Maska* selbst hat sich mit Ausnahme von technischen Einzelheiten nichts verändert. Wegen des Übergangs zur zweisprachigen Erscheinungsform verringerte sich die Textmenge, was zu einer stärkeren Auswahl geführt hat. Während *Maska* früher die zeitgenössische Performancepraxis in Slowenien mitgestaltet und legitimiert hat, wobei sie einen kritischen Diskurs entwickelte, so tut sie dies jetzt im internationalen Kontext. Sie gestaltet ihn mit, indem sie eine kritische Debatte über die Determinanten der zeitgenössischen künstlerischen Praxis anstößt. Und dennoch hat die lokale Szene die Antwort erhalten, die sie verlangt hat: *Maska* hat diese Szene zu einem Zeitpunkt in den internationalen Kontext gerückt, als sie für die Entwicklung des kritischen Diskurses relevant wurde, das heißt als sie sich selbst auf den internationalen Kontext bezog.

Im gesamten Prozess der Internationalisierung ist noch ein politisches Element bedeutsam, nämlich die Legitimation des Bereichs der zeitgenössischen Kunst. Jede Nationalkultur hat ihre Schwierigkeiten mit der zeitgenössischen Kunst, weil diese sich vom lokalen Kontext emanzipiert hat (was natürlich nicht heißt, dass sie nicht tief in ihm verankert wäre), das heißt von jenen traditionellen künstlerischen Feldern, die von der Kulturbürokratie gerade noch verstanden und beaufsichtigt werden. Es mag nach orthodoxem Kommunismus klingen, doch international zu sein und aus dem Osten zu kommen bedeutet buchstäblich, nirgendwo zu sein. Dieses „Nirgendwo" fassen wir bei *Maska* als politische Wahl auf und verstehen sie als unaufhörliches Hinterfragen der eigenen Positionen. *Maska* ist klein und unbedeutend und kommt aus einem instabilen und schwer bestimmbaren Territorium. Und genau das ist es, was wir bewahren wollen. Diese Nicht-Position ist die Stelle, von der aus wir das Wort ergreifen möchten.

Transdisziplinarität

Maska ist als Zeitschrift für Theater und zeitgenössischen Tanz anerkannt, das heißt, sie zirkuliert in speziellen Kreisen zeitgenössischer darstellender Kunst. Auch wenn wir schon einige thematische Hefte veröffentlicht haben, die in den Bereich der Medienkunst und der neuen Technologien („Pleasure of the Machine", „Genetic Art", „Biotechnology, Philosophy, Sex"), des Aktivismus (Performing Action, Performing Thinking") und der Theorien des Ästhetischen und Politischen („Unbearable Lightness of [Artistic] Freedom") hineinreichten, wird die

---

5 Bojana Kunst, „Yet to Come: Discontents of the Common History", in: *Performance Research* 10, Nr. 2, gemeinsame Ausgabe mit *Maska* und *Frakcija*, Juni 2005, S. 46.

Zeitschrift noch immer als Publikation für darstellende Kunst wahrgenommen. Doch wie kam es zu einem so weiten Konzept der Zeitschrift?

Die sogenannte „dritte Generation" (Eda Čufer) slowenischer Regisseure, deren Arbeit die späten 1980er und die erste Hälfte der 1990er Jahre prägte, verfolgte einen interdisziplinären Ansatz; sie verstand das Theater als einen Ort, an dem verschiedene künstlerische, technologische und soziale Praktiken aufeinander treffen. Die Projekte der Generation von Dragan Živadinov, Vlado Repnik, Matjaž Berger, Marko Peljhan, Tomaž Štrucl, Igor Štromajer und Emil Hrvatin führten Performance-Elemente, visuelle Kunst, neue Technologien, Pop-Dramaturgie, Umweltinstallationen etc. ein. Sie erweiterten das Wirkungsfeld des Theaters und definierten es neu. Sie zeigten dem Theater, dass es sich nur in Bezug auf die Grenzen neu konstituieren kann, die es überschreitet. Sie betrachteten das Theater als eine Praxis, die sich dazwischen und außerhalb ereignet, wobei der Zwischenraum und das Äußere das Theater überhaupt erst zum Theater machen. Diesem reformerischen Impuls der „dritten Generation" von Regisseuren folgt die Zeitschrift *Maska* in ihrem Verständnis der darstellenden Künste. Sie begreift diese nicht als ästhetisches Phänomen, sondern vielmehr als einen Ort der Begegnung, der Konfrontation und der Kommunikation zwischen den verschiedenen künstlerischen und sozialen Praktiken, in denen sich die Voraussetzungen des Mediums selbst und seine Grenzen widerspiegeln.

Die Frage, ob diese neuen Formen darstellender Kunst lediglich die traditionellen Kunstformen erweitern oder tatsächlich neue Bereiche hervorbringen, scheint auf den ersten Blick eine akademische zu sein. Tatsächlich handelt es sich aber um eine wichtige kulturpolitische Frage. Anfang der 1990er Jahre wurde der zeitgenössische Tanz zum Beispiel dem Bereich der Klangkünste zugeschlagen, der zu den konservativsten zählt, weswegen Fachleute und Bürokraten dem Tanz nur kümmerliche Subventionen zuwiesen. Künstler und Produzenten setzten schließlich gegenüber dem Kulturministerium und lokalen Gruppen durch, dass der zeitgenössische Tanz wieder als darstellende Kunst eingeordnet wurde. Seitdem können wir von einem wahren Aufblühen des zeitgenössischen Tanzes in Slowenien sprechen. Die Bürokratie war nie dazu bereit, den Tanz als besonderen, zwischen Musik und Darstellung angesiedelten Bereich zu behandeln, wie dies *Maska* mit ihrem Untertitel in den 1990er Jahren tat („Zeitschrift für Theater, Tanz und Oper"). Heute sind wir daran interessiert, den Begriff der darstellenden Künste zu erweitern, nämlich im Sinne eines Feldes, in dem die verschiedenen Künste, die traditionellen wie die zeitgenössischen, nicht in einem hierarchischen Verhältnis zueinander stehen. Zugleich ist dies ein Feld, das sich unaufhörlich neu artikuliert.

Für wen ist die Zeitschrift gedacht?

Schließen wir mit der Frage, die am Anfang jedes Vorhabens steht: Für wen ist die Zeitschrift *Maska* gedacht? Für Künstler? Das Publikum? Für Bibliotheken? Für sich selbst? Für die internationale Öffentlichkeit? Für den unbekannten Leser, der vielleicht erst den Zugang zu ihr findet? Vom Standpunkt des Marketings lautet die Antwort: für alle Genannten und viele andere mehr. Das ist kaum zu kritisieren; die Zeitschrift soll einfach zugänglicher gemacht werden. Dennoch stoßen wir bei dem Versuch, den Leserkreis zu erweitern, auf ein Paradox: Je mehr sich der Bereich der darstellenden Künste ausdehnt, desto vielschichtiger wird er, desto kleiner wird folglich das Publikum für eine Zeitschrift dieser Art. Die Maxime des neoliberalen Kapitalismus lautet: Wenn du überleben willst, spezialisiere dich! Sei ein Fachidiot oder geh zugrunde! Im Kampf ums nackte Überleben gibt es für Kulturzeitschriften derzeit zwei Konzepte: einerseits das *affirmativ-ankündigende,* das heißt Zeitschriften, die sich auf künftige Ereignisse konzentrieren (ein qualitativ hochwertiges Beispiel für einen solchen Zugang ist die Pariser Zeitschrift *Mouvement*), andererseits das *begleitende* Konzept, das heißt Rezensionen aktueller künstlerischer Ereignisse (zum Beispiel die Wiener *springerin*). In beiden Fällen verfügen die Zeitschriften über ein Anzeigenpotential. Ein drittes, allerdings nicht mehr europäisches Modell sind die akademischen Publikationen, die in den USA dank eines gutorganisierten und subventionierten Systems von Universitätsbibliotheken überleben können.

In allen Fällen geht es nicht nur um das Überleben einer Publikation, sondern um das Überleben einer ganzen spezialisierten Gemeinschaft. Wenn wir die Geschichte von *Maska* betrachten, erkennen wir, dass an ihrem Erscheinen stets die Künstler selbst am meisten interessiert waren und bei der Produktion auch tatkräftig mithalfen. Künstler benötigen eine professionelle Kulturzeitschrift, denn nur diese kann sie als Künstler etablieren. Sowohl das Fach- als auch das Laienpublikum konstituieren sich durch eine solche Zeitschrift; sie ist ein entscheidender Faktor bei der Bildung und Erhaltung der Gemeinschaft.

Demokratie beruht auf der freien Meinungsäußerung, nicht wahr? Der Hauptunterschied zwischen Sozialismus und Demokratie besteht in den Produktions- und Rezeptionsbedingungen: Während der Sozialismus auf einer strengen Kontrolle der Produktion und einem vielschichtigen Lesen, Hören und Betrachten stark selektierter Inhalte basierte, hängt die Auswahl in der Demokratie von der Größe der Gemeinschaft ab, davon, wie es ihr gelingt, eine bestimmte Praxis zu verallgemeinern. In der Demokratie kann jeder alles sagen, dafür fehlen oft diejenigen, die zuhören.

Was tun, könnten wir angesichts dieser Konstellation mit Lenin fragen. Sollten wir die Kunst als letzten Freiraum der Gesellschaft hegen? Sollten wir sie als ein immer stärker abgetrenntes Subsystem der Gesellschaft entwickeln, in dem Freiheit, Transgression und, mehr noch, Kreativität, neue Lebensformen und Nonkonformität erprobt werden? Sollten wir uns also damit abfinden, dass die Kunst als Ganzes ein Experimentierfeld ist, das von der Ökonomie selektiv kapitalisiert wird? Dass sie ein Übungsplatz für Verfahren und Praktiken ist, die niemals die sicheren Grenzen ihres eigenen Subsystems überschreiten werden?

Kulturzeitschriften haben immer versucht, ein Raum für alternatives Denken zu sein. Es ist Zeit, dass sie zu einem Raum für alternatives Handeln werden. Unmöglich, sagen Sie?

Künstler fordern Forschung. Künstler fordern Kunstkritik und machen sich daran, Grundlagen für diese Auseinandersetzung zu schaffen. Zugegeben: ein eher ungewöhnliches Unterfangen. Aber – so die slowenische Künstlergruppe Irwin – unerlässlich, will man der Kunstproduktion nach 1945 aus den Ländern des östlichen Europa gerecht werden, will man sie in ein tragfähiges Bezugssystem setzen und damit Mythologien durch Transparenz ersetzen. Die 2002 von Irwin entworfene „East Art Map" trat 2004 im Rahmen von „relations" in eine zweite Phase ein: Das Kunstprojekt, also die Karte, die verschiedene Künstler und ihre Arbeiten in ihren realen und ideellen Verbindungen zueinander zeigt, wird zum Ausgangspunkt für eine Internetdebatte und ein internationales Universitätsnetzwerk [> S. 614]. Junge Wissenschaftler und Theoretiker unterschiedlicher Fachbereiche schalten sich kurz und sezieren mit ihrem je eigenen Instrumentarium das Konglomerat „Osteuropa". Sie isolieren einzelne Kunstrichtungen sowie künstlerische Arbeiten, um sie schließlich im Kontext ihrer Produktionsbedingungen und internationaler ästhetischer Referenzen in den Blick zu nehmen.

Die Frage, um die sich in dem von Hito Steyerl moderierten Gespräch alles dreht, lautet: Warum ist Osteuropa als Ordnungs- und Ortungsbegriff untauglich, wenngleich konzeptuell an der Ost-West-Teilung festzuhalten ist? Was gewinnt man mit *dem* Osten, was setzt die Kategorie aufs Spiel? Osteuropa ist tot, es lebe Osteuropa!

Ein Gespräch, moderiert von Hito Steyerl

Taugt der Osten als ästhetische Kategorie?

Das Gespräch wurde am 23. August 2005 in Ljubljana geführt; teilgenommen haben:

Rastko Močnik, Professor für Soziologie an der Universität Ljubljana
Miran Mohar, Mitglied des Künstlerkollektivs Irwin, Ljubljana
Hito Steyerl, Filmemacherin und Autorin, Berlin und London
Oliver Vodeb, Organisator von Memefest, internationales Festival für radikale Kommunikation, Ljubljana
Borut Vogelnik, Mitglied des Künstlerkollektivs Irwin, Ljubljana

Hito Steyerl: Seit dem Ende der Blockbildung in Europa haben sich neue, komplexere Geographien und Trennlinien herausgebildet, die nicht mehr ausschließlich auf geopolitischen oder nationalen Raumordnungen basieren, sondern globalisierte, deterritorialisierte, von neuen Formationen der Souveränität, der Massenmobilität und neuen Kriegen geprägte Raumlogiken darstellen. Wie lässt sich die Position Ljubljanas innerhalb dieser neuen Raumordnungen beschreiben? Gehört die Stadt nach dem EU- und Nato-Beitritt Sloweniens überhaupt noch zum Osten? Oder ist Ljubljana mittlerweile Teil eines glatten, virtuellen Raumnetzwerks, das sich nicht mehr im Rahmen einer nationalen Geographie und Geschichtsschreibung definieren lässt?

Das Künstlerkollektiv Irwin entwirft im Projekt „East Art Map" eine Karte der osteuropäischen Kunst nach 1945. In dem Projekt verbinden sich geopolitische mit ästhetischen Fragestellungen – deshalb geht die erste Frage auch an euch, Miran Mohar und Borut Vogelnik: Wie kann man eine solche Karte erstellen? Was war euer Ausgangspunkt, und wie seid ihr vorgegangen?

Borut Vogelnik: Das ist eine lange Geschichte – aber in Kurzform: Ein wichtiger Ausgangspunkt für das Projekt „East Art Map" war, dass es tatsächlich keine solche Karte gibt. Das wurde uns vor allem in der Kommunikation mit Leuten aus dem Westen bewusst. Wenn wir über Kunstproduktion im Westen reden, wissen wir meistens genau, worüber wir sprechen und wie wir ein bestimmtes Kunstwerk anhand der existierenden Karten einordnen können. Aber selbst Menschen, die sich ernsthaft mit osteuropäischer Kunst beschäftigten, wussten bei einer künstlerischen Arbeit oft nicht, ob sie original ist oder wen sie kopiert. Wir waren ziemlich überrascht, aber es gab kein so einfaches, simples Werkzeug wie eine Orientierungskarte, die die Kunstproduktionen der osteuropäischen Länder miteinander in Beziehung setzt. Die erste Idee für die „East Art Map" war also viel bescheidener, als es vielleicht scheint: Wir beschlossen einfach, ein solches Orientierungswerkzeug selbst zu organisieren. Natürlich im Rahmen unserer Möglichkeiten. Wir baten also Künstler und Kuratoren aus den osteuropäischen Ländern, Positionen der osteuropäischen Kunst aus den letzten fünfzig Jahren auszuwählen und ihre Wahl zu begründen. Diese Datenbank machten wir im Jahr 2002 erstmals publik, indem wir sie auf CD-ROM und in der Zeitschrift *New Moment* veröffentlichten. Die Sammlung wurde immer wieder neu verhandelt, zunächst durch eine Online-Version der Karte, die der Öffentlichkeit die Möglichkeit gab, zu kommentieren und eigene Vorschläge zu machen. Und 2005 durch unsere Publikation *East Art Map: Contemporary Art and Eastern Europe*, für die auch Fachleute in Ost und West Texte geschrieben haben, in denen sie die Kunst beider Teile Europas miteinander vergleichen. Unsere Ambition besteht nicht darin, eine ultimative Version der Karte der osteuropäischen Kunst herzustellen. Es geht um eine Rohversion, eine Karte, die einem die Möglichkeit gibt, sich ein bisschen zu orientieren. Und wir haben die Hoffnung, dass jemand anders die Karte nimmt und sie verbessert. Die Karte ist veränderlich, sie entsteht in der Auseinandersetzung von vielen Menschen.

Miran Mohar: Das Projekt „East Art Map" ist das Ergebnis von fünfzehn Jahren Arbeit von Irwin. Und es ist wirklich eine lange Geschichte. Die Karte entstand nicht einfach aus dem Blauen heraus. 1989 begannen wir mit dem Projekt „Kapital", in dem wir viele US-amerikanische und europäische Intellektuelle zur Idee des östlichen Modernismus befragten. Wie sie dazu stehen und ob sie unsere Ansicht teilen, dass die Kunst in Osteuropa sich von der westeuropäischen oder US-amerikanischen Kunst unterscheidet, da sie unter speziellen kulturellen, politischen, sozialen und ökonomischen Umständen produziert wurde. Danach wurden wir 1992 nach Moskau eingeladen, um an einem Projekt teilzunehmen, das verschiedene Moskauer Künstler und Kuratoren organisiert hatten: Apartment Art International. Dieses Projekt war wichtig für die Frage, wie – nach den politischen Umwälzungen – der Osten den Osten wahrnimmt. Wir haben unser Interesse weiterverfolgt und sind 1996 durch die USA gereist, von der Westküste zur Ostküste, wo wir das amerikanische Publikum befragten, wie der Westen den Osten sieht. Wir organisierten Diskussionen, manchmal im Auto, manchmal in irgendwelchen Ortschaften auf unserem Weg, und wir insistierten auf unserem Thema: Wie werden wir wahrgenommen, wie sieht uns der Westen? Die „East Art Map" basiert also auf Erfahrungen, die wir gemacht haben, auf den Gesprächen und auf unseren Reisen in Ost und West. Wir sind nach Russland gereist und in andere Länder, und wir haben überall Leute getroffen und befragt.

Hito Steyerl: Was versteht ihr unter dem Osten im Begriff „Osteuropa"? Ich fand es interessant, dass ihr euer Projekt sehr detailliert beschreibt, vor allem die Produktionsumstände, aber nicht den Begriff des Ostens. Was ist der geographische oder sogar konzeptuelle Rahmen des Ostens? Wenn ihr darüber sprecht, Kunstwerke oder Künstler miteinander in Beziehung zu setzen, zu wem oder was soll diese Beziehung hergestellt werden? Untereinander oder zur westlichen Kunst oder anderen Kunstproduktionen?

Borut Vogelnik: Wenn man Kunst komplett aus dem Kontext herausschält, dann wird es problematisch. So kann gar nicht übersehen werden, dass es einen großen Unterschied gibt zwischen der Art, wie Kunst in den Ländern des ehemaligen Ostens produziert wurde und wie sie im Westen hergestellt wurde. Zu diesem Schluss kommen westliche wie östliche Beobachter. Andererseits – und dieser Aspekt ist wichtig für Irwin – basiert die osteuropäische Kunst nach 1945 genau wie die internationale zeitgenössische Kunst auf Vorläufern, die für beide gelten, etwa die Avantgarde-Bewegungen vom Anfang des 20. Jahrhunderts. Natürlich haben sich die Einflüsse in den verschiedenen Ländern unterschiedlich stark ausgewirkt. Aber wenn es um die historische Entwicklung dessen geht, was heute als moderne oder zeitgenössische Kunst begriffen wird, dann muss man die Bedeutung zur Kenntnis nehmen, die zum Beispiel die russischen Künstler einer bestimmten Periode hierfür hatten. Es geht uns also auch um vernachlässigte Relationen zwischen Ost und West oder um eine gemeinsame Geschichte.

Außerdem findet sich diese Art, über „den Osten" oder die Kunst des Ostens im Allgemeinen zu reden, weit eher im Westen. Der Begriff der „Ostkunst" oder „osteuropäischen Kunst" ist ein Begriff des Westens. In westdeutschen Museen werden Kunstwerke aus dem östlichen Europa oft unter dem Begriff „Ostkunst" gelistet. Der Begriff existiert also schon. In den Ländern des östlichen Europa ist dieser Begriff jedoch ziemlich ungewöhnlich und sogar schwierig. Man hat hier ein ziemliches Problem damit, sich all diese Gesellschaften als ein zusammenhängendes Ganzes vorzustellen. Hier spricht man über nationale Kunstproduktion und nicht über osteuropäische Kunst. Und es ist wahrscheinlicher, dass jeder seine eigene nationale Kunstgeschichte schreiben und sie mit dem Westen in Beziehung setzen würde. Insofern ist „der Osten" also etwas, was sich viel eher in einer westlichen oder westeuropäischen Perspektive findet.

> **Miran Mohar:** Ein Museumsdirektor sagte mal zu mir: „Warum zum Teufel erstellt ihr eine East Art Map? Wieso schreibt ihr eine Geschichte, die schon geschrieben ist? Warum trennt ihr diese Geschichte von anderen ab?" Er fand, dieses Projekt sei überholt und dass man in den westeuropäischen Museen inzwischen mehr und mehr versucht, dieser Art von eindeutiger Chronologie und nationaler Erzählung zu entkommen, zum Beispiel durch eine andere Politik der Hängung der Kunstwerke. Unsere Antwort ist: Die Geschichte der osteuropäischen Kunst existiert nicht. Im Gegenteil: Die Geschichte der osteuropäischen Kunst fehlt. Und es fehlt eine osteuropäische Perspektive. In Osteuropa haben wir es nicht nur mit regionalen oder lokalen Geschichtsschreibungen zu tun, wir haben es mit lokalen Mythenbildungen zu tun. Mythologien, die in kein anderes System integriert sind, die an kein anderes System anschließen. Deshalb war es auch wichtig, das Projekt der „East Art Map" sehr traditionell anzugehen, gewissermaßen von vorne zu beginnen und zu sammeln und zu klassifizieren.

Hito Steyerl: Eure Diagnose ist also, dass es keine Karte der osteuropäischen Kunst gibt, weil diese Geschichte entweder von einem westlichen Blick auf „den Osten" dominiert wird oder in viele nationale oder lokale Geschichten und Mythenbildungen zerfällt. Aber besteht nicht dennoch die Gefahr, dass ihr mit der Behauptung einer „osteuropäischen Perspektive" geographische Kategorien des Kalten Krieges wiederaufnehmt? Anders gefragt: Nachdem der Osten keine brauchbare geopolitische Kategorie ist, ist der Osten eine brauchbare ästhetische Kategorie? Wie entkommt ihr den geopolitischen Implikationen des Begriffs?

Borut Vogelnik: Unsere Frage ist: Gibt es überhaupt eine Möglichkeit, die unterschiedlichen Kunstproduktionen der osteuropäischen Länder untereinander, aber auch im internationalen Rahmen zu vergleichen? Lässt sich ein gemeinsames Feld organisieren, das Relationen überhaupt erst ermöglicht? Denn das fehlt dort. Es gibt keine vergleichende Kunstkritik, es gab und gibt nur lokale Mythologien. Und die Grundregel dieser Mythologien war stets: Misch dich nicht in andere Angelegenheiten ein! Sogar innerhalb des ehemaligen Jugoslawien galt diese Regel. Und das war immerhin *ein* Staat. Wenn slowenische Kunstkritiker doch über künstlerische Arbeiten aus Kroatien oder Serbien gesprochen haben, was sehr selten geschah, dann agierten sie mit großer Vorsicht, wie Gäste auf fremdem Grund und Boden. Und deshalb gab es auch keine osteuropäische Perspektive. Mit der „East Art Map" versuchen wir eine solche Perspektive zu rekonstruieren. Wir rekonstruieren etwas, das nicht existiert hat. Ein Beispiel: In unserem Buch *East Art Map: Contemporary Art and Eastern Europe* wird zum ersten Mal OHO, eine wichtige Künstlergruppe aus Slowenien, mit der internationalen Kunstproduktion der siebziger Jahre verglichen. Etwas so Simples wie der Vergleich mit der zeitgenössischen Kunstproduktion ist notwendig, um herauszufinden, worin diese Unterschiede oder Ähnlichkeiten in der Kunst der Ostens, nach der du fragst, bestehen könnten. Aber wir fragen dies nicht als Kunsthistoriker, sondern als Künstler. In diesem Sinne sind wir Amateure auf dem Feld. Aber ich riskiere es trotzdem zu sagen, dass es sehr interessante Kunstproduktionen in der Kunst nach 1945 in den osteuropäischen Ländern gibt, deren Relation zur internationalen Kunstproduktion noch nicht erkannt ist. Das gilt besonders für die Konzeptkunst im früheren Osten, da gibt es Kunstproduktionen auf extrem hohem Niveau, wie zum Beispiel OHO, Mladen Stilinović und Jerzy Bereš. Der Trick ist folgender: Eben weil es keinen institutionellen, sondern nur einen „Amateur"-theoretischen Rahmen gab, überlebte diese Kunstproduktion unter extrem feindlichen Bedingungen über mehrere Jahrzehnte hinweg. Die Künstler wurden nicht mal als Künstler anerkannt. Die feindlichen Bedingungen „ermöglichten" dabei etwas, das die Konzeptkunst tatsächlich oft zu ihrem Anliegen erklärt hat, nämlich: dem Kunstmarkt, dem Ruhm und allem, was damit einhergeht, zu entkommen. Der Konzeptkunst im Westen ging es anders, sie wurde sehr schnell vom Markt aufgesogen, schon zu Beginn der siebziger Jahre.

Miran Mohar: Die US-amerikanische Kunstkritikerin Lucy Lippart schrieb einmal, dass sie sehr deprimiert war, als sie herausfand, dass Konzeptkunst schon innerhalb von drei oder vier Jahren Eingang in den Kunstmarkt gefunden hatte. Eine solche Vereinnahmung fand hier in Slowenien nicht statt. Das hier war, sagen wir, wie das Niemandsland zwischen Nord- und Südkorea, das von niemand betreten wird und wo deshalb noch ein Gewürz oder eine Pflanze oder irgendetwas existiert, was anderenorts schon verschwunden ist. Es waren andere Bedingungen hier. Also, auch wenn die Kunst in Slowenien manchmal genauso aussehen mag wie die US-amerikanische oder westeuropäische Kunst, es ist eine andere. Und wir hielten es von Anfang an für produktiver, auf diesem Unterschied zu bestehen.

> **Hito Steyerl:** Glaubt ihr, dass dieser Unterschied 2005 immer noch existiert? Denn die Berührung mit dem Kunstmarkt, von der ihr sprecht, hat definitiv in den letzten Jahren stattgefunden. Ihr könnt nicht davon ausgehen, dass es immer noch unberührte, quasi jungfräuliche Territorien gibt, die noch nicht mit dem Markt in Kontakt gekommen sind. Wie würdet ihr also den Unterschied beschreiben in einer Ära, in der große institutionelle Sammler wie Baumax, die Erste Bank, Generali Foundation und nationale Kunstförderungsanstalten aus Westeuropa in Osteuropa einmarschieren und diese Märkte nicht nur erobern, sondern auch kannibalisieren?

Borut Vogelnik: Ob der Einfluss des Kunstmarktes hier wichtig ist? Natürlich! Der Einfluss ist sogar verheerend. Der Kunstmarkt hat hier wesentlich brutalere Auswirkungen als im Westen – und das bedeutet, dass der spezifische Unterschied zwischen West und Ost nicht verschwunden ist, sondern gerade durch die Einführung des Marktes weiterexistiert. Und weil das passiert, halten wir es jetzt für notwendig, hier in diesen Ländern spezielle „Systeme" zu entwickeln. Um es etwas anekdotisch zu formulieren: Wenn in den postsozialistischen Gesellschaften gerade alles und jedes privatisiert wird, dann ist es an der Zeit, sich klar zu machen, dass auch die Kunstgeschichte privatisiert wird. Und das ist nicht weniger wichtig als die Privatisierung des ökonomischen Kapitals, die hier stattgefunden hat. Um deine Frage zu beantworten: Den Unterschied zwischen Ost und West gibt es noch, der hat nicht aufgehört zu existieren, er ist nur in eine neue Phase eingetreten. Deshalb gehört auch die Periode der „Transition" in jene Geschichte der osteuropäischen Kunst, die die „East Art Map" skizziert.

> **Miran Mohar:** In dieser Periode gibt es ein Phänomen, das ich Standardisierung nennen würde. Es gibt westliche Kuratoren, die einfach fortfahren, Kunst nach bestimmten Standards auszusuchen, zum Beispiel Kunst, die mit neuen Medien arbeitet, minimalistisch ist, nicht zu exotisch; ein anderes Mal muss es im Gegenteil exotisch sein wegen eines entsprechenden Ausstellungsthemas. Außerdem kann man feststellen, dass osteuropäische Kunst im Westen durch einige wenige Repräsentanten vertreten wird, ein paar Namen, die belegen sollen, dass Osteuropa eingeschlossen wird. Es geht also heute um Fragen der Inklusion und der Exklusion. Und mit der „East Art Map" haben wir diese Frage der Inklusion ein wenig verschoben. Wieso sollen wir überhaupt darüber nachdenken? Wieso sollen wir darüber nachdenken, eingeschlossen zu werden? Wieso fangen wir nicht einfach damit an, uns selbst zu konstruieren, unsere eigene Geschichte zu konstruieren? Das ist unsere Position.

Hito Steyerl: Auf der Biennale von Venedig 2005 war der Rumänische Pavillon vollkommen leer, bis auf ein kleines weißes Büchlein, das Fotografien von Daniel Knorr und theoretische Positionen aus verschiedenen Ländern versammelt. In dieser von Marius Babias herausgegebenen Publikation ist ein Text von dir, Rastko, mit dem Titel „Eastwest". Du vertrittst dort die These, dass der Unterschied zwischen der westlichen und der östlichen Kunstproduktion zu existieren aufgehört hat, dass er nicht mehr produktiv ist. Ist das eine Gegenposition zu Irwin und zum Projekt der „East Art Map"?

  Rastko Močnik: Ich habe in diesem Text die östliche Situation immanent definiert. Nach dieser Definition war der Osten jener Teil der Welt, in dem das modernistische Projekt radikal durchgeführt wurde, und das bedeutete, dass hier die „autonome" kulturelle und künstlerische Sphäre abgeschafft wurde. Die Kunst verlor ihre Autonomie, und die Politik begann als der „allgemeine Repräsentant" verschiedener sozialer Sphären und ihrer Praktiken zu operieren. Dies geschah durch einen revolutionären Prozess, der dem modernistischen Projekt einer Autonomisierung der kulturellen Sphäre durchaus immanent war, aber zu unterschiedlichen Entwicklungen führte, die man unter „West" und „Ost" fassen könnte. Denn zu einem bestimmten historischen Moment, der Oktoberrevolution, verband sich das modernistische Projekt der Kunst mit sozialen, historischen und politischen Prozessen. Damit transformierte sich der soziohistorische Kontext der Kunst. Etwas ganz Ähnliches fand in der Guerillakunst der Partisanen im früheren Jugoslawien statt. Auch hier fanden sich Künstler, die durch den Vorkriegs-Expressionismus oder andere Avantgarde-Bewegungen geprägt waren, plötzlich in einer Situation wieder, in der ihre künstlerischen Praktiken Teil eines revolutionären Prozesses wurden. Einer Situation, in der sie aus der kulturellen Sphäre in die Sphäre des wirklichen historischen Prozesses vorstoßen konnten, das heißt in das, was diese bürgerlichen Künstler für den wirklichen historischen Prozess hielten. Dieser historische Hintergrund ist eine Besonderheit der Kunst im Osten, die es so im Westen nicht gibt. Im Westen wurde die Autonomie der kulturellen Sphäre beibehalten, und die Kunst agierte in einem unauflösbaren Spannungsverhältnis zum Imperialismus der Warenökonomie, da sie einerseits gegen die Vereinnahmung durch diese Ökonomie ankämpfen, also sich ihren Ausnahmecharakter bewahren musste und andererseits auf gesellschaftliche Anerkennung angewiesen war, also der Verdinglichung und Vermarktung unterlag. Das war das Schema meines Textes: auf der westlichen Seite die Kunst in ihrem widersprüchlichen Verhältnis zur Verdinglichung und Vermarktung und auf der östlichen Seite – nach dem revolutionären Durchbruch – die Politisierung der Kunst und des Lebens an sich. Wobei dort der Kontext durch Partei und Staat bestimmt war und der bürokratische Jargon zum allgemeinen Äquivalent wurde. Ich wollte zeigen, dass am Ende dieser unterschiedlichen Entwicklungen der Kunst in Ost und West zwei Sackgassen standen, die verschieden, aber auch komplementär sind. Es ist eine Spiegelsituation, eine umgekehrt symmetrische Operation, die in Ost und West stattgefunden hat und die zu Transformationen geführt hat, die in eine neue Situation mündeten – und die ist auf den beiden zuvor getrennten Seiten ziemlich ähnlich, was uns zur zeitgenössischen Kunst bringt. Trotz aller Ähnlichkeiten, im Osten muss man jede Kunstpraxis durch die Brille der radikalen Vollendung des modernistischen Projektes betrachten. Das bedeutet, dass Sozialistischer Realismus eben nicht Realismus ist. Man muss den Sozialistischen Realismus durch die Brille der suprematistischen oder konstruktivistischen Erfahrung sehen, während es im Westen gewissermaßen eine Ablagerung verschiedener Stilrichtungen gab. Oder eine Beschleunigung der Ablagerungen immer neuer Stilrichtungen, wegen des goldenen Käfigs der Autonomie und weil der Markt den Prozess der Erfindung neuer künstlerischer Stilrichtungen beschleunigt. Das war mein Argument in diesem Text. Zur „East Art Map" habe ich eine mehr – sagen wir, ich habe hier mehr die Position eines Einheimischen. In meinem Text habe ich die Sache des Ostens verteidigt, indem ich das anfängliche avantgardistische, das revolutionäre Moment hervorgehoben habe und nicht so sehr auf das eingegangen bin, was später passierte, diese spiegelbildliche Entwicklung: Verdinglichung im Westen und Politisierung im Osten. Das waren die Schlüsselbegriffe meiner Kartographierung, mit beiden versuchte ich ein immanentes Kriterium für die Positionen Ost und West zu finden. Das bedeutet, dass ich versucht habe, diese Positionen historisch zu begreifen und nicht nur strukturalistisch. In einer strukturalistischen Betrachtung würden sie sich gegenseitig definieren, aber das wäre ein konzeptueller Betrug.

Hito Steyerl: Würdest du sagen, dass die Ost-West-Opposition heute noch funktioniert? Deine These lautete ja eigentlich, dass sie – zumindest im Bereich der Kunst – nicht aufrechterhalten werden kann, dass sie zu einer bestimmten historischen Entwicklung gehörte.

> **Rastko Močnik:** Vielleicht war mein Standpunkt zu radikal. Ich kam damals gerade aus Südkorea zurück und „Osten" begann nun noch einmal etwas anderes für mich zu bedeuten. Ich würde sagen, die ehrlichste Antwort auf deine Frage ist: ja und nein. Lass mich deine Frage mit einer Allegorie beantworten: Die jugoslawischen Kriege waren ethnische und religiöse Kriege. Und das zu einer Zeit, als jeder glaubte, dass Religion eine Sache der Vergangenheit sei und Ethnizität nur ein folkloristisches Anhängsel des Alltags.
>
> Was wir heute erleben, ist eine große Krise der westlichen Zivilisation, die ideologisch zum Krieg gegen den Terrorismus stilisiert wird. Der Kern der kapitalistischen Länder durchläuft jetzt denselben Prozess der Ethnisierung, denselben Prozess der Artikulation sozialer Konflikte durch religiöse Überzeugungen und Machtansprüche, den wir vom Balkan kennen. In diesem Sinne ist die Situation, die wir zuerst auf dramatische Weise im Balkan erlebten, nun die Situation Londons. Das ist die „Parallele" zwischen der östlichen und der westlichen Situation. Der Unterschied zwischen beiden ist, dass die Konflikte in Jugoslawien territorial begründet wurden und unmittelbar zu „ethnischen Säuberungen" führten. In Westeuropa sind die Konflikte deutlich struktureller definiert. Das bedeutet, dass innerhalb der westlichen Metropolen eine Art Krieg

stattfindet, und es ist kein Krieg von Essex gegen Sussex, sondern von London gegen London.

Um deine Frage zu beantworten: Ich denke, man sollte die Begriffe Ost und West einer Revision unterziehen, man sollte eine komplexere Recherche zu diesen Begriffen starten, wie ich es angedeutet habe, und vielleicht würde das auch rückwirkend auf die sogenannte Transition im Osten ein Licht werfen.

Hito Steyerl: Oliver Vodeb, das Festival Memefest widmet sich der Frage, wie in einer Informationsgesellschaft, die von Massenmedien geprägt ist, Ideen verbreitet werden können, die zu einer Gegenkultur beitragen. Was mich bei eurem Festival überrascht hat, ist, dass es zum Teil in Lateinamerika stattfindet. Das sprengt den Rahmen dieser Ost-West-Diskussion oder verschiebt sie zumindest in einen neuen, außereuropäischen Rahmen. Mich interessiert diese Vorstellung, Osteuropa nicht allein mit Westeuropa in ein Verhältnis zu setzen, sondern auch mit dem Rest der Welt. Kannst du ein bisschen über diese geographische Konstruktion erzählen?

Oliver Vodeb: Wir haben das Projekt Memefest vor fünf Jahren gestartet, und in dieser Zeit hat es sich zunehmend erweitert. Zunächst bestand die Basis vor allem aus Ljubljana und aus einem wachsenden Netzwerk, das hauptsächlich im nördlichen Teil der USA situiert war. Dazu kamen noch einige Leute in Deutschland. Das war die organisatorische Netzwerkstruktur, wobei unsere primären Kommunikationswerkzeuge das Internet und unsere Website waren. Das Zentrum in São Paolo und das Zentrum in Kolumbien kamen letztes Jahr zu Memefest hinzu. Bei meinen Besuchen in Lateinamerika habe ich ein extremes Interesse an „radikaler Kommunikation" feststellen können, also an dem, was wir mit Memefest zu entwickeln versuchen. Radikale Kommunikation meint Kommunikationspraktiken, die auf eine gerechtere Verteilung von Macht in Gesellschaften hinarbeiten, also zum Beispiel durch kommunikative Interventionsstrategien wie Cultural Jamming.

Hito Steyerl: Hattet ihr jemals vor, eure Arbeit in einem sogenannten osteuropäischen Rahmen zu verorten? Sind territoriale Fragen im Zeitalter digitaler Kommunikation noch ein Thema?

Oliver Vodeb: Unser Netzwerk erstreckt sich bisher vor allem über Westeuropa und Nord- und Südamerika. Ich denke nicht, dass Memefest derzeit im osteuropäischen Rahmen arbeiten könnte, obwohl wir das gerne würden. Aber die westliche radikale Kommunikationsszene ist gut organisiert, und die Informationen über Memefest verbreiten sich in diesen Regionen anscheinend schneller als in Osteuropa. Territoriale Fragen, wie die nach dem Unterschied zwischen Ost und West, sind wichtig. Ich glaube, dass Memefest sein kommunikatives Potential nur dann entfalten kann, wenn das Virtuelle mit dem Materiellen kombiniert wird. Die Kombination führt zu Institutionalisierungen, die stärkere Effekte produzieren. Kollaborationen und Netzwerke im östlichen Europa sind deshalb für uns sehr wichtig, um Kanäle aufzubauen, mittels derer wir mit den realen Umgebungen in Osteuropa kommunizieren können. In unserem Fall unterstützt das Digitale das Materielle und umgekehrt.

Hito Steyerl: Welche Rolle spielt der Begriff „Osteuropa" in deiner Arbeit? Oder polemisch gefragt: Wie westlich oder östlich ist Ljubljana für dich?

Oliver Vodeb: Ich war fünfzehn Jahre alt, als Slowenien unabhängig wurde. Von diesem Zeitpunkt an drang der westliche Kapitalismus sehr schnell vor, mit westlichen Medien, Produkten und Lebensstilen. Ich hatte niemals das Gefühl, dass der Kapitalismus in Slowenien anders ist als im Großteil Westeuropas. Auch wenn der Westen Slowenien als osteuropäisches Land betrachtet. Deshalb habe ich mich in meiner Arbeit am Anfang auch nicht auf den Begriff Osteuropa konzentriert. Aber die Resultate meiner Arbeit haben mir in den letzten Jahren auf unterschiedliche Weise und zunehmend eine Ahnung von diesem Begriff gegeben.

Hito Steyerl: Was denkst du, ist die Trennung in Ost und West vorbei? Oder wie relevant ist sie noch in zeitgenössischen Praktiken wie zum Beispiel dem Cultural Jamming?

Oliver Vodeb: Die kommunikativen Praktiken des Cultural Jamming sind eng mit der gegenkulturellen antikonsumistischen Bewegung verbunden. In den entwickelten kapitalistischen Ländern ist Cultural Jamming als kommunikative und interventionistische Strategie sehr populär. In Osteuropa gab es die subversiven Praktiken der „Überidentifikation", die man ebenfalls zum Cultural Jamming zählen könnte. Irwin hat im Slowenien der achtziger Jahre mit dieser Strategie gearbeitet, um den dominanten politischen Diskurs zu unterhöhlen. Nach der Einführung des Kapitalismus, der in Slowenien sehr schnell die sozialen Strukturen durchdrungen hat, wird Cultural Jamming heute dazu verwendet, die neuen Herrschaftsdiskurse zu unterlaufen. In den letzten drei bis fünf Jahren sind diese Praktiken in Slowenien über Massenmedien und die institutionelle Kultur oder durch aktivistische Interventionen und Bildungsinitiativen an eine breite Öffentlichkeit herangetragen worden. Das ist natürlich in vieler Hinsicht positiv. Momentan hat Cultural Jamming aber vor allem in Westeuropa einen Status der „Coolness" erreicht, der in vielen Fällen den eigentlichen Absichten dieser Kommunikationspraktiken zuwiderläuft. Ich befürchte, dass auch die jüngere slowenische Kunst- und Designszene beginnt, die gleichen Fehler wie zum Beispiel in England, Deutschland oder auch Nordamerika zu machen. Und Museen und Galerien ermutigen häufig dazu. Die Faszination an dem Visuellen, dem Design, also an dem, was die Wirtschaft als „kreative Industrien" bezeichnet, verläuft häufig reibungslos, und sehr viele „cultural jammer", also Künstler, Designer und „Medienkritiker" unterstützen diese Prozesse ungewollt mit ihrer Arbeit. Im Westen kann man dies schon seit vielen Jahren beobachten. Es ist seltsam, aber es sieht so aus, als ob nachteilige Entwicklungen mit einer Verzögerung nach Slowenien kommen. Also: Nein, die Trennung zwischen Ost und West ist nicht vorbei. In ökonomischer Hinsicht wird Slowenien zu Europas Hinterhof, und in politischer Hinsicht hat es keine eigene Meinung.

Borut Vogelnik: Ich würde gerne noch mal auf den Standpunkt von Rastko Močnik zurückkommen, dass das Ende der Teilung in Ost und West mit dem Ende des politischen Systems im Osten gekommen sein soll. Ich kannte diesen Standpunkt gar nicht. Die Frage ist für mich dabei folgende: Lasst uns annehmen, die Teilung sei vorbei – was kommt dann? Worum es mir geht: Die Frage hält nicht an den Grenzen Europas inne, diese Frage wird auch von Menschen, die in die Kunstproduktion anderer Länder involviert sind, gestellt, weil der Vorgang sich auch an anderen Orten wiederholt. Irwin wurde zum Beispiel nach Kirgisistan eingeladen, und dort haben wir Folgendes zu hören bekommen: Wenn Irwin der Osten sein soll, dann sind die Kirgisen der Osten des Ostens, also ein doppelter Osten. Ich glaube, der Grund, warum wir dorthin eingeladen wurden, war die „East Art Map". Sie waren daran interessiert, dieses Modell zu übernehmen, es für sich zu übersetzen. Was ich damit sagen will: Warum ist es nützlich, die Teilung in Ost und West weiterhin anzunehmen? Weil ich glaube, dass ähnliche Spaltungen sich auch an anderen Orten abspielen werden. Oliver Vodeb hat erwähnt, dass er mit einer starken Gruppe in Lateinamerika zusammenarbeitet. Es gibt dort und anderswo eine gewisse Selbstreflexion, und es werden eigene Symbolisierungen entworfen. Das ist aus unserer Perspektive besonders interessant, weil wir mit der „East Art Map" auch so etwas versuchen. Auf dem Feld der Kunst geschehen solche Symbolisierungen in Form von Kunstgeschichtsschreibungen. Und es gibt da immer das Problem: Wer schreibt diese Geschichten? Aus unserer Sicht ist das eine Kernfrage, und es ist eine politische Frage. Diese Narrationen sind nicht gottgegeben, sie sind Konstruktionen. Wer wird aus dem Prozess der Symbolisierung ausgeschlossen? Hier in Europa war die Linie des Ausschlusses die Grenze Osteuropas. Und es lohnt sich nicht, diese Teilung mit dem Jahr 1990 für beendet zu erklären. Warum? Weil es sinnvoll ist, ähnliche Situationen in Südamerika oder in der Türkei zu suchen. Und warum sollte man diese Situationen nicht auch in Europa selbst finden? Hier, wo sie über fünfzig Jahre bestanden. Wir könnten ein bisschen zynisch sein und diese Teilung in Europa als eine Art Experiment betrachten – das ist zynisch, weil wir so die persönlichen Opfer aus dem Blick verlieren. Aber warum sollten wir dieses phantastische Experiment nicht nutzen? Wir haben zu Beginn der neunziger Jahre erlebt, dass es im Osten wie im Westen ein politisches Interesse daran gab, die Teilung zu überspringen. Doch dabei wurde auch das Potential dieser Differenzierung verworfen, ein Potential, das man so leicht nicht wiederbekommt. Wenn also in Zukunft weiterhin Teilungen stattfinden – nicht nur in Bezug auf die Kunstproduktion, wie es der Multikulturalismus will, sondern auch vom Standpunkt der Reflexion über die Produktionsbedingungen –, wieso sollten wir sie nicht erst am Beispiel Europas analysieren? Warum sollten wir diese Möglichkeit erst aufgeben, um sie dann woanders, außerhalb Europas, wiedererlangen zu müssen? Das wäre Verschwendung!

Hito Steyerl: Rastko Močnik, was hältst du von der Trennungslinie zwischen Ost und West als nützliches begriffliches Werkzeug – gerade für ästhetische Praktiken?

Rastko Močnik: Borut Vogelnik hat verschiedentlich hervorgehoben, dass im Osten die theoretische Praxis der künstlerischen immanent sei. Ich würde das gerne als ein nächstes Kriterium für eine Unterscheidung zwischen Ost und West vorschlagen, und meine Ergänzung wäre, dass diese Trennungslinie nicht geographisch, sondern strukturell bestimmt ist. Das heißt, dass wir den „Osten" heute auch in Berlin finden können. Wenn wir die Trennung nicht historisch betrachten – wie ich das in meinem Text „Eastwest" getan hatte –, sondern eben strukturell, dann ist eine solche Perspektive ein guter Ausgangspunkt, um die Beziehung zwischen der theoretischen und der künstlerischen Praxis zu untersuchen. Eine typisch „westliche" Beziehung zwischen Theorie und Kunst wurde zum Beispiel 2003 durch das Kasseler Symposium „Die Erfindung des Balkans" exemplifiziert. Dort wurde Theorie als eine Begleiterscheinung der Kunst verstanden, das heißt so, als hätte sie keine direkte Beziehung zur künstlerischen Praxis. Theorie stellt in diesem Verständnis einerseits einen Kommentar dar, der das Resultat einer Arbeitsteilung ist, und andererseits normalisiert Theorie jeglichen Effekt, den das Kunstwerk noch haben kann. Aus spezifischen historischen Gründen hat sich eine solche Beziehung zwischen Theorie und Kunst im Osten nicht entwickelt und konnte sich dort auch nicht entwickeln. Wann immer Theorie dort mit der künstlerischen Praxis in Beziehung trat, war sie entweder militante Theorie oder apologetisch in dem Sinn, dass sie Praktiken verteidigte, die sonst zerstört worden wären. Oder sie war auf andere Weise eng mit der künstlerischen Praxis verknüpft. Malewitsch ist dafür paradigmatisch: In seiner Person vereinten sich Kunst- und Theorieproduktion. Und jetzt komme ich – pro domo sua – zum letzten Punkt: dass diese enge Beziehung zwischen Theorie und Kunst nämlich für die Kunst weniger wichtig ist als für die Theorie. Es scheint, dass zumindest in Europa die Theorie nicht überleben kann, wenn sie nicht lernt, sich sehr ernsthaften Herausforderungen zu stellen. Die Theorie wurde gerade durch den Bologna-Prozess aus den Universitäten hinausgeworfen, durch die Strukturreformen zur Harmonisierung des europäischen Hochschulraums, die mit einer stärkeren Ausrichtung der Universitäten auf den Markt einhergehen. Sie wurde so auch ihrer letzten Zuflucht in der Akademie beraubt.

> **Hito Steyerl:** Ich bin nicht sicher, ob ich dein Statement als eine theoretische oder eine künstlerische Geste verstehen muss. Aber um es noch einmal auf eine Definition – von denen es in diesem Gespräch, wie mir scheint, schon einige gab – zu bringen: Ist also, wo immer eine enge Verbindung von Theorie und Kunst besteht, der Osten?

Rastko Močnik: Drücken wir es etwas bescheidener aus: Wo auch immer du diese Art von interner Beziehung zwischen Theorie und künstlerischer Praxis vorfindest, besteht eine östliche Situation.

Das Gespräch wurde von Hito Steyerl ediert und von Karin Krauthausen redigiert.

Marija Mojca Pungerčar
Vor meiner Tür

Seit mehreren Jahren, seit Januar 2001, habe ich das Viertel,
in dem ich lebe, auf meinen täglichen Runden mit meinem
Hund dokumentiert: Grba in Ljubljana, Slowenien.

Grba ist eine Vorstadt von Ljubljana und das einzige
Viertel, in dem ich über einen längeren Zeitraum, etwa
vier Jahre lang, gelebt habe. Was auf den ersten Blick wie
ein völlig normales Vorstadtviertel anmutet, ist in Wirklichkeit der Schauplatz zahlreicher Ereignisse. Einige
gehen langsam und unauffällig vor sich, andere verändern zügig und sozusagen direkt unter unseren Augen
das Erscheinungsbild des Viertels.

    Mein Viertel ist eine Mischung urbaner Extreme.
Bei meinem täglichen Spaziergang mit meinem Hund
machen wir unsere Runden durch die gesamte Geschichte der Besiedlung dieses Gebiets. Das ehemalige
Arbeiterviertel, das einer landwirtschaftlich geprägten
Vorstadt aufgepfropft worden war, hat sich rasch in eine
bürgerliche Luxusvorstadt verwandelt.

    Mein Viertel hat nicht eine, allen gemeinsame Ge-
schichte. Vielleicht begann ich deshalb vor drei Jahren
damit, sie mit Hilfe meiner Kamera zu dokumentieren.
Bei meinen täglichen Runden mit meinem Hund kam
meine eigene Geschichte zum Vorschein. Bei diesen
Spaziergängen habe ich die Veränderungen fotografiert,
die sich in unseren „Jagdgründen" ereigneten. Zunächst
machte ich nur Aufnahmen der offensichtlichsten Dinge, doch später begann ich subtilere Veränderungen zu
entdecken: die Anwohner ließen einen neuen Weg entstehen; ein Baum wurde gefällt; nackte Erde begann von
Pflanzen überwuchert zu werden ... Es war, als führe der
Raum sein eigenes Parallelleben, das zwar von den Eingriffen der Menschen abhängig war, doch sich zugleich
vor ihnen verbarg.

Laden / 18. Mai 2004 – 6. Juli 2004

Marija Mojca Pungerčar, *Pred domačim pragom*
(Vor meiner Tür), 2001–2004

18. 5. 2004   6. 7. 2004

Aufgegrabener Rasen/29. Juli 2002 - 20. November 2004

Die Rasenfläche wurde beim Verlegen neuer Rohre auf-
gegraben. Das Terrain zog Kinder an, die in den Gräben
spielten. Das war das einzige Mal, dass ich hier Kinder
sah, obwohl es in den nahegelegenen Wohnblocks nicht
an ihnen mangelt. Letzten November haben sie auf dem
Rasen fünfzehn Bäume gefällt, weil die Bewohner der
benachbarten Gebäude sich beklagten, sie hätten nicht
genügend Licht. Eine Frau sagte mir, man hätte mehr
Bäume fällen sollen.

Nova Grbina/Januar 2001 - Juni 2004

Als ich in dieses Viertel zog, lebten schon Menschen
in dem Wohnhaus in Grba, und sie hatten auch schon
Zäune errichtet. Hinter diesen Wohngebäuden entstand
ein neues Viertel, eines der angesehensten in Ljubljana,
gepflegt und gut gesichert. Eine beträchtliche Anzahl
von Arbeitern arbeitete auf dieser Baustelle. Manchmal
hörte ich, wie sie während der Arbeit sangen. Drei Jahre
später pflanzten sie eine Hecke um das Terrain der alten
Wohnblocks. Sie zogen Draht durch die Büsche und
fügten zwei elektronisch betriebene Sicherheitstore hinzu.

Kiosk/28. Juni 2003 - 11. August 2004

Der Kiosk wurde letzten Sommer geschlossen. Ein
knappes Jahr später wurde er wiedereröffnet. Zunächst
änderte sich die Werbung: Anstelle des West-Logos
wurde ein Marlboro-Logo angebracht. Dann wurde der
obere Teil des Zeichens entfernt. Als Nächstes wurde
der Kiosk wieder geschlossen. Schließlich verschwand
er ganz.

Elvis lebt/22. Mai 2002 - 8. Juni 2004

Auf einem Abhang hinter einem Schuppen zwischen
den Gemüsefeldern nahm sich ein junger Mann das Leben. Er schoss sich mit einem Gewehr in den Kopf. Ich
glaube, er wurde am Morgen von Spaziergängern gefunden. Im Viertel hieß es, er sei erst unlängst aus dem Gefängnis entlassen worden. Er war dreiundzwanzig Jahre
alt. Er hatte ein Gewehr, mit dem er angeblich manchmal in der Gegend herumgeschossen hat. Als ich mir
die Stelle ansah, wo er gestorben war, war diese noch
dunkel vom Blut.
Es waren Kerzen dort. Im Gras, nicht weit entfernt, lagen ein paar Handschuhe, die von den Arbeitern, die
den Leichnam weggetragen hatten, zurückgelassen worden waren. Während der nächsten Wochen wurde die
Stelle von jemandem besucht, der den Jungen geliebt
haben muss. Man sah dies an den Veränderungen, die
dort vorgenommen wurden: Blumen und brennende
Kerzen, säuberlich angeordnet.

29. 7. 2002

28. 6. 2003   24. 5. 2004

22. 5. 2002   26. 5. 2002

Marija Mojca Pungerčar, *Pred domačim pragom*
(Vor meiner Tür), 2001 - 2004

24. 5. 2004   20. 11. 2004

6. 6. 2004   1. 8. 2004   11. 8. 2004

4. 6. 2002   20. 6. 2002   8. 6. 2004

Ovidiu Țichindeleanu

Wenn der Abgrund zurückblickt
Das Politische jenseits von Kommunismus und Kapitalismus

Gegenwärtig haben wir folgende Situation: den globalen Kapitalismus, eine begrabene Vergangenheit: den globalen Kommunismus, und einen gemeinsamen Wunsch: Demokratie. Doch welche Bedeutung könnte „die Macht der vielen" heute, in Abwesenheit des Kommunismus, erlangen?

Wir wissen bereits, dass dies nicht heißen sollte, unseren Führern bedingungslos zu vertrauen – oder etwa nicht? Vielleicht ist es also die Anziehungskraft der Akkumulation wirtschaftlichen Wachstums, die langsam aber sicher auch noch die Letzten erfasst; schließlich entspricht es dem gesunden Menschenverstand, dass die Souveränität des Marktes, ein ungestört in seinem eigenen Interesse und nach seiner eigenen Logik arbeitendes Kapital, auch zur Souveränität und Selbständigkeit der Menschen führen wird. Ja, was könnte die internationale Solidarität der Menschen stärker mobilisieren als die Vision eines ungezügelten, über nationale Grenzen hinwegfließenden transnationalen Kapitals? Doch vielleicht ist diese gegenwärtige Situation, die Hegemonie des globalen Kapitalismus, auch nur ein Stadium. Vielleicht ist der Geist der Dialektik im Moment verborgen, aber eines Tages wird er zurückmarschieren, und es ist nur eine Frage der Zeit, bis die Menschen schließlich die Oberhand gewinnen.

Auf der dunklen Seite dieser leuchtenden Visionen droht die unwiderstehliche Anziehungskraft des Abgrunds in Gestalt der gefürchteten Rückkehr zu Kommunismus und Totalitarismus. Meiner Ansicht nach entspricht dies weniger einer realen Möglichkeit als vielmehr einer Neigung, die in jeder postkommunistischen osteuropäischen Kultur zu erkennen ist: den Kommunismus zu leugnen. Man betrachtet ihn als eine Leerstelle in der Vergangenheit, lässt „die Geschichte neu beginnen" und tut so, „als habe es ihn nie gegeben". Natürlich wird diese Gegenwart, „die es nie gegeben hat", darauf insistieren, zurückzukehren, um uns heimzusuchen. Andererseits zieht der Abgrund aber auch die entgegengesetzte Furcht vor einem unendlichen Abstieg in die *unmenschliche* Welt der kapitalistischen Ausbeutung an. Diese geht mit einer anderen Vergesslichkeit einher, nämlich dem Vergessen der historischen Tatsache, dass die *humanistischsten* politischen Projekte des 20. Jahrhunderts, die im Namen des absoluten Gegensatzes zwischen dem Menschlichen und dem Unmenschlichen durchgeführt wurden, in Terror und Genozid endeten.

Unser Problem, wenn wir die radikale Unvereinbarkeit der politischen Projekte zur Kenntnis nehmen, die mit solchen optimistischen Überzeugungen und gefürchteten Ängsten verbunden sind, ist also das Bedürfnis nach der Neuerfindung der Politik auf einer neuen Grundlage, auf eine andere, nicht-ausschließende Weise. Der Königsweg: Wir wissen genau, dass ein Riese in sich zusammengestürzt ist, also muss es Ruinen geben, die es zu erkunden gilt. Und wie wir, die überlebenden Kapitalisten, von der Archäologie und aus Filmen ebenso definitiv wissen, kann man damit rechnen, in den Ruinen, sowohl in unserer materiellen Welt als auch im kollektiven Imaginären, keine „verlorenen Illusionen", sondern Schätze zu entdecken. In den „Ruinen des Kommunismus" wollen wir die Mittel finden, um dem nicht-ausschließenden Sinn von Ideen wie Internationalismus, Solidarität und Gleichheit eine neue Gestalt zu verleihen. Die französischen Philosophen

Jean-Luc Nancy und Alain Badiou werden uns bei diesem Versuch als Orientierung dienen, unterstützt durch den ungarischen Philosophen Gáspár Miklós Tamás.

Kommunismus als Kampf um die Welt

Die „Ruinen" des Kommunismus werden hier als die Überreste seiner Struktur nach der Entfernung seines metaphysischen Kerns verstanden: sowohl der *teleologischen Finalität*, die jedwede Gegenwart ersetzt und die „richtige Linie" rechtfertigt, der jeder folgen sollte, als auch der *essentialistischen Bestimmung* von unten, welche die absolute Beherrschung der gesamten Gesellschaft im Namen des Proletariats rechtfertigt. Auf diesem Gebiet ist es Jean-Luc Nancy gelungen, ein Konzept der *Gemeinschaft* und des *Individuums* zu entwickeln, in dem keiner der beiden Begriffe auf Kosten des anderen geopfert wird: Das Gemeinsame der Gemeinschaft und die Singularität der Individuen ergeben zusammen einen neuen Rahmen für eine politische Praxis, die implizit über den heute vorherrschenden Mythos, über die falsche Behauptung hinausgeht, es gäbe keine Alternative zu Kommunismus und Kapitalismus.

Wie sollen wir das Politische neu denken und uns nicht mit der derzeitigen verdrießlichen Form von Demokratie abfinden, angesichts der Tatsache, dass politische Projekte, die die Gesellschaft von oben und gemäß einem bestimmten Prinzipien folgenden Plan aufbauen wollten, in den Terror geführt haben? Jean-Luc Nancy und Philippe Lacoue-Labarthe haben die Lage nach dem Zusammenbruch der großen Totalitarismen des 20. Jahrhunderts als „Rückzug des Politischen" beschrieben. In der Zeit nach diesen schrecklichen Formen der Ausübung absoluter Macht ist es heute unmöglich, die zwingende Klarheit einer universellen politischen These aufrechtzuerhalten.[1] Nach den Tragödien des letzten Jahrhunderts kann das Politische nicht wieder zu einem transzendenten Prinzip erklärt werden, das unsere Situation übersteigt: innerhalb unserer Gegenwart zieht es sich ständig zurück. Das Politische hat seine, ehemals von feudalen absoluten Monarchien und modernen Diktaturen postulierten, transzendenten Grundlagen erschöpft. Folglich muss es *unter den Bedingungen unserer Endlichkeit* neu erfunden werden. Das Politische bedarf zunächst einer neuen ontologischen Fundierung, die die Legitimation eines jeden neuen Programms eingrenzen wird. *Endlichkeit* bedeutet hier nicht Relativierung oder einen Verlust an Werten, sondern einen Zugewinn an Schlüssigkeit, der durch eine Fixierung des Politischen auf der Ebene der Immanenz zustande kommt, einem Reich der Freiheit, das von absoluten Bestimmungen entlastet ist. Statt vom Metaphysischen Sinn und Ziel des Lebens herzuleiten, wird der Wert der Welt innerhalb der Welt selbst abgesteckt. Folglich ist es eben *die Welt*, die zu unserer radikalen politischen Verantwortung wird.[2]

1 Jean-Luc Nancy/Philippe Lacoue-Labarthe, *Retreating the Political*, London 1997.
2 Jean-Luc Nancy, *The Sense of the World*, Minneapolis 1997.

Das oberste Prinzip der Welt ist, dass wir sie *teilen*: es gibt keine andere Welt.[3] *Die Welt* ist das großzügigste, umfassendste Konzept der Endlichkeit, dessen höchstes Gesetz ihre Aufteilung unter den Menschen, unter multiplen Singularitäten ist. Die Welt sollte also *das Prinzip unserer Solidarität sein*. Unsere politische Aufgabe wird, Nancy zufolge, darin bestehen, eine Welt zu gestalten, die es den Singularitäten, die wir sind, erlaubt, dem immanenten Sinn dieses *Teilens exponiert* zu sein. Mit anderen Worten, unsere Aufgabe heute besteht in nichts Geringerem als darin, „die Gestalt des Sinns der Welt zu erzeugen". Das ist etwas anderes als ein neues abstraktes politisches Prinzip zu fordern, da „Sinn" für Nancy jeder Bedeutung vorgängig ist. Faktisch ist der Sinn in der Verkündung seiner Möglichkeit bereits gegenwärtig und macht so jedwede Bedeutung möglich; der Sinn geht der Bedeutung voraus, übertrifft und exponiert sie.[4] Der Sinn ist die Beziehung des Selbst zu einem anderen, insofern der andere nicht völlig von diesem Selbst absorbiert wird; wird der Affekt des Sinns absorbiert, dann verschwindet der Sinn.[5] Als ontologisch von den projizierten Bedeutungen verschiedener ist der Sinn weder Transzendenz noch reine Selbst-Präsenz, sondern ein *ursprüngliches Teilen*, vor allen moralischen Annahmen: „Wenn der Sinn nicht geteilt wird, gibt es keinen Sinn, denn der Sinn selbst ist geteiltes Sein."[6] Nancy vertritt die These, dass die immanente ontologische Grundlage, auf der ein neuer Sinn des Politischen entstehen könnte, nur durch ein wechselseitiges *Sich-Exponieren* möglich ist, dadurch dass man exponierte Präsenzen miteinander teilt. *Exponiertsein* bedeutet, von einer selbstgenügsamen, selbst-präsenten Identität befreit sein, bereit sein, dem Ereignis gemäß zu leben, offen für Mannigfaltigkeit und Alterität zu sein. Das Politische zieht sich auf diese einfache ontologische Verantwortung zurück: die Tatsache, dass unsere Existenz etwas Gemeinsames ist. Zu *Individuen* werden wir bereits in einer *Gemeinschaft*: „Ich" geht dem „Wir" nicht voraus. Ein solcher Standpunkt rechtfertigt den Widerstand gegen *Ideologie* – im Sinne jedweder politischen Erklärung der Welt und der Geschichte aus einem einzigen Prinzip, einer Bedeutung, die total sein möchte, einer „Totalmobilmachung". Praktisch geht dies mit der Delegitimierung jeder holistischen Politik einher, die auf der Grundlage von Größen wie Territorium, Nation, Volk, Rasse, Proletariat oder Imperium operiert.

Was also macht die Subjekte dieser neuen Politik, ihre Akteure, aus? Es ist sinnlos, nach der richtigen neuen Gemeinschaft zu suchen. Nach dem Zusammenbruch des Kommunismus, so Nancys These, ist *Gemeinschaft* eine hinfällige Kategorie geworden, so dass man sie weder wieder einführen noch sich ihrer Bewahrung widmen kann; es ist eine „undarstellbare Gemeinschaft". Dies ist eine erhebliche Abweichung von Marx, für den der Kommunismus die reale Bewegung der Weltgeschichte darstellte, die von der Gemeinschaft des Proletariats getragen wurde und die Menschheit hin zur absoluten Freiheit und Gerechtigkeit führen sollte. Für Marx bestand das Problem daher darin, das reale Subjekt der

---

3 Jean-Luc Nancy, *La création du monde ou la mondialisation*, Paris 2002, S. 173.
4 Jean-Luc Nancy, *Une pensée finie*, Paris 1990, S. 203 f.
5 Ebd., S. 14-17.
6 Jean-Luc Nancy, *Être singulier pluriel*, Paris 1996, S. 20.

Geschichte zu erkennen – er entdeckte es in Arbeiterbewegungen – und das Programm zu entwickeln, um ihm zu seiner reinen Substanz als reales Subjekt der Geschichte zu verhelfen. Doch diese essentialistische Vision hat sich heute erschöpft, und Politik kann nicht durch „Humanität" oder durch eine Gemeinschaft legitimiert werden, deren Schicksalsbestimmung darin besteht, zu reiner Selbst-Transparenz, zur reinen Präsenz einer Substanz zu gelangen. Der Sinn der heutigen politischen Gemeinschaft kann weder das „Volk" noch das „Proletariat" und noch weniger die „Partei" sein.

Der *Sinn der Gemeinschaft* ist kein anderer als der *Widerstand* gegen ihre Schließung oder Einlagerung in ein essentialistisches Subjekt der Geschichte und die Öffnung gegenüber einer *Exponierung* und für die *Bereitschaft, politische Ereignisse willkommen zu heißen*. Das, woran es einer möglichen neuen Politik mangelt, sind nicht die Menschen, die richtige „Gemeinschaft", sondern die Fähigkeit, die Ereignisse auszumachen, mit denen unsere Zukunft eingeleitet wird.[7] Diese *Unfähigkeit zur Exponierung* könnte in Nancys Augen zur *Zerstörung der Welt* führen: zu ihrer Beherrschung durch einen Todestrieb, dessen Ende nur das Ende der Welt selbst sein kann. Um in der Lage zu sein, das Ereignis zu ergreifen, können „wir"uns nur jeglicher kommunitaristischen Bestimmung begeben und in dem Empfang von etwas „Unerhörtem" exponiert bleiben.[8] Der Ausgangspunkt eines politischen Wagnisses, dem es darum geht, die gegenwärtige kapitalistische Weltordnung herauszufordern, sollte also nicht das gegebene „Wir" einer Gemeinschaft (etwa der Nationalstaat, die „Rasse" etc.) sein, sondern „Kommunismus" in seinem profunden Sinne einer Geltendmachung des Gemeinsam-Seins.[9] Im Vergleich mit dem Vorrücken des globalen Kapitalismus sind der Staat, die Nation und andere substantielle Bestimmungen der Gemeinschaft bereits anachronistisch. Dies ist der Grund, warum, so Nancys These, der *Kommunismus* in einem endlichen politischen Rahmen keineswegs tot ist, sondern *unser ureigenstes Werden darstellt*, das, was nie aufhört, für uns einzutreffen: die universelle, einfache Tatsache, dass wir eine gemeinsame Existenz haben. Die politische Aufgabe besteht zukünftig darin, dieses Gemeinsam-Sein *als ein Ereignis* wahrzunehmen, das die politische Forderung nach dem Recht begründet, die Welt zu teilen und den Status des *Internationalismus* zu verändern, der sich heute auf den freien Fluss des Kapitals beschränkt.

„Die Schöpfung der Welt", die Aufgabe der Politik der Endlichkeit, bedeutet auch, *den Wert der Transformation selbst* zu erwägen. Eine endliche Existenz wird nicht aus einer Substanz hergestellt und bedarf auch keiner zu ihrer Rechtfertigung. Sie macht sich einfach geltend und verändert die Vielfalt mit dem Wert ihrer affirmierten Singularität. Das soll heißen, dass der Wert der Revolution nicht nur auf der Veränderung beruht, die sie den Produktionsverhältnissen aufnötigt, sondern auch auf *dem Wert der Veränderung selbst*. „Die Schöpfung der Welt", das Politische auf der ursprünglichen Ebene der ontologischen Verantwortung neu zu

7 Jean-Luc Nancy / Philippe Lacoue-Labarthe, *Le mythe nazi*, La Tour d'Aigues 1991.
8 Jean-Luc Nancy, *La communauté désoeuvrée*, Paris 1986, S. 26.
9 Jean-Luc Nancy, *La comparution*, Paris 2000, S. 62.

situieren, bedeutet in praktischer Hinsicht, sofort jeden möglichen *Kampf für eine Welt* wiederzueröffnen und diesen Kampf gegen die globale Ungerechtigkeit gerade unter der Bedingung auszufechten, dass er nicht von einem Modell oder im Sinne einer Finalität vorgeschrieben ist.[10]

Der Zusammenbruch der Totalitarismen hat den Rückzug des Politischen von absoluten, metaphysischen Legitimationsprinzipien auf einen Horizont der Endlichkeit möglich gemacht, in dem das grundlegende Prinzip der internationalen Solidarität die Welt ist und die Tatsache, dass wir sie teilen. „Die Schöpfung der Welt" wird so zur Aufgabe der möglichen neuen Politik, ein internationalistischer „Kommunismus" von *Individuen als exponierten Singularitäten*, die gegen überkodierende Ideologien und jegliche Einlagerung in essentialistische Gemeinschaften resistent sind. Dies legitimiert den Kampf gegen die Aufteilung und Zerstörung der Welt, die Forderung nach einem veränderten Status des Internationalismus gegen die Vorherrschaft des Kapitals und die Anerkennung der Veränderung selbst als Kampf um den Sinn der Welt.

Emanzipation durch Gleichheit

In der Welt der Endlichkeit ist alles in Ordnung, aber man kann sich des Eindrucks nicht erwehren, dass eine solche irdische theoretische Basis, die postkommunistische ebenso wie die postkapitalistische, dennoch taktloserweise mit dem Etikett „idealistisch" versehen werden könnte. An diesem Punkt erweist sich Alain Badious Denken als nützlich. Als Philosoph und unermüdlicher politischer Aktivist hat Badiou ein philosophisches System entwickelt, das den Traum jedes ernsthaften, hegelianischen oder dialektischen, Aktivisten erfüllt. Er hat auf eine ebenso kohärente wie strikte Weise die Grundlagen einer Politik formuliert, die sowohl idealistisch als auch materialistisch ist.

Während sich das Politische nach dem Zusammenbruch der Totalitarismen für Nancy auf die ontologische Ebene der Endlichkeit zurückzieht, wird für den ehemaligen Maoisten Alain Badiou die Notwendigkeit einer auf universellen Prinzipien und Wahrheiten beruhenden *Politik der Emanzipation* immer deutlicher spürbar. Sämtliche wichtigen politischen Projekte der letzten beiden Jahrhunderte, so seine These, gehen auf den *Wunsch nach Emanzipation* zurück, und trotz der Auflösung des Kommunismus muss das Politische seine *Beziehung zu Wahrheit, Gerechtigkeit und Gleichheit* zurückgewinnen, allerdings auf einer radikal veränderten Grundlage, die mit der Nichtreduzierbarkeit der Singularität auf abstrakte Prinzipien oder den subjektiven Willen beginnen muss. Hier stimmt Nancy mit Badiou überein: Singularität, „ein Ding", etwas, das passiert, sollte keine Transzendenz der Welt sein (die Substanz eines bestimmten Volkes, einer bestimmten „Rasse" oder Klasse), sondern der als Mannigfaltigkeit singulärer Dinge begriffenen Welt immanent sein.[11]

10 Nancy, *La création du monde ou la mondialisation*, S. 61.
11 Nancy, *Une pensée finie*, S. 220.

Zusammen mit Liebe, Dichtung und Mathematik ist Politik für Badiou eines der vier generischen Verfahren. Jedes von ihnen ist imstande, aus einer bestimmten Situation heraus eine ursprüngliche Wahrheit hervorzubringen, die gleichwohl der Ausgangssituation immanent ist. Das heißt, alle generischen Verfahren sind in der Lage, *singuläre Wahrheiten* hervorzubringen, die sich als *Ereignisse* aus der Immanenz einer Mannigfaltigkeit ergeben, aber nichtsdestotrotz singulär, nicht kategorisch, bleiben. Mit anderen Worten, ihre universelle Wahrheit ist weder das Ergebnis bestimmter objektiver Gesetze der Natur, Sprache oder Geschichte noch die autarke Affirmation des Willens (zur Macht) eines Subjekts, sondern sie besteht in *unendlichen und universellen Singularitäten*. So wie jeder Mensch. Die generischen Wahrheiten sind universell und unendlich, und dennoch singulär. Ideal und dennoch instinktiv im Hinblick auf die Pragmatik einer Situation. Ein solches Konzept wäre vermutlich als zu bequem oder zu absurd betrachtet worden, hätte es nicht die strenge Mengenlehre des Mathematikers Paul Cohen zur Grundlage. Und merkwürdigerweise gibt es dafür eine Fülle von Beispielen; im Bereich der Politik ist in diesem Zusammenhang die Revolution von Chiapas aufschlussreich: Jeder allgemeinen Analyse der Situation zufolge wäre sie sofort zum Scheitern verurteilt gewesen, und dennoch hat sie sich als eine völlig neue, singuläre Politik herausgebildet und bewährt, die Wahrheit und Gerechtigkeit in ein neues Verhältnis zur Politik setzt. Die politische Bewegung der Zapatisten spricht in nichtessentialistischen *und* universellen Begriffen zur gesamten Welt und ist doch einzigartig für die Geschichte der indigenen Bevölkerung in Chiapas und ganz Mexiko. In Badious eigenen metaphorischen Worten ist die Politik der Emanzipation „eine singuläre Spur, in der die Wahrheit einer kollektiven Situation ans Licht kommt"[12].

Badious neuartige und komplexe Theorie ist antiautoritär. Sie beruht auf dem Wissen darum, dass die politischen Projekte des 20. Jahrhunderts, die mit der Macht des *subjektiven Willens* (Nationalsozialismus) und der Behauptung einer notwendigen *objektiven Entwicklung* (Stalinismus) gerechtfertigt wurden, zu Terror und Genozid geführt haben. Diese Politik gründete ihre Emanzipationsprojekte auf prometheische Mythologien von der *Erschaffung des neuen Menschen* und zog die *Singularität* der Individuen nicht in Betracht, ihre menschlichen Subjekte wurden auf Zahlen und Materie reduziert. Die Erschaffung eines neuen Menschen verlangt immer die Vernichtung des alten,[13] so wie die Affirmation des „Menschlichen" in der politischen Praxis umgekehrt dazu führt, dass das als „nichtmenschlich" Identifizierte ausgeschlossen wird. Heute sind diese Kategorien tot, und niemand will mehr den neuen Menschen schaffen (eher geht es um die Bewahrung des alten), aber zugleich befinden sich auch die Emanzipationsprojekte in einer Legitimationskrise. Aus diesem Grund verschwindet die Beziehung zur Wahrheit, und Politik wird auf den Relativismus und die Skepsis der westlichen parlamentarischen Demokratien reduziert.[14]

12 Alain Badiou, *Conditions*, Paris 1992, S. 234.
13 Ebd., S. 242.
14 Alain Badiou, *Le siècle*, Paris 2005, S. 20.

Allerdings ist Badiou der Auffassung, dass selbst in diesem trockenen zeitgenössischen Kontext Politik als *revolutionäre oder emanzipatorische* noch möglich ist[15], doch das, woran es mangele, sei, diese These vertritt auch Nancy, die Fähigkeit, das *Ereignis zu ergreifen*. Die neuartige Politik der Emanzipation erscheint in der Geschichte in *zufälligen Sequenzen* und nie als Verkörperung einer ewigen philosophischen Idee oder einer teleologischen Bestimmung. Die Sequenzen sind kurz und sporadisch[16], und sie erfordern den Einsatz *generischen Denkens*, sie bedürfen der Philosophie als Zeugin für das Auftreten der Wahrheit, für „das, was es möglich macht, unsere Zeit im Denken zu erfassen". *Generisches Denken* ist militantes Denken im weitesten Sinne: das *Vertrauen* in ein Ereignis, dessen Wahrheitsproduktion sich nicht auf das allgemeine Wissen reduzieren lässt. Getreu den Prinzipien einer politischen Praxis, die sich jeder Rechtfertigung durch objektivierte Gesetze oder einen subjektiven Willen widersetzt, verlangt Badious Konzept vom *Vertrauen in das Ereignis*, dass man davon Abstand nimmt, dem Geschehen den eigenen Willen aufzuzwingen, ohne sich dem Ereignis bedingungslos zu überantworten. Nancys theoretischer Begriff der *Exponierung* erweist sich hier als nützlich, doch *Vertrauen* (im Gegensatz zu *Glauben*) fügt ihm die willkommene aktive Dimension der Anteilnahme hinzu. Das einfachste Beispiel, das veranschaulicht, wie dies widerspruchsfrei möglich ist, ist die Teilnahme an einer Massenkundgebung.

Die politische Aufgabe, mit der wir uns konfrontiert sehen, ist daher die Wiederherstellung des *generischen Werts der Politik*, ihrer Fähigkeit, Wahrheiten hervorzubringen, die einer Situation immanent sind und sich in der Folge eines Ereignisses dennoch als universelle Wahrheiten erweisen. Bemerkenswert ist, dass für Badiou – genauso wenig wie Nancys endliche Singularitäten auf programmatische Rechtfertigungen für ihre Selbst-Behauptung angewiesen sind – auch *generische Politik* keines Beweises für ihre mögliche Existenz in der Welt, wie wir sie kennen, bedarf: die Politik der Emanzipation ist bereits in dem Augenblick „real", in dem ihre Aussagen Gestalt annehmen.[17] Universell ist ihre Wahrheit bereits zu dem Zeitpunkt, in dem sie in Erscheinung tritt, oder, so könnte man sagen, bereits sie verleiht *der Welt* einen Sinn.

Wie Nancy verzichtet auch Badiou nicht darauf, diese formale Plattform einer möglichen neuen Politik mit Inhalt zu füllen, und er findet diesen im Schlachtruf der ersten emanzipatorischen Revolution: *liberté, egalité, fraternité*. Heute hat das Konzept der „Freiheit" keinen unmittelbaren Nennwert, da es „vom Liberalismus, von der Doktrin parlamentarischer und kommerzieller Freiheiten, in Beschlag genommen worden ist". Ohne letztere einander gleichzusetzen, vertritt Badiou die These, dass dennoch beide Register „Freiheit" in ihre eigenen Diskurse eingereiht und so ihre autonome Beziehung zur Wahrheit eingeschränkt haben. „Frei" sind in erster Linie der Markt und die Meinungen, die innerhalb derselben über-

---

15 Badiou, *Conditions*, S. 215.
16 Dies sind die Wogen der Politik der Emanzipation in den beiden letzten Jahrhunderten (Badiou folgt den Studien von Sylvain Lazarus): 1. Robespierre und Saint-Just 1792-1794 (9. Thermidor); 2. Marx 1848-1871; 3. Lenin 1902-1917; 4. Mao 1928-1949; 5. Die Kulturrevolution 1965-1967. Badiou, *Conditions*, S. 234 f.
17 Ebd., S. 221.

holten Strukturen ausgebildet wurden. Und auf ähnliche Weise wurde auch der Begriff „Brüderlichkeit" durch seinen Gebrauch im Zusammenhang mit substantiellen Konzepten wie „Gemeinschaft" ausgehöhlt. Badiou schlägt daher „Gleichheit" als das angemessenste Prinzip für die heutige politische Aufgabe vor. Über seine ökonomische Konnotation hinaus ist Gleichheit das, was zu einer „strengen Logik des Selben" führt, einem *Internationalismus und einer Solidarität jenseits nationaler Grenzen und gegen diese*. Badiou geht sogar so weit, zu sagen, dass „unsere Zeit nichts wert" sei, wenn nicht eine radikale Politik der Gleichheit Gestalt annehme und der kapitalistische Parlamentarismus die Situation weiterhin völlig beherrsche.[18]

Badious Vision ist ein egalitärer, antistaatlicher und antihumanistischer „Kommunismus der Singularitäten", der generischen Menschlichkeit und der Auflösung differentieller oder hierarchischer Repräsentationen.[19] Seine „Menschen" sind gleiche, nicht benennbare, anonyme Elemente, die nichtsdestoweniger ihre Präsenz affirmieren und ohne irgendwelche Vorbedingungen hervortreten.[20] Badiou fordert eine Taktik des Widerstands, die sich weigert, den politischen Raum vom Standpunkt der Staatsmacht aus zu betrachten, die das Individuum in ihren politischen Legitimierungsverfahren (wie Wahlen, Steuern, Inhaftierung) nicht als eine in sich unendliche Mannigfaltigkeit ansieht, sondern als algebraischen Einzelfall, als eine Einheit in einer Serie.

Auch wenn sie im Namen der Gleichheit auftritt, ist eine solche Politik der Emanzipation *antihumanistisch*, das heißt rigoros gegen jeden substantialistischen Kommunitarismus gerichtet.[21] In seiner *Neuen Wissenschaft* (§12) präsentierte Vico eine überraschende Etymologie des Begriffs Humanität, indem er die These vertrat, *humanitas* gehe auf *humando*, von *humare*, beerdigen, zurück. (Sein Argument beruht auf der Annahme, Hochzeiten und Beerdigungen seien die „humanisierendsten" frühen Institutionen der Menschheit, der Nährboden des Gemeinwohls.) Für eine ganze philosophische Generation des 20. Jahrhunderts sollte diese Aussage auf den Kopf gestellt werden: der politische Tod erfolgt auf dem Weg über den Humanismus, *humando* ist eine Folge der *humanitas*. Die vollendetsten Annahmen über das Subjekt in der Geschichte, wie die vom neuen Menschen im letzten Jahrhundert, führten zu nichts als Terror: dem *Führer* als Sachwalter des Schicksals eines Volkes und der Partei als der starken Hand des Volkes, wie es in der Nationalhymne der Sowjetunion hieß. Eine philosophische Lehre hieraus, die man von Althusser und Foucault bis zu Badiou und Nancy lernen kann, lautet, dass „es kein Subjekt der Geschichte" gibt. Man sollte allerdings auch betonen, dass alle diese antihumanistischen Philosophen immer wieder ihre *zivilgesellschaftliche Verantwortung* unter Beweis gestellt haben, indem sie sich unmittelbar für Bürgerrechtsbewegungen von ethnischen Minderheiten, Immigranten, Frauen und Homosexuellen einsetzten.

---

18 Badiou, *Conditions*, S. 247 f.
19 Alain Badiou, *Manifeste pour la philosophie*, Paris 1989, S. 92.
20 Ebd., S. 90.
21 Badiou, *Conditions*, S. 250.

Doch diese politischen Bewegungen gehen nicht weit genug. Aus Badious Sicht ist ein Großteil der Politik, die im Namen einer Gemeinschaft betrieben wird, keine wirkliche Politik der Emanzipation: sie wiederholt lediglich essentialistische Behauptungen und subsumiert sie der Algebra des Staates, ohne das strukturelle Machtdispositiv zu verändern. Ohnehin ist der Staat der Erste, der „Gemeinschaften" definiert und aufteilt. Während er einerseits an der Notwendigkeit festhält, von der gegebenen Realität auszugehen (es gibt eine Arbeiterbewegung unabhängig von jeder Theorie, eine antikolonialistische Bewegung etc., und es gibt Ereignisse, Massenkundgebungen), insistiert Badiou auch darauf, dass es für Bewegungen *nicht ausreicht*, sich der Sache der Ausgebeuteten und Unterdrückten anzunehmen, wenn sie eine *generische Politik* entwickeln wollen. Außerdem ist es, in Badious harten Worten, „unlogisch und utopisch", für die Unterprivilegierten (Frauen, Homosexuelle, die Arbeiterklasse, Immigranten etc.) dieselben Rechte zu fordern, wie sie die herrschende Klasse (von Geburt einer Nation Angehörige etc.) genießt, weil solche Ansprüche nicht innerhalb der Bedingungen desselben gesellschaftlichen Ganzen verwirklicht werden können. Vernünftigerweise sollten die Forderungen darauf abzielen, „den nicht besetzten Platz zu besetzen". Die von unterprivilegierten Gemeinschaften initiierten politischen Bewegungen haben nur eine Chance, zu einer wirklichen Politik der Emanzipation zu werden, wenn ihre Ansprüche und Begriffe die Grundbedingungen jeder Wahrheit erfüllen; das heißt, sie müssen universell sein und sämtliche Mitglieder einer gegebenen Polis ansprechen. Nur auf dieser Grundlage lässt sich eine neue Form des Internationalismus und der Solidarität entwickeln: der „populäre immanente Internationalismus". Letztlich, hält Badiou fest, „zählen für uns nicht die Unterschiede, sondern die Wahrheiten" [22].

Prinzipien der Solidarität: Die Welt, Gleichheit und Staatsbürgerschaft

Gerade weil sich die Projekte der Emanzipation in einer Legitimationskrise befinden, müssen wir die Politik wieder mit generischen Wahrheiten verbinden. Das bedeutet auch, dass man die teleologischen Wahrheiten zurückweist, die in Anrufungen wie „Entweder globaler Kapitalismus oder Kommunismus" stecken. Doch wir haben noch die Folgen der Bereitwilligkeit einzuschätzen, mit der einflussreiche osteuropäische Intellektuelle auf diese Anrufung reagierten, indem sie freie Märkte mit Kapitalismus gleichsetzten und Kapitalismus mit Demokratie.

In diesem Zusammenhang hat der ungarische Philosoph Gáspár Miklós Tamás auf die derzeitige „Verarmung des emanzipatorischen Projekts der Aufklärung" unter den herrschenden Bedingungen des globalen Kapitalismus hingewiesen. Gegen das, was er als das „utopische Projekt des globalen Kapitalismus" bezeichnet – den Kult der Spontaneität und den Glauben an eine Freiheit ohne jede institutionelle Regulierung –, plädiert er für eine Erneuerung der Tradition der

22 Ebd., S. 279.

Staatsbürgerschaft als universellem Anspruch. Nicht auf der Grundlage einer humanistischen Ideologie (die darauf hinausläuft, „Nicht-Menschen" wie etwa Juden, Homosexuelle oder Geisteskranke auszuschließen), sondern im Sinne einer grundlegenden Bedingung, die „eine Welt" der Würde und internationalen Solidarität „schöpfen kann". Heute, konstatiert Tamás, werde Staatsbürgerschaft wie in vormodernen Zeiten „wieder zum Privileg, statt Teil der *conditio humana*" zu sein, und die Auswirkungen des globalen Kapitalismus können als Ausschließung unzähliger Menschen von den Vorzügen der Staatsbürgerschaft verstanden werden.[23] Dem kann nur eine Politik entgegentreten, die auf dem Internationalismus beruht.

Für eine postkommunistische internationalistische Politik könnte sich Badious und Nancys Denken als nützlich erweisen, denn ihr Werk erkundet die zeitgenössischen Bedingungen der Möglichkeit einer emanzipatorischen und egalitären Politik. Eine solche Politik ist nur möglich, indem man kommunitaristische Identitäten ablegt, die Singularitäten einander exponiert, den ausschließenden Internationalismus des Kapitals anficht und indem wir uns durch ein bedingungsloses Engagement für Ereignisse, die *der Welt Sinn* verleihen, in eine Beziehung zur Welt setzen, auf der Grundlage ihres fundamentalen Gesetzes: unserer gemeinsamen *Teilhabe* an ihr. Dies ist eine egalitäre, partizipatorische, antiautoritäre, antistaatliche und nichthumanistische Perspektive, die das Politische von der vertikalen *conditio humana* auf den horizontalen *staatsbürgerlichen Zustand* herunterholt.

Darin besteht die Konstellation eines postkommunistischen „Kommunismus der Singularitäten" und eine mögliche Grundlage internationaler Solidarität: unendliche Singularitäten, Teilhabe an einer endlichen Welt, Gleichheit und internationale Staatsbürgerschaft. Jenseits der Ängste heißt „den Abgrund zurückblicken lassen" einfach, über die Annahme hinauszugehen, dass das Individuum das Maß aller Dinge ist, und dann entsprechende organisatorische Maßnahmen zu ergreifen.

Für Osteuropa, so Tamás' These, bedeutet die Organisation einer neuen Politik der Emanzipation, das vergessene „Unten" wiederzuentdecken.[24] Tamás zufolge war der Kommunismus ungeachtet all seiner Schrecken ein Faktor der Modernisierung, der die osteuropäische Bevölkerung sowohl von feudalen als auch von sozialistischen „Überresten" gereinigt hat. Das derzeitige Ergebnis aber ist die Entwicklung eines „reinen und einfachen Kapitalismus", durch den die „Arbeiterklasse" völlig in Vergessenheit gerät, indem man nicht zulässt, dass sie zum politischen Subjekt wird. An der Grenze dieses Prozesses kann die postkommunistische politische Emanzipation nur mit der erneuten Sichtbarmachung des „Unten" auf einer nichthumanistischen Basis einhergehen.

Die Notwendigkeit, die Politik innerhalb des endlichen Sinns der Welt nach Prinzipien der Emanzipation neu zu organisieren, führt uns zum „Hauptwider-

23 Gáspár Miklós Tamás, „What is Postfascism?", in: *Open Democracy*, 14. September 2001, www.opendemocracy.net/people-newright/article_306.jsp.
24 Gáspár Miklós Tamás, „Un capitalisme pur et simple", in: *La Nouvelle Alternative*, Nr. 60-61, März-Juni 2004.

spruch": Ist nicht Repräsentation das oberste Prinzip der Zwei-Welten-Teilung? Eine Grenze ist dann erreicht, wenn die vorherrschenden Konzepte in der Ordnung der Repräsentation der Ordnung des Unsichtbaren angehören: die „schweigende Mehrheit", die ~~Arbeiterklasse~~, der „Terrorist", der ~~ANDERE~~.

Es gibt kein mystisches Bedürfnis nach einer „Neuschöpfung" ex nihilo: der Fall des Eisernen Vorhangs und die Hegemonie des globalen Kapitalismus offenbaren sowohl die Grenzen der repräsentativen Modelle von Demokratie als auch die Entstehung *partizipatorischer* Modelle, die auf neuartige Weise das Existenzrecht der Menschen affirmieren. Die demokratische Linke gedeiht tatsächlich aufgrund von Erfindungen, aber wie stets zunächst von unten.

Klaus Ronneberger

Atlas

Moldau

HAUPTSTADT: Chişinău, 662 400 Einwohner (2003)
EINWOHNER: 4 238 000 (Fortschreibung 2003)
BEVÖLKERUNG: 64,5 Prozent Moldauer, 13,8 Prozent Ukrainer, 13,0 Prozent Russen,
3,5 Prozent Gagausen, 2,0 Prozent Bulgaren, 3,1 Prozent andere Minderheiten (Zensus 1989)
FLÄCHE: 33 800 Quadratkilometer
BRUTTOINLANDSPRODUKT (BIP): 2479 Millionen US-Dollar (2003)
BIP PRO KOPF: 585 US-Dollar (2003)

Zwischen Bukarest und Moskau

*Als Russland das Gebiet zwischen den Flüssen Pruth und Dnjestr 1812 in Besitz nahm, wurde es unter dem Namen „Bessarabien" zu einer Verwaltungseinheit zusammengefasst. Angesichts der Revolution in Russland riefen nationalistische Kräfte am 6. Februar 1918 in Bessarabien die unabhängige „Moldauische Republik" aus, auf die am 9. April 1918 der freiwillige Anschluss an Rumänien folgte. Die Pariser Friedenskonferenz von 1919/20 sprach die Republik Moldau auch völkerrechtlich Rumänien zu, was die Sowjetunion jedoch nicht anerkannte. Infolge des Hitler-Stalin-Paktes (1939) [> S. 598 f.] musste die rumänische Regierung am 26. Juni 1940 das Territorium an die UdSSR abtreten. Als Verbündeter des Deutschen Reiches erlangte Rumänien ab Juli 1941 erneut die Oberhoheit über Bessarabien, die bis zum Einmarsch der Roten Armee im Frühjahr 1944 andauerte. Im Pariser Friedensvertrag wurden 1947 die sowjetischen Grenzen von 1940 bestätigt.

**Die Kremlführung installierte 1924 am linken Dnjestr-Ufer die Moldawische Autonome Sowjetrepublik als territoriale Einheit innerhalb der Ukrainischen Unionsrepublik. Um den sowjetischen Anspruch auf Bessarabien zu untermauern, propagierte Moskau die Setzung von der „Eigenständigkeit des moldawischen Volkes" und erklärte die rumänischsprachige Minderheit zur Titularnation. Nachdem Bessarabien unter die Kontrolle der Sowjetmacht geraten war, ließ Stalin den Raum neu ordnen: Während der Süden des Territoriums zur Ukraine kam, wurde der größere Teil mit der

Mit dem Schwinden der Blockkonfrontation und der Auflösung des sowjetischen Imperiums flammten an dessen Rändern gegen Ende der 1980er Jahre eine Reihe von territorialen und ethnischen Konflikten auf, die zuvor für Jahrzehnte stillgelegt worden waren. Auch beim Entstehen der unabhängigen Republik Moldau (Republica Moldova) wurden sie erneut sichtbar.

Im Laufe des 20. Jahrhunderts hatte die historische Landschaft Bessarabien*mehrfach die staatliche Zugehörigkeit gewechselt. Diese Wechsel wurden von unterschiedlichen Ethnizitätskonzepten begleitet. Die Mehrheit der Bevölkerung sprach rumänisch und verstand sich bis Ende des Zweiten Weltkriegs als Teil der nationalen rumänischen Gemeinschaft. Zu Sowjetzeiten entwickelte sich dann ein starkes Zugehörigkeitsgefühl zu Moldawien. In Rumänien wiederum hatte der Regierungschef Nicolae Ceauşescu ab Mitte der 1960er Jahre im Rahmen seiner blockfreien Außenpolitik begonnen, eine rumänische Ethnizität der Moldawier herauszustellen. Später forderte er sogar, die sowjetische Annexion von Bessarabien rückgängig zu machen. Als Reaktion darauf betonte die Parteiführung der Moldawischen Sozialistischen Sowjetrepublik (MSSR)**umso stärker die Eigenständigkeit des „moldawischen Volkes" und ging restriktiv gegen jedes Anzeichen eines „Rumänentums" vor.

In der Atmosphäre von Glasnost und Perestroika entstanden in der MSSR politische Initiativen, die den Reformprozess von Michail Gorbatschow unterstützten und für eine Gleichberechtigung des Rumänischen eintraten. Kommunistische Reformkräfte gründeten mit prorumänischen Nationalisten die Moldawische Volksfront, die auch aus den ersten Wahlen im Februar 1990 als stärkste Kraft im Obersten Sowjet der MSSR (später Parlament) hervorging. Bereits 1989 hatte die „Volksfront" die Einführung des „Moldauischen" als Staatssprache durchsetzen können, während das Russische den Status einer „interethnischen Kommunikation" erhielt. Am 27. August 1991 erklärte die neue Regierung die Unabhängigkeit der Republik Moldau, die auch von der internationalen Staatengemeinschaft anerkannt wurde. Schließlich wurde Mircea Snegur, vormals Sekretär der moldawischen Kommunistischen Partei, am 8. Dezember 1991 bei direkten Wahlen ohne Gegenkandidat zum ersten Staatspräsidenten gewählt.

Die in der Umbruchsphase sowohl auf moldauischer wie auf rumänischer Seite verfolgte Option einer Staatsunion polarisierte die multiethnische Bevölkerung der Moldawischen Republik. Bereits in den 1980er Jahren

Moldawischen Autonomen Republik zusammengeschlossen und am 2. August 1940 zur selbständigen Unionsrepublik, der Moldawischen Sozialistischen Sowjetrepublik (MSSR), erklärt.

*Die Gagausen sind eine türkischsprachige Bevölkerungsgruppe mit christlich-orthodoxer Religion. Im Zuge der russischen Eroberung des südlichen Teils von Bessarabien, das bis zu Beginn des 19. Jahrhunderts zum Osmanischen Reich gehörte, floh die gesamte muslimische Bevölkerung aus dieser Region. Um diesen Bevölkerungsschwund zu kompensieren, siedelte das zaristische Regime neben deutschen, serbischen und bulgarischen Migranten auch Angehörige der damals in Bulgarien lebenden Gagausen an. In der UdSSR erhielten sie in den 1950er Jahren ein eigenes Alphabet auf kyrillischer Basis. Heute leben etwa 150 000 Gagausen in der Republik Moldova, 32 000 in der Ukraine und etliche Tausend im Nordosten Bulgariens sowie in Griechenland.

hatten sich die türkischstämmigen Gagausen*, die etwa 3,5 Prozent der Bevölkerung ausmachen, zu einer eigenen „Volksfrontbewegung" formiert. Als Reaktion auf die Neuregelung der Sprachgesetzgebung und eine mögliche Vereinigung mit Rumänien riefen sie 1990 in ihrem Hauptsiedlungsgebiet zeitweilig eine eigene Sowjetrepublik aus. Nach langwierigen Verhandlungen mit der Regierung in Chişinău konnte schließlich ein Kompromiss erzielt werden. Im Dezember 1994 verabschiedete das moldauische Parlament ein Gesetz, das den Gagausen eine Territorialautonomie zugestand und sie nicht mehr als ethnische Minderheit, sondern als „Volk", den „eigentlichen Träger der Rechtsstellung von Gagausien", anerkannte. Ebenso wurde ihnen das Recht auf Sezession zugebilligt, sollte ihr Siedlungsraum an das benachbarte Rumänien angeschlossen werden.

Auch im Dnjestr-Gebiet, wo Russen und Ukrainer die Mehrheit der Bevölkerung stellen, entstand eine Autonomiebewegung, die sich gegen die „Entsowjetisierungs- und Romanisierungspolitik" der prorumänischen „Volksfront" wandte. Am 2. September 1990 wurde die Transnistrische Moldauische Sozialistische Sowjetrepublik (TMSSR) ausgerufen. Nach der Unabhängigkeitserklärung der Republik Moldau erklärte sie sich ebenfalls zum souveränen Staat, der Transnistrischen Moldauischen Republik (TMR). Bis heute wird Transnistrien völkerrechtlich nicht von der internationalen Gemeinschaft anerkannt, von Russland allerdings geduldet.

Der Konflikt mit der Regierung in Chişinău eskalierte im Frühjahr 1992 zu einem Bürgerkrieg (600 bis 1000 Tote), den die Separatisten mit der Unterstützung der ehemaligen 14. Sowjetischen Gardearmee für sich entscheiden konnten. Seit dem 21. Juni 1992 besteht ein Waffenstillstand, der von einer gemischten Friedenstruppe aus moldauischen, transnistrischen und russischen Einheiten kontrolliert wird. Die anhaltende Präsenz seiner Truppen in Transnistrien begründet Moskau damit, eines der weltweit größten Lager für konventionelle Waffen zu überwachen, das einst zur Sicherung der Südwestflanke des sowjetischen Imperiums dort angelegt worden war. Russland hat sich zwar 1999 auf dem Gipfel der Organisation für Sicherheit und Zusammenarbeit in Europa (OSZE) in Istanbul dazu verpflichtet, seine Soldaten innerhalb von drei Jahren abzuziehen, ist dem aber bis heute nicht vollständig nachgekommen.

Die Sezession von Transnistrien lässt sich zunächst auf historisch-geographische Gründe zurückführen. Bereits seit den 1930er Jahren ließ Stalin den schmalen Gebietsstreifen links des Dnjestr (rumänisch: Nistru) als Industrie- und Rüstungsstandort ausbauen. Diese Entwicklungsstrategie setzte die Kremlführung nach dem Zweiten Weltkrieg fort. Bessarabien hingegen, das erst 1944 unter sowjetische Kontrolle geriet, wurde von der Planwirtschaft auf die Rolle eines Obst-, Gemüse-, Tabak- und Weinlieferanten für die UdSSR festgelegt. Während die Moldawier in der Landwirtschaft deutlich überrepräsentiert waren, dominierten die Russen und Ukrainer im industriellen Bereich und in administrativen Leitungsfunktionen.

Der aufbrechende Konflikt zu Beginn der 1990er Jahre verdankte sich sowohl der unterschiedlich langen Anbindung an die Sowjetunion als auch den Interessengegensätzen regionaler Eliten. Hinter dem sowjetnostalgischen Nationalismus der Separatisten stand eine mächtige Gruppe, die ihren Besitzstand in den industriellen Zentren des Dnjestr-Gebiets zu sichern suchte. Ebenso aber handelte es sich um einen Stellvertreterkrieg, der Russland erlaubte, weiterhin in diesem als strategisch wichtig erachteten Raum präsent zu sein.

Unter dem Russen Igor Smirnow, der 1991 erstmals zum Präsidenten gewählt und in diesem Amt sowohl 1995 wie 2000 bestätigt wurde, entwickelte die Transnistrische Moldauische Republik sich zu einem autoritären Regime mit diktatorischen Zügen. Transnistrien gilt nicht nur als eine Art Miniaturausgabe der ehemaligen Sowjetunion, sondern auch als Hochburg des Waffen-, Drogen- und Autoschmuggels. Gleichwohl scheint die „Eigenstaatlichkeit" auch in der Bevölkerung (zwischen 500 000 und 700 000 Einwohner) viele Befürworter zu finden. Selbst die ethnischen Moldauer in Transnistrien waren bereits zu Zeiten der UdSSR von einer sowjetischen Identität geprägt. Dies wird auch offiziell durch eine Neuinterpretation der Historie untermauert. Sie gründet auf der These von einem eigenständigen, multiethnischen transnistrischen Volk, dessen nationale Identität letztlich im slawisch-sowjetischen Kulturkreis verwurzelt sei.

Die Kommunisten wieder an der Macht

Angesichts der Sezessionsbestrebungen und des sich anschließenden Bürgerkriegs begann die Regierung in Chişinău sich stärker um eine Partizipation der Minderheiten zu bemühen. Diese Politik wurde auch von den im Februar 1994 stattfindenden Wahlen bestätigt. Die prorumänischen Kräfte erhielten nur 16,7 Prozent der Stimmen. Das Parlament akzeptierte die wirtschaftliche Einbindung in die postsowjetische Gemeinschaft Unabhängiger Staaten (GUS) und verabschiedete eine neue Verfassung, in der das „moldauische Volk" zu einer eigenständigen Nation erklärt wurde.

In den folgenden Jahren regierte meist eine instabile Mitte-rechts-Koalition, die schließlich von der – zwischen 1991 und 1994 verbotenen – Kommunistischen Partei (PCMR) abgelöst wurde. Bei den vorgezogenen Wahlen im Februar 2001 erhielt die PCMR 50 Prozent der Stimmen und übernahm die Regierungsverantwortung. Im April des gleichen Jahres wählte die Mehrheit des Parlaments den Kommunisten Wladimir Woronin zum neuen Staatspräsidenten, der nach dem erneuten Wahlsieg der PCMR im März 2005 in seinem Amt bestätigt wurde.

Die Kommunisten gewannen die Wahlen von 2001 vor allem deswegen, weil die Liberalisierung der Wirtschaft nicht das erhoffte ökonomische Wachstum erbracht hatte und die Armut in der Bevölkerung weiter zunahm. Angesichts der ökonomischen Depression schwand die soziale Basis für eine Fortführung marktwirtschaftlicher Reformen. Die PCMR propagierte hingegen einen starken Interventionsstaat und sprach sich gegen die Privatisierungspolitik der Vorgängerregierungen aus. Damit geriet sie in Konflikt mit den „westlichen" Finanzinstituten, die sich gegen eine Verlängerung der Kreditvereinbarungen aussprachen. Gleichzeitig stellte die PCMR eine Annäherung Moldaus an Russland in Aussicht. Als erster Schritt in diese Richtung wurde Russisch als zweite Staatssprache eingeführt und zum Pflichtfach an den Schulen erklärt. Diese Maßnahmen riefen jedoch in der Bevölkerung heftige Proteste und Massendemonstrationen hervor. Unter dem Druck der Straße nahmen der Präsident und die Regierung ihre „Russifizierungsvorhaben" teilweise zurück. Zudem verschlechterten sich die Beziehungen zu Russland, nachdem Präsident Wladimir Putin Ende 2003 einen Plan zur Lösung des Transnistrien-Konflikts vorgelegt hatte. Der Moskauer Entwurf sah eine „asymmetrische Föderation" vor, räumte Transnistrien ein Vetorecht bei allen wichtigen staatlichen Entscheidungen ein und schrieb eine russische Militärpräsenz bis zum Jahr 2020 fest. Nach dem vehementen Protest der moldauischen Opposition gegen diese Initiative zog Präsident Woronin zum großen Ärger Russlands seine anfängliche Zustimmung zurück.

Ein Ende der Sezession schien zu Beginn des Jahres 2005 mit dem Machtwechsel in der Ukraine wieder näher zu rücken. Während das alte, moskautreue Regime den Schmuggel an seiner Grenze geduldet und davon auch selbst profitiert hatte, kündigte die neue Regierung an, gemeinsame ukrainisch-moldauische Zollposten einzurichten und nur noch Warenlieferungen mit gültigen moldauischen Zollpapieren durchzulassen. Bislang ist es lediglich bei symbolischen Aktionen geblieben, da die mafiosen Netzwerkstrukturen ihren politischen Einfluss offensichtlich weiterhin geltend machen können. Vieles spricht dafür, dass der Status quo zwischen Moldau und Transnistrien auch in absehbarer Zukunft aufrechterhalten bleibt.

Seit dem Eklat mit Russland setzt Präsident Woronin auf eine beschleunigte Annäherung an die Europäische Union. Bereits 1994 war Moldau dem Nato-Programm „Partnerschaft für den Frieden" beigetreten und ein Jahr später als erstes Mitglied der GUS in den Europarat aufgenommen worden. Der moldauischen Regierung liegt auch heute viel daran, von der EU geopolitisch nicht mehr der russischen Einflusssphäre zugeordnet, sondern als Teil der südosteuropäischen Region eingestuft zu werden. Ziel dieser Strategie ist die Ankoppelung an den Stabilisierungs- und Assoziierungsprozess (SAP)* der Europäischen Union, um nicht noch weiter gegenüber Rumänien zurückzufallen. Dies stößt jedoch bei der Europäischen Kommission auf wenig Resonanz, da die Initiativen der EU im Fall Moldaus nicht auf eine spätere Mitgliedschaft zielen. Der derzeitige Fokus der EU-Programme liegt vielmehr in den Bereichen „Entwicklungshilfe" und Grenzsicherung gegen unerwünschte Migration.

Der ärmste Staat in Europa

Der Zerfall des sowjetischen Wirtschaftssystems brachte gerade für die Republik Moldau, die früher zu den wohlhabenden Regionen der UdSSR gehört hatte, gravierende Folgen mit sich. Das Wegbrechen der traditionellen östlichen Absatzmärkte und der Niedergang der heimischen Industrie machten schnell klar, in welchem Ausmaß die moldawische Ökonomie von den Mitgliedsstaaten des Rates für Gegenseitige Wirtschaftshilfe (RGW)** abhängig war. Zwischen 1991 und 1999 ging das Bruttoinlandsprodukt um 65 Prozent zurück. Ein politischer Faktor, der wesentlich zur Deindustrialisierung Moldovas beitrug, war die Sezession von Transnistrien, auf dessen Territorium sich ein Großteil der Industrie und der Kraftwerke befindet.

In der Anfangsphase galt Moldau aus der Sicht des „Westens" als marktwirtschaftlicher Vorreiter unter den GUS-Ländern. Bereits in den frühen 1990er Jahren trieb die moldauische Regierung die Liberalisierung des Handels sowie die Privatisierung von Industrie und Landwirtschaft voran. Dank

*Der Stabilisierungs- und Assoziierungsprozess (SAP) der Europäischen Union soll die betroffenen Staaten dabei unterstützen, „europäische Werte, Prinzipien und Standards" zu verankern. Das Verfahren verfolgt zwei komplementäre Ziele: regionale Stabilisierung (kurz- und mittelfristig) sowie europäische Assoziierung (mittel- und langfristig). Zu den Stabilisierungsaufgaben zählen Maßnahmen zur Überwindung der unmittelbaren Kriegsfolgen, etwa Entminung oder Flüchtlingsfürsorge. Die Assoziierungsfähigkeit sieht vor allem den Aufbau von Institutionen, Verwaltungsreformen und Gesetzesanpassungen vor.

**Der Rat für Gegenseitige Wirtschaftshilfe (RGW) wurde 1949 gegründet, um die Volkswirtschaftspläne der zum Ostblock gehörenden Staaten zu koordinieren.

solcher Maßnahmen wurde die Republik im Juli 2001 als erster postsowjetischer Staat in die Welthandelsorganisation (WTO) aufgenommen.

Auf den ersten Blick schien die ökonomische Entwicklung in den letzten Jahren positiv zu verlaufen. 2003 konnte die Republik schon im dritten Jahr in Folge ein stabiles Wirtschaftswachstum verzeichnen. Aber dieses Bild trügt. Angesichts einer Schuldenlast in Höhe von zwei Dritteln der jährlichen Wirtschaftsleistung und extrem geringer Einkommen gilt Moldau nach dem Entwicklungsindex der Vereinten Nationen als der ärmste Staat in Europa. Je nach Schätzung leben 40 bis 80 Prozent der Bevölkerung unterhalb der Armutsgrenze von rund 50 Euro im Monat. Mit 64,2 Jahren ist die Lebenserwartung der Moldauer ausgesprochen niedrig, die Kindersterblichkeit liegt um das Dreieinhalbfache über dem europäischen Durchschnitt. Zwischen 1996 und 2001 sank der Anteil der staatlichen Leistungen für Gesundheitsfürsorge am Bruttoinlandsprodukt von 6,7 Prozent auf 3 Prozent, beim Erziehungswesen von 10 Prozent auf 5 Prozent.

Ein Großteil des wirtschaftlichen Wachstums geht auf Transfers aus dem Ausland zurück, wo – je nach Schätzung – zwischen 600 000 und 1 000 000 Moldauer einer Arbeit nachgehen. Insbesondere der Wegzug von höher qualifizierten Berufsgruppen wie Ingenieuren oder medizinischem Fachpersonal wirkt sich zum Nachteil der moldauischen Volkswirtschaft aus. Die massive Abwanderung erklärt auch die relativ geringe Arbeitslosenquote, die nach Angaben der Internationalen Arbeitsorganisation (ILO) 2003 bei 8,7 Prozent lag.

Moldau weist eine ganze Reihe von sozioökonomischen Strukturproblemen auf. Die Landwirtschaft bleibt zwar weiterhin der wichtigste Wirtschaftszweig, ihre Ausrüstung und Arbeitsmethoden sind jedoch äußerst sanierungsbedürftig. Auch der industrielle Bestand, der einseitig auf den Agrarsektor ausgerichtet ist, müsste dringend modernisiert werden. Im Gegensatz zu den meisten anderen europäischen Ländern ist der Dienstleistungssektor in der Privatwirtschaft nur schwach vertreten. Es dominieren öffentliche Dienstleistungen staatlicher Verwaltungen und Institutionen. Eine weitere Schwäche besteht in der Konzentration auf die Hauptstadt Chişinău, wo sich 85 Prozent der Produktion und das gesamte Finanzkapital befinden. Zu den wichtigsten strukturellen Problemen gehört die hochgradige Abhängigkeit von Energielieferungen aus dem Ausland. Moldau verfügt über keine eigenen Energieressourcen. Strom, Gas und Öl müssen vorwiegend aus der Russischen Föderation importiert werden. Diese Rohstoffabhängigkeit trägt auch wesentlich zu der enormen Staatsverschuldung bei.

Im Außenhandel dominieren traditionell Agrarprodukte, die häufig jedoch noch nicht den westeuropäischen Standards entsprechen, gerade hinsichtlich der Lebensmittelsicherheit. Moldaus Haupthandelspartner sind die Mitgliedstaaten der GUS, insbesondere die Russische Föderation und die Ukraine. Allerdings wächst in den letzten Jahren auch der Handel mit den Staaten der Europäischen Union. Im Jahr 2002 machten die Ausfuhren der Republik Moldau in die EU-Staaten fast 32 Prozent aller Exporte aus, die Einfuhren aus der EU lagen bei 33,5 Prozent. Deutschland gehört neben Rumänien und Italien zu den wichtigsten europäischen Handelspartnern. Der größte Anteil an ausländischen Direktinvestitionen kommt von russischen Unternehmen (36 Prozent), die damit die ökonomische Dominanz der Russischen Föderation unterstreichen.

Hegemonie der russischsprachigen Medien

Insgesamt existieren in der Republik etwa 300 Zeitungen. Neben staatlichen und privaten Blättern bilden Parteiorgane bzw. parteinahe Zeitungen ein wichtiges Element der moldauischen Presse. Auch der Koordinationsrat für Fernsehen und Rundfunk steht weitgehend unter der Kontrolle der Exekutive. So befinden sich sämtliche Medienredaktionen in einem Abhängigkeitsverhältnis zu staatlichen Behörden, Parteien oder Sponsoren. Als präventive Zensur ist auch ein Gesetz zu bewerten, nach dem der Tatbestand der „Verleumdung" eine Gefängnisstrafe von bis zu fünf Jahren nach sich ziehen kann.

Fast 90 Prozent der Printmedien sind russischsprachig, darunter auch die Freitagsausgabe der *Komsomol'skaja pravda*, die mit etwa 50000 Exemplaren als die auflagenstärkste Zeitung in Moldau gilt. Auch im Bereich der elektronischen Medien ist das Übergewicht ausländischer Anbieter augenfällig. Neben dem staatlichen moldauischen Fernsehsender TV Moldova-1 gibt es den rumänischen Sender TVR-1, den russischen ORT und den ukrainischen Kanal UT-1. Seit 1998 sind auch der moldauische Privatsender NIT und seit 1999 der Sender PRO TV im größten Teil des moldauischen Staatsgebietes zu empfangen. ORT hat die mit Abstand höchsten Zuschauerquoten.

Bulgarien

HAUPTSTADT: Sofia, 1 096 289 Einwohner (Zensus 2001)
EINWOHNER: 7 973 671 (Zensus 2001)
BEVÖLKERUNG: 83,5 Prozent Bulgaren, 9,5 Prozent Türken, 4,6 Prozent Roma, 1,5 Prozent andere Minderheiten (Zensus 2001)
FLÄCHE: 110 994 Quadratkilometer
BRUTTOINLANDSPRODUKT (BIP): 19 860 Millionen US-Dollar (2003)
BIP PRO KOPF: 2536 US-Dollar (2003)

Ein König kommt nach Sofia

In der Nachkriegsära galt die Volksrepublik Bulgarien lange Zeit als einer der treusten Bündnispartner der Sowjetunion. Doch spätestens mit dem Machtantritt von Michail Gorbatschow 1985 kühlte das Verhältnis zwischen den beiden Staaten merklich ab. Auch die bis dahin engen wirtschaftlichen Austauschbeziehungen gerieten ins Stocken. Der Lebensstandard der bulgarischen Bevölkerung, die sich von den wiederholt angekündigten Erneuerungen des politischen und wirtschaftlichen Systems mehr Freiräume und eine bessere Versorgung erhofft hatte, verschlechterte sich zusehends. Angesichts einer wachsenden Legitimationskrise versuchte der langjährige Staats- und Parteichef Todor Schiwkow seine Stellung durch eine Mischung aus Reformrhetorik und Repression zu festigen. Gleichzeitig verschärfte er die Diskriminierung gegenüber der türkischen Minderheit, die in der bulgarischen Nationalitätenpolitik* auf eine lange Tradition zurückblicken kann. Bereits Mitte der 1980er Jahre hatten die Partei- und Staatsorgane Angehörige dieser ethnischen Gruppe gezwungen, ihre türkischen Vor- und Nachnamen zu „slawisieren". Im Frühjahr 1989 ließ Schiwkow die Grenzen zur Türkei öffnen und löste mit Hilfe von Gewaltkampagnen einen Massenexodus von mehr als 300 000 Menschen aus. Allerdings beschleunigten diese Aktionen eher seinen Sturz, denn die Volksrepublik Bulgarien hatte sich mit ihnen außenpolitisch völlig isoliert. Am 10. November 1989 wurde der Staatschef in Absprache mit Gorbatschow von der bulgarischen Parteiführung entmachtet. Die Postkommunisten, umbenannt in Bulgarische Sozialistische Partei (BSP), versuchten nun auf parlamentarischem Weg an der Regierung zu bleiben. Die Chancen standen dafür nicht schlecht, da es in Bulgarien nur eine relativ schwach ausgebildete Dissidentenbewegung gab. Diese hatte sich am 7. Dezember 1989 zur Union der Demokratischen Kräfte (SDS) zusammengeschlossen. Das Spektrum der oppositionellen Kräfte reichte von Menschenrechts- und Umweltschutzgruppen über unabhängige Gewerkschaftsinitiativen bis hin zu wiedererstandenen Parteien der Zwischenkriegszeit.

Bei den ersten freien Parlamentswahlen am 10. und 17. Juni 1990 errang die BSP eine klare Mehrheit. Die „Union" erreichte 36 Prozent, während der „Bauernbund" auf 8 Prozent der Wählerstimmen kam und die vom Dissidenten Ahmed Dogan geführte „Bewegung für Rechte und Freiheiten" (DPS) auf 6 Prozent. Diese Gruppierung vertrat vor allem die Interessen der türkischen Minderheit. Im Vorfeld der Wahlen war am 10. April 1990 ein Gesetz beschlossen worden, das die Gründung von religiös oder ethnisch begründeten Parteien

*Das Verhältnis zur türkischen Minderheit in der bulgarischen Nationalitätenpolitik war seit der Gründung des modernen bulgarischen Staates konfliktbeladen. Der Kampf um die Unabhängigkeit (1876-1878) endete mit der Vertreibung rund einer halben Million Muslime aus dem Land. Die zweite Migrationswelle setzte mit den beiden Balkankriegen 1912/13 ein und dauerte bis 1926 an. Ganze Bevölkerungsgruppen wurden nach nationalitätspolitischen Gesichtspunkten „ausgetauscht". Auch die Kommunisten verfolgten eine rigide Nationalitätenpolitik. Mitte der 1950er Jahre postulierten sie, dass Bulgarien „kein multinationaler Staat" und die türkische Minderheit ein „untrennbarer Bestandteil des bulgarischen Volkes" sei. 1969 wurde ein Auswanderungsvertrag mit der Türkei geschlossen, worauf etwa 120 000 bulgarische Türken bis 1978 die Volksrepublik verließen. Aus innenpolitischen Gründen kam es 1989 zu einer weiteren erzwungenen Migrationswelle. Nach dem Sturz des kommunistischen Regimes kehrten viele der Vertriebenen wieder zurück. Auch in der neuen bulgarischen Verfassung vom 13. Juli 1991 wird die türkischsprachige Bevölkerung nicht als Minderheit anerkannt und das Recht auf eine Territorialautonomie ausgeschlossen.

verbot. Nur indem sich die DPS formal für alle Bürger und Bürgerinnen öffnete und mit Hilfe des bulgarischen Verfassungsgerichtes gelang es der Partei, diese Bestimmungen zu umgehen. Die Forderungen der türkischen Minderheit nach kulturellen und politischen Rechten stießen in den nächsten Jahren immer wieder auf aggressive Gegenbewegungen bei der Mehrheitsbevölkerung, die von den Parteien gezielt geschürt wurden.

Nachdem Ende 1990 die regierenden Sozialisten aufgrund von Massenprotesten zurücktreten mussten, kam es in den folgenden Jahren mehrfach zu Regierungswechseln. Schließlich konnte die BSP mit Hilfe eines Wahlbündnisses („Demokratische Liste") Anfang 1995 wieder die Regierungsmacht übernehmen. Es war ihr gelungen, insbesondere die Wählerschichten anzusprechen, die durch die Restrukturierung der Ökonomie sozial deklassiert worden waren. Doch schon 1996 geriet Bulgarien in eine der schwersten Währungs- und Wirtschaftskrisen im postsozialistischen Osteuropa. Eine inkonsistente Wirtschaftspolitik, die Aufrechterhaltung tradierter Produktionsstrukturen und ein korruptes Klientelsystem spielten dabei eine wichtige Rolle. Nach einem rapiden Rückgang der Realeinkommen und dem weitgehenden Zusammenbruch der Sozialversicherungssysteme konnten viele Menschen nur noch mit Hilfe von städtischen Suppenküchen überleben. Die bulgarische Bevölkerung stellte sich auf einen „Hungerwinter" ein. Angesichts solcher Perspektiven weitete sich die ökonomische Depression zur Staatskrise aus. Ende 1996 entlud sich die wachsende gesellschaftliche Unzufriedenheit erneut in Massendemonstrationen. Nur wenig später stürmten Demonstranten das Parlament in Sofia und setzen so ihre Forderung nach Neuwahlen durch.

Die konservative SDS errang mit ihrem Wahlbündnis Vereinigte Demokratische Kräfte (ODS) im April 1997 die absolute Mehrheit der Parlamentssitze. Der neue Ministerpräsident, Iwan Kostow, verfolgte eine strikte Sparpolitik, bremste die Inflation und legte wichtige Grundsteine für eine zukünftige Nato- und EU-Mitgliedschaft. Die Hoffnungen der Bevölkerung auf eine Verbesserung der Lebensverhältnisse wurden jedoch nicht erfüllt. Die soziale Polarisierung der Gesellschaft schritt vielmehr voran. Zwar konnte die konservative Regierung erstmals eine volle Legislaturperiode durchhalten, erlitt bei den Parlamentswahlen 2001 aber eine schwere Niederlage. Als stärkste Kraft konnte sich überraschend die Sammelpartei des Ex-Monarchen Simeon II.[*] durchsetzen. Borisov Sakskoburggotski, so der bürgerliche Name des letzten bulgarischen Zaren, war nach mehr als fünf Jahrzehnten aus dem Exil zurückgekehrt und hatte innerhalb weniger Monate die populistische Nationale Bewegung Simeon II. (NDSW) ins Leben gerufen: Binnen 800 Tagen, so die Parole von Sakskoburggotski, werde es dem Land deutlich besser gehen. Den Privatisierungskurs wolle man sozialverträglich gestalten. Aber auch ihm gelang es nicht, trotz des einsetzenden Wirtschaftswachstums, den Lebensstandard der Bevölkerung signifikant zu verbessern. Im Gegensatz zur Metropole Sofia und den Touristenzentren am Schwarzen Meer blieben das Land und die kleinen Städte von der ökonomischen Entwicklung abgekoppelt. Und wie alle Vorgängerregierungen geriet auch das Kabinett Sakskoburggotski unter den Verdacht der Korruption. Die Parlamentswahlen im Juni 2005 offenbarten eine tiefe Kluft zwischen der politischen Klasse und der Gesellschaft. Die BSP erzielte zwar 31 Prozent, aber viele Wähler hatten das wirtschaftliche Desaster ihrer letzten Regierungs-

[*] Der Berliner Kongress von 1878 beschloss die völkerrechtliche Anerkennung von Serbien, Rumänien und Montenegro sowie die Autonomie des bulgarischen Fürstentums. Zugleich setzten die Großmächte die Monarchie als Regierungsform fest. Die von außen diktierten Fürstenthrone wurden mehrheitlich von „Landesfremden" eingenommen. In Bulgarien löste 1887 das Haus Sachsen-Coburg-Gotha den Fürsten Alexander von Battenberg ab, der beim russischen Zaren in Ungnade gefallen war. 1909 erkannte der Sultan die volle Unabhängigkeit Bulgariens und die Umbenennung in ein Königreich an. Nach dem Ersten Weltkrieg setzten sich autoritäre Regime in Form von „Königsdiktaturen" überall in Südosteuropa durch. In Bulgarien bestieg Simeon II. (geb. 1937) nach dem Tod seines Vaters Boris III. am 28. August 1943 den Thron. Es handelte sich nur um ein kurzes Intermezzo. Denn das mit dem Deutschen Reich verbündete Bulgarien wurde im September 1944 von sowjetischen Truppen besetzt. Mit Hilfe eines Referendums schafften die bulgarischen Kommunisten am 8. September 1946 die Monarchie ab. Simeon II. ging daraufhin mit seiner Mutter ins Exil nach Spanien.

* Auf dem EU-Gipfel in Kopenhagen wurden 1993 drei grundlegende Beitrittskriterien definiert (Kopenhagener Kriterien): institutionelle Stabilität, eine funktionsfähige Marktwirtschaft und die Anerkennung der politischen Ziele der Union. Die sogenannten Beitrittspartnerschaften betreffen Geld- und Haushaltspolitik, Verwaltungsreformen, Eingriffe in die Sozialversicherungssysteme sowie die Übernahme des gemeinschaftlichen Regelwerks der Europäischen Union („acquis communautaire"). Ein Zurückfallen der Kandidaten hinter die festgelegten Ziele kann mit Sanktionen beantwortet werden. Im Verhältnis zu früheren Erweiterungsrunden sind die gegenwärtigen Verhandlungen wesentlich stärker von einseitigen Vorgaben der Europäischen Union geprägt.

** In den beiden Balkankriegen von 1912/13 teilten Griechenland, Serbien und Bulgarien Mazedonien unter sich auf. Nach dem Ersten Weltkrieg entbrannte ein langjähriger Streit um den jugoslawischen Teil von Mazedonien, auf den Bulgarien territoriale Ansprüche erhob. Gegen die bulgarische Besetzung dieser Region von 1941 bis 1944 entwickelte sich unter der Führung der kommunistischen Partisanen ein breiter Widerstand. Dabei erklärte die Kommunistische Partei Jugoslawiens die slawischen Mazedonier zu einer eigenständigen Nation. Nach dem Bruch Titos [> S. 574] mit Stalin gewannen die Auseinandersetzungen um die „mazedonische Frage" erneut an Schärfe. Beide Volksrepubliken unterstellten sich gegenseitig territoriale Expansionsbestrebungen. Um die mazedonische Minderheit in Bulgarien von möglichen separatistischen Einflüssen aus Jugoslawien fern zu halten, änderte der bulgarische Staat seine Nationalitätenpolitik. Die Führung in Sofia ging dazu über, die Existenz von Minoritäten im eigenen Land zu leugnen. Bis Ende der 1990er Jahre vertrat die bulgarische Regierung die Position, dass die slawischen Mazedonier in der Nachbarrepublik im ethnischen Sinne Bulgaren seien.

phase 1995/96 noch nicht vergessen. Ebenso strafte man die Konservativen ab, die sich in den letzten Jahren völlig zerstritten hatten. Aber auch der Stimmanteil der Nationalen Bewegung Simeon II. schrumpfte mit 19,9 Prozent auf die Hälfte zusammen. Von der Krise der politischen Repräsentanz profitierte vor allem die rechtsextreme „Ataka" (Angriff), die auf Anhieb mit 9 Prozent der Wählerstimmen zur viertstärksten Partei aufstieg. Für den Erfolg waren vor allem rassistische Ausfälle gegen die bulgarischen Türken und die Roma verantwortlich. Nach langwierigen Verhandlungen kam schließlich eine Mitte-links-Koalition aus der NDSW, den Sozialisten und der „Bewegung für Rechte und Freiheiten" von Ahmed Dogan zustande. Ausschlaggebend war die vorherrschende Einsicht, dass nur mit einer stabilen Koalition der geplante Beitritt zur Europäischen Union eine realistische Option blieb.

Bevorstehender EU-Beitritt

Schon Ende 1995 hatten die damals regierenden Sozialisten den Antrag auf die Vollmitgliedschaft Bulgariens in der EU gestellt, sich aber gleichzeitig gegenüber einem möglichen Nato-Beitritt aufgrund russischer Einwände reserviert verhalten. Mit der einsetzenden ökonomischen Krise erhielt die Nato-Mitgliedschaft für die bulgarische Außenpolitik jedoch oberste Priorität, da man sich davon einen entscheidenden Vorteil für den Eintritt in die europäische Staatengemeinschaft erhoffte. Bulgarien gab seine anfängliche Zurückhaltung im Jugoslawienkonflikt auf und öffnete 1999 den eigenen Luftraum für Nato-Angriffe gegen die benachbarte Bundesrepublik Jugoslawien [> S. 575]. Schließlich erfolgte im März 2004 die Aufnahme in die militärische Allianz zusammen mit Rumänien, Slowenien, der Slowakei sowie den drei baltischen Staaten. Seit 1997 erfüllt Bulgarien weitgehend die Kopenhagener Kriterien* und gilt seit 2002 als „funktionierende Marktwirtschaft". Am 25. April 2005 unterzeichneten die EU-Außenminister und Vertreter der bulgarischen und rumänischen Regierung die Beitrittsverträge. Demnach sollen beide Länder am 1. Januar 2007 aufgenommen werden. Im Gegensatz zu früheren Beitrittsrunden gelten nun strengere Schutzklauseln: Sollten nicht alle Voraussetzungen erfüllt werden, kann die Europäische Union die Aufnahme auf das Jahr 2008 verschieben.

Bis Ende der 1990er Jahre warf die EU der bulgarischen Regierung schwere Versäumnisse bei der Achtung der Menschenrechte vor. Neben den bulgarischen Türken sind vor allem Roma einer starken Diskriminierung und Marginalisierung ausgesetzt. Daran hat sich bis heute grundsätzlich nichts geändert, obwohl Ministerpräsident Sakskoburggotski die gesellschaftliche Integration dieser Minderheit auf die politische Agenda setzte.

1999 legten die bulgarische und die mazedonische Regierung ihren langjährigen Sprachenstreit bei. Bulgarien erkannte erstmals offiziell die Eigenständigkeit der mazedonischen Nation an. Mazedonien** wiederum sagte zu, auf die mazedonische Minderheit im Nachbarstaat keinen Einfluss zu nehmen.

Protektorat des Internationalen Währungsfonds

Die Volksrepublik Bulgarien war bis 1989 im hohen Maße in die arbeitsteiligen Wirtschaftsstrukturen des Ostblocks eingebunden. Während 80 Prozent des bulgarischen Außenhandels in die sozialistischen Staaten exportiert wurden, betrug der EU-Handelsanteil lediglich 12 Prozent. Die ökonomische Lage und insbesondere die Zahlungsbilanz mit dem Ausland galten schon in den 1980er Jahren als problematisch. Der Systemwechsel und die einsetzende Restrukturierung der bulgarischen Wirtschaft vergrößerten noch die Schwierigkeiten. Das Schrumpfen der osteuropäischen Märkte und die mangelnde Konkurrenzfähigkeit der bulgarischen Produkte auf dem kapitalistischen Weltmarkt führten zu einem raschen Rückgang der Industrieproduktion und der Beschäftigten. Zwischen 1989 und 1999 sank das Bruttoinlandsprodukt um mehr als zwei Drittel.

Auch die überstürzte Privatisierung der Landwirtschaft führte in den 1990er Jahren zu einer deutlichen Verminderung der Produktion. Als die Genossenschaften aufgelöst und die Bauernhöfe an die ehemaligen Besitzer oder Erben zurückgegeben wurden, entstanden nahezu ausschließlich unproduktive Kleinstbetriebe. Gleichzeitig sahen sich immer mehr Menschen durch ihre Armut zur Subsistenzwirtschaft gezwungen. Im Jahr 2003 trug der Agrarsektor, in dem 25,6 Prozent der Erwerbstätigen beschäftigt sind, 11,4 Prozent zur Bruttowertschöpfung bei.

Die Privatisierung der Staatsindustrien verlief hingegen schleppend. Dafür war nicht zuletzt das ökonomische Kalkül der alten Nomenklatura verantwortlich. Nach dem Systemwechsel nutzte sie ihre gesellschaftlichen Schlüsselstellungen, um sich am öffentlichen Eigentum zu bereichern. Zunächst wurden private Firmen gegründet, die sich strategisch an den In- und Outputstrukturen der großen staatlichen Industrieunternehmen platzierten. Man verkaufte den Staatsbetrieben Rohstoffe zu überhöhten Preisen, nahm deren Fertigprodukte zu Sonderkonditionen ab und veräußerte diese anschließend mit hohem Gewinn. Die Regierungen subventionierten wiederum die maroden Staatsunternehmen, um Arbeitsplätze zu erhalten. Gleichzeitig gründeten Vertreter der alten Machtstrukturen eine Reihe von Banken, die von der Bulgarischen Staatsbank finanziert wurden. Diese vergaben ihrerseits Kredite an ihnen nahestehende Privatfirmen. Auf diese Weise entstand mit der Zeit eine kaum zu durchschauende Finanzpyramide, die auf keiner realen wirtschaftlichen Basis mehr beruhte. Durch die Bereitstellung immer neuer Mittel steigerte sich die bereits bestehende Inflation zu einer Hyperinflation. Schließlich verlor Bulgariens Währung ihre Funktion als Zahlungsmittel. Die Sozialisten bedienten in ihrer Regierungszeit somit vor allem die Interessen der ehemaligen Nomenklatura, die sich in den 1990er Jahren zu einer Wirtschaftselite gewandelt hatte.

Um die Krise zu beheben, führte die neue konservative Regierung im Frühjahr 1997 im Auftrag des Internationalen Währungsfonds (IWF) ein „currency board arrangement" in Bulgarien ein. Der am 1. Juli 1997 eingesetzte „Währungsrat" band den Kurs des Lew an die Deutsche Mark (1000 Lewa = 1 DM) bzw. den Euro. Die umlaufende Geldmenge war von nun an durch die Devisenreserven der bulgarischen Zentralbank gedeckt und fest an sie gekoppelt. Seitdem besteht in Bulgarien eine Art IWF-Protektorat, da die Autonomie der Regierung in Haushaltsfragen faktisch abgeschafft ist und jede Entscheidung mit den internationalen Finanzinstitutionen abgestimmt werden muss. Der Internationale Währungsfonds gilt als der größte Gläubiger der bulgarischen Auslandsschulden in Höhe von über 13 Milliarden US-Dollar.

Die Währungsanbindung konsolidierte die bulgarische Volkswirtschaft tatsächlich; die Inflationsrate stabilisierte sich. Der Nachteil dieser Austeritätspolitik besteht allerdings darin, dass der Spielraum für staatliche Investitions- und Sozialprogramme erheblich eingeschränkt wird. Zusätzlich wirkt sich der Stabilitätskurs negativ auf die Binnennachfrage aus. So drängte der IWF in den letzten Jahren auf eine kontinuierliche Erhöhung der Energiepreise und versuchte gleichzeitig, eine Anhebung der Mindestlöhne zu verhindern. Zwar gilt die Wirtschaft heute mit einem Wachstum von 4,3 Prozent (2003) als relativ dynamisch, doch entspricht das bulgarische Bruttoinlandsprodukt, in Kaufkraftstandards umgerechnet, gerade 29 Prozent des Durchschnitts der EU-Länder. Damit sind das Wirtschaftswachstum und der Lebensstandard der Bevölkerung weiterhin entkoppelt. Verfügte ein mehrköpfiger Haushalt Ende 2000 im Durchschnitt über 470 Lewa monatlich, so waren es ein Jahr später nur noch 410 Lewa.

Die Arbeitslosenquote hingegen ist in den letzten Jahren gesunken (2004: 12,2 Prozent). Experten führen den Rückgang jedoch weniger auf die Konjunktur als auf arbeitspolitische Maßnahmen zurück. Gleichzeitig lässt sich eine ungleiche Verteilung der Arbeitslosigkeit beobachten. Während man in Sofia bei einer Rate von 4 Prozent beinahe von Vollbeschäftigung sprechen kann, sind in anderen Regionen mehr als 20 Prozent der Einwohner erwerbslos. Als Folge dieser Ungleichheit sind große Teile des „flachen Landes" heute weitgehend menschenleer.

Auffallend ist auch die Zunahme von ausländischen Direktinvestitionen, die sich 2003 auf 1,36 Milliarden US-Dollar beliefen. Neben dem niedrigen Lohnniveau und den geringen Unternehmenssteuern spielt hier der anvisierte EU-Beitritt eine Rolle. Die Leistungsbilanz der bulgarischen Volkswirtschaft hat sich deutlich verschlechtert. Das Defizit stieg von 5,3 Prozent des Bruttoinlandsproduktes 2002 auf 8,4 Prozent im Folgejahr an. Im bulgarischen Außenhandel war 2003 Italien mit 13,2 Prozent der wichtigste Abnehmer, gefolgt von Griechenland (11,6 Prozent), Deutschland (11 Prozent) und der Türkei (9,2 Prozent). Über die Hälfte der Importe stammten aus den Ländern der erweiterten Europäischen Union (EU-25), wobei die Bundesrepublik mit 13,8 Prozent die Spitzenposition einnahm. Gleichwohl bewegen sich die deutsch-bulgarischen Handelsbeziehungen insgesamt auf sehr niedrigem Niveau.

Angleichung an „westliche" Standards

Zwar garantiert die bulgarische Verfassung von 1991 die Informations- und Pressefreiheit, doch übten Parteien und mächtige Interessengruppen stets starken politischen und wirtschaftlichen Druck auf die Redaktionen der verschiedenen Medien aus. Vor allem die Kontrolle über das Fernsehen galt bislang als selbstverständlicher Bestandteil der Regierungsverantwortung. Entsprechend wurde der Posten des Generaldirektors allein zwischen 1989 und 2000 elfmal nach parteipolitischen Präferenzen vergeben. Der bulgarischen Minderheitenpolitik gemäß existierte bis Mitte 2000 auch eine Bestimmung, die Programme der staatlichen elektronischen Medien nur in bulgarischer Sprache auszustrahlen. Der Eifer, mit dem die bulgarische Regierung jetzt die Strafprozessordnung auch hinsichtlich der Pressefreiheit reformieren lässt, steht mit dem anstehenden EU-Beitritt in Zusammenhang. Noch im Herbst 2004 stellte der Fortschrittsbericht der EU-Kommission fest, dass der Vorwurf übler Nachrede oder Verleumdung mit existenzvernichtenden Bußgeldern bestraft werden kann und es vor Gericht nur einen völlig unzureichenden Informationsschutz von Journalisten gibt.

Lange Zeit galten die Bulgaren als besonders eifrige Zeitungsleser. Nach Schätzungen von Medienexperten kaufte Ende der 1990er Jahre jeder dritte Erwachsene eine Tageszeitung. Marktführer sind die Blätter *Trud* (Wahrheit) und *24 Tschassa* (24 Stunden) der bulgarischen Tochtergesellschaft der Westdeutschen Allgemeinen Zeitung (WAZ)*. Die deutsche Verlagsgruppe, die wegen ihrer Monopolstellung immer wieder in Konflikt mit den staatlichen Kartellbehörden geraten ist, behauptet, auf die redaktionelle Arbeit keinen Einfluss zu nehmen. Parallel lässt sich auf dem Anzeigenmarkt ein Konzentrationsprozess beobachten. Hier ist es der WAZ gelungen, eine Schlüsselstellung im Werbemarkt Bulgariens einzunehmen. Allerdings verlieren die Zeitungen zugunsten der elektronischen Medien seit Jahren an Auflagenstärke – ein Trend, von dem auch die WAZ-Organe betroffen sind. Im Fernsehbereich hat sich inzwischen der Medienkonzern Rupert Murdoch als Marktführer etabliert.

* Der Konzern der Westdeutschen Allgemeinen Zeitung (WAZ) hat sich in den letzten Jahren zu einer medialen Macht in der Region entwickelt. Er ist unter anderem in Bulgarien, Kroatien, Rumänien, Serbien und Ungarn engagiert und will weiter expandieren. Nicht von ungefähr holte das Unternehmen Bodo Hombach, den ehemaligen Koordinator des sogenannten Stabilitätspaktes für Südosteuropa, in den Vorstand.

Klaus Ronneberger

Kosovo (Serbien und Montenegro)

HAUPTSTADT: Pristina, 165 000 Einwohner (Schätzung 2002)
EINWOHNER: 1 956 196 (Zensus 1991)
BEVÖLKERUNG: 90 Prozent Albaner, 10 Prozent Serben und andere Minderheiten wie Türken und Roma (Schätzung 1994)
FLÄCHE: 10 887 Quadratkilometer
BRUTTOINLANDSPRODUKT (BIP): 1,3 Milliarden Euro (2002)
BIP PRO KOPF: 684 Euro (2002)

Serbien-Montenegro ist eine Staatenunion, bestehend aus der Republik Serbien und der Republik Montenegro. In Serbien befinden sich ferner zwei Regionen mit dem Status einer Autonomen Provinz: Vojvodina (Provinz mit Selbstverwaltungsrechten) und das Kosovo. Das Kosovo steht seit 1999 unter Verwaltungshoheit der Vereinten Nationen. Am 24. Oktober 2005 hat der Sicherheitsrat der Vereinten Nationen „grünes Licht" für den Beginn von Gesprächen über den künftigen Status des Kosovo gegeben. Obwohl das Kosovo also formal zu Serbien-Montenegro gehört, taucht es in serbischen Statistiken nicht mehr auf. Die UN-Institutionen haben bislang noch keine Volkszählung organisiert. Entsprechend fehlen wichtige Grunddaten.

Albanische Unabhängigkeitsträume

*Serbien übernahm das Kosovo nach den Balkankriegen 1912/13 aus der Konkursmasse des Osmanischen Reiches. Gegen die mehrheitlich muslimisch-albanische Bevölkerung ging das Belgrader Regime mit einer repressiven Politik der Assimilierung und Kolonisierung vor. Während des Zweiten Weltkrieges kam das Land unter die Kontrolle des faschistischen Italien, das es mit Albanien vereinigte. Dieses „Großalbanien" blieb auch unter deutscher Besatzung (ab 8. September 1943) bestehen. Ein Teil der albanischen Bevölkerung kollaborierte mit der Wehrmacht. 1945 wurde die Region als „Autonomes Gebiet Kosovo-Metohija" der Serbischen Republik angegliedert. Die jugoslawische Verfassung von 1974 stellte die „Autonome Provinz Kosovo" den anderen Teilrepubliken der Föderation weitgehend gleich.

**Während das „Königreich der Serben, Kroaten und Slowenen" zentralistisch aufgebaut und serbisch dominiert war, wählte Tito eine föderale Struktur. An die Stelle einer ethnischen Nation mit drei „Stämmen" trat ein staatsnationales Modell, das zugleich die Anerkennung und Gleichberechtigung der in Jugoslawien lebenden Nationen beinhaltete. Der jugoslawische Bundesstaat, die Sozialistische Föderative Republik Jugoslawien (SFRJ), bestand aus

Behauptungen von der Unvereinbarkeit der serbischen und albanischen Nation haben ihren Ausgangspunkt meist im 19. Jahrhundert. Damals machten beide rivalisierenden Protagonisten ihre territorialen Ansprüche auf das Kosovo* mit Hilfe divergierender Nationalhistoriographien geltend. Für den gegenwärtigen Konflikt spielt jedoch die Staatskonstruktion der ehemaligen Sozialistischen Föderativen Republik Jugoslawien (SFRJ)** die zentrale Rolle.

Nach der Befreiung von der deutschen Okkupation im Jahr 1945 ging es Josip Broz Tito*** nicht nur um den Aufbau einer sozialistischen Gesellschaft, sondern auch um die Überwindung nationalistischer Gegensätze. In der Architektur der neuen föderalen Ordnung von 1946 war aus Gründen der Machtbalance deshalb eine Schwächung der ehemals hegemonialen serbischen Position angelegt. So wurde „Südserbien" zur Teilrepublik Mazedonien erklärt, und in der Teilrepublik Serbien erhielt das Kosovo zusammen mit der Vojvodina eine Territorialautonomie. Der serbisch besiedelten Krajina wurde dieses Recht jedoch mit Rücksicht auf kroatische Empfindlichkeiten versagt. Als Kompensation für die territoriale Beschneidung erhielten die Serben dafür einen überproportionalen Einfluss auf die Bundesorgane.

Nach einer Reihe nationalistischer Unruhen, darunter 1968 im Kosovo, erfolgte ein Kurswechsel in der Nationalitätenpolitik. In der neuen jugoslawischen Verfassung von 1974 erhielten Vojvodina und Kosovo als „Autonome Provinzen" de facto den Status von Teilrepubliken. Dank ihrer neuen Stellung konnten beide Entitäten mit Hilfe eines Vetorechts Entscheidungen des Bundes und der Republik Serbien beeinflussen, während die serbische Regierung kein Mitspracherecht innerhalb der Provinzen hatte. Die Mehrheit der serbischen Bevölkerung begegnete der Föderalisierung mit Misstrauen, weil sie eine weitere Schwächung ihrer nationalen Position bedeutete. Für viele Kosovo-Albaner gingen die Zugeständnisse hingegen nicht weit genug. Kurz nach dem Tod von Tito kam es im März 1981 in Pristina zu Massen-

den Teilrepubliken Slowenien, Kroatien, Bosnien-Herzegowina, Serbien, Mazedonien und Montenegro sowie den Autonomen Provinzen Vojvodina und Kosovo, die zwar zur Republik Serbien gehörten, aber eigene Rechte und Kompetenzen besaßen.

***Der Aufstieg des langjährigen Staatsoberhauptes von Jugoslawien, Josip Broz Tito (1892-1980), begann 1941, als unter seiner Führung eine schlagkräftige Partisanenbewegung gegen die deutsche und italienische Okkupation entstand. Der siegreiche Befreiungskrieg diente als wichtige Legitimationsgrundlage für den neuen jugoslawischen Staat. Nach dem Bruch mit Stalin im Jahre 1948 verfolgte Marschall Tito eine Politik der „Blockfreiheit", die vor allem bei den Trikont-Staaten auf große Resonanz stieß. Zunächst erwies sich das jugoslawische Modell als ein relativ erfolgreiches Projekt, in der Spätphase des Tito-Regimes machten strukturelle Defizite sich jedoch immer stärker bemerkbar.

*Slobodan Milošević (geb.1941) trat 1959 der Kommunistischen Partei Jugoslawiens bei und durchlief zunächst eine Karriere als technokratischer Apparatschik. Sein politischer Aufstieg begann, als er nationalistische Themen aufgriff und für seine Machtambitionen instrumentalisierte. Von 1989 bis 1997 amtierte er als Präsident Serbiens und von 1997 bis Oktober 2000 als Präsident der Bundesrepublik Jugoslawien. Am 27. Mai 1999 erhob der Internationale Strafgerichtshof in Den Haag gegen ihn Anklage wegen Kriegsverbrechen und Völkermord. Durch Massendemonstrationen und Protestaktionen wurde der Politiker im Oktober 2000 gestürzt und schließlich auf Druck der USA am 29. Juni 2001 an das UN-Tribunal ausgeliefert. Der Prozess gegen Milošević begann am 5. Juli 2004.

**Das im November 1995 in Dayton geschlossene Friedensabkommen beendete die Kämpfe in Bosnien-Herzegowina und verhinderte die Aufteilung der Republik zwischen Kroatien und Serbien. Der Vertrag bestätigte die Unabhängigkeit und Souveränität dieses Staates in seinen Vorkriegsgrenzen.

demonstrationen, bei denen der vollständige Republikstatus und sogar die Sezession von Jugoslawien gefordert wurde.

Am Kosovo-Problem entzündete sich der serbische Nationalismus, der mit dem Titoismus vollständig gebrochen hatte, erneut. In der Autonomen Provinz herrschte nach der Niederschlagung des Aufstands ein repressives Klima, das sich ab 1987 mit dem Aufstieg von Slobodan Milošević* noch verschärfte. Er griff reale und imaginäre Bedrohungsängste der kosovarischen Serben gegenüber der albanischen Mehrheitsbevölkerung auf, betrieb eine Zurücknahme der Föderations- und Republikverfassung und stürzte schließlich die Regierungen in der Vojvodina, dem Kosovo und Montenegro mit Hilfe von Massendemonstrationen. Seine sogenannte antibürokratische Revolution verlief so erfolgreich, weil sie die politisch-territoriale Unterrepräsentation der Serben im Bundesstaat thematisierte und zugleich in Aussicht stellte, das marode jugoslawische System, dessen politische und ökonomische Desintegration aufgrund der Wirtschaftskrise immer weiter voranschritt, zu reformieren.

Die serbische Politik der Rezentralisierung stieß auf den erbitterten Widerstand der Kosovo-Albaner, die auch den Austausch ihrer Führung nicht hinnehmen wollten. Am 20. Februar 1989 traten zunächst Tausende von Bergarbeitern in den Streik, dem sich bald das ganze Land anschloss. Am 27. Februar 1989 verhängte das jugoslawische Staatspräsidium den Ausnahmezustand über das Kosovo und schränkte den autonomen Status der Provinz vorläufig ein, bevor er im Herbst 1990 vom serbischen Parlament endgültig abgeschafft wurde.

Die albanische Bevölkerung reagierte darauf mit einem Boykott der staatlichen Institutionen und begann parallele zivilgesellschaftliche Strukturen aufzubauen. Ende 1989 wurde die Demokratische Liga des Kosovo (LDK) unter der Führung von Ibrahim Rugova gegründet, die sich rasch zu einem maßgeblichen Machtfaktor entwickelte. Im Sommer 1990 deklarierte die albanische Mehrheit im Provinzparlament zunächst eine eigene jugoslawische Teilrepublik, im September 1991 folgte nach einer Volksabstimmung die Ausrufung der unabhängigen „Republik Kosova", die international allerdings nicht anerkannt wurde. Rugova trat in der Folgezeit für eine gewaltfreie Lösung der Kosovo-Frage ein, hielt gleichzeitig aber an der Fiktion eines unabhängigen Staates fest. Angesichts einer verschärften serbischen Diskriminierungspolitik und des Dayton-Abkommens** über Bosnien-Herzegowina setzten Teile des Widerstands auf den Einsatz von Gewalt – eine Politik, die auch bei der Mehrheit der Bevölkerung auf Zustimmung stieß. Ab 1996 begann die „Befreiungsarmee des Kosovo" (UÇK) Anschläge gegen serbische Sicherheitskräfte und sogenannte Kollaborateure zu verüben, was Vergeltungsmaßnahmen der anderen Seite nach sich zog. Der „Westen" versuchte in den Konferenzen von Rambouillet und Paris (Februar/März 1999) eine Lösung des Konflikts zu erzwingen. Die serbische Seite lehnte den Friedensplan jedoch ab, weil sie befürchtete, dass er die Sezession des Kosovo legitimieren würde. Als serbische Sicherheitskräfte schließlich begannen, die albanische Bevölkerungsmehrheit zu vertreiben, führte die Nato – ohne Zustimmung der Vereinten Nationen – zwischen dem 24. März und dem 9. Juni 1999 Luftschläge gegen die Bundesrepublik Jugoslawien (BRJ)*** durch. Der Krieg endete mit der faktischen Kapitulation Belgrads und der Besetzung des Kosovo durch internationale Truppen (Kfor), deren Gesamtstärke anfänglich 50000 Soldaten umfasste. Die Provinz wurde in fünf Besatzungszonen eingeteilt, wobei die deutsche Bundeswehr mit 8500 Mann die Zuständigkeit

Klaus Ronneberger

*** Angesichts des Verfalls der jugoslawischen Föderation schlossen sich im Mai 1992 Serbien und Montenegro zur Bundesrepublik Jugoslawien (BRJ) zusammen. Die damit beanspruchte Rechtsnachfolge der Sozialistischen Föderativen Republik Jugoslawien (SFRJ) wurde von der internationalen Gemeinschaft jedoch nicht anerkannt. Wegen der drohenden Sezession Montenegros kam es auf massiven Druck der Europäischen Union, die regionale Destabilisierungseffekte befürchtete, zur Bildung einer neuen Staatsunion, Serbien-Montenegro (4. Februar 2003). Ihre Verfassung sieht vor, dass die Teilstaaten nach drei Jahren das Recht haben, mittels Referendum aus dem Verbund auszutreten.

für den Süden mit dem Zentrum Prizren erhielt. Innerhalb kurzer Zeit konnten mehr als eine halbe Million Kosovo-Albaner zurückkehren. Jedoch setzte ein Massenexodus der serbischen Bevölkerung ein, nachdem es zuvor zu albanischen Gewaltexzessen gegen sie gekommen war. Ihnen fielen auch andere Minderheiten, wie etwa die Roma, zum Opfer.

Das UNMIK-Protektorat

Seit dem 1. Juli 1999 untersteht das Kosovo der United Nations Interim Administration Mission in Kosovo (UNMIK). Die Grundlage ihrer Tätigkeit bildet die UN-Resolution 1244, welche die Souveränität und territoriale Integrität der Bundesrepublik Jugoslawien bestätigt und gleichzeitig eine „substantielle" Autonomie für das Kosovo fordert. Die völkerrechtlichen Prinzipien von der Unverletzbarkeit der Grenzen und dem Recht auf Selbstbestimmung wurden so in politisch kaum lösbarer Weise miteinander verkoppelt.

Am 14. Mai 2001 beschloss die UNMIK einen Verfassungsrahmen für den vorläufigen Status des Kosovo. Demnach wird ein Parlament mit 120 Sitzen gewählt, von denen hundert Mandate nach dem Verhältniswahlrecht vergeben werden und je zehn Sitze für die serbische Volksgruppe (etwa 120000 Personen) und andere Minderheiten bestimmt sind. Im Frühjahr 2002 kam es zur Bildung der Provisorischen Selbstverwaltung des Kosovo (PISG), der die UNMIK 2003 gewisse Kompetenzen übertrug. Unter Aufsicht der Organisation für Sicherheit und Zusammenarbeit in Europa (OSZE) wählte die Bevölkerung erstmals am 17. November 2001 ein Parlament. Aus dieser Abstimmung ging die gemäßigte Demokratische Liga als stärkste politische Kraft hervor. Erst nach mehrmonatigen Verhandlungen wurde Rugova am 5. März 2002 mit der notwendigen Zweidrittelmehrheit der Abgeordneten zum Präsidenten ernannt. Auch bei den Wahlen im Oktober 2004, die diesmal von der serbischen Bevölkerung weitgehend boykottiert wurden, konnte die LDK ihre dominante Position halten. Anstelle der vorherigen großen Koalition der Albaner-Parteien verständigte Rugova sich mit der Allianz für die Zukunft des Kosovo (AAK) des ehemaligen Milizenführers Ramush Haradinaj auf ein Bündnis, das über eine knappe Mehrheit im Parlament verfügt.

Die UN-Verwaltung hat bislang immer wieder Parlamentsbeschlüsse außer Kraft gesetzt, die im Widerspruch zu dem jetzigen völkerrechtlichen Status des Kosovo stehen. Anfangs von der albanischen Bevölkerung begrüßt, gilt die UNMIK vielen inzwischen als Besatzungsmacht. Aufgrund zunehmender Unzufriedenheit kam es im Frühjahr 2004 zu den schlimmsten Pogromen seit Ende des Kosovo-Krieges. Serben wurden in ihren Enklaven angegriffen und vertrieben, Häuser, Kirchen und Klöster in Brand gesetzt. Unter den Opfern der gewalttätigen Ausschreitungen befanden sich erneut Angehörige der Roma-Minderheit, die als „Kollaborateure" der verhassten serbischen Staatsmacht gelten und völlig marginalisiert sind.

Hinter der zögerlichen Haltung der internationalen Gemeinschaft stand bislang die Furcht, die Anerkennung eines unabhängigen Kosovo könne die gesamte Region destabilisieren. Deshalb wurde der Klärung des endgültigen Status der ehemaligen Autonomen Provinz ein Verfahrensprozess vorgeschaltet, bei dem es um Normen der Rechtsstaatlichkeit, Menschenrechte und die Rückkehr der serbischen Flüchtlinge geht („Standards vor Status").

Mit dieser Strategie hoffte man auch Zeit für eine Stabilisierung in Serbien und Mazedonien zu gewinnen. Nach Meinung der meisten Kosovo-Albaner stellt die Selbständigkeit jedoch eine zwingende Voraussetzung für die Lösung der bestehenden Probleme dar.

Bei der internationalen Gemeinschaft herrscht gegenwärtig folgender Konsens: Man lehnt sowohl eine Rückkehr der Provinz unter Belgrads Direktherrschaft als auch die Aufteilung des Gebiets nach ethnischen Kriterien ab. Ebenso kommt eine Vereinigung mit albanischen Siedlungsräumen jenseits bestehender Staatsgrenzen nicht in Frage. Obwohl die Angriffe auf Serben und Roma in letzter Zeit wieder zugenommen haben, hat der norwegische Diplomat und UN-Sondergesandte für das Kosovo, Kai Eide, in seinem jüngsten Bericht (Oktober 2005) empfohlen, Verhandlungen über den endgültigen Status der Provinz aufzunehmen. Dies markiert eine grundlegende Abkehr von den bisherigen Vorgaben. Im Hintergrund steht die Angst vor einem Aufflammen der Gewalt im Falle eines Stillstands. Da der vollständige Bruch der albanischen Bevölkerung mit dem serbischen Staat wenig Raum für multiethnische Optionen lässt, gehen die Vorschläge verschiedener „westlicher" Think-Tanks in Richtung einer „konditionierten Souveränität". Diese würde durch Vollmachten eines internationalen Repräsentanten in den Bereichen Minderheitenschutz und Menschenrechte begrenzt. Gleichzeitig soll die serbische Minderheit durch eine Dezentralisierung der Verwaltung mehr Einfluss erhalten. Ob diese völkerrechtliche Konstruktion realitätstüchtig ist, bleibt abzuwarten, denn die Erfahrungen des zehnjährigen jugoslawischen Bürgerkrieges zeigen, dass jede der Nationen über ein eigenes Staatsterritorium verfügen will und Gewalt als legitimes Mittel gilt, um dieses Ziel zu erreichen.

Fehlen einer eigenständigen Ökonomie

Schon im sozialistischen Jugoslawien war das Kosovo trotz der Transfers aus dem Bundesentwicklungsfonds das „Armenhaus" der Föderation. 1984 erwirtschaftete die Autonome Provinz gerade 26 Prozent des durchschnittlichen jugoslawischen Pro-Kopf-Einkommens. Die Analphabetenrate lag 1981 bei 17,6 Prozent, und die Arbeitslosenquote betrug Ende der 1980er Jahre 57,8 Prozent (zum Vergleich: Slowenien 2,5 Prozent).

Der Ausnahmezustand während der 1990er Jahre und der Konflikt von 1999 haben zu einer weiteren Verschärfung der Lage beigetragen. Heute ist über die Hälfte der Bevölkerung arm und muss mit weniger als 1,50 US-Dollar pro Tag auskommen. Offiziell sind 57 Prozent der erwerbsfähigen Bevölkerung arbeitslos gemeldet, tatsächlich dürften es aber mehr als 80 Prozent sein. Das Durchschnittseinkommen eines Arbeiters beträgt um die 200 Euro (Landeswährung) pro Monat. Hauptsächlich handelt es sich um Beschäftigungsverhältnisse, die eng mit dem UNMIK-Apparat verbunden sind. Da die Industrie völlig am Boden liegt, versuchen mehr als eine Million Menschen, in der Landwirtschaft zu überleben. Die Renten betragen höchstens 40 Euro im Monat, wobei die Lebenshaltungskosten in etwa dem Niveau von Deutschland entsprechen – nicht zuletzt wegen der großen Kaufkraft der Mitarbeiter internationaler Organisationen (zeitweise 50000 Personen). Die enormen Einkommensunterschiede haben bei der einheimischen Bevölkerung zu starken Verstimmungen geführt, die das Ansehen der UNMIK zusätzlich schädigen.

Die Ökonomie des Landes hängt weitgehend von den internationalen Hilfszahlungen für den Wiederaufbau ab. Doch diese gingen in den letzten Jahren beständig zurück. Entsprechend schrumpfte das Wirtschaftswachstum von 21,2 Prozent (2001) auf 3,9 Prozent (2003). Das Bruttoinlandsprodukt pro Kopf beträgt offiziell 684 Euro (2002), allerdings dürfte das reale Einkommen dank der privaten Überweisungen aus der albanischen Diaspora* bei über 1000 Euro liegen. Mit der zunehmenden Abschiebung von Kosovo-Flüchtlingen in ihre Heimatregion beginnt auch diese wichtige Einkommensquelle zu versiegen. Die internationalen Zahlungen und die Auslandsüberweisungen hatten das Leistungsbilanzdefizit 2003 auf rund 33 Prozent des Bruttoinlandsproduktes gedrückt, ohne diesen Transfer hätte es 80 Prozent ausgemacht. Das Handelsbilanzdefizit belief sich im selben Jahr mit 932,3 Millionen Euro auf fast 90 Prozent des Bruttoinlandsproduktes. Aus den ex-jugoslawischen Ländern stammten 37 Prozent der Importe, während 46 Prozent der kosovarischen Exporte dorthin gingen. Für die damaligen Mitgliedsländer der Europäischen Union (EU-15) betrug der Anteil der Ausfuhren 38 Prozent und der der Einfuhren 25 Prozent.

Volkswirtschaftlich bedeutsam sind zudem die illegalen Kapitalströme aus der organisierten Kriminalität. Das Anwachsen informeller Strukturen ist einerseits das Ergebnis einer langjährigen staatlichen Diskriminierung der Kosovo-Albaner, andererseits der profitablen Verbindungen der UÇK zu Mafiaorganisationen und Diaspora-Netzwerken. Inzwischen haben sich viele der ehemaligen Widerstandskämpfer in Gewaltunternehmer verwandelt, die von Schmuggel, Diebstahl und Erpressung leben. Große Hindernisse für die wirtschaftliche Entwicklung bilden auch der ungeklärte politische Status der Provinz und die damit zusammenhängende Problematik der Besitzverhältnisse. 2003 versuchte die Kosovo Trust Agency mit der Privatisierung von Unternehmen zu beginnen. Allerdings musste sie die entsprechenden Ausschreibungen stornieren, da die serbische Regierung weiterhin auf ihrem Eigentumsanspruch besteht.

Geringe Bedeutung des Printmedienmarktes

Der öffentlich-rechtliche Sender (RTK) wurde 1999 mit ausländischer Unterstützung errichtet. Er geriet im Frühjahr 2004 in Zusammenhang mit den Ausschreitungen in die Kritik, als ausländische Medienexperten eine Teilschuld an den Pogromen seiner Berichterstattung zuwiesen. Neben dem öffentlich-rechtlichen Fernsehen ist vor allem der private Sender Kohavision (KTV) von Bedeutung. Er gehört, wie die auflagenstärkste Tageszeitung, dem Verleger und Politiker Veton Surroi, der mit seiner neuen Partei ORA im Parlament vertreten ist und von vielen als „lokaler Berlusconi" angesehen wird.

Die Bedeutung des Printmedienmarktes ist, ähnlich wie in Bosnien-Herzegowina, marginal. Landesweit werden pro Tag lediglich 30000 Exemplare verkauft. Kosovo gilt als das Land mit der geringsten Leserschaft in der Region, nicht zuletzt wegen der hohen Analphabetenrate, die gegenwärtig bei ungefähr 25 Prozent liegt. Zugleich soll das Land über die meisten Satellitenschüsseln pro Haushalt und Kopf in Europa verfügen.

*Die albanische Diaspora entwickelte sich aus der Migration von Kosovo-Albanern, die ab den 1960er Jahren vor allem die Bundesrepublik, die Schweiz und Österreich zum Ziel hatte. Seit den 1980er Jahren flüchteten zudem viele Menschen aus der Region, um der serbischen Repression und der schlechten Wirtschaftslage zu entkommen. Schätzungen aus dem Jahr 1999 gehen davon aus, dass damals unter anderem 250 000 Kosovo-Albaner in Deutschland, 150 000 in der Schweiz sowie 600 000 in den USA lebten.

Bosnien und Herzegowina

HAUPTSTADT: Sarajevo, 522 000 (Schätzung 2001), im Jahr 1991: 383 000 (Schätzung)
EINWOHNER: 4 112 000 (Schätzung 2002), im Jahr 1991: 4,5 Millionen
BEVÖLKERUNG: 48 Prozent Bosniaken, 37 Prozent Serben, 14 Prozent Kroaten (Schätzung 2000)
FLÄCHE: 51 129 Quadratkilometer
BRUTTOINLANDSPRODUKT (BIP): 7020 Millionen US-Dollar (2003)
BIP PRO KOPF: 1818 US-Dollar (2003)
Seit 1998 existiert zwar eine „Statistik-Agentur für Bosnien-Herzegowina", die wegen der Konflikte zwischen den politischen Gebietskörperschaften jedoch nicht funktionsfähig ist. Folglich sind statistische Daten zu dem Land völlig unzuverlässig.

Der erzwungene Gesamtstaat

*Die Osmanen eroberten das Gebiet des heutigen Bosnien-Herzegowina zwischen dem 14. und 16. Jahrhundert. Ein Teil der dort lebenden Bevölkerung konvertierte zum islamischen Glauben, behielt aber die slawische Sprache bei und entwickelte eine eigenständige kulturelle und politische Identität. In der Sozialistischen Föderativen Republik Jugoslawien konnten sich die bosnischen Muslime bei Volkszählungen zunächst als „Muslim unentschieden" (1948) definieren, dann als „Jugoslawe unentschieden" (1953), „Muslim im ethnischen Sinne" (1961) und schließlich „Muslim im nationalen Sinne" (1971). Die Etablierung der bosnischen Muslime als Hauptvolk von Bosnien-Herzegowina wurde verfassungsrechtlich jedoch nicht verankert. Den vorläufigen Abschluss dieser Nationsbildung stellt die 1993 vollzogene Selbstumbenennung in „Bosniaken" dar.

Unter Tito [> S. 574] erhielt Bosnien-Herzegowina 1946 den Status einer Teilrepublik innerhalb der Sozialistischen Föderativen Republik Jugoslawien (SFRJ) [> S. 573 f.]. So sollte nicht zuletzt ein Gleichgewicht zwischen Kroatien und Serbien hergestellt werden, deren jeweilige Nationalisten stets einen hegemonialen Anspruch auf diese Region erhoben hatten. Da man davon ausging, dass sie früher oder später das Kroatentum oder das Serbentum als nationale Identität annehmen würden, wurden die bosnischen Muslime* in der jugoslawischen Verfassung zunächst nicht als konstitutive Nation eingestuft. Erst 1963 erfolgte ihre offizielle Anerkennung als sechstes jugoslawisches Staatsvolk. Diese Anerkennung verdankte sich auch einem außenpolitischen Kalkül. Im Rahmen seiner blockfreien Politik hatte Tito die Kontakte zu den islamischen Ländern intensiviert. Damit war auch eine Aufwertung des Islams in Bosnien-Herzegowina verbunden. Nach Beginn der „grünen Revolution" im Iran (1979) ging das kommunistische Regime wieder restriktiver gegen bosnische Islamisten vor, um das Erstarken eines muslimischen Fundamentalismus und Nationalismus zu unterbinden.

Die Republik bildete gewissermaßen das Herzstück des ethnisch pluralen Nationalstaats: 1991 waren 44 Prozent der Bevölkerung Bosnien-Herzegowinas Muslime, 31 Prozent Serben und 17 Prozent Kroaten. Durch die Sezessionsbestrebungen von Slowenien und Kroatien, die sich in den späten 1980er Jahren immer deutlicher abzeichneten, wurde dieses Modell allerdings demontiert. Denn nur durch die föderale Einbindung von Bosnien-Herzegowina in die bundesstaatlichen Strukturen Jugoslawiens konnten die konkurrierenden Nationalismen eingehegt werden. Die Mehrheit der in Bosnien-Herzegowina lebenden Serben und Kroaten waren nach ihrem Selbstverständnis sowohl Bürger der Republik als auch Teil einer grenzüberschreitenden nationalen Gemeinschaft. Ein Auseinanderbrechen des multiethnischen Föderalstaates musste diese Konstruktion jedoch ins Wanken bringen. Auch um den Bestand der Teilrepublik zu retten, versuchte die bosnische Regierung eine völlige Auflösung Jugoslawiens zu verhindern. Dabei konnte sie sich zunächst auf eine breite Zustimmung in der Bevölkerung stützen, deren Wahrnehmung stark von der multiethnischen Situation des Landes geprägt war. Die Eskalation des Bürgerkriegs in Kroatien 1991 polarisierte die bosnische Gesellschaft jedoch immer stärker entlang ethnischer Grenzziehungen.

An der Frage der Sezession zerbrach schließlich der Nationen übergreifende Konsens, die staatlich-territoriale Einheit von Bosnien-Herzegowina zu erhalten. Nach dem endgültigen Ausscheiden von Slowenien und Kroatien aus der Föderation wuchs bei der nicht-serbischen Bevölkerung die Furcht, in einem Restjugoslawien von den Serben dominiert zu werden. Als deshalb Mitte 1991 das Parlament der jugoslawischen Teilrepublik Bosnien-Herzegowina mit den Stimmen der muslimischen und kroatischen Fraktionen den Beschluss zur Unabhängigkeit gefasst hatte, proklamierten die serbischen Nationalisten unter der Führung von Radovan Karadžić im Gegenzug die unabhängige „Serbische Republik Bosnien und Herzegowina". Ein Jahr später riefen die bosnischen Kroaten in ihrem Stammgebiet die „Republik Herceg-Bosna" aus.

Die ethnische Fragmentierung von Bosnien-Herzegowina hatte sich bereits bei den ersten freien Wahlen am 18. November 1990 abgezeichnet. Die Serbische Demokratische Partei (SDS), die Kroatische Demokratische Gemeinschaft (HDZ) und die muslimische Partei der Demokratischen Aktion (SDA) konnten die große Mehrheit der Wählerstimmen auf sich vereinigen. Zunächst bildeten diese nationalistischen Sammelbewegungen eine Regierungskoalition. Gemäß der jugoslawischen Tradition wurden die höchsten Staatsämter nach einem Proporzsystem verteilt: Der Muslim Alija Izetbegović* übernahm das Amt des Präsidenten, die Serben stellten den Parlamentspräsidenten und die Kroaten den Ministerpräsidenten.

Allerdings zerstritt die Dreiparteienkoalition sich schon bald wegen der künftigen Verfassungsordnung. Die serbischen und kroatischen Politiker befürworteten eine ethnische Föderalisierung der Republik, die von den Muslimen vehement abgelehnt wurde. Sie befürchteten eine politische Majorisierung durch die anderen Volksgruppen und eine schleichende Aufteilung der Republik unter den Nachbarländern.

Auf Verlangen der Europäischen Gemeinschaft wurde am 29. Februar und 1. März 1992 ein Referendum über die Unabhängigkeit durchgeführt, das die Serben boykottierten. Aber auch bei den Teilnehmern machten sich große Differenzen bemerkbar. Während die Muslime die Abstimmung mit einem Bekenntnis zu einem einheitlichen Staat verbanden, in dem zugleich der Anspruch mitschwang, sich als das einzige konstitutive Staatsvolk zu definieren, verknüpften die Kroaten ihr Referendum mit einem der Schweiz nachempfundenen Kantonsmodell.

Als Bosnien-Herzegowina am 6. April 1992 völkerrechtlich anerkannt wurde, begann ein blutiger Bürgerkrieg, in dem sich zeitweilig zwei Millionen Menschen auf der Flucht befanden, etwa 250000 Personen getötet und rund 175000 verwundet wurden. Zunächst kämpfte jede Volksgruppe gegen die andere. Nach einer von den USA erzwungenen Einstellung der Feindseligkeiten zwischen den kroatischen und muslimischen Truppen Anfang 1994 wurde am 1. März desselben Jahres eine gemeinsame Föderation gegründet. Ihre neue Verfassung bedeutete den endgültigen Abschied von einem unitaristischen Staatsmodell, das vor allem die Bosniaken favorisiert hatten. Der Staat sollte in acht Kantone, nämlich vier kroatische, zwei muslimische und zwei ethnisch gemischte aufgeteilt werden.

Dank dieser Allianz und ausländischer Rüstungshilfe gerieten die Serben militärisch allmählich in die Defensive. Der „Westen" hatte lange gezögert, mit Waffengewalt in den Konflikt einzugreifen. Der Einsatz von UN-Truppen diente ausschließlich der Sicherung humanitärer Zwecke, und die 1993

*Der erste Präsident der unabhängigen Republik Bosnien-Herzegowina, Alija Izetbegović (1925–2003), war nach dem Zweiten Weltkrieg wegen seiner Mitgliedschaft in der Organisation „Jungmuslime" vom kommunistischen Regime zu einer mehrjährigen Gefängnisstrafe verurteilt worden. In den 1970er Jahren verfasste er Schriften zum Islam und wurde 1983 wegen „Nationalismus" und „Panislamismus" erneut inhaftiert. Nach seiner vorzeitigen Haftentlassung Ende 1988 gründete er 1990 die Partei der Demokratischen Aktion (SDA).

erfolgte Errichtung von sogenannten Schutzzonen in mehreren eingeschlossenen muslimischen Städten konnte Massaker wie in Srebrenica nicht verhindern. Als die Nato schließlich mit Luftangriffen gegen die serbische Seite in das Kriegsgeschehen eingriff, wurden die Kampfhandlungen eingestellt. Nach dem Friedensabschluss von Dayton [> S. 574] im November 1995 wurde das Land von einer 60 000 Mann starken Nato-Armee (Sfor) besetzt, um die Durchsetzung des Vertrags zu garantieren. 2004 übernahm die Europäische Union mit 7000 Soldaten (Eufor) die militärische Absicherung des Abkommens. In der Zwischenzeit konnte ein Teil der Vertriebenen in die alten Wohngebiete zurückkehren, aber noch immer leben etwa eine Million Flüchtlinge über die ganze Region verstreut.

Ethnische Fragmentierung und Protektoratsherrschaft

Der Dayton-Vertrag hat zwar die Existenz eines unteilbaren Bosnien-Herzegowina festgeschrieben, gleichzeitig aber institutionelle Strukturen geschaffen, welche die Trennung zwischen den ethnischen Gruppen verfestigen. So ist die Republik konzipiert als gemeinsamer Staat von drei „konstitutiven Völkern"– Bosniaken (Muslimen), Serben und Kroaten –, aber zugleich in zwei etwa gleich große, autonome „Entitäten" unterteilt, nämlich die Serbische Republik (Republika Srpska) und die Bosniakisch-Kroatische Föderation (BKF). Beide Teileinheiten sind dem Protektorat der Vereinten Nationen unterstellt. Die BKF gliedert sich wiederum in zehn nach ethnischen Kriterien gebildete Kantone und den mit einem Sonderstatus versehenen Distrikt Brčko. Die verschiedenen Gebietskörperschaften haben eigene Parlamente und Regierungen. Beide Entitäten besitzen nicht nur eine eigene Armee und Justiz, sondern verfügen auch über eigenständige Bildungssysteme. Sie können internationale Verträge abschließen und „spezielle parallele Beziehungen" zu den Nachbarstaaten Kroatien und Serbien-Montenegro unterhalten. Insgesamt beansprucht diese Staatsstruktur mit ihren 14 Regierungen und 180 Ministern mehr als die Hälfte des Steueraufkommens.

Während der Gesamtstaat nur für die Außen-, Verkehrs-, Handels- und Finanzpolitik zuständig ist, verfügen die Entitäten und die kantonalen Organe über großen politischen Einfluss. Die drei Parteien behandeln die von ihnen kontrollierten Gebietskörperschaften wie eine Art von Privatbesitz, aus dem sie Ressourcen schöpfen, um das jeweilige Klientelsystem zu bedienen. Die seit 1996 durchgeführten Wahlen brachten, von wenigen Ausnahmen abgesehen, stets den Sieg der Nationalisten – so auch bei der letzten Abstimmung im Jahr 2002, als erstmals in allen politischen Gebietskörperschaften gleichzeitig gewählt wurde.

Das Gegeneinander formaler Institutionen und realer Machtstrukturen behindert auch den Befriedungs- und Wiederaufbauprozess. Ein Großteil der internationalen Finanzhilfen versickert in den unübersichtlichen administrativen Strukturen und zeigt wenig Wirkung.

Zur Durchsetzung des Friedensabkommens hat die internationale Gemeinschaft 1997 im Rahmen der Errichtung eines Protektorats das Amt des High Representative geschaffen, das mit weitreichenden Kompetenzen ausgestattet ist. Der Hohe Repräsentant kann bosnische Funktionsträger ohne Begründung ihres Postens entheben, Gesetze für nichtig erklären oder selbst neue Dekrete erlassen. Als Umsetzungs- und Koordinierungsorgan fungiert dabei das Office of the High Representative (OHR).

In den letzten Jahren suspendierte es eine Reihe von Politikern wegen Korruption oder mangelnder Zusammenarbeit mit dem Internationalen Strafgerichtshof für das ehemalige Jugoslawien in Den Haag. So wurden im Juni 2004 sechzig bosnisch-serbische Amtsträger entlassen, welche die Verhaftung des mutmaßlichen Kriegsverbrechers Radovan Karadžić hintertrieben haben sollen. Ebenso repressiv ging die Protektoratsbehörde gegen Sezessionsbestrebungen von Nationalisten vor. Im Frühjahr 2001 versuchte die HDZ die Wiederherstellung der „Kroatischen Republik Herceg-Bosna" als dritte Entität zu erzwingen. Diese war nach der Gründung der Bosniakisch-Kroatischen Föderation im Jahr 2004 zwar formal aufgelöst worden, ihre Macht- und Verwaltungsstrukturen blieben jedoch weitgehend unangetastet. Um der Forderung nach einer eigenen Regierung Nachdruck zu verleihen, meuterten zeitweilig Tausende kroatische Soldaten. Erst als der Hohe Repräsentant das kroatische Mitglied des bosnischen Staatspräsidiums absetzte und der HDZ mit Verbot drohte, konnte die Proklamierung eines dritten Teilstaats verhindert werden.

Im April 2002 erzwang das OHR eine Verfassungsänderung, nach der Bosniaken, Serben und Kroaten in beiden Entitäten als konstituierende Völker anerkannt werden und auf dem gesamten Staatsterritorium die gleichen Bürgerrechte genießen. Auf Druck der Europäischen Union nahm das Parlament von Bosnien-Herzegowina am 1. Dezember 2003 auch ein Verteidigungsgesetz an, das den geteilten Streitkräften des Landes einen einzigen Generalstab zuweist und sie einer gemeinsamen zivilen Kontrolle unterwirft. Vor Ort bleiben die Militäreinheiten weiterhin ethnisch getrennt. Damit hat die bosnische Regierung eine wesentliche Bedingung für die geplante Aufnahme des Landes in das Nato-Programm „Partnerschaft für den Frieden" erfüllt. Auch die Polizeibehörden sollen nach der Vorstellung des Hohen Repräsentanten künftig in zehn regionale Bereiche gegliedert werden, die sich mit den Grenzen der beiden Entitäten nicht decken. Diese Reform gehört zu den Voraussetzungen, damit die EU Verhandlungen über ein Stabilisierungs- und Assoziierungsabkommen (SAA)* aufnimmt. Allerdings haben alle serbischen Parlamentsparteien im September 2005 das Dokument zur Polizeireform abgelehnt. Den Ausbau zentralstaatlicher Strukturen empfinden die bosnischen Serben als eine Schwächung ihrer Autonomie, die ihnen in Dayton vertraglich zugestanden wurde [> S. 574]. Nur die Aussicht auf dringend benötigte internationale Finanzhilfen hat die Regierung der Serbischen Republik bisher dazu bewegt, Zugeständnisse an den Bundesstaat zu machen. Dennoch bleibt die Gefahr einer Abspaltung bestehen. So wird befürchtet, dass die von der Staatengemeinschaft angekündigte Überprüfung des Status Kosovos in der Republik Srpska erneut Sezessionsbestrebungen Auftrieb geben könnte. Die bosnischen Serben, argumentieren die Nationalisten, müssten die gleichen Rechte wie die Albaner in Kosovo erhalten.

*Die Stabilisierungs- und Assoziierungsabkommen (SAA) der Europäischen Union werden zwar auf die jeweilige Situation des Landes zugeschnitten, umfassen in der Regel aber folgende Elemente: regionale Zusammenarbeit, Förderung von Wirtschafts- und Handelsbeziehungen, Entwicklung von Infrastrukturen, Regulierung von Arbeitsmigration, Niederlassungsfreiheit sowie Zahlungs- und Kapitalverkehr, fortschreitende Harmonisierung von Gesetzen mit denen in der Europäischen Union, Zusammenarbeit im Bereich Justiz und Sicherheit, finanzielle und technische Hilfe zur Implementierung des Abkommens und Institutionen zur Überwachung der Implementierung.

Ökonomische und soziale Depression

Nach dem Zweiten Weltkrieg war Bosnien-Herzegowina eine der ärmsten und rückständigsten Regionen Jugoslawiens. Mit Hilfe einer forcierten Entwicklungspolitik wurde die Republik in den 1950er Jahren zu einem Zentrum der jugoslawischen Rüstungs- und Schwerindustrie ausgebaut. Obwohl es gegenüber anderen Landesteilen aufholen konnte, erhielt Bosnien-Herzegowina bis zum Auseinanderbrechen der Föderation in erheblichem Umfang Finanzmittel aus dem jugoslawischen Bundesentwicklungsfonds. Die Sezessionsbestrebungen der slowenischen und kroatischen Teilrepubliken führten 1989/90 zu einer Blockade des jugoslawischen Umverteilungssystems, die die bosnische Volkswirtschaft besonders stark traf.

Die schwerindustrielle Monokultur erwies sich bereits in der sozialistischen Ära als ein Problem, und auch die innerjugoslawische Arbeitsteilung verfestigte eher die strukturellen Defizite der bosnischen Volkswirtschaft. Schon vor dem Ende der Föderation lag Bosnien-Herzegowina bei vielen Entwicklungsindikatoren unter dem Bundesdurchschnitt.

Im Bürgerkrieg wurden die Industrieanlagen weitgehend zerstört und das Bruttoinlandsprodukt pro Kopf schrumpfte um 80 Prozent gegenüber dem Vorkriegsniveau. Die Versorgung der Bevölkerung hing ganz oder teilweise von der internationalen humanitären Hilfe ab. Auch wenn der Dayton-Vertrag den Krieg beenden konnte, wirkte der neue konstitutionelle Rahmen sich lähmend auf die wirtschaftliche Entwicklung des Landes aus. Die föderative Staatskonstruktion verhinderte eine Reintegration des bosnischen Wirtschaftsraums und stärkte die Tendenz zur gegenseitigen Abschottung. Der Warenverkehr zwischen den Entitäten ging wegen hoher Zollschranken zurück, und die komplementären Produktionsbeziehungen, wie sie vormals bestanden hatten, wurden nicht wieder aufgenommen. Zu einer der wenigen funktionierenden gesamtstaatlichen Institutionen entwickelte sich die bosnische Nationalbank. Sie konnte für das ganze Land die Konvertible Mark (KM) als Währung durchsetzen, deren Stabilität dank der festen Anbindung an den Euro allgemein Vertrauen genießt.

Seit den 1990er Jahren hat Bosnien-Herzegowina einen radikalen Prozess der Deindustrialisierung durchgemacht. Insgesamt gingen bis zu 80 Prozent der industriellen Arbeitsplätze verloren. Dieser Sektor erbrachte 2002 nur noch etwa ein Drittel der Wirtschaftsleistung des Landes. Der Dienstleistungsbereich erwirtschaftete fast die Hälfte des Bruttoinlandsprodukts, und der Anteil der Landwirtschaft fiel mit 18 Prozent vergleichsweise hoch aus. Laut offizieller Statistik soll es ein Wirtschaftswachstum in Höhe von 3 bis 4 Prozent geben, einige Experten gehen aber lediglich von realen 0,7 Prozent aus. Der Wachstumsprozess kommt auch deshalb ins Stocken, weil die internationalen Finanzhilfen auslaufen. Bosnien-Herzegowina, das von der Weltbank nach dem Bürgerkrieg als „post-conflict country" eingestuft wurde, hat diesen Status seit Mitte 2004 verloren und gilt nun als einfaches „Transformationsland" [> S. 593].

Das Bruttoinlandsprodukt erreichte 2003 erst 70 Prozent des Niveaus von 1990. Es lag damit 60 Prozent unter dem Durchschnitt der EU-Länder und fast 20 Prozent unter dem der Nachbarländer. Zudem ist die Exportwirtschaft kaum entwickelt, bosnische Waren sind auf dem Weltmarkt nicht wettbewerbsfähig. Dazu trägt auch die schleppende Restrukturierung der maroden Staatsbetriebe bei. Das Außenhandelsdefizit (56 Prozent des Bruttoinlandsprodukts) und die Auslandsverschuldung (34 Prozent des BIP) sind entsprechend hoch. Der 1997 ernannte Währungsrat konnte zwar die Inflationsrate entscheidend herabdrücken, doch der Anteil der Fremdfinanzierung am Budget durch ausländische Anleihen und Finanzhilfen gilt selbst im Vergleich zur Region als exorbitant.

Die wichtigsten Handelspartner der Republik sind Kroatien und Serbien-Montenegro, wobei die beiden Entitäten zu den jeweiligen „Mutternationen" weitaus engere Handelsbeziehungen unterhalten. Deutschland und Italien rangieren an erster Stelle innerhalb der EU-15, in die insgesamt 40 Prozent der Ausfuhren gehen und von denen 40 Prozent der Importe stammen. Im Vergleich zur Region weist Bosnien-Herzegowina damit eine relativ geringe ökonomische Verflechtung mit der Europäischen Union auf. Auch die ausländischen Direktinvestitionen fließen bislang nur spärlich ins Land, innerhalb der postsozialistischen Staaten nimmt Bosnien-Herzegowina einen der hintersten Plätze ein. Die wichtigsten Kapitalgeber kommen aus Kroatien, gefolgt von Kuwait, Slowenien, Deutschland und Österreich.

Der ökonomischen Situation entsprechend stellt sich die soziale Lage der Bevölkerung dar. Die offizielle Arbeitslosenquote beträgt mehr als 40 Prozent. Da viele Menschen in der Schattenökonomie Unterschlupf finden, deren Wertschöpfung auf 50 Prozent des Bruttoinlandsprodukts taxiert wird, gehen Experten davon aus, dass nur jede fünfte Erwerbsperson keine Arbeit hat.

Offiziell leben mehr als 19 Prozent der Bevölkerung unter der Armutsgrenze von 1843 Konvertiblen Mark pro Jahr (1,95 KM = 1 Euro), ein weiteres Drittel bewegt sich nur knapp darüber. Besonders schlimm ist die Situation in der Republik Srpska, hier liegen die Einkommen um ein Drittel unter denen der BKF. Die Höhe der Renten variiert in der RS zwischen 30 und 150 Euro, in der Föderation zwischen 60 und 300 Euro. Arbeitslosen- und Kindergeld sowie Renten werden in der Regel mit mehrmonatiger Verspätung oder auch gar nicht ausbezahlt.

Schwache unabhängige Presse

Die bosnischen Medien sind von den Folgen des Bürgerkriegs stark geprägt. Mitte 1998 setzte das OHR eine massiv instrumentalisierte Bestimmung gegen „Diffamierung" außer Kraft, die bis dahin Journalisten mit Haft- oder Geldstrafen reglementiert hatte. Seit Ende 2000 garantiert ein Gesetz jedem Bürger den freien Zugang zu Informationen. Es kennt nur drei Einschränkungen: mögliche Schäden für legitime Ziele der Außenpolitik, sensible Bereiche der privaten Wirtschaft und die Privatsphäre von Personen. Bislang konnte sich allerdings keine Medienlandschaft herausbilden, die unabhängig von den nationalen Parteien und der internationalen Gemeinschaft existiert.

Der Printmedienbereich ist mit angeblich nur 70000 verkauften Zeitungen pro Tag relativ unbedeutend. Bosnische Soziologen verweisen in diesem Zusammenhang auf die sehr hohe Analphabetenrate in der Bevölkerung. Aber auch Verschiebungen in der Leserschaft spielen eine Rolle. Man kann dies exemplarisch an der renommierten Tageszeitung *Oslobođenje* (Freiheit) festmachen, die vor dem Bürgerkrieg eine Auflage von 80000 Exemplaren hatte. Unter abenteuerlichen Bedingungen überlebte das unabhängige Blatt die dreijährige Belagerung von Sarajevo. Auch nach dem Friedensschluss behielt die Redaktion, trotz wiederholter Inseratenboykotte, ihre kritische Berichterstattung bei. Doch die Verkaufszahlen gingen beständig zurück. Das liegt nicht nur an der grassierenden Armut, sondern hängt offensichtlich auch mit den veränderten soziokulturellen Bedingungen im Nachkriegs-Sarajevo zusammen. Nur ein Teil des ehemaligen aufgeklärt-städtischen Milieus lebt heute noch in der Stadt bzw. in Bosnien-Herzegowina. Die neu Hinzugezogenen sind meist Flüchtlinge vom „flachen Land", denen ein urbanes Leben fremd ist; sie bevorzugen die nationalen Presseorgane. Mitte der 1990er Jahre versuchte die muslimische SDA die *Oslobođenje*, die heute zu 39 Prozent dem slowenischen Investmentfonds Kmečka družba gehört, aufzukaufen. Doch der Verlag widerstand dem Angebot der Partei, die daraufhin die preiswerte Tageszeitung *Dnevni Avaz* gründete, welche als das auflagenstärkste Massenblatt in der Republik gilt. Für Aufregung in der Öffentlichkeit sorgte das in Sarajevo erscheinende Wochenmagazin *Dani*, das im Oktober 2004 kritisch über den Führer des religiösen Flügels der SDA berichtete und ihn auf der Titelseite als fast nackten Callboy abbildete. Nach der Veröffentlichung erhielten all jene Firmen, die in der Zeitschrift geworben hatten, einen Drohbrief von der islamischen Organisation.

Neben einer Vielzahl privater Fernsehsender und Radiostationen gibt es in Bosnien-Herzegowina drei öffentlich-rechtliche Systeme: den gesamtstaatlich ausgerichteten Public Broadcasting Service und die jeweiligen Sender der Entitäten. Letztere verfügen über die größten Reichweiten und Einschaltquoten. Nach den Vorstellungen der Europäischen Union sollen die drei Anstalten unter einem Dach zusammengefasst werden. Doch dagegen regt sich Widerstand. Die Serbische Republik lehnt das Projekt kategorisch ab, und die kroatischen Protagonisten fordern für sich ein eigenes landesweites Programm. Das OHR besteht jedoch auf seinem Reformvorschlag. Denn die Reformierung der Medienlandschaft ist eine der Bedingungen, von denen die Europäische Kommission den Beginn der Verhandlungen über ein Stabilisierungs- und Assoziierungsabkommen (SAA) abhängig macht.

Kroatien

HAUPTSTADT: Zagreb, 779145 Einwohner (2001), im Jahr 1991: 930800 Einwohner
EINWOHNER: 4437460 (2001)
BEVÖLKERUNG: 89,6 Prozent Kroaten (1991: 78,1 Prozent), 4,5 Prozent Serben (1991: 12,2 Prozent), 5,9 Prozent andere Minderheiten (2001)
FLÄCHE: 56542 Quadratkilometer
BRUTTOINLANDSPRODUKT (BIP): 28810 Millionen US-Dollar (2003)
BIP PRO KOPF: 6498 US-Dollar (2003)

Ende der autokratischen Herrschaft

*„Kroatischer Frühling" wird die nationalistische Bewegung in Kroatien zu Beginn der 1970er Jahre genannt, die eine größere Autonomie gegenüber Belgrad erreichen wollte. Bestimmte Strömungen stellten auch das kommunistische Einparteiensystem in Frage oder forderten die Aufstellung einer eigenen Armee und die Mitgliedschaft Kroatiens in der UNO. Das Regime Titos [> S. 574] reagierte auf die Bewegung mit aller Härte. Die kroatische Parteiführung musste im Dezember 1971 zurücktreten, und viele Mitglieder des Kommunistischen Bundes Kroatiens wurden ausgeschlossen.

** Franjo Tudjman (1922-1999) war der erste Staatspräsident nach der Unabhängigkeit Kroatiens. Er schloss sich 1941 den kommunistischen Partisanen an und durchlief nach der Befreiung eine Karriere als Berufsoffizier. Tudjman promovierte als Historiker und versuchte die Geschichtswissenschaft in den Dienst national-kroatischer Ambitionen zu stellen. Nach dem „kroatischen Frühling" kam er 1972 wegen „nationalistischer Umtriebe" in Haft und musste wegen ähnlicher Vergehen von 1981 bis 1984 erneut ins Gefängnis.

*** Nach dem Überfall der Deutschen Wehrmacht auf Jugoslawien wurde im April 1941 der „Unabhängige Staat Kroatien" ausgeruten, dessen Territorium Kroatien (ohne die von Italien und Ungarn okkupierten Gebiete) und Bosnien-Herzegowina umfasste. Eher aus Mangel an anderen Kollaborateuren griff Hitler dabei auf die faschistische Ustascha-Bewegung zurück. Das Marionettenregime des Ustascha-

Die ersten freien Wahlen in der Sozialistischen Föderativen Republik Jugoslawien (SFRJ) [> S. 573 f.] 1990 leiteten die entscheidende Phase des Staatszerfalls ein. Ähnlich wie in Slowenien arbeiteten in Kroatien die oppositionellen Kräfte auf eine Eigenständigkeit hin. Viele der Akteure waren zu Beginn der 1970er Jahre bereits am „kroatischen Frühling"* beteiligt gewesen. Zur wichtigsten Kraft entwickelte sich die nationalistische Sammlungsbewegung Kroatische Demokratische Gemeinschaft (HDZ). Unter der Führung des ehemaligen Generals Franjo Tudjman** kam die Partei im Frühjahr 1990 an die Regierung. Ideologisch bezog die HDZ sich auf sehr heterogene politische Traditionen, die vom nationalen Befreiungskampf im Zweiten Weltkrieg bis zum Ustascha-Staat*** reichten. Am 9. Mai 1991 fand ein Referendum statt, das sich eindeutig für die Sezession aussprach. Die Erklärung der Unabhängigkeit erfolgte am 25. Juni 1991.

Die staatliche und territoriale Integrität des Landes erwies sich zunächst als fragil. Im Gegensatz zu der relativen ethnischen Homogenität in Slowenien lebte in Kroatien eine große serbische Bevölkerungsgruppe. Deren Minderheitenvertreter reagierten auf die kroatischen Sezessionsbestrebungen mit der Ausbildung eigener Staatsstrukturen. Die Konsolidierung der neuen Republik verlief aber auch deshalb zögerlich, weil das von der HDZ propagierte Projekt der ethnischen Nationalstaatsbildung eine Vereinigung mit den Kroaten in Bosnien-Herzegowina anstrebte. Darüber hinaus befand sich das Land in einem jahrelangen Kriegszustand mit der Jugoslawischen Armee und paramilitärischen Einheiten der Serben. Im Zuge dessen kam es nicht nur zur Vertreibung ganzer Bevölkerungsgruppen, sondern zusätzlich blockierten die wachsenden Machtbefugnisse der Militär- und Sicherheitsorgane die Entwicklung demokratischer Strukturen. Das Ineinanderfallen von Systemwechsel, Staatenbildung und Krieg bildete eine konfliktreiche Konstellation, die für ein ganzes Jahrzehnt die politische Dynamik der kroatischen Gesellschaft prägte. Maßgeblich war zudem die Person von Tudjman, der zum ersten Staatspräsidenten gewählt wurde und dank seiner verfassungsmäßigen Vollmachten über eine außerordentliche Macht verfügte. Eine wichtige Rolle spielt schließlich bis heute der katholische Klerus, der traditionell eine starke Affinität zum kroatischen Nationalismus aufweist.

Nachdem die Armee die serbisch kontrollierten Gebiete Kroatiens fast vollständig zurückerobern konnte, gewann die HDZ die vorgezogenen Parlamentswahlen im Oktober 1995 erneut. In den folgenden Jahren wuchs aller-

Staates war für den Völkermord an Serben, Juden sowie Sinti und Roma verantwortlich.

dings die allgemeine Unzufriedenheit über die ökonomischen und politischen Verhältnisse. Fälle von Korruption, eine Liquiditätskrise sowohl der öffentlichen Hand wie auch privater Unternehmen und interne Fraktionskämpfe schädigten das Ansehen der Regierungspartei nachhaltig. Die Behinderung der Rückkehr von 300000 serbischen Flüchtlingen, die Unterstützung nationalistischer Kreise in Bosnien-Herzegowina und die unterlassene Ahndung von Kriegsverbrechen isolierten das Land zudem außenpolitisch.

Bei den Wahlen zu Beginn des Jahres 2000 erlitt die HDZ deshalb eine empfindliche Niederlage, und eine von der postkommunistischen Sozialdemokratischen Partei (SDP) geführte Koalition bestimmte nun für vier Jahre den Regierungskurs. Fast gleichzeitig war nach Tudjmans Tod Stipe Mesič, Mitglied der liberalen Kroatischen Volkspartei, in das höchste Staatsamt gewählt worden. Mit Hilfe einer Verfassungsänderung schaffte das Parlament das semi-präsidentielle System ab, behielt aber das Amt eines direkt gewählten Präsidenten bei. Unter der Mitte-links-Regierung begann Mesič einige Tabus aus der Tudjman-Ära zu brechen. Er versuchte das Verhältnis zu Serbien zu normalisieren, beendete die Unterstützung für die kroatischen Separatisten in Bosnien-Herzegowina und propagierte eine verstärkte Kooperationsbereitschaft gegenüber dem Strafgerichtshof in Den Haag. Dank seiner ausgleichenden Position wurde Mesič im Januar 2005 erneut zum Staatspräsidenten gewählt.

Die brüchige sozialliberale Koalition konnte allerdings zentrale Wahlversprechen nicht einlösen. Trotz eines neoliberalen Wirtschaftsprogramms wuchsen das Außenhandelsdefizit und die Staatsverschuldung weiter an. Ebenso unterblieb eine grundlegende Reformierung des korrupten Justizapparates. Die Kroatische Demokratische Gemeinschaft profilierte sich hingegen in der Opposition als Bewahrerin der nationalen Würde und unterlief die behauptete Kooperation mit dem Den Haager Tribunal. Gleichzeitig entwickelte die HDZ sich unter der Führung von Ivo Sanader, vormals ein enger Vertrauter Tudjmans, zu einer modernen konservativen Partei, die sich auch zur Integration in Nato und Europäische Union bekannte.

Seit Jahresbeginn 2004 ist eine Mitte-rechts-Minderheitenregierung unter der Führung der HDZ an der Macht. Die parlamentarische Unterstützung durch die serbisch-kroatische SDSS sicherte sich der neue Premier Sanader mit einem Abkommen, das den Serben versprach, die vorherrschende Diskriminierungspolitik zu beenden, und eine Rückkehr der Flüchtlinge in Aussicht stellte. Damit war zugleich eine wichtige Voraussetzung für den Beitritt zur Europäischen Union erbracht.

Der Europäische Rat stufte im Jahr 2000 die fünf Staaten Albanien, Bosnien-Herzegowina, Kroatien, Serbien-Montenegro und Mazedonien als potentielle Kandidaten für die EU-Mitgliedschaft ein. Als Instrument der Integration dient der Stabilisierungs- und Assoziierungsprozess (SAP) [> S. 564], dessen wichtigstes Ziel es ist, den „West-Balkan", so die offizielle Terminologie der EU-Kommission, an die Europäische Union heranzuführen. Wesentlicher Bestandteil des Verfahrens sind Prinzipien wie Demokratie, Rechtsstaatlichkeit und Minderheitenschutz sowie die Erfüllung des Dayton-Vertrages [> S. 574] und die Zusammenarbeit mit dem Kriegsverbrecher-Tribunal. Vor einem Beitritt zur EU müssen zudem die Kopenhagener Kriterien [> S. 569] erfüllt sein. Der Stabilisierungs- und Assoziierungsprozess bietet wiederum die Möglichkeit vertraglicher Beziehungen mit der EU in Form von Stabilisierungs- und

Assoziierungsabkommen (SAA) [> S. 581] an. Bisher konnten erst zwei Länder in der Region ein solches Abkommen abschließen, außer Kroatien (Oktober 2001) auch Mazedonien (April 2001). Die kroatische Regierung stellte dann am 21. Februar 2003 einen Antrag auf Mitgliedschaft in der EU, obwohl nicht alle Mitgliedsstaaten das Abkommen ratifiziert hatten. Dennoch billigte der Europarat Kroatien im Juni 2004 den Status eines Kandidaten zu. Ein wichtiges Hindernis für die Aufnahme von Beitrittsverhandlungen stellte die mangelnde Kooperation mit dem Den Haager Strafgerichtshof dar. Aber auch die Ablehnung der europäischen Verfassung in Frankreich und in den Niederlanden sowie das Scheitern des EU-Gipfels in Brüssel bewirkten eine Verschiebung der Beitrittsverhandlungen. Die Option der kroatischen Regierung, die Verhandlungen mit der Europäischen Union noch 2007 abzuschließen, schien deshalb unrealistisch. Der konservativen österreichischen Regierung gelang es jedoch, ihre Zustimmung zu EU-Beitrittsverhandlungen mit der Türkei von der Eröffnung dieses Prozesses mit Kroatien abhängig zu machen. Überraschenderweise bescheinigte die Den Haager Chefanklägerin Carla Del Ponte Anfang Oktober 2005 der Regierung in Zagreb eine uneingeschränkte Kooperation bei der Suche nach Kriegsverbrechern.

Wachsende Handels- und Leistungsdefizite

Vor der Unabhängigkeit gehörte Kroatien zu den ökonomisch überdurchschnittlich entwickelten Republiken der Föderation. Die Wirtschaft des Landes war stark auf den innerjugoslawischen Handel und den osteuropäischen Markt ausgerichtet. Der Zusammenbruch des „sozialistischen Lagers" und der sich anschließende Sezessionskrieg führten zu einem weitgehenden Verlust der Absatzfelder. Der Krieg vernichtete ein Viertel der Produktionskapazitäten, und der Tourismus, eine der wichtigsten Einnahmequellen Kroatiens, kam fast vollständig zum Erliegen. Die Inflationsrate stieg 1993 auf über 1500 Prozent an, das Bruttoinlandsprodukt betrug nur noch 60 Prozent des Vorkriegsniveaus.

Die Hyperinflation konnte mit einem Stabilisierungsprogramm jedoch erfolgreich bekämpft werden. Die kroatische Wirtschaft hat das Niveau von 1989 zwar noch immer nicht erreicht, das Pro-Kopf-Einkommen lag 2003 mit 6489 US-Dollar aber über dem in Rumänien, Bulgarien oder Polen. Zur Erwirtschaftung des Bruttoinlandsprodukts trug der Dienstleistungssektor mit 62 Prozent der Wertschöpfung bei, die Industrie mit 30 Prozent und die Landwirtschaft mit 8 Prozent (2003). Die Wachstumsraten gehen vor allem auf Investitionen in die Infrastruktur für Verkehr und Tourismus sowie auf eine starke private Nachfrage nach hochwertigen Konsumgütern zurück. Diese Ausgaben wurden durch internationale Anleihen und Bankkredite finanziert. Entsprechend stieg die Auslandsverschuldung seit 1999 von 14 Milliarden US-Dollar auf rund 25 Milliarden US-Dollar an. Mit 82 Prozent des Bruttoinlandsprodukts liegt das Verschuldungsniveau von Kroatien höher als in den meisten anderen postsozialistischen Ländern. Dafür ist auch das bedrohlich anwachsende Außenwirtschaftsdefizit verantwortlich zu machen. Gegenwärtig wickelt Kroatien mit den Mitgliedern der erweiterten Europäischen Union (EU-25) mehr als 70 Prozent seines gesamten Außenhandels ab. Während die kroatischen Ausfuhren in die EU seit 1990 kaum zugenommen haben, verdreifachten sich die Importe aus der EU. Insgesamt erreichte der Fehlbetrag in der Handelsbilanz 2003 mit 7,9 Milliarden US-Dollar einen vorläufigen Höchststand.

Für die mangelnde Wettbewerbsfähigkeit der kroatischen Wirtschaft machen führende Vertreter der Europäischen Union und internationaler Finanzinstitutionen den schleppend vorankommenden Privatisierungsprozess verantwortlich. Dabei muss man im Fall von Kroatien berücksichtigen, dass sich in Jugoslawien im Gegensatz zu anderen sozialistischen Ländern die Produktionsmittel nicht in Staatsbesitz befanden, sondern gemäß dem jugoslawischen Selbstverwaltungssozialismus* den Betriebsangehörigen eines Unternehmens gehörten. In einem ersten Schritt wurden 1991 die bisherigen Eigentumsrechte der Kollektive aufgehoben und die Betriebe in Staatseigentum verwandelt. In einer zweiten Phase versuchte man die Produktionsanlagen durch öffentliche Ausschreibungen und Auktionen zu veräußern. Ähnlich wie in anderen Nachfolgestaaten Jugoslawiens propagierte die kroatische Regierung das Modell, durch eine „Insiderprivatisierung" aus den ehemaligen Beschäftigten Aktionäre zu machen. Doch schon bald konnten die Parteigänger der HDZ dank ihrer politischen Beziehungen die Betriebe billig aufkaufen. Es entstanden Firmenkonglomerate, deren Eigner weniger an einer Modernisierung der Produktionsanlagen als an kurzfristigen Profiten interessiert waren. Im Verhältnis zu den meisten anderen postsozialistischen Ländern unterlag die kroatische Wirtschaft weitaus geringeren Restrukturierungen auf mikroökonomischer Ebene. Noch immer produziert das Land 50 Prozent seines Bruttoinlandsprodukts in hochdefizitären Staatsbetrieben. Ende 2004 knüpfte der Internationale Währungsfonds die Vergabe weiterer Kredite deshalb an ein umfassendes Sanierungsprogramm: Neben Lohnkürzungen im öffentlichen Dienst und einer Flexibilisierung der Arbeitsverhältnisse soll eine forcierte Privatisierung bzw. die Schließung von staatlichen Unternehmen durchgesetzt werden.

Die schlechte Exportbilanz hat Kroatien dazu veranlasst, frühere Austauschbeziehungen wieder aufzunehmen. Nach dem Freihandelsabkommen mit Serbien-Montenegro und Albanien (2002) hat Kroatien jetzt mit allen Staaten in der Region Verträge dieser Art abgeschlossen. Gleichwohl liegt das heutige Ausmaß des Handels mit den ehemaligen jugoslawischen Republiken noch weit unter dem Niveau der 1980er Jahre.

In den letzten Jahren konnte Kroatien den Zufluss an ausländischen Direktinvestitionen steigern. Ein großer Teil stammt aus der Europäischen Union, insbesondere aus Österreich und Deutschland, die neben Italien die wichtigsten Handelspartner sind. Das internationale Kapital fließt vor allem in die Bereiche der Telekommunikation, der Finanzdienstleistungen und der Tourismusindustrie. Als Handelspartner hat Deutschland in den vergangenen Jahren an Bedeutung verloren, rangiert aber immer noch auf dem zweiten Platz, während Kroatien für den deutschen Außenhandel nur eine marginale Rolle spielt.

Verarmung der kroatischen Gesellschaft

Die Privatisierung hat zu einem verschärften Gegensatz zwischen einer kleinen Gruppe von sogenannten Tycoons und der breiten Bevölkerung geführt.

*In Abgrenzung zur Sowjetunion entwickelten die jugoslawischen Kommunisten das Modell von der „Selbstverwaltung der Produzenten". Das soziale Experiment dieses Selbstverwaltungssozialismus begann Ende 1949 mit der Gründung von Arbeiterräten in den Staatsbetrieben, als „Organisationen der vergesellschafteten Arbeit". Ab den 1960er Jahren entstanden in allen Bereichen der Gesellschaft Strukturen der Selbstverwaltung. Ein kompliziertes und letztlich unüberschaubares System von Delegationsebenen bildete sich heraus, das zunehmend schwerfälliger und bürokratischer wurde.

Atlas   Klaus Ronneberger

Kroatien weist seit vielen Jahren eine hohe Arbeitslosenquote auf, 2003 betrug sie offiziell 19,4 Prozent. Dabei ist zu berücksichtigen, dass zwischen 25 und 40 Prozent der kroatischen Wertschöpfung in der Schattenwirtschaft entsteht. Gegenwärtig leben je nach Schätzung zwischen 15 und 18 Prozent der Bevölkerung unterhalb der Armutsgrenze. Da sich die ökonomischen Investitionen vor allem auf die Hauptstadt Zagreb und die angrenzenden Regionen konzentrieren, entsteht zudem ein wachsendes regionales Ungleichgewicht bezüglich Prosperität und Beschäftigung. Seit der Unabhängigkeit haben eine halbe Million Menschen das Land verlassen, während lediglich 250 000 Personen zurückgekehrt sind. In Deutschland lebt noch immer die größte kroatische Minderheit in Westeuropa (etwa 231 000 Personen).

Die Deindustrialisierung und hohe Arbeitslosenquoten unterminieren auch das Rentenversicherungssystem: 1980 bestand mit 1,8 Millionen Beschäftigten und 450 000 Rentnern noch eine relativ günstige Relation. Heute müssen eine Million Nettobeitragszahler für eine Million Rentenempfänger aufkommen. Deren Zahl wuchs unter anderem deshalb an, weil die Regierung eine Frühverrentung von Arbeitslosen forcierte. Außerdem immigrierten viele Kroaten, die vor der Unabhängigkeit in Bosnien-Herzegowina, Serbien und Montenegro gelebt hatten, nach Kroatien, und auch für ihre Pensionsansprüche hat nun der Staat aufzukommen.

Nachlassen der Zensur

In den 1990er Jahren war die Informationsfreiheit in vielfacher Weise eingeschränkt. Die HDZ hatte die Privatisierung auch dafür genutzt, drei der zehn existierenden Tageszeitungen aufzukaufen und sie politisch nach einem klaren Freund-Feind-Schema auszurichten. Ebenso wurde eine gesetzliche Bestimmung extensiv angewandt, welche die Verunglimpfung der fünf wichtigsten Repräsentanten (Präsident, Ministerpräsident, Parlamentspräsident, Präsident des Verfassungs- und Obersten Gerichts) unter Strafe stellte. Hunderte von Prozessen mit hohen Entschädigungsansprüchen wurden von Personen aus dem Umfeld der HDZ eingeleitet, um unliebsame Journalisten einzuschüchtern. Eine zentrale Rolle bei der Gleichschaltung der Öffentlichkeit spielte vor allem der staatliche kroatische Rundfunk- und Fernsehsender (HRT), zugleich einer der bedeutendsten Medienkonzerne. Die gesetzliche Regelung, dass die Mitglieder des Programmrates vom Parlament gewählt werden, ermöglichte es der HDZ, mit ihrer Mehrheit das Staatsfernsehen in ein regierungskonformes Organ zu verwandeln. Die Mitte-links-Regierung veränderte 2003 allerdings die Auswahlkriterien und die Zusammensetzung des Gremiums und formte den Sender in ein öffentlich-rechtliches Unternehmen um. Auch der sogenannte Verunglimpfungsparagraph wurde entschärft.

In den späten 1990er Jahren stiegen auch ausländische Unternehmen in den kroatischen Medienmarkt ein. So ist unter anderem der Konzern der Westdeutschen Allgemeinen Zeitung (WAZ) [> S. 572] mit 50 Prozent an der Europapress Holding, einem der größten Presseunternehmen in Kroatien, beteiligt, und das Dritte Programm des Kroatischen Fernsehens wurde nach der Privatisierung an die RTL-Gruppe verkauft, die innerhalb kurzer Zeit große Marktanteile erobern konnte.

Slowenien

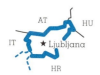

HAUPTSTADT: Ljubljana, 264 269 Einwohner (2002)
EINWOHNER: 1 964 000 (2002)
BEVÖLKERUNG: 87,6 Prozent Slowenen, 2,8 Prozent Kroaten, 2,4 Prozent Serben sowie Minderheiten von Ungarn, Mazedonern, Albanern, Italienern
FLÄCHE: 20 253 Quadratkilometer
BRUTTOINLANDSPRODUKT (BIP): 27 378 Millionen US-Dollar (2003)
BIP PRO KOPF: 13 710 US-Dollar (2003)

Weg vom Balkan – hin nach Europa

Slowenien war seit den 1980er Jahren eindeutig die treibende Kraft gegen den Belgrader Zentralismus. Zunächst standen vor allem ökonomische Motive hinter den Sezessionsbestrebungen. Angesichts einer schweren wirtschaftlichen Krise verschärften sich die regionalen Auseinandersetzungen um die knapper werdenden Ressourcen. Slowenien, das über das höchste Pro-Kopf-Einkommen Jugoslawiens verfügte, war immer weniger bereit, seinen finanziellen Verpflichtungen gegenüber dem Bund nachzukommen. 1987 forderten slowenische Intellektuelle zum ersten Mal öffentlich die nationale Eigenständigkeit der Republik und den Schutz der Menschenrechte. Repressive staatliche Maßnahmen gegen die Dissidenten lösten in der Bevölkerung eine breite Protestwelle aus, die schließlich systemsprengenden Charakter annahm. In dieser bedrohlichen Situation ging die kommunistische Parteiführung Sloweniens mit Milan Kučan an der Spitze auf die Forderungen der Bewegung ein. Im September 1989 änderte die Republik ihre Verfassung, gestand sich selbst das Sezessionsrecht zu und wies sämtliche Eingriffsrechte der Bundesorgane zurück.

Nach diesem Schritt eskalierten die Auseinandersetzungen zwischen Slowenien und Serbien. Es begann ein innerjugoslawischer Wirtschaftskrieg, der vom Warenboykott über gegenseitige Einfuhrverbote bis hin zur Einstellung der Zahlungen in den Bundesfonds reichte. Auch die Kräfteverhältnisse innerhalb der slowenischen Republik begannen sich zu verschieben. Schon Anfang 1989 war ein Mehrparteiensystem zugelassen worden. Am 7. Dezember 1989 schlossen sich alle nichtkommunistischen Parteien zum Bündnis Demokratische Opposition Sloweniens (Demos) zusammen, das im April 1990 bei den ersten freien Wahlen die absolute Mehrheit erlangte. Am 6. Dezember 1990 sprach sich die überwältigende Mehrheit aller Wahlberechtigten in einem Plebiszit für die Unabhängigkeit des Landes aus.

Als Slowenien sich am 25. Juni 1991 formal für unabhängig erklärte, kam es zu militärischen Auseinandersetzungen mit der Jugoslawischen Volksarmee. Auf Druck der Europäischen Gemeinschaft (EG) wurden die Kampfhandlungen nach zehn Tagen eingestellt. Zu Beginn des Sezessionskonflikts hatte die Mehrheit der EG-Staaten noch versucht, den Zerfall des jugoslawischen Bundesstaates aufzuhalten, um eine Ausweitung des Bürgerkrieges zu verhindern. Nachdem Deutschland aber im Dezember 1991 die Republik Slowenien anerkannt hatte, folgten bald die Europäische Gemeinschaft und die Vereinten Nationen.

*Am 21. Dezember 1992 unterzeichneten Polen, Tschechoslowakei und Ungarn ein Abkommen zur Gründung einer Freihandelszone, der Central European Free Trade Association (CEFTA). Später kamen unter anderem Rumänien, Bulgarien und Kroatien hinzu.

Die „Rückkehr nach Europa" war ein bekanntes Motto der slowenischen Bewegung für die Unabhängigkeit. Der Weg dahin wurde zügig beschritten. Im Jahr 1994 trat Slowenien dem Nato-Programm „Partnerschaft für den Frieden" bei und wurde Anfang 1996 Mitglied der Central European Free Trade Association (CEFTA)*. 1997 kam ein Stabilisierungs- und Assoziierungsabkommen (SAA) [> S. 581] mit der Europäischen Union zustande. Im März 2003 sprach die Mehrheit der Wähler sich in einem Referendum für den Beitritt zu EU und Nato aus. Die Mitgliedschaft in beiden Allianzsystemen erfolgte im Frühjahr 2004. Außenpolitisch gab es zeitweilig Dissonanzen mit der italienischen und österreichischen Regierung in der Frage möglicher Entschädigungsansprüche, die sich auf Vertreibungen und Enteignungen aus dem Jahr 1945 bezogen. Nach wie vor schwelt ein Konflikt um die Grenzziehung im offenen Meer vor der schmalen slowenischen Küste. Es geht vor allem um den direkten Zugang des slowenischen Hafens Koper zu internationalen Gewässern. Nach heutigem Seerecht ist dieser nicht eindeutig gewährleistet. Das Problem müsste gemeinsam mit Kroatien gelöst werden, doch die Beziehungen zum Nachbarland sind nach einigen Grenzzwischenfällen eher angespannt.

Bei der Gestaltung der neuen Verfassung hat Slowenien sich für eine starke Stellung des Parlaments und für einen Präsidenten mit beschränkter politischer Macht entschieden. Höchstens zweimal in Folge kann er für fünf Jahre direkt gewählt werden. Erster Staatspräsident wurde 1992 der frühere Kommunist und nun parteilose Milan Kučan, der auch 1997 die Wahlen für sich entschied.

Die politische Dynamik des neuen Staates zeichnet sich durch eine Reihe von Besonderheiten aus: Im Gegensatz zu vielen anderen postsozialistischen Ländern konnten die alten Eliten auch unter den veränderten Bedingungen ihre führende Stellung in Politik, Medien und Wirtschaft behaupten. Die Fraktionen im Parlament stimmen häufig nicht entsprechend ihrer Zugehörigkeit zu einer Koalition, Programme und Parteidisziplin spielen eher eine untergeordnete Rolle. In der slowenischen politischen Kultur genießen gesellschaftliche Übereinkünfte zwischen den relevanten Interessengruppen eine viel höhere Wertschätzung als parteipolitische Fraktionskämpfe. Das Wahlsystem begünstigt zudem kleinere Gruppierungen: Die Anzahl der im Parlament vertretenen Parteien bewegte sich bislang zwischen sieben und neun. Auch die katholische Kirche versucht seit dem Systemwechsel nicht ohne Erfolg, verlorenes politisches Terrain zurückzugewinnen.

Die politische Kultur des Landes ist in hohem Maße von einer korporatistischen Ideologie geprägt. Historisch haben die subsidiäre Tradition des katholischen Milieus und die langjährige Praxis des Selbstverwaltungssozialismus [> S. 588] dazu beigetragen. Entsprechend werden gesellschaftliche Interessen vor allem über Verbände und Berufsorganisationen artikuliert, deren Vertreter in das politische System integriert sind.

Über einen langen Zeitraum bildeten die Liberalen Demokraten Sloweniens (LDS) die stärkste politische Kraft des Landes. Die Mitte-links-Partei, die aus dem ehemaligen Bund der Sozialistischen Jugend hervorging, kam 1992 erstmals an die Macht und regierte, von kurzen Unterbrechungen abgesehen, mit wechselnden Koalitionspartnern sowohl aus dem linken wie aus dem konservativ-rechten Lager bis Ende 2004. Der LDS-Vorsitzende Janez Drnovšek, einstiger Präsident des jugoslawischen Staatspräsidiums, übte mehrere Jahre lang das Amt des Ministerpräsidenten aus und wurde 2002 zum neuen Staatspräsidenten gewählt. Im Oktober 2004 errang Janez Janša, Vorsitzender der rechtsliberalen Slowenischen Demokratischen Partei (SDS) einen erdrutschartigen Wahlsieg. Als neuer Ministerpräsident einer Mitte-rechts-Koalition beendete er die Regierungsära der LDS. Im Krieg gegen die Jugoslawische Volksarmee 1991 hatte Janša, der bereits in den 1980er Jahren als Dissident aufgetreten war, Sloweniens Territorialverteidigung befehligt. Nach der Unabhängigkeit wurde er zum Verteidigungsminister ernannt, musste aber 1994 wegen illegaler Waffenexporte in ex-jugoslawische Länder von dem Posten zurücktreten. Als Oppositionspolitiker prangerte er vor allem die Seilschaften der ehemaligen Kommunisten an. Janšas tiefe Aversion gegen das alte System hat auch biographische Gründe. Er stammt aus einer Familie der sogenannten Domobranci*, die während des Zweiten Weltkriegs gegen die kommunistischen Partisanen kämpften. Bis heute ist die slowenische Gesellschaft in dieser Frage gespalten.

Auch wenn die neue Regierung angekündigt hat, die Vorherrschaft der Linken in Wirtschaft und Politik zu brechen, dürfte sich aufgrund des vorherrschenden Konsens-Modells, das sowohl auf Korporatismus wie liberale Marktwirtschaft setzt, wenig ändern.

Nationaler Kapitalismus

Der hohe Industrialisierungsgrad des Landes und ein mit knapp zwei Millionen Einwohnern nur begrenzt aufnahmefähiger Binnenmarkt erzwingen eine expansive Exportstrategie. Bis zur Unabhängigkeit war die slowenische Teilrepublik vor allem für die industrielle Endfertigung von Gütern zuständig. Der weniger entwickelte Süden der Jugoslawischen Föderation lieferte Rohstoffe sowie Halbfertigprodukte und diente zugleich als Absatzmarkt. Der Niedergang des jugoslawischen Wirtschaftsraums, der fast zeitgleiche Zusammenbruch des „sozialistischen Lagers" und die anschließende marktwirtschaftliche Öffnung bedeuteten einen tiefen Einschnitt. Zwischen 1989 und 1993 kam es zu einer schweren Rezession mit einem Rückgang um etwa ein Drittel des Bruttoinlandsprodukts und der Industrieproduktion.

Als Antwort auf die Krise versuchte Slowenien nicht nur, durch verschiedene Abkommen mit den Nachfolgestaaten Jugoslawiens den alten Absatzmarkt wenigstens teilweise für sich zu erhalten, sondern es baute vor allem die Handelsbeziehungen zur Europäischen Union weiter aus. Bereits vor der Unabhängigkeit hatte das Land den größten Teil des jugoslawischen Westhandels bestritten und verfügte somit über Verbindungen und Erfahrungen, die eine Neuorientierung der Wirtschaft deutlich erleichterten.

Heute wickelt Slowenien mit der erweiterten Europäischen Union (EU-25) mehr als 70 Prozent seines Außenhandels ab, wobei Deutschland mit 23 Prozent der wichtigste Handelspartner ist. Von den slowenischen Importen kommen 19 Prozent aus der Bundesrepublik, was aber lediglich 0,37 Prozent der deutschen Exporte ausmacht. Mit dem EU-Beitritt musste das Land allerdings die Freihandelsabkommen mit den südosteuropäischen Staaten aufgeben, in die es 2003 mehr als 17 Prozent seiner Waren exportierte. Der bei weitem wichtigste Partner in der Region ist Kroatien.

Das jährliche Wirtschaftswachstum nahm zwischen 1993 und 2002 um durchschnittlich 4 Prozent zu. Heute verfügt Slowenien über einen hochent-

* Nach dem Überfall der Deutschen Wehrmacht auf Jugoslawien wurde Slowenien zwischen Italien, Deutschland und Ungarn aufgeteilt. Ähnlich wie in Kroatien kollaborierte der katholische Klerus mit den Besatzern. Schließlich kämpfte die sogenannte Heimwehr – kirchentreue Truppen der Marionettenregierung – gegen die Tito-Partisanen [> S. 574]. Deren Vergeltung fiel am Ende des Krieges ausgesprochen blutig aus. Diese Massaker an den Domobranci, den „Weißgardisten", blieben als Thema auch nach 1991 lange Zeit ein Tabu.

wickelten Dienstleistungssektor, der 61 Prozent der nationalen Wertschöpfung erwirtschaftet, gefolgt von der Industrie mit 36 Prozent und der Landwirtschaft mit 4 Prozent. Das jährliche Pro-Kopf-Einkommen in Höhe von 13710 US-Dollar (2003) liegt mit 75 Prozent des EU-Durchschnitts weit höher als etwa in Tschechien oder Ungarn. Der Haushalt ist fast ausgeglichen, und die Staatsverschuldung beträgt lediglich 30 Prozent des Bruttoinlandsprodukts. Auch die Inflationsrate fiel 2003 mit 5,6 Prozent niedriger aus als in den letzen Jahren. Insgesamt erfüllt das Land die meisten Maastricht-Kriterien, um voraussichtlich 2007 den Euro als Währung übernehmen zu können.

Interessanterweise stellt der Entwicklungspfad Sloweniens die vorherrschende neoliberale Logik in Frage, nach der nur eine zügige Privatisierung und eine umfassende Deregulierung die postsozialistischen Staaten sanieren können. Denn die sogenannte Transformation*, das heißt die kapitalistische Restrukturierung der slowenischen Ökonomie, vollzog sich graduell und langsam. Während der 1990er Jahre versuchte der Staat sowohl den Binnenmarkt durch protektionistische Maßnahmen zu schützen als auch das Land schrittweise auf die EU-Mitgliedschaft vorzubereiten. Statt zur verlängerten Werkbank des Westens degradiert zu werden, setzte Slowenien darauf, eigene Produkte auf dem europäischen Markt zu platzieren. Strategisch wichtige Bereiche wie etwa der Banken- und Finanzsektor blieben lange unter staatlicher Kontrolle. Bei den beiden wichtigsten Kreditinstituten, der Nova Ljubljanska Banka und der Nova Kreditna Banka Maribor, an denen der Staat zu 35 bzw. 90 Prozent beteiligt war, ist eine Beteiligung ausländischer Konsortien erst seit kurzem möglich. Auch der Anteil der privaten Wirtschaft an der Wertschöpfung fällt mit 50 Prozent des Bruttoinlandsprodukts eher niedrig aus.

Privatisierungen wurden häufig über staatlich geführte Entwicklungsfonds organisiert, und die alten Management- und Belegschaftsstrukturen blieben in der Regel erhalten. Übernahmeversuche internationaler Investoren lösten in der Öffentlichkeit immer wieder hitzige Debatten über einen drohenden Ausverkauf der heimischen Industrie aus. Entsprechend wies Slowenien in den 1990er Jahren unter den am weitesten entwickelten postsozialistischen Ländern in Europa die geringsten ausländischen Direktinvestitionen auf. Die bestehenden Engagements internationaler Unternehmen nahmen häufig in der jugoslawischen Ära ihren Anfang.

Erstmals seit 1991 sank die Zahl der Arbeitslosen 2003 auf weniger als 100 000. Geht man von den international üblichen Berechnungsmethoden aus, betrug die Arbeitslosenquote nur noch 6,7 Prozent. Erhebliche Probleme bereitet allerdings die Reorganisation des Pensionssystems. Eine umfassende Rentenreform war eine der Voraussetzungen für den EU-Beitritt Sloweniens. Gegen den jahrelangen Widerstand der kleinen, aber einflussreichen „Rentnerpartei" DeSUS wurde 2000 das bestehende System schließlich auf ein Drei-Säulen-Modell (Sozialversicherungsbeiträge, betriebliche Rente, Privatvorsorge) umgestellt. Ebenso hob man das Rentenalter für Männer auf 63 Jahre, für Frauen auf 61 an. Letztlich soll das Antrittsalter auf 65 bzw. 63 Jahre heraufgesetzt werden. Auch die Leistungen wurden gekürzt.

*Der Terminus Transformation steht in der Regel für eine „Pluralisierung" und „Demokratisierung" in den ehemaligen sozialistischen Staaten. Zugleich bezeichnet er die Einführung der kapitalistischen Marktwirtschaft. Der Mainstream der Medien und der Sozialwissenschaften verwendet den Begriff in einem präjudizierenden Sinn, bei dem die Ungleichzeitigkeit und die Eigenständigkeit von sozialen Prozessen in den betroffenen Gesellschaften unterschlagen werden.

Verzögerte Internationalisierung der Medienlandschaft

Auch nach dem Systemwechsel spielte in den slowenischen Medien die öffentliche Hand eine wichtige Rolle, da angesichts des kleinen Marktes eine „Fremdbestimmung" befürchtet wurde.

Im Bereich der Printmedien gab es bis vor kurzem keine ausländischen Beteiligungen, und der Staat war direkt oder indirekt überall involviert. Heute existieren sechs überregionale Tageszeitungen, deren Eigner zumeist halbstaatliche Investmentunternehmen sind, die bestimmten politischen Parteien nahe stehen. Das rechtslastige Verlagshaus Delo, das unter anderem eine gleichnamige Tageszeitung herausgibt, dominiert den Markt. Insgesamt erreicht das Unternehmen mit seinen verschiedenen Presseerzeugnissen täglich mehr als eine Million Menschen. Delo gehört anteilig der slowenischen Brauerei Lasko, den staatlichen Investmentfonds SOD und KAD sowie verschiedenen heimischen Banken und Versicherungen. In den letzten Jahren deutet sich aber ein Umbruch an. So stieg Ende 2003 der österreichisch-katholische Medienkonzern Styria bei der in Ljubljana erscheinenden Tageszeitung *Dnevnik* ein, und das ebenfalls aus Österreich stammende Druck- und Presseunternehmen Leykamp engagierte sich bei der drittgrößten Zeitung *Večer*. Auch der Burda-Konzern ist mit slowenischen Ablegern seiner Produkte auf dem Markt präsent.

Im Rundfunkbereich wurde der aus dem jugoslawischen Studio Ljubljana hervorgegangene Slowenische Rundfunk, RTV Slovenija, in eine öffentlich-rechtliche Anstalt umgewandelt. Das oberste Kontrollgremium besteht aus einem Rat, der das ganze Spektrum gesellschaftlicher Interessensgruppen abdeckt und so die Unabhängigkeit des Radios demonstrieren soll. Gleichwohl ist der politische Einfluss der großen Parteien unübersehbar. Bemerkenswert sind in dieser Hinsicht die Anstrengungen der katholischen Kirche, die mit dem Sender Radio Ognjišče immerhin eine Viertelmillion regelmäßiger Hörer erreicht.

Im Fernsehen hingegen etablierte sich schon Mitte der 1990er Jahre mit POP TV die US-amerikanische Firma Central European Media Enterprises (CME) als bedeutsamster Gegenspieler der öffentlich-rechtlichen Anstalten. Heute kontrolliert CME die drei wichtigsten privaten Fernsehsender des Landes. Auch die katholische Kirche ist mit TV3 in diesem Bereich präsent. Deutschsprachige Programme können mehr als ein Drittel der slowenischen Haushalte empfangen, wobei RTL am häufigsten gesehen wird. Die öffentlich-rechtlichen Sender SLO 1 und SLO 2 haben sich in ihrer Programmstruktur stark den privaten angepasst. Unter der neuen konservativen Regierung könnte den Anstalten eine Umstrukturierung bevorstehen, da die rechtsliberale SDS ihnen angebliche Linkslastigkeit vorwirft.

Polen

HAUPTSTADT: Warschau, 1 687 628 Einwohner (Fortschreibung 2005)
EINWOHNER: 38 230 100 (Zensus 2002)
BEVÖLKERUNG: 98,7 Prozent Polen, nationale Minderheiten: 300 000 bis 500 000 Deutsche, 300 000 Ukrainer, 200 000 Weißrussen
FLÄCHE: 312 685 Quadratkilometer
BRUTTOINLANDSPRODUKT (BIP): 209,6 Milliarden US-Dollar (2003)
BIP PRO KOPF: 5486 US-Dollar (2003)

Die Gespenster der Vergangenheit

*Nach gewalttätigen Massendemonstrationen kam es 1956 zum „polnischen Tauwetter", das allerdings nur zwei Jahre andauerte. Danach schlug der damalige Parteichef Władysław Gomułka wieder einen autoritären Kurs ein. Nach schweren sozialen Unruhen im Dezember 1970 musste er schließlich zurücktreten. 1976 versuchte das Regime die wachsende Konsumnachfrage der Bevölkerung durch Preiserhöhungen zu dämpfen. Doch die Arbeiterschaft reagierte, wie schon in der Vergangenheit, mit Streiks und Demonstrationen. Gegen die darauf einsetzende Repressionswelle gründete eine Reihe von Intellektuellen das Komitee zur Verteidigung der Arbeiter (KOR). Die Dissidentengruppe löste die Entstehung einer Oppositionsbewegung aus, die in ihrer Breite als einmalig für den Ostblock gilt. Der Widerstand gegen das System erhielt 1978 durch die Wahl des Krakauer Erzbischofs Karol Wojtyla zum Papst Johannes Paul II. zusätzlichen Auftrieb. Im Sommer 1980 brachen erneut zahlreiche Streiks aus. Dies war die Geburtsstunde der Solidarność, die sich als Dachverband einer gewerkschaftlichen Organisation und zugleich als Sammelbecken der oppositionellen politischen Kräfte verstand. Zum ersten Vorsitzenden wurde Lech Wałęsa, ein Arbeiter aus der Danziger Lenin-Werft, gewählt.

**Bereits auf der Konferenz von Teheran (28. November bis 1. Dezember 1943) einigten sich Franklin D. Roosevelt, Winston Churchill und Josef Stalin grundsätzlich über die Abtretung polnischer Ostgebiete an die Sowjetunion und eine Westverschiebung Polens zu Lasten des

Die Periode der kommunistischen Herrschaft in Polen weist im Verhältnis zu anderen sozialistischen Staaten eine Reihe von Besonderheiten auf. Bemerkenswert sind der frühzeitige Abbruch der Zwangskollektivierung in der Landwirtschaft (1956), der erhebliche Einfluss der katholischen Kirche und die Stärke der Oppositionsbewegungen*.

Bereits in den 1970er Jahren hatte die Volksrepublik mit einer wirtschaftlichen Krise zu kämpfen, die im Laufe des Jahrzehnts von einer politischen überlagert wurde. Das Erstarken der Solidarność-Bewegung nahm Anfang der 1980er Jahre systemsprengende Ausmaße an. Um das Regime zu retten und eine drohende Intervention sowjetischer Truppen zu verhindern, rief General Wojciech Jaruzelski, der damalige Regierungs- und Parteichef sowie Verteidigungsminister und Oberbefehlshaber, am 13. Dezember 1981 das Kriegsrecht aus. Diese Maßnahme diente auch dazu, ein ökonomisches Austeritätsprogramm durchzusetzen. Die herrschende Ordnung konnte zwar wiederhergestellt werden, aber die Wirtschaftsreformen scheiterten nicht zuletzt aufgrund des fehlenden gesellschaftlichen Konsenses. Schließlich sah sich die Militärregierung gezwungen, mit Vertretern der nun verbotenen Solidarność Verhandlungen am „runden Tisch" aufzunehmen, um einen Ausweg aus der ökonomischen und politischen Krise zu finden.

Die Kirche, auf dem Höhepunkt ihrer gesellschaftlichen Akzeptanz, spielte dabei eine entscheidende Vermittlerrolle. Im April 1989 wurde Solidarność erneut als Gewerkschaft zugelassen und das 1952 abgeschaffte Amt des Staatspräsidenten wieder eingeführt. Dieser sollte von einer Nationalversammlung gewählt werden und eine starke verfassungspolitische Position erhalten. Am 4. Juni 1989 kam es zu den von beiden Seiten verabredeten ersten Wahlen, die einen erdrutschartigen Sieg für die Opposition brachten. Nur wenig später wurde mit Rücksicht auf die bestehenden Machtverhältnisse Jaruzelski zum Staatspräsidenten ernannt, der am 20. August 1989 den Wałęsa-Berater Tadeusz Mazowiecki mit der Bildung einer Regierung beauftragte. Das Jahr 1990 markiert den Abschluss des Systemwechsels schließlich auch außenpolitisch: Am 14. November erkannte Deutschland die Oder-Neiße-Linie** endgültig als Staatsgrenze an.

Deutschen Reiches. Auf der Konferenz von Jalta (4. bis 11. Februar 1945) setzten die drei Großmächte die polnisch-sowjetische Grenze fest, die in etwa den Demarkationslinien des Hitler-Stalin-Paktes entsprach. Im Potsdamer Abkommen (2. August 1945) bestimmten die Alliierten die Oder-Neiße-Linie als provisorische Westgrenze Polens und stellten die östlich davon gelegenen Gebiete, die den Grenzen des Deutschen Reiches von 1937 entsprachen, unter vorläufige polnische Verwaltung. Alle dort lebenden Deutschen sollten ausgesiedelt werden. Diese Entscheidung bezeugt, dass der neue Grenzverlauf keineswegs als Provisorium gedacht war, auch wenn die endgültige Festlegung einer späteren Friedenskonferenz überlassen blieb. Bis Ende 1950 mussten ungefähr 8,5 Millionen Deutsche die ehemaligen Ostgebiete und Polen verlassen. Die im Jahr 1970 geschlossenen Gewaltverzichtsabkommen zwischen der deutschen und polnischen Regierung beinhalteten den Vorbehalt, dass die Bundesrepublik die Oder-Neiße-Grenze nur vorläufig anerkenne. Nach Bonner Rechtsauffassung existierte das 1945 zerschlagene Deutsche Reich weiterhin in seinen Grenzen von 1937.

Instabiles Parteienspektrum

Das politische System des postsozialistischen Polen besitzt einige charakteristische Merkmale. So existiert ein starker Dualismus zwischen den ehemaligen Vertretern und den Gegnern der alten Herrschaftsordnung. Auch wenn der herausragende Einfluss der katholischen Kirche im Laufe der 1990er Jahre abnahm, stellt sie weiterhin einen wichtigen Machtfaktor dar. Die Parteienlandschaft zeichnet sich durch eine starke Heterogenität und Instabilität aus: Zusammenschlüsse, Umbenennungen und Neugründungen sind an der Tagesordnung. Allein zwischen 1989 und 1999 amtierten nicht weniger als acht Regierungschefs. Bemerkenswert ist zudem der konstant hohe Anteil von Nichtwählern, der für eine tiefe Entfremdung zur politischen Klasse steht. Bei den Wahlen von 2005 beteiligten sich nur 40 Prozent der Wähler und Wählerinnen.

Die ersten freien Wahlen fanden erst 1991 statt. In der Zwischenzeit hatten die Kommunisten sich als Partei aufgelöst und die Sozialdemokratie der Republik Polen (SdRP) gegründet. Dank eines Wahlsystems, das kleine Parteien begünstigte, schafften 19 Gruppierungen den Sprung in den Sejm (Parlament). Als stärkste Kraft erreichte die Demokratische Union, hervorgegangen aus dem liberalen Flügel der Solidarność, lediglich 13 Prozent. Entsprechend schwierig gestaltete sich die Regierungsbildung in einer Mitte-rechts-Koalition. Diese Phase stand für den Versuch, ein radikales neoliberales Programm durchzusetzen, das zunehmend auf soziale Proteste stieß. Aus den vorgezogenen Wahlen im September 1993 ging das Bündnis der Demokratischen Linken (SLD) unter der Führung der SdRP als Gewinner hervor. Sie bildete mit der Bauernpartei (PSL), einer ehemaligen Blockpartei der Volksrepublik, eine Regierungskoalition. Programmatisch stand die PSL für eine strukturbewahrende Politik in der Landwirtschaft. Die SLD nutzte ihre Regierungsmacht dazu, Mitgliedern der alten Nomenklatura wieder Schlüsselpositionen in Staat und Wirtschaft zu verschaffen. Gleichzeitig trat an die Stelle des bisherigen Marktradikalismus eine „staatskapitalistische" Interventionspolitik.

Politisch umstritten war die Rolle des Staatsoberhauptes. Nachdem Jaruzelski schon kurz nach seiner Ernennung zum Präsidenten im September 1989 um eine Verkürzung seiner Amtszeit gebeten hatte, wurde Lech Wałęsa im Dezember 1990 mit großer Mehrheit zu seinem Nachfolger gewählt. Unter Wałęsas Ägide kam es zu dauerhaften Konflikten mit der Regierung und dem Sejm. Er blockierte wichtige Gesetze und verweigerte die Ernennung ihm missliebiger Minister. Den eigenmächtigen Politikstil begründete Wałęsa mit seinen historischen Verdiensten. Bei den nächsten Präsidentschaftswahlen im Jahr 1995 siegte der SLD-Kandidat Aleksander Kwaśniewski mit knappem Vorsprung. Er setzte 1997 eine neue Verfassung durch, welche die Kompetenzen des Staatsoberhauptes zugunsten des Parlaments schwächte. Aufgrund seiner Popularität wurde Kwaśniewski am 8. Oktober 2000 erneut zum Präsidenten gewählt.

Nachdem die SLD bei den Sejm-Wahlen 1997 von der konservativen Wahlaktion Solidarność (AWS) in die Opposition geschickt worden war, gelang es ihr 2001, gemeinsam mit der Bauernpartei wieder die Regierung zu stellen. Doch sie diskreditierte sich in den folgenden Jahren durch eine Serie von Korruptionsaffären. Die Wahlen im September 2005 brachten deshalb einen überwältigenden Sieg des rechten Lagers und eine völlige Marginalisierung der SLD (10,9 Prozent). Die nationalkonservative Partei „Recht und Gerechtigkeit" (PiS) erreichte 26,8 Prozent und die liberalkonservative Bürgerplattform (PO) 24,2 Prozent. Die beiden Parteien, die sich 2001 aus der zerfallenden AWS heraus gegründet hatten, entstanden als eine Art Bürgerrechtsbewegung. Ebenso kamen die Protestpartei „Selbstverteidigung"(11,7 Prozent)und die nationalklerikale Liga Polnischer Familien (7,4 Prozent) zum Zuge. Entscheidend für diesen Ausgang war die Erwartung vieler Wähler und Wählerinnen, die Rechte würde den Filz zwischen Wirtschaft und Politik energischer bekämpfen.

Während die liberalkonservative PO durch weitere Deregulierungsmaßnahmen, das Zurückdrängen der Gewerkschaften und eine Vereinfachung des Steuersystems die Marktkräfte noch mehr entfesseln möchte, verlangt die PiS, die sich stark an katholisch-konservativen Werten orientiert, ein größeres soziales Engagement der öffentlichen Hand. Mit ihrer „moralischen Revolution", die sich ebenso gegen Homosexualität wie Kriminalität und Korruption richtet, scheint die populistische Partei eine gesellschaftliche Stimmung in Polen getroffen zu haben.

Sensibles deutsch-polnisches Verhältnis

Im Gegensatz zu dem Beitritt zur Nato im Jahr 1999, der sich auf eine breite gesellschaftliche Zustimmung stützen konnte, hatten einige Parteien im Vorfeld der polnischen EU-Mitgliedschaft eine deutliche antieuropäische Skepsis artikuliert. Nicht nur die Bauernpartei und die „Selbstverteidigung" lehnten damals die Europäische Union ab, sondern auch Gruppierungen aus dem konservativen Flügel der ehemaligen Solidarność. Als deren Stichwortgeber betätigte sich das katholische Episkopat, das vor den Einflüssen der „permissiven Gesellschaft" in Westeuropa und dem „Verlust der polnischen Werte" warnte. Erst auf Druck des Vatikans stellte die Kirche ihre europafeindliche Propaganda ein. Nach langwierigen Verhandlungen mit der Europäischen Union erreichte die polnische Links-Regierung, dass die Zahlungen von europäischen Direkthilfen an polnische Bauern nachgebessert wurden, und reagierte damit auf eine verbreitete Skepsis in der Bevölkerung. Allerdings blieb Polen im Verhältnis zu früheren EU-Erweiterungsrunden nur ein relativ geringer Spielraum für die Durchsetzung eigener Interessen. Bereits am 13. Dezember 2002 wurde in Kopenhagen der Abschluss der Beitrittsverhandlungen für Polen und eine Reihe anderer osteuropäischer Staaten verkündet. Dabei hatten Deutschland und Österreich hinsichtlich der „Freizügigkeit der Arbeitnehmer"* in der EU besonders restriktive Übergangsregelungen erwirkt. Nach der Unterzeichnung der Beitrittsdokumente am 16. April 2003 fand in Polen am 7. und 8. Juni 2003 eine Volksabstimmung statt, bei der sich 77,5 Prozent für die Europäische Union aussprachen. Am 1. Mai 2004 trat das Land schließlich der EU bei.

Die EU-Mitgliedschaft wird nach dem Wahlsieg der nationalkonservativen Kräfte nicht in Frage gestellt werden, aber das ohnehin schwierige Verhältnis zwischen Warschau und Berlin steht vor einer neuen Belastungsprobe. So hatten die deutschen Vertriebenenverbände den EU-Beitritt Polens zum Anlass genommen, die Anwendung der Europäischen Menschenrechtskon-

*Bezüglich der „Freizügigkeit der Arbeitnehmer" werden in den ersten zwei Jahren nach dem EU-Beitritt die jeweiligen nationalen Regelungen für Altmitglieder hinsichtlich Aufenthaltsrecht und Arbeitserlaubnis aufrechterhalten. Die Übergangseinschränkung endet generell nach fünf, in einigen Mitgliedsstaaten erst nach sieben Jahren. Im Fall von Polen hat sich seit den 1990er Jahren eine Pendlermigration herausgebildet. Schätzungsweise eine Million Erwerbsfähige gehen temporär im Ausland einer Arbeit nach, vorzugsweise in Deutschland.

*Auf der Londoner Schuldenkonferenz 1953 gelang es der Bonner Regierung in der Reparationsfrage, einen langfristigen Aufschub von Reparationszahlungen für den verlorenen Zweiten Weltkrieg zu bewirken. Die anstehenden Forderungen betroffener Staaten wurden bis zum Abschluss eines ausstehenden Friedensvertrages vertagt. In der Folge unterschied die Bundesregierung bei den an sie herangetragenen Ansprüchen stets zwischen Reparationskosten infolge von Kriegsschäden und wiedergutmachungspflichtigen NS-Verbrechen. Gegenüber Polen behielt die Bundesrepublik sich vor, ausstehende Reparationsleistungen mit eigenen Forderungen wegen der Vertreibung und Enteignung deutscher Staatsbürger zu konfrontieren. Mit der deutschen Vereinigung schien 1990 der bis dahin fiktive Termin für die Zahlung der Reparationen reale Gestalt anzunehmen. Es lag im Interesse der Bundesregierung, einen formellen Friedensvertrag zu verhindern, um nicht Ansprüchen seitens der Gläubigerstaaten nachkommen zu müssen. Tatsächlich gelang es ihr 1990 in dem sogenannten Zwei-plus-vier-Abkommen zwischen den ehemaligen Siegermächten einerseits und der BRD und DDR andererseits, eine schriftliche Fixierung dieser Problematik auszuklammern. Fünfzig Jahre nach dem Krieg, so der damalige Bundeskanzler Helmut Kohl, solle man keine alten Rechnungen mehr aufmachen. Gleichwohl dienten ihm die Restitutionsforderungen der deutschen Vertriebenenverbände als Dispositionsmasse bei den Verhandlungen mit Polen. Schließlich erklärte die Bundesrepublik sich in einem Notenwechsel „auf Grundlage humanitärer Überlegungen" zu einer „Geste" bereit. Der östliche Nachbar erhielt 500 Millionen D-Mark für die „Opfer nationalsozialistischer Verfolgung" und verpflichtete sich seinerseits, keine weiteren Ansprüche mehr geltend zu machen. Im Gegenzug verzichtete Deutschland auf ein Territorium, das es bereits 1945 – als Konsequenz des faschistischen Vernichtungskrieges – an Polen verloren hatte.

**Am 23. August 1939 unterzeichneten die Außenminister Wjatscheslaw Molotow und Joachim von Ribbentrop den deutsch-sowjetischen Nicht-</br>

vention einzufordern. Als EU-Bürger könnten die Vertriebenen den Europäischen Gerichtshof anrufen, um Polen wegen des unmittelbar nach dem Zweiten Weltkrieg begangenen Unrechts zu verklagen. Auf solche Überlegungen reagierend, bewirkten die Zwillinge Jarosław und Lech Kaczyński, die an der Spitze der PiS stehen, am 10. September 2004 einen einstimmigen Parlamentsbeschluss, der die polnische Regierung dazu auffordert, Verhandlungen über deutsche Reparationszahlungen* aufzunehmen. Die Ankündigung der deutschen Rechtsberatungsfirma Preußische Treuhand im September 2005, die Herausgabe von Immobilien in den ehemaligen Ostgebieten gerichtlich erzwingen zu wollen, gibt solchen Forderungen zusätzlichen Auftrieb. Als weiterer Stein des Anstoßes erweist sich das in Berlin geplante „Zentrum gegen Vertreibungen". Das Projekt gilt aus polnischer Sicht als geschichtsrevisionistischer Versuch, Deutschland nicht mehr als Täternation, sondern als Opfer des Zweiten Weltkrieges darzustellen. Aber auch die geplante Erdgaspipeline zwischen Russland und Deutschland, die über die Ostsee geführt werden soll und Polen damit umgehen würde, hat die PiS zu Vergleichen mit dem Hitler-Stalin-Pakt** provoziert. In der polnischen Gesellschaft besteht eine historisch begründete Angst vor einer russisch-deutschen Umklammerung.

Die Entfesselung der Marktkräfte

Unter der ersten nichtkommunistischen Regierung kristallisierte sich angesichts einer äußerst prekären wirtschaftlichen Lage eine neoliberale „Schocktherapie" heraus. Auch in dieser Hinsicht spielte Polen in Osteuropa eine Vorreiterrolle. Das Programm umfasste eine binnen- und außenwirtschaftliche Liberalisierung, eine weitgehende Konvertierbarkeit der Währung und die Einleitung der Privatisierung. Die Durchführung der Schocktherapie konnte sich dabei auf eine gewisse ökonomische Basis stützen. Bereits 1990 trugen privatwirtschaftliche Aktivitäten 30 Prozent zum Bruttoinlandsprodukt bei. Zu den Protagonisten, die den neuen Kurs maßgeblich vorantrieben, zählten neben der heimischen Reformelite die internationalen Finanzinstitutionen. Da die polnische Regierung Sofortkredite benötigte und einen Schuldenerlass anstrebte, ließ sie sich auf neoliberale Sanierungskonzepte verpflichten, wie sie seit den 1980er Jahren verschuldeten Ländern in der „Dritten Welt" aufgezwungen werden. Tatsächlich erhielt Polen einen weitgehenden Schuldenerlass.

Das Radikalprogramm stabilisierte die Wirtschaft und initiierte schon bald ein ökonomisches Wachstum. Allerdings waren die gesellschaftlichen Kosten erheblich: Der Lebensstandard sank, die Arbeitslosigkeit wuchs und die Reallöhne nahmen um mehr als ein Viertel ab. Mitte der 1990er Jahre lebte rund ein Viertel der Bevölkerung unter der von der Regierung festgelegten Armutsgrenze.

Die Privatisierung des staatlichen Sektors ging hingegen langsamer vonstatten als in anderen postsozialistischen Staaten. Während die Nomenklatura dank ihrer Schlüsselpositionen in der Wirtschaft vom in den späten 1980er Jahren einsetzenden Privatisierungsprozess profitiert hatte, lehnten die Mehrheit der Solidarność-Führung und der Großteil der Bevölkerung dieses Modell der Insiderprivatisierung, wie sie etwa in Russland üblich war, als

angriffspakt, der später als Hitler-Stalin-Pakt in die Geschichte einging. In einem geheimen Zusatzprotokoll wurden das westliche Polen und Litauen der deutschen Interessensphäre zugeschlagen; Finnland, Estland, Lettland, das östliche Polen und Bessarabien fielen hingegen an die Sowjetunion. In einem weiteren Ergänzungsvertrag vom 28. September 1939 kam Litauen im Austausch gegen polnische Gebiete ebenfalls zum russischen Einflussbereich. Nachdem die deutschen Truppen am 1. September 1939 Polen überfallen und innerhalb weniger Wochen militärisch niedergerungen hatten, teilten die beiden Großmächte ihre Beute. Die sowjetischen Behörden deportierten in ihrem Bereich 1,5 Millionen Polen nach Sibirien und Kasachstan. Das Deutsche Reich gliederte große Teile des polnischen Territoriums direkt in das eigene Staatsgebiet ein. Die dort lebenden Menschen wurden nach „rassischen" Kriterien kategorisiert und der als „slawisch" eingestufte Bevölkerungsteil vertrieben. Zentralpolen erhielt den Status eines „Generalgouvernements" und geriet bald zum Experimentierfeld deutscher Besatzungspolitik: Sie umfasste die gezielte Liquidierung der politischen und kulturellen Elite, willkürliche Massaker an der Zivilbevölkerung, die massenhafte Rekrutierung von Zwangsarbeitern, die Ausplünderung aller Ressourcen und die systematische Ermordung der Juden. Während der deutschen Okkupation kamen in Polen schätzungsweise 5,7 Millionen Menschen zu Tode.

eine illegitime Bereicherung der alten Herrschaftseliten ab. Ebenso wenig kam für die neoliberale Reformelite eine Massenprivatisierung der Betriebe in Frage, da sie eine Blockade des radikalen Sanierungsprogramms durch die Belegschaften befürchtete, die als Mitbesitzer Einspruchsmöglichkeiten gehabt hätten. Angesichts der instabilen Regierungsverhältnisse lief auch die Veräußerung des staatlichen Eigentums an ausländische Investoren nur schleppend an.

Erst ab 1997 setzte unter der Post-Solidarność-Regierung ein weiterer neoliberaler Restrukturierungsschub ein. Es wurde nicht nur eine Reihe von staatlichen oder halbstaatlichen Unternehmen privatisiert, sondern auch eine Reform des Gesundheitswesens und der sozialen Sicherungssysteme in Gang gesetzt. Dabei ging es vor allem darum, die Sozialabgaben zu reduzieren. Die Privatisierung oder Schließung ehemaliger Staatsbetriebe hatte in den 1990er Jahren zu einer enormen Belastung des Rentensystems geführt. Die polnischen Regierungen versuchten die anhaltenden Massenentlassungen mit einer Politik der Frühverrentung sozial abzufedern. Dadurch sank die Zahl der Beitragszahler, und die der Rentenbezieher stieg immer mehr an. Zum Ausgleich verabschiedete der Sejm 1997/98 ein Alterssicherungsmodell, welches das staatliche Umlagesystem mit privaten Pensionsfonds kombinierte. Dennoch bewegen sich seit dem Reformbeschluss die Ausgaben der Rentenkassen weiterhin auf einem hohen Niveau, nicht zuletzt wegen der Zahlungen für die Berufsunfähigkeitsversicherung. Die staatliche Invalidenhilfe erhalten gegenwärtig 13 Prozent der erwerbsfähigen Bevölkerung.

Entkopplung von Wachstum und Beschäftigung

In der Zwischenzeit ist der Privatisierungsprozess weit vorangeschritten. Im Jahr 2002 stammten 71,7 Prozent der Bruttowertschöpfung aus der Privatwirtschaft.

Als problematisch für die polnische Wirtschaftspolitik gilt neben einem hohen Haushaltsdefizit die anstehende Umstrukturierung der Landwirtschaft. Sie trägt zwar nur rund 3 Prozent zum Bruttoinlandsprodukt bei, beschäftigt aber 20 Prozent der polnischen Erwerbstätigen. Entgegen früheren Befürchtungen gehören die Bauern, dank höherer Absatzpreise, einer anziehenden Auslandsnachfrage und Direkthilfen aus Brüssel, auf den ersten Blick zu den Gewinnern der EU-Erweiterung. Der überwiegende Teil der polnischen Landwirtschaft besteht jedoch aus Klein- und Kleinstbetrieben mit Flächen unter 10 Hektar. Deren Anzahl wird sich durch die Marktöffnung und die damit einhergehenden Rationalisierungs- und Modernisierungsmaßnahmen erheblich verringern. Die Freisetzung zahlreicher Arbeitskräfte im Primärsektor könnte zu einem weiteren Anstieg der ohnehin dauerhaft hohen Arbeitslosenquote führen, die 2004 bei 19,2 Prozent lag. Die geringe Zahl der Erwerbsfähigen auf dem polnischen Arbeitsmarkt (2004: 45 Prozent) ist auch darauf zurückzuführen, dass die Mehrheit der freigesetzten Frührentner aufgrund ihrer prekären ökonomischen Lage einer Tätigkeit in der Schattenwirtschaft nachgeht. Das polnische Pro-Kopf-Einkommen entsprach im Jahr 2003 lediglich 46 Prozent des EU-Durchschnitts. Damit gilt Polen als das zweitärmste Land in der Europäischen Union. Entsprechend niedrig sind auch die Löhne. Mit 530 Euro (2003) lag der durchschnittliche Bruttomonatslohn zwar über dem der Slowakei und Tschechiens, aber auch erheblich unter dem deutschen Niveau.

Obwohl Polen mit 5,4 Prozent Wirtschaftswachstum (2004) als eine der dynamischsten Volkswirtschaften in der Europäischen Union gilt, ist der wirtschaftliche Aufschwung nur in den großen Städten bemerkbar. Strukturschwache ländliche Gebiete, wie etwa im Nordosten Polens, verharren weiterhin in Stagnation. Die Entkopplung von Wachstum und Beschäftigung stellt zwar ein strukturelles Problem der polnischen Volkswirtschaft dar, aber der anhaltende Boom belegt, dass sich die Wettbewerbsfähigkeit der heimischen Unternehmen auf dem Weltmarkt verbessert hat. Auch die ausländischen Direktinvestitionen stiegen 2004 um 23 Prozent. Dabei lag Deutschland an vierter Stelle. Zwar trug die Industrie nur 20,8 Prozent (2002) zum Bruttoinlandsprodukt bei, gegenwärtig befindet sie sich aber im Aufwind. Die Lage der krisengeschüttelten Montanindustrie hat sich durch die Hausse auf den Rohstoffmärkten und die chinesische Nachfrage verbessert. Der Anstieg der Exporte führte auch zu einer Reduzierung des Handelsbilanzdefizits (2003: 5,73 Milliarden US-Dollar). Mehr als 80 Prozent der polnischen Ausfuhren gingen 2004 in die EU, wobei Deutschland (30,7 Prozent) der mit Abstand der wichtigste Abnehmer ist. Ebenso stammten 70 Prozent der Importe aus der Europäischen Union, auch hier stand die Bundesrepublik (24,6 Prozent) an erster Stelle.

Der Kampf zweier Linien

Bereits im Vorfeld des polnischen EU-Beitritts hatte die Europäische Kommission Defizite bezüglich der Pressefreiheit in den öffentlich-rechtlichen Medien festgestellt. Die jeweilige Regierungsmehrheit und der Staatspräsident bestimmen in den Anstalten nicht nur die Zusammensetzung der Aufsichtsgremien und die Chefredakteure, sondern auch die Posten der politischen Redakteure. Im Gegensatz zu Ländern wie Frankreich oder Großbritannien, wo die Führungsebenen der Sender ebenfalls von der jeweiligen Regierung besetzt werden, findet in Polen nach einem Machtwechsel der Austausch kompletter Redaktionen statt.

Die anvisierte Liberalisierung des Rundfunkgesetzes, das polnischen Presseunternehmen bislang untersagt, sich zugleich an großen privaten Fernsehsendern zu beteiligen, führte 2002 zu einem Medien- und Korruptionsskandal. Der bekannte polnische Filmproduzent und Oscar-Preisträger Lew Rywin (*Schindlers Liste*, *Der Pianist*) hatte – wahrscheinlich im Auftrag der damaligen SLD-Regierung – versucht, dem polnischen Medienunternehmen Agora gegen die Zahlung von 17,5 Millionen US-Dollar Schmiergeld eine Beteiligung an dem kommerziellen Fernsehveranstalter Polsat zu ermöglichen.

Im Vorfeld der Wahlen von 2005 brach ein Machtkampf zwischen dem SLD-freundlichen Aufsichtrat des öffentlich-rechtlichen Fernsehsenders TVP und dem liberal-konservativ orientierten Intendanten um die Kontrolle des wichtigsten polnischen Mediums aus. Der Sieg des rechten Lagers im September 2005 wird auch in dieser Hinsicht zu einschneidenden personellen und inhaltlichen Veränderungen führen.

Eine Besonderheit stellen die diversen TV- und Rundfunksender aus dem Umfeld der katholischen Kirche dar. Dabei nimmt das Medienimperium des Paters Tadeusz Rydzyk, der mit Unterstützung eines fundamentalistischen Ordens den Hörfunksender Radio Maryja betreibt, eine besondere Rolle ein. Der Sender, der täglich bis zu fünf Millionen Hörer und Hörerinnen erreicht, zeichnet sich durch ein nationalistisches und antisemitisches Programm aus.

Die polnischen Printmedien werden von ausländischen Pressekonzernen dominiert. Deutsche Unternehmen wie Springer, Bertelsmann, Burda und die Verlagsgruppe Passau spielen dabei eine herausragende Rolle. Gegenwärtig baut insbesondere der Springer-Verlag sein Engagement im Zeitungsbereich aus. Mit der auflagenstärksten Tageszeitung *Fakt* (500000 Exemplare) bringt er die renommierte *Gazeta Wyborcza*, ein Blatt aus dem liberalen Solidarność-Umfeld, in Bedrängnis.

Über die Grenzen der Statistik

Statistische Aussagen erwecken auf den ersten Blick den Eindruck von Eindeutigkeit. Häufig sind sie jedoch eher ein Zerrbild der Realität als deren objektive Wiedergabe. Dies gilt erst recht, wenn bezifferbare Sachverhalte wie Wirtschaftswachstum, Einkommenshöhen oder Arbeitslosenquoten mit Phänomenen wie Korruption, Schattenwirtschaft und nichtregistrierter Migration in Beziehung gesetzt werden. Insofern dienen die Daten in den Beiträgen vorrangig dazu, einen Eindruck über die grundsätzliche Entwicklung in den jeweiligen Gesellschaften zu vermitteln. Als Quellen wurden unter anderem folgende Werke und Zeitschriften herangezogen:

Wolfgang Ismayr (Hg.), *Die politischen Systeme Osteuropas*, 2. Auflage, Opladen 2004
Edgar Hösch/Karl Nehring/Holm Sundhaussen (Hg.), *Lexikon zur Geschichte Südosteuropas*, Wien, Köln, Weimar 2004
Harald Roth (Hg.), *Studienhandbuch Östliches Europa*, Bd. 1, Köln, Weimar, Wien 1999
Der Fischer Weltalmanach. Zahlen – Daten – Fakten, Frankfurt am Main 2002-2006
Mittel- und Osteuropa Perspektiven. Jahrbuch 2004/05, hg. v. F.A.Z.-Institut für Management-, Markt- und Medieninformationen u. a.
Blätter für deutsche und internationale Politik
epd medien
Kommune
osteuropa
Prokla – Zeitschrift für kritische Sozialwissenschaft
Südosteuropa – Zeitschrift für Gegenwartsforschung
Südosteuropa-Studie
Südosteuropa Mitteilungen

Die Projekte im Rahmen von „relations"
2003 - 2006

Alte Arte, Moldau

Ein Projekt des Center for Contemporary Art Chişinău (ksa:k)

In der Republik Moldau senden sechzehn Fernsehkanäle in russischer Sprache, drei auf Ukrainisch und vier auf Rumänisch. Die große Mehrheit der Bevölkerung verfolgt den russischen Sender ORT. Der moldauische Staatssender TV Moldova, den knapp zwei Drittel der Moldauer sehen, ist der einzige einheimische Kanal, der landesweit ausstrahlt. Er berichtet in erster Linie über politische Themen und ist kommerziell ausgerichtet. Neue Medien, zeitgenössische Kunst oder neue kritische Ansätze finden keine nennenswerte Beachtung.

Der international bekannte Künstler Pavel Brăila hat gemeinsam mit seinem Team und internationalen Experten das TV-Kunst- und Kulturmagazin „Alte Arte" entwickelt. Seit Januar 2005 geht „Alte Arte" im staatlichen Fernsehen TV Moldova regelmäßig alle zwei Wochen auf Sendung. Das 30-minütige Magazin wird in rumänischer und russischer Sprache mit Untertitelung in der jeweils anderen Landessprache ausgestrahlt. „Alte Arte" entsteht in enger Zusammenarbeit und im Austausch mit Redaktionen in Bukarest, Kiew und Berlin.

Im populärsten Informationsmedium des Landes, dem Fernsehen, präsentiert „Alte Arte" zeitgenössische Kunst und Kultur auf internationalem Niveau, um eine Auseinandersetzung mit aktuellen Kunstformen auf breiter Ebene anzuregen. „Alte Arte" ist gleichermaßen „TV on Art" wie „Art on TV": Neben Berichten über Künstler und aktuelle kulturelle Veranstaltungen (regional und international) sind künstlerische Arbeiten zu sehen, die eigens für das Kunst- und Kulturmagazin produziert werden. Journalistisch wie künstlerisch markiert „Alte Arte" einen Aufbruch aus einer ebenso restriktiven wie kulturell desinteressierten Medienlandschaft. Mit Professionalität und künstlerischer Innovation wirbt das Kunstfernsehen auch für eine höhere Sensibilität gegenüber kulturellen Belangen.

FORMAT: TV-Kunst- und Kulturmagazin (30 Minuten)
PROJEKTLEITUNG: Pavel Brăila
TEAM: Lilia Brăila (Projektkoordinatorin), Veaceslav Cebotari (Technischer Direktor), Lilia Dragneva (Projektkuratorin)
MITARBEITER, REDAKTEURE, REPORTER: Ruben Agadjeanean, Larisa Barsa, Denis Bartenev, Igor Bodeanu, Dorina Bohanţov, Victor Diaconu (Design und Web Support), Tatiana Fiodorova, Alexandru Fulea, Ksenia Gazibar, Vadim Hîncu, Ion Nita, Iulian Robu, Ştefan Rusu, Igor Scerbina, Serghei Turcanu, Marin Turea, Ana-Maria Vasilache, Kirill Zaremba
BERATER: Thorsten Essig (Picture Editor, Berlin), Martin Fritz (Festival der Regionen, Ottensheim/Wien), Razvan Georgescu (freier Fernsehjournalist), Martin Pieper (Erster Redakteur Kultur ZDF/arte, Mainz), Hans Zimmermann (Kameramann, Frankfurt am Main)
MIT FREUNDLICHER UNTERSTÜTZUNG VON: Institut für Auslandsbeziehungen (ifa), Soros Foundation Moldova
WEBSITE: www.altearte.md

Visual Seminar, Sofia

Ein Projekt des Institute of Contemporary Art, Sofia, in Zusammenarbeit mit dem Centre for Advanced Study Sofia

Das „Visual Seminar" beschäftigt sich mit der Kultur des Visuellen in soge-nannten Transformationsgesellschaften. Die Veränderungen der Oberflächen im urbanen Raum seit der Einführung eines kapitalistischen Wirtschaftssys-tems, die Dominanz neuer visueller Codes und damit einhergehende verän-derte Wahrnehmungsmuster werden am Beispiel Sofias analysiert und als Politikum ausgewiesen. Mit der Aufmerksamkeit für die Kultur des Sehens ist eine Erziehung des Blicks verbunden. Das „Visual Seminar" bietet Strategi-en im Umgang mit und zur Dechiffrierung von Bildern im tiefgreifenden Um-bruch der Stadt an.

Das „Forum of Visual Culture" bündelt die kritischen und kreativen Res-sourcen von Theoretikern, Künstlern, Kuratoren, Medienleuten und der Sofi-oter Bevölkerung. In öffentlichen Diskussionsveranstaltungen werden The-men wie „Bilder der Stadt, Bilder des Kapitals", „Philosophie des Visuellen in der Stadt" oder „Sprache im öffentlichen Raum" verhandelt.

Ein Stipendiatenprogramm (Resident Fellows Program), das das Institu-te of Contemporary Art (ICA) in Kooperation mit dem Centre for Advanced Study Sofia (CAS) durchführt, fördert die Zusammenarbeit von Künstlern und Wissenschaftlern. Pro Halbjahr sind jeweils zwei Stipendiaten am CAS zu Gast, die auf dem Gebiet der visuellen Kultur forschen oder sich mit so-zialen und ästhetischen Fragestellungen in Bezug auf die Stadt Sofia be-schäftigen. In den vergangenen zwei Jahren waren die Künstler Luchezar Boyadjiev, Javor Gardev, Boris Missirkov und Georgi Bogdanov, Ivan Moudov, Krassimir Terziev, die Künstlergruppe X-tendo, der Schriftsteller Georgi Gos-podinov und die Wissenschaftlerinnen Milla Mineva und Svetla Kazalarska Stipendiaten des „Visual Seminar" am CAS. Im Rahmen des Gastprogram-mes wurden die Künstlergruppe Gelatin und der Künstler Sean Snyder ein-geladen, Projekte zu entwickeln und vorzustellen, die in inhaltlichem Zusam-menhang mit dem „Visual Seminar" stehen. Parallel dazu finden Diskussio-nen mit den Künstlern statt. Am Ende werden die Arbeiten in einer Ausstellung präsentiert. Das Ausstellungsprojekt *Red Riviera Revisited* (April bis Mai 2005) fragt nach Perspektiven von Außenstehenden auf die sich verändern-den visuellen Aspekte des Landes. Es versammelt künstlerische Positionen von Birgit Brenner, Christine de la Garenne, Ulrike Kuschel, Via Lewandowsky, Olaf Nicolai, Roman Ondak und Sean Snyder.

FORMATE: „Forum of Visual Culture", Stipendiatenprogramm, Gast-programm, Ausstellungen, Kunst im öffentlichen Raum, Publikationen
PROJEKTLEITUNG: Iara Boubnova, www.ica.cult.bg
LEITUNG DES STIPENDIATEN-PROGRAMMS: Alexander Kiossev, www.cas.bg
TEAM: Maria Vassileva, Iskra Zaharieva
BEIRAT: Luchezar Boyadjiev (Künst-ler, Sofia), Ivaylo Ditchev (Kultur-anthropologe, Sofia), Irina Genova (Kunsthistorikerin, Sofia), Boyan Manchev (Literaturtheoretiker, Sofia), Miglena Nikolchina (Philoso-phin, Sofia), Diana Popova (Kunst-kritikerin, Sofia), Kiril Prashkov (Künstler, Sofia), Nedko Solakov (Künstler, Sofia), Orlin Spassov (Experte im Bereich Druck- und Bild-medien, Sofia)
PUBLIKATIONEN: *Sofia as a Sight*, hg. v. Institute of Contemporary Art, Sofia, Centre for Advanced Study Sofia, Frankfurt am Main: Revolver 2004 (Visual Seminar, Resident Fellows Program 1), ISBN 3-937577-23-8; *An Eye for the Pale City*, hg. v. Institute of Contemporary Art, Sofia, Centre for Advanced Study Sofia, Frankfurt am Main: Revolver 2004 (Visual Seminar, Resident Fellows Program 2), ISBN 3-86588-028-2; *Gelatin*, hg. v. Institute of Contem-porary Art, Sofia, Centre for Ad-vanced Study Sofia, Frankfurt am Main: Revolver 2005 (Visual Semi-nar, Guest Program), ISBN 3-86588-192-0. Der Band *Interface Sofia* entsteht aus den Diskussionen, Ergeb-nissen und Ideen des zweijähri-gen „Forum of Visual Culture" (in Vor-bereitung). Alle Publikationen er-scheinen zweisprachig (bulgarisch und englisch). Ein halbjährlich er-scheinender, zweisprachiger News-letter des „Visual Seminar" stellt das Programm vor und dokumentiert die Debatten und öffentlichen Dis-kussionen.
WEBSITE: www.ica.cult.bg

Wildes Kapital/Wild Capital

Ein Projekt des Kunsthauses Dresden in Zusammenarbeit mit dem Visual Seminar, Sofia, und relations

Der Kapitalismus hat gesiegt. Wie aber verhält er sich in Dresden im Vergleich zu Sofia? „Zivilisiert" in Deutschland und in Bulgarien „unkalkulierbar"?

Das Projekt „Wildes Kapital/Wild Capital" entstand aus Begegnungen und Diskussionen zur Entwicklung städtischer Räume zwischen Dresden und dem „Visual Seminar" in Sofia. In beiden Städten sind seit dem Systemwechsel scheinbar zwei Spielarten des Kapitalismus ablesbar: ein durch Verordnungen regulierter „zivilisierter Kapitalismus" westlicher Prägung und ein „wilder Kapitalismus" der Transformation im ehemaligen „Ostblock".

Das Symposium „Wildes Kapital/Wild Capital" stellte die Zuordnungen des „wilden" und „zivilisierten" Kapitals in Frage und suchte nach Unterschieden und Gemeinsamkeiten: Wie schlagen sich Privatisierungsprozesse und gesellschaftliche Transformationen im Erscheinungsbild postsozialistischer Stadträume nieder, und welche Interessen bestimmen die Neuordnung öffentlicher Räume? Künstler, Kulturwissenschaftler und Soziologen thematisierten im Rahmen eines fünftägigen internationalen Symposiums im August 2005 im World Trade Center Dresden urbane Erscheinungsformen des Kapitalismus. Anhand von Beispielen künstlerischer und zivilgesellschaftlicher Praxis wurde die Rolle von Medien, Stadtmarketing und Tourismus, informellen Ökonomien und sozialer Mobilität verhandelt.

Im Mai 2006 findet im Kunsthaus Dresden eine internationale Gruppenausstellung mit den Teilnehmern des Symposiums statt. Die Ausstellung führt die Auseinandersetzung mit den Veränderungen in postsozialistischen Städten fort. Mit: Luchezar Boyadjiev, Pavel Brăila, Margit Czenki, Dresden Postplatz, Javor Gardev, Fucking Good Art, Eva Hertzsch & Adam Page, Svetla Kazalarska, Anne König & Jan Wenzel, Ivan Moudov, Observatorium, Reinigungsgesellschaft, Christoph Schäfer, Antje Schiffers, Adam Scrivener, Andreas Siekmann, spot off, Stafeta, Krassimir Terziev, Ingo Vetter, „Visual Seminar", „Zagreb – Cultural Kapital of Europe 3000" und anderen.

FORMATE: internationales Symposium und Gruppenausstellung
KÜNSTLERISCHE LEITUNG: Christiane Mennicke, Kuratorin und Direktorin des Kunsthauses Dresden, www.kunsthausdresden.de
KO-KURATOREN: Torsten Birne, Sophie Goltz
PROJEKTKOORDINATION: Kathrin Krahl, Marlene Laube
PUBLIKATION: Ein Buch mit ausgewählten Text- und Bildbeiträgen des Symposiums sowie den künstlerischen Beiträgen der Ausstellung erscheint im Mai 2006.
WEBSITE: www.wildcapital.net, www.projekt-relations.de

Missing Identity, Kosovo

Ein Projekt des Contemporary Art Institute Exit in Zusammenarbeit mit dem Laboratory for Visual Arts und dem Centre for Humanistic Studies Gani Bobi, Pristina/Peja

„Missing Identity" hinterfragt das Bestreben, eine einheitliche nationale Identität festzuschreiben, und propagiert den Schutz von Differenz. Das Projekt zielt darauf, das präsent zu machen, was in der gesellschaftlichen Wirklichkeit fehlt, und eine künstlerische Wirklichkeit dessen zu schaffen, was im Kosovo als abwesend erfahren wird: kulturelle, sprachliche und ethnische Vielfältigkeit. „Missing Identity" zeigt angesichts einer prekären Zukunft Perspektiven auf. In Umkehrung des albanischen Sprichwortes „Was fehlt, tut auch nicht weh" streitet das Projekt für eine alternative Öffentlichkeit und eine offene Gesellschaft im Kosovo.

Im Mittelpunkt des Projekts „Missing Identity" steht eine alternative Kunstakademie, die am Contemporary Art Institute Exit in Pristina angesiedelt ist. Hier werden Seminare und Workshops zu Themen der zeitgenössischen Kultur und bildenden Kunst abgehalten, an denen Studierende kostenlos teilnehmen können. Durch die regelmäßige Einladung internationaler Künstler, Kuratoren und Theoretiker wird der internationale Austausch gepflegt. Im Dialog mit Daniel Birnbaum und Dirk Fleischmann von der Staatlichen Hochschule für Bildende Künste – Städelschule sowie Nikola Dietrich, Kuratorin im Portikus im Leinwandhaus, Frankfurt am Main, wurde Ende 2004 das Studentenaustauschprojekt „Academy Remix" initiiert.

In Peja, einer Stadt nahe der albanischen Grenze, hat „Missing Identity" eine Galerie für zeitgenössische Kunst eröffnet, die einzige ihrer Art im Kosovo. Präsentiert werden Einzel- und Gruppenausstellungen international renommierter Künstler. Regelmäßig werden außerdem Gastkuratoren für die Betreuung von weiteren Ausstellungen und zu Vorträgen sowie Workshops eingeladen. Seit 2003 hat die Galerie Exit unter anderem Arbeiten der Künstler Maja Bajević und Emanuel Licha (unter dem Titel *Honeymoon in Kosovo*), Sener Özmen, Stefano Romano, Anri Sala, Gentian Shkurti und Danica Dakić gezeigt. Die Kuratorengruppe WHW aus Zagreb war ebenso mit einer Ausstellung vertreten (*Exhibition on Nature and Society*) wie Inke Arns und Claudia Wahjudi aus Berlin mit ihrer Ausstellung *Where am I (and who are all these people)?* In Kooperation mit der österreichischen Galerie <rotor> (Margarethe Markovec, Anton Lederer) entstand *Hot Testing*. Edi Muka, Kurator aus Tirana, stellte Arbeiten zum Thema „Kriegsmaschinerie" vor.

Unter der redaktionellen Leitung des Philosophen und Publizisten Shkëlzen Maliqi und in Zusammenarbeit mit dem Künstler Dren Maliqi sowie Studierenden wird jeden Monat die 16-seitige Zeitung *Arta* publiziert, die unter anderem als Kunstbeilage der Wochenzeitung *Java* beiliegt. *Arta* informiert in albanischer und englischer Sprache über neue Entwicklungen in der bildenden Kunst, rezensiert internationale Ausstellungen und thematisiert aktuelle Diskurse.

FORMATE: kostenlose Seminare für Studenten, Workshops, internationales Künstlerprogramm, Ausstellungen, Publikationen
PROJEKTLEITUNG: Sokol Beqiri
LEITUNG DER KUNSTPROJEKTE: Erzen Shkololli
LEITUNG DER BILDUNGSPROJEKTE: Mehmet Behluli
TEAM: Shkëlzen Maliqi, Valbona Shujaku, Dren Maliqi
BEIRAT: Ilir Bajri (Komponist, Pristina), Wolfgang Klotz (Direktor der Central and Eastern European Online Library, Frankfurt am Main), Astrit Salihu (Philosophin, Pristina), Jeta Xhara (Dramaturgin, Pristina), Linda Gusia (Soziologin, Pristina)
PUBLIKATION: Kunstzeitschrift *Arta*, erscheint monatlich als Beilage der unabhängigen Wochenzeitung *Java*, Pristina
WEBSITE: www.projekt-relations.de

Academy Remix. Städelschule, Frankfurt meets Missing Identity, Pristina

Ein Projekt der Staatlichen Hochschule für Bildende Künste – Städelschule, Frankfurt am Main, in Zusammenarbeit mit Missing Identity, Kosovo, und relations

„Academy Remix" ist das deutsche Partnerprojekt von „Missing Identity" im Kosovo: Von dessen Themensetzung ausgehend wurde an der Staatlichen Hochschule für Bildende Künste – Städelschule ein Programm konzipiert, das den Austausch zwischen jungen Künstlern beider Akademien ermöglicht und über den Zeitraum eines Jahres schrittweise entwickelt. Die Fragestellung, inwieweit künstlerische Produktion die Methoden und Mechanismen von Identitätsbildung reflektieren kann, bildet ein zentrales Element der Kooperation.

Das Anliegen des Projektes „Missing Identity", jungen Künstlern aus dem Kosovo eine alternative Öffentlichkeit und die Anbindung an einen internationalen Kunstdiskurs zu bieten, realisiert dieses Austauschprogramm für Studierende auf besondere Weise. Umgekehrt hat die Städelschule als Kunstakademie eine Dimension der Zusammenarbeit geschaffen, die über die lokale Anbindung hinausgeht: Die Studierenden aus Frankfurt reisen mehrfach in das Kosovo und nehmen gemeinsam mit ihren Kollegen an eigenen Arbeitstreffen und Vorlesungen teil. Zum Besuch in Frankfurt gehören Exkursionen zu anderen Kunstinstitutionen in Darmstadt, Düsseldorf, Marburg, Karlsruhe, Kassel und Köln, um Ausstellungen zu besichtigen und Künstler und Kulturschaffende zu treffen. Die im Rahmen des Austauschprogramms entstandenen Arbeiten wurden im September 2005 im Museum of Kosovo in Pristina und im November 2005 im Portikus im Leinwandhaus in Frankfurt am Main präsentiert.

Das internationale Symposium „Academy Remix", das die Präsentationswoche im Portikus begleitete, stellte historische und aktuelle Entwürfe von Kunstakademien zur Diskussion und debattierte damit zentrale Fragen des Projekts „Academy Remix": Was kann, was sollte eine Kunstakademie sein? Mit welchen Modellen kann das Spektrum künstlerischen Schaffens vermittelt werden? Teilnehmer waren unter anderem Joseph Backstein, Ute Meta Bauer, Mehmet Behluli, Sokol Beqiri, Daniel Birnbaum, Saskia Bos, Ekaterina Degot, Branislav Dimitrijević, Okwui Enwezor, Bruce Ferguson, Teresa Gleadowe, Isabelle Graw, Maria Hlavajova, Ronald Jones, Steven Henry Madoff, Joanna Mytkowska, Christa Näher, Dan Perjovschi, Marjetica Potrč, Artūras Raila, Tobias Rehberger, Erzen Shkololli, Anton Vidokle, Borut Vogelnik, Florian Waldvogel, Richard Wentworth und Sislej Xhafa.

Die Podiumsdiskussion „Kosovo – Warten auf den Staat", veranstaltet mit der European Stability Initiative (ESI) unter der Leitung ihres Direktors Gerald Knaus, diskutierte den aktuellen politischen Kontext mit ausgewiesenen Experten. Der kosovarische Politiker Ylber Hysa (ORA) und der Berater der UN-Mission im Kosovo, Ben Crampton, berichteten von den beginnenden Statusverhandlungen im Kosovo.

FORMATE: Künstlerprojekte, Theorie-Workshops, Exkursionen, Ausstellungen, Symposium, Podiumsdiskussionen, Website
PROJEKTLEITUNG: Nikola Dietrich, www.portikus.de, Dirk Fleischmann, www.staedelschule.de, Mehmet Behluli
TEAM: Stefan Unterburger, Valbona Shujaku, Dren Maliqi
STUDIERENDE DER STÄDELSCHULE, FRANKFURT AM MAIN, UND DER ALTERNATIVEN KUNSTAKADEMIE EXIT, PRISTINA: Anita Baraku, Shannon Bool, Diamant Bytyqi, Dita Et'hemi, Isufi Fitore-Koja, Claudia Gaida, Özlem Günyol, Flaka Haliti, Hanna Hildebrand, Vesa Kada, Erodita Klaiqi, Mustafa Kunt, Maria M. Loboda, Anna Ostoya, Anna Kerstin Otto, Sead Rama, Nita Salihu, Lasse Schmidt-Hansen, Matthias Scholten, Sabile Tmava-Billi, Taner Tümkaya, Paul Wiersbinski, Adrian Williams, Blerta Zabërgja-Greenie
MIT FREUNDLICHER UNTERSTÜTZUNG VON: Deutscher Akademischer Austausch Dienst (DAAD), Heinz und Gisela Friederichs Stiftung
WEBSITE: www.academy-remix.de

De/construction of Monument, Bosnien-Herzegowina

Ein Projekt des Sarajevo Center for Contemporary Art

DE/CONSTRUCTION OF MONUMENT

Nach dem Zusammenbruch Ex-Jugoslawiens schreiben neue nationale Eliten die Geschichte ihrer Länder um. Erinnerungen werden gelöscht, Orte umbenannt, Bücher korrigiert und gleichzeitig neue Hymnen, Ikonen und Symbole propagiert. Insbesondere das Aufstellen und Abbauen von Denkmälern wird zum Ausweis einer neu errungenen Geschichtsmächtigkeit. „De/construction of Monument" begegnet dieser Manipulation mit Dekonstruktion. Künstlerische Aktionen im öffentlichen Raum, Diskussionsveranstaltungen, Workshops und Publikationen unternehmen den Versuch, Geschichte zu entideologisieren und bestehende Kulturmodelle zu verändern.

Im Juli 2004 diskutierten international renommierte Künstler und Kuratoren den neuen Umgang mit Monumenten und ihre Bedeutung im öffentlichen Raum in der Veranstaltungsreihe „Art in Public Space". Ein Symposium und eine Ausstellung mit dem Titel „Positive/Negative" widmeten sich im Dezember 2004 in Sarajevo kulturellen Symbolen im öffentlichen Raum und Bewusstsein. Als Ausgangspunkt dienten Denkmäler oder deren Überreste, nationale und ideologische Symbole, patriotische und neue kollektive Ikonen oder Persönlichkeiten der jüngeren oder älteren Vergangenheit. Künstler, Kuratoren und Theoretiker diskutierten die Kontroversen im Umgang mit Geschichte. Künstlerische Arbeiten zu diesem Thema verlagern die Bedeutungsebene und fragen nach einer heutigen Positionierung gegenüber der Vergangenheit.

In Diskussionsveranstaltungen und Vorträgen setzte sich „Overcoming Past" im Mai 2005 mit Kunst und Kultur als Indikatoren und Korrektiven historischer Bewusstseinsbildung auseinander. Die Ausstellung *collective vs. individual* versammelte künstlerische Positionen, die Identifikationen mit Kollektivsymbolen kritisch hinterfragen und ein eigenes Repertoire von Symbolen einer parallelen, virtuellen Realität schaffen.

Im Rahmen eines öffentlichen, bosnienweiten Wettbewerbs suchte „De/construction of Monument" nach Entwürfen für neue Denkmäler. Die eingereichten Arbeiten wurden in der Ausstellung *New Monument* in Sarajevo im April 2005 präsentiert und von einer internationalen Jury bewertet. Drei Beiträge wurden zur Realisierung ausgewählt: *Eglen-Park oder der Sockel zur Erinnerung* von Nermina Omerbegović und Aida Pašić, das *Denkmal für die Internationale Gemeinschaft* von Nebojša Šerić-Šoba und das *Denkmal für die Opfer des Krieges und des Kalten Krieges* von Braco Dimitrijević.

In Zusammenarbeit mit „De/construction of Monument" errichtete die Gruppe Urban Movement (Veselin Gatalo, Nino Raspudić) im Zentrum der Stadt Mostar am 26. November 2005 eine lebensgroße Statue des internationalen Kung-Fu-Helden Bruce Lee.

„De/construction of Monument" wird seit zwei Jahren journalistisch von *Kuhinja* (Küche) begleitet, einem wöchentlichen Fernsehmagazin über alternative Kultur im öffentlichen Sender BHT 1. Es wird von pro.ba, der Video-, Film- und Multimediaproduktion des SCCA, produziert.

FORMATE: künstlerische Interventionen im öffentlichen Raum in Sarajevo, Banja Luka und Mostar, Diskussionsforen, Künstlerpräsentationen, Ausstellungen, Kunst- und Medienproduktionen, Publikationen

PROJEKTLEITUNG: Dunja Blažević, Sarajevo Center for Contemporary Art (SCCA)

TEAM: Amra Bakšić-Čamo, Larisa Hasanbegović, Sanela Bojadžić, Enes Huseinčehajić

BEIRAT: Marina Gržinić (Künstlerin, Kuratorin und Kunstkritikerin, Ljubljana), Jakob Finci (Präsident des Interrelations Council in Bosnien-Herzegowina, Sarajevo), Želimir Koščević (Direktor des Museums für Zeitgenössische Kunst, Zagreb), Shkëlzen Maliqi (Philosoph, Direktor des Centre for Humanistic Studies Gani Bobi, Pristina), Borka Pavičević (Direktorin des Centre for Cultural Decontamination, Belgrad)

PARTNERORGANISATIONEN: Center for Informative Decontamination (Banja Luka), The Children's Movement for Creative Education (New York), Urban Movement (Mostar)

MIT FREUNDLICHER UNTERSTÜTZUNG VON: Open Society Fund Bosnia-Herzegovina

WEBSITES: www.scca.ba, www.pro.ba

Displaced

Ein Projekt des Neuen Berliner Kunstvereins in Zusammenarbeit mit De/construction of Monument, Bosnien-Herzegowina, und relations

In Deutschland arbeitet das Team von „De/construction of Monument" mit dem Neuen Berliner Kunstverein (NBK) zusammen. Ausgehend von der Beobachtung, dass die Themen des bosnisch-herzegowinischen Projektes Symptome für gesellschaftliche Prozesse sind, entwickelte Kathrin Becker in Zusammenarbeit mit „relations"das Projekt „Displaced" für Berlin.

„Displaced" überträgt die Auseinandersetzung von „De/construction of Monument" in den deutschen Kontext. Das Projekt begegnet der Manipulation von Geschichtsbildern nach dem Zusammenbruch der jugoslawischen Föderation mit Dekonstruktion. In Reflexion darauf sowie auf eigene Aufenthalte in Sarajevo entwickeln sechs internationale Künstler und Künstlerinnen Arbeiten für den öffentlichen Raum in Berlin: Maria Thereza Alves forscht in einer Videoarbeit der Herkunft von Blumen und Früchten nach, als Metaphern für Prozesse von Geschichte, Migration und Ökonomie (*What Is the Color Of A German Rose?*). Edgar Arceneaux lässt in einer einmaligen Aktion sein persönliches (Familien-)Denkmal in den Himmel über Berlin und Sarajevo steigen (*Old Man Hill*). Danica Dakić spürt in ihrer musikalischen Performance *MS Berlin* den Schnittstellen von kultureller und persönlicher, politischer und geographischer Identität nach. Šejla Kamerićs Aktion *Nothing Should Come As A Surprise* setzt an den Topographien der Städte Sarajevo und Berlin an und operiert mit Strategien des Öffentlichen, mit Inszenierungen einer omnipräsenten Bedrohung. Das Künstlerpaar Renata Stih und Frieder Schnock veröffentlicht unter dem Titel *Weiterleben 1995/2005* zwei Wochen lang Nachrufe aus bosnischen Zeitungen in der Berliner *tageszeitung*.

Die künstlerischen Interventionen und Interaktionen im Berliner Stadtraum setzen den Zustand der Gesellschaft im Sarajevo der Nachkriegszeit und die Funktion von öffentlicher Erinnerung und Amnesie in vielfältige Beziehungen zur deutschen Hauptstadt. Vergängliche und brüchige Mittel konterkarieren die westlich-medialen Prinzipien einer „Ökonomie der Aufmerksamkeit". Im Oktober 2005 wurden die Kunstprojekte in Berlin realisiert und dem Publikum vorgestellt. Eine öffentliche Diskussionsveranstaltung mit den beteiligten Künstlern, Dunja Blažević und Amra Bakšić-Čamo unter der Leitung von Ekaterina Degot verknüpfte die Berliner Interventionen im Stadtraum mit der Arbeit am Denkmal in Sarajevo.

FORMATE: künstlerische Interventionen/Interaktionen im öffentlichen Raum in Berlin, Diskussionsveranstaltung
PROJEKTLEITUNG/KURATORIN: Kathrin Becker, www.nbk.org
TEAM: Maryam Mameghanian-Prenzlow
KÜNSTLER: Maria Thereza Alves, Edgar Arceneaux, Danica Dakić, Šejla Kamerić, Stih & Schnock
WEBSITE: www.projekt-relations.de

Re:form, Polen

Ein Projekt der Stiftung Galerie Foksal, Warschau

„Re:form" unternimmt den Versuch, polnische (Kunst-)Geschichte aus dem Blickwinkel der Gegenwart neu zu lesen. Dieser Prozess der Resignifikation und Rekontextualisierung geht einher mit der Entwicklung neuer Modelle der Kunstvermittlung, die sowohl international Beachtung finden als auch den veränderten wirtschaftlichen und sozialen Bedingungen in Polen gerecht werden.

Das Archivprojekt „Baza Sztuki", ein zentrales Modul von „Re:form", hat sich die Digitalisierung von ausgewählten Kunst- und Künstlerarchiven, die seit den 1950er Jahren angelegt worden sind, zur Aufgabe gemacht. Im Mittelpunkt stehen dabei Konzeptkunst, konkrete Poesie, Sound Poetry, Fluxus, Video- und Netzkunst. Das entstehende Online-Archiv, das in den Bestand der Bibliothek der Universität Warschau übergehen wird, soll die Zugänglichkeit von originalen Text- und Bildquellen polnischer Gegenwartskunst erleichtern. Zu den Archiven, die im Rahmen von „Baza Sztuki" aufgearbeitet wurden, zählen die Privatarchive der Künstler Jarosław Kozłowski, Edward Krasiński, Piotr Rypson und Stanisław Dróżdż. Die Projektleitung hat Piotr Rypson inne.

Im Rahmen des Forschungsprojekts „Lokaler Modernismus" fördert „Re:form" Kunstprojekte und theoretische Reflexion im öffentlichen Raum anhand ausgewählter Gebäudekomplexe und der dazugehörigen Architekturtheorien der 1950er bis 1970er Jahre. Einzelprojekte zur Architektur und Entwicklung städtischer Bereiche und nicht zuletzt künstlerische Interventionen im urbanen Raum sind ein zentraler Bestandteil. Mittels einer für Fußgänger begehbaren Seilbrücke, die während des Filmfestivals *Era Nowe Horyzonty* über den Fluss Olza gespannt wurde, präsentierte der französische Architekt François Roche 2004 in Cieszyn das Projekt, den tschechischen Stadtteil wieder mit dem polnischen zu verbinden, zunächst als Kunstprojekt. Eine dauerhafte Brücke soll in den kommenden Jahren realisiert werden. Das Projekt „Lokaler Modernismus" wird in Zusammenarbeit mit einer Gruppe junger Architekten durchgeführt, unter anderen Aureliusz Kowalczyk, Marcin Kwietowicz und Magdalena Paryna. Projektleitung: Joanna Mytkowska.

Seit 2003 gestaltet „Re:form" das künstlerische Rahmenprogramm des jährlichen internationalen Festivals des jungen Films *Era Nowe Horyzonty* in der südpolnischen Grenzstadt Cieszyn. Neben thematischen Ausstellungen entstanden auch Kunstprojekte im öffentlichen Raum, so zum Beispiel Monika Sosnowskas Wandbild in der Chrobrego-Straße 3 in Cieszyn.

Eine Kooperation von „Re:form" mit der erfolgreichen alternativen Warschauer Galerie Raster ermöglichte die englische Publikation des wöchentlich erscheinenden Online-Kunstmagazins.

FORMATE: Digitalisierung von Künstler- und Kunstarchiven, Forschungsprojekt „Lokaler Modernismus", internationale Kunstausstellungen, Kunst im öffentlichen Raum, Kooperation mit der Galerie Raster, Stipendienprogramm, Publikationen
PROJEKTLEITUNG: Joanna Mytkowska, Andrzej Przywara
LEITUNG DES ARCHIVPROJEKTES: Piotr Rypson
TEAM: Joanna Diem
STIPENDIATEN: Cezary Bodzianowski, Michał Budny, Sebastian Cichocki, Agata Jakubowska, Wojtek Kucharczyk, Robert Kuśmirowski, Dorota Monkiewicz, Artur Żmijewski, Jakub Ziółkowski, Magdalena Ziółkowska
PARTNERORGANISATIONEN: Filmfestival *Era Nowe Horyzonty*, Cieszyn; Galerie Raster, Warschau
PUBLIKATIONEN: *Hidden in a Daylight/Ukryte w słońcu*, hg. v. Stiftung Galerie Foksal, Katalog zur Ausstellung anlässlich des und in Zusammenarbeit mit dem Filmfestival *Era Nowe Horyzonty*, Cieszyn, 17.-27. Juli 2003, Frankfurt am Main: Revolver 2003, ISBN 3-937577-10-6; Cezary Bodzianowski: *Cezary Bodzianowski*, hg. v. Joanna Mytkowska, mit Beiträgen von Joanna Mytkowska und Lars Band Larsen, zusammengestellt von Piotr Uklański, Frankfurt am Main: Revolver 2003, ISBN 3-93691 9-35-6; Oskar Hansen: *Towards Open Form/Ku Formie Otwartej*, hg. v. Jola Gola, mit Texten von Oskar Hansen und Interviews mit Oskar Hansen von Joanna Mytkowska und Hans Ulrich Obrist, Frankfurt am Main: Revolver 2005, ISBN 3-86588-082-7. Monographien über Tadeusz Rolke und Henryk Stażewski sind in Vorbereitung. Alle Publikationen sind zweisprachig (englisch und polnisch).
WEBSITES: www.fgf.com.pl, www.projekt-relations.de, www.baza.art.pl, www.eranowehoryzonty.pl, www.raster.art.pl

Lost and Found – ein Filmprojekt

Eine Koproduktion von relations und Icon Film

Sechs Filmemacher aus sechs Ländern erzählen in einem Film sechs Geschichten über neue Selbstverständnisse. Ausgehend von der These, dass eine Generation über nationale Grenzen hinweg neue Perspektiven auf Traditionen, Geschichte und Erlebnisse eröffnet, waren die Regisseure – geboren zwischen 1968 und 1977 – eingeladen, je einen Kurzfilm zum Thema Generation zu drehen: Stefan Arsenijević (Serbien-Montenegro), Nadejda Koseva (Bulgarien), Mait Laas (Estland), Kornél Mundruczó (Ungarn), Cristian Mungiu (Rumänien) und Jasmila Žbanić (Bosnien-Herzegowina). Entstanden ist ein abendfüllender Kinofilm: Fünf der Kurzfilme – vier Kurzspielfilme und ein Kurzdokumentarfilm – werden durch eine eigenständige Animationsgeschichte visuell und dramaturgisch verbunden.

Initiiert von „relations" und unter der künstlerischen Leitung von Nikolaj Nikitin wurde das Projekt in mehreren Workshops gemeinsam entworfen und diskutiert. Ein Fachbeirat war in die Projektentwicklung einbezogen. Die Filmemacher realisierten gemeinsam mit einheimischen Produzenten die Episoden in ihren Heimatländern, die Postproduktion fand anschließend in Deutschland statt. So sollten lokale Strukturen gestärkt und internationale Verbindungen geknüpft werden.

Die Geschichten von Verlust und Neuanfang erzählen mutig und liebevoll, teils mit märchenhaften Elementen aus einer Wirklichkeit, in der auch Abwanderung, Nationalismus und Korruption zum Alltag gehören. Die Uraufführung von *Lost and Found* fand zur Eröffnung des Internationalen Forums des Jungen Films der 55. Internationalen Filmfestspiele Berlin (Berlinale 2005) statt. Seitdem wurde der Film auf zahlreichen internationalen Filmfestivals präsentiert, unter anderem in Belgrad, Sofia, Skopje, Cluj, Moskau, Taipeh, Karlovy Vary, Sarajevo, Edinburgh, Pusan, Warschau und Tallinn. Am 12. Januar 2006 startete *Lost and Found* in den Kinos in Deutschland.

Das Ritual, Kurzspielfilm, Bulgarien
Buch und Regie: Nadejda Koseva

Das Mädchen und der Truthahn, Kurzspielfilm, Rumänien
Buch und Regie: Cristian Mungiu

Der Geburtstag, Kurzdokumentarfilm, Bosnien-Herzegowina
Buch und Regie: Jasmila Žbanić

Ein kurzer Moment der Stille, Kurzspielfilm, Ungarn
Buch und Regie: Kornél Mundruczó

Wunderbare Vera, Kurzspielfilm, Serbien-Montenegro
Buch und Regie: Stefan Arsenijević

Gene + Ratio, Animation, Estland
Buch und Regie: Mait Laas

FORMAT: Kinofilm, 99 Minuten, 35 mm, Dolby Digital
KÜNSTLERISCHE LEITUNG: Nikolaj Nikitin
PRODUZENT: Icon Film (Herbert Schwering, Christine Kiauk), www.icon-film.de
INITIATOR UND KOPRODUZENT: relations – ein Initiativprojekt der Kulturstiftung des Bundes
IN KOPRODUKTION MIT: Art Fest (Stefan Kitanov, Bulgarien), Art & Popcorn (Miroslav Mogorović, Serbien-Montenegro), Deblokada (Damir Ibrahimović, Bosnien-Herzegowina), Mobra Films (Hanno Höfer, Rumänien), Nukufilm (Arvo Nuut, Estland), Proton Cinema (Viktória Petrányi, Ungarn) und dem Goethe-Institut
FACHBEIRAT: Gabriele Brunnenmeyer (Artistic Adviser für Moonstone und Connecting Cottbus, Berlin), Didi Danquart (Drehbuchautor, Regisseur und Produzent, Freiburg), Sibylle Kurz (Dramaturgin, Script Consultant, Beraterin bei Eave und Pitchexpertin, Erbach)
MIT FREUNDLICHER UNTERSTÜTZUNG VON: Institut für Auslandsbeziehungen (ifa), Filmstiftung Nordrhein-Westfalen, Robert Bosch Stiftung, Bayerischer Rundfunk, arte
SPONSOREN: Erste Bank, BMW Group
VERLEIH: KurzFilmAgentur Hamburg e.V. (www.kurzfilmagentur.de); gefördert durch die Filmförderung der Beauftragten der Bundesregierung für Kultur und Medien
WELTVERTRIEB: Bavaria Film International
WEBSITE: www.lostandfound-derfilm.de

Zagreb – Cultural Kapital of Europe 3000, Kroatien

Ein Projekt des Center for Drama Art, des Multimedia Institute, von Platforma 9,81 und What, How & for Whom, Zagreb

Mit dem Center for Drama Art (CDU), dem Multimedia Institute [mi2], Platforma 9,81 und What, How & for Whom (WHW) haben vier unabhängige Kulturorganisationen aus den Bereichen Tanz/Performance, Multimedia, Architektur und bildende Kunst eine Plattform für Kulturarbeit in Zagreb gegründet. In der Folge stießen die Gruppen BLOK, Kontejner, Community Art und Bacači Sjenki dazu.

Seit Anfang 2003 initiiert „Zagreb – Cultural Kapital of Europe 3000 (ZCK 3000)", so der Titel der Plattform, eine Vielzahl regionaler und internationaler interdisziplinärer Projekte, die neue Gruppendynamiken sowie neue kollektive Strategien und Arbeitsformen in der Kulturproduktion entwickeln. „ZCK 3000" stärkt die Zusammenarbeit zwischen Initiativen, die kulturelles Engagement als soziales Handeln und soziales Handeln als kritische Kultur verstehen. Ziel ist es, die Präsenz unabhängiger Kultur in Kroatien zu stärken. Zum dichten Veranstaltungsprogramm gehören Festivals und Symposien ebenso wie Vorträge, Debatten, Performances oder Workshops, an denen jeweils unterschiedliche Partnerkonstellationen beteiligt sind:

„OutInOpen" entwickelt Strategien der Informations- und Kommunikationstechnologien weiter, um die unabhängige öffentliche Interaktion zu stärken und den Einfluss des Kapitals auf die Öffentlichkeit zu durchbrechen.

Das Projekt „Public Domain and Creative Labor" thematisiert in Konferenzen, Vorträgen und Ausstellungen neue Lizenzierungsmodelle von Kunst sowie Wege des Managements von immaterieller Arbeit.

„On Labor" erörtert die kooperativen Aspekte immaterieller Arbeit, setzt sich aber auch mit der Frage auseinander, in welcher Form materielle Arbeit in die affektbetonte, künstlerische Arbeit einbezogen wird.

„Invisible Zagreb" untersucht die kulturellen und öffentlichen Nutzungspotentiale von Leerstand im Stadtraum. In diesem Zusammenhang steht auch das Projekt „Operation: City", das zehn Tage lang den verlassenen Industriekomplex Badel in Zagreb mit einem Veranstaltungsprogramm als potentielles Kulturzentrum bespielt.

„3D Journal: N.1 – Capital in Space" beschäftigt sich mit den Auswirkungen der ökonomischen und sozialen Transformationsprozesse auf Architektur und Stadtentwicklung in Kroatien.

„Collective Action" geht dem Phänomen der Künstlergruppe und Aspekten des kollektiven Arbeitens nach. Zu den Aktivitäten gehören die Zusammenarbeit mit Kuratoren sowie Vorlesungsreihen, Filmvorführungen, Ausstellungen und Kunstaktionen.

Im Mittelpunkt des Projektes „Swarm Intelligences" stehen verschiedene Umgangsformen mit bestehenden sozialen Räumen. Der Schwerpunkt liegt auf inhaltlichen Überschneidungen von architektonischer Stadtplanung, künstlerischer Organisation und theoretischer Rationalität.

„Policy Forum" ist eine kulturpolitische Plattform, die Mitglieder des nichtinstitutionellen Kultursektors in Kroatien zusammenbringt.

FORMATE: politische Plattform, Vorträge, Debatten, Symposien, interdisziplinäre Kooperationen, Performances, internationale kuratorische Zusammenarbeit, Website, Publikationen

PROJEKTLEITUNG: Goran Sergej Pristaš (CDU), Tomislav Medak [mi2], Damir Blažević (Platforma 9,81), Sabina Sabolović (WHW), Boris Bakal (Bacači Sjenki), Aleksandar Batista Ilić (Community Art), Olga Majcen (Kontejner)

TEAM: Ivana Ivković (Projektkoordinatorin); CDU: Una Bauer, Ivana Ivković; [mi2]: Željko Blaće, Teodor Celakoski, Ružica Gajić-Guljašević, Petar Milat, Nenad Romić, Emina Višnić; Platforma 9,81: Dinko Peračić, Marko Sančanin, Ana Šilović, Miranda Veljačić, Josipa Križanović; WHW: Ivet Ćurlin, Ana Dević, Nataša Ilić; Bacači Sjenki: Katarina Pejović, Mirko Bogosavac; BLOK: Dea Vidović, Sonja Borić, Miroslav Jerković; Community Art: Ivana Keser, Karmen Ratković, Tanja Vrvilo; Kontejner: Sunčica Ostoić

PARTNER: Kontakt. Das Programm für Kunst und Zivilgesellschaft der Erste Bank-Gruppe in Zentraleuropa

MIT FREUNDLICHER UNTERSTÜTZUNG VON: Kulturamt der Stadt Zagreb, Kultusministerium der Republik Kroatien

PUBLIKATIONEN: *superprivate*, hg. v. Platforma 9,81 und 3D Journal, Zagreb 2004, ISBN 3-86588-054-1 (internationaler Vertrieb), ISBN 953-174-241-3 (kroatischer Vertrieb); *Frakcija*, Magazin für darstellende Künste, ISSN 1331-0100, Nr. 30/31: Production of the Common, hg. v. Goran Sergej Pristaš, Zagreb 2004, Nr. 32: Goat Island I, hg. v. Marin Blažević und Matthew Goulish, Zagreb 2004, Nr. 35: Goat Island II, hg. v. Marin Blažević und Matthew Goulish, Zagreb 2005, Nr. 36: Group Dynamics, hg. v. Ivana Ivković, Zagreb 2005

WEBSITES: www.culturalkapital.org, www.policy-forum.info, www.swarm-intelligences.org, www.operacijagrad.org

Peripherie 3000 – Strategische Plattform für vernetzte Zentren

Ein Projekt des Hartware MedienKunstVereins, Dortmund, in Zusammenarbeit mit Zagreb – Cultural Kapital of Europe 3000, Kroatien, und relations

Essen bewirbt sich zusammen mit dem Ruhrgebiet als Europäische Kulturhauptstadt 2010. Vor diesem Hintergrund entsteht „Peripherie 3000" in Zusammenarbeit mit dem Team des Projektes „Zagreb – Cultural Kapital of Europe 3000 (ZCK 3000)". Im April 2006 werden die Ergebnisse der Vernetzungsarbeit zwischen kulturellen Institutionen und Initiativen aus Nordrhein-Westfalen und Zagreb unter anderem in Dortmund, Essen und Düsseldorf präsentiert.

Der Fokus der Zusammenarbeit in Zagreb liegt auf der kollaborativen Durchführung interdisziplinärer Projekte und Interventionen im Stadtraum und in die lokale Kulturpolitik. Diese Erfahrung spiegelt sich auch in der Projektstruktur von „Peripherie 3000" wider.

Als interdisziplinäre Plattform entwickelt „Peripherie 3000" unter Beteiligung von „ZCK 3000" und verschiedenen Partnern aus den Bereichen Theater, Tanz, Performance, Medienkunst und -politik, Musik und Stadtforschung im Ruhrgebiet Kunst- und Kulturprojekte. Die Themen sind ortsspezifisch, weisen aber auch über den lokalen Kontext hinaus: Das Verschwinden von Arbeit und die Transformation des Arbeitsbegriffs vom Industriezeitalter ins Informationszeitalter; Von der Gastarbeiterkultur der 1960er Jahre zu neuen Einwanderergemeinschaften; Der „alte Westen" als „neuer Osten": Strukturwandel in den alten versus Strukturbruch in den neuen Bundesländern; „Peripherie 3000"– Off Center: Finden wir in den Zentren noch, was wir suchen?; und schließlich: Welche institutionellen Rahmenbedingungen braucht kulturelle Produktion heute?

„Peripherie 3000" spielt mit dem Verständnis einer (Kultur-)Hauptstadt als „Zentrum" und setzt diesem Begriff selbstbewusst den der Peripherie entgegen: Peripherie als Ort der Ränder und Ausfransungen, der den Blick auf sich wandelnde gesellschaftliche und kulturelle Grundlagen freigibt.

Wichtiger Bestandteil des Projektes ist der Aufbau einer Website. Sie dient sowohl als Plattform für den Austausch während der Entwicklung der Projekte wie zur Dokumentation und visualisiert die inhaltlichen Zusammenhänge als semantisches Netz.

PROJEKTLEITUNG: Susanne Ackers, Inke Arns (Hartware MedienKunstVerein, Dortmund, www.hmkv.de), Tomislav Medak (Zagreb – Cultural Kapital of Europe 3000, www.culturalkapital.org)
TEAM: Francis Hunger, Christoph Pingel (Programmierung), Darija Šimunović
BETEILIGTE INITIATIVEN IN ZAGREB: Center for Drama Art (CDU), Multimedia Institute [mi2], Platforma 9,81, What, How & for Whom (WHW), BLOK, Bacači Sjenki, Community Art, Kontejner
BETEILIGTE INITIATIVEN IN NORD-RHEIN-WESTFALEN: Forum Freies Theater, Düsseldorf; Hartware MedienKunstVerein, Dortmund; MeX, intermediale und experimentelle Musikprojekte, Dortmund; orange edge, Urban Research + Marketing, Dortmund; PACT Zollverein (Performing Arts Choreographisches Zentrum NRW Tanzlandschaft Ruhr), Essen; stadtraum.org, Düsseldorf; Verein zur Förderung des öffentlichen bewegten und unbewegten Datenverkehrs (FoeBuD e.V.), Bielefeld, und andere
WEBSITE: www.peripherie3000.de

Stand: 23. November 2005

East Art Map. (Re-)Konstruktion der zeitgenössischen Kunstgeschichte in Osteuropa

Ein Projekt von Irwin (für Irwin: Miran Mohar, Andrej Savski, Borut Vogelnik), Ljubljana

Das Projekt „East Art Map" erschließt systematisch die Kunst des östlichen Europa seit 1945 und macht sie im Zusammenhang zugänglich. Ziel ist der Aufbau eines Orientierungssystems, das über nationale Grenzen hinweg Zusammenhänge aufzeigt und Vergleiche ermöglicht.

In einer ersten Projektphase (2001/02) waren 24 internationale Kritiker, Kuratoren und Künstler aufgerufen, die wichtigsten Kunstwerke oder Kunstprojekte ihrer Länder der letzten fünfzig Jahre zu benennen und ihre Wahl schriftlich zu begründen. Die Ergebnisse wurden im Rahmen einer umfangreichen Publikation im Kunstmagazin *New Moment* und auf CD-Rom veröffentlicht.

Die zweite Projektphase arbeitet daran, Leerstellen der ersten Kunst-Karte zu füllen und die Ergebnisse ihrer Entwicklung zu objektivieren. Um dies zu erreichen, ist die „East Art Map" seit Januar 2005 im Internet zugänglich; hier kann ihre Topographie durch die interessierte Öffentlichkeit verändert werden. Die interaktive Website dient der Datensammlung, gleichzeitig demokratisiert sie ihre Aufbereitung. Eine internationale Expertenjury entscheidet regelmäßig über die eingegangenen Vorschläge.

Im Karl Ernst Osthaus-Museum in Hagen wurde im September 2005 die Ausstellung *East Art Museum* präsentiert, eine Auswahl der auf der Karte versammelten Kunstwerke. Die temporäre Schau skizziert die Grundlage eines möglichen Museums osteuropäischer Kunst und reflektiert die (institutionellen) Bedingungen für die Schaffung eines kunsthistorischen Kanons.

Die „East Art Map" stellt außerdem den Ausgangspunkt für ein internationales Universitätsnetzwerk dar. Unter dem Projekttitel „Mind the Map! – History Is Not Given" treiben Universitäten in Leipzig, Wien, Belgrad, Moskau, Poznań, Bonn und Graz die Erforschung östlicher und westlicher Kunstproduktion weiter voran und unternehmen den Versuch, Geschichte und Theorie zeitgenössischer Kunst (gemeinsam) neu zu denken.

FORMATE: interaktive Website, Forschung, Kooperationen mit Universitäten, Ausstellung, Publikationen
PROJEKTLEITUNG: Irwin: Miran Mohar, Andrej Savski, Borut Vogelnik
TEAM: Lívia Páldi (Mitherausgeberin und Lektorin der „East Art Map"-Publikation), Inke Arns (Leitung des Website-Projekts), Nataša Petrešin (Koordinatorin des Website-Projekts), Marina Gržinić (Leitung der Universitätskooperation), Michael Fehr (Ko-Kurator der Ausstellung), Darko Pokorn
MIT FREUNDLICHER UNTERSTÜTZUNG VON: EU-Förderprogramm Kultur 2000, Kultusministerium der Republik Slowenien. Die Ausstellung wird in Koproduktion mit dem Karl Ernst Osthaus-Museum der Stadt Hagen realisiert. Die Website wird von Renderspace Pristop Interactive unterstützt. Das Buch wird herausgegeben in Zusammenarbeit mit Afterall Publishing. East Art Map I wurde von New Moment Ideas Company produziert.
PUBLIKATIONEN: *New Moment*, Nr. 20/2002, hg. v. Irwin, ISSN 1580-1322; *East Art Map. Contemporary Art and Eastern Europe. Reconstructing the Missing History of Contemporary Art, Art Networks, and Art Conditions in Eastern Europe From the East European Perspective*, hg. v. Irwin, London und Boston: Afterall/MIT-Press 2005, ISBN 1-84638-005-7
WEBSITE: www.eastartmap.org

Mind the Map! – History Is Not Given

Ein Projekt des Instituts für Theaterwissenschaft der Universität Leipzig, initiiert von East Art Map (Irwin) und relations

„Mind the Map! – History Is Not Given" nimmt das Projekt „East Art Map" (EAM) des slowenischen Künstlerkollektivs Irwin zum Ausgangspunkt. EAM spürt der Geschichte von Kunstwerken und Prozessen der Kunstproduktion der letzten fünfzig Jahre im östlichen Europa nach. Das Ergebnis ist eine Karte mit Hunderten von Kunstwerken und künstlerischen Beziehungen in Raum und Zeit. Das Netzwerk „Mind the Map! – History Is Not Given" engagiert sich innerhalb dieses Rahmens und darüber hinaus – als Theoriewerkstatt, als Diskussionsraum und als Forschungsbasis.

Das Projekt bietet einer neuen Generation von Wissenschaftlern, Kunsthistorikern, Künstlern und Kritikern ein Forum der Auseinandersetzung und des Dialogs über künstlerische und kulturelle Produktionen, die an den Schnittstellen gesellschaftlicher Realitäten im östlichen und westlichen Europa angesiedelt sind, und lässt damit jedes Blockdenken hinter sich. Ein Netzwerk von Universitäten und Akademien aus beiden Teilen Europas kann als ein Medium betrachtet werden, das sich zum Ziel gesetzt hat, Wissen zu erweitern, Beziehungen aufzubauen und Deutungsansätze aufzuzeigen. Dieses Forum fördert darüber hinaus die (Selbst-)Reflexion über die Positionen zeitgenössischer Theorie sowie der Institutionen, die diese Theorie entwickeln und verbreiten. Und es geht darum, die enorme Wissenslücke hinsichtlich der Kunstproduktionen aus dem östlichen Europa weiter zu schließen.

„Mind the Map! – History Is Not Given" widmet sich den kulturellen, politischen und sozialen Hintergründen künstlerischer Praxis. Die Überlegungen junger Theoretiker und Künstler wurden erstmals in Leipzig im Oktober 2005 im Rahmen eines internationalen und interdisziplinären Symposiums zur Diskussion gestellt. In vier Tagen intensiver Diskussion wurde die Basis für eine längerfristige Zusammenarbeit von acht Universitäten gelegt. Die Ergebnisse des Symposiums und weitere Texte sowie künstlerische Arbeiten werden im März 2006 publiziert.

FORMATE: Seminare, Austausch zwischen den Universitätspartnern, internationales Symposium, Publikation der Forschungsergebnisse

PROJEKTLEITUNG UND KOORDINATION: Marina Gržinić, Günther Heeg und Veronika Darian

BETEILIGTE WISSENSCHAFTLER UND INSTITUTIONEN: Beatrice von Bismarck (Hochschule für Grafik und Buchkunst, Leipzig), Ekaterina Degot (Institut für Zeitgenössische Kunst, Moskau), Grzegorz Dziamski (Institut für Kulturwissenschaften, Adam-Mickiewicz-Universität, Poznań), Michael Fehr und Karin Schad (Karl Ernst Osthaus-Museum, Hagen), Werner Fenz (Karl-Franzens-Universität, Graz), Marina Gržinić (Akademie der Künste, Wien, und Philosophische Fakultät des Wissenschafts- und Forschungszentrums der Slowenischen Akademie der Wissenschaft und Kunst, ZRC SAZU, Ljubljana), Günther Heeg und Veronika Darian (Institut für Theaterwissenschaft der Universität Leipzig), Miško Šuvaković (Universität der Künste, Belgrad)

TEAM: Antje Dietze, Carsten Göring, Hilke Werner, Sophie Witt, Christiane Richter (Universität Leipzig)

NACHWUCHSWISSENSCHAFTLER: Bojana Cvejić, Veronika Darian, Antje Dietze, Roman Grabner, Philipp Haupt, Karoline Kaluza, Alexander Koch, Ralo Mayer, Mirjana Peitler, Marko Stamenković, Šefik Šeki Tatlić, Michael Wehren, Ewa Wójtowicz, Jacek Zydorowicz

MIT FREUNDLICHER UNTERSTÜTZUNG VON: Kultusministerium der Republik Slowenien, Kommunalverwaltung der Stadt Ljubljana – Abteilung für Kultur und Forschung, Deutscher Akademischer Austausch Dienst (DAAD)

MEDIENPARTNER: *Artchronika, AKТeon, TkH, Umělec, springerin*

PUBLIKATION: *Mind the Map! – History Is Not Given. A Documentation of the Symposium,* hg. v. Marina Gržinić, Günther Heeg und Veronika Darian, Frankfurt am Main: Revolver 2006, ISBN 3-86588-165-3

WEBSITE: www.mindthemap.net

Biographien

Konstantin Akinsha

Geboren 1960 in Kiew. Er studierte Kunstgeschichte in Moskau (Promotion 1990). In den 1990er Jahren Moskaukorrespondent und, seit 1996, Redakteur der Zeitschrift *ARTnews*, New York. Als Forschungsstipendiat des Kunstvereins Bremen, des Forschungszentrums für Osteuropastudien der Universität Bremen und des Germanischen Nationalmuseums, Nürnberg, arbeitete er zum Problem der Beschlagnahmung von Kulturgütern während des Zweiten Weltkriegs. 1997/98 Senior Research Fellow am Kennan Institute for Advanced Russian Studies, Washington, D.C. 1998/99 Lehrbeauftragter am Center for Curatorial Studies, Bard College, Annandale-on-Hudson, USA. 1999/2000 Stellvertretender Forschungsdirektor der Beratungskommission des Präsidenten der Vereinigten Staaten für Kunst und Kultureigentum aus Holocaust-Vermögen. Seit 2001 Berater für ein Forschungsprojekt zum Thema Kunst und Archive, New York. Zu seinen Publikationen zählen *Beutekunst. Auf Schatzsuche in russischen Geheimdepots* (1995) sowie *Operation Beutekunst. Die Verlagerung deutscher Kulturgüter in die Sowjetunion nach 1945* (1995) und *AAM Guide for Provenance Research* (2001). Er kuratiert Ausstellungen moderner und zeitgenössischer Kunst, hält öffentliche Vorträge in Europa, Asien und Nordamerika und publiziert in führenden internationalen Zeitungen und Zeitschriften. Konstantin Akinsha erhielt mehrere journalistische Auszeichnungen.

Branislava Andjelković

Geboren 1966 in Belgrad. Studium der Kunstgeschichte an der Universität Belgrad und History of Art and Design an der Winchester School of Art, University of Southampton, England. Seit 2001 ist sie Direktorin des Museums für Zeitgenössische Kunst, Belgrad. Von 1999 bis 2001 Direktorin des Centre for Contemporary Art, Belgrad, wo sie ab 1994 als Programmkoordinatorin tätig war. Zu ihren Forschungsfeldern gehören Kunst in totalitären Regimen sowie feministische Bildtheorien. Sie unterrichtete im Programm für Women's Studies der Universität Belgrad und an der School for History and Theory of Images in Belgrad, deren Mitgründerin sie ist. Zusammen mit Branislav Dimitrijević hat sie zahlreiche Ausstellungen kuratiert und Kataloge herausgegeben, darunter zuletzt *On Normality: Art in Serbia 1989-2001* (2005), und Projekte auf den Biennalen

von São Paolo (2002), Venedig (2003), und Tirana (2003) kuratiert. Ihre Veröffentlichungen gelten zeitgenössischen serbischen Künstlern; für ihr jüngstes Projekt *Uvod u feminističke teorije slike* (Einleitung in feministische Bildtheorien, 2002) erhielt sie den Lazar Trifunović-Preis für Kunstkritik. Mitglied von CIMAM und AICA.

Marius Babias

Geboren 1962 in Suceava, Rumänien, lebt er seit 1974 in der Bundesrepublik Deutschland. Nach dem Studium der Literaturwissenschaft und Politologie an der Freien Universität Berlin hatte er von 1997 bis 2001 Gastprofessuren für Kunsttheorie und Kunstvermittlung an der Staatlichen Hochschule für Bildende Künste – Städelschule, Frankfurt am Main, der Kunstuniversität Linz und am Center for Contemporary Art Kitakyushu in Japan inne. Er gehörte verschiedenen Leitungsteams von Kulturprojekten an, unter anderem des Projektes *weitergehen* der Kulturbehörde Hamburg (1999) und der Kokerei Zollverein, Essen (2001-2003). 2005 kuratierte er die Ausstellungen *Das Neue Europa* in der Generali Foundation, Wien, *Handlungsformate* im Neuen Berliner Kunstverein und den Rumänischen Pavillon, Biennale von Venedig. Herausgeber zahlreicher Publikationen und Ausstellungskataloge, zuletzt *Die Offene Stadt* (2003). Als Autor veröffentlichte er *Ware Subjektivität – Eine Theorie-Novelle* (2002) und *Berlin – Die Spur der Revolte* (2006). 1996 erhielt er den Carl Einstein-Preis für Kunstkritik. Er lebt in Berlin.

Boris Bakal

Geboren 1959 in Zagreb. Der Theaterregisseur, Performer, Autor und Medienkünstler ist Gründungsmitglied der Künstlerplattform Shadow Casters, einem Träger des Projektes „Zagreb – Cultural Kapital of Europe 3000" im Rahmen von „relations". Nach dem Studium an der Akademie für Theater und Film in Zagreb gründete er verschiedene Kunstinitiativen, mit denen er Performances inszenierte und produzierte, so das Theater of Obvious Phenomena (1986), das Kunstprojekt Flying University (1993) und die internationale Künstlergruppe Orchestra Stolpnik® (Bologna 1995). Zu seinen jüngsten Performances zählen „Shadow Casters", Workshop im Rahmen des UrbanFestival, Zagreb (2001-2005). Boris Bakal war 1991 Mitbegründer der Antikriegsbewegung in Kroatien und arbeitete

1995 bei der Aufklärung von Kriegsverbrechen in Westslawonien mit den Vereinten Nationen zusammen.

Mehmet Behluli

Geboren 1962 in Gjilan. Seit 1995 unterrichtet er an der Akademie der Bildenden Künste der Universität Prishtina. Als Künstler nimmt er seit 1989 an zahlreichen internationalen Einzel- und Gruppenausstellungen teil, zuletzt unter anderem *I need a radical change*, kuratiert von WHW (Zagreb 2004), *Now: Berlin – Prishtina* (Berlin 2001), *Turn: Nachkriegskunst im Kosovo* (Istanbul 2001) und *Devenirs (Becomings) – Contemporary Art in South Eastern Europe* (Tirana, Belgrad, Prishtina, Ljubljana, Paris 2001-2003). Er kuratierte unter anderem *Course 03* im Museum of Kosova, Prishtina (2003), und *projected glances – Kosovo* (Straßburg 2005). Als Leiter des Bildungsprogramms des Projektes „Missing Identity" im Rahmen von „relations" organisierte er Seminare über zeitgenössische Kunst (gemeinsam mit Shkëlzen Maliqi, 2002/03), die Seminare der Sommer-Universität Prishtina „Shine and Elegance" (2002) und „Art Asks, Design Answers" (2003) sowie den internationalen Workshop „Speak Up – Balkan Nordic Countries" (2004).

Edwin Bendyk

Geboren 1965. Während seines Studiums an der Universität Warschau war er in unabhängigen Studentenbewegungen aktiv und arbeitete später als Journalist für Publikationen wie *Nowoczesność*, *Życie Warszawy*, *Wiedza i Życie* und die Polnische Nachrichtenagentur. Heute betreut er den Internetteil der Wochenzeitung *Polityka* und schreibt über kulturelle Themen und den Einfluss der Technologie auf die Gesellschaft. Außerdem publiziert er in *Res Publica Nowa* und der wöchentlich erscheinenden *Computerworld*. Sein erstes Buch, *Zatrata Studnia* (Die vergiftete Quelle, 2002), wurde für den Nike 2003 Literary Award, Polens wichtigsten Literaturpreis, nominiert. Darüber hinaus veröffentlichte er *Antymatrix* (2004).

Sokol Beqiri

Geboren 1964 in Peja, Kosova. Nach Abschluss seines Studiums an der Akademie der Bildenden Künste der Universität Prishtina, Abteilung für Graphik, spezialisierte er sich in graphischer Kunst an der Universität Ljubljana. Seit 1987 nimmt er an zahlreichen internationalen Ausstellungen teil, darunter etwa International Biennial of Graphic Art (Ljubljana), Premio Internationale Biela (Italien), *Onufri '98* und *Onufri 2002* (Tirana), Cetinje Biennale (Serbien-Montenegro 1997, 2002, 2004), *Devenirs (Becomings): Contemporary Art in South Eastern Europe* (Tirana, Belgrad, Prishtina, Ljubljana, Paris 2001-2003), *U-topos* (Tirana Biennial 2003), *In den Schluchten des Balkan* (Kassel 2003), *Bitter/Sweet Harmony* (Holon, Israel, 2003), Locarno Filmfestival (2003), *Blut & Honig: Zukunft ist am Balkan* (Wien 2003), *The Failure of the Beauty, Beauty of the Failure* (Barcelona 2004), *The Joy of My Dreams* (Biennale Sevilla 2004) und viele andere. Seit 2003 leitet er das Projekt „Missing Identity" im Rahmen von „relations".

Regina Bittner

Geboren 1962 in Freiberg/Sachsen. Nach dem Studium der Kulturwissenschaften und Kunstgeschichte an der Universität Leipzig arbeitet sie seit 1992 als wissenschaftliche Mitarbeiterin der Stiftung Bauhaus Dessau. Seit 2000 Projektkoordinatorin und Mitarbeit am Aufbau des Bauhaus-Kollegs. Thematische Schwerpunkte ihrer Arbeit sind die Transformationsforschung zu Ostdeutschland, Arbeiterkulturgeschichte, Kulturtheorien urbanen Vergnügens, die Stadt und Erlebnisgesellschaft. Für die Stiftung Bauhaus Dessau kuratierte sie *Paradiese der Moderne* (2001), *Bauhausstil. Zwischen International Style und Lifestyle* (2003/04). Ferner Mitarbeit an den Ausstellungen *Unter Strom* (1999), *Das Kollektiv bin ich. Utopie und Alltag in der DDR* (2000/01), *Event City* (Frankfurt am Main 2002). Zu ihren zahlreichen Veröffentlichungen gehörten zuletzt Beiträge in den Katalogen *Common Property – Allgemeingut* (6. Werkleitz Biennale, 2004), *Schrumpfende Städte/Shrinking Cities* (Kunst-Werke Berlin, 2004) und der Architekturbiennale Peking (2004).

Dunja Blažević

Nach Abschluss ihres Studiums der Kunstgeschichte an der Universität Belgrad 1969 arbeitete sie in Forschungs- und Postgraduiertenprojekten zur Kulturpolitik in Washington D.C. und Los Angeles sowie in Belgrad. Von 1971 bis 1981 war sie die erste Direktorin der Galerie des Studentischen Kulturzentrums (SCC) in Belgrad (bis 1975) und dann des gesamten SCC, an dessen Gründung sie ab 1968 beteiligt war. In den 1980er Jahren Chefredakteurin des Programms für bildende Kunst von TV Belgrad, *TV Galerie*. Sie produzierte etwa sechzig Dokumentarfilme über neue Entwicklungen in der zeitgenössischen Kunst und Autorenvideos in Zusammenarbeit mit Videokünstlern. In den 1990er Jahren Kuratorin und Kritikerin in Paris. Als Kuratorin und Produzentin zeitgenössischer Kunst und neuer Medienkunst ist sie seit 1997 Direktorin des Sarajevo Center for Contemporary Art, des ehemaligen Soros Center. Sie leitet das Projekt „De/construction of Monument" im Rahmen von „relations". Veröffentlichungen in lokalen und internationalen Kunstmagazinen, -katalogen und anderen Publikationen. Zu den von ihr kuratierten Projekten zählen *Face à l'histoire* (Paris 1996), *Aspects/Positions: 50 Years of Art in Central Europe 1949-1999* (Wien 1999/2000) und *In den Schluchten des Balkan* (Kassel 2003). Mitglied von AICA.

Latchezar Bogdanov

Geboren 1976 in Sofia. Er studierte Finanz- und Rechnungswesen an der University of National and World Economy, Sofia, und schloss dort 1999 mit dem Magister ab. 1996 begann er am Institute for Market Economy in Sofia, einer führenden NGO und einem Think-Tank, als Wissenschaftler zu arbeiten; seit 1999 koordiniert er hier Umwelt- und Deregulierungsprojekte. 2003 Gründer und Vorstandsmitglied der Bulgarian Society for Individual Liberty. 2004 war er Mitbegründer von Industry Watch, einem privaten Wirtschaftsforschungsunternehmen. Wöchentliche Beiträge in den wichtigsten Zeitungen Bulgariens; Mitautor von *Sledprivatizacionen Kontrol v Bulgaria* (Privatisierungskontrolle in Bulgarien, 2000) und *Anatomia na prehoda: Stopanskata politika na Bulgaria ot 1989 do 2004* (Anatomie des Übergangs: Wirtschaftsgeschichte Bulgariens von 1989 bis 2004, 2004) und Herausgeber der bulgarischen Ausgabe von David Boaz' *Libertarianism: A Primer* (*Libertarianstvoto: Vavedenie*, 2004).

Iara Boubnova

Geboren in Moskau, wo sie 1983 an der Staatlichen Universität ihr Studium abschloss und als Redakteurin im Sowjetischen Künstlerverlag arbeitete. Seit 1984 lebt sie in Sofia und arbeitet dort an der National Gallery for Foreign Art. Zu ihren wichtigsten Projekten als unabhängige Kuratorin zählen *Locally Interested* (Sofia 1999), *Talk with the Man on the Street* (Cetinje Biennale 2002), *Double-Bind* (Sofia 2003) sowie Manifesta 4 (Frankfurt am Main 2002) und die 1st Moscow Biennial of Contemporary Art (2005) – beide im Team. Sie kuratierte und organisierte den bulgarischen Beitrag zu den Biennalen von São Paulo (1994), Istanbul (1995), St. Petersburg (1996), Cetinje (1997) und Venedig (1999). Gründungsdirektorin des Institute of Contemporary Art, Sofia. Seit 2003 leitet sie das multidisziplinäre Projekt „Visual Seminar" im Rahmen von „relations".

Luchezar Boyadjiev

Geboren 1957 in Sofia, wo er 1980 sein Studium an der Nationalen Akademie der Künste abschloss. Zu seinen jüngsten Ausstellungen zählen *Hot City Visual*, ein Projekt für „Visual Seminar" (Sofia 2003), *In den Schluchten des Balkan* (Kassel 2003), *Blut & Honig: Zukunft ist am Balkan* (Wien 2003), *Roma in Sofia* in *The Balkans – a Crossroad to the Future* (Bologna 2004), *Love it or Leave it* (Cetinje Biennale 2004), *Privatisierungen. Zeitgenössische Kunst aus Osteuropa* (Berlin 2004) und *Urbane Realitäten: Fokus Istanbul* (Berlin 2005). Er nahm Künstlerstipendien in New York (1993), des The Fabric Workshop and Museum, Philadelphia (1997), sowie des Couvent des Récollets, Paris (2004), wahr. 1998 erhielt er für seine Teilnahme an *Onufri '98*, Tirana, den Grand Prix. Luchezar Boyadjiev ist Gründungsmitglied des Institute of Contemporary Art, Sofia. 2003 Resident Fellow des multidisziplinären Projekts „Visual Seminar" im Rahmen von „relations"; seit 2004 ist er Mitglied seines Beirats.

Sezgin Boynik

Geboren 1977 in Prizren, Kosova. Studium der Soziologie in Istanbul, Abschlussarbeit über „Ästhetisch-politische Strategien der Situationistischen Internationale". Er unterrichtet als Dozent an der Philologischen Fakultät für Orientalistik und Turkologie in Prishtina. Als Autor und Herausgeber kunst- und kulturwissenschaftlicher Publikationen wie *Arta* befasst er sich unter anderem mit subversiven Widerstandsbewegungen im Jugoslawien der 1960er und 1970er Jahre, radikalen politischen Ideen sowie der Neuen Slowenischen Kunst. Neben seiner Arbeit an soziologischen und politischen Themen schreibt er auch für Musikmagazine und Fanzines. 1998 gründete er die Band Chapa Churek.

Pavel Brăila

Geboren 1971 in Chişinău. 1989 bis 2001 Studium an der Technischen Universität Chişinău, der Universität Chişinău und an der Jan van Eyck-Akademie, Maastricht, Niederlande. 2005 Gast des Künstlerprogramms des DAAD Berlin. Mit Videoarbeiten und Performances ist der Künstler seit Mitte der 1990er Jahre auf zahlreichen bedeutenden internationalen Kunstausstellungen und Filmfestivals präsent, zuletzt in den Ausstellungen *After the Wall* (Stockholm 1999), *Collected Views – From East or West* (Wien 2004) sowie *Beauty So Difficult* (Mailand 2005). Sein Film *Shoes for Europe* (2001) wurde unter anderem auf der Documenta 11 (Kassel 2002) gezeigt. Projektleitung des

Kunstfernsehmagazins „Alte Arte" im Rahmen von „relations".

Boris Buden

Geboren 1958 in Zagreb. Er studierte Philosophie in Zagreb und promovierte in Kulturwissenschaften an der Humboldt-Universität in Berlin. Von 1993 bis 2000 arbeitete er als Redakteur und Kolumnist des politischen Magazins Arkzin und gründete den Arkzin-Verlag in Zagreb. Seit 1982 ist er ein freier Publizist für Zeitungen, Magazine und Kulturzeitschriften im Gebiet des ehemaligen Jugoslawien, in west- und osteuropäischen Ländern und in den USA tätig und übersetzt unter anderem Sigmund Freud, Alexander Mitscherlich, Theodor W. Adorno und Jürgen Habermas aus dem Deutschen ins Kroatische. Mitarbeiter der Wiener Zeitschrift springerin. Er nahm an zahlreichen internationalen Konferenzen und Tagungen teil, darunter 2001 an „Documenta 11: Platform 2" in Neu-Delhi. Zuletzt erschien Der Schacht von Babel. Ist Kultur übersetzbar? (2004). Er lebt in Berlin.

Vitalie Condraţchi

Geboren 1979 in Chişinău. Nach dem Studium an der philosophischen Fakultät der Babeş Bolyai-Universität in Cluj-Napoca, Rumänien, begann er 2000 für Basa-press, die erste freie Nachrichtenagentur in Moldau, zu arbeiten. Seit 2001 ist er für die Redaktion von Radio Free Europe und Radio Liberty in Chişinău als Experte für Wirtschaftspolitik, Außenhandel und Fragen der europäischen Integration tätig. Derzeit studiert er globale Wirtschaft und internationale Beziehungen am International Institute of Management Chişinău. 1996 Mitbegründer der Monatszeitschrift Philosophy & Stuff in Cluj-Napoca.

Cosmin Costinaş

Geboren 1982 in Satu Mare, Rumänien. Autor und freiberuflicher Kurator in Bukarest und Wien. Nach dem Studium der Kunstgeschichte und Geschichte an der Babeş Bolyai-Universität in Cluj-Napoca ist er jetzt korrespondierender Redakteur der Zeitschriften Idea Arts + Society (Cluj) und Version (Paris und Cluj) sowie Berater des Rumänischen Nationalfernsehens im Bereich bildende Kunst. Zu seinen kuratorischen Projekten gehören zuletzt Textground (Prag 2004) und Laicitate dupa complicitate (Säkularismus nach Komplizenschaft, Bukarest 2005), ein Projekt, das sich mit der ideologischen Grundlage des postkommunistischen rumänischen Staats auseinandersetzt. Zum Projekt des Goethe-Instituts Bukarest After the Happy Nineties (2005) erscheint ein Buch, das sich mit Themen wie den

neuen Formen künstlerischen Engagements nach dem 11. September und dem Zusammenbruch der neoliberalen Utopie vom „Ende der Geschichte" auseinandersetzt. Zu seinen nächsten Buchprojekten zählt eine umfassende Publikation zur zeitgenössischen rumänischen Kunst nach 2000 (zusammen mit Mihnea Mircan). Ab Januar 2006 ist er Mitglied des Herausgeberteams für das Magazin der documenta 12.

Boris Cvjetanović

Geboren 1953 in Zagreb. Er besuchte die Hochschule für Angewandte Künste und schloss sein Studium an der künstlerischen Fakultät der Akademie für die Lehrerausbildung in Zagreb ab. Seit 1984 arbeitet er als Berufsfotograf. Seit 1981 hatte er etwa dreißig Einzelausstellungen und nimmt an diversen Gruppenausstellungen in Kroatien, Europa, Japan, den USA und Australien teil. Er publiziert Fotografien in zahlreichen Zeitungen und Zeitschriften. Seine Aufnahmen wurden in Echoes – Contemporary Art at the Age of Endless Conclusions (1996) und in Prizori bez znacaja (Szenen ohne Bedeutung, 1996) veröffentlicht. 2003 vertrat Boris Cvjetanović Kroatien auf der 50. Biennale von Venedig. Seine Fotografien befinden sich in den Sammlungen des Tokyo Metropolitan Museum of Photography, des Museums für Zeitgenössische Kunst und des Kroatischen Geschichtsmuseums, beide in Zagreb, der Galerie Marino Cettina, Umag (Kroatien), dem Museum für Moderne und Zeitgenössische Kunst, Rijeka (Kroatien), der Galerie der Schönen Künste, Split (Kroatien), sowie in Privatsammlungen.

Ana Dević

Geboren 1969 in Sisak, Kroatien. Studium der Kunstgeschichte und Komparatistik an der Universität Zagreb. Sie verfasst Beiträge für Kulturzeitschriften und Ausstellungskataloge und ist eines der Gründungsmitglieder des Kuratorenkollektivs What, How & for Whom (WHW), das 1999 in Zagreb gegründet wurde. Ana Dević ist Ko-Kuratorin einer Reihe internationaler Ausstellungen in Zagreb und im Ausland, darunter What, How & for Whom, on the occasion of the 152nd anniversary of the Communist Manifesto (Zagreb und Wien 2000/01), Broadcasting Project, dedicated to Nikola Tesla (Zagreb 2001/02), Repetition: Pride & Prejudice in der Galerie Nova (Zagreb 2003), Looking Awry bei apexart (New York 2003) und Kollektive Kreativität in der Kunsthalle Fridericianum (Kassel 2005).

Branislav Dimitrijević

Geboren 1967 in Belgrad. Er unterrichtet

an der Schule für Kunst und Design (VSL-PUb) in Belgrad und ist assoziierter Kurator des Museums für Zeitgenössische Kunst, Belgrad. 1999 war er Mitbegründer der unabhängigen School for History and Theory of Images in Belgrad. Zu seinen jüngsten Publikationen zählen International Exhibition of Modern art feat. Alfred Barr's Museum of Modern Art, New York (2003) und On Normality: Art in Serbia 1989-2001 (2005). Unter seinen kuratorischen Projekten sind zuletzt Situated Self: Confused Compassionate, Conflictual (mit Mika Hannula) und Yugoslavia Pavilion der 50. Biennale von Venedig (2003, mit Branislava Andjelković und Dejan Sretenović). Bei Professor Milena Dragićević-Šešić an der Kunsthochschule in Belgrad arbeitet er an einer Dissertation zur Konsumkultur im sozialistischen Jugoslawien und kooperiert mit Boris Groys in einem Forschungsprojekt zum Postkommunismus.

Ivaylo Ditchev

Geboren 1955 in Sofia. Er promovierte an der Universität Sofia in Philosophie und an der Université de Paris VII in Ideengeschichte und habilitierte sich im Fach Soziologie. In den 1980ern arbeitete er als Herausgeber und Autor und veröffentlichte mehrere literarische Bücher. Seine Universitätslaufbahn begann auf dem Gebiet der Ästhetik; er konzentrierte sich auf das Verhältnis zwischen Kunst und Macht. In den 1990ern lebte er mehrere Jahre in Paris und hielt Seminare am Maison des sciences de l'homme, dem Collège international de philosophie und der Université de Paris X zum Imaginären des Kommunismus und des Balkans. Er entwickelte ein Interesse für Feldforschung und Stadtanthropologie und nahm in den letzten zehn Jahren an verschiedenen nationalen und internationalen Forschungsprojekten teil oder leitete diese. Ivaylo Ditchev ist Mitglied der International Association for Southeast Anthropology, des Institute of Contemporary Art, Sofia, und Präsident des Red House Center for Culture and Debate in Sofia. Er publiziert regelmäßig in der bulgarischen Presse und der deutschen Ausgabe von Lettre International und erhielt wichtige journalistische Auszeichnungen. Sein letztes Buch ist Prostranstva na jelanieto, jelanie za prostranstva. Studii po gradska antropologia (Räume des Begehrens, Begehren nach Räumen. Studien in urbaner Anthropologie, 2005).

Lilia Dragneva

Geboren 1975 in Chişinău. Sie studierte Kunst und Modedesign an der Kunsthochschule in Chişinău. Seit 1995 ist sie als unabhängige Künstlerin und Kuratorin tätig. Im Rahmen ihres Magisterstudiengangs an der kunsthistorischen Fakultät der Akademie der Wissenschaften von Moldau arbeitete sie 1999 über zeitgenössische Kunst in der Republik Moldau. Seit 1999 ist sie Direktorin des Center for Contemporary Art [ksa:k] in Chişinău sowie, seit 2004, Kuratorin des Fernsehmagazins „Alte Arte" im Rahmen von „relations". Zu ihrer kuratorischen Tätigkeit zählen Ausstellungen und Symposien, darunter: *BANII*, Aktion/Manifest; *Video Marathon Night '99*, 3. Videonacht; und die internationalen Ausstellungen *Kinovari (imatazia)* und *Identity Signs*, CarbonART 2000-2004 (alle in Chişinău). Außerdem kuratierte sie den Moldauer Videoblock von *Regards projetés – Video Program from Balkans* (Straßburg, Thessaloniki, Belgrad, Sofia, Chişinău) und nahm an der Donumenta 2004 in Regensburg teil.

Andreas Ernst

Geboren 1960 in Zürich. Nach dem Studium der Sozial- und Wirtschaftsgeschichte, der Mediensoziologie und des Staatsrechtes in Zürich und Berlin promovierte er in Vergleichender Europäischer Gesellschaftsgeschichte und arbeitete als wissenschaftlicher Assistent und Lehrbeauftragter am Soziologischen Institut der Universität Zürich sowie als Dozent am Medienausbildungszentrum in Luzern. Bis 1999 stellvertretender Leiter des Forschungsbereiches Öffentlichkeit und Gesellschaft an der Universität Zürich. 1999 ging er als Mitarbeiter und, ab 2001, als Korrespondent der *Neuen Zürcher Zeitung* nach Skopje, Mazedonien. Seit 2002 berichtet er aus Belgrad. Er publizierte zur Vergleichenden Sozialgeschichte, der Geschichte der Öffentlichkeit und zum Nationalismus. Die Staatsbildung und der soziale Wandel im Kosovo bilden seinen Interessenschwerpunkt.

Nicoleta Esinencu

Geboren 1978 in Chişinău. Sie studierte Theaterwissenschaft und Bühnenbild an der Kunsthochschule in Chişinău. 2001 schrieb sie gemeinsam mit Mihai Fusu und Dumitru Crudu das Theaterstück *A saptea kafana* (Das siebte Kaffeehaus), das in Moldau, Rumänien und auf der Bonner Biennale aufgeführt wurde. Seit 2002 arbeitet sie als Dramaturgin am Theater Eugène Ionesco in Chişinău. Sie erhielt 2003 und 2005 ein Stipendium der Akademie Schloss Solitude, Stuttgart, wo sie die Stücke *FUCK YOU, Eu.ro.Pa!* und *Zuckerfrei* verfasste. *FUCK YOU, Eu.ro.Pa!* wurde unter anderem in Chişinău, Galaţi, Braşov, Bukarest, Moskau und Nancy gespielt und mit dem rumänischen Theater-

preis Dramacum2 ausgezeichnet. Die Veröffentlichung des Stückes im Reader des Rumänischen Pavillons der 51. Biennale von Venedig (2005) verursachte eine politische Kontroverse in Moldau und Rumänien. *FUCK YOU, Eu.ro.Pa!* erschien 2005 in der Edition Solitude. Ferner erschien *Le septième kafana* (Das siebte Kaffeehaus, 2004).

Ziyah Gafić

Geboren 1980 in Sarajevo. Er studierte Weltliteratur an der Universität Sarajevo. Mit seinen Fotoreportagen über den Krieg und Nachkrieg in Bosnien gewann er zahlreiche Preise und Stipendien, unter anderem wurde er mehrfach im World-Press-Fotowettbewerb ausgezeichnet. 2001 Joop Swart Masterclass der World Press Photo, 2002 Kodak-Preis für junge Reporter, 2003 Auszeichnung des Magazins *Photo District News* und der Rencontres internationales de la photographie, Arles, Frankreich, sowie Sonderpreis der Fondation CCF pour la photographie. Seit 2001 arbeitet er mit der Agentur Grazia Neri zusammen. Seine Werke waren unter anderem in London, Prag, Rotterdam, Amsterdam, Mailand, Genf, Zürich, Brügge und Moskau zu sehen und wurden in internationalen Zeitungen und Zeitschriften in Europa und den USA veröffentlicht. Arbeiten über Bosnien erschienen in *Tales from a Globalizing World* (2003). Gegenwärtig arbeitet er an einem Langzeitprojekt mit dem Titel „Nachwirkungen – Kurzgeschichten aus aufgewühlten Gesellschaften".

Javor Gardev

Geboren 1972 in Sofia. Er studierte zunächst am Nationalen Lyzeum für Alte Sprachen und Kulturen in Sofia, anschließend Philosophie an der Universität Sofia und Dramaturgie an der Nationalen Theater- und Filmkunstakademie, ebenfalls in Sofia. Er erhielt mehrere Stipendien und arbeitete an der European Directors School, Leeds, England, an der Akademie Schloss Solitude, Stuttgart, und an der Academy for Educational Development, Washington D.C. Er inszenierte zahlreiche Theateraufführungen, drehte die Experimentalfilme *Raskolnikowbesessenheit*, *Bedspotting*, *Oh sweet home of mine* und führte Regie bei den experimentellen Hörstücken *Atolat* (Das Atoll), *Citadelata* (Die Zitadelle), *The Gate of Europe* und *D.J.* Er verfasst ferner Artikel und Essays zur zeitgenössischen Ästhetik und gewann mehrere Preise, darunter die bedeutenden bulgarischen Theaterauszeichnungen Askeer und Icarus sowie den Grand Prix Europe, Bestes Europäisches Hörspiel des Jahres 1999 für *Atolat*. Derzeit entwickelt er das Projekt „Visual Police" für

das „Visual Seminar" im Rahmen von „relations".

Maciej Gdula

Geboren 1977 in Żywiec, Polen. Er studierte Soziologie an der Universität Warschau. Seine Hauptinteressengebiete sind Kultursoziologie und Gesellschaftstheorie. Derzeit bereitet er die Verteidigung seiner Doktorarbeit vor, die den Liebesdiskursen in der zeitgenössischen Kultur gewidmet ist. Er ist Mitglied des Teams von *Krytyka Polityczna* (Politische Kritik), einer Zeitschrift, die Gesellschaftstheorie mit politischem Engagement verbindet. Seine jüngsten Veröffentlichungen in *Krytyka Polityczna* sind „Czekając na maj" (Warten auf den Mai, 2004), „Miłość i emancypacja" (Liebe und Emanzipation, 2005) und „Polityka niemożliwego" (Die Politik des Unmöglichen, 2005, mit Julian Kutyła).

Maurycy Gomulicki

Geboren 1969 in Warschau. 1987-1992 Studium an der Fakultät für Graphische Kunst, Akademie der Schönen Künste, Warschau. Sein Hauptaugenmerk gilt der Phantasie, dem Vergnügen und Idealisierungen. Sein Werk, das Installation, Fotografie, digitale Graphik und Animation umfasst, erkundet ein breites Spektrum der Popkultur. Seine Arbeiten wurden in mehreren Ländern gezeigt, darunter Polen, Mexiko, Belgien, die USA und Russland. Wichtige neuere Projekte sind *InSite – Art Practices in the Public Domain* (San Diego, USA, und Tijuana, Mexiko, 2003-2005) und die Gestaltung des visuellen und architektonischen Erscheinungsbilds der Sexshopkette Erotika (Mexiko 2005). Derzeit arbeitet er als Autor, Künstler und Kurator in dem Projekt *Pink not dead!* (2006). Er lebt und arbeitet in Mexico City und Warschau.

Mathias Greffrath

Geboren 1945 in Bad Harzburg. Nach dem Studium der Soziologie, Geschichte und Psychologie an der Freien Universität Berlin unterrichtete er dort als Lehrbeauftragter und arbeitet seit 1973 für verschiedene Medien, unter anderem für die ARD-Anstalten und das Feuilleton der *Zeit*. Von 1991 bis 1994 Chefredakteur der *Wochenpost*. Seit 1995 schreibt er als freischaffender Publizist für *Die Zeit*, *Süddeutsche Zeitung* und *die tageszeitung*, vor allem über die Zukunft der Arbeit und die Auswirkungen der Globalisierung auf Kultur und Gesellschaft. 1988 erhielt er den Jean Améry-Preis für Essayistik. Er lebt in Berlin und im Franche-Comté. Zu seinen jüngsten Veröffentlichungen zählen *Montaigne heute – Leben in Zwischenzeiten* (1998), *attac. Was wollen die Globalisierungskri-*

Kulturelle Positionen, politische Verhältnisse. Sieben Szenen aus Europa *tiker?* (2002) und der Theatermonolog für das Schauspiel Hannover *Windows – oder: Müssen wir uns Bill Gates als einen glücklichen Menschen vorstellen?* (2005).

Marina Gržinić

Geboren 1958 in Rijeka, Kroatien. 1996 promovierte sie an der Universität Ljubljana. 1997 erhielt sie ein Forschungsstipendium der Japan Agency for Promotion of Science und verbrachte ein Jahr an der Tokyo University for Technology and Photography (Kougedai). Seit 1991 arbeitet sie als wissenschaftliche Mitarbeiterin an der Philosophischen Fakultät des Wissenschafts- und Forschungszentrums der Slowenischen Akademie der Wissenschaft und Kunst und ist seit 2003 auch Professorin an der Akademie der Bildenden Künste in Wien. Außerdem arbeitet sie als freischaffende Medientheoretikerin, Kunstkritikerin und Kuratorin; zahlreiche Publikationen. Ihr letztes englischsprachiges Buch ist *Situated Contemporary Art Practices, Art, Theory and Activism from (the East of) Europe* (2004). Seit 1982 beschäftigt sie sich mit Videokunst. Zusammen mit Aina Smid hat sie mehr als vierzig Videokunstprojekte produziert. Marina Gržinić ist Kodirektorin des Symposiums und Universitätsnetzwerks „Mind the Map! – History Is Not Given", ein Projekt im Rahmen von „relations".

Özlem Günyol

Geboren 1977 in Ankara.1997 bis 2001 Kunststudium an der Universität Hacettepe in Ankara, seit 2001 an der Staatlichen Hochschule für Bildende Künste – Städelschule, Frankfurt am Main, bei der türkischen Künstlerin Ayşe Erkmen. 2005 nahm er am Projekt und der Ausstellung „Academy Remix. Städelschule, Frankfurt meets Missing Identity, Pristina" (Museum of Kosovo, Pristina; Portikus, Frankfurt am Main) im Rahmen von „relations" teil. Seine Arbeiten wurden in zahlreichen weiteren Gruppenausstellungen vor allem in Deutschland und der Türkei gezeigt, zuletzt unter anderem in der Ausstellung *Free Kick* im Programm *Hospitality Zone* der Biennale Istanbul (2005). Unter dem Titel *Clothes* hatte er 2003 eine Einzelpräsentation an der Städelschule. Gemeinsam mit Mustafa Kunt veranstaltete er die Performance/Installation *354512 cm²* (Frankfurt am Main 2003).

Jerzy Gumowski

Geboren 1956. In den 1980er Jahren Untergrundaktivist der Solidarność-Bewegung. Seit 1973 arbeitet er als Fotograf, seit 1989 als Fotoreporter der *Gazeta Wyborcza*. Er fotografierte politische und gesellschaftliche Ereignisse unter anderem in Litauen, Lettland, auf dem Balkan, in Kasachstan, Weißrussland, Mali und Mexiko und dokumentierte die Umwälzungen in Polen nach 1989. Seine Arbeiten wurden in polnischen und internationalen Wettbewerben mehrfach ausgezeichnet und in Einzel- und Gruppenausstellungen in Polen und Europa gezeigt. Luftbilder, aufgenommen von einem motorgetriebenen Paragleiter, sind seit neun Jahren seine Leidenschaft. Sie wurden im Magazin der *Gazeta Wyborcza*, im Monatsheft *Viva*, in der Wochenzeitung *Przegląd* und in anderen überregionalen Publikationen veröffentlicht, im Wettbewerb der polnischen Pressefotografie ausgezeichnet und in Einzelausstellungen präsentiert. Jerzy Gumowski ist Mitglied im Verband polnischer Fotokünstler.

Enver Hasani

Geboren 1962 in Mitrovica, Kosova. Er studierte Jura und Internationale Beziehungen an der Universität Prishtina und an der Bilkent-Universität, Ankara, und promovierte 2001 in Internationalem Recht und internationalen Beziehungen. Seit 1987 arbeitet er an der Universität Prishtina, derzeit als Professor für Internationales Recht und internationale Beziehungen, sowie als Gastprofessor im Rahmen regionaler akademischer Programme von Universitäten auf dem Balkan. 1992-1997 Rechtsberater des albanischen Außenministeriums in Tirana, akkreditiert durch die kosovarische Regierung im Exil, für die er bis 1999 als Rechtsberater tätig war. Teilnahme an zahlreichen internationalen Konferenzen unter der Schirmherrschaft der UN, EU, des Europarats und der OSZE. Als Angehöriger der kosovarisch-albanischen Delegation nahm er an der Friedenskonferenz in Rambouillet teil (1999). 2000-2002 Direktor des Zentrums für Menschenrechte der Universität Prishtina, gegründet vom World University Service (WUS Österreich). Autor zahlreicher wissenschaftlicher Artikel und Essays und Teilnahme an diversen akademischen Aktivitäten auf dem Gebiet Menschenrechte und Rechtsstaatlichkeit außerhalb Kosovas. Sein jüngstes Buch ist *Self-Determination. Territorial Integrity and International Stability: The Case of Yugoslavia* (2003).

Vadim Hîncu

Geboren 1972 in Chişinău. Nach dem Studium der Architektur an der Technischen Universität Chişinău (1995-1998) schloss er 1999 sein Studium an der Theater- und Filmakademie Bukarest als Kameramann ab. Seit 2003 Kameramann im Fernsehprojekt „Alte Arte" im Rahmen von „relations" und Zusammenarbeit mit dem Parc-Film Production Studio, Bukarest, bei Werbespots, Kurz- und Dokumentarfilmen. Kameraassistent beim Spielfilm *Rikoshette*, Regie I. Talpa (Moldau 1998). Cutter und zweiter Kameramann bei *Shoes for Europe*, in der Regie von Pavel Brăila (Moldau 2001), und dem Kurzfilm *Voilà* (Diplomarbeit, 1999). Kameramann bei dem Dokumentarfilm *Staroveri*, Regie Dumitru Crudu (Rumänien 2001), sowie bei *Barons' Hills*, Regie Pavel Brăila (Moldau 2003), und *Tulnicaresele*, Regie Marian Crişan (Rumänien 2003).

Emil Hrvatin

Geboren 1964 in Rijeka, Kroatien. Er studierte Soziologie und Theaterregie an der Universität Ljubljana und Performance Theory an der Universität Antwerpen, Belgien. Er schrieb und inszenierte mehrere Theaterstücke, die in ganz Europa und den USA gezeigt wurden. Sein Stück *Drive in Camillo* eröffnete die Manifesta 3 (Ljubljana 2000). Sein letztes Stück ist *We are all Marlene Dietrich FOR*, eine Performance für Soldaten in Friedensmissionen (gemeinsam mit Erna Ómarsdóttir). Außerdem umfasst Hrvatins Werk bildende, Multimedia- und Performance-Kunst. Zu seinen jüngsten Arbeiten zählen *The Cabinet of Memories*, die CD-ROM *Ferdo Delak, Avantgarde Artist*, das interdisziplinäre Kunst- und Forschungsprojekt *Refugee Camp for the First World Citizens* und die interaktive Performance *Miss Mobile*. Er hat mehrere interdisziplinäre Workshops in Europa und den USA kuratiert und zahlreiche Essays zur zeitgenössischen Kunst und zum zeitgenössischen Theater veröffentlicht. Chefredakteur der Zeitschrift für darstellende Kunst *Maska* sowie Direktor von Maska, einer nichtkommerziellen Verlags-, Produktions- und Bildungsorganisation mit Sitz in Ljubljana.

Jasmina Husanović

Geboren 1973 in Tuzla, Bosnien-Herzegowina. Sie studierte Politologie und internationale Beziehungen an der University of Warwick, England. 2003 promovierte sie an der University of Wales, Aberystwyth, mit der Arbeit „Recasting Political Community and Emancipatory Politics: Reflections on Bosnia". Seit 2004 arbeitet sie als Dozentin im Fach Kulturwissenschaften an der Universität Tuzla. Seit 1992 ist sie sowohl auf lokaler als auch auf internationaler Ebene beruflich oder ehrenamtlich in verschiedenen zivilgesellschaftlichen Initiativen tätig; derzeit ist sie außerdem an zahlreichen kooperativen Forschungs-, Publikations- und Übersetzungsprojekten im Bereich Kultur-, Gesellschafts- und politische Theorie beteiligt. Zu ihren jüngsten Publikationen zählt „‚In Search of Agency': Beyond the ‚Old/New' Biopolitics of Sovereignty in Bosnia", in: *Sovereign Lives. Power in Global Politics* (2004).

Astrit Ibrahimi
Geboren 1982 in Prishtina. Er studierte am Institut für Fotografie und Film „Gjon Mili" in Prishtina. Seine Fotografien waren zu sehen in *Crossing Bridges* (Peja, Kosova, 2002), Internationale Jahresausstellung *Gjon Mili* (National Gallery of Arts, Prishtina, 2003 und 2005), *Road of Peace* (REX, Belgrade), 2. Dokufoto (Prizren). Derzeit arbeitet er als Fotograf für Assembly Support Initiative (ASI), ein monatlich erscheinendes Magazin der Organisation für Sicherheit und Zusammenarbeit in Europa (OSZE), und für die kosovarische Tageszeitung *Express*.

Emir Imamović
Geboren 1973 in Tuzla, Bosnien. Seit 1992 arbeitet er als Journalist fürs Fernsehen und für die Printmedien. Seit 1996 schreibt er für das einflussreichste Nachrichtenmagazin in Bosnien-Herzegowina, *Dani*, als dessen Kulturredakteur, stellvertretender Chefredakteur und Chefredakteur er arbeitete. Außerdem war er Reporter im Kosovo, in Mazedonien und in Afghanistan. Derzeit publiziert er in *Dani* und in der in Sarajevo erscheinenden Zeitschrift *Gracija*, bereitet seinen ersten Roman vor und verfasst Drehbücher für Dokumentarfilme. Er lebt in Sarajevo.

Nebojša Jovanović
Geboren 1973 in Zemun, Serbien-Montenegro. Er studierte Psychologie an der philosophischen Fakultät in Sarajevo. Derzeit schließt er sein Magisterstudium an der Central European University in Budapest ab. Seine Beiträge als Theoretiker und Übersetzer wurden in Theorie- und Kunstzeitschriften abgedruckt: *Arkzin*, *Život umjetnosti* (Zagreb), *Prelom* (Belgrad), *Platforma*, *Časopis za kritiko znanosti* (Ljubljana), *Sarajevske sveske* (Sarajevo), *springerin* (Wien), *Umělec* (Prag) und anderen. Sein Text „From a Trauma to the Trauma" erschien in *The Real, the Desperate, the Absolute* (2001). 2005 nahm er an der Podiumsdiskussion „Kunst als soziales Korrektiv" im Zusammenhang des Projekts „De/construction of Monument" des Sarajevo Center for Contemporary Art im Rahmen von „relations" teil.

Ines Kappert
Geboren 1970 in Ulm. Nach dem Studium der Komparatistik und Philosophie an der Freien Universität Berlin und der Université de Paris VIII war sie 1997/98 wissenschaftliche Mitarbeiterin im Theodor Fontane-Archiv Potsdam und betreute das Fontane-Jahr Berlin-Brandenburg. 1999 bis 2003 wissenschaftliche Mitarbeiterin der Arbeitsstelle für feministische Literaturwissenschaft an der Universität Hamburg und Redakteurin der Halbjahreszeitschrift *figurationen. gender, literatur, kultur*. Sie arbeitet an einer Promotion zur Figur des Mannes in der Krise als konservative Kapitalismuskritik sowie als freie Journalistin im Bereich zeitgenössische Literatur und Film. Seit 2003 wissenschaftliche Beraterin von „relations". Zuletzt veröffentlichte sie als Mitherausgeberin *Gender Revisited. Subjekt- und Politikbegriffe in Kultur und Medien* (2002) und *Ein Denken das zum Sterben führt. Selbsttötung – das Tabu und seine Brüche* (2004).

Migjen Kelmendi
Geboren 1959. 1983 schloss er sein Jurastudium an der Universität Prishtina ab. Seit 1988 arbeitete er für verschiedene Fernsehprogramme als Produzent und Fernsehdirektor. Gründer und Herausgeber des gattungsübergreifenden theoretisch-literarischen Magazins *MM* (Zweites Millennium, 1996) und der wöchentlich erscheinenden Zeitschrift *Epoca* (1991). Gründer und Herausgeber der Wochenzeitung *Java* (seit 2001). Zu seinen Veröffentlichungen zählen das Multimediaprojekt *Gjurmë LP* (Die Welt verändern: Eine kurze Geschichte der Spuren, 2003), eine Sammlung von Essays über Albanien, *Mungesa e Atdheut* (Carere Patria. Sehnsucht nach der Heimat, 1997), und über Amerika, *Amerika – P'ej shpije* (Heimwärts,1998), sowie ein Roman, *Gryka e Kohës* (Das Tor der Zeit, 1994). Außerdem übersetzte er Werke von Danilo Kiš aus dem Serbischen und von Jorge Luis Borges aus dem Englischen. Mitglied des internationalen Beirates von „relations".

Vesna Kesić
Feministische und Friedens-Aktivistin seit Beginn der Auflösung des ehemaligen Jugoslawien und der Kriegshandlungen. Zuvor Journalistin und Redakteurin für verschiedene Zeitungen und Zeitschriften. Derzeit arbeitet sie als Medienberaterin im Kroatischen Büro für Geschlechtergleichheit und als wissenschaftliche Mitarbeiterin im Center for Women War Victims – Rosa an einem Forschungsprojekt zur Geschlechterperspektive in politischen Transformationsprozessen. Sie hielt Vorlesungen und Workshops am Center for Peace Studies und am Center for Women's Studies in Zagreb. Sie gründete mehrere wichtige kroatische NGOs, darunter The Center for Women War Victims,

Women's Human Rights Group B.a.B.e. (Be active, Be emancipated), Women's Network of Croatia, Alternative Information Network und andere. Mitglied des Vorstands von Network of East-West Women (1998-2003) und des Medienrats des Kroatischen Helsinki-Komitees. Sie wurde zum externen Mitglied des Menschenrechtskomitees des kroatischen Parlaments ernannt.

Alexander Kiossev
Geboren 1953 in Sofia. Er studierte Literatur und Philosophie an der Universität Sofia und arbeitete in Prag, Cardiff (Wales), Paris und Budapest. Von 1990 bis 1994 unterrichtete er bulgarische Sprache und Kulturgeschichte an der Universität Göttingen. Inzwischen unterrichtet er Kulturgeschichte der Moderne an der kulturwissenschaftlichen Fakultät (DCS) der Universität Sofia. Derzeit ist er Vorsitzender des DCS, ständiger Fellow am Centre for Advanced Study Sofia (CAS) und Mitglied des Internationalen Komparatistenverbandes. Seine wichtigsten Publikationen befassen sich mit Literaturkritik, Kulturgeschichte und Kulturmodellen. Er hat zwei Bücher und etwa achtzig in viele Sprachen übersetzte Artikel publiziert. Von 2002 bis 2005 einer der Leiter des Projekts „Visual Seminar", das im Rahmen von „relations" gemeinsam vom CAS und vom Institute for Contemporary Art, Sofia, initiiert wurde. Zu seinen jüngsten Veröffentlichungen zählen „The Dark Intimacy: Maps. Identities and Acts of Identification", in: *Balkan as a Metaphor* (2003), und eine Essaysammlung, *Lelyata ot Gyotingen* (Die Tante aus Göttingen, 2005).

Katrin Klingan
Geboren 1967 in Lienz, Österreich. Nach dem Studium der Komparatistik und Hispanistik in Wien und Madrid nahm sie ein einjähriges Forschungsstipendium an der Fundación José Ortega y Gasset in Madrid wahr. Sie konzipierte und organisierte verschiedene Kulturveranstaltungen in Wien. Von 1995 bis 1997 Assistentin der Wiener Kulturstadträtin. Von 1998 bis 2001 arbeitete sie als Dramaturgin bei den Wiener Festwochen, unter anderem Ko-Kuratorin der Projekte *Wahlverwandtschaften* (1999) und *du bist die welt* (2001). 2001/02 wirkte sie als Beraterin für kulturelle Schwerpunktsetzungen der Erste Bank-Gruppe in Österreich, Tschechien, Kroatien und der Slowakei. Seit 2003 Künstlerische Leiterin von „relations".

Marek Krajewski
Geboren 1969 in Iława, Polen. Er studierte Soziologie an der Adam Mickiewicz-Universität Poznań, promovierte dort 1998

Kulturelle Positionen, politische Verhältnisse.
Sieben Szenen aus Europa

in Soziologie und verteidigte 2003 seine zweite Dissertation. Derzeit ist er dort Dozent. Von 1998 bis 2002 war er Direktor der AMS Outdoor Gallery, des ersten und größten Billboard-Kunstprojekts in Polen. Seit 2003 Mitbegründer und Mitleiter des Visual Sociology Workshop am soziologischen Institut in Poznań. Verfasser zweier Bücher zur Populärkultur, *Kultury kultury popularnej* (Kulturen der Populärkultur, 2003) and *POPamiętane* (Popkultur erinnern, 2006), sowie Herausgeber von *Co widać?* (Was wird gesehen? 2005), ein Buch über visuelle Soziologie und *W stronę socjologii przedmiotów* (Zu einer Soziologie der Dinge, 2005) über die Soziologie materieller Gegenstände. Er verfasste etwa fünfzig in populären und wissenschaftlichen Zeitschriften veröffentlichte Artikel und kuratierte mehrere Ausstellungen. Er gehört dem internationalen Beirat von „relations" an.

Dejan Kršić

Geboren 1962 in Sarajevo. Studium der Kunstgeschichte und Ethnologie an der Universität Zagreb. Teilnahme an zahlreichen Einzel- und Gruppenausstellungen und kollektiven Ausstellungen und Videofestivals. Seine Designarbeiten werden in internationalen Zeitschriften veröffentlicht, darunter *Eye* (Großbritannien), *Kak* (Russland), *Print* und *AIGA journal of design* (USA), sowie in Büchern. Seit seiner Zeit als Oberschüler arbeitete er für verschiedene Zeitschriften und Zeitungen als Journalist, Redakteur und/oder Graphiker. In den 1990ern einer der Gründer und später Chefredakteur der Zeitschrift *Arkzin* und der Publikationsprojekte des Arkzin-Verlags. Außerdem übersetzt er Essays von Slavoj Žižek, Renata Salecl und anderen ins Kroatische. Als Mitglied der NGO für visuelle Kultur What, How & for Whom beteiligt er sich an Ausstellungen und Medienprojekten wie *What, How & for Whom, on the occasion of the 152nd anniversary of the Communist Manifesto* (Zagreb und Wien 2000/01), *Broadcasting Project, dedicated to Nikola Tesla* (Zagreb 200/02), *Kollektive Kreativität* (Kunsthalle Fridericianum, Kassel, 2005) und am Programm der Galerie Nova, Zagreb. Er ist Mitglied der Gesellschaft Kroatischer Designer (HDD).

Mustafa Kunt

Geboren 1978 in Ankara. 1996 bis 2001 studierte er Skulptur an der Hacettepe Universität in Ankara und 2002 bei Ansgar Nierhoff an der Johannes Gutenberg-Universität Mainz. Seit 2003 studiert er bei Wolfgang Tillmans an der Staatlichen Hochschule für Bildende Künste – Städelschule, Frankfurt am Main. Gemeinsam

mit Özlem Günyol veranstaltete er die Performance/Installation *354512 cm²* (Frankfurt am Main 2003). Er nahm an zahlreichen Gruppenausstellungen teil, zuletzt an *Free Kick* im Programm *Hospitality Zone* der Biennale Istanbul (2005) sowie am Projekt und der Ausstellung „Academy Remix. Städelschule, Frankfurt meets Missing Identity, Pristina" (Museum of Kosovo, Pristina; Portikus, Frankfurt am Main) im Rahmen von „relations". Seine Arbeiten wurden 2001 mit dem Preis des Museums für Malerei und Bildhauerei, Ankara, 2005 mit dem Förderpreis der Bank Delbrück Bethmann Maffei ABN AMRO und dem Preis der Staatlichen Hochschule für Bildende Künste – Städelschule ausgezeichnet.

Kurt und Plasto

Almir Kurt, geboren 1971 in Sarajevo. Studium an der Akademie der Bildenden Künste in Sarajevo, Abteilung für Graphische Gestaltung. **Samir Plasto**, geboren 1970 in Sarajevo. Studium an der Akademie der Bildenden Künste in Sarajevo, Abteilung für Produktgestaltung. Seit 1996 arbeiten sie gemeinsam und stellen zusammen aus; Teilnahme an vielen Einzel- und Gruppenausstellungen in ganz Europa. Zu ihren jüngsten Projekten zählen *The Decision of the Commission: Reclaim Your Own!* (Einzelausstellung, Sarajevo 2001), *What, How & for Whom* (Wien 2001), *In Search of Balcania* (Graz 2002), *Balkan project – Boundless Borders – Art in the public space* (Belgrad, Cetinje, Skopje, Sarajevo, Graz 2002/03), *Central: New Art from New Europe* (Wien 2005), *Noch einen Wunsch?* (Leipzig 2004), *Hot testing* (Galerie Exit, Peja, Kosovo, 2005), *Cosmopolis 1* (Thessaloniki 2005) und viele mehr. 2004 nahmen sie mit „Heroes" an dem Projekt „De/ construction of Monument" im Rahmen von „relations" teil.

Pero Kvesić

Geboren 1950 in Zagreb. Er studierte Soziologie und Philosophie an der Universität Zagreb und der Southern Illinois University in Edwardsville, Illinois, SAD, USA. Er arbeitete als Journalist und Redakteur für zahlreiche Zeitungen, Magazine und Verlage. Zu Beginn der 1980er Jahre war er Sekretär der kroatischen Schriftstellerorganisation und beteiligte sich aktiv an der Politik. Als Schriftsteller übte er einen starken Einfluss auf jüngere Autoren aus. Sein Buch *Uvod u Peru K.* (Einführung in Peru K., erste Auflage 1975) gilt nach wie vor als eines der wichtigsten Bücher der neueren kroatischen Literatur. Er hat auch für Film und Fernsehen gearbeitet. Nachdem es ihm in den 1990er Jahren unmöglich war, in seinem Land

Arbeit zu finden und zu veröffentlichen, publiziert er seit 2000 regelmäßig, darunter auch Werke, die bereits vor mehr als zehn Jahren entstanden waren. 2004 schrieb er eine tägliche Kolumne in der Zeitung *Dnevnik*. Seine Interessengebiete sind menschliche Interaktionen und neue Technologien.

Sławomir Magala

Geboren 1950 in Kielce, Polen. Er studierte Anglistik (MA, 1973), Wissenschaftsphilosophie und Soziologie (Promotion, 1976) an der Adam Mickiewicz-Universität in Poznań und forschte anschließend mit einem Alexander von Humboldt-Stipendium an der Johann Wolfgang Goethe-Universität in Frankfurt am Main (1981 und 1984). Er veröffentlicht Bücher über Kulturphilosophie, vor allem zu Georg Simmel, der kritischen Theorie und der postkommunistischen Gesellschaft (unter dem Pseudonym Stanislaw Starski, *Class Struggle in Classless Poland*, 1982) und dem kulturübergreifenden Management von Organisationen (*Cross-Cultural Competence*, 2005). In den 1970er und 1980er Jahren untersuchte er experimentelles Studententheater als Teil einer kulturübergreifenden Generationserfahrung, schrieb kritische Essays über bildenden und zur Multimedia-Kunst, vor allem zur Fotografie, und übersetzte Susan Sontags *On Photography* ins Polnische.

Nenad Malešević

Geboren 1981 in Sarajevo. 2004 Abschluss des Studiums an der Akademie der Künste, Abteilung für Graphik, in Banja Luka. Derzeit ist er in einem interdisziplinären Magisterstudiengang an der Kunsthochschule in Belgrad eingeschrieben. Als Kunsttheoretiker, Fotograf und Designer kooperiert er mit der Künstlerorganisation Protok aus Banja Luka. Er ist Assistent an der Fakultät für Gestaltung und Graphik an der Slobomir P-Universität in Bijeljina, Bosnien-Herzegowina. Zu seinen Interessengebieten zählen Identitätsparadigmen, die Konstruktion von Unterschieden und die biopolitischen Machtverhältnisse in Bosnien-Herzegowina. Als Autor und Mitarbeiter war er an mehreren Projekten beteiligt, darunter „De/construction of Monument" im Rahmen von „relations" (2005). Er nahm an internationalen Gruppenausstellungen in Litohoro, Griechenland (2002), Banja Luka (2003/04) und Belgrad (2004/05) teil und erhielt Auszeichnungen für seine Kunstwerke (2002 und 2004). Derzeit arbeitet er an dem Ausstellungsprojekt „Bounds of Biopolitical Body" und an seiner Magisterarbeit über die vorherrschenden ästhetischen Paradigmen zeitgenössischer Kunst in Bosnien-Herzegowina.

Shkëlzen Maliqi

Geboren 1947. Ab 1986 arbeitete er als Chefredakteur für mehrere Zeitschriften auf den Gebieten Kunst, Politik und Kultur. Direktor des Centre for Humanistic Studies Gani Bobi in Prishtina, an dessen Gründung er 1988 beteiligt war. Als politischer Journalist schrieb er für verschiedene Printmedien in Kosova, dem ehemaligen Jugoslawien, Albanien und Mazedonien. In den 1990er Jahren Korrespondent für Radio France International und Radio Free Europe. Zu seinen jüngeren Veröffentlichungen zählen *Civil Society in Kosova* (2001) und eine Monographie über das Dodona-Theater und -Kulturzentrum (2002). Er kuratierte internationale Ausstellungen, darunter *Now: Berlin – Prishtina* (Berlin und Prishtina 2001) und *Course 03* im Museum of Kosova (Prishtina 2003). Außerdem war er Gründer und erster Präsident der Sozialdemokratischen Partei von Kosova, Gründer und Vorstandsmitglied des kosovarischen Helsinki-Komitees, Leiter der kosovarischen Filiale des Open Society Fund sowie Gründer und Leiter der Kosovo Civil Society Foundation.

Tomislav Medak

Geboren 1973 in Zagreb. Er studierte Philosophie und Germanistik in Zagreb. Den Schwerpunkt seiner Arbeit bilden Gesellschafts- und Medientheorie, vor allem die gesellschaftstheoretischen Implikationen neuer Technologien und neuer Medien. Am Multimedia Institute in Zagreb koordiniert er das Theorie- und Forschungsprogramm und die Publikationstätigkeit; er ist Programmkoordinator der Aktivitäten des Multimedia Institute innerhalb der Plattform „Zagreb – Cultural Kapital of Europe 3000" im Rahmen von „relations". Vor kurzem organisierte er die Festivals „Freedom to Creativity" und „Touch Me", gab eine Publikation zur allgemeinen öffentlichen Lizenzierungspolitik, *GNU Pauk* (Gespenst GNU, 2004), mit heraus und veröffentlichte eine Reihe kroatischer Übersetzungen von Werken von Autoren wie Jean-Luc Nancy, Antonio Negri, McKenzie Wark, Marina Gržinić und des Critical Art Ensemble. In seiner Freizeit Darsteller und Choreograph der Zagreber Theatertruppe BADco.

Christiane Mennicke

Geboren 1969 in Hamburg. Sie studierte Kunstgeschichte, Geschichte und Philosophie in Berlin und am Goldsmiths College, London. 1997 im Führungsdienst der Documenta X. 1997/98 baute sie das Büro Friedrich in Berlin mit auf und arbeitete als Assistentin von Waling Boers. Seit April 2003 Leiterin des Kunsthauses Dresden, Städtische Galerie für Gegenwartskunst, und des Projektes „Wildes Kapital/Wild Capital" im Rahmen von „relations". Ausstellungen: *Nur Wasser lässt sich leichter schneiden* (Hamburg 1999), *real[work]*, Bereich Bildende Kunst, 4. Werkleitz Biennale (Tornitz 2000), *City-Info-Boogie-Woogie* (Info Offspring Kiosk, Dresden 2002). 2003 wirkte sie an dem Projekt *Dresden Postplatz* mit.

Svebor Midžić

Geboren 1974. Direktor des Centre for Contemporary Art, Belgrad, und Herausgeber seines Publikationsprogramms. Er ist auch Herausgeber des Magazins *Prelom* und war künstlerischer Leiter der Jugoslawischen Biennale Junger Künstler 2004 in Vršac, Serbien-Montenegro. Zusammenarbeit mit verschiedenen Magazinen im ehemaligen Jugoslawien, wie *Vreme*, *NIN* oder der Wochenzeitung *Reporter*, und im Ausland.

Aldo Milohnić

Geboren 1966 auf der Insel Krk, Kroatien. Studium der Soziologie an der Fakultät für Sozialwissenschaften und der Kultursoziologie an der Fakultät für Geisteswissenschaften, beide Universität Ljubljana. Er ist wissenschaftlicher Mitarbeiter am Peace Institute Ljubljana im Bereich Kulturpolitik mit dem Schwerpunkt Kulturtheorie. Er hat zahlreiche Artikel in verschiedenen Kulturzeitschriften veröffentlicht und Sonderausgaben herausgegeben zu Heiner Müller (*Rival*, Rijeka), Gestus (*Maska*, Ljubljana), Sprechakttheorie (*Frakcija*, Zagreb) sowie Körper/Differenzen (*Fama*, Ljubljana, Zagreb und München). Zur Theorie der darstellenden Künste publiziert er vor allem in *Maska*, *Frakcija* und *TkH* (Belgrad). Herausgeber der Buchreihe *Politike* und Mitglied des Herausgebergremiums der Magazine *Maska* und *Frakcija*. Als Herausgeber und Autor veröffentlichte er *Along the Margins of Humanities* (1996), *Evropski vratarji* (Europäische Türhüter, 2001) und *Knjižna kultura* (Die Buchkultur, 2005). Er lebt in Ljubljana.

Milla Mineva

Geboren 1975. Studium der Sozial- und Kulturanthropologie und Soziologie an der St. Kliment Ohridsky-Universität in Sofia, wo sie derzeit Assistenzprofessorin für Kultursoziologie ist. Zu ihren Forschungsprojekten zählen die „Genealogie der Vision der Moderne" (1997-1999), „Vergleichende politische Kulturforschung zu nationalen Identitäten und europäischer Identität" (2000-2002), „Stadt im Übergang" (2003/04) und „Kulturelle Muster der europäischen Erweiterung" (2003-2005); letzteres wird von einem Programm der Europäischen Union gefördert. 2004 realisierte sie ihr Projekt *Sofia as a Tourist Sight* mit einem Forschungsstipendium des „Visual Seminar" in Sofia im Rahmen von „relations". Zu ihren Publikationen zählen: „Razkazi za i obrazi na socialisticheskoto potrebleni" (Erzählungen über den und Bilder vom sozialistischen Konsum), in: *Sociologicheski problemi* (Soziologische Probleme, 2003), und „To Conceive Sofia as a Sight", in: *Sofia as a Sight* (2004).

Rastko Močnik

Neben einem Doktortitel der Université de Paris X in Linguistik und literarischer Semiotik und einem der Universität Ljubljana in Soziologie wurde ihm der Ehrendoktortitel der Paisii Hilendarski-Universität, Plovdiv, Bulgarien, verliehen. Nach der Promotion forschte er als Fulbright Fellow am Department of Philosophy der University of California in Berkeley, USA. 1987-1989 Vizerektor der Universität Ljubljana. 1988 war er einer der Gründer des Komitees zur Verteidigung der Menschenrechte. Als Professor für Soziologie unterrichtet er derzeit Diskurstheorie und Epistemologie der Geistes- und Sozialwissenschaften an der Universität Ljubljana. Er verfasst theoretische und essayistische Texte sowie Denkschriften und ist als Übersetzer tätig. Zu seinen jüngsten Veröffentlichungen zählen *Zasreštanija: istorija, prechodi, vjarvanija* (Begegnungen: Geschichten, Übergänge, Überzeugungen, 2001), *3 teorije: ideologija, nacija, institucija* (3 Theorien: Ideologie, Nation, Institution, 2003), und *Theory for Politics* (2003).

Miran Mohar

Geboren 1958 in Novo Mesto, Slowenien. Er ist Mitglied der Künstlergruppe Irwin und Mitbegründer der Kunstorganisation Neue Slowenische Kunst, des Studios für Graphische Gestaltung New Collectivism und des Scipion Nasice Sisters Theater. Gemeinsam mit vier anderen Mitgliedern von Irwin (Dušan Mandiè, Andrej Savski, Roman Uranjek und Borut Vogelnik) war er an allen Irwin-Projekten und -Ausstellungen seit 1984 beteiligt, darunter *Personal Systems* (Biennale von Venedig 2003), *Retroprincip, 1983–2003* (Künstlerhaus Bethanien, Berlin, 2003), *Berlin – Moskau/Moskau – Berlin, 1950–2000* (Martin-Gropius-Bau, Berlin, 2003), *Museotopia* (Karl Ernst Osthaus-Museum, Hagen, 2002), *Le Tribù dell'arte* (Galeria Moderna e Contemporanea, Rom, 2002) und viele andere. Er lebt in Ljubljana.

Kulturelle Positionen, politische Verhältnisse.
Sieben Szenen aus Europa

Joanna Mytkowska

Geboren 1970. Kunsthistorikerin, Kuratorin und Kunstkritikerin. 1995 schloss sie sich der Foksal Galerie in Warschau an und gründete 1997 zusammen mit Andrzej Przywara und Adam Szymczyk die Stiftung Galerie Foksal. Sie kuratiert Ausstellungen in Polen und im Ausland, darunter den Polnischen Pavillon auf der 51. Biennale von Venedig (2005). Im Rahmen von „relations" ist sie eine der Leiterinnen des Projekts „Re:form".

Bojana Pejić

Geboren 1948 in Belgrad. 1968 bis 1974 Studium der Kunstgeschichte an der Universität Belgrad. Seit 1972 veröffentlicht sie zur Gegenwartskunst. 1977 bis 1991 Kuratorin am Studentischen Kulturzentrum der Belgrader Universität. Seit 1991 lebt sie in Berlin. Sie kuratierte Ausstellungen und Symposien, unter anderem *The Body in Communism* (Berlin 1995), *Focus Belgrade* (Berlin 1998), *After the Wall* (Stockholm 1999, Berlin 2000/01), Retrospektive Marina Abramović (Kumamoto 2001). 2002 bis 2004 Beraterin des Museums für Zeitgenössische Kunst in Kumamoto, Japan. Sie erhielt zahlreiche Stipendien und Fellowships in Deutschland, Österreich, Frankreich und Australien. 2003 Gastprofessorin an der Humboldt-Universität Berlin. Sie wirkte am Projekt „De/construction of Monument" in Sarajevo im Rahmen von „relations" mit. 2005 Dissertation über „The Communist Body. Towards an Archeology of Images: Politics of Representation and Spatialization of Power in the SFR Yugoslavia (1945-1991)".

Nataša Petrešin

Geboren 1976 in Ljubljana. Nach dem Studium der Komparatistik und Kunstgeschichte an der Universität Ljubljana absolviert sie derzeit in Paris einen Magisterstudiengang. Zu ihren jüngsten Ausstellungen als unabhängige Kuratorin zählen *Participation: Nuisance or Necessity* (Stockholm 2005) und *Our House Is A House That Moves* (Laafeld, Österreich, 2003). 2003 war sie Assistenzkuratorin von *In den Schluchten des Balkan* in der Kunsthalle Fridericianum, Kassel, kuratiert von René Block, sowie des Slowenischen Pavillons auf der 49. Biennale von Venedig, 2001, der von Aurora Fonda kuratiert wurde. Sie ist Ko-Kuratorin verschiedener Ausstellungen und Veranstaltungen, darunter *Location Zero=Infinite: Creative Communities and Locative Media* (Nova Gorica 2004) und *Territories. Identities. Nets. Slovene Art 1995-2005* (Ljubljana 2005). Derzeit arbeitet sie im kuratorischen Assistenzteam der 4. berlin biennale. Sie hält Vorträge und veröffentlicht Artikel

zur zeitgenössischen Kunst und neuen Medien in Katalogen und Kunstzeitschriften. 2004 organisierte sie gemeinsam mit Gregor Podnar eine Konferenz über Kulturpolitik und den Kunstmarkt in Mittel- und Südosteuropa.

Piotr Piotrowski

Geboren 1952. Lehrstuhlinhaber und Vorsitzender der Kunsthistorischen Fakultät an der Adam Mickiewicz-Universität in Poznań sowie Herausgeber der jährlich erscheinenden Zeitschrift *Artium Quaestiones* und Autor zahlreicher Texte zur mitteleuropäischen Kunst und Kultur. 1992-1997 Hauptkurator für zeitgenössische Kunst am Nationalmuseum in Poznań. Gastprofessor am Center for Curatorial Studies, Bard College, Annandale-on-Hudson, USA (2001), und der Hebrew University in Jerusalem (2003). Fellow am Center for Advanced Study in the Visual Arts, Washington D.C. (1989-1990), Columbia University, New York (1994), der Humboldt-Universität, Berlin (1997), am Institute for Advanced Study, Princeton, NJ (2000), und am Collegium Budapest (2005). Berater und Mitorganisator mehrerer wichtiger Ausstellungen und Projekte, darunter *2000+: The Art from Eastern Europe in Dialogue with the West* (2000), *The Central European Avantgardes: Exchange and Transformation, 1910-1930* (2001). Sein letztes Buch ist *Awangarda w cieniu Jalty. Sztuka Europy Srodkowo-wschodniej w latach 1945-1989* (Avantgarde im Schatten von Jalta: Kunst und Politik in Mittelosteuropa 1945-1989, 2005).

Platforma 9,81

Platforma 9,81 wurde 1999 von einer Gruppe von Architekturstudenten gegründet und untersucht räumliche und urbane Phänomene im Kontext sich ändernder politischer, ökonomischer und kultureller Identitäten. Die Gruppe entwickelt neue Methoden der Architekturpraxis, stützt sich auf interdisziplinäre Bildungsnetze und fördert durch öffentliche Events und Massenmedien Aktivismus und neue urbane Techniken. Von 2004 bis 2006 nimmt Platforma 9,81 im Rahmen von „relations" an dem Projekt „Zagreb – Cultural Kapital of Europe 3000" teil, vor allem an „Invisible Zagreb", „3D Journal" und „Swarm Intelligences". Zu ihren letzten Ausstellungen zählen *Nature and Society* (Peja, Kosovo, 2004), *Normalization* (Zagreb 2004), *Onufri* (Tirana 2005), die Internationale Architekturbiennale Rotterdam (2005), *Kollektive Kreativität* (Kassel 2005), *Episode 3: Democracies at Tirana Biennial 3* (2005). Derzeit arbeiten sie an „Making Territories", einem Forschungsprojekt zu territorialen Veränderungen

in Zypern, und „Croatian Archipelago New Lighthouses", einem Forschungs- und Designprojekt an der Adriaküste.

Marjetica Potrč

Geboren 1953 in Ljubljana. Dort studierte sie Architektur und an der Akademie der Bildenden Künste. Von 1993 bis 2004 Assistenzprofessorin im Fachbereich Gestaltung der Akademie der Bildenden Künste in Ljubljana. 2005 Gastdozentin am Center for Advanced Visual Studies des Massachusetts Institute of Technology (MIT), Cambridge, USA. Die zeitgenössische Stadt steht im Mittelpunkt ihres Werks. Es wird in Ausstellungen in ganz Europa und Nord- und Südamerika gezeigt, darunter auf der São Paulo Biennale (1996), Manifesta 3 (Ljubljana 2000) und *The Structure of Survival* (Biennale von Venedig 2003) sowie in Einzelausstellungen, unter anderem im Guggenheim Museum (New York 2001), Künstlerhaus Bethanien (Berlin 2001) und dem MIT List Visual Arts Center (2004). Sie erhielt zahlreiche Preise und Auszeichnungen. Zu ihren jüngsten Veröffentlichungen zählen die Kataloge *Urgent Architecture*, *Urban Negotiation* und *Next Stop, Kiosk* (alle 2003).

Andrzej Przywara

Geboren 1968. Kurator und Kunstkritiker. Er arbeitete seit 1989 in der Foksal Galerie in Warschau und gründete 1997 gemeinsam mit Joanna Mytkowska und Adam Szymczyk die Stiftung Galerie Foksal. Er kuratiert verschiedene Ausstellungen und Kunstprojekte im öffentlichen Raum und verfasst zahlreiche Kritiken. Zusammen mit Joanna Mytkowska zeichnet er für die Projektleitung von „Re:form" im Rahmen von „relations" verantwortlich.

Marija Mojca Pungerčar

Geboren 1964 in Novo Mesto, Slowenien. Die ehemalige Modedesignerin (1983-1987) studierte Malerei an der Akademie der Bildenden Künste in Ljubljana (BFA, 1989) und Neue Kunstgattungen am San Francisco Art Institute (MFA, 2001). 2004 Mitbegründerin der Trivia Art Association. Sie arbeitet als freischaffende Journalistin (Video, Fotografie, Performance, Installation), gibt die webbasierte Ressource Artservis heraus und entwirft Theaterkostüme. Ihr Werk ist durch ein starkes soziales Engagement und eine kritische Reflexion der Konsumkultur geprägt und untersucht Themen von Lokalität und Gemeinschaft. Zu ihren jüngeren Projekten zählen der Austausch gebrauchter Kleider (*Dresscode*, 2002), eine Untersuchung des Schicksals der slowenischen Textilindustrie (*Singer*, 2003) und die Dokumentation ihres eigenen Viertels (*Out-*

side my Door, 2004). 2005 begründete sie das Online-Projekt *Safe House* und das Projekt *Special Offer* in einem ehemaligen Fotogeschäft in Ljubljana. Sie erhielt unter anderem ein Österreichisches Austausch-stipendium, ein ArtsLink Grant und ein Fulbright-Stipendium.

Tilman Rammstedt
Geboren 1975 in Bielefeld. Er studierte Philosophie und Literaturwissenschaft in Edinburgh, Tübingen und Berlin, wo er heute lebt. Für sein Erzähldebüt *Erledigungen vor der Feier* (2003) wurde er unter anderem ausgezeichnet mit dem Rheinischen Kulturförderpreis, dem New York-Stipendium der Kulturstiftung der Länder und dem Kasseler Literaturförderpreis für grotesken Humor. 2005 folgte sein erster Roman, *Wir bleiben in der Nähe*. Er ist Texter und Musiker der Gruppe Fön, deren gemeinsames Buch, *K.L. McCoy. Mein Leben als Fön*, zeitgleich mit der CD *Wir haben Zeit* 2004 erschien.

Nino Raspudić
Geboren 1975 in Mostar, Bosnien-Herze-gowina. Besuch der Oberschule in Treviso, Italien. 1999 Abschluss des Studiums an der philosophischen Fakultät in Zagreb in den Fächern Philosophie und Italianistik. 2004 Magisterarbeit über postmoderne Poetik in der zeitgenössischen italienischen Prosa. Seit 2000 ist er wissenschaftlicher Mitarbeiter und Assistent in der Abteilung für italienische Literatur. Er übersetzt Literatur und Theorie aus dem Italienischen (Umberto Eco, Niccolò Ammaniti, Gianni Vattimo, Luigi Pareyson) und veröffentlicht Literaturkritiken und Essays. Demnächst erscheint: *„Weak Thought" and Strong Writers: Postmodern Italian Literature*. Er gehört zu den Gründern von Urban Movement, Mostar, und ist einer der Initiatoren des Bruce-Lee-Denkmals.

Klaus Ronneberger
Geboren 1950 in Würzburg. Er studierte Kulturanthropologie und Europäische Ethnologie, Soziologie und Politikwissen-schaften. Langjähriger Mitarbeiter am Institut für Sozialforschung, Frankfurt am Main. Gegenwärtig freier Publizist und Mitglied der Gruppe „Nitribitt – Frankfurter Ökonomien". Mitarbeit in dem Projekt „Lokale Modernen – Architektur an den Rändern der Sowjetunion". Er ist Mitherausgeber von *Stadt-Welt* (1994), *Die neue Dienstleistungsstadt* (1995), *Capitales Fatales* (1995), *Die Stadt als Beute* (1999), *Fragmente städtischen Alltags* (2000).

Ştefan Rusu
Geboren 1964 in Caietu, Moldau. Von 1986 bis 1989 studierte er bildende Kunst an der Akademie der Künste in St. Petersburg. Beim Sturz des Ceauşescu-Regimes 1989 zog er nach Rumänien, um sein Studium in Bukarest fortzusetzen. Seit 1997 arbeitet er mit dem Center for Contemporary Art Chişinău zusammen. Seit 2000 hat er an zahlreichen Events und Projekten in Zentralasien, Sibirien und der Mongolei teilgenommen. 2004 beendete er sein Magisterstudium in Kulturpolitik und -management an der Kunsthochschule in Belgrad. Mitarbeit am Fernsehprojekt „Alte Arte", das 2004 im Rahmen von „relations" initiiert wurde. Derzeit absolviert er das Ausbildungsprogramm für Kuratoren der DeAppel Foundation for Contemporary Art in Amsterdam.

Piotr Rypson
Geboren 1956 in Warschau. Seit 1987 zahlreiche Vorlesungen an Colleges und Universitäten in Polen, den USA und Deutschland; Teilnahme an verschiedenen Konferenzen. Kurator zahlreicher Ausstellungen in Polen und im Ausland, darunter *Collection II* und *III* (Warschau 1996), *New I's for New Years: Polish Art of the 90s* (Berlin 1995) und *Text & Kunst* für den Polnischen Pavillon auf der Frankfurter Buchmesse 2000. Autor zahlreicher Artikel und Essays. Zu seinen Veröffentlichungen zählen Tonkassettenausgaben polnischer futuristischer Lyrik und Filmszenarien zur Geschichte menschlicher Zeichen und Bildsprache (ViewFinder Films, Amsterdam), außerdem ist er Gastgeber einer Fernsehsendung zur bildenden Kunst (TVP Kultura). Zu seinen jüngeren Veröffentlichungen zählen *Piramidy, Slonca, Labirynty* (Pyramiden, Sonnen, Labyrinthe, 2000) und *Books and Pages: Polish Avantgarde and Artists' Books in the 20th Century* (2000). Er beendet gerade zwei Bücher, eines über Permutation in der Lyrik, das andere über polnisches Druckdesign. Seit 2001 Vorsitzender des Programmgremiums der Stiftung Galerie Foksal und Leiter des Archivprojekts *Basa Sztuki* im Kontext von „Re:form" im Rahmen von „relations".

Georg Schöllhammer
Geboren 1958 in Linz. 1988 bis 1994 Redakteur für bildende Kunst der Tageszeitung *Der Standard* und ab 1992 Gastprofessor an der Hochschule für künstlerische und industrielle Gestaltung, Linz. Heute Chefredakteur der im Jahr 1995 mitbegründeten Zeitschrift *springerin – Hefte für Gegenwartskunst* und freier Kurator in Wien. Er leitet tranzit.at, eine Initiative zur Förderung zeitgenössischer Kunstprojekte in Zentraleuropa. Zahlreiche Publikationen zur Gegenwartskunst, Architektur und Kunsttheorie. Zuletzt kuratierte er die Ausstellung *Play Sofia* (Kunsthalle Wien, 2005) und die Projekte „Inventur: zeitgenössischer Tanz und Performance" (Tanzquartier Wien, 2005) sowie „Lokale Modernen – Architektur an den Rändern der Sowjetunion" (Frankfurt am Main und Berlin). Als Chefredakteur der documenta 12 konzipiert und leitet er deren Publikationsprojekte.

Petrit Selimi
Geboren 1979 in Prishtina. Er studierte Sozialanthropologie an der Universität Oslo. 1994 Mitbegründer der ersten Jugend-NGO in Kosova, Postpessimists, die bald ein Zentrum für Jugendnetzwerke und Kulturaktivitäten im ehemaligen Jugoslawien wurde. Gründer und erster Chefredakteur von *Hapi Alternativ*, der ersten Zeitschrift, die Comics auf Albanisch veröffentlichte. 1999-2002 PR-Direktor für Ipko, ein Technologie-Institut in Prishtina. Er war Mitglied der Soros Foundation in Kosova und eines der Gründungsmitglieder der Balkan Children and Youth Foundation. Seit 2004 leitet er den Verlag MediaWorks, in dem die kosovarische Tageszeitung *Express* erscheint. Er veröffentlicht Artikel zur Stadtanthropologie und hält Vorträge an der Universität Tirana, bei der kroatischen Architektengesellschaft und Exit, der unabhängigen Institution für zeitgenössische Kunst in Peja, Kosova.

Christian Semler
Geboren 1938 in Berlin. Er studierte Jura in Freiburg und München. Nach dem juristischen Staatsexamen 1961 absolvierte er ein Zweitstudium der Geschichte und Politik und begann journalistisch zu arbeiten. 1965 bis 1970 Aktivist des Sozialistischen Deutschen Studentenbundes (SDS) und Mitglied dessen Berliner Leitung. Er nahm an den Kampagnen der außerparlamentarischen Opposition (APO) teil und war von 1970 bis 1980 Funktionär der maoistischen KPD. 1980 bis 1989 war er politisch und publizistisch für die Demokratiebewegung in Osteuropa tätig. Beiträge für mehrere Bücher zum Thema (*Solidarność*, 1983, *Gesellschaftliche Selbstverteidigung*, 1983, *Dazwischen*, 1989) sowie zahlreiche Zeitschriftenaufsätze. Seit 1989 betreut er bei der *tageszeitung* die Schwerpunkte Geschichtspolitik sowie Grund- und Menschenrechte.

Shirana Shahbazi
Geboren 1974 in Teheran, 1985 Umzug nach Deutschland. 1995 bis 1997 studierte sie Fotografie und Design an der Fachhochschule Dortmund, von 1997 bis 2000 Fotografie an der Hochschule für Gestaltung und Kunst in Zürich. Ihre Arbeiten waren in zahlreichen Ausstellungen in Europa, den USA und dem Nahen Osten

Sprung in die Stadt

Kulturelle Positionen, politische Verhältnisse.
Sieben Szenen aus Europa

zu sehen. Teilnahme unter anderem an *Rundlederwelten* (Berlin 2005), der *Sharjah Biennial* (Vereinigte Arabische Emirate 2005), 4. berlin biennale (2006), *Broken Borders* (New York 2006). Einzelausstellungen zuletzt in Genf, Zürich und Teheran (2005), in Milton Keynes, England, sowie im Sprengelmuseum, Hannover (2006). Shirana Shahbazi erhielt zahlreiche Stipendien und Auszeichnungen. Sie lebt in Zürich.

Erzen Shkololli
Geboren 1976 in Peja, Kosova. 1998 schloss er sein Studium an der Akademie der Bildenden Künste der Universität Prishtina ab. Als einer der bekanntesten albanischen zeitgenössischen Künstler aus Kosova arbeitet er mit lokalen Ritualen und Folklore, unter Berücksichtigung der soziopolitischen Situation. Einzelausstellungen in Ústí nad Labem, Tschechische Republik (2005), und in Lucca, Italien (2001); Teilnahme an zahlreichen Gruppenausstellungen, darunter *In den Schluchten des Balkan* (Kassel 2003), *Blut & Honig: Zukunft ist am Balkan* (Wien 2003), und an mehreren Biennalen, darunter Manifesta 4 (Frankfurt am Main 2002), Tirana (2003 und 2005), Sevilla (2004) und Cetinje (2004). Sein Werk war in bedeutenden europäischen Museen zur zeitgenössischen Kunst zu sehen, darunter das Stedelijk Museum, Amsterdam, und Tate Modern, London. 2001 erhielt er den Premio Michetti der Fondazion Michetti di Francavilla al Mare, Italien. Er arbeitet auch als Kurator und leitet die unabhängige Institution für zeitgenössische Kunst Exit in Peja, wo er Ausstellungen mit internationalen und albanischen zeitgenössischen Künstlern organisiert. Seit 2003 Mitglied des Europäischen Kulturparlaments.

Sławomir Sierakowski
Geboren 1979 in Warschau. Er studierte Soziologie, Philosophie und Wirtschaftswissenschaften an der Universität Warschau. 2000 gründete er das linksgerichtete Magazin *Krytyka Polityczna* (Politische Kritik) und wurde dessen Chefredakteur; von Anfang an war es eine der wichtigsten intellektuellen Zeitschriften Polens. 2002 lud ihn Ulrich Beck ein, an der Ludwig-Maximilian-Universität München zum Thema des kollektiven Gedächtnisses in Europa im Zeitalter der Globalisierung zu promovieren. 2004 kehrte er nach Polen zurück, um eine am *Krytyka Polityczna* gruppierte linke Bewegung zu organisieren. Er veröffentlicht Essays über Politik und Kultur in den beiden wichtigsten polnischen Tageszeitungen *Gazeta Wyborcza* und *Rzeczpospolita*, der Wochenzeitung *Polityka* und in *die tageszeitung*. Außerdem hat er eine Fern-

sehsendung zur Literatur auf dem Themenkanal TVP Kultura.

Sean Snyder
Geboren 1972 in Virginia Beach, USA. Er studierte Architektur, Kunst und Kunstgeschichte an der Rhode Island School of Design und der Boston University, bevor er bis 1999 die Städelschule in Frankfurt am Main besuchte. Sein Werk umfasst Fotografie, Video und Textprojekte. Teilnahme an Ausstellungen, darunter Manifesta 2 (Luxemburg 1998) und Biennalen in Berlin (1998), Gwangju (2002), Venedig und Istanbul (2005). Im Rahmen von „relations" hatte er 2004 ein Aufenthaltsstipendium am Institute of Contemporary Art, Sofia, als Fellow des „Visual Seminar". Einzelausstellungen in der Galerie Neu (Berlin 1998) und der Galerie Chantal Crousel (Paris 2005); zu seinen jüngsten Einzelausstellungen – DeAppel Foundation for Contemporary Art (Amsterdam 2004), Neue Kunsthalle (St. Gallen 2005), Secession (Wien 2005) und Portikus (Frankfurt am Main 2005) – erschien die Publikation *Sean Snyder* (2005). Er lebt in Berlin und Tokio.

Hito Steyerl
Geboren 1966 in München. Sie studierte Film an der Academy of Visual Arts, Tokio, und an der Hochschule für Film und Fernsehen in München und promovierte in Philosophie. Derzeit unterrichtet sie Cultural Studies und Postcolonial Studies am Goldsmiths College, London. Sie hat mehrere experimentelle Dokumentarfilme gedreht, darunter *Euroscapes (work in progress)*, *Normality 1-10* (2001) und *Die leere Mitte* (1998). Ihre Filme werden international präsentiert, etwa auf der Manifesta 5 (San Sebastian 2004), der 3. berlin biennale (2004), dem internationalen Dokumentarfilmfestival Amsterdam, dem Festival International du Documentaire de Marseille, der Duisburger Filmwoche, der Viennale, Cinéma du réel und in zahlreichen Museen für zeitgenössische Kunst. Mitherausgeberin von *Spricht die Subalterne deutsch?* (2003) und Autorin von *Die Farbe der Wahrheit* (2006). Sie lebt in London und Berlin.

Marlene Streeruwitz
Geboren 1950 in Baden bei Wien. Nach dem Studium der Slawistik und Kunstgeschichte arbeitete sie zunächst als Journalistin. Seit Anfang der 1990er Jahre verfasst sie Hörspiele, Theaterstücke und Prosa und arbeitet als Theaterregisseurin. 1996 erschien ihr Romandebüt *Verführungen*. In ihrem theoretischen Werk (Poetikvorlesungen in Tübingen, 1996, und Frankfurt, 1998) beschäftigt sie sich mit der Geschlechterdimension des Schrei-

bens. 2001/02 war sie Gastprofessorin an der Freien Universität Berlin. Marlene Streeruwitz' Werke wurden mit zahlreichen Preisen ausgezeichnet. Zuletzt veröffentlichte sie den Roman *Jessica, 30*, die Novelle *Morire in Levitate* und die Vorlesungen *Gegen die tägliche Beleidigung* (alle 2004). Sie lebt in Wien und Berlin.

Adam Szymczyk
Geboren 1970 in Piotrków Trybunalski, Polen. Studium der Kunstgeschichte an der Universität Warschau. Assistenzkurator beim Film- und Videoprogramm und dem Programm der internationalen Ausstellungen am Center for Contemporary Art (CCA) in Warschau (1994/95). Kuratorenausbildung an der DeAppel Foundation for Contemporary Art, Amsterdam (1995/96). Seit ihrer Gründung 1997 bis 2003 arbeitete er als Kurator bei der Stiftung Galerie Foksal. Derzeit ist er Direktor der Kunsthalle Basel. In den letzten zehn Jahren hat er im Rahmen von Ausstellungen und Publikationen mit zeitgenössischen Künstlern wie Paweł Althamer, Douglas Gordon, Susan Hiller, Job Koelewijn, Edward Krasiński, Claudia und Julia Müller, Gregor Schneider, Piotr Uklański, Krzysztof Wodiczko und Christoph Büchel zusammengearbeitet. Zu den von ihm kuratierten Gruppenausstellungen zählen *Roundabout* (Warschau 1998), *Amateur* (Göteborg 2000), *Painters' Competition* (Bielsko-Biała 2001), *Hidden in a Daylight* (gemeinsam mit Joanna Mytkowska und Andrzej Przywara, Cieszyn 2003).

Šefik Šeki Tatlić
Geboren 1976 in Bihać, Bosnien-Herzegowina. Seit 1998 setzt er sich im Rahmen von Konzert- und Partyveranstaltungen sowie Radiosendungen für zeitgenössische Musik ein. Von 2002 bis 2004 betreute er das Kulturprogramm für Neue Medien mit Theorievorträgen im Media Center Sarajevo, 2004/05 die Website des Kommunikations- und Kulturzentrums in Košnica. 2003 schloss er sein Studium an der Bosnisch-Französischen Journalistenschule Media Plan (Sarajevo und Lille) ab, 2005 sein Studium an der Fakultät für Politikwissenschaften in Sarajevo. Seine Abschlussarbeit befasste sich mit dem Thema „Inclusion as paradigm of the apolitical within the capital machine". Zu seinen letztveröffentlichten Texten gehört *Privatnost ne postoji* (Privatheit gibt es nicht, 2005). Seine wichtigsten Interessengebiete sind Kultur und Medien im Übergang und der globale neoliberale Kapitalismus.

Sofie Thorsen

Geboren 1971 in Århus, Dänemark. Sie studierte Kunst an der Königlichen Dänischen Akademie der Schönen Künste in Kopenhagen und an der Akademie der Bildenden Künste in Wien, wo sie derzeit in der Abteilung Performative Kunst – Bildhauerei unterrichtet. Gründungsmitglied des feministischen Künstlerinnen-Netzwerks „a room of ones own" (aroomofonesown.at). Ihre Foto- und Installationsarbeiten erkunden die Beziehung zwischen Architektur und Raum und ihren Benutzern und Produzenten, wobei ihr Schwerpunkt in den letzten Jahren vor allem auf kleinteiligeren städtischen Strukturen wie Dörfern, *gated communities* und suburbanen Wohngebieten lag. Zuletzt beteiligte sie sich an *Schrumpfende Städte/Shrinking Cities* (Kunst-Werke, Berlin, 2004), *Opacity* (Oslo 2005), *162 von 172 Häusern stehen an der Hauptstraße…* (Leipzig 2005), *The Golden Castle That Hung In The Air* (Galerie Raster, Warschau) und *GU Graz Umgebung – Produktion einer Rurbanen Landschaft* (Graz 2005).

Ovidiu Țichindeleanu

Geboren 1976 in Cimpulung Moldovenesc, Rumänien. Er studierte Philosophie an der Babeş Bolyai-Universität in Cluj-Napoca und an der Université Marc Bloch, Strasbourg, und studiert inzwischen an der State University of New York, Binghamton. Seit 2003 Redakteur der Zeitschrift *Idea Arts + Society*, außerdem Gründer und Herausgeber von *Indymedia Romania* (seit 2004). Derzeit nimmt er an der Arbeitsgruppe für die Integration mittel- und osteuropäischer Länder des Europäischen Sozialforums teil. Er übersetzte Werke von Gilles Deleuze, Peter Sloterdijk und Siegfried Kracauer ins Rumänische. Seine Interessengebiete sind Poststrukturalismus und Diskursanalyse, die Philosophie und Kulturgeschichte akustischer Medien und Technologie sowie die Kulturgeschichte des Postkommunismus. Zu seinen jüngsten Publikationen zählt „Myth and Complicity: The Mysticism of Post-Communist Freedom And Its Denials", in: *Idea Arts + Society* (2005). Derzeit arbeitet er an dem Buch *Romania in negatie. Introducere in istoria culturala a Romaniei postcomuniste* (Das verneinte Rumänien. Einführung in die Kulturgeschichte des postkommunistischen Rumänien, 2006).

Alexandru Vakulovski

Geboren 1978 in Antonesti/Suvorov (heute Ştefan Vodă) im heutigen Moldau. Literaturstudium, seit 1995 an der Staatlichen Universität in Chişinău, Examen 2005 an der Babeş Bolyai-Universität in Cluj-Napoca, Rumänien. Er arbeitete als Dramaturg und Nachrichtenredakteur für das Fernsehen und veröffentlicht Prosa und Lyrik in rumänischen Kulturzeitschriften. Gründer des Webmagazins TIUK! (tiuk.reea.net) und der Künstlervereinigung cenaKLU-lui KLU. Er publizierte die Romane *Pizdet* und *Letopizdet – Cactusi albi pentru iubita mea* (Weiße Kakteen für meine Geliebte, 2004), die Gedichtsammlungen *Oedip regele mamei lui Freud* (Ödipus, König der Mutter von Freud) und *Ecstasy* (2005) sowie das Bühnenstück *Ruperea* (Der Bruch, 2002). Übersetzungen seiner Texte erschienen in *Literatur und Kritik* (Wien) und in *Singular Destinies. Contemporary Poets of Bessarabia* (2003).

Nataša Velikonja

Geboren 1967 in Nova Gorica, Slowenien. Seit 1986 lebt sie in Ljubljana und studierte dort von 1986 bis 1992 Soziologie an der sozialwissenschaftlichen Fakultät. Seit 1993 ist sie an verschiedenen politischen und kulturellen Projekten innerhalb der slowenischen Schwulen- und Lesbenbewegung beteiligt. Seit 1997 Herausgeberin der Zeitschrift *Lesbo*, seit 2001 koordiniert sie die lesbische Bibliothek und das lesbische Archiv in Ljubljana. Neben ihrer Tätigkeit als freiberufliche Essayistin und Kolumnistin übersetzt sie Texte der „queer theory", darunter Autoren wie Monique Wittig, Teresa de Lauretis, Lillian Faderman, Laura Cottingham und Richard Goldstein. Sie veröffentlichte drei Gedichtbände, *Abonma* (Abonnement, 1994), *Zeja* (Durst, 1999) und *Plevel* (Unkraut, 2004).

Oliver Vodeb

Geboren 1974 in München. Er studierte Wirtschaftswissenschaften an der Universität Maribor und Soziologie an der Universität Ljubljana, wo er derzeit eine Dissertation über die Soziologie des Alltags beendet, in der er ein Kommunikationskonzept entwickelt. Seine theoretische Forschung und seine praktischen Projekte während der letzten sieben Jahre kreisen um sozial verantwortliche Kommunikation, kritische (Medien-)Bildung, neue Medien und Netzwerkumgebungen, Medienaktivismus, Werbung und Design. Er unterrichtet als Dozent in der Abteilung für Gestaltung an der Akademie der Bildenden Künste der Universität Ljubljana. Gründer und Präsident von Memefest, dem internationalen Festival für radikale Kommunikation (seit 2002), und Mitglied von Memeworks, einem sozialen Kommunikationskollektiv (seit 2005). Sein letzter Artikel, „Oblikovanje je javni govor. Naproti kritični teoriji oblikovanja" (Design ist öffentliches Sprechen: Zu einer kritischen Theorie des Designs), wird in *Časopis za kritiko znanosti* (Zeitschrift für Wissenschaftskritik, 2006) veröffentlicht.

Borut Vogelnik

Geboren 1958 in Kranj, Slowenien. Er ist Mitbegründer der Künstlergruppe Irwin und der Kunstorganisation Neue Slowenische Kunst sowie Assistenzprofessor an der Akademie der Bildenden Künste in Ljubljana. Gemeinsam mit vier anderen Mitgliedern von Irwin (Dušan Mandić, Miran Mohar, Andrej Savski, Roman Uranjek) war er an allen Irwin-Projekten und -Ausstellungen seit 1984 beteiligt, darunter *Personal Systems* (Biennale von Venedig 2003), *Retroprincip, 1983–2003* (Künstlerhaus Bethanien, Berlin, 2003), *Berlin – Moskau/Moskau – Berlin, 1950-2000* (Martin-Gropius-Bau, Berlin, 2003), *Museotopia* (Karl Ernst Osthaus-Museum, Hagen, 2002), *Le Tribù dell'arte* (Galeria Moderna e Contemporanea, Rom, 2002) und viele andere.

Hortensia Völckers

Geboren 1957 in Buenos Aires. 1975 Übersiedlung in die Bundesrepublik Deutschland. Nach dem Studium der Kunstgeschichte und Politologie in München und New York und einer Tanzausbildung arbeitete sie in vielfältigen Zusammenhängen im Bereich Kunst und Tanz/Performance. 1995 bis 1997 persönliche Referentin von Catherine David, der Künstlerischen Leiterin der Documenta X, Kassel, und Mitglied der Künstlerischen Leitung. 1997 bis 2001 Direktorin der Wiener Festwochen. 2001 Beraterin des Staatsministers Julian Nida-Rümelin, Beauftragter der Bundesregierung für Angelegenheiten der Kultur und der Medien. Seit März 2002 Vorstand und Künstlerische Direktorin der Kulturstiftung des Bundes. Sie gehört dem Beirat von „relations" an.

What, How & for Whom (WHW)

What, How & for Whom, gegründet 1999, ist eine nichtkommerzielle Organisation für visuelle Kultur und ein unabhängiges Kuratorenkollektiv mit Sitz in Zagreb. Mitglieder sind die Kuratoren Ivet Curlin, Ana Dević, Nataša Ilić, Sabina Sabolović und der Designer und Publizist Dejan Kršić. WHW organisiert Produktions-, Ausstellungs- und Publikationsprojekte und leitet die Galerie Nova in Zagreb. Zu den Projekten zählen *What, How & for Whom, on the occasion of the 152nd anniversary of the Communist Manifesto* (Zagreb und Wien), *Broadcasting Project, dedicated to Nikola Tesla* (Zagreb), *Looking Awry* (apexart, New York), *Side-effects* (Salon des Museums für Zeitgenössische Kunst, Belgrad), *On Nature and Society* (Galerie Exit, Peja, Kosovo), *Normalization* (Galerie Nova,

Zagreb), und *Kollektive Kreativität* (Kunsthalle Fridericianum, Kassel).

Dominik Zaum

Geboren 1976 in Wuppertal. Studium der Philosophie, Politikwissenschaften und Ökonomie am Balliol College, Universität Oxford. Er promovierte im Fach Internationale Beziehungen zum Thema „The Sovereignty Paradox: Norms and the Politics of Statebuilding by the International Community". 2000 Mitarbeiter im Büro des Hohen Repräsentanten in Banja Luka, Bosnien-Herzegowina. 2003 war er Analyst der Lessons Learned and Analysis Unit der UNMIK im Kosovo. Er ist zur Zeit Rose Research-Fellow der Universität Oxford und arbeitet über Konzeptionen von Staatssouveränität und den Wiederaufbau von Staaten nach Konflikten sowie (als Mitherausgeber) an einem Buch über den Sicherheitsrat der Vereinten Nationen und Krieg.

Jasmila Žbanić

Geboren 1974 in Sarajevo. Sie studierte Film- und Theaterregie an der Akademie für Szenische Kunst in Sarajevo und arbeitete als Puppenspielerin und Clown in zahlreichen Aufführungen im In- und Ausland. Sie schrieb Theatertexte und Kurzgeschichten und begann schließlich mit ersten Filmarbeiten. Gründerin und Produzentin der Künstlervereinigung Deblokada und des Theater of Good Nourishment. Nach ihrem ersten Dokumentarfilm *After, After* (1997) realisierte sie unter anderem den Kurzfilm *Love is …* (1998), die mehrfach preisgekrönten Dokumentationen *We Light the Night* (1998), *Red Rubber Boots* (2000), *Images from a Corner* (2003) sowie zuletzt den Spielfilm *Grbavica* (2006). Ihr Kurzfilm *Der Geburtstag* bildet eine Episode des Spielfilms *Lost and Found*, eine Produktion von Icon Film und „relations". 2004 zeigte die Kunsthalle Fridericianum in Kassel eine umfassende Werkschau unter dem Titel *We Light the Night*. Auf deutsch erschienen Kurzgeschichten in *Das Kind, die Frau, der Soldat, die Stadt* (1999).

Maria Ziegelböck

Geboren 1972 in Haag am Hausruck, Österreich. Nach einer Ausbildung zur Fotografin an der Schule für künstlerische Photographie in Wien arbeitet sie seit 1996 freiberuflich, mit dem Schwerpunkt Porträt und Mode. Ihre Arbeiten wurden unter anderem in den internationalen Magazinen *Rank, springerin, copy*, den Modemagazinen *Blast, L'Officiel, Glamour Italy, WAD* sowie der österreichischen Tageszeitung *Der Standard* publiziert und in verschiedenen Ausstellungen in Österreich gezeigt. Seit 1999 dokumentiert sie die Kollektionen des österreichischen Kunst- und Modelabels fabrics interseason®. Posterkampagne für das Museumsquartier Wien seit 2002. 2002 erhielt sie den Diesel Editorial Award. Sie lebt in Paris.

Andrea Zlatar

Geboren 1961 in Zagreb. Sie studierte Philosophie und Komparatistik an der Universität Zagreb und promovierte 1992 im Fach Literatur. Seit 1985 arbeitet sie an der Universität Zagreb in der Abteilung für Komparatistik, inzwischen als Professorin, und unterrichtet Literatur und Kulturwissenschaften. 1995-1999 Redakteurin der zweiwöchentlich erscheinenden Zeitschrift *Vijenac*; dann gründete sie die Zeitschrift *Zarez*, für die sie bis 2001 arbeitete. Von 2001 bis 2004 war sie als Mitglied der Stadtregierung von Zagreb für Kultur zuständig. Sie hat an verschiedenen internationalen Workshops zu Literatur, Philosophie und Kulturpolitik teilgenommen. 2003-2005 Mitorganisatorin interdisziplinärer Workshops in Zagreb und an der Universität Dubrovnik (mit der Université Lille III, Frankreich). Sie veröffentlichte mehrere Bücher zur Literaturgeschichte und -theorie, zuletzt *Tekst, tijelo, trauma* (Text, Körper, Trauma, 2004), außerdem Essays zu Fragen der Kulturpolitik im zeitgenössischen Kroatien und eine Lyriksammlung: *Veliko spremanje: Dnevnik ucene domacice* (Großputz. Tagebuch einer gebildeten Hausfrau, 1994), *Svakodnevne razglednice* (Alltägliche Postkarten, 2002), *Neparne ljubavi* (Liebe außer Tritt, 2002). 2004 wurde Andrea Zlatar von der französischen Regierung mit dem Chevalier de l'art et des lettres geehrt.

Fotonachweis

Ruben Agadjeanean, Vadim Hîncu, Maxim Moraru,
    Radu Zara > S. 035, 038, 042
Alte Arte > S. 088-091
Amra Bakšić-Čamo > S. 301, 320-323
Elvis Barukčić > S. 272-273, 275
Sokol Beqiri > S. 179-180
Luchezar Boyadjiev > S. 105-113
Luchezar Boyadjiev, Javor Gardev > S. 137-138
Pavel Brăila, Vadim Hîncu > S. 021-022, 025-026, 028, 031
Bojan Brecelj > S. 495 (oben), 510 (Mitte)
Peter Cox > S. 504 (rechts)
Boris Cvjetanović > S. 472-475
Courtesy Sammlung Essl, Klosterneuburg > S. 500 (Mitte)
Ziyah Gafić > S. 280-281, 285
Jerzy Gładykowski > S. 342
Maurycy Gomulicki > S. 353, 357
Aneta Grzeszykowska und Jan Smaga > S. 343, 346-347
Özlem Günyol und Mustafa Kunt > S. 248-251
Jerzy Gumowski/Agencja Gazeta > S. 354, 358, 362-363
Dejan Habicht und Matija Pavlovec > S. 507 (rechts)
Acif Hodović > S. 510 (rechts)
Maike Mia Höhne > S. 297 (oben links)
Astrit Ibrahimi > S. 183-189, 194-195, 199
Šejla Kamerić > S. 293 (oben links, unten)
Sandro Lendler > S. 430-431, 435, 438

Saša J. Mächtig > S. 507 (links)
Courtesy Sammlung Macura, Wien > S. 417 (links)
Courtesy Museum für Zeitgenössische Kunst,
    Belgrad > S. 416 (links, Mitte)
Courtesy Museum für Moderne Kunst,
    Ljubljana > S. 491, 497 (oben)
Courtesy Galerie PM, Zagreb > S. 419 (Mitte, rechts)
Marko Peljhan > S. 496 (oben)
Marjetica Potrč > S. 510 (links)
Tom Powel > S. 501 (oben)
Marija Mojca Pungerčar > S. 544-547
Tarik Samarah > S. 293 (oben rechts)
Nataša Serec, Courtesy Fotoarhiv KUD Mreža > S. 493 (oben)
Shirana Shahbazi, Courtesy Galerie Bob van Orsouw,
    Zürich > S. 396-399
Igor Škafar > S. 501 (unten)
Miha Škerlep, Courtesy SCCA Ljubljana > S. 500 (oben)
Sean Snyder > S. 162-165
Jože Suhadolnik > S. 493 (unten)
Marek Szczepanski > S. 349 (rechts)
Sofie Thorsen > S. 374, 377, 380
Piotr Trzebiński > S. 344
Jasmila Žbanić > S. 297
Maria Ziegelböck > S. 117-118, 122
Courtesy Archiv Željko Zorica > S. 420

Diese Publikation erscheint im Rahmen von „relations", einem Initiativprojekt der Kulturstiftung des Bundes.

Herausgeberinnen
Katrin Klingan und Ines Kappert

Berater
Marius Babias, Mathias Greffrath,
Georg Schöllhammer

Redaktion
Ines Kappert, Katrin Klingan
unter Mitarbeit von Kathrin Kollmeier,
Patricia Maurer und Jan Rohlf

Koordination
Gerti Fietzek

Lektorat
Sabine Grimm
unter Mitarbeit von Ines Kappert und Kathrin Kollmeier

Übersetzung
Elvira Bormann-Nassonowa
(Bulgarisch: Gardev)

Brigitte Döbert
(Bosnisch/Kroatisch/Serbisch: Bakal, Gržinić, Husanović,
Imamović, Jovanović, WHW, Žbanić, Zlatar)

Hildegard Fritsch und Marius Babias
(Rumänisch: Esinencu, Vakulovski)

Robert Hammel
(Slowenisch: Hrvatin, Milohnić, Velikonja)

Olaf Kühl
(Polnisch: Bendyk, Gdula, Piotrowski, Sierakowski)

Joachim Röhm
(Albanisch: Hasani, Kelmendi, Lyrics)

Nikolaus G. Schneider
(Englisch: Akinsha, Andjelković, Beqiri, Bogdanov, Boynik,
Brăila, Costinaş, Ditchev, Kesić, Magala, Mytkowska und
Przywara, Petrešin, Pungerčar, Selimi, Țichindeleanu, Zaum,
Biographien)

Graphische Konzeption
Kerstin Riedel & Philipp Arnold, Berlin

Gestaltung und Satz
Nicola Reiter, Kerstin Riedel, Philipp Arnold

Produktion
Marcus Muraro

Druck
Rasch, Bramsche

Bindung
Bramscher Buchbinder Betriebe

© 2006 relations, ein Initiativprojekt der Kulturstiftung des
Bundes, DuMont Literatur und Kunst Verlag, Köln, und die
Autoren, Künstler und Fotografen

Alle Rechte vorbehalten

Erschienen im DuMont Literatur und Kunst Verlag, Köln
www.DuMontLiteraturundKunst.de

Deutsche Ausgabe
ISBN 10: 3-8321-7693-4; ISBN 13: 978-3-8321-7693-8

Englische Ausgabe
ISBN 10: 3-8321-7712-4; ISBN 13: 978-3-8321-7712-6

Printed in Germany

Bibliographische Information Der Deutschen Bibliothek
Die Deutsche Bibliothek verzeichnet diese Publikation in der
Deutschen Nationalbibliographie; detaillierte bibliographi-
sche Daten sind im Internet über http://dnb.ddb.de abrufbar.

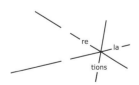